PRÉCIS

DE

LA GÉOGRAPHIE

UNIVERSELLE.

TOME XI.

PARIS, LE NORMANT, IMPRIMEUR, RUE DE SEINE, N° 8.

PRÉCIS
DE LA
GÉOGRAPHIE
UNIVERSELLE,
OU

DESCRIPTION DE TOUTES LES PARTIES DU MONDE
SUR UN PLAN NOUVEAU,

D'APRÈS LES GRANDES DIVISIONS NATURELLES DU GLOBE;

PRÉCÉDÉE

DE L'HISTOIRE DE LA GÉOGRAPHIE CHEZ LES PEUPLES ANCIENS ET MODERNES
ET D'UNE THÉORIE GÉNÉRALE DE LA GÉOGRAPHIE MATHÉMATIQUE,
PHYSIQUE ET POLITIQUE;

ACCOMPAGNÉE

DE CARTES, DE TABLEAUX ANALYTIQUES, SYNOPTIQUES, STATISTIQUES ET ÉLÉMENTAIRES,
ET D'UNE TABLE ALPHABÉTIQUE DES NOMS DE LIEUX, DE MONTAGNES, DE RIVIÈRES, etc.

PAR MALTE-BRUN.

QUATRIÈME ÉDITION,
Revue, corrigée, mise dans un nouvel ordre, et augmentée
de toutes les nouvelles découvertes,

Par M. J.-J.-N. Huot,

Membre de plusieurs Sociétés savantes, nationales et étrangères; continuateur de cet ouvrage,
et l'un des collaborateurs de l'Encyclopédie méthodique et de l'Encyclopédie moderne, etc.

TOME XI.

DESCRIPTION DE L'AMÉRIQUE.

PARIS.

AIMÉ ANDRÉ,
LIBRAIRE-ÉDITEUR,
RUE CHRISTINE, N° 1.

Vᵉ LE NORMANT,
LIBRAIRE,
RUE DE SEINE, N° 8, F. S. G.

1836.

AVERTISSEMENT

DU CONTINUATEUR

SUR CE ONZIÈME VOLUME.

Quatorze années se sont à peine écoulées depuis que Malte-Brun a publié la description de l'Amérique, et déjà son travail a vieilli : les États-Unis anglo-américains ont reculé les limites de leur immense territoire; les anciennes possessions des Espagnols sur ce continent sont devenues des républiques plus ou moins importantes; une colonie portugaise a résisté au mouvement démocratique, et est devenue un empire qui tient un rang considérable parmi les États de l'Amérique méridionale ; enfin, l'île de Saint-Domingue s'est affranchie complétement du joug des blancs, et sous le nom de république d'Haïti, prouve au monde civilisé que la race noire n'est pas plus qu'une autre faite pour l'esclavage.

De si grands changemens politiques n'ont pas été

sans influence sur les mœurs des habitans de ces contrées. Le travail de Malte-Brun a donc dû subir d'importantes modifications qui ont été nécessairement augmentées de tout ce que les voyageurs récens nous ont appris de plus que leurs devanciers.

Fidèle à la marche que nous avons suivie dans les volumes précédens, nous ne nous sommes point écarté du simple rôle de correcteur et de continuateur d'un ouvrage qui a placé son auteur au rang de nos savans les plus distingués et de nos écrivains les plus élégans : le disciple a respecté, autant qu'il était possible, l'œuvre du maître. Nous avons conservé de l'Amérique de Malte-Brun tout ce qui n'était pas en contradiction avec ce que l'on sait aujourd'hui sur ce vaste continent et ses dépendances. Mais nous y avons ajouté beaucoup.

Les monumens antiques ont attiré notre attention : nous avons décrit ceux qui nous ont paru les plus remarquables.

La Confédération anglo-américaine méritait, par le rôle important qu'elle joue aujourd'hui dans la balance des États, des développemens considérables, et nous avons suivi une marche analogue pour les autres parties en raison de leur importance : aussi ce volume, consacré entièrement à l'Amérique, renferme-t-il 12 à 13 feuilles de plus que la description du nouveau continent par Malte-Brun.

Une des plus intéressantes parties du travail de cet auteur que nous aurions désiré pouvoir rectifier, c'est ce qui concerne les langues des indigènes de l'Amérique méridionale ; mais nous ne pouvions que remonter aux mêmes sources que celles auxquelles il a puisé, faute de matériaux meilleurs. Il n'en eût pas été de même si l'importante publication de M. Alc. d'Orbigny, qui a bien voulu nous éclairer sur ce point, avait été plus avancée.

Toutefois nous espérons que le lecteur accueillera ce volume avec la même indulgence que les précédens, et qu'il appréciera nos efforts consciencieux.

PRÉCIS
DE
LA GÉOGRAPHIE
UNIVERSELLE.

LIVRE CENT SOIXANTE-TREIZIÈME.

Description de l'Amérique. — Considérations générales. — Origine des Américains.

« Deux fois déjà l'histoire des découvertes géographiques nous a conduits sur les rivages du nouveau Monde ; nous y avons suivi les navigateurs de la Scandinavie [1], et, après avoir vu disparaître ou s'obscurcir les notions qu'ils avaient recueillies, nous avons de nouveau accompagné l'immortel Colomb dans ce continent qui aurait dû porter son nom [2]. Notre marche descriptive nous y ramène. Nous allons parcourir les diverses régions de cette partie du Monde ; mais, conformément à notre méthode, nous jetterons d'abord un coup d'œil sur sa physionomie générale, ainsi que sur la race d'hommes qui l'habite.

« L'esprit de système a exagéré tantôt les similitudes et tantôt les différences qu'on a cru observer entre l'Amérique et l'ancien continent. Les formes extérieures du nouveau

---

[1] Voyez notre vol. I, p. 482-488. — [2] Ibid., p. 616 et suiv.

Monde nous frappent, il est vrai, au premier coup d'œil, par le contraste apparent qu'elles présentent avec l'ancien. L'immense île que forment l'Asie, l'Afrique et l'Europe, offre un ovale dont le grand axe est très-incliné vers l'équateur; le contour en est assez également interrompu de deux côtés par des golfes ou des méditerranées; les fleuves découlent de toutes parts dans une proportion à peu près égale. L'Amérique présente, au contraire, une figure allongée, découpée, indéfinissable, mais dont le côté le mieux marqué présente une courbe à plusieurs courbures, dirigée presque dans le sens des deux pôles; deux grandes péninsules sont liées ensemble par un long isthme qui, soit par sa forme, soit par la nature des roches primitives qui le composent, ne ressemble en rien à l'isthme entre l'Afrique et l'Asie; les grands golfes, les méditerranées d'Amérique ont leur ouverture du côté oriental; le côté opposé offre un rivage uni, et ne présente qu'aux deux extrémités quelques *dentelures*; enfin, les grands fleuves coulent presque exclusivement vers l'océan Atlantique.

« Ces différences réelles disparaissent cependant, ou perdent du moins leur importance, lorsqu'en contemplant l'ensemble du globe (1), on s'aperçoit que l'Amérique n'est qu'une continuation de la ceinture de terres élevées qui, sous les noms de plateau de Cafrerie, d'Arabie, de Perse, de Mongolie, forment le dos de l'ancien continent, et qui, à peine interrompues au détroit de Bering, forment également les monts Rocheux ou Colombiens, le plateau du Mexique et la grande chaîne des Andes. Cette ceinture de montagnes et de plateaux, semblable à un anneau écroulé et retombé sur sa planète, présente, généralement parlant, une pente plus rapide et plus courte du côté du bassin du grand Océan que du côté des océans Atlantique et Glacial.

(1) Voyez les diverses *Mappemondes* dans notre Atlas.

Voilà le grand fait commun à l'un et l'autre continent, et dans lequel les différences secondaires s'absorbent. »

Les montagnes du Nouveau-Monde peuvent se diviser en cinq systèmes, dont deux appartiennent à l'Amérique septentrionale et trois à l'Amérique méridionale.

1° Le *système Orégo-Mexicain*, commençant à l'extrémité la plus septentrionale de l'Amérique, et se terminant vers le golfe de Darien, se divise en deux groupes : le *groupe occidental*, comprenant la *Cordillère du Nouveau-Cornouailles* et celle de la *Californie*; le *groupe oriental*, comprenant les monts *Orégon* ou *montagnes Rocheuses*, les monts *Ozarks*, la *Cordillère du Nouveau-Mexique*, celle de *Durango*, celle d'*Oaxaca* et de *Mexico*, celles de *Guatimala*, de *Veragua* et de *Costa-Rica*.

2° Le *système Alleghanyen* est formé de plusieurs chaînes réunies comme un seul groupe.

3° Le *système Ando-Péruvien* pourrait être considéré comme formé de quatre groupes qui seraient, à proprement parler, les quatre grandes divisions adoptées par M. de Humboldt : 1° les *Cordillères de la Nouvelle-Grenade* ; 2° les *Andes du Pérou* ; 3° les *Andes du Chili et du Potosi* ; 4° les *Andes Patagoniques*. Les nœuds ou points de jonction de chacune de ces divisions déterminent la limite naturelle de chaque groupe.

4° Le *système Parimien* se compose de plusieurs chaînes dont la plus importante est la *Sierra-Parime*.

5° Le *système Brésilien* s'étend sur le côté oriental de l'Amérique, depuis le 4ᵉ degré de latitude méridionale jusqu'à l'embouchure du Rio-de-la-Plata (1).

Esquissons la constitution géognostique de ces montagnes. Les nombreuses observations du major Long ont

(1) Voyez notre article MONTAGNES dans l'*Encyclopédie moderne*, et l'article SYSTÈME DE MONTAGNES, dans l'*Encyclopédie méthodique*. J. H.

fait connaître celle de l'Amérique septentrionale. Le mont *Saint-Elie*, dont la cime volcanique est couverte de neige, forme un des points les plus septentrionaux de la longue chaîne granitique qui borde les côtes occidentales de l'océan Pacifique jusqu'à la pointe de la Californie, et qui, par une chaîne transversale, se rattache aux montagnes Rocheuses. Les *montagnes Rocheuses* appartiennent aux différentes roches de cristallisation, c'est-à-dire aux terrains primordiaux. Le calcaire s'y montre rarement; le granite et les roches qui l'accompagnent paraissent y dominer. Depuis le cours de la rivière de la Paix, sous le 56ᵉ parallèle, jusqu'à celui du Missouri, on a peu examiné la constitution physique de ces montagnes; il est cependant probable que dans cette région on retrouve les mêmes roches que dans celles qui lui succèdent au sud. A partir des montagnes Noires s'étend, vers l'orient et le midi, un immense désert dont le diamètre moyen est de plus de 200 lieues; toute sa surface est couverte d'un sable granitique. Sur le revers opposé des montagnes Rocheuses, on traverse un désert presque aussi considérable, jusqu'au pied des montagnes de la Nouvelle-Californie. Près de l'embouchure de la *rivière Plate*, qui porte ses eaux au Missouri, on remarque des roches calcaires en couches horizontales qui vont se rattacher à la chaîne des monts Ozarks. Au sud de la rivière de l'Arkansas, le désert n'offre plus que des sables fins qui forment de petites buttes ondulées, comme si ce terrain avait été occupé jadis par les eaux d'un lac immense. Les collines de grès micacé et de poudingues qui s'élèvent au bas des montagnes Rocheuses sont séparées des masses granitiques par une zone de roches micacées dont les couches sont fort inclinées. Les grès de ces collines renferment des animaux marins et des plantes. Plus on s'approche des montagnes Rocheuses, plus ces grès deviennent ferrugineux; ils sont couverts de dépôts argileux et schisteux dans lesquels on trouve souvent de la houille. Près des sources de la rivière Canadienne on reconnaît un grand nombre de roches d'origine ignée, qui forment des buttes et des collines; les grès argileux qui les environnent contiennent des lits de gypse et de sel gemme. Le plateau qui unit l'extrémité méridionale des montagnes Rocheuses avec les monts Ozarks est composé aussi de roches primordiales.

On retrouve dans ces dernières montagnes des grès micacés et des roches quarzeuses alternant avec des calcaires de transition, c'est-à-dire appartenant aux *terrains de sédiment infra-inférieurs*, sillonnés par des filons plombifères. Un calcaire moins ancien succède à ces roches dont la série repose sur le granite que l'on aperçoit çà et là dans quelques endroits.

La triple chaîne de l'*Alleghany*, qui s'étend du sud-ouest au nord-est, depuis le 34ᵉ parallèle jusqu'à l'embouchure du fleuve Saint-Laurent, offre, à partir de son extrémité méridionale, une longue suite de montagnes de grès qui se termine à une région de schistes ardoisiers et de marnes bleues, à laquelle succèdent, jusque vers le fleuve Saint-Laurent, diverses roches granitiques. Entre le 41ᵉ et le 42ᵉ parallèles, on remarque, sur plusieurs points de la chaîne, des masses basaltiques et d'autres produits ignés. Les dépôts que supportent celles-ci sont en couches inclinées d'environ 45 degrés. Les roches appartenant aux *terrains de sédiment inférieurs*, tels que les gypses, les calcaires et les grès houillers, forment une zone qui s'étend jusqu'aux environs du lac Michigan. Les pentes qui se dirigent des monts Alleghanys vers l'océan Atlantique et le golfe du Mexique, ainsi que les terrains que traverse le Mississipi depuis sa réunion avec le Missouri, sont couverts de dépôts d'alluvion et de transport.

La continuation méridionale des montagnes Rocheuses

traverse le Mexique, où des roches porphyriques, trachytiques et basaltiques la constituent en grande partie et forment les majestueux colosses volcaniques des Andes.

« Les montagnes du Mexique renferment des filons de métaux précieux dont la richesse est telle que jusqu'à présent on peut les considérer comme inépuisables. C'est surtout entre le 21e et le 24e parallèles que ces métaux sont le plus abondans.

Les quatre groupes du système *Ando-Péruvien* présentent des caractères qui le distinguent du précédent. Suivant M. de Humboldt, il se montre partout déchiré par des crevasses; s'il y existe des plaines élevées de 2700 à 3000 mètres, comme dans l'ancien royaume de Quito et plus au nord dans la province de Pastos, elles ne sont pas comparables en étendue à celles de la Nouvelle-Espagne : ce sont plutôt des vallées longitudinales, limitées par deux branches de la grande Cordillère des Andes. Au Mexique, au contraire, c'est le dos même des montagnes qui forme le plateau. Au Pérou, les cimes les plus élevées constituent la crête des Andes; au Mexique, ces mêmes cimes, moins élevées, sont dispersées sur le plateau.

La Cordillère se divise en trois chaînes parallèles depuis le 7e degré au nord de l'équateur, jusque vers le 2e. Au sud des précédentes, les Andes ne forment qu'un seul dos jusqu'au 6e parallèle; là elles se séparent en deux chaînes dont les sommets les plus élevés, rangés sur deux files, composent une double crête. Leurs cimes colossales sont au nombre des plus hautes du globe. Vers le 11e degré, les Andes se divisent en trois chaînes irrégulières qui vont se terminer sur la rive droite de l'Amazone. Les *Andes du Chili* et du *Potosi* occupent une largeur moyenne d'environ 45 lieues. Elles renferment un grand nombre de volcans dont une quinzaine se font remarquer par des éruptions continuelles, tandis que d'autres, plus nombreux encore, lancent par intervalles d'épais nuages de fumée. Les *Andes Patagoniques* sont encore peu connues ; elles sont beaucoup moins élevées que les précédentes : leurs plus hautes cimes ne dépassent guère 1500 à 1800 toises; leur extrémité méridionale, jusque vers le cap *Pilar*, n'en atteint que 200, et s'abaisse de plus en plus jusqu'au détroit de Magellan. On y connaît aussi plusieurs volcans.

Le granite se montre à découvert à la base des Andes, sur les côtes du grand Océan. Tantôt il supporte le gneiss, et tantôt alterne avec lui. Il est, ainsi que ces roches qui l'accompagnent, en couches inclinées vers le nord-ouest, ce qui indique la direction imprimée à la force volcanique qui souleva les montagnes qu'elles forment. Ces granites renferment souvent des couches de calcaire et de schiste. Ils sont ordinairement surmontés de roches d'origine ignée, telles que des basaltes, des porphyres et des phonolithes dont les profils, bizarrement taillés, ressemblent de loin à des édifices en ruine. Au pied de ces montagnes reposent diverses masses de grès et des dépôts de débris agglomérés sur lesquels s'appuient des calcaires anciens, des gypses et d'autres roches. Enfin, on trouve çà et là des dépôts d'alluvion renfermant des ossemens d'animaux gigantesques qui n'existent plus.

Ces montagnes sont traversées par des filons de divers métaux, principalement de fer et d'argent. Les mêmes montagnes fournissent aussi des émeraudes, des topazes et d'autres pierres précieuses.

Le *système Parimien*, compris entre le cours de l'Orénoque et celui de l'Amazone, est bien peu important après celui que nous venons de parcourir. Au lieu de composer une chaîne continue, il offre une suite de montagnes granitiques séparées les unes des autres par des plaines et des savanes dont l'uniformité est interrompue çà et là par des masses de granite qui imitent de loin des piliers et des ruines.

Les montagnes du Brésil occupent une superficie trois ou quatre fois plus grande que le système précédent; mais elles sont inférieures en élévation : les plus hautes ne dépassent pas 950 toises. Elles se composent de trois grandes chaînes parallèles qui changent plusieurs fois de nom et qui projettent vers le nord et à l'ouest divers rameaux importans.

Le granite constitue la plus grande partie de toutes ces montagnes; elles présentent cependant aussi plusieurs formations calcaires. Les terrains d'alluvion qui couvrent les vallées formées par les nombreuses branches du *système Brésilien* renferment une si grande quantité d'or, qu'on en retire par le lavage près de 8000 kilogrammes, ce qui fait plus du tiers du produit total de toute l'Amérique. La *Serra-da-Tapollama*, celle *do-Mar*, et leurs prolongemens qui bordent la côte orientale, ainsi que les montagnes plus éloignées vers l'ouest, renferment des filons argentifères; mais ils ne sont nulle part d'une grande richesse. Il en est de même du fer et du cuivre : ces métaux paraissent être peu abondans au sein des montagnes brésiliennes. Le plomb est exploité dans plusieurs localités; l'étain et le mercure y sont assez rares. Quant aux diamans et aux autres pierres précieuses, telles que la topaze et l'améthyste, on les trouve principalement dans des terrains d'alluvions composés de cailloux roulés, aux pieds des montagnes de la Serra-do-Mar, de la Serra d'Espinhaço et de celles qui sont à l'ouest du Rio-Grande.

« Le niveau de l'Amérique présente véritablement une différence remarquable avec l'ancien continent. Cette différence ne consiste pas dans l'élévation plus grande des montagnes; car si les Cordillères du Pérou atteignent par quelques uns de leurs sommets au niveau de 20,000 pieds, il est aujourd'hui certain que les montagnes du Tibet s'élèvent à un niveau égal et même supérieur. Mais les plateaux qui servent de support aux montagnes sont séparés en Amérique des plaines basses par une pente extrêmement courte et rapide. Ainsi la *région des Cordillères* et celle du *plateau du Mexique*, régions aériennes, tempérées et salubres, touchent presque immédiatement aux plaines qu'arrosent le *Mississipi*, l'*Amazone* et le *Parana*. Ces plaines mêmes, quelle que soit leur nature, qu'elles soient couvertes d'herbes élevées et ondoyantes comme les *savanes* du Missouri, qu'elles offrent, comme les *Llanos* de Caraccas, une surface tantôt calcinée par le soleil, tantôt rafraîchie par les pluies tropiques et revêtue de graminées superbes, ou qu'enfin, semblables aux *Pampas* et aux *Campos Parexis*, elles présentent à la fureur des vents leurs collines de sable mouvant, mêlées d'étangs saumâtres, et couvertes de plantes salines; toutes elles conservent, à des distances immenses, un niveau très-bas et rarement interrompu par des coteaux; car le système des montagnes *Apalaches* ou *Alleghany*, dans l'Amérique septentrionale, et celui des *Cordillères du Brésil*, dans l'Amérique méridionale, ne sont liés au système des grandes Cordillères que par des plateaux un peu plus élevés, ou par de simples escarpemens et hauteurs de terrain (1).

« De cette vaste étendue des plaines américaines, résulte l'immense longueur du cours des fleuves qui arrosent cette partie du monde. Le tableau suivant peut en donner une idée.

Bassin du grand Océan.

	Longueur en lieues de 25 au degré.
Tacoutche-Tessé ou *Frazer*............................	200
Columbia ou *Oregon*................................	420
San-Felipe (cours supposé)...........................	200
Colorado..	260

(1) Voyez les *Niveaux des continens*, pl. 2 du vol. II du *Précis*, ou les *Niveaux du Mexique* dans l'Atlas de M. *de Humboldt*.

LIVRE CENT SOIXANTE-TREIZIÈME.

Longueur en lieues
de 25 au degré.

Bassin de la mer Polaire.

Mackenzie... 250

Bassin de la baie d'Hudson.

Nelson... 120
Assiniboine avec le Severn..................................... 150
Albany... 225

Bassin de l'Atlantique (Amérique septent.).

Fleuve Saint-Laurent (depuis Ontario)......................... 220
        Ottawas, affluent................................. 170
Connecticut.. 150

Bassin du golfe du Mexique (dépendant de l'Atlantique).

Mississipi seul.. 1000
Missouri avec le Bas-Mississipi................................ 1600
Affluens. { Rivière Platte..................................... 500
        Ohio.. 400
        Arkansas.. 450
        Rivière Rouge....................................... 400
Rio del Norte.. 500

Bassin de la mer des Antilles (idem).

Magdalena.. 300

Bassin de l'Atlantique (Amérique mérid.).

Orénoque... 500
Essequebo.. 175
Amazone ou Marañon... 1035
Affluens. { Ucayal ou Apurimac et Beni......................... 250
        Iurna... 250
        Parana-Guza ou Madeira.............................. 650
        Topayos... 300
        Xingu... 450
        Napo.. 220
        Rio-Negro... 325
Tocantin ou rivière du Gram-Para............................... 500
Parnaiba... 200
San-Francisco.. 425
Parana ou Rio de la Plata...................................... 560
Affluens. { Paraguay... 430
        Pilcomayo (du précédent)............................ 400
        Vermejo... 220
        Salado.. 300
        Uraguay... 320
Desaguadero ou Colorado.. 360
Ousu Leuvu ou Negro.. 180

« La continuité du même niveau fait aussi que les bassins respectifs des fleuves ne sont nulle part moins distincts; ils ne sont séparés que par de faibles crêtes; souvent même ils ne le sont pas du tout. Aussi plusieurs fleuves confondent-ils, dans la partie supérieure de leur cours, des eaux destinées à des embouchures différentes. Ainsi l'Orénoque et le Rio-Negro, affluent de l'Amazone, communiquent par le *Cassiquiare*; on croit qu'un bras semblable unit le *Beni* et le *Madeira*. Il paraît que dans la saison pluvieuse on passe en bateau des affluens du Paraguay dans ceux de l'Amazone, qui circulent dans la plaine élevée appelée *Campos-Parexis*. La même circonstance produit dans l'Amérique septentrionale un nombre infini de lacs. Ceux de l'*Esclave*, d'*Assiniboine*, de *Ouinipeg*, sont environnés d'une centaine d'autres encore très-considérables, et de plusieurs milliers de petits, bordés généralement de petites crêtes de rochers, comme le sont ceux de la Finlande. Le terrain devient moins aquatique en avançant au sud; cependant le lac *Supérieur*, le *Michigan*, l'*Huron*, l'*Erié* et l'*Ontario* forment, dans le Canada, comme une mer d'eau douce, dont le surplus se précipite, par le fleuve Saint-Laurent, dans les flots atlantiques. L'Amérique méridionale, sous un climat plus ardent, voit ses lacs naître et disparaître avec la saison des pluies : le *Xarayes* et l'*Ybera* sont de ces lacs plus ou moins périodiques, parmi lesquels le douteux *Parima* pourra un jour prendre sa place.

« De cette division générale de l'Amérique en plateaux montagneux très-élevés et en plaines très-basses, il résulte un contraste entre deux climats très-différens et pourtant très-rapprochés l'un de l'autre. Le Pérou, la vallée de Quito, la ville de Mexico, quoique situés entre les tropiques, doivent à leur élévation une température printanière; ils voient même les *Paramos*, ou les dos de leurs montagnes, se couvrir des neiges qui séjournent, même perpétuellement, sur quelques sommets, tandis qu'à peu de lieues de là une chaleur souvent malsaine étouffe l'habitant des ports de Vera-Cruz ou de Guayaquil. Ces deux climats donnent naissance à deux systèmes différens de végétation : la flore des zones torrides sert de bordure à des champs et des bosquets européens. Un semblable voisinage ne peut manquer d'occasioner fréquemment des changemens subits par le déplacement de ces deux masses d'air, si diversement constituées ; inconvénient général en Amérique. Mais partout ce continent éprouve un moindre degré de chaleur. L'élévation seule explique ce fait pour la région montagneuse ; mais pourquoi, se demande-t-on, s'étend-il aux contrées basses ? Voici ce que répond un habile observateur : « Le « peu de largeur du continent, sa prolongation vers les pôles « glacés ; l'océan, dont la surface non interrompue est ba- « layée par les vents alizés ; des courans d'eau très-froide « qui se portent depuis le détroit de Magellan jusqu'au Pé- « rou ; de nombreuses chaînes de montagnes remplies de « sources, et dont les sommets couverts de neige s'élèvent « bien au-dessus de la région des nuages ; l'abondance de « fleuves immenses qui, après des détours multipliés, « vont toujours chercher les côtes les plus lointaines ; « des déserts non sablonneux, et par conséquent moins « susceptibles de s'imprégner de chaleur ; des forêts im- « pénétrables qui couvrent les plaines de l'équateur rem- « plies de rivières, et qui, dans les parties du pays les « plus éloignées de l'océan et des montagnes, donnent « naissance à des masses énormes d'eau qu'elles ont as- « pirées, ou qui se forment par l'acte de la végétation : « toutes ces causes produisent, dans les parties basses de « l'Amérique, un climat qui contraste singulièrement, « par sa fraîcheur et son humidité, avec celui de l'Afrique. « C'est à elles seules qu'il faut attribuer cette végétation « si forte, si abondante, si riche en sucs, et ce feuillage si

« épais qui forment les caractères particuliers du nouveau
« continent (1). »

« En considérant ces explications comme suffisantes pour
l'Amérique méridionale et le Mexique, nous ajouterons,
par rapport à l'Amérique septentrionale, qu'elle n'a presque
pas d'étendue dans la zone torride, et qu'au contraire,
comme nous le verrons au livre suivant, elle se prolonge
probablement très-loin dans la zone glaciale; que peut-être
même elle atteint et enveloppe le pôle. Ainsi la colonne
d'air glacial, inhérente à ce continent, ne se trouve pas
contrebalancée par une colonne d'air équatorial. De là résulte une extension du climat polaire jusqu'aux confins des
tropiques; l'hiver et l'été luttent corps à corps, les saisons
changent avec une rapidité étonnante. Une heureuse exception favorise la Nouvelle-Albion et la Nouvelle-Californie, qui, étant à l'abri des vents glacés, jouissent de la température analogue à leur latitude.

« Les productions de l'Amérique offrent quelques particularités. La moins contestable est cette extrême abondance
de l'or et de l'argent, même à la surface de la terre, mais
principalement dans les veines des roches schisteuses qui
composent les Cordillères du Chili, du Pérou et du Mexique. L'or abonde plus dans la première région; l'argent
dans la dernière. Au nord des montagnes du Nouveau-
Mexique, les plaines, les marais et les petites chaînes de
rochers offrent très-souvent de vastes dépôts de cuivre.
Avant de se demander pourquoi le nouveau continent se
distingue par une si grande richesse métallique, il faudrait
sans doute demander si l'intérieur de l'Afrique ne renferme
pas de semblables régions métallifères; si même celui de
l'Asie n'en renfermait pas jadis qui, aujourd'hui, sont épui-

---

(1) *A. de Humboldt*, Tableaux de la nature, t. I, p. 23, traduction
de M. *Eyriès*.

sées? En supposant l'Amérique décidément supérieure sous ce rapport, on doit avouer que le gisement de ses minerais, la situation de ses mines, et d'autres circonstances de géographie physique n'ont pas encore été décrites avec assez de soin pour indiquer une cause à cette supériorité.

« En Amérique, comme dans toutes les régions du monde, les races animales paraissent être proportionnées par leur nombre et leur taille, à l'étendue de la terre qui les a vues naître. Le bœuf musqué et le bison dans l'Amérique septentrionale, l'autruche magellanique dans l'Amérique méridionale, égalent par la taille les espèces analogues de l'ancien continent; l'élan ou le cerf de la Nouvelle-Californie atteint même une taille gigantesque; tous les autres quadrupèdes, tels que le lama, le guanaco, le jaguar, l'anti, le cèdent en grandeur et en force à leurs semblables dans l'Asie et l'Afrique. Ce fait n'est rien moins qu'exclusivement particulier au nouveau continent. Les animaux connus de la Nouvelle-Hollande sont à leur tour plus petits que ceux de l'Amérique.

« La vie végétale, qui dépend de l'humidité, montre au contraire une extrême force dans la plus grande partie du nouveau continent. Les pins qui ombragent la Columbia, et dont la tige s'élève perpendiculairement à une hauteur de 300 pieds, méritent d'être considérés comme les géans du règne végétal. On peut citer après eux les platanes et les tulipiers de l'Ohio, qui ont 40 à 50 pieds de circonférence. Les terres basses de l'une et l'autre Amérique se couvrent de forêts immenses; cependant la nudité d'une partie de la région du Missouri, des plateaux du Nouveau-Mexique, des Llanos de Caraccas, des Campos-Parexis et des Pampas, c'est-à-dire d'un quart de ce continent, doit nous engager à éviter encore, sous le rapport de la végétation, toutes les phrases exagérées qui se propagent dans les descriptions.

« Un fait plus positif, c'est la différence absolue d'un grand nombre d'animaux et de végétaux américains d'avec ceux de l'Ancien-Monde. A l'exception des ours, des renards et des rennes qui ne redoutent pas la zone glaciale, à l'exception des phoques et des cétacés, habitans de tous les rivages, à l'exception du tapir découvert récemment dans l'Inde, tous les animaux des deux Amériques paraissent former des espèces particulières, ou du moins des races distinctes. Le bison et le bœuf musqué, appelé *ovibos* par M. de Blainville, animaux qui paissent depuis les lacs du Canada jusqu'aux mers de Californie, le couguar et le jaguar, qui font retentir leurs rugissemens depuis l'embouchure du Rio del Norte jusqu'au-delà de l'Amazone, le pécari et le patira, semblables aux sangliers, le cabiai, l'agouti, le paca et d'autres espèces rapprochées du lapin, les fourmilliers, les tamanduas, les tamanoirs, tous ces dévorateurs d'insectes; le paresseux et faible aï, l'utile lama avec la vigogne, le léger sapajou, les éclatantes perruches et le joli colibri, tous diffèrent essentiellement de ceux même parmi les animaux de l'ancien continent desquels ils se rapprochent le plus. Tous ces animaux particuliers à l'Amérique forment, comme ceux de la Nouvelle-Hollande, un ensemble à part et évidemment originaire de la terre qu'ils habitent. Voudrait-on nous persuader que le couguar et le jaguar sont arrivés à la nage de l'Afrique? Prétendrait-on que le touyou ou jabiru, porté sur ses ailes impuissantes, ait traversé l'océan Atlantique? Certes, personne ne soutiendra que les animaux du Pérou et du Mexique aient pu passer d'Asie en Amérique, puisqu'aucun d'eux ne saurait vivre dans la zone glaciale qu'ils auraient nécessairement dû traverser. Il est également impossible de supposer que tous les animaux existans sur le globe soient venus de l'Amérique, de sorte que ceux qui voudraient placer le *paradis terrestre* aux bords de l'Amazone ou de la Plata, ne seraient pas plus avancés dans cette discussion que ceux qui le placent aux bords de l'Euphrate. Il ne reste que la ressource banale d'un « immense bouleversement, d'une « vaste terre engloutie dans les flots », et qui jadis aurait uni l'Amérique aux parties tempérées de l'Ancien-Monde. Mais ces sortes de conjectures, dénuées de tout appui historique, ne méritent pas d'être discutées. Nous ne pouvons donc qu'admettre la naissance des races animales d'Amérique sur le sol même qu'encore aujourd'hui elles habitent [1].

Cette origine une fois admise, nous devons faire remarquer une circonstance commune aux deux continens. Les espèces qui dans l'Amérique représentent le lion et le tigre, habitent la zone torride ; elles semblent puiser dans les feux d'un climat ardent la férocité qui les anime. Dans la même région, les formes de l'anti ou tapir rappellent de loin celles de l'éléphant ; le prolongement des cartilages paraît aussi appartenir à la zone torride. Les oiseaux aux ailes imparfaites, au plumage éparpillé, l'autruche d'Afrique et le casoar de la Nouvelle-Hollande réclament pour parent le touyou de l'Amérique méridionale. Les grands insectes, les énormes reptiles et les oiseaux à plumage éclatant et bigarré, peuplent les régions chaudes de l'un et de l'autre continent. Le climat des régions tempérées semble encore avoir produit les mêmes effets sur les races animales. Les deux variétés du genre des bœufs qui habitent les plateaux de Californie et les savanes du Missouri n'ont ni les mœurs ni les traits du farouche buffle de Cafrerie. Le mouton sauvage et le lama, cet animal intermédiaire entre le mouton et le chameau, aiment, comme leurs prototypes dans l'ancien continent, les pâturages

---

[1] *Mylius*: de Origine animalium et migratione gentium, p. 56. Genevæ, 1667. *Buffon*, etc., etc.

des déserts. Tout est analogue dans les deux Mondes, mais rien n'y est identique.

« Après avoir admis une création animale particulière pour l'Amérique comme pour la Nouvelle-Hollande, devons-nous reconnaître dans les Américains une race humaine distincte d'origine? Nous ne sommes pas obligés de discuter cette question, étrangère à l'histoire positive : l'histoire ne remonte pas à cette époque primitive; mais nous devons reconnaître comme un fait que la race américaine, quelle que soit son origine, forme aujourd'hui, par ses caractères physiques comme par ses idiomes, une classe essentiellement différente des autres portions du genre humain. Une longue suite d'observations physiologiques a démontré cette vérité. Les naturels de cette partie du globe sont en général grands (1), d'une charpente forte, bien proportionnés et sans vices de conformation. Ils ont le teint bronzé ou d'un rouge cuivré, comme ferrugineux et très-semblable à la cannelle ou au tannin; la chevelure noire, longue, grossière, luisante et peu fournie; la barbe rare et semée par bouquets, le front court, les yeux allongés et ayant le coin dirigé par en haut vers les tempes, les sourcils éminens, les pommettes avancées, le nez un peu camus, mais prononcé, les lèvres étendues, les dents serrées et aiguës; dans la bouche, une expression de douceur qui contraste avec un regard sombre et sévère ou même dur; la tête carrée, la face large sans être plate, mais s'amincissant vers le menton; les traits, vus de profil, saillans et profondément sculptés; la poitrine haute, les cuisses grosses, les jambes arquées, le pied grand, tout le corps trapu (2). L'anatomie nous fait encore reconnaître dans leur

---

(1) *Blumenbach :* de Varietate, p. 257.

(2) *Idem*, p. 146, 183, 194, 283. *Humboldt :* Essai politique sur la Nouvelle-Espagne, t. I, p. 381, éd. in-8º. *Félix de Beaujour :* Aperçu des États-Unis, p. 173.

crâne des arcs sourcilliers plus marqués, des orbites plus profondes, des pommettes plus arrondies et mieux dessinées, des tempes plus unies, les branches de la mâchoire inférieure moins écartées, l'os occipital moins bombé, et une ligne faciale plus inclinée que chez la race mongole, avec laquelle on a voulu quelquefois les confondre. La forme du front et du vertex dépend le plus souvent d'efforts artificiels (1); mais indépendamment de l'usage de défigurer la tête des enfans, il n'y a pas de race sur le globe dans laquelle l'os frontal soit plus déprimé en arrière (2). Le crâne est ordinairement léger.

« Tels sont les caractères généraux et distinctifs de toutes les nations américaines, à l'exception peut-être de celles qui occupent les régions polaires aux deux extrémités (3). Les Esquimaux hyperboréens, ainsi que les Puelches méridionaux, sont au-dessous de la taille moyenne, et présentent dans leurs traits et dans leur conformation la plus grande ressemblance avec les Samoyèdes (4); les Abipons, et plus encore les Patagons au sud, ont une stature presque gigantesque. Cette constitution forte et musculeuse, jointe à une forme élancée, se retrouve en quelque sorte chez les habitans du Chili, ainsi que chez les Caraïbes qui habitent les plaines du delta de l'Orénoque jusqu'aux sources du Rio-Blanco (5), et chez les Arkansas, que l'on compte parmi les sauvages les plus beaux de ce continent (6).

« Les raisonnemens sur les causes de la variété des couleurs de la peau humaine échouent ici contre l'observation,

---

(1) *Blumenbach*, 218. — (2) *A. de Humboldt*, t. I, 397-398.
(3) *G. Forster :* Voyage aux côtes nord-ouest de l'Amérique, III, 65. *Ulloa :* Notice historique et physique sur l'Amérique méridionale, II. *Vater*, sur la population de l'Amérique, 62 et 63. — (4) *Hearne :* Voyage à l'Océan du Nord, 157. *Charlevoix*, 45. — (5) *A. de Humboldt*, I, 384. — (6) *Charlevoix*, VI, 165.

puisque la même teinte cuivrée ou bronzée est commune, avec de très-petites nuances, à la généralité des nations d'Amérique, sans que le climat, le sol ou la manière de vivre paraissent y exercer la moindre influence. Citera-t-on les Zambos, appelés jadis Caraïbes, à l'île Saint-Vincent? Ils exhalaient en effet cette odeur forte et désagréable qui semble appartenir aux Nègres (1); leur peau noirâtre présentait au toucher la même mollesse soyeuse qu'on observe notamment sur les nations cafres; mais ils descendaient d'un mélange des naturels avec la race africaine (2) : les véritables Caraïbes sont rouges. Le coloris des indigènes du Brésil et de la Californie est foncé (3), quoiqu'ils vivent, les uns dans la zone tempérée et les autres près du tropique. Les indigènes de la Nouvelle-Espagne, dit M. de Humboldt (4), ont le teint plus basané que les Indiens de Quito et de la Nouvelle-Grenade, qui habitent un climat entièrement analogue : nous voyons même que les peuplades éparses au nord du Rio-Gila sont plus brunes que celles qui avoisinent l'ancien royaume de Guatimala. Les peuples de Rio-Negro sont plus basanés que ceux du Bas-Orénoque, et cependant les bords du premier de ces deux fleuves jouissent d'un climat plus frais. Dans les forêts de la Guiane, surtout vers les sources de l'Orénoque, vivent plusieurs tribus blanchâtres qui ne se sont jamais mêlées avec les Européens, et se trouvent entourées d'autres peuplades d'un brun noirâtre (5). Les Indiens qui, dans la zone torride, habitent les plateaux les plus élevés de la Cordillère des Andes, ceux qui, sous les 45° de latitude australe, vivent de la pêche entre les îles de l'archipel des Chonos, ont le teint aussi cuivré que ceux qui, sous un ciel brû-

---

(1) *Thibault de Chanvalon*; Voyage à la Martinique, p. 44. *Biet*: Voyage de la France équinoxiale, 352. *Blumenbach*, p. 180 et 181.
(2) *Leblond*: Voyage aux Antilles, t. I, ch. IX. — (3) *Blumenbach*, 147.
(4) L. c., II, chap. VI, passim. — (5) *Humboldt*, l. c., I, p. 386.

lant, cultivent des bananes dans les vallées les plus étroites et les plus profondes des régions équinoxiales. Il faut ajouter à cela que les Indiens montagnards sont vêtus et l'ont été long-temps avant la conquête, tandis que les indigènes qui errent dans les plaines sont tout nus, et par conséquent toujours exposés aux rayons perpendiculaires du soleil. Partout on s'aperçoit (1) que la couleur de l'Américain dépend très-peu de la position locale dans laquelle nous le voyons actuellement; et jamais, dans un même individu, les parties du corps couvertes ne sont moins brunes que celles qui se trouvent en contact avec un air chaud et humide. Les enfans ne sont jamais blancs en naissant; et les caciques indiens qui jouissent d'une certaine aisance, qui se tiennent vêtus dans l'intérieur de leurs maisons, ont toutes les parties de leur corps, à l'exception de l'intérieur de leurs mains et de la plante des pieds, d'une même teinte rouge-brunâtre ou cuivrée.

« Cette couleur foncée se soutient jusqu'à la côte la plus proche de l'Asie. Seulement sous les 54° 10' de latitude boréale, au milieu d'Indiens à teint cuivré et à petits yeux très-allongés, on a cru distinguer une tribu qui a de grands yeux, des traits européens et la peau moins brune que les paysans de nos campagnes. Michikinakou, chef des Miamis, a parlé à Volney (2) d'Indiens du Canada qui ne brunissent que par le soleil et par les graisses et les sucs d'herbes avec lesquels ils se frottent la peau. Selon le major Pike (3), les intrépides Ménomènes se distinguent par la beauté de leurs traits, par des yeux grands et expressifs, et par un teint plus clair que celui des autres bandes de Chipeouays. Leur physionomie respire à la fois la douceur et une noble indépendance. Ils sont tous bien faits

---

(1) *Humboldt*, l. c., I, p. 387. — (2) *Tableau des États-Unis*, t. II, p. 435. — (3) Voyage, I, 151.

et d'une taille moyenne. Les Li-Panis (1) ou Panis-Loups, qui errent, au nombre d'environ 800 guerriers, depuis les bords du Rio-Grande jusque dans l'intérieur de la province du Texas, au Nouveau-Mexique, ont les cheveux blonds et sont généralement de beaux hommes. D'après Adolphe Decker (2), qui, en 1624, accompagna l'amiral hollandais L'Ermite autour du cap Horn, il y aurait également, dans la Terre-de-Feu, des habitans qui naissent blancs, mais qui se peignent le corps en rouge et de diverses autres couleurs. Ces faibles anomalies, bien avérées, ne tendraient qu'à mieux prouver que, malgré la variété des climats et des hauteurs qu'habitent les différentes races d'hommes, la nature ne dévie pas du type auquel elle s'est assujettie depuis des milliers d'années.

« La *barbe* qu'on avait voulu refuser aux Américains, leur est assurée aujourd'hui. Les Indiens qui habitent la zone torride de l'Amérique méridionale, en ont généralement un peu, et elle augmente lorsqu'ils se rasent; cependant beaucoup d'individus naissent dénués de barbe et de poils. Galeno (3) nous apprend que parmi les Patagons il y a plusieurs vieillards qui ont de la barbe, quoique courte et peu touffue. Presque tous les Indiens, dans les environs de Mexico, portent de petites moustaches que des voyageurs modernes ont aussi retrouvées chez les habitans de la côte nord-ouest de l'Amérique. En rassemblant et comparant tous les faits, il semblerait en définitive que les Indiens sont plus barbus à mesure qu'ils s'éloignent de l'équateur. D'ailleurs, ce manque apparent de barbe est un caractère qui n'appartient pas exclusivement à la race américaine. Plusieurs hordes de l'Asie orientale, les Aléoutes et surtout quelques peuplades des nègres africains, en ont

---

(1) Voyage, II, 145. — (2) *Laborde*: Histoire des Navigat., I, 244 *bis*.
(3) *Viaje al Estrecho de Magellanes*, p. 331.

si peu, qu'on serait tenté d'en nier entièrement l'existence. Les nègres du Congo et les Caraïbes, deux races d'hommes éminemment robustes, souvent de structure colossale, prouvent que c'est un rêve physiologique que de regarder un menton imberbe comme un signe certain de la dégénération et de la faiblesse physique de l'espèce humaine.

« Ces caractères physiologiques rapprochent sans doute la race américaine de celle des Mongols qui peuple le nord et l'est de l'Asie, ainsi que de celle des Malais ou des hommes les moins basanés de la Polynésie et des autres archipels de l'Océanie. Mais ce rapprochement, qui ne s'étend qu'à la couleur, n'embrasse pas les parties les plus essentielles, le crâne, les cheveux, le profil du visage. Si, dans le système de l'unité de l'espèce humaine, on veut considérer la race américaine comme une branche de la race mongole, il faudra supposer que, pendant une suite de siècles sans nombre, elle a été séparée de son tronc et soumise à la lente action d'un climat particulier.

« Les langues sont, après les caractères physiologiques, la marque la plus certaine de l'origine commune des peuples.

« C'est dans les idiomes de l'Amérique qu'on a cru trouver les seules preuves positives d'une émigration des nations asiatiques, à laquelle le Nouveau-Monde devrait sa population. M. Smith Barton a le premier donné à cette hypothèse une sorte de consistance, en rapprochant un grand nombre de mots pris dans divers idiomes américains et asiatiques [1]. Ces analogies, ainsi que celles qu'ont recueillies l'abbé Hervas [2] et M. Vater [3], sont sans doute trop nombreuses pour pouvoir être considérées comme un

---

[1] *Smith Barton*: New Views, etc. — [2] *Hervas*: Dictionnaire polyglotte, p. 38, etc. — [3] *Vater*: De la Population de l'Amérique, p. 135.

jeu du hasard; mais, ainsi que M. Vater le remarque, elles ne prouvent que des communications isolées et des migrations partielles. L'enchaînement géographique leur manque presque entièrement; et, sans cet enchaînement, comment en ferait-on la base d'une conclusion?

« Nous avons repris les recherches des trois savans nommés, et, sans avoir à notre disposition des matériaux bien étendus, nous avons amené des résultats qui nous ont fait croire un moment que nous allions démontrer comme une vérité historique l'origine toute asiatique des langues américaines.

« Nous avons d'abord retrouvé l'enchaînement géographique incontestable de plusieurs mots principaux qui se sont propagés depuis le Caucase et l'Oural jusque dans les Cordillères du Mexique et du Pérou. Ce ne sont point des syllabes que nous rapprochons par des artifices étymologiques; ce sont des mots entiers, défigurés seulement par des terminaisons ou des inflexions de son, et dont nos lecteurs pourront pour ainsi dire suivre le voyage. Les objets les plus frappans dans les cieux et sur la terre, les relations les plus douces de la nature humaine, les premiers besoins de la vie, tels sont les chaînons qui lient plusieurs langues d'Amérique aux langues de l'Asie. Il se présente même quelques rapports, pour ainsi dire plus métaphysiques, dans les pronoms et les nombres; mais ici la chaîne est plus souvent interrompue. Ce n'est pas encore tout. L'enchaînement géographique s'est souvent offert à nos recherches, sous l'aspect d'une ligne de communication double et triple; quelquefois ces lignes se confondent dans les points intermédiaires, vers le détroit de Béring et dans les îles Aléoutiennes; mais elles se distinguent par les chaînons extrêmes. Le nombre des analogies certaines est plus du double de celui qu'on avait observé. Enfin, ce n'est pas une seule dénomination du soleil, de la lune, de la terre, des deux sexes, des parties du corps humain, qui a passé d'un continent à l'autre; ce sont deux, trois, quatre dénominations différentes, provenant de langues asiatiques reconnues pour appartenir à diverses souches (1).

« Tant de rapprochemens inattendus, et que n'avaient pas aperçus nos devanciers, auraient pu nous engager à soutenir avec une sorte d'assurance l'origine purement asiatique des principales langues américaines. Mais, plus attachés à l'intérêt de la vérité, nous n'essaierons pas de fonder sur nos observations une assertion imposante et hasardée ; nous dirons franchement que les analogies entre les idiomes des deux continens, quoique élevées, par nos recherches, à un nouveau degré de certitude et d'importance, ne nous autorisent qu'à tirer les conclusions suivantes :

« 1° Des tribus asiatiques, liées de parenté et d'idiome avec les nations finnoises, ostiaques, permiennes et caucasiennes, ont émigré vers l'Amérique, en suivant les bords de la mer Glaciale, et en passant le détroit de Béring. Cette émigration s'est étendue jusqu'au Chili et jusqu'au Groenland.

« 2° Des tribus asiatiques, liées de parenté et d'idiome avec les Chinois, les Japonais, les Aïnos et les Kouriliens, ont passé en Amérique en longeant les rivages du Grand-Océan. Cette émigration s'est étendue pour le moins jusqu'au Mexique.

« 3° Des tribus asiatiques, liées de parenté et d'idiome avec les Toungouses, les Mandchoux, les Mongols et les Tatares, se sont répandues en suivant les hauteurs de deux continens jusqu'au Mexique et aux Apalaches.

« 4° Aucune de ces trois émigrations n'a été assez nom-

(1) Voyez ci-après : *Tableau de l'enchaînement géographique des langues d'Amérique et d'Asie.*

breuse pour effacer le caractère originaire des nations indigènes d'Amérique. Les langues de ce continent ont reçu leur développement, leur formation grammaticale et leur syntaxe, indépendamment de toute influence étrangère.

« 5° Les émigrations ont été faites à une époque à laquelle les nations asiatiques ne savaient compter que jusqu'à deux ou tout au plus jusqu'à trois, et où elles n'avaient pas formé complètement les pronoms dans leurs langues (1). Il est probable que les émigrés d'Asie n'amenèrent avec eux que des chiens et peut-être des cochons; ils savaient construire des canots et des cabanes; mais ils ne donnaient aucun nom particulier aux divinités qu'ils ont pu adorer, ni aux constellations, ni aux mois de l'année.

« 6° Quelques mots malais, javanais et polynésiens ont pu être transportés dans l'Amérique méridionale avec une colonie des Madécasses, plus facilement que par la route du Grand-Océan, où les vents et les courans ne favorisent pas la navigation dans une direction orientale.

« 7° Un certain nombre de mots africains paraissent avoir été transportés par la même voie que les mots malais et polynésiens; mais les uns et les autres n'ont pas encore été reconnus en assez grande quantité pour pouvoir servir de base à aucune hypothèse (2).

« 8° Les mots de langues européennes qui paraissent avoir passé en Amérique, proviennent des langues finnoises et lettones; ils se rattachent au nouveau continent par les langues permienne, ostiaque et ioukaghire. Rien dans les langues persane, germanique, celtique; rien dans les langues sémitiques ou de l'Asie occidentale, ni dans celles de l'Afrique septentrionale, n'indique des émigrations anciennes vers l'Amérique.

(1) Voyez les nombres et les pronoms dans le *Tableau*. — (2) Voyez la note à la fin du *Tableau*.

« Voilà le résultat de nos recherches et de celles de nos devanciers. Quelques idiomes asiatiques ont pénétré en Amérique; mais la masse des langues parlées dans ce continent présente, comme la race des hommes qui les parlent, un caractère distinct et original. Nous allons en considérer les rapports généraux.

« Parmi le nombre prodigieux d'idiomes très-différens qu'on rencontre dans les deux Amériques, il y en a quelques uns qui s'étendent sur de vastes pays. Dans l'Amérique méridionale, la Patagonie et le Chili ont, en quelque sorte, une seule langue: les dialectes de l'idiome des *Guaranis* sont répandus depuis le Brésil jusqu'au Rio-Negro, et même par la langue *omagua* jusque dans le pays de Quito. Il y a de l'analogie entre les langues des *Lule* et des *Vilela*, et plus encore entre celles d'*Aymar* et de *Sapibocona*, qui ont notamment presque les mêmes mots de nombres. La langue *quichua*, la principale du Pérou, partage également avec celles-là plusieurs mots de nombres, sans parler des analogies particulières qu'elle présente avec d'autres langues du voisinage. L'idiome de *Maypure* est étroitement lié avec ceux de *Guaypunavi* et de *Caveri*; il tient aussi beaucoup de l'*avanais*, et il a donné naissance au maypure propre, ou parène ou chirúpa et à plusieurs autres qu'on parle autour du Rio-Negro, du Haut-Orénoque et du Marañon (1). Les *Caraïbes*, après avoir exterminé, dans le XVIe siècle, les *Cabres*, étendirent leur langue avec leur empire depuis l'équateur jusqu'aux îles Vierges. Au moyen de la langue *galibi*, un missionnaire assure qu'il pouvait communiquer avec tous les naturels de cette côte, les Cumangoles seuls exceptés (2). Gily considère la langue caraïbe comme la langue-mère de vingt autres, et particulièrement de celle

---

(1) *Vater*, p. 141. — (2) *Pelleprat*, dans le Dictionnaire galibi, préf. p. vij.

de *Tamanaca*, dans laquelle il pouvait se faire comprendre presque partout sur le Bas-Orénoque (1). La langue *saliva* est la mère des idiomes ature, piaroa et quaqua, et le *taparita* descend de l'*otomaca*.

« Dans l'Amérique septentrionale, la langue des *Aztèques* s'étend depuis le lac de Nicaragua jusqu'au 37°, sur une longueur de 400 lieues (2). Elle est moins sonore, mais aussi riche que celle des Incas. Le son *tl* qui, dans l'aztèque, n'est joint qu'aux noms, se retrouve dans l'idiome de Noutka, même comme finale des verbes. L'idiome de Cora a les principales formes du verbe pareilles aux conjugaisons aztèques, et les mots offrent quelques rapports (3). Après la langue mexicaine ou aztèque, celle des *Otomites* est la langue la plus générale du Mexique. Mais à côté de ces deux principales, il y en a, depuis l'isthme de Darien, jusqu'au 23° de latitude, une vingtaine d'autres, dont quatorze ont déjà des grammaires et des dictionnaires assez complets. La plupart de ces langues, loin d'être des dialectes d'une seule, sont au moins aussi différentes les unes des autres que l'est le grec de l'allemand, ou le français du polonais. Ce n'est qu'entre l'idiome huastèque et celui de Yucatan qu'on découvre quelques liaisons.

« Le Nouveau-Mexique, la Californie et la côte nord-ouest forment encore une région peu connue, et c'est là précisément que la tradition mexicaine place l'origine de beaucoup de nations. Les langues de cette région seraient très-intéressantes à connaître; mais à peine en a-t-on une idée obscure. Il y a une grande conformité de langage entre les *Osages*, les *Kansès*, les *Ottos* ou *Ottous*, les *Missouris* et les *Mahas*. La prononciation gutturale des fiers *Sioux* est commune aux *Panis*. La langue des Appaches et des Panis s'é-

---

(1) Dictionnaire polyglotte d'*Hervas*. — (2) *Humboldt*, Essai politique, t. II, 445. — (3) *Hervas*, Saggio pratico di Lingue, art. IV, p. 71.

tend depuis la Louisiane jusqu'à la mer de Californie (1). Les *Eslenes* et les *Rumsen* ou *Runsienes*, dans la Californie, parlent aussi un idiome très-répandu, mais différent des précédens.

« Les *Tancards*, sur les bords de la rivière Rouge, ont un certain gloussement, et la langue si pauvre, qu'ils parlent moitié par signes (2).

« Dans les provinces méridionales des Etats-Unis, jusqu'au Mississipi, il y a des rapports immédiats entre les idiomes des *Chaktahs* et des *Chikkasahs*, qui ont en outre quelque air de parenté avec celui des *Cheerakes*. Les *Creeks* ou *Muskohges*, et les *Katahbas* en ont emprunté des mots. Plus au nord, la puissante tribu des Six Nations parle une seule langue, qui forme entre autres les dialectes des *Senekas*, des *Mohawks*, des *Onondagos*, des *Cayugas*, des *Tuscaroras*, des *Cochnewagoes*, des *Wyandots* et des *Oneidas*. Les nombreux *Nadowessies* ont leur idiome à part. Des dialectes de la langue *chippaways* sont communs aux *Penobscots*, aux *Mahicannis* ou *Mohicans*, aux *Minsis*, aux *Narragansets*, aux *Naticks*, aux *Algonquins* et aux *Knistenaux*. Les *Miamis*, avec lesquels Charlevoix (3) classe les *Illinois*, en tiennent aussi des mots et des formes. Enfin, sur les confins des Knistenaux, dans le nord le plus reculé, sont les *Esquimaux*, dont l'idiome s'étend depuis le Groenland jusqu'à Ounalachka (4); le langage des îles Aléoutiennes paraît même offrir des ressemblances intimes avec les dialectes esquimaux, comme ceux-ci en offrent avec le samoyède et l'ostiak. Au milieu de cette zone de nations polaires, semblables par le langage comme par le teint et les formes, nous voyons les habitans des côtes américaines du détroit de Bering, con-

---

(1) Voyage de M. *Pike*, trad. franç., t. II, p. 95, 218, 258, etc.
(2) *Pike*, II, 159. — (3) Histoire de son voyage, VI, 278. — (4) Cook, second Voyage, IV.

naire en formes indicatives du temps. Dans le même idiome et dans ceux des Guaicures et des Huaztèques, ainsi que dans le hongrois, les verbes neutres ont des inflexions particulières. Dans les idiomes arawaque et abipon, de même que dans les langues basque et phénicienne, toutes les personnes des verbes, à l'exception de la troisième, sont marquées par des préfixes pronominaux. L'idiome betoï se distingue par des terminaisons de genre, exprimées par *os*, qui manquent à toutes les autres langues d'Amérique.

« Si l'histoire des langues américaines ne nous conduit qu'à des conjectures vagues, les traditions, les monumens, les mœurs, les usages nous fourniront-ils des lumières plus positives?

« Lorsque les Européens firent la conquête du Nouveau-Monde, la civilisation était concentrée dans quelques parties de la grande chaîne de plateaux et de montagnes. L'Anahuac renfermait le despotique état de Mexico ou Tenochtitlan, avec ses temples arrosés de sang humain, et Tlascala, peuplé de républicains non moins superstitieux. Les *Zaques*, espèce de pontifes-rois, gouvernaient du sein de la cité de Condinamarca les montagnes de la Terre-Ferme, tandis que les fils du Soleil régnaient sur les vallées élevées de Quito et de Cuzco. Entre ces limites, le voyageur rencontre encore aujourd'hui de nombreuses ruines de palais, de temples, de bains et d'hôtelleries publiques (1). Parmi ces monumens, les *téocalli* des Mexicains rappellent seuls une origine asiatique : ce sont des pyramides, environnées de pyramides plus petites, comme le sont les temples pyramidaux appelés *Cho-Madon* et *Cho-Dagon* dans l'empire birman, et *Pkah-Ton* dans le royaume de Siam.

« D'autres monumens ne nous parlent qu'un langage absolument inintelligible. Les figures, probablement hiéro-

(1) *A. de Humboldt*, Vues et Monumens des Cordillères.

glyphiques, d'animaux et d'instrumens, gravées sur les rochers de siénite, voisins du Cassiquiare, les camps ou forts carrés découverts sur les bords de l'Ohio, ne nous fournissent aucun indice. L'Europe savante n'a jamais eu de nouvelles de l'inscription en caractères tatars qu'on disait avoir été trouvée dans le Canada et envoyée au comte de Maurepas (1).

« On cite encore des monumens d'une nature très-douteuse. Les peintures des Toultèques ou Toltèques, anciens conquérans du Mexique, indiquaient d'une manière claire, nous dit-on, le passage d'un grand bras de mer; assertion qui, après la disparition des preuves, doit inspirer peu de confiance (2). Les peintures mexicaines existantes ont un caractère si obscur et si vague, qu'il serait bien téméraire de les considérer comme des monumens historiques.

« Les mœurs et les usages dépendent trop des qualités générales de l'esprit humain et des circonstances communes à plusieurs peuples, pour pouvoir servir de base à une hypothèse historique. Les peuples chasseurs, les peuples pêcheurs ont nécessairement la même manière de vivre. Que les Toungouses mangent la viande crue et seulement desséchée par la fumée; qu'ils mettent de la vanité à pointiller sur les joues de leurs enfans des lignes et des figures en bleu ou en noir; qu'ils reconnaissent la trace de leur gibier au moindre brin d'herbe courbé; ce sont là des traits communs à tous les hommes nés et élevés dans les mêmes circonstances. Il est sans doute un peu plus remarquable de voir les femmes toungouses et américaines s'accorder dans l'usage de coucher leurs enfans tout nus dans un tas de bois pourri et réduit en poudre (3); cependant, les mêmes be-

---

(1) *A. de Humboldt:* Ansichten, p. 79.
(2) *Botturini:* Idea d'una Storia di Messico, cité par M. *Vater.*
(3) *Georgi:* Peuples de la Russie, p. 324. *Long:* Voyages dans le Canada, p. 54 (en anglais).

soins et les mêmes localités expliqueraient encore cette ressemblance. Il est aussi digne de remarque que les anciens Scythes aient eu, comme les Américains, l'usage de *scalper* ou d'enlever à leurs ennemis la peau de la tête avec les cheveux (1), quoique sans doute la férocité ait partout inspiré à l'homme des excès semblables. Un certain nombre d'analogies plus importantes rattache le système religieux et astronomique des Mexicains et des Péruviens à ceux de l'Asie. Dans le calendrier des Aztèques, comme dans celui des Kalmouks et des Tatares, les mois sont désignés sous les noms d'animaux (2). Les quatre grandes fêtes des Péruviens coïncident avec celles des Chinois; les Incas, à l'instar des empereurs de la Chine, labouraient de leur propre main une certaine étendue de terrain. Les hiéroglyphes et les cordelettes en usage chez les anciens Chinois, rappellent d'une manière frappante l'écriture figurée des Mexicains, et les *quipos* du Pérou. Enfin, tout le système politique des *Incas* péruviens et des *Zaques* de Condinamarca, était fondé sur la réunion du pouvoir civil et ecclésiastique dans la personne d'un dieu incarné (3).

« Sans attacher à ces analogies une importance décisive, on peut dire que l'Amérique, dans ses mœurs comme dans ses langues, montre l'empreinte d'anciennes communications avec l'Asie. Mais ces communications ont dû être antérieures au développement des croyances et des mythologies actuellement régnantes parmi les peuples asiatiques. Sans cela, les noms de quelques divinités auraient été transportés d'un continent dans l'autre. »

(1) *Hérod.*, t. IV, sect. LXIV. — (2) *A. de Humboldt*: Vues et Monumens.
(3) *Fischer*: Conjectures sur l'origine des Américains; dans *Pallas*, Nouveaux Mémoires sur le Nord, t. III, p. 289-322; copié dans *Schérer*, Recherches historiques et géographiques sur le Nouveau-Monde, Paris, 1777. Cet écrit ancien a été recopié textuellement dans une suite d'articles insérés dans le *Moniteur* en 1816.

Un savant américain a prouvé que toutes les nations éparses depuis la baie d'Hudson jusqu'au golfe du Mexique, bien qu'inconnues les unes aux autres, et parlant un idiome différent, n'avaient jadis qu'une seule et même religion. Ils adoraient un Être suprême, créateur de toutes choses, qui aime à se communiquer à certaines âmes choisies; ils ne se permettaient pas de le représenter sous aucune forme. Ils reconnaissaient aussi des génies tutélaires dont ils faisaient des images. Ils croyaient à l'immortalité de l'âme et à des peines et des récompenses dans une autre vie (1).

« Aucune tradition américaine ne remonte à l'époque infiniment reculée de ces communications. Les peuples de l'Amérique méridionale n'ont presque pas de souvenirs historiques. Les traditions des nations septentrionales se bornent à assigner la région où jaillissent les sources du Missouri, du Colorado et du Rio-del-Norte, comme la patrie d'un très-grand nombre de tribus.

« En général, depuis le VIIe jusqu'au XIIIe siècle, la population paraît avoir continuellement reflué vers le sud et vers l'est. C'est des régions situées au nord du Rio-Gila que sortirent ces nations guerrières qui, les unes après les autres, inondèrent le pays d'Anahuac. Les tableaux hiéroglyphiques des Aztèques nous ont transmis la mémoire des époques principales qu'offre la grande migration des peuples américains. Cette migration a quelque analogie avec celle qui, au Ve siècle, plongea l'Europe dans un état de barbarie dont nous ressentons encore les suites funestes dans plusieurs de nos institutions sociales. Les peuples qui traversèrent le Mexique laissèrent, au contraire, des traces de culture et de civilisation. Les Toultèques y parurent pour la première fois l'an 648, les Chichimèques en 1170,

---

(1) *Jarvis*: Discourse on the religion of the Indian tribes of north America, etc. New-York, 1820.

les Nahualtèques l'an 1178, les Acolhues et les Aztèques en 1196. Les Toultèques introduisirent la culture du maïs et du coton; ils construisirent des villes, des chemins, et surtout ces grandes pyramides que l'on admire encore aujourd'hui, et dont les faces sont très-exactement orientées. Ils connaissaient l'usage des peintures hiéroglyphiques; ils savaient fondre des métaux et tailler les pierres les plus dures; ils avaient une année solaire plus parfaite que celle des Grecs et des Romains. La force de leur gouvernement indiquait qu'ils descendaient d'un peuple qui, lui-même, avait déjà éprouvé de grandes vicissitudes dans son état social (1). Mais quelle est la source de cette culture? quel est le pays d'où sortirent les Toultèques et les Mexicains?

Les traditions et les hiéroglyphes historiques donnent à la première demeure de ces peuples voyageurs les noms de *Huehuetlapallan*, *Tollan* et *Aztlan*. Rien n'annonce aujourd'hui une ancienne civilisation de l'espèce humaine au nord de Rio-Gila, ou dans les régions septentrionales parcourues par Hearne, Fiedler et Mackenzie; mais sur la côte nord-ouest, entre Noutka et la rivière de Cook, dans la baie Norfolk et dans le canal de Cox, les indigènes montrent un goût décidé pour les peintures hiéroglyphiques (2). Quand on se rappelle les monumens qu'un peuple inconnu a laissés dans la Sibérie méridionale, quand on rapproche les époques de l'apparition des Toultèques, et celle des grandes révolutions de l'Asie, lors des premiers mouvemens des Hioungnoux, ou Turcs, on est tenté de voir dans les premiers conquérans du Mexique une nation civilisée qui avait fui des rives de l'Irtyche ou du lac Baïkal, pour se soustraire au joug des hordes barbares du plateau central de l'Asie (3).

(1) *Humboldt*: Essai politique, t. I, p. 370 et 404. — (2) Voyage de *Marchand*, t. I, p. 258, 261, 375. *Dixon*, p. 332.
(3) Comparez *Humboldt*, Essai polit., t. I, p. 373; II, 502; III, 231.

« Le grand déplacement des tribus américaines du nord est constaté par d'autres traditions. Tous les indigènes des États-Unis du midi prétendent y être arrivés de l'ouest, en passant le Mississipi. Suivant l'opinion des Muskohges, le grand peuple dont ils sont sortis demeure encore dans l'ouest : leur arrivée ne paraît dater que du XVIe siècle. Les Senecas en étaient autrefois des voisins. Les Delawares ont trouvé sur le Missouri des naturels qui parlaient leur langue (1). D'après M. Adair, les Chaktahs sont venus avec les Chikkasahs, postérieurement aux Muskohges.

« Les *Chipiouans*, ou Chepewyans ont seuls des traditions qui paraissent indiquer leur sortie de l'Asie. Ils habitaient, disent-ils, un pays très-reculé vers l'ouest, d'où une nation méchante les chassa ; ils traversèrent un long lac, rempli d'îles et de glaçons ; l'hiver régnait partout sur leur passage ; ils débarquèrent près de la rivière du Cuivre. Ces circonstances ne sauraient s'appliquer qu'à une émigration d'une peuplade de Sibérie, qui aurait passé le détroit de Bering ou quelque autre détroit inconnu, et encore plus septentrional. Cependant, la langue des Chipiouans n'offre pas un caractère plus asiatique que les autres idiomes américains. Leur nom ne se retrouve pas plus parmi l'immense nomenclature des tribus asiatiques anciennes et modernes, que celui des Hurons, qu'on a si mal à propos voulu comparer avec les *Huires* de Marc-Pol et les *Huiur* de Carpin, qui ne sont que les Ouigours (2).

« En dernière analyse, les traditions, les monumens et les usages comme les idiomes rendent très-probables plusieurs invasions de nations asiatiques dans le nouveau continent ; mais toutes les circonstances concourent aussi à reculer l'époque de ces événemens jusque dans les ténèbres des siècles antérieurs à l'histoire. L'arrivée d'une co-

---

(1) *Smith-Barton*, p. 47. — (2) Voyez notre vol. I, p. 539 et 540.

lonie de Malais, mêlés de Madécasses et d'Africains, est un événement vraisemblable, mais enveloppé d'une obscurité encore plus épaisse. La masse des Américains est indigène.

« Après avoir exposé l'ensemble de nos recherches et de nos conjectures sur l'origine des Américains, ce serait fatiguer inutilement nos lecteurs que d'analyser longuement toutes les opinions qu'on a proposées à ce sujet. Il suffit de savoir que tout a été imaginé. La ressource banale de la dispersion des Israélites a été employée par un grand nombre d'écrivains, parmi lesquels un seul mérite d'être remarqué : c'est l'Anglais *Adair* qui, avec beaucoup d'érudition, a démontré les ressemblances de mœurs qui existent entre les anciens Hébreux et les peuples de la Floride et des Carolines (1). Ces ressemblances ne prouvent qu'en général une communication avec l'Asie, et quelques unes, telles que l'usage de l'exclamation *hallela yah*, paraissent illusoires. Les Égyptiens ont été donnés pour ancêtres aux Mexicains par le savant *Huet* (2), par Athanase *Kircher* et par un érudit Américain, dont les vastes recherches n'ont pas été imprimées (3). Les systèmes astronomiques et chronologiques diffèrent totalement ; le style dans l'architecture et la sculpture peut se ressembler chez beaucoup de peuples, et les pyramides d'Anahuac se rapprochent plus de celles de l'Indo-Chine que de celles d'Égypte. Les Cananéens ont été mis en avant par *Gomara*, d'après de faibles analogies de mœurs, remarquées dans la Terre-Ferme (4). Beaucoup d'écrivains ont soutenu la réalité des expéditions carthagi-

---

(1) *Adair* : History of the American Indians, p. 15-220. *Garcia* : Origen de los Indios de el Nuevo-Mundo, liv. III ; Valencie, 1607. Nouvelle édition, par *Barcia* ; Madrid, 1729. — (2) *Huet* : De Navigat. Salomonis.
(3) *Siguenza* : Extrait dans *Equiara*, Bibliotheca messicana. Comp. *Humboldt*, Vues et Monumens. — (4) *Gomara* : Hist. indiana, t. I, p. 41.

noises en Amérique, et on ne saurait en nier absolument la possibilité (1). On connaît trop peu la langue de ce fameux peuple, né d'un mélange d'Asiatiques et d'Africains, pour avoir droit de décider qu'il n'existe aucune trace d'une invasion carthaginoise. Nous pouvons, avec plus de certitude, exclure les Celtes, malgré les artifices étymologiques employés pour retrouver des racines celtiques dans l'algonquin (2). Les anciens Espagnols ont aussi de bien faibles droits; leur navigation était bien bornée. Les Scandinaves ont conservé les preuves historiques de leurs navigations au Groenland et à Terre-Neuve; mais elles ne remontent qu'au Xe siècle, et elles prouvent seulement que l'Amérique était déjà peuplée en totalité, argument très-fort pour la haute antiquité des nations américaines. Le célèbre *Hugo Grotius* (3) a très-maladroitement combiné ce fait historique avec quelques étymologies hasardées, pour attribuer la population de l'Amérique septentrionale aux Norvégiens qui, hors l'Islande et le Groenland, n'y ont laissé que de faibles traces.

« L'origine purement asiatique a trouvé de nombreux défenseurs. Le savant philologue *Brerewood* (4) est peut-être le premier qui l'ait proposée. Les historiens espagnols ne l'ont admise qu'en partie.

« De Guignes (5) et William Jones (6) conduisent, sans beaucoup de peine, l'un ses Huns et Tibetains, l'autre ses Hindous, dans le Nouveau-Monde. *Formel*, dont nous n'avons pu consulter l'écrit, a le premier insisté sur les

---

(1) *Garcia*, l. c., liv. II. *Campomanès*: Antiguedad maritima de Carthago. — (2) *Valençay*: Antiquity of the Irish Language, etc., etc.

(3) *Hugo Grotius*: De Origine gentium american. *De Laet*: Notæ ad dissertat. Hug. Grot., Amsterdam, 1643. — (4) Enquiry touching the diversity of Languages and of Religions; London, 1654.

(5) Mémoires de l'Académie des Inscriptions, t. XVIII, p. 505.

(6) Asiatical Researches, t. I, p. 426.

AMÉRIQUE : *Origine des Américains.*

Japonais qui, en effet, peuvent réclamer un grand nombre de mots américains. *Forster* a attaché beaucoup d'importance à la dispersion d'une flotte chinoise, événement trop récent pour pouvoir avoir produit une grande influence sur la population américaine (1).

« Depuis plus d'un demi-siècle, le passage des Asiatiques par le détroit de Bering, a été élevé au rang d'une probabilité historique par les recherches de *Fischer*, de *Smith-Barton*, de *Vater* et d'*Alexandre de Humboldt*. Mais ces savans n'ont jamais soutenu que tous les Américains fussent les descendans des colonies asiatiques.

« Une opinion mixte, qui réunit les prétentions des Européens, des Asiatiques, des Africains et même des Océaniens, a obtenu quelques suffrages de poids. *Acosta* (2) et *Clavigero* (3) en paraissent les partisans. Ce dernier insiste avec raison sur la haute antiquité des nations américaines. L'infatigable philologue *Hervas* (4) admet aussi l'hypothèse d'une origine mixte. Elle a été savamment développée par *George de Horn* (5). Cet écrivain ingénieux exclut de la population de l'Amérique les nègres, dont on n'a trouvé aucune tribu indigène dans le Nouveau-Monde, les Celtes, les Germains et les Scandinaves, parce qu'on n'a vu parmi les Américains ni des cheveux blonds, ni des yeux bleus; les Grecs et les Romains et leurs sujets, à cause de leur timidité comme navigateurs; les Hindous, parce que les mythologies américaines n'offrent aucune trace du dogme de la transmigration des âmes. Il cherche ensuite l'origine primitive des Américains chez les Huns et les Tatares-Kathayens; leur migration lui paraît très-an-

---

(1) Histoire des Découvertes faites au Nord.
(2) *Acosta* : Historia natural y moral de las Indias, l. I, c. xx.
(3) *Clavigero* : Storia di Messico, t. IV, dissert. 1. — (4) *Hervas* : Saggio pratico delle Lingue, p. 36. Vocabulario poliglotto, p. 36.
(5) Georg. Hornii : De Originibus Americanis, libri IV. Hag. Com. 1699.

cienne. Quelques Carthaginois et Phéniciens auraient été jetés sur le rivage occidental du nouveau continent. Plus tard, les Chinois s'y seraient transportés; Facfour, roi de la Chine méridionale, s'y serait enfui pour éviter le joug de Koublaï Khan; il aurait été suivi de plusieurs centaines de milliers de ses sujets. Manco-Capac serait aussi un prince chinois. Ce système, hasardé lorsqu'il parut, s'accorde avec plusieurs faits postérieurement observés, et que nous avons recueillis; quelque écrivain hardi et peu scrupuleux n'aurait qu'à s'emparer de ces faits, les combiner avec les hypothèses de *Horn*, et nous donner ainsi l'histoire certaine et véridique des Américains.

« Rien n'empêche même qu'un jour l'Amérique, enorgueillie de sa civilisation, ne se dise à son tour le berceau du genre humain. Déjà deux savans des États-Unis ont soutenu que les tribus du nord de l'Asie pouvaient aussi bien être les descendans des Américains que ceux-ci des premières (1).

« Dans l'état actuel des connaissances, le sage s'arrêtera aux probabilités que nous avons indiquées, sans tenter vainement de les combiner en forme de système.

N. B. Lorsque la première édition de ce volume fut publiée en 1817, nous n'avions pas encore connaissance du volume du *Mithridates*, où se trouve le beau travail de M. *Vater* sur les langues américaines. Les interruptions de nos communications avec l'Allemagne nous avaient même empêché de savoir qu'il avait paru. Les résultats des recherches de M. Vater coïncident sur les points les plus essentiels avec les nôtres; seulement il n'a pas eu l'idée de ces enchaînemens géographiques qui font la base du *Tableau* suivant. Mais son travail nous fournirait un grand nombre de preuves nouvelles en faveur de nos conjectures. Les indications auxquelles nous nous bornons sont suffisantes : un traité complet sur cette matière ne saurait trouver sa place dans une *Géographie universelle*.

(1) *Bernard Romans:* Natural History of Florida; New-York, 1776. *Jefferson:* Notes on Virginia, p. 162.

TABLEAU

De l'enchaînement géographique des langues américaines et asiatiques [1].

Soleil, en Nouvelle-Angleterre, *kone*; — en iakoute, *kouini*; — en ouigour, *kien*; — en tatare, *koun*; — en aware ou chunsag, *kko*. — En tatare encore, *kouyach*; — en kamtchadale, *koua-atch*; — en maypouri, *gouie*. == En vogoule, *konzai*, étoiles; — en ostiak, *kos*.

2. *Idem*, en chiquito, *souous*; — en mosca, *soua*; — en iakoute, *solous*, étoile; — en mandchou, *choun*, soleil; — en ostiak, *sionna*; — en tchouktche, *synn*, étoiles; — en andi, *souvou*; — en vogoule, *sowa*, étoile. == En sanskrit, *sourya*; — en zend, *shour* [2].

3. *Idem*, en quichua; *inti*; — en lalé, *inni*; — en aléoute, *inkak* (le firmament); — en toungouse d'Okhotsk, *ining* (le jour). == En bas javanais, *ginni*, le feu; — en batta, *Iniang*, Dieu.

4. *Idem*, en chippaway, *kesis*; — en mahicane, *keeschog*; — en tchérémisse, *ketsche* (S. B.).

5. *Idem*, *Nü* et *née*, soleil, en kinaï (Amérique russe), se rattache à *né*, jour, lumière, en birman; — *nie*, œil, en licoukien; — *ne*, œil, en chilien; — *néoga*, œil ou yeux, en abipon.

---

(1) Tous les mots américains sont pris dans les ouvrages précités de M. *Smith-Barton* et M. *Vater*. Ce dernier les a tirés d'un grand nombre de dictionnaires imprimés ou manuscrits; quelques uns lui avaient été communiqués par M. *A. de Humboldt*. Dans ces noms, nous n'avons corrigé l'orthographe espagnole et anglaise qu'autant que cela devenait absolument nécessaire pour rendre sensible l'analogie. Les enchaînemens commencés par *Vater* et *Smith-Barton*, et que nous n'avons pu compléter, sont marqués des initiales de ces savans. Quelquefois aussi nous marquons par des points les lacunes très-remarquables dans les chaînes de mots, d'ailleurs certaines. Les mots des îles Aléoutiennes et de l'île Kadjak sont tirés des vocabulaires donnés par *Sauer* dans la relation du Voyage de *Billings*. Les mots kamtchadales, ioukaghirs et iakoutes, de la même source. — Les mots toungouses, de *Sauer*, *Georgi*, etc. — Les mots mandchoux nous ont été communiqués par M. *Jules de Klaproth*. Les mots yeço ou aïno, d'un vocabulaire manuscrit de M. *Titzingh*. — Les mots japonais, d'un vocabulaire par le même, dans les *Mémoires de la Société de Batavia*. — Les mots licoukieou et birmans, des vocabulaires publiés par M. *de Klaproth*, dans ses *Mémoires asiatiques*. — Les mots sanskrits, malais, etc., du *Mithridates*. — Les mots haut et bas javanais, des *Mémoires de Batavia*. — Les mots polynésiens, de *Cook*, d'*Entrecasteaux*, etc. — Les mots ouigours, afghans, ceux des tribus caucasiennes, andi, aware ou chunsag, kaboutsche, kasikoumuks, etc., des *Mémoires de M. de Klaproth*. — Les mots wogoules, ostiaks, permiens, finnois, de *Vater*, de *Smith-Barton*, du *Mithridates*. — Les mots lithuaniens, courlandais, prucziens (ou vieux prussiens), d'un vocabulaire manuscrit.

(2) On peut en rapprocher le *sounna* des Goths et des Allemands, le *sol* des Latins et des Manni ou Scandinaves antérieurs aux Goths (V.) *Edda Sæmundina*, *Alvismâl*, strophe 16), et le *saulous* des Lithuaniens.

Lune, en aztèque, *mextli* (1); — en afghan, *maischta*; — en russe, *msiaïtsch*; — en aware, *moz*; — en sanskrit, *masi*.

2. *Idem*, en chili, *couyen*; — en mossa, *cohe*; — en yeso ou aïno, *kounetsou* (avec l'article affixe); — en ioukaghir, *konincha*; — en estonien, *kouli*; — en finnois, *koun*.

Étoiles, en huaztèque, *ot*; — en tatare, *oda* (V.). == *Idem*, en chikasaw, *phoutckik*; — en japonais, *fouschi*. == *Idem*, en algonquin et chippaway, *alank*; — en kotowze, *atagan*; — en assani, *alak* (S. B.).

Ciel, en huaztèque, *tiæb*; — en poconchi, *taxab*............ (2); — en chinois, *tien*, et dans le dialecte de Fo-kien, *tchio*..........; — en géorgien, *tcha*; — en finnois, *taïwas*; — en estonien, *taëwas*; — en courlandais et pruczien, *debbes* ou *tebbes*; — en letton et livonien, *debbesis*.

Terre, en chili, *toue*; — aux îles des Amis, *tougoutou*; — en tagalien, *touna*; — en aïno, *toni*; — en japonais et chinois, *tii*; — en tchoukasse, *tchi*. == Le même enchaînement par le nord : en toungouse, *tor*; — en kittawin, *to*; — en abasgien ou awchase, *toula*; — en altikeseck, *tzoula*.

2. *Idem*, en delaware, *hacki*; — en narraganset, *auke*; — en persan, *chaki*; — en boukharie, *chek* (S. B.); — en aléoute, *tchekak*; — en kamatchiuzi, karagasse, etc., *dscha*.

3. *Idem*, en péruvien, *lacta*; — en yucatan, *lotioun* (S. B. et V.); — en mexicain, *tlali*; — en koliouche, *tlatka*; — en ioukaghir, *lewie* et *lifié* (à l'ablatif *lewiang*); — en finnois d'Olonetz, *leiwou*; — en ingouche et tchetchingue (pays caucasiens), *laite*; — en birman, *lai*, campagne.

Feu, en brasilien, *tata*; — en muscogulgue, *toutkah*; — en ostiak, *tout*; — en vogoule, *tat* (S. B.); — en quelques dialectes caucasiens, *tzah*; — en mandchou, *toua*; — en finnois, *touli*.

Eau, en delaware, *mbi* et *bch*; — en samoyède, *bi* et *be*; — en kourile, *pi* (S. B.); — en toungouse, *bi-alga*, les vagues; — en mandchou, *bira*, rivière; — en albanais, *oui* et *vie*.

2. *Idem*, en mexicain, *atl*; — en vogoule, *atil*, le fleuve (mais cela tient à une analogie générale, *aqua*, *ach*, *aa*, etc.).

3. *Idem*, en vilela, *ma*; — au Norton-Sund, *mone*; — en tchouktche, *mok*; — en toungouse, *mou*; — en mandchou, *mouke*; — en japonais, *mys*; — en licoukieou, *minzou* (3).

4. *Idem*, en tamanaque, *nono*; — en zamouque, *nouni*; — en tchouktche et groenlandais, *nouna*, *nounit*; — en koriaïque, *noutwlout*.

---

(1) *Tli* n'est qu'une terminaison commune en mexicain ou aztèque.

(2) Cette langue immense nous a offert un seul mot congénère, savoir : *tiba*, pluie, en ioukaghir. Le rapprochement est d'autant plus juste, que *tebbes* et *debbes*, dans les langues lithuaniennes, signifient proprement le ciel, des nuages.

(3) M. Vater retrouve des mots américains dans le *nani* des Coptes et dans le *na* mauritanien. La ressemblance est parfaite; mais il faudrait savoir ce que M. Vater entend par *mauritaines*; quant au copte, il a reçu beaucoup de mots asiatiques.

AMÉRIQUE. 43

Pluie, en brasilien, *ameu*; — en japonais, *amé* (S. B.). == *Idem*, en algonquin, *kemevan*; — en lesgien, *kema* (Id.).

Vent, en vilela, *uo*; — en omagua, *ehuëtu*; — en ostiak, *vot* et *uat* (V.). == On peut le rapprocher de *wad*, vent, en pehlwi, de *waihou*, sanskrit; *wiatr*, slavon; *vetr*, islandais; *vavodhr*, et *hvithuth* dans deux dialectes perdus de la Scandinavie (1).

Air, en delaware, *awonou*; — en miamis, *awaunveeh*; — en kirghiz et arabe, *awa* (S. B.); — en sanskrit, *avi*. == En iotique, dialecte scandinave, *œpi* (2).

Année, en péruvien, *huata*; — dans un dialecte tchouktche, *hiout*; — en albanais, *viet*; — en ostiak, *hoet* (S. B.); — en lieoukieou, *wadii*, mois. == En hindoustani, *wakht*, le temps (3).

Montagne, en araucan, *pire* (nom particulier des Andes)..........
En ioukaghir, *pea*; — en ostiak, *pelle*; — en andi, dialecte caucasien, *pil*.

Champ, en haïtien, *conouco*; en iakoute, *chonou* (V.). == En japonais, *houni*, district. == En chinois, *koue*, royaume, région.

Hauteur, en acadien, *pamdemou*; — en mordwin, *pando*; — en mokchan, *panda* (S. B.); — en ioukaghir, *podannie*, haut, élevé.

Rivage, en ottomaque, *cahti*; — en iakoute, *kitto*; — en lapon, *kadde*; — en aïno, *kada-schma-kodan*, rivage en pente.

Mer, en araucan, *languen*; — en toungouse, *lam*; — en malai, *laout*.....
Dans l'Edda-Sæmundina, *la* et *lœgi* (4).

Lac, en hongrois, *to* et *ferto*; — en aïno, *to*, un grand lac; — en tchouktche, *touet-touga*, golfe de la mer, — en mexicain, *atoyatl*, lac; — en lule, *tooson*.

Fleuve, en groenlandais, *kook*; — en kamtchadale, *kiigh*; — en samoyède, *kyghe* (V.); — en chinois méridional, *kiang*; — en tchouktche, *kiouk*; — en kinaïlzi, *kytnu* (chaine un peu embrouillée).

2. *Idem*, en natchez et algonquin, *missi* ou *messé* (*Missi-Sipi*, Miss-Ouri, Missi-Nipi, etc., etc.); — en japonais, *mys*, eau; — en lieoukieou, *minzou*.

Arbre, en mossa, *ioukhoukhi*; — en ostiak, *ioukh* (V.); — en ioukaghir, *kiokh*, plante.

Forêt, en nadowessi, *ochaw*; — en zamuca, *ogat*; — en tatare, *agaz* (V.); — en kadjak, *kobogak*, un arbre; — en afghan, *oha* (voyez *Herbe*).

2. *Idem*, en ottomaque, *tœhe*; — en delaware, *tachan* ou *taukon* (V.); — en iakoute, *tya*; — en japonais, *titimi*, bois. == En mongole, *taëri*, pin. == Aux îles des Amis, *tohou*, espèce d'arbre.

---
(1) Edda Sæmundina, t. I, p. 264. Alcinmâl, stroph. 20.

(2) Ibid., p. 265. Les Jotes étaient antérieurs aux Goths; c'étaient les géants, les Euakins, les Patagons du Nord.

(3) La racine de tous ces mots paraît arabe.

(4) Voyez le registre des mots dans l'*Edda Sæmundina*. Le mot signifie aussi tout fluide en général : *Liquor*, *liquidus*.

44   LIVRE CENT SOIXANTE-TREIZIÈME.

3. *Idem*, en guarani, *caa*; — en tupi, *cagua*; — en omagua, *cava*; — en vilela, *cohuit*; — en maya, *k'aas*; — en malabar, *cadd*. == Tous ces mots se rattachent à ceux qui signifient *herbe*, deuxième série.

Écorce, en quichua, *cara*; — en ostiak, *kar*; — en tatare, *kaëri*; — en permien et slavon, *kora*; — en finnois d'Olonetz, *kor* (V.).

Pierre, *rocher*, en caraïbe, *tebou*; — en tamacan, *tepou*; — en galibi, *tobou*; — en yaoi, *tabou*; — en koliouche, *té* ou *tété*; — en lesghien, *teb* == En aztèque, *tepetl*, montagne, rocher; — en turc, *tepe*; — en mongole, *tabakhan* (pointe de rocher).

Herbe, en chiquito, *boos*; — en mongol, *oubousu*; — en kalmouk, *œbœsyn* (V.). == En iakoute, *bosok*, une branche. == En langue de kadjak, *obovit*, plantes. == Aux îles des Amis, *bougo*, arbre (voyez *Forêt*, première série).

2. *Idem*, en omagua, *ca*; — en guaicoure, *caa*; — en hindoustani, *gas*. == En kamtchadale, *kakain*, le genévrier. == En birman, *à-khà*, une branche d'arbre.

Poisson, en quichua et en chili, *khalloua*; — en cochimi, *cahal*; — en maya, *caih*; — en poconchi, *car*; — en kadjak, *kakhlicuit*; — en koliouche, *chaat*; — dans un dialecte tchouktche, *ikahlik*; — en samoyède, *koual* et *karre*; — en wogoule et ostiak, *khoul*; — en koïbale, *khollai* — en finnois de Carélie, *kala*; en tonquinois, *ca*.

2. *Idem*, en mobima, *bilau*; — en iakoute, *balyk*; — en tatare, *baluk*; — en russe, *belouga*.

Oiseau, en tamacan, *toreno*; — en japonais, *tori* (V.). == En hindoustani, *tchouri*.

Oie, en chippaway, *gah*; — en chinois, *gouh* (V.). == En japonais, *gang*. == En mandchou, *gaskhan*, oiseau.

Pain, en chikasaw, *kawtoo*; — en wokkonsi, *ikettau*; — en ostiak de Pompokol, *koïta*; — en akouscha et koubescha, *katz*; — en pruczien, *ghieytie*.

Nourriture, en quichua, *micunnan*; — en taïtien et aux îles des Amis, *maa*; — en malai d'Asie, *macannan*; — en japonais, *mokhi* . . . . . . (1); en ingouche, en touscheti, *mak*, pain ou gâteau; — en altikesek, *mikel*.

Viande, en mexicain, *nacatl*; — en groenlandais, *nekke*; — en tchouktche, *nakka*; — en japonais, *niekf* . . . . (2).

Os, en tuscaror, *ohskhereh*; — en arménien, *oskor*; — *idem*, en creek, *ifoni*; — en japonais, *fone* (S. B.) . . . .

Sang, en totonak, *lacahni*; — en tarahumar, *laca*; — en ioukaghir, *liopkol*; — en hindoustani, *lohou*.

---

(1) Cette lacune dans la chaîne, du côté du Nord, provient naturellement de ce que les hordes septentrionales ignoraient l'usage du pain et des alimens préparés avec art.

(2) Les mots correspondans dans toutes les langues intermédiaires diffèrent absolument de ceux-ci. Même observation pour le mot suivant.

AMÉRIQUE.

Cochon, en tarahumar, *cotschi;* — en chippaway, *coocootsche;* — en mongol, *khokhaï;* — en kathayen, *khaï* (1).

Chien, en caraïbe, *caïcoutchi;* — en tarahumar, *cocotschi;* — en kamtchadale, *kossa;* — en kasikoumuck, *ketschi*. = *Idem*, en chéroquée, *keira;* — en ostiak, *koira*. = *Idem*, en andi, *aware* et autres idiomes caucasiens, *khoï;* — en birman, *khouï;* — en aléoute, *ouikouk*.

Bateau, en galibi, *canoua;* — en haïtien, *canoa;* — en aïno, selon La Pérouse, *kahani;* — en groënlandais, *cayac;* — en Amérique russe, *idem;* — en samoyède, *cayouc* (*kahn*, en all. *canot*).

Maison, en mexicain, *calli* . . . . . . ; — en vogoule, *kol* et *kolla;* — dans les langues germaniques et scandinaves, *hall*. = *Idem*, en lule, *ouya;* — en aléoute, *ouladok;* — en ouïgour, *ouyon;* — en tatare, *oui*. = *Idem*, en chikasa, *chookka;* — en kadjak, *cheklicuit;* — en japonais, *choukoutche*.

Homme, en araucan, *auca;* — en saliva, *cocco;* — en koliousche, *ka* et *akkoch;* — en yeso, *okkaï;* — en iakoute, *ogo* (garçon) . . . . ; — en guarani, *aca*, tête.

2. *Idem*, en acadien, *kessona;* — en ostiak, *kassec;* — en kirghiz, *kese;* — en iakoute, *kisi* (S. B.). = En iakoute, *kissæ*, homme; — *kisa*, vierge, etc.; — en ouïgour, *klischou*.

Femme, en saliva, *nacou;* — en penobscot, *neeseeweock;* — en potawatam, *neowah;* — en tchouktche, *newem*, femme en général, *newaïtchick*, jeune femme; — en samoyède, *neu;* — en ostiak et vogoule, *ne;* — en mordouan, *netscha;* — en akouscha, *netsch;* — en koubascha, *nem;* — en polonais, *niewiasta*. = En zend, *nacré;* — en pehlwi, *naerik*. = En hébreu, *nekebah*.

2. *Idem*, en mahacanni, *weewon;* — aux îles Carolines et des Amis, *wefaine;* — en bas javanais, *aweewe* (2).

Père, en mexicain, *tatli;* — en moxa, *tata;* — en otomite, *tah;* — en poconchi, *tat;* — en tuscaror, *ata;* — en groënlandais, *atat;* — en kadjak, *attaga;* — en aléoute, *athan;* — en tchouktche, *atta* et *attaka;* — en kinaï, *tadak;* — en turc et tatare, *atta;* — en japonais, *tete;* — en sanskrit, *tada;* — en finnois de Carélie, *tato;* — en valaque, *tat*.

2. *Idem*, en lule, *pe;* — en koriaïke, *pepe* (V.). = En yeso, *fan-pe;* — en birman, *pha;* — en siamois, *po;* — en sanskrit, *pida*.

3. *Idem*, en vilela, *op;* — en kotowsi et assanien, *op* (V.).

4. *Idem*, en quichua, *yaya;* — en iakoute, *aya;* — en chiquito, *iyaï;* — en shebay, *haïa;* — en eslène, *ahaï* (V.). = En aléoute, *athau;* — en iakoute, *agam* ou *ayam;* — en votiak, *aï;* — en permien et siranien, *aie*.

Mère, en vilela, *nané;* — en maïpoure, *ina;* — en cochimi, *nada;* — en mexicain, *nantli;* — en potawatam, *nana;* — en tuscaror, *anah;*

---

(1) *Ulagh-Beï*, Epochæ Cathaiorum, ed. grav. p. 6. *Klaproth*, Mines d'Orient.
(2) Ce mot se rattache aussi au mot madécasse *vaiavé*.

en pensylvanien, *anna*; — en groenlandais, *ananak*; — en langue de kadjak, *anagah*; — en kinaï, *anna*; — en aléoute, *anaan*; — en kamtchadale, *naskh*; — en toungouse, *anee*; — en ioukaghir, *ania*; — en tatare, *anakai* et *ana*; — en ingouche, *nana*.

Fils, en vilela, *inake* (fils et fille); — en deux dialectes tchouktches, *iegnika* et *rinaka*; — en tagale et malai, *anak*. == Les autres intermédiaires manquent.

2. *Idem*, en caraïbe, *kœchi*; — en tchérémisse, *keschi* (S. B.). — En iakoute, *kisim*, fille; — en kinaï, *kisna* et *kissun*, fille; — *kissikoia*, petite fille (voyez *Homme*, deuxième série).

3. *Idem*, en penobscot, *namon*; — en samoyède, *n iama* (S.) (1).

4. *Idem*, en maypour, *anis*; — en algonquin et chippaway, *ianis* (V.); — en ioukaghir, *antou*.

Frère, en araucan, *penni*; — en quichua, *pana*; — (en kadjak, *panigoga*, fille; — en ioukaghir, *pa-outch*, sœur); — en lieoukieou, *sienpin*, frère aîné; — en hindoustani, *bein*, sœur; — en zingare, *pœn*, idem (2).

2. *Idem*, en chippaway, *onnis*; — en algonquin, *anich*; en japonais, *ani*, frère aîné, *ané*, sœur aînée.

3. *Idem*, en quichua, *huaquey*; — en toungouse, *aki* (V.). == En mandchou, *ago*; — en tatare, *agha*; — en ouïgour, *akà*; — en aino et en tchoutktche, *aki*, frère cadet; — en koltousche, *achaïk* et *achaïka* (*achkik*, sœur); — en kinaï, *agala*, frère aîné.

Sœur, en onondga, *ukzia*; — en yeso, *zia*, sœur aînée; — en iakoute, *agassia*; — en lesgien, *akiessia*.

Enfant, en quichua, *huahua*; — en omagua, *idem* (3); — en ioukaghir, *oua*; — en aware, *uassa* et *uas*; — en vogoule, *uassum*.

Tête, en guarani, *aca*; — en omagua, *iaca*; — en ioukaghir, *yok*.

OEil, en chili, *ne*; — en abipon, *néoga*; — en mocobi, *nicota*; — en cubaya, *nigne*; — en péruvien, *nahui*; — en catawbah, *neetouth*; — en kinailzi, *nagak*; — en kamtchadale, *nanit*; — en lieoukieou, *nie*; — (en boman ou birman, *ne*, le jour, la lumière); en tcheckasse, *ne*; — en mongol, *nitoun*; — en kalmouk, *nidoun*. == En haut-javanais, *netra*.

2. *Idem*, en mahicanni, *keesq*; — en sénéca, *kakaa*; — en Amérique russe, *kawak*; — en iakoute, *kasuk*; — en tatare, *kys*; — en ouïgour, *kus*.

Gosier, en yucatan, *cal*; — en kalmouk, *chol*; — en estonien, *kœl* (gosier et cou) (V.). == En iakoute, *kelga*. == En aware, *kal*, bouche; — en afghan, *chale*.

---

(1) On peut rapprocher *nialma*, homme, mâle, en mandchou.

(2) Ce rapprochement ne paraîtra pas forcé à ceux qui savent combien les noms exprimant les rapports de famille se confondent entre eux.

(3) Prononcez *hhouhhoua*.

Langue, en quichua, *kalli*; — en mongol et kalmouk, *kelen* et *kyle*; — en permien, *kil*, en estonien, *keli*; — en finnois de Carélie, *kelli* (V.).

Dent, en chippaway, *tibbit*; — en ostiak, *tibu* et *tewa*; — en samoyède, *tibbe*; — en aware, *ziw*, *zib*, *zabi*; — en birman, *tabu*.

Main, en chili, *kou*..........; à Nootka-Sound, *coucou*.......... (1); — en ouïgour, *kol*; — en kasikoumuck, *kuœ*; — en aware, *kuer*; — en kaboutsh, *koda*.

2. *Idem*, en delaware, *naschk*; — en akouscha, *nak* (S. B.). == En ioukaghir, *nogan*.

Oreille, en chili, *pilun*; — en ostiak et samoyède, *pil* (S. B. et V.). == Les intermédiaires ne sont pas connus.

Ventre, en chili, *pue*; — en votiak, *put* (S. B.). == Les intermédiaires connus diffèrent. On trouve chez les battas de Sumatra, *boutoua*; — *idem*, en andi, *bubit*; — *idem*, en hindoustani, *piteh*.

2. *Idem*, en delaware, *wachtey*; — en finnois d'Olonetz, *wattscho* (S. B.).

Pied, en tuscaror, *auchsee*; — en kamtchadale, *tchou-atchou*; — en iakoute, *attauch*; — en japonais, *aksi* et *atschi*; — en ouïgour, *ajak*.

2. *Idem*, en caraïbe, *nougouti*; — en miamis, *necahtei*; — en ioukaghir, *noel*; — en samoyède, *nghé*.

Front, en pensylvanien, *hakalu*; — en touschi (caucasien), *haka* (S. B.). == En dido (caucasien), *huku*, bouche.

Barbe, en tarahumar, *etschagouala*; — en tatare, *sagal*; — en kalmouk, *sachyl* (V.). == En ouïgour, *suchal*.

Noir, en chili, *couri*; — en aïno, *kouni*; — en toukine, *koro*; — en kasikoumuck, *chourei*, la nuit (2).

Blanc, en lule, *poop*; — en vilela, *pop*; en chiquiton, *pouroibi*; — en zamuca, *pororo*; — en ioukaghir, *poinnei*.

Blanc, en yucatan, *zac*; — en totonaque, *zacaca*; — en mongol, *zagau* (V.).

Rouge, en mexicain, *costic*; — en kiriri, *koutzou*; — en kadjak, *kouightoak*. == En japonais, *koutzou*, beau, éclatant.

Nom, en groenlandais, *attack*; — en tatare, *at*. == *Idem*, chez les femmes caraïbes, *nire*; — en mongol, *nyre* (V.); — en kadjak, *athika*; — en aléoute, *asia*; — en iakoute, *aatta*.

Amour, en quichua, *munay*; — en sanskrit, *manya* (V.). == En teutonique, *minne*; mais les intermédiaires manquent.

Douleur, en quichua, *nanay*; — en ottomaque, *nany*; — en toungouse, *enan* (V.). == En aléoute, *nanutik*.

---

(1) Les langues connues comprises dans les deux lacunes offrent des mots tout-à-fait différens.

(2) Les Toukins étaient une horde au nord de la Chine. Le mot *koro* répond au tatare *kara*, ainsi que plusieurs autres mots toukins. Les Chinois en avaient fait *kolo*. Il se pourroit que *cnen*, noir en aymore, et *couyoro*, nuit en tarahumar, viussent de la même souche.

Dieu, en quichua, *pacha-camac;* — en japonais, *kammi* (*kham*, en sanskrit, en malabare, en multanien, *le soleil*).

2. *Idem*, en aztèque, *teo;* — en sanskrit, *deva;* — en zend, *diw* et *dev;* — en grec, *theos;* — en latin, *deus*.

Seigneur ou *prince*, en araucan, *toqui*, du verbe *toquin*, commander; — en aléoute, *tokok;* à Atchem, en sumatra, *tokko*.

Manger, en cora, *eua;* — en tarahumar, *coa;* — en mexicain, *qua;* — en aléoute, *kaangen* (mangez); en japonais, *cwa*. ⸺ En allemand, *kauen*, mâcher.

Je, pronom, en delaware, *ni;* — en tarahumar, *ne;* — en mexicain, *nehuatl;* — en motoure, *ne* (S. B.). ⸺ *Idem*, en guaicure, *am;* — en abipon, *aym;* — en vogoule, *am*. ⸺ En waicure, *be;* — en mongol, toungouse et mandchou, *bi* (V.).

2 *Idem*, en wyandots, *dee;* — en mikteque, *di;* — en andi (caucasien), *den;* — en aware, *dida*, moi-même.

3. *Idem*, en lule, *quis;* — en totonak, *quit;* — en kadjak, *khoui;* — en aléoute, *kien;* — en kamtchadale, *komma*, je; — *kis*, toi; — en toungouse-lamoute, *kie*, je et moi; *kou*, toi.

4. *Idem*, en nadowessien, *meo;* — en iakoute, *min;* — en ioukaghir, *matak;* — en finnois et lapon, *miya*.

Tu, pronom, en huaztèque, *tata;* — en ioukaghir, *tat;* — en mexicain, *te-huatl;* — en siriaine, *tæ* (V.).

Il, pronom, en tacahumar, *iche;* — en huaztèque, *jaja;* — en mexicain, *yehuatl;* — en tagale et malai, *iya* (V.).

Nous et vous, en mocobi, *ocom* et *ocomigi;* — en guaicure, *oco* et *acami diguagi;* — en abipon, *akam* et *akamyi;* — en malai, *camy* et *kamy;* — en tagalien, *camon* et *camo* (V.).

Oui, en galibi, *teré;* — en samoyède, *terem* (V.).

2. En ottamaque, *haa;* — à Nootka-Sound, *ai;* — en kadjak et aléoute, *aang;* — aux îles Sandwich, *ai;* — en iakoute, *ak;* — en ostiak et aléoute, *aa;* — en mexicain, *yye;* — en miami, *iyé;* — en jotonek, *ya;* — en toungouse, *ya;* — en aléoute, *je;* — en finnois, etc., *ya*.

Un, en mexicain, *ce;* — en yeso, *zen-etsoub;* — en kabardien, *ze;* — en aware, *zo*.

2. *Idem*, en laymon, *tejoc;* — en betoi, *edojojoi;* — en japonais, *itjido*, une fois; — en birman, *thit;* — en licou-kicou, *tids* ou *idshi*.

Deux, en pimas, *kok;* — en iakoute, *iké;* — en aware, *ké;* — en permien, *kik;* — en estonien, *kaks*.

Trois, en totonak, *toto;* — en tagale, *tatto*. ⸺ En chippaway, *taghy;* — en malai, *tiga*. ⸺ En chili, *koula;* — en ostiak, *kolim;* — en estonien, *kolm;* — en yarura, *tarani;* — en nouveau-zélandais, *toroa* (V.).

Quatre, en araucan, *meli;* — en birman, *leh*.

Cinq, en iroquois, *wisk;* — en iakoute, *bes;* — en estonien, *wis;* — en lapon, *wit*.

2 *Idem*, en totonak, *tati;* — en samoyède, *tetti* (V.).

Huit, en pimas, *kikia* ; — en permien, *kykiamis* (V.).
Neuf, en quichua, *yzcon* ; — en aware et andi, *itsch*.

NOTE. — M. Vater a trouvé *trente-une* analogies de mots entre les langues américaines et européennes. Mais sur ce nombre, treize proviennent des langues finnoises et se rattachent, comme celles qui viennent du scandinave, à la chaîne des idiomes du nord de l'Asie. Quelques autres sont fondées sur des erreurs ; par exemple, *yztic*, froid, en mexicain, ne se rapporte pas au basque *otza*, mais au scandinave *iis*, à l'ostiak *jech*, etc., etc.

Le même savant a indiqué *trente-trois* analogies entre des idiomes africains et américains. Il aurait pu ajouter les suivantes :

Soleil, *veiou*, en galibi ; — *weye*, en yaoi. == *Ouwia*, sur la Côte-d'Or ; — *eiwiaa*, en amina ; — *ouai*, en watie, dialecte des États-Unis.

Main, *is*, en lule ; — *isanga*, en koussa ; — *idegh*, en barabra.

Je, *di*, en miztèque ; — *dia* et *di*, en koussa.

Il nous semble que ces mots, se trouvant dans l'Amérique méridionale à côté des mots malais, indiquent l'arrivée d'une colonie de Malais mêlés de Madécasses et de Cafres.

LIVRE CENT SOIXANTE-QUATORZIÈME.

Suite de la Description de l'Amérique. — Recherches sur la navigation de la mer Glaciale du Nord. — Région nord-ouest de l'Amérique. — Possessions des Russes.

Les extrémités de l'Amérique vers le nord, le nord-ouest et le nord-est, vont nous occuper; mais ces régions, qu'on pourrait appeler la Sibérie américaine, restent encore, après les voyages récens de Ross, de Parry et de Kotzebue, en très-grande partie inconnues. On ignore si les eaux vues par Mackenzie et Hearne sont des golfes ou une partie de la mer Glaciale. L'itinéraire de Hearne, bien évalué et bien orienté, nous conduirait, ce nous semble, près de cent lieues plus au *nord-est*, et probablement sur les rives d'un golfe lié à la baie de Baffin. L'existence et la circonscription de cette baie même, révoquées en doute par un arrogant scepticisme, ont été constatées par Ross et Parry; mais la découverte du *détroit de Barrow*, par le dernier de ces navigateurs, a autorisé la critique savante à insister avec plus de force sur la question : si les côtes vues par l'intrépide Baffin sont contiguës ou si elles appartiennent à une suite d'îles. Les entrées de *Jones*, de *Smith*, des *Baleines*, de *Wolstenholm*, n'ont pas été visitées en détail, et il pourrait se trouver au fond d'une de ces baies un ou plusieurs détroits. L'étendue du Groenland, au nord-ouest comme au nord-est, a échappé aux recherches persévérantes des missionnaires danois; seulement, on sait que les Groenlandais ont communiqué avec des tribus de leur race au bord de la baie de Baffin, après avoir passé un détroit. On ignore où se termine un autre détroit ou golfe découvert en 1761, par Volquart Boon, Danois, sur la côte orientale du Groenland.

« L'immortel Cook, après avoir exploré de nouveau le *détroit de Bering*, se vit bientôt arrêté par des glaces qui unissaient les deux continens. Sarytscheff assure que ces glaces y restent perpétuellement, ou que du moins leur disparition est un cas extraordinaire qui ne se présente qu'une fois en cent ans (1). Cette fixité des glaces, l'absence du flux et reflux au nord de la Sibérie orientale, la faiblesse et les variations des vents, la fréquence comparative d'un temps clair, l'arrivée en Sibérie de troupeaux d'ours et de renards bien nourris, et qui traversent la mer gelée au nord du cap *Tchalaginskoï*, tout nous fait supposer que le continent d'Amérique s'étend très-loin au nord, et qu'il forme sous le pôle même une *troisième* grande péninsule. Le passage entre les terres arctiques de Liaïkhof et la Sibérie, renferme des îles, toutes composées d'ossemens de rhinocéros, d'éléphans, mêlés de débris de cétacés; ces amas de débris y paraissent accumulés par un courant qui n'a plus trouvé d'issue large et profonde. Peut-être même la réunion du Groenland avec l'Amérique a-t-elle lieu du côté du nord-ouest; tandis que les côtes vues par Baffin ne seraient en partie qu'un archipel qui laisse derrière lui une méditerranée, une répétition du golfe du Mexique. Il existe peut-être plusieurs bassins semblables au nord et au nord-ouest de l'Amérique. Aucune de ces suppositions n'est repoussée, aucune de ces questions n'est résolue par les voyages, d'ailleurs si précieux, de l'intrépide Parry.

« Mais qui pénétrera dans ces asiles de l'hiver, dans ces régions affreuses où le soleil, de ses rayons obliques, éclaire inutilement des champs éternellement stériles, des plaines tapissées d'une triste mousse, des vallées où jamais l'écho

(1) *Sarytscheff*: Voyage dans la mer Glaciale, t. I, p. 99 (en russe).

4.

ne répéta le gazouillement d'un oiseau, lieux où la nature voit mourir son influence vivifiante et se terminer son vaste empire ?

« Tous les navigateurs dont nous avons des relations authentiques, depuis Baffin jusqu'à Parry, ont été arrêtés par des terres ou des glaces, dans leurs tentatives de tourner l'Amérique par le nord. Cependant, on a tout à coup vu ressusciter l'opinion contraire, par la découverte d'une relation d'un prétendu voyage maritime autour des extrémités septentrionales de l'Amérique, rédigée par Maldonado-Ferrer, et que ce navigateur se donne pour avoir exécuté en 1588. Ce mémoire, retrouvé dans la bibliothèque Ambrosienne de Milan, et dont la publication est due au zèle du savant M. Amoretti, est adressé à la cour royale de Lisbonne : l'auteur expose d'abord fort au long les grands avantages commerciaux de ce nouveau passage, et la nécessité de l'occuper militairement ; il donne ensuite des renseignemens sur la route et sur son prétendu voyage ; et il termine par le projet d'une expédition à y faire (1).

« Sans entrer dans le détail des contradictions qui résultent d'un examen des calculs de Maldonado et de la confrontation des deux traductions de l'original espagnol, publiées par M. Amoretti, l'une en italien, l'autre en français, nous nous bornerons à faire observer ici qu'en traçant sa marche sur la carte moderne, la première partie inconnue de la route passe par un soi-disant *détroit de Labrador*, long de 280 ou 290 milles, et qui occuperait dans toute son étendue les terres situées à l'occident du détroit de Davis et de la mer de Baffin ; la deuxième comprend la navigation *en haute mer* de 350 milles, en descendant depuis 75° de latitude, jusqu'à 71° aux environs du cap des Glaces,

___

(1) Viaggio dal mare Atlantico al Pacifico per la via del nord-ouest, etc., etc. Milan, 1811.

au-delà duquel ne purent avancer Cook et King en venant du sud; la troisième partie de sa route le conduit à travers une partie du continent actuel de l'Asie, au *détroit d'Anian*, que, d'après ses déterminations, il faudrait chercher dans la Tatarie, à soixante milles à l'ouest d'Okhotsk; dans la quatrième, il prolonge la *côte d'Amérique*, entièrement *unie et déserte*; mais selon les cartes, il aurait traversé les monts Stannovoï au pays des Toungouses; dans la cinquième, enfin, il reconnaît une grande côte élevée, qui, d'après sa position, ne pourrait être que celle du lac Baikal. Veut-on admettre fort inutilement que Maldonado s'est trompé sur les longitudes, et que son détroit d'Anian soit en effet celui que nous connaissons sous le nom de Bering ou de Cook? les difficultés sont les mêmes, puisqu'alors Maldonado aurait passé par-dessus la presqu'île d'Alaska, ou bien se serait trouvé au milieu des îles Aléoutiennes, sans rien apercevoir. D'ailleurs, le détroit d'Anian chez Maldonado ne ressemble en rien à celui de Bering, il est bien plutôt calqué sur celui de Magellan. Il prétend avoir parcouru cette route qui, selon sa propre estimation, est de plus de 1700 milles géographiques, deux fois dans le courant d'un été, sans y rencontrer des glaces, des phoques, des ours blancs, ni rien, en général, qui soit particulier à la zone boréale; mais il nous parle d'une digue haute de trois pieds ou davantage, faite avec des coquilles d'œufs; il a vu de beaux arbres qui conservent leurs fruits toute l'année; il a trouvé des *litchis*, fruit de la Chine, de la vigne sauvage, et diverses sortes de gibier des climats tempérés, notamment une espèce de cochon qui a le nombril sur le dos, et des écrevisses longues d'un pied et demi; enfin, il a rencontré un vaisseau *russe* ou *anséatique* de huit cents tonneaux, allant à Arkhangel!! Voilà les merveilles que Maldonado nous raconte avec une quantité d'autres. On doit être curieux de connaître ce personnage.

Malheureusement tout ce que l'on en sait se réduit à deux notes, l'une extraite de la Bibliothèque espagnole de N. Antonio, d'après laquelle c'était un ancien militaire, très-instruit dans la navigation et dans la géographie, auteur d'un ouvrage intitulé l'*Image du Monde*, et d'une Histoire de la découverte du détroit d'Anian; l'autre, extraite de la Bibliothèque indienne d'Antonio de Léon, dont il résulte que Maldonado avait entraîné le conseil des Indes dans de grandes dépenses, par la vaine promesse d'inventer une boussole non sujette aux inconvéniens de la déclinaison, et une méthode pour déterminer la longitude en mer.

« Dans le trentième paragraphe de son projet d'expédition, Maldonado dit avoir été guidé, pendant son voyage, par une bonne Relation de Jean Martinez, pilote portugais, natif des Algarves, mais que personne ne connaît. Il paraît donc très-probable que ce faiseur de projets a eu sous les yeux quelques relations inconnues sur les navigations des Portugais au détroit de Hudson, nommé détroit d'Anian par Corteréal. Il aura combiné ces notions avec quelques données empruntées aux Japonais sur la mer d'Okhotsk. De là, cette combinaison de positions impossible à admettre, et cette réunion de caractères physiques appartenant à des climats différens (1). La relation de Maldonado n'est plus qu'une curiosité bibliographique. Ce sont ces sortes de contes qui ont fait écrire à Baffin (2), après avoir exploré avec le plus grand soin, en 1615 et 1616, toutes les côtes de la mer qui porte son nom : « Les Espagnols, vains et jaloux, ne se seraient point avisés de répandre tant de *fausses cartes* et de *journaux imaginaires*

---

(1) M. le baron de *Lindenau* : La probabilité du Voyage de Maldonado examinée. In-8°. Gotha, 1812 (en allemand). — (2) *Purchas*: Pilgrims, t. III, p. 843.

AMÉRIQUE : *Région nord-ouest.*

si, persuadés de l'existence d'un passage nord-ouest, ils n'avaient voulu enlever d'avance la gloire de la découverte à l'homme courageux qui y pénétrerait le premier. »

« Cette opinion sur les prétendues navigations de Maldonado-Ferrer ne nous paraît que mieux confirmée par les découvertes récentes de Parry, puisque celles-ci ne coïncident pas avec celles de Ferrer, ni pour les positions ni pour les détails physiques (1).

« En réfléchissant sur la nature de l'océan Glacial, il est difficile de croire que les navigateurs puissent jamais en explorer l'étendue; il est certain que les détroits qu'on peut y découvrir encore ne serviront pas à la navigation ordinaire, puisque même la grande mer Glaciale, qui se prolonge en suivant les côtes de Sibérie, n'offre pas une route habituellement praticable.

« Partout les voyageurs ont rencontré des glaces fixes qui les arrêtaient, ou des glaces mobiles qui, menaçant de les enfermer, faisaient reculer leur courage. Le capitaine Wood, qui croyait fermement à la possibilité d'un passage au nord, se vit arrêté au 76e degré par un continent de glace qui réunissait la Nouvelle-Zemlé, le Spitzberg et le Groenland. Le capitaine Souter, au contraire, en 1780, continua sa route jusqu'à 82° 6 min. dans un canal ouvert et tranquille; mais les glaces fixes qui en fermaient les deux bords, commençant à se détacher, il craignit de se voir fermer le chemin du retour, et abandonna son entreprise (2). Si le courageux Baffin a pu faire le tour de la baie qui porte son nom, si Ross et Parry ont pu renouveler cette course, on a vu plus souvent cette mer fermée par une masse de glaces fixes, qui avaient 100 lieues de long,

---

(1) M. Lapie a publié en 1821, dans les *nouvelles Annales des Voyages*, un mémoire savant et curieux, contraire à notre opinion.
(2) *Daestrom* : Voyage au Spitzberg. Philosophical magazine; 1801.

et qui contenaient des montagnes de 400 pieds d'élévation (1). Peut-être l'île James, marquée dans plusieurs cartes, était-elle une semblable masse de glace. Le capitaine Wafer avoue franchement qu'il a pris des glaces fixes, hautes de 500 pieds, pour des îles véritables (2). Assez souvent les glaces flottantes sont chargées de grosses pierres et d'arbres déracinés qui produisent l'illusion d'une terre semée de végétaux. Il est fort incertain si les Hollandais ont découvert à l'est de Spitzberg, une côte de terre ou seulement de glace; dans un de leurs voyages au nord de la Nouvelle-Zemlé, ils trouvèrent un banc de glace bleuâtre, couverte de terre, et sur lequel les oiseaux faisaient leurs nids (3). On a vu deux îles de glace se fixer depuis un demi-siècle dans la baie de Disco; les baleiniers hollandais les ont visitées et leur ont imposé des noms. La même chose est arrivée aux environs de l'Islande (4).

« Les glaces mobiles ne présentent pas moins de dangers. Le choc de ces masses produit un craquement épouvantable, qui annonce au navigateur avec quelle facilité son vaisseau serait brisé, s'il se trouvait entre deux de ces îles flottantes (5). Souvent les bois que roule cette mer, et dont nous parlerons plus au long, s'enflamment par le frottement violent que le mouvement des glaces leur fait éprouver; la flamme et la fumée s'élèvent du sein de l'hiver éternel (6). Ces bois flottans se trouvent très-souvent brûlés aux deux extrémités (7).

« Dans l'hiver, l'intensité du froid fait continuellement

---

(1) *Crantz* : Histoire du Groenland, liv. I, ch. 11. — (2) *Wafer* : Voyages à la suite de ceux de Dampier, t. IV, p. 304. — (3) Voyages des Hollandais par le Nord, t. I, p. 47. — (4) *Olafsen* : Voyage en Islande, t. I, p. 275 (trad. allem.). — (5) *Martens* : Voyage au Nord, t. II, p. 62. Voyage des Hollandais au Nord, t. I, p. 46. *Crantz* : Histoire du Groenland, ch. 11. *Forster* : Observations sur la Géographie physique, p. 64 (en allem.). — (6) *Olafsen* : Voyage en Islande, t. I, p. 276-278. — (7) *Ibid.*, p. 273.

fendre les montagnes de glaces; on n'entend à chaque moment que les explosions de ces masses, qui s'ouvrent en crevasses énormes. Au printemps, le mouvement des glaces consiste plus souvent encore dans un simple renversement des masses qui perdent leur équilibre, parce qu'une partie s'est dissoute plus tôt que l'autre. Les brouillards qui enveloppent les glaces fondantes sont si épais, que d'une extrémité d'une frégate on n'en aperçoit pas l'autre (1). Dans toutes les saisons, la glace cassée et accumulée dans les passages ou les golfes, arrête également et le piéton qu'elle engloutirait et le vaisseau dont elle paralyse le mouvement.

« Oserait-on concevoir l'idée d'une partie de traîneau sur cette mer congelée ou sur les terres glacées qui en occupent l'emplacement supposé? Sans doute quelques précautions pourraient permettre à l'homme de respirer sous le pôle même; mais quels moyens de transport l'y conduiraient? Les terres probablement rocailleuses et élevées comme le Groenland, le Spitzberg, la Nouvelle-Sibérie, n'admettent pas une course en traîneau. Les glaces marines ne présentent pas non plus des plaines continuelles; renversées et accumulées de mille manières, elles offrent souvent l'aspect de châteaux de cristal en ruines, de pyramides et d'obélisques brisés, d'arcades et de voûtes suspendues en l'air; souvent aussi des crevasses larges et profondes exigeraient, pour être franchies, des moyens dont le voyageur ne pourrait être muni.

« Qu'il serait pourtant beau de visiter ces régions que jamais ne foula le pied de l'homme! Qu'un jour et une nuit du pôle seraient riches en observations curieuses! Mais ce n'est pas le lieu d'indiquer des combinaisons pour l'exécution d'un semblable voyage. En attendant les résultats de nouvelles explorations vers les régions polaires, il faut nous

(1) Relation des Officiers danois envoyés au Groenland en 1788.

hâter de réunir en forme descriptive les observations déjà recueillies. »

La *région du nord-ouest de l'Amérique*, la première que nous décrirons, s'étend le long du détroit de Bering et se prolonge par la presqu'île d'Alaska et une longue chaîne d'îles, jusqu'aux terres asiatiques, c'est-à-dire les îles de Cuivre et de Bering et la péninsule du Kamtchatka, en formant le bassin maritime appelé la *mer de Bering*. Toute cette région porte aussi le nom d'*Amérique russe*.

Le *détroit de Bering* a plus de 150 lieues de longueur, sur 20 dans sa plus faible largeur et 40 dans sa plus grande. Vers le milieu de ce détroit les eaux ont environ 30 brasses de profondeur. Les navigateurs assurent que les grandes marées n'y sont pas sensibles. La *mer de Bering* communique par le détroit de ce nom avec l'océan Glacial et avec le Grand-Océan, par ce que l'on appelle la *Grande-Porte*, espace qui sépare l'île de Cuivre des *îles Aléoutiennes*. Sa plus grande longueur est d'environ 550 lieues de l'est à l'ouest, et de 400 lieues de largeur du sud au nord.

« On divise ces îles en plusieurs groupes, dont les dénominations indigènes sont *Chao* ou les *Aléoutiennes*, proprement dites, des Russes, *Negho* ou les îles *Andréanoff* et *Lisii*, ou les îles aux Renards. Mais l'usage a prévalu de les comprendre toutes sous le nom d'*îles Aléoutiennes*. En effet, elles présentent une seule et unique chaîne ; elles ressemblent aux piles d'un immense pont qu'on aurait voulu jeter de continent en continent. Elles décrivent, entre le Kamtchatka en Asie et le promontoire d'Alaska en Amérique, un arc de cercle qui joint presque ces deux terres ensemble. On y en distingue douze principales, accompagnées d'un très-grand nombre d'autres petites îles et de rochers. L'île de *Cuivre* et celle de *Bering* se trouvent un peu détachées des autres, et rapprochées de la presqu'île de Kamtchatka. Aussi les avons-nous décrites à la suite de la Sibérie. »

AMÉRIQUE : *Région nord-ouest.*

Les îles *Aléoutes* ou Aléoutiennes proprement dites sont au nombre de trois : *Attou*, *Agattou* et *Semitch*. A l'est de celles-ci, se présente le groupe des Andréanoff, composé de plusieurs îlots peu importans et de 20 îles longues en général de 15 à 20 lieues : ce sont *Boulduire*, *Kiska*, *Kriseï* ou l'île du Rat, *Tanaga*, *Bobrowoï*, *Goroloï*, *Semisopotnoï* ou l'île des Sept-Cratères, *Adahk*, *Sitkhine*, *Tagilak*, *Goulduir*, *Kekoup*, *Segoulla*, *Amtchatka*, *Kroueloï*, *Illak*, *Ounialea*, *Kouiouliok*, *Kanaga* et *Tchougoulla*.

A l'est de ces îles se trouvent celles des Renards (Ostrova Lisii), dont les principales sont *Oumnak*, *Ounalachka*, *Akoutan*, *Akoun*, *Ounimak*, *Spirkine*, *Cagalga*, *Sannakh*, *Choumaghine* et *Kadiak*.

Choumaghine forme un groupe avec 12 autres îles très-petites, mais très-montagneuses, qui renferment beaucoup de loutres. Elles ont été découvertes en 1741 par le capitaine Bering; il leur donna le nom d'un de ses matelots qui y fut enterré. Enfin, au sud-ouest de Kadiak s'élève le petit groupe des îles *Eudoxie*, en russe *Eudokeiskia*.

Toutes ces îles ont un aspect tellement uniforme qu'il serait fastidieux de les décrire séparément. Elles ne diffèrent que par l'activité plus ou moins grande des volcans qu'elles renferment, et dont on porte le nombre à environ 24, et par le caractère de leur végétation. Ainsi, les plus rapprochées de l'Amérique produisent des pins, des mélèzes et quelques chênes, tandis que les plus occidentales n'ont que des saules rabougris.

« La population de toutes ces îles réunies n'excède pas actuellement onze cents mâles, dont cinq cents des plus robustes et des plus agiles sont employés par les chasseurs russes. Ces peuples étaient autrefois beaucoup plus nombreux; ils avaient des chefs, un gouvernement particulier et une religion nationale; mais les Russes ont anéanti leur population avec leurs mœurs, leurs coutumes et leur liberté (1). Envoyés comme esclaves à la chasse et à la pêche, les insulaires périssent en grand nombre sur la mer ou dans des hôpitaux mal tenus (2).

« L'île qui paraît posséder le plus grand nombre d'habitans est *Ounalachka*. Ces insulaires sont d'une taille médiocre, leur teint est brun. Ils ont le visage rond, le nez petit, les yeux noirs. Leurs cheveux, également noirs, sont rudes et très-forts. Ils ont peu de barbe au menton, mais beaucoup sur la lèvre supérieure. En général ils se percent la lèvre inférieure, ainsi que le cartilage qui sépare les narines, et y portent, comme ornemens, des petits os façonnés ou de la verroterie. Les femmes ont des formes arrondies sans être jolies; elles se tatouent le menton, les bras, les joues; douces et industrieuses, elles fabriquent avec beaucoup d'art des nattes et des corbeilles. De leurs nattes, elles font des rideaux, des siéges, des lits. Leurs robes de peau d'ours ont le poil en dehors. Les baïdares ou pirogues d'Ounalachka sont travaillées avec art; leurs formes sont pittoresques; à travers la peau transparente dont elles sont couvertes, on aperçoit les rameurs et tous leurs mouvemens. Ces insulaires sont voués à des superstitions qui paraissent se rapprocher du chamanisme. Ils n'ont point de cérémonie de mariage. Quand ils veulent une femme, ils l'achètent du père et de la mère, et ils en prennent autant qu'ils en peuvent nourrir. S'ils se repentent de leur acquisition, ils rendent la femme à ses parens, qui alors sont obligés de restituer une partie du prix. Les peuples de cet archipel ne paraissent pas entièrement exempts d'un amour contre nature. Ils rendent des honneurs aux morts et embaument leurs corps. Une mère garde ainsi souvent son enfant privé de vie avant de le confier à la terre. Les

---

(1) Voyage de Sarytchew, t. II, p. 22 (en russe). — (2) *Langsdorf*: Voyage autour du Monde, t. II, p. 222 et p. 94 (trad. anglaise).

restes mortels des chefs et des hommes riches ne sont pas du tout enterrés; suspendus dans des hamacs, l'air les consume lentement (1). La langue des Aléoutiens, différente de celle du Kamtchatka, paraît avoir quelque analogie avec les idiomes de Yeso et des îles Kouriles. Dans l'île d'*Oumnak*, la plus voisine du continent, les Russes ont un évêque, un monastère, une petite garnison et un chantier de construction. »

L'île *Ounalachka* est appelée aussi *Agoun-Aliaska*, ou suivant les habitants *Nagounalaska*; elle a 30 lieues de longueur et 8 dans sa plus grande largeur. C'est un assemblage de montagnes arides, dont la plus considérable, appelée le pic *Makouchine*, élevé de plus de 5,000 pieds, est un volcan qui fume continuellement; une autre montagne ignivome est l'*Agaghine*, qui eut une violente éruption en 1802. Les vallées de cette île sont arrosées par de nombreux ruisseaux et offrent d'excellens pâturages. Des renards, des souris à courte queue et des castors, sont presque les seuls mammifères que l'on y trouve. Sa population, décimée par les maladies épidémiques et les disettes, ne se compose aujourd'hui que de 300 à 400 individus, répartis dans 14 villages qui bordent les côtes occidentales, septentrionales et orientales.

Ounimak, longue de 25 lieues et large de 10, renferme trois montagnes volcaniques, dont l'une, l'*Agaiedam*, qui jette continuellement de la fumée, eut une très-forte éruption en 1820. Le sommet de la seconde est fort irrégulier; le cône de la troisième, appelée *Kaïghinak*, semble être fendu et tronqué. *Oumnak*, longue de 30 lieues et large de 5, renferme trois ou quatre volcans actifs; celui du centre a vers sa base des sources d'eau chaude, dans lesquelles les habitants font cuire leur viande et leur poisson.

(1) Georgi, Les Nations russes, p. 373.

Les îles *Akoutan*, *Amoukhta*, *Kanaghia*, *Tanaga*, *Akcha*, *Goreloï*, *Semisopotchnoï*, *Ounatchock*, *Chagaghil*, *Tana*, *Tchighinok*, *Oulaga*, *Goroloï*, *Sitkhine* et *Gotchim* ont toutes des volcans.

« Le climat des îles Aléoutiennes est plus désagréable par l'humidité que par la rigueur du froid. La neige, très-abondante, ne disparaît qu'au mois de mai. Presque toutes ces îles présentent des montagnes très-élevées, composées de jaspe, de trachyte et de porphyre en partie vert et rouge, mais en général jaune, avec des veines de pierre transparente, semblable à la calcédoine.

« Les seuls quadrupèdes de ces îles sont les renards et les souris ; parmi les oiseaux, on remarque des canards, des perdrix, des sarcelles, des cormorans, des mouettes et des aigles.

« Les îles les plus rapprochées de l'Amérique produisent quelques pins, mélèzes et chênes. Les îles occidentales n'ont que des saules rabougris. La verdure a beaucoup d'éclat. Les montagnes produisent des mûres de buisson, et les vallées des framboises sauvages blanches et d'un goût fade.

« L'île de *Kodiak* ou *Kadiak*, appelée aussi *Kikhtak*, est montueuse et entrecoupée de vallées. Sa longueur est d'environ 35 lieues et sa largeur de 20. Ses habitans, qui s'appellent *Kaniaghes* ou *Koniaghis*, sont au nombre de 3000 à 4000, sans compter les Russes, qui ont fixé ici leur principal établissement. Les habitations des insulaires de Kadiak, moins enfoncées que celles des Aléoutiens, sont à moitié cavernes et à moitié cabanes ; on y a même introduit le luxe d'une ouverture pour la sortie de la fumée. Les femmes sont idolâtres de leurs enfans. Quelques unes les élèvent d'une manière très-efféminée. Elles souffrent que les chefs les choisissent pour objets d'un goût dépravé. Ces jeunes gens sont alors vêtus comme des femmes, et

AMÉRIQUE : *Région nord-ouest.*

on leur apprend à s'occuper de tous les travaux du ménage.

« Les productions végétales de l'île Kadiak sont le sureau, une immense quantité de framboisiers et de groseilliers, beaucoup de racines qui, avec le poisson, servent à la nourriture des habitans ; dans l'intérieur de l'île, les pins forment de très-grandes forêts et fournissent d'excellent bois de construction (1). »

L'établissement de Kadiak, autrefois le chef-lieu de toutes les possessions russes en Amérique, est situé dans la baie de *Liakhik*, qui y forme un bon port. Il se compose des bâtimens de la compagnie russe, d'une église, de plusieurs magasins, de quelques habitations de négocians et d'un petit nombre de cabanes occupées par des indigènes.

La partie nord-ouest du continent américain, depuis le canal de Portland sur la côte du Grand-Océan boréal jusqu'au cap des Glaces dans l'océan Arctique, et depuis la mer de Bering jusque sous le 41° degré de longitude, forme ce qu'on peut appeler la Russie américaine. Il faut y comprendre aussi les archipels du Prince de Galles, du Duc d'York et de George III, l'île de l'Amirauté, la longue chaîne des îles Aléoutiennes qui, s'avançant jusque près des côtes de l'Asie, forme le prolongement de la péninsule d'Alaska, et sur la côte de la Nouvelle-Californie le comptoir de *Bodega*, à l'embouchure de la Slavinska-Ross (2).

---

(1) *Stæhlin :* Description de Kadiak, etc., p. 32-34.

(2) D'après le traité conclu entre la Russie et l'Angleterre, le 16 (28) février 1825, les limites des possessions anglaises et russes dans la Russie septentrionale ont été fixées ainsi qu'il suit :

« *Art.* 3. La ligne de démarcation entre les possessions anglaises et russes sur la côte du continent et les îles américaines situées au N.-O., sera tracée ainsi qu'il suit : Partant du point le plus méridional de l'île appelée l'*Ile du Prince de Galles*, lequel point gît sous le parallèle de 54° 40' de lat. N., et entre le 131° et le 133° de longitude O. du méri-

Les archipels de *George III*, du *Duc d'York* et du *Prince de Galles* sont, ainsi que la grande île de l'*Amirauté*, des terres garnies de forêts de pins, et habitées par des tribus indigènes qui échangent des fourrures avec les Européens contre des armes à feu.

« La partie du continent comprise sous le nom de Russie américaine, et dont la souveraineté est acquise à la cour de Russie comme d'une terre découverte et occupée en premier lieu par des sujets russes, présente de toutes parts les aspects les plus sauvages et les plus sombres. Au-dessus d'une rangée de collines, couverte de pins et de bouleaux, s'élèvent des montagnes nues, couronnées d'énormes masses de glaces, qui souvent s'en détachent et roulent avec un fracas épouvantable vers les vallées qu'elles remplissent, ou jusque dans les rivières et baies où, restant sans fondre, elles forment autant de rivages de cristal. Lorsqu'une semblable masse tombe, les forêts s'écroulent déracinées et dispersées au loin ; les échos des rivages en

---

dien de Greenwich (2° 20' 15" de long. O. de celui de Paris), ladite ligne montera au N., longeant le canal appelé le canal de *Portland*, jusqu'à la pointe du continent, où elle touche le 56ᵉ degré de lat. N. De ce dernier point, la ligne de démarcation suivra le sommet des montagnes situées parallèlement à la côte, jusqu'au point d'intersection 131° O. du même méridien. Et enfin, dudit point d'intersection, ladite ligne méridienne du 141° degré, dans sa prolongation jusqu'à la mer Glaciale, formera la limite entre les possessions russes et anglaises sur le continent d'Amérique, côte nord-ouest.

« *Art.* 4. Relativement à la ligne de démarcation tracée dans l'article précédent, il est entendu : 1° que l'île appelée île du Prince de Galles, appartiendra entièrement à la Russie ; 2° que partout où le sommet des montagnes qui s'étendent dans une direction parallèle à la côte, depuis le 56ᵉ degré de lat. N. jusqu'au point d'intersection du 141° degré de long. O., se trouvera être à la distance de plus de 10 l. marines de l'Océan, la limite entre les possessions anglaises et la ligne de côtes qui doit appartenir à la Russie (comme il est dit ci-dessus), sera formée par une ligne parallèle aux sinuosités de la côte, et qui n'en excédera jamais la distance de 10 l. marines. »

retentissent comme d'un coup de tonnerre; la mer s'en émeut, les vaisseaux éprouvent une secousse violente, et le navigateur effrayé voit se renouveler, presque au milieu de la mer, les scènes terribles qui semblaient réservées aux régions Alpines (1). Entre le pied de ces montagnes et la mer s'étend une lisière de terres basses; leur sol est presque partout noir et marécageux. Ce terrain n'est propre à produire que des mousses grossières, mais très-variées, des *gramens* très-courts, des vaciets et quelques autres petites plantes. Quelques uns de ces marais, suspendus sur les flancs des collines, retiennent l'eau comme des éponges; leur verdure les fait prendre pour un terrain solide, mais, en voulant y passer, on y enfonce jusqu'à mi-jambe (2). Les pins grandissent pourtant sur ces sombres rochers. Après les pins, l'espèce la plus répandue est celle des aunes. En beaucoup d'endroits l'on ne voit que des arbres nains et des arbrisseaux. Sur aucune côte connue l'on n'a remarqué d'aussi rapides envahissemens de la mer sur la terre. Des troncs d'arbres qui avaient été coupés par des navigateurs européens ont été retrouvés et reconnus après un laps d'une dizaine d'années; ces troncs se trouvent enfoncés dans l'eau avec les terrains qui les portaient. »

La *péninsule d'Alaska*, au sud de la mer de Bering, n'a pas moins de 200 lieues de longueur sur une largeur de 10 à 12. Elle est couverte de montagnes dont deux sont remarquables par leur hauteur et surtout parce que ce sont deux volcans qui ont été vus en éruption en 1786. Les Russes y ont un petit établissement.

« Les habitans de la côte du détroit de Bering paraissent être de la même race que les Tchouktchis, sur la côte opposée d'Asie, quoiqu'ils leur fassent, dit-on, la guerre. Leurs

---

(1) *Vancouver*, t. V, p. 57, etc. *Billings*, t. II, p. 133. *Cook*, troisième Voyage. — (2) *Vancouver*, t. V, p. 76.

hameaux, plus nombreux qu'on ne le supposerait dans un semblable climat, sont situés le long des rivages de la mer jusqu'au *golfe Kamtchatkien* (1), auquel le capitaine Cook avait donné le nom de *baie de Bristol*, parce qu'en effet il ressemble à cette baie d'Angleterre. L'intérieur n'a pas été visité.

« Les *Koniagis* habitent la partie orientale de la péninsule d'Alaska, presque séparée du continent par le *lac Chelekoff*. Ils paraissent de la même race que les Aléoutiens, ainsi que les *Kenaïts*, leurs voisins à l'orient. Ceux-ci ont donné leur nom au *golfe Kenaitzien*, appelé par les Russes *Kenaïs-Kaïa-Gouba*, auparavant désigné sous le nom de *Rivière de Cook*; malgré les apparences, on n'a pas trouvé ici de grand fleuve. Plus à l'est, demeurent les *Tchougatches*, peuplade d'une taille avantageuse, et qui parle un idiome rapproché de celui des Tchouktchis. La baie, remplie d'îles et appelée *Entrée de Norton* par le capitaine Cook, porte dans les cartes russes le nom de *golfe Tchougatchien*. Une rivière sépare cette tribu de celle des *Ougalakhmioutis*, voisins du célèbre *mont Saint-Élie*, pic volcanique, et dont on estime l'élévation à 2,829 toises. Ce fut aux environs de cette montagne que Bering aborda dans la baie qui porte son nom, ou, dans l'idiome des indigènes, celui d'*Iakatak*. Les Russes y ont élevé un petit fort; mais leur dernier établissement, nommé *Sitka* ou *Nouvelle-Arkhangel*, est situé deux degrés plus au sud dans l'une des îles que Vancouver avait nommées l'Archipel du Roi George. Un climat moins rigoureux y laisse croître avec vigueur le pin, le cèdre américain et plusieurs autres arbres. On y cueille des baies d'un excellent goût;

(1) Ou *Kamitchatskaia*. Mais les dernières syllabes ne sont que les terminaisons de l'adjectif russe au *féminin*, correspondant au substantif *guba*. Il faut donc le franciser pour le faire correspondre à *golfe*.

le poisson y est abondant et délicieux. Le seigle et l'orge y ont réussi. »

C'est ici le centre des opérations de la compagnie russe; c'est la principale station de la Russie américaine. Nouvelle-Arkhangel se compose d'une centaine de maisons renfermant un millier d'habitans, d'un port abrité de tous les vents, d'un chantier de construction pour les navires, d'un hôpital, d'un hôtel destiné au gouverneur et d'une église. On y fait un commerce considérable de fourrures. La forteresse, garnie de 40 pièces de canon, donne au palais du gouvernement une sorte d'élégance qui contraste de la manière la plus pittoresque avec l'aspect sauvage des sites qui l'entourent. La maison réservée aux officiers, les magasins et les casernes, sont tenus avec la plus grande régularité; l'hôpital, fondé par la compagnie commerciale, se fait remarquer par la propreté qui y règne. Le palais du gouvernement renferme une riche bibliothèque composée des meilleurs ouvrages russes et étrangers; une collection d'objets rares; enfin, tout ce qui peut rendre la vie agréable dans un établissement aussi éloigné du monde civilisé.

Les divers comptoirs fondés par la compagnie russe-américaine font annuellement pour 800,000 fr. d'exportations en fourrures pour la Russie.

« Les pelleteries que les Russes tirent de ces contrées, proviennent principalement des loups marins et des autres animaux du genre des phoques, ainsi que des loutres de mer. Ces derniers, vivement poursuivis, commencent à devenir rares. Les Indiens, employés comme chasseurs, apportent de l'intérieur du continent des peaux de renards bleus, noirs et gris. Déjà les partis de chasseurs russes franchissent les Montagnes Rocheuses, et se croisent probablement avec les chasseurs canadiens et américains. La compagnie russe d'Amérique possède un fonds de 6 millions et demi. Les principaux intéressés sont des négocians de la ville d'Irkoutsk en Sibérie. Les factoreries semées sur les côtes du continent et dans les îles sont des amas de cabanes, entourés d'une palissade en bois. « Elles sont protégées par deux frégates et deux corvettes continuellement en station dans ces parages.

Les peuplades de la côte Nord-Ouest, dit un voyageur russe [1], se divisent en une foule de races qui se distinguent par les noms de certains animaux : ainsi, il y a une race de l'Aigle, du Loup, du Corbeau, de l'Ours; et lorsqu'on entre dans un village, on sait bientôt à quelle race il appartient, car la cabane du chef est couronnée d'un symbole qui représente cet animal peint avec plusieurs couleurs. Ce symbole les accompagne aussi à la guerre. Le chef jouit d'une puissance illimitée; cependant elle a beaucoup diminué depuis que le contact avec les nations civilisées a naturalisé le luxe chez ces peuples. Le pouvoir des chefs est héréditaire; mais il ne se transmet point à leurs enfans, il passe à leurs neveux fils de leurs sœurs. Les chamans ou prêtres occupent le second rang chez ces peuplades; toute leur science se borne à la divination, à l'art de guérir les maladies, et à quelques vieilles chansons que le peuple comprend à peine. Quoique leur influence ait beaucoup diminué depuis la fondation de Nouvelle-Arkhangel, elle est encore trop grande sur quelques esprits faibles. M. Schabelski raconte à ce sujet l'anecdote suivante :

Dans le village le plus voisin de la colonie russe, un chaman fit une déclaration d'amour à une jeune fille, et n'en fut point écouté. Résolu de se venger, il attendait une occasion favorable qui ne tarda pas à se présenter.

[1] Voyage aux colonies russes, fait à bord du sloop de guerre *l'Apollon*, pendant les années 1821, 1822 et 1823, par *Achille Schabelski*. — Saint-Pétersbourg, 1826.

Le chef du village tombe malade, et le chaman, appelé près de lui, déclare la maladie incurable parce qu'elle est causée par une jeune fille possédée du démon, et il désigne celle qui l'avait repoussé. A peine le frère de cette malheureuse jeune fille a-t-il entendu prononcer son nom, qu'il s'élance hors de la cabane et porte à sa sœur plusieurs coups de lance; aux cris de l'infortunée, quelques Russes accourent, la sauvent des mains de ce forcené et la transportent à l'hôpital. Les secours de l'art rétablirent cette jeune victime du fanatisme; le frère apprit les détails de cette aventure, déplora sa conduite, et le chaman fut contraint de s'absenter pendant quelque temps du village.

« Les belliqueux et féroces *Kolioujis*, *Kolioujes* ou *Kalougiens* habitent cette côte; munis de quelques armes à feu, ils font encore aux Russes une guerre opiniâtre (1). Ce fut dans le territoire des Kalougiens que l'infortuné La Pérouse découvrit le *Port des Français*, immortalisé par le noble et malheureux dévouement des frères Laborde. Les voyageurs français rendent le compte le plus avantageux de l'esprit actif et industrieux des indigènes; forger le fer et le cuivre, fabriquer à l'aiguille une sorte de tapisserie, natter avec beaucoup d'art et de goût des chapeaux et des corbeilles de roseaux, tailler, sculpter et polir la pierre serpentine, telles sont les prémices de la civilisation naissante de cette tribu (2). Mais la fureur du vol, l'indifférence entre parens et époux, la malpropreté des cabanes, et la coutume dégoûtante de porter dans la lèvre fendue un morceau de bois, les rapprochent de leurs sauvages voisins et des Russes sibériens, qui viennent aggraver ici la barbarie primitive de tous les maux d'une barbarie vieillie.

(1) *Lisienski* : Voyage autour du Monde, p. 162 (traduction anglaise).
Langsdorf : Voyage autour du Monde, t. II, p. 217 (trad. anglaise).
(2) *La Pérouse* : Voyage autour du Monde, ch. ix.

Ces peuplades sont dans un état continuel d'hostilité les unes à l'égard des autres. La vanité des chefs et le pillage des subsistances sont les deux principales causes de guerre. Ils la font avec acharnement; pendant la nuit ils surprennent le village ennemi et en égorgent tous les habitans: ceux qui échappent au carnage sont condamnés à la plus rigoureuse captivité. Lorsqu'une peuplade déclare la guerre à une autre, les guerriers se peignent le corps en noir, afin d'inspirer plus de terreur, et se couvrent la tête avec des crânes ornés du symbole de leur race. Rarement ils se battent en rase campagne: la guerre, chez eux, est une suite de ruses réciproques à l'aide desquelles chaque parti espère surprendre le parti ennemi. Ils sont grands amateurs de cérémonies. En temps de paix, ils s'envoient réciproquement des ambassadeurs; la mort d'un chef est le sujet de pompes et de fêtes religieuses dont la magnificence s'estime par le nombre d'esclaves immolés sur son bûcher. Chez les peuples de Sitka et de ses environs, il règne sur leur origine une tradition qui porte que, lorsque Dieu parcourut le monde, la terre était couverte d'eau dans laquelle nageait une femme qui donna naissance à l'espèce humaine. Cette tradition, et beaucoup d'autres plus ou moins ridicules, s'adaptent très-bien aux idées des naturels, qui passent la plus grande partie de leur vie sur les flots ou sur les côtes de l'Océan.

Toute la partie qui borde la mer et le détroit de Bering est peuplée de *Tchouktchis;* ils se divisent en deux tribus: les stationnaires, et les errans ou *Rennes*. Les premiers occupent les bords de la mer et toutes les localités où l'on peut pêcher commodément; ils font, pour l'hiver, des provisions de morceaux de rennes, de phoques, de morses, dans des magasins creusés en terre, où ils conservent aussi de l'huile de poisson dans des outres de peaux. Les *Tchouktchis errans* sont fiers, et regardent avec mépris les hommes des nations voisines. Les rennes sont leur seule richesse.

Depuis que les rapports des Russes avec les indigènes sont devenus plus fréquens, on compte 12,000 à 15,000 de ces derniers qui ont embrassé le christianisme.

« Les contrées qui s'étendent au sud de l'Amérique russe, jusque vers la Californie, paraissent former une longue suite de plateaux ou de bassins très-élevés, circonscrits à l'est et à l'ouest par *deux* chaînes de montagnes; la plus occidentale est celle que les Anglais ont nommée *Stony-Mountains*, ou *Rocky-Mountains*, ou *Montagnes Rocheuses*; c'est à ses pieds que naissent les plus grands fleuves de l'Amérique septentrionale, tels que le Missouri, qui coule au sud-est, le *Sachachawin* ou fleuve Bourbon, qui se dirige à l'est, et l'*Oungigah*, ou fleuve de la Paix, qui se perd vers le nord. L'autre escarpement du plateau du nord-ouest forme la grande chaîne parallèle aux côtes maritimes, et constamment voisine de l'océan Pacifique. Cette distinction entre les deux chaînes sur lesquelles s'appuie le plateau du nord-ouest nous paraît résulter des observations de ceux qui ont traversé ce pays de l'est à l'ouest. Le premier de ces voyageurs est M. *Mackenzie*, qui, dans sa carte, place la chaîne des montagnes Rocheuses à plus de cent lieues des côtes de l'océan Pacifique. Ces montagnes lui parurent élevées d'environ trois mille pieds au-dessus de leur base, qui elle-même doit être très-élevée, puisque notre voyageur y éprouva un froid plus vif qu'au fort Chipewyan [1]. Les sommets portaient des neiges éternelles. Mackenzie descendit ensuite dans une vallée plus tempérée, où coule la rivière de *Tahoutché-Tessé* [2].

« Voilà clairement la limite de la chaîne des *Stony-*

[1] *Mackenzie: Voyages*, trad. franç., t. II, p. 274, 310, etc., etc.
[2] *Ibid.*, p. 339-345.

Mountains. Cette chaîne reste éloignée de la mer Pacifique de cent lieues, ou du moins de quatre-vingts, en allouant quelque chose pour les sinuosités et les ramifications.

« Mackenzie remonte ensuite sur de très-hautes montagnes, où il se voit obligé de marcher sur la neige au mois de juin (1). Il en descend vers la mer par une pente extrêmement rapide; aussitôt le climat change, l'empire du printemps succède à celui de l'hiver. Un autre voyageur moderne, le capitaine *Vancouver*, vit constamment une très-haute chaîne de montagnes qui bordait de très-près le rivage du continent, et qui, en beaucoup d'endroits, était couverte de neiges éternelles. La Pérouse, Cook, Dixon et tous les navigateurs ont aperçu cette chaîne maritime *de nord-ouest*, qui court parallèlement à la côte, depuis l'Entrée de Cook jusqu'en Nouvelle-Albion, pendant l'espace de plus de mille lieues. Même la péninsule de Californie n'est que l'extrémité de cette grande chaîne débarrassée de branches secondaires et des terrasses ou degrés inférieurs qui, dans la Nouvelle-Albion, en masquent un peu la direction.

« Pour mettre quelque clarté dans notre description, nous adopterons la nomenclature du capitaine Vancouver. Selon les cartes de cet observateur habile, la *Nouvelle-Géorgie* est située entre le 45ᵉ et le 50ᵉ degré de latitude boréale. Ses limites vers l'intérieur ne sont pas déterminées. Le *golfe de Géorgie* est très-considérable; il communique avec l'océan Pacifique, au sud par le détroit *Claaset*, qu'on suppose être celui de *Jean Fuca*, et au nord par le détroit de la Reine-Charlotte. La *rivière de Columbia* traverse la partie méridionale et l'intérieur de cette division.

« L'île *Quadra et Vancouver*, plus connue sous le nom

(1) *Mackenzie*, Voyages, trad. franç., t. III, p. 145-151.

de *Noutka*, est située devant la Nouvelle-Géorgie. Les Anglais ont un établissement dans la baie de *Nootka* ou *Noutka*.

« La *Nouvelle-Hanovre* s'étend du 50° au 54° parallèle. Devant ses côtes sont situées les îles de *Fleurieu*, découvertes et nommées par La Pérouse, et que Vancouver, sans le savoir, a débaptisées pour les donner à la *Princesse Royale* d'Angleterre. Il y a au nord deux bras de mer qui pénètrent fort avant dans les terres, c'est le canal Hinchinbrook et le canal Gardner. La grande île de la Reine-Charlotte est séparée des côtes de la Nouvelle-Hanovre par un large canal ou bras de l'Océan. Le cap méridional de cette île a été nommé *cap Hector* par La Pérouse. Vancouver le nomme *cap Saint-James*.

« Le *Nouveau-Cornouailles* s'étend du 54° au 57° parallèle. Il comprend quantité d'îles désignées sous le nom d'*archipel Pitt*, et *archipel du prince de Galles*. La côte est entièrement coupée par des canaux qui entrent très-avant dans les terres, surtout le *canal de Portland*; mais on n'a trouvé aucune rivière de long cours. Les courans d'eau qu'on y rencontre méritent à peine le nom de ruisseaux.

« Le *Nouveau-Norfolk* s'élève jusqu'au 60° parallèle. Au sud, il comprend l'île de *l'Amirauté* et *l'archipel du Roi George*, où se trouve la Nouvelle-Arkhangel.

« La *Nouvelle-Géorgie* offre des rivages d'une élévation moyenne, et agréablement diversifiés par des collines, des prairies, des petits bois et des ruisseaux d'eau douce. Mais derrière ces bords s'élèvent des montagnes couvertes de neiges éternelles. Le mont *Rainier* et le mont *Olympe* dominent au loin les autres sommets; l'on aperçoit le premier à la distance de cent milles géographiques (1). Des

---

(1) *Vancouver*, t. III, p. 3 et 35, édit. in-8°.

minerais de fer très-riches paraissent y abonder. On trouve du quarz, des agates, des pierres à fusil, et une grande variété de calcaires, d'argiles et du manganèse. Une végétation vigoureuse indique la fertilité du sol. Dans les forêts croissent en abondance la sapinette à feuilles d'if, le pin blanc, le *touramahac*, le peuplier du Canada, l'arbre de vie, l'if ordinaire, le chêne noir et le chêne commun, le frêne d'Amérique, le coudrier, le sycomore, l'érable à sucre, l'érable des montagnes et celui de Pensylvanie, l'arbousier d'Orient, l'aune d'Amérique, le saule ordinaire, le sureau de Canada et le cerisier de Pensylvanie.

« Les quadrupèdes n'offrent rien de particulier; on a vu des ours, des daims de Virginie, des renards, mais point de bisons, ni bœufs à musc; ces animaux ne paraissent pas dépasser la chaîne des Monts Rocheux dans les latitudes boréales. Parmi les oiseaux de mer, on reconnut, entre autres, des pingouins, des albatros, des pies noires, semblables à celles de la Nouvelle-Hollande et de la Nouvelle-Zélande; il y avait parmi les oiseaux de terre une espèce de colibris; on vit l'aigle brun et l'aigle à tête blanche, des martins-pêcheurs, de très-jolis grimpereaux, et un oiseau inconnu, semblable à un héron, mais haut de *quatre pieds*, et ayant le corps de la grosseur d'un dindon [1].

« Pour connaître l'intérieur de la *Nouvelle-Géorgie*, il faut suivre MM. Lewis et Clarke [2]. Ces voyageurs américains, ayant quitté leurs bateaux sur le Missouri le 18 août, s'embarquèrent le 7 octobre au revers occidental des montagnes, sur la rivière de *Kouskouskie* (*Koos Kooskee*), dans des bateaux qu'ils avaient construits eux-mêmes. Dans cette route, la faim se joignit au froid pour aggraver leurs peines; le saumon avait cessé de fréquenter les rivières,

---

[1] *Vancouver*, t. III, p. 7, édit. in-8°.
[2] *Lewis* and *Clarke*: Travels to the Sources of the Missouri and to the Pacific Ocean. Washington, 1814.

et la chair de cheval fut souvent leur principal mets. La rigueur du froid s'explique aisément par l'élévation du terrain et par la hauteur des montagnes. A l'endroit où les Américains quittèrent le Missouri, ils avaient en vue des montagnes couvertes de neige au milieu de l'été, entre 45 et 70° de latitude ; ce qui suppose que les sommets de ces montagnes s'élèvent dans la région des glaces éternelles. Cette région commence en Europe à la même latitude, à neuf ou dix mille pieds au-dessus du niveau de la mer ; or, en admettant que le froid beaucoup plus vif de l'Amérique septentrionale rapproche cette région de la terre, on peut donner à ces montagnes une hauteur de huit à neuf mille pieds au-dessus du niveau de l'Océan. L'expédition ne découvrit, à ce qu'il paraît, dans son voyage à travers les montagnes, aucune trace de volcan, car les détonations qui leur causèrent tant d'étonnement provenaient sans doute des glaciers qui se fendaient ou des avalanches qui se détachaient des montagnes. Ce fut au milieu de la saison pluvieuse qu'ils arrivèrent à la *Columbia* ; ils eurent dès lors des averses pendant les jours et les nuits. Le peu d'habillement et de lits qui avaient échappé à toutes les aventures essuyées jusqu'à ce moment, tombaient en pièces et ne pouvaient plus servir. Leur courage ne fut point abattu par tant de revers. Les eaux du *Kouskouskie* sont limpides comme du cristal ; à l'endroit où elles joignent la rivière de Lewis, autre affluent de la Columbia, le Kouskouskie a cent quatre-vingts verges de largeur ; sa longueur est d'environ 70 lieues. La rivière de *Lewis*, à son confluent avec la Columbia, en a 575, et la Columbia elle-même 960. Un peu au-dessous de sa jonction, ce fleuve devient large d'un à trois milles. Depuis la jonction des deux rivières, la contrée n'offre qu'une suite de plaines sans arbres, et parsemées seulement de quelques buissons de saules. On rencontre plus bas encore des courans rapides ; il y a même des cascades assez considérables. Le courant le plus rapide qui s'y trouve est celui d'un passage qui n'a pas plus de quarante-cinq verges de large, et dans lequel toutes les eaux de la Columbia sont resserrées. Nos voyageurs franchirent dans leurs canots ce dangereux passage, au-dessous duquel le fleuve n'eut plus qu'un cours doux et égal ; ils se virent dans une vallée charmante et fertile, ombragée de bois de haute futaie, entrecoupée de petits étangs ; le sol paraissait susceptible de toute espèce de culture. Les arbres y sont de la plus grande beauté. Les sapins s'élèvent quelquefois à trois cents pieds de hauteur ; ils ont jusqu'à quarante-cinq pieds de circonférence. Ces géans du règne végétal joignent l'élégance à la majesté ; leurs colonnes s'élèvent jusqu'à deux cents pieds avant de se séparer en branches. Quelques uns des affluens de la Columbia peuvent passer pour de grandes rivières. L'un d'eux, le *Multnomah*, qui sort des Montagnes Rocheuses vers le sud-est, et non loin des sources du Rio-del-Norte, est très-large, et en plusieurs endroits sa profondeur excède vingt-cinq pieds, même à une grande distance de la mer. »

Cet affluent, plus considérable que la rivière dans laquelle il se jette, a environ 240 lieues de cours ; obstrué par plusieurs rapides, il est cependant navigable sur une étendue de 50 lieues. Généralement d'une assez grande profondeur, il est large de 4 à 500 mètres.

« Une circonstance particulière que l'on a observée dans le lit de la Columbia et de la dernière rivière dont nous venons de parler, c'est qu'on y voit debout un grand nombre de troncs de pins qui ont pris racine au fond des eaux, quoique la profondeur du fleuve soit en plusieurs endroits de 30 pieds : nulle part elle n'est au-dessous de 10. A en juger par l'état de délabrement où se trouvent ces arbres, il y a au moins 30 ans qu'ils sont dans cet état.

On en pourrait conclure que le lit du fleuve a subi de grands changemens; mais les renseignemens donnés par cette première expédition ne suffisent pas pour qu'on puisse assurer quelque chose à cet égard.

« Parmi les îles de la Nouvelle-Géorgie, celle de *Noutka*, ou plutôt de *Quadra et Vancouver*, mérite seule notre attention. On y trouve du granite noir, du mica, du grès à rémouleurs, des hématites (1). La terre végétale y forme en quelques endroits une couche de deux pieds. On est agréablement surpris de trouver ici un climat plus doux que sur la côte orientale de l'Amérique, à la même latitude. Le thermomètre de Fahrenheit, dans le mois d'avril, ne fut jamais au-dessous de 48°; dans la nuit et pendant le jour, il monta à 60°. L'herbe était déjà longue d'un pied (2). Ce climat est aussi favorable aux arbres que celui du continent.

« Quelle négligence, de la part des Espagnols, de ne pas s'être emparés de ce pays agréable et fertile, d'un pays qui, étant situé sur le derrière de leurs colonies, peut, dans des mains intelligentes, devenir un poste militaire et commercial de la plus haute importance! Les Anglo-Américains ont créé une compagnie de commerce de pelleteries de l'océan Pacifique, compagnie dont le principal établissement, situé à quatorze milles du *cap Disapointement*, s'appelle le *fort Astoria*. (3). » Mais l'île fait partie des possessions anglaises, bien qu'elle paraisse renfermer une population nombreuse appartenant à la nation des *Wakas*, gouvernée par des chefs dont les deux plus importans résident dans les deux principaux villages, *Noutka* et *Wikanish*. L'île de la Reine Charlotte est peuplée aussi de Wakas.

(1) *Cook* : Troisième Voyage, t. III, p. 73, édit. in-8°.
(2) *Ibid.*, p. 57, édit. in-8°.
(3) *National Intelligencer*, journal américain, 22 juin 1813.

« Les parties de la *Nouvelle-Hanovre* qui avoisinent la mer ouverte ressemblent, pour la configuration du sol et pour les végétaux, à la Nouvelle-Géorgie; on y trouve des pins, des érables, des bouleaux, des pommiers. Près du *détroit de Fitzhughes*, les côtes consistent en rochers taillés à pic, divisés par des crevasses, dans lesquelles on trouve une tourbe très-inflammable, et des pins d'une grosseur médiocre (1). L'intérieur de la *Nouvelle-Hanovre* a été visité, en 1793, par *Mackenzie*. La grande rivière de *Tacoutché-Tessé* descend des Montagnes Rocheuses, et coule souvent entre des murailles de rochers perpendiculaires; son cours est rapide. Les montagnes sont couvertes de neiges, qui même, dans quelques parties, se trouvent à un niveau assez bas pour que le chemin y passe au milieu de l'été. Elles descendent brusquement vers l'océan Pacifique, et il n'en sort à l'ouest que des rivières d'un cours peu considérable. Il y a beaucoup de petits lacs, et on y voit ces *entonnoirs* ou enfoncemens de forme conique régulière, si fréquens dans les pays calcaires (2).

« C'est ici presque le même luxe végétal que dans la Nouvelle-Géorgie. Les pins et bouleaux forment les forêts dans les parties les plus élevées; sur les montagnes inférieures, on voit des cèdres, ou plutôt des cyprès qui ont quelquefois vingt-quatre pieds de circonférence, des aunes dont le tronc s'élève à quarante pieds avant de pousser des branches; enfin, des peupliers, des sapins, et probablement beaucoup d'autres arbres utiles (3). Le panais sauvage croît en abondance autour des lacs, et ses racines fournissent une bonne nourriture. Les rivières nourrissent des truites, des carpes, des saumons; on prend ces derniers près des

---

(1) *Vancouver*, t. II, p. 174 et 178.
(2) *Mackenzie*: Voyage, t. III, p. 103 de la traduct. de M. *Castéra*.
(3) *Ibid.*, p. 99, 150, 247, etc.

digues construites à travers la rivière, ce qui rappelle la pêche du saumon en Norvége.

« Le *Nouveau-Cornouailles* éprouve un froid beaucoup plus rigoureux que les deux contrées précédentes. A 53° 30′ sur le *canal de Gardner*, qui, à la vérité, s'avance beaucoup dans les terres, on voit des montagnes couvertes de glaces et de neiges qui ne paraissent jamais se fondre[1]. Plus près de la mer, le climat, plus doux, permet aux forêts de pin de revêtir les rochers, d'ailleurs nus et escarpés. Les framboisiers, les cornouillers, les groseillers, la plante dite *thé de Labrador* y abondent. On y a découvert des sources chaudes, une île entière d'ardoise[2] et un rocher assez curieux par sa forme d'obélisque, surnommé la *Nouvelle-Edystone*. Le bois flottant se trouve en grande abondance sur plusieurs parties de cette côte. »

Parmi les îles que nous avons citées, près des côtes du Nouveau-Cornouailles, se trouvent celles de *Revilla-Gigedo*, qu'il ne faut pas confondre avec d'autres du même nom, que nous verrons au sud de la Californie.

« Dans les îles que Vancouver désigne sous les noms d'*Archipel de George III* et île de l'*Amirauté*, le sol, quoique rocailleux, présente plusieurs crevasses, lisières et petites plaines, où s'élèvent de superbes forêts de pins et d'autres arbres de haute futaie ; on n'y voit nulle part des glaces éternelles. Ainsi, c'est incontestablement l'*élévation* du sol qui seule rend le climat du continent si rude.

« C'est surtout dans les environs de Noutka que les voyageurs européens ont eu l'occasion d'observer les habitans indigènes. Ces sauvages s'appellent eux-mêmes *Wakash* ou *Wakas*. Leur taille est au-dessus de la taille ordinaire, mais ils ont le corps musculeux ; leur visage offre des os de joue

---

[1] *Vancouver*, t. III, p. 274. — [2] *Ibid.*, p. 339.

proéminens ; il est souvent très-comprimé au-dessus des joues, et il semble s'abaisser brusquement entre les tempes ; leur nez, aplati à la base, présente de larges narines et une pointe arrondie ; ils ont le front bas, les yeux petits et noirs, les lèvres larges, épaisses et arrondies. En général ils manquent absolument de barbe, ou ils n'en ont qu'une petite touffe peu fournie sur la pointe du menton. Cependant, ce défaut a peut-être une cause factice, puisque quelques uns d'entre eux, et particulièrement les vieillards, portent une barbe épaisse, et même des moustaches. Leurs sourcils sont peu fournis et toujours droits ; mais ils ont une quantité considérable de cheveux très-durs, très-forts, et sans aucune exception noirs, lisses et flottans sur les épaules. De grossiers vêtemens de lin, des couvertures de peaux d'ours ou de loutres marins, les couleurs rouges, noires et blanches dont ils enduisent leur corps, tout leur costume ordinaire retrace l'image de la misère et de l'ignorance. Leur équipage de guerre est bizarre. Ils s'affublent la tête de morceaux de bois sculptés qui représentent des têtes d'aigles, de loups, de marsouins. Plusieurs familles demeurent ensemble dans une même cabane ; des demi-cloisons en bois donnent à ces huttes l'air d'une écurie. Quelques unes de leurs étoffes de laine, quoique fabriquées sans le secours d'un métier, sont très-bonnes et ornées de figures d'un coloris éclatant. Ils sculptent en bois des statues grossières.

« Leurs pirogues légères, plates et larges, voguent sur les flots d'une manière assurée, sans l'aide d'un *balancier*; distinction essentielle entre les canots des peuplades américaines et celles des parties méridionales des Grandes-Indes et des îles de l'Océanie.

« Leur attirail de pêche et de chasse est ingénieux et d'une exécution heureuse : on remarque surtout une espèce de rame garnie de dents, avec laquelle ils accrochent les poissons. Cet instrument, ainsi que les javelots avec lesquels ils frappent la baleine, annoncent un esprit fort inventif. Le javelot est composé d'une pièce d'os qui présente deux barbes, dans laquelle est fixé le tranchant ovale d'une large coquille de moule qui forme la pointe; il porte deux ou trois brasses de corde; pour le jeter ils emploient un bâton de douze à quinze pieds de long, la ligne étant attachée à une extrémité, le javelot à l'autre, de manière à se détacher du bâton, comme une bouée, quand l'animal s'enfuit (1).

« Les tribus qui habitent la Nouvelle-Géorgie diffèrent en taille, mœurs et manière de vivre; mais, pour les principaux traits, elles se rapprochent cependant toutes des habitans de Noutka. La dépopulation apparente des environs du port de *la Découverte* contrasta singulièrement avec le grand nombre de crânes et autres ossemens humains qu'on trouva ramassés ici, comme si toutes les tribus voisines y eussent établi leur commun cimetière (2). Lewis et Clarke ont observé les habitans de l'intérieur. En descendant des Montagnes Rocheuses, ils virent plusieurs tribus qui ont l'habitude d'aplatir la tête de leurs enfans encore très-jeunes. Les *Solkouks* ont le crâne tellement aplati, que le sommet de la tête se trouve sur une ligne perpendiculaire à celle du nez. Les idiomes des tribus diffèrent autant que leur physionomie. La langue des *Enouchours*, comprise par toutes les tribus qui habitent sur la Columbia au-dessus de la grande chute, est inconnue plus près de la côte, et on se sert de l'idiome des *Echillouts*, qui en diffère absolument. Le langage des *Killamouks* est très-répandu parmi les tribus qui demeurent au sud, entre la côte et le fleuve Multnomah. Ces Killamouks sont au nombre d'en-

---

(1) *Cook* : Troisième Voyage, *passim*.
(2) *Vancouver*, t. II, p. 14 et suiv.

viron 10,000. Les *Koukouses*, voisins de ces derniers, mais plus reculés dans l'intérieur, sont d'une autre race; ils sont plus blancs et n'ont pas la tête aplatie. En général, le teint de toutes ces tribus, soit à tête ronde, soit à tête plate, est d'un brun cuivré, plus clair que celui des peuplades du Missouri et de la Louisiane. Vivant de pêche, ils accordent aux femmes plus de considération qu'elles n'en ont chez les peuples chasseurs. L'air maritime gâte leurs yeux et leurs dents. Les tribus aux environs de la grande chute de la Columbia construisent des maisons en bois, industrie qui ne se montre pas dans l'immense intervalle depuis cette chute jusqu'à Saint-Louis (1).

« Quelques tribus de la *Nouvelle-Hanovre*, observées par Mackenzie, offrent plusieurs traits qui nous rappellent les insulaires de Taïti et de Tongatabou. Cependant on les regarde comme des Wakas. Les habitans de la rivière du *Saûmon*, ou, comme ils la nomment, l'*Annahyou-Tessé*, vivent sous un gouvernement despotique (2); ils ont deux fêtes religieuses, l'une au printemps, l'autre en automne (3); dans leurs réceptions solennelles, ils étendent des nattes devant leurs hôtes; le peuple s'assied par-devant en demi-cercle; ils marquent leur amitié pour un individu en le revêtant de leurs propres habits; ils y joignent quelquefois l'offre de leur place au lit conjugal (4). Mais ces traits se retrouvent chez beaucoup d'autres peuplades de l'Amérique et de l'Asie. Ces peuples sont assez généralement d'une taille moyenne, forts et charnus; ils ont le visage rond, les os des joues proéminens, l'œil petit et d'une couleur grise mêlée de rouge, le teint à la fois olivâtre et cuivré. Leur tête prend la forme conique par la suite des pressions continuelles depuis l'enfance. Leurs cheveux sont

---

(1) Voyage de *Lewis* et *Clarke*. — (2) *Mackenzie*, t. III, p. 274.
(3) *Ibid.*, p. 170. — (4) *Ibid.*, p. 181.

d'un brun foncé. Ils font leurs habits d'une espèce d'étoffe tirée de l'écorce de cèdre, et quelquefois enlacée avec des peaux de loutre. Ils sont très-habiles sculpteurs ; on voit leurs temples soutenus par des piliers de bois en forme de cariatides ; ces figures sont les unes debout, dans la posture des vainqueurs ; les autres sont courbées et comme accablées sous un fardeau (1).

« Les Indiens *Sloud-Couss* habitent l'endroit où la haute chaîne de montagnes qui borde la mer commence à s'abaisser vers le bassin de la rivière de *Frazer*, ou *Tacoutché-Tessé*, cours d'eau de 120 lieues de longueur qui se jette dans le golfe de Géorgie. Ces Indiens ont la physionomie agréable et montrent beaucoup de propreté ; les femmes, chez eux, ne sont point maltraitées. Ils conservent les ossemens de leurs pères enfermés dans des caisses ou suspendus à des poteaux (2). Fidèles gardiens des effets que les voyageurs leur avaient laissés en dépôt, ils s'efforçaient de voler tout ce qu'ils voyaient dans les mains de ces mêmes étrangers (3).

« Les Indiens nommés *Nanscoud* ou de la Cascade, les *Nagaïls* ou *Nagailers* et les *Atnahs* habitent sur le haut de Tacoutché-Tessé. Parmi leurs divers idiomes, il y en a qui ressemblent aux langues des Chipiouans et d'autres nations du Canada. »

Les *Carriers* ou *Tacullies* habitent aussi les bords du Frazer et ceux du lac de ce nom qui donne naissance à cette rivière. Ils vivent de la chasse et de la pêche, habitent des huttes, et sont vêtus de peaux d'animaux ou de draps grossiers qu'ils obtiennent des facteurs de la compagnie anglaise en échange de leurs fourrures. En hiver, ils se servent de traîneaux auxquels ils attellent de gros

---

(1) *Mackenzie*, t. III, p. 179. — (2) *Ibid.*, p. 109, etc.
(3) *Ibid.*, p. 286.

chiens. La polygamie est en usage chez eux. Leurs femmes ont soin du ménage et font les habits de toute la famille.

« *Vancouver* a vu, sur la côte, des villages qui étaient placés sur une espèce de terrasse artificielle, et dont la représentation, gravée dans l'atlas de ce voyageur, rappelle un peu les *hippa's* de la Nouvelle-Zélande. Le village de *Chélaskys*, dans le détroit de Johnston, quoique composé de misérables huttes, est décoré de figures qui paraissent avoir un sens hiéroglyphique; cette espèce de peinture est répandue sur toute la côte nord-ouest.

« Les habitans de la baie de *Tchinkitané*, appelée par les Anglais baie de *Norfolk*, dans l'archipel du Roi George, ressemblent, pour la taille et la figure, aux habitans de Noutka; mais leurs cheveux rudes les rapprochent des tribus plus septentrionales et de la race des Esquimaux. Les jeunes gens s'arrachent la barbe, les vieux la laissent croître. Les femmes portent un ornement bizarre qui leur donne l'air d'avoir deux bouches, et qui consiste dans un petit morceau de bois qu'elles font entrer de force dans les chairs, au-dessous de la lèvre inférieure (1). Ces peuples montrent beaucoup d'adresse dans leur manière de faire le commerce, et beaucoup de courage dans leur pêche de la baleine; leur tannerie, leur sculpture, leur peinture et leurs autres arts les présentent comme un peuple intelligent et industrieux. Ils conservent la tête des morts dans des espèces de sarcophages qui sont ornés de pierres polies (2).

« Le tableau moral que nous venons de tracer des peuplades de la Nouvelle-Géorgie et de la Nouvelle-Hanovre prouve que leur génie s'est développé pendant de longs siècles de liberté. On doit convenir qu'il y a dans les

---

(1) Voyage de *Marchand*, t. I, p. 243.
(2) *Dixon*: Voyage autour du Monde (en angl.), p. 181.

idiomes, les mœurs et les croyances de ces tribus, quelques rapports avec les Aztèques ou Mexicains. On s'est demandé lequel de ces peuples est la souche des autres? La saine critique nous dit que, vouloir placer parmi ces tribus de pêcheurs le berceau de la civilisation mexicaine, c'est hasarder une conclusion importante d'après un petit nombre de faits équivoques. Peut-être les Aztèques, en faisant leur irruption en Amérique, se sont-ils arrêtés dans ces régions pendant un assez long espace de temps. Une autre hypothèse, tout-à-fait absurde, tend à les faire considérer comme une colonie des Malais de la Polynésie, avec lesquels ils n'ont pas la moindre ressemblance physique ni aucun rapport de langage. »

LIVRE CENT SOIXANTE-QUINZIÈME.

Suite de la Description de l'Amérique. — Régions du nord et du nord-est, ou pays sur le fleuve Mackenzie. — Terres arctiques. — Pays de la baie d'Hudson. — Labrador, Groenland, Islande et Spitzberg.

« Quittons la région du nord-ouest, et franchissons les Montagnes Rocheuses. Nous voyons s'incliner vers la baie d'Hudson, et vers les mers glaciales inconnues, un immense pays entrecoupé de lacs, de marais et de rivières plus qu'aucune autre région du globe. Peu de montagnes s'élèvent au-dessus de cette plaine sauvage et glaciale. Les nombreuses eaux de ces contrées peuvent se réduire à deux classes. Les unes s'écoulent vers les mers du nord, les autres portent leur tribut à la baie d'Hudson. Parmi les premières on remarque la rivière d'*Atapeskow* ou de l'*Elan*, et celle d'*Ounjigah* ou *de la Paix*. La première vient du sud et se perd dans le lac des Montagnes ou d'Atapeskow; l'autre, dont le cours est d'environ 150 lieues, descend du plateau du nord-ouest. Lorsqu'elle est haute, elle fait refluer ses eaux dans le lac Atapeskow; lorsque les eaux sont basses, elle reçoit celles du lac. Le fleuve réuni porte le nom du fleuve de l'*Esclave* et se jette dans le lac de l'*Esclave*, d'où sort la rivière de *Mackenzie*, qui a deux à trois cents lieues de longueur et qui coule vers une mer ou vers un golfe septentrional encore peu connu. Ce lac, qui a plus de 100 lieues de long et 50 à 60 de largeur, est semé d'îles couvertes de grands arbres semblables à des mûriers. Mackenzie les trouva couverts de glaces dans le milieu du mois de juin. Tous ces lacs et fleuves offrent un cours d'eau non interrompu de plus de six cents lieues : c'est le pendant des magnifiques fleuves de la Sibérie. Pourquoi faut-il que ces superbes rivières arrosent inutilement des déserts glacés? La nature est sage, sans doute, mais elle est capricieuse et prodigue. »

La rivière de la *Mine de Cuivre* (*Copper-mine river*), découverte par Hearne en 1771, coule aussi vers le nord, mais elle n'est pas considérable. Son cours est évalué à une centaine de lieues. Elle traverse un grand nombre de lacs dont les plus remarquables sont ceux appelés *Point* et *Red-Rock*; elle forme une suite considérable de rapides et de cascades; ses bords sont garnis de collines et de montagnes dont la hauteur moyenne est de 2000 pieds, et qui sont formées de roches feldspathiques et micacées, telles que des porphyres, des gneiss et des mica-schistes. C'est vers son embouchure, qui aboutit à l'enfoncement occidental du golfe George IV, l'un des plus remarquables de l'océan Glacial arctique, que se trouve la mine de cuivre qui lui donne son nom.

« Parmi un amas de lacs très-voisins de la baie d'Hudson, et qui pourtant manquent d'écoulement, on remarque celui de *Dobaunt*.

« La rivière de *Missinipi* ou de *Churchill* se jette dans la baie d'Hudson, mais communique par des lacs avec le fleuve Atapeskow; communication précieuse, si elle avait lieu sous un climat plus tempéré. Le système hydrographique de la baie d'Hudson s'étend très-loin dans le sud-ouest, ce qui nous oblige de renfermer dans notre *zone boréale* des régions qu'on a jadis comprises sous le nom vague de Canada. Deux rivières considérables, qui viennent des pieds des montagnes occidentales, forment le *Saskatchawan*, rivière de plus de 300 lieues de cours qui, après avoir formé un grand *rapide* (c'est ainsi que les Canadiens français nomment une chute d'eau longue et à pente douce), descend dans le lac *Ouinnipeg* (Winnipeg), lac de plus de 60 lieues de long sur 30 à 40 de large. Ses bords s'ombragent d'érables à sucre et de peupliers; ils présentent des plaines fertiles où croît le riz de Canada (1). Ce lac, qui reçoit encore la grande rivière des *Assinipoïls* ou *Assinibonis*, unie à la *rivière Rouge*, se décharge dans la baie d'Hudson par les rivières *Nelson* et *Severn*. Le lac Ouinnipeg est le lac *Bourbon* des Français, et le fleuve *Bourbon* se compose du Sakatchawan et du Nelson.

Le Nelson passe pour avoir plus de 100 lieues de cours et la Severn environ 80. Au sud-est se trouve l'*Albany*, qui en a plus de 130. Sur le côté oriental de la baie d'Hudson, le *Ruppert* a une longueur d'environ 100 lieues; le *Maine oriental* (*East-Main* ou *Slude-River*) qui forme dans son cours plusieurs petits lacs, est un peu plus long; plus au nord on signale encore la rivière de la Grande-Baleine, qui sort d'un lac, et dont la longueur est d'environ 75 lieues.

« Que de souvenirs, que de regrets ces noms ne nous rappellent-ils pas! Ce sont les chasseurs français du Canada qui les premiers firent retentir sur les bords de ces larges fleuves, dans ces vastes plaines, le bruit des armes européennes. Plusieurs forts en ruines attestent encore le commencement de souveraineté que la France avait acquis sur ces immenses contrées, susceptibles en partie de diverses cultures. Un empire a été perdu par la légèreté, la présomption et l'ignorance géographique de ce qu'on appelle en France des hommes d'État et des ministres. Le traité de 1783, conclu avec moins de précipitation, aurait pu rendre à la France l'Amérique septentrionale. Napoléon eut le bonheur de reprendre la Louisiane et le tort de la revendre. Aujourd'hui même, tous les moyens de rétablir la domi-

(1) *Zizania aquatica.*

nation française dans le nord de l'Amérique ne sont pas enlevés à une politique éclairée et persévérante.

« L'extrême rigueur des hivers se fait sentir jusque sous le 57ᵉ parallèle : la glace, sur les rivières, y a huit pieds d'épaisseur, et l'eau-de-vie y gèle. Le froid y fait éclater les rochers avec un bruit horrible, égal à celui de la grosse artillerie; les débris volent à une distance étonnante. La température y est sujette aux plus capricieuses variations; la pluie vient vous surprendre au moment où vous admirez l'éclat d'un soleil pur, et cet astre vous consolera souvent au milieu des ondées par une réapparition soudaine: vous le verrez encore se lever ou se coucher, précédé ou suivi d'un cône de lumière jaunâtre. L'aurore boréale verse sur ce climat des clartés qui, tantôt douces et pures, tantôt éblouissantes et agitées, égalent celles de la pleine lune, et, dans l'un et l'autre cas, contrastent par un reflet bleuâtre avec la couleur de feu qui scintille dans les étoiles.

« Mais ces scènes imposantes ne font qu'ajouter à la solennelle tristesse du désert. Rien n'est plus affreux que les environs de la baie d'Hudson. De quelque côté qu'on jette la vue, on n'aperçoit que des terres incapables de recevoir aucune sorte de culture, que des rocs escarpés qui s'élèvent jusqu'aux nues, qu'entrecoupent des ravins profonds et des vallées stériles où le soleil ne pénètre point, et que rendent inabordables des glaces et des amas de neiges qui semblent ne fondre jamais. La mer n'est bien libre dans cette baie que depuis le commencement de juillet jusqu'à la fin de septembre, encore y rencontre-t-on alors assez souvent des glaçons qui jettent les navigateurs dans un grand embarras. Dans le temps qu'on se croit loin de ces écueils flottans, un coup de vent, une marée ou un courant assez fort pour entraîner le navire et l'empêcher de gouverner le pousse tout à coup au milieu d'une infinité de monceaux de glace qui semblent couvrir toute la baie (1).

« La mer d'Hudson nourrit une petite quantité de poissons, et c'est sans succès qu'on y a tenté la pêche de la baleine; les coquillages n'y sont pas plus nombreux. Mais les lacs même les plus septentrionaux abondent en poissons excellens, tels que brochets, esturgeons, truites. Leurs bords sont peuplés d'oiseaux aquatiques, parmi lesquels on remarque plusieurs espèces de cygnes, d'oies et de canards.

« Sur le continent, les principaux quadrupèdes sont le buffle, l'élan, le bœuf musqué, le daim, le castor, le loup, les renards de différentes couleurs, le lynx ou le chat sauvage, l'ours blanc, l'ours noir, l'ours brun, le wolverène, espèce de glouton, la loutre, le jackash (*lutra hudsonica*), la marte-à-pin, l'hermine ou le furet puant, le rat musqué, le porc-épic, le lièvre, le lapin, l'écureuil des bois, l'écureuil rampant, les souris de différentes espèces.

« Sur les bords de la rivière de Churchill viennent principalement plusieurs arbustes à baies, le groseillier, trois espèces d'airelle, le cassis, le fraisier et une petite espèce d'églantier, la bardane, l'oseille, la dent-de-lion, une espèce de ciste, une espèce de buis, des mousses de différentes espèces et plusieurs sortes de plantes graminées et de pois. Les arbres qui garnissent les forêts de cette contrée barbare n'offrent que peu d'espèces; ce sont le pin, le mélèse nain, le peuplier, le saule et le bouleau nain. Plus à l'ouest, ce dernier est très-multiplié. Dans le pays d'Athapeskow, le pin, le mélèse, le peuplier, le bouleau et l'aune acquièrent une plus grande hauteur; mais autour du lac Ouinnipeg fleurissent presque tous les arbres du Canada propre. Mackenzie y a fait une remarque fort extraordinaire;

(1) Voyages d'*Ellis*, de *Middleton*, de *Robson*, de *Hearne*, etc., etc.

dégarnis par le feu, les endroits couverts de pins et de bouleaux ne produisent plus que des peupliers, quoiqu'auparavant il n'y en eût pas un seul. Les bords de la Rivière-Rouge, de l'Assinipoil et du Saskatchawan paraissent susceptibles de plusieurs genres de culture; l'orge et le seigle y ont mûri; le chanvre y devient très-beau; mais l'éloignement des ports du Canada et le peu d'utilité de ceux de la baie d'Hudson, obstrués par la glace les deux tiers de l'année, embarrasseraient beaucoup une première colonie, soit pour recevoir les secours nécessaires, soit pour exporter les productions; ce ne sera que par une lente progression que la population européenne du Canada s'avancera jusque dans ces régions.

« Ce n'est que momentanément que l'appât du gain attire ici les Européens. Le commerce des pelleteries avait enrichi les Canadiens sous la domination française. Les Anglais y ont formé deux compagnies : celle d'Hudson, qui a son siége à Londres, et celle du Nord-Ouest, dont le chef-lieu est Montréal, et qui se compose d'Écossais émigrés et de quelques Canadiens français. La mer méditerranée qu'on appelle la baie d'Hudson, avait été visitée en 1610; mais ce fut en 1670 qu'une compagnie obtint une charte portant privilége d'y faire des établissemens. Cette compagnie a des prétentions sur de très-vastes territoires situés à l'ouest, au sud et à l'est de la baie, et dont la totalité s'étend du 72e au 117e degré à l'ouest de Paris; elle se prétend souveraine de tous les fleuves qui s'écoulent dans la baie. Mais vers l'ouest, où le lac Ouinnipeg sert à la fois de réservoir et de source à tant de rivières, la limite naturelle est très-difficile à indiquer; il n'y a jamais eu de limite légalement fixée. Les exportations de la compagnie se montent annuellement à 16,000 liv. sterling ou 384,000 fr.; et les importations, qui accroissent beaucoup les revenus du gouvernement, vont, selon toute probabilité, à 30,000 liv.

sterling ou 720,000 fr. Mais les bénéfices de cette société ont été considérablement diminués par la compagnie du Nord-Ouest, établie à Montréal.

« La compagnie de la baie d'Hudson ne s'est pas portée, du côté de l'ouest, au-delà de son chef-lieu, nommé *Hudson-House*, tandis que celle du nord-ouest, plus courageuse et plus entreprenante, a presque atteint les rivages de l'océan Pacifique, et s'est étendue le long de la rivière Mackenzie vers les mers ou les terres arctiques. Mais la compagnie d'Hudson a cédé, en 1816, à lord Selkirk, son principal actionnaire, un vaste territoire sur les bords du lac Ouinnipeg et de la rivière Assinipoil. La colonie que ce lord y avait envoyée a essuyé des persécutions de la part des marchands de pelleteries du Canada, auxquels elle a voulu défendre la chasse dans ses limites : on en est même venu aux mains. Mais en 1821, l'ancienne compagnie de la baie d'Hudson et celle de Montréal se sont réunies en une seule.

« Les pays adjacens à la baie d'Hudson, avec la terre de Labrador, ont été appelés, par un hommage peu flatteur pour la mère-patrie, *Nouvelle-Bretagne*. Le nom de *Nova-Dania* a disparu promptement. On a généralement conservé aux parties situées à l'ouest de la baie, celui de *Nouvelle-Galles*, et au pays de l'est celui de *Maine-Oriental (East-Main)*. C'est dans le voisinage de la baie de James que sont les plus importans établissemens, tels que le fort *Albany*, le fort du *Moose* et la factorerie d'*East-Main*. Plus au sud, et sur les confins du Haut-Canada, on trouve le comptoir *Brunswick*, le comptoir *Frédérick* et quelques autres. Au nord est le comptoir *Sévern*, sur l'embouchure de la grande rivière de ce nom. Le fort d'*York* s'élève sur le fleuve Nelson, et plus vers le nord est le fort *Churchill*, qu'on croit être le dernier établissement dans cette direction, et que des renseignemens récens représentent comme tombant en ruines. La compagnie anglaise possède encore le fort *Chipewyan*, sur le lac Atapeskow, et plusieurs autres sur les bords du lac Ouinnipeg et des rivières Assinipoil, Sakatchawan et Mackenzie. Ces établissemens peu stables manquent souvent de nom spécial et ne consistent guère qu'en une maison palissadée. »

Trois nations indigènes se partagent ces tristes régions. Les *Esquimaux* habitent depuis le golfe Welcome jusqu'au fleuve Mackenzie, et probablement jusqu'au détroit de Bering; ils s'étendent au sud jusqu'au lac de l'Esclave; au nord, ils s'arrêtent sur les bords de la mer Polaire ou prolongent leurs courses dans un désert glacé (1). Petits, trapus et faibles, mais bien proportionnés, ces hommes polaires ont le teint moins cuivré que d'un jaune rougeâtre et sale. Ils ont les épaules larges, les mains et les pieds d'une petitesse remarquable; ils ont le visage plus long et en même temps plus large que celui des Européens; leur nez est petit; leurs yeux, noirs et petits, sont enfoncés et cachés en partie par des paupières épaisses; leur bouche est grande, leurs lèvres sont épaisses, leurs oreilles larges et mobiles, leurs cheveux noirs, longs et rudes. Ces hommes ont naturellement peu de barbe, et encore ont-ils le soin de l'épiler. Leurs huttes, de forme circulaire, sont couvertes de peaux de daim dans l'intérieur des terres, et de phoque sur les bords de la mer; on n'y entre qu'en grimpant sur le ventre. Les canots, formés de peaux de veau marin cousues sur une carcasse en bois ou en os de baleine, naviguent avec vitesse. Il y en a de deux sortes: ceux qu'ils nomment *kadjaes* ont 15 à 17 pieds de longueur sur 2 de largeur. Leur forme est celle d'une navette de tisserand; au milieu de la peau qui les couvre se trouve

---

(1) *Mackenzie*: Voyage à l'Océan Pacifique, t. III, p. 341. *Hearne*: Voyage à l'Océan du Nord, t. I, *passim*.

un trou dans lequel se place l'Esquimau qui le dirige avec une rame longue de 5 à 6 pieds, étroite au milieu, large et plate aux deux extrémités. S'il rencontre un champ de glace, il met son kadjac sur ses épaules, traverse l'obstacle et se remet à naviguer. Les canots appelés *cumiacs* sont construits de la même manière, mais plus grands et de la même forme que nos batelets : ils peuvent contenir jusqu'à 20 personnes. Ces sauvages travaillent patiemment une pierre grise et poreuse en forme de cruches et de chaudières ; les bords de ces vases reçoivent des ornemens élégans (1). Ils conservent leurs provisions de viande dans des outres remplies d'huile de baleine. Ceux qui demeurent vers l'embouchure du fleuve Mackenzie se rasent la tête, coutume particulière, mais qui ne suffit pas pour démontrer une origine asiatique. Les Esquimaux portent des vêtemens faits de peaux d'animaux et principalement de phoques dont le poil est en dehors : ils consistent, pour les hommes, en une tunique ronde que les femmes portent aussi, mais fendue sur le côté, en un pantalon et en bottines communes aux deux sexes : les bottines des femmes montent jusqu'à la hanche ; elles sont soutenues par des baleines, et elles leur servent à placer leur enfant lorsqu'elles sont fatiguées de les porter dans leurs bras. Elles tressent leurs cheveux en nattes auxquelles elles suspendent des dents et des griffes d'ours blanc, ornement qui constitue leur principale parure. Elles ornent leur figure d'une sorte de tatouage, de même que le reste du corps.

Pour éviter l'action de la trop grande lumière sur la glace et la neige, les Esquimaux portent une espèce de garde-vue composé d'une petite planche très-mince, percée de deux fentes étroites à travers lesquelles ils peuvent distinguer les objets.

(1) *Hearne* : Voyage à l'Océan du Nord, t. II, p. 23, 28 et 29.

Ils se nourrissent de chair de phoque, de baleine, de poissons et de différens gibiers qu'ils fument ou font cuire à demi. Ils mangent volontiers la chair crue, et sont très-friands de suif et de savon; ils boivent avec délices de l'huile de poisson.

La cérémonie du mariage est chez eux très-simple : l'homme choisit une femme, quelquefois même il jette ses vues sur une jeune fille à la mamelle, et déclare qu'il la prend pour épouse. Lorsque celle-ci est en âge d'être mariée, ses parens la conduisent chez le mari, qui a eu soin de préparer un repas après lequel les deux époux exécutent une danse de cérémonie; lorsque celle-ci est terminée, chacun des convives se retire en adressant à la mariée une exhortation pour lui rappeler ses devoirs d'épouse et de mère, et le mariage est terminé.

Le seul animal domestique qu'on trouve chez les Esquimaux est le chien, que l'on attèle, comme en Sibérie, à un petit traîneau qui peut contenir une ou deux personnes. Il ressemble à nos chiens de bergers : quelquefois son poil est tacheté, d'autres fois noir et plus souvent blanc. Il a les oreilles droites et courtes comme celles du renard. Il n'aboie point; son cri est une sorte de grognement. Son ennemi naturel est le loup, animal très-féroce et très-hardi dans les régions hyperboréennes.

« Les *Chipéouays*, qu'on nomme aussi *Chippeways* et *Chépewyans*, ont été observés par Mackenzie entre le lac de l'Esclave et le lac Atapeskow ou *Athabasca*; ils paraissent s'étendre jusqu'aux Montagnes Rocheuses à l'ouest et jusqu'aux sources du Missouri au sud-ouest. Quelques voyageurs portent leur nombre à 30,000, d'autres à 16,000, et le major Pike à 11,000 seulement. Ceux qui habitent les environs du fort Chipewyan se donnent le nom de *Sa-issa-Dinnis* (hommes du soleil levant). Les *Indiens-Serpens*, les *Cattanachowes* et d'autres tribus en semblent des démembremens. Une branche des Chippeways est répandue dans le territoire des États-Unis. Quoiqu'un peu moins cuivrés et un peu moins barbus que les peuples voisins, les Chippeways n'ont pas le teint mongol. Leurs cheveux, lisses comme ceux des autres Américains, ne sont pas toujours de couleur noire. Ils se font, en peau de daim, un vêtement très-chaud et très-solide (1).

« Quoique très-pacifiques entre eux, ces Indiens sont continuellement en guerre avec les Esquimaux, sur lesquels la supériorité du nombre leur donne un avantage considérable. Ils égorgent tous ceux qui tombent entre leurs mains, car la crainte leur a donné le principe de ne jamais faire de prisonniers. Ils se soumettent aux Knistenaux, qui sont bien moins nombreux.

« La contrée que les Chippeways appellent leur pays n'a que très-peu de terre végétale; aussi ne produit-elle presque pas de bois ni d'herbe. Ce qu'on y trouve en quantité, c'est de la mousse que paissent les daims. Une autre mousse croît sur les rochers et sert d'aliment aux hommes. On la fait bouillir dans de l'eau, et en se dissolvant elle forme une substance glutineuse assez nourrissante. Le poisson abonde dans les lacs des Chippeways, et des troupeaux de daims couvrent leurs collines. Mais, quoiqu'ils soient les plus clairvoyans et les plus économes des sauvages de l'Amérique septentrionale, ils ont beaucoup à souffrir de la disette en certaines années.

« Les Chippeways se prétendent les descendans d'un chien; aussi regardent-ils cet animal comme sacré. Ils se figurent le créateur du monde sous la figure d'un oiseau dont les yeux lancent des éclairs et dont la voix produit le tonnerre. Les idées d'un déluge et de la longue vie des premiers hommes leur sont héréditaires.

(1) *Hearne*: t. 1, p. 284.

AMÉRIQUE: *Régions du nord et du nord-est.* 97

« On peut considérer comme une branche des Chippeways les tribus désignées par Hearne sous le nom d'Indiens du nord, et qui demeurent entre la rivière du Cuivre et la baie d'Hudson jusqu'à la rivière de Churchill. Ces Indiens du nord sont en général d'une taille moyenne, bien proportionnés et forts; mais ils manquent de cette activité, de cette souplesse si naturelles aux Indiens dont les tribus habitent les côtes méridionales et occidentales de la baie d'Hudson. La couleur de leur peau approche de celle du cuivre foncé. Leurs cheveux sont noirs, épais et lisses comme ceux des autres Indiens. A l'instar des Chippeways, ils prétendent devoir leur origine aux amours de la première femme avec un chien qui, la nuit, se transformait en un beau jeune homme (1).

« Très-rusés pour attraper quelques petites aumônes, ils sont pourtant très-pacifiques et ne s'enivrent point. La femme n'est chez eux qu'une espèce de bête de somme. Qu'on demande à un Indien du nord en quoi consiste la beauté, il répondra qu'une figure large et plate, de petits yeux, des joues creuses dont chacune offre trois ou quatre traits noirs, un front bas, un menton allongé, un nez gros et recourbé, un teint basané et une gorge pendante la constituent véritablement. Ces agrémens augmentent beaucoup de prix lorsque celles qui les possèdent sont capables de préparer toutes sortes de peaux, d'en former des habits, de porter un poids de 100 à 140 livres en été, et d'en tirer un plus lourd en hiver. L'usage de la polygamie leur procure un plus grand nombre de ces servantes soumises, fidèles et même affectionnées. Lorsqu'ils ont reçu un affront quelconque, ils provoquent leur ennemi à une lutte; le meurtre est très-rare parmi eux. L'homme qui a versé le sang de son compatriote est abandonné par ses parens et ses amis;

(1) *Hearne:* Voyage à l'Océan du Nord, t. II.

il est réduit à une vie errante, et dès qu'il sort de sa retraite chacun s'écrie : « Voilà le meurtrier qui paraît! »

A l'ouest du lac Ouinnipeg, les *Assiniboins*, peuplade de Sioux au nombre d'environ 4000, élèvent beaucoup de chevaux et se nourrissent de bisons, de daims, d'ours et d'antilopes. Chez eux, chaque homme, pendant l'été, parcourt le pays en chassant à cheval, et l'hiver en traîneaux auxquels ils attèlent de gros chiens.

« Les *Knistenaux*, appelés *Cristinaux* par les anciens Canadiens, et *Killistonous* par quelques modernes, parcourent ou habitent tout le pays au sud du lac des Montagnes jusqu'aux lacs de Canada, et depuis la baie d'Hudson jusqu'au lac Ouinnipeg. Ils sont d'une stature médiocre, bien proportionnés et d'une extrême agilité. Des yeux noirs et perçans animent leur physionomie agréable et ouverte. Ils se peignent le visage de diverses couleurs. Ils portent des habits simples et commodes, coupés et ornés avec goût; mais quelquefois ils courent à la chasse, même dans le plus grand froid, presque entièrement nus. Il paraît que, de tous les sauvages de l'Amérique septentrionale, les Knistenaux ont les femmes les plus jolies. Leur taille est bien proportionnée, et la régularité de leurs traits obtiendrait des éloges en Europe. Elles ont le teint moins brun que les autres femmes sauvages, parce qu'elles sont beaucoup plus propres. Ces sauvages sont naturellement doux, probes, généreux et hospitaliers lorsque le funeste usage des liqueurs fortes n'a pas changé leur naturel. Ils ne comptent pas la chasteté au nombre des vertus, et ne croient pas que la fidélité conjugale soit nécessaire au bonheur des époux. Ils offrent leurs femmes aux étrangers; ils en changent entre eux, à la manière de Caton. Les brouillards qui couvrent les marais sont censés être les esprits des défunts (1). »

Les *Knistenaux* sont au nombre d'environ 24,000, et comptent 3000 guerriers.

(1) *Mackenzie* et *Hearne*, l. c.

AMÉRIQUE : *Régions du nord et du nord-est.* 99

« Les côtes orientales de la baie d'Hudson font partie de la péninsule de *Labrador*. Cette terre, de forme presque triangulaire, projette une autre de ses faces sur le bras de mer appelé *détroit de Davis*, et s'appuie avec le troisième côté sur le Canada et le golfe Saint-Laurent. Détaché ainsi des terres arctiques, le Labrador devrait tenir un peu de la nature des régions froides tempérées ; mais, soit à cause de l'élévation de ses montagnes encore à peu près inconnues, soit par l'influence des brouillards perpétuels dont les mers voisines sont couvertes, c'est un pays aussi glacial que ceux à l'ouest de la baie d'Hudson. Cartwright assure avoir trouvé une famille d'indigènes logée dans une caverne creusée dans la neige ; cette demeure extraordinaire avait 7 pieds de haut, 10 à 12 de diamètre, et la forme d'un four. Un grand morceau de glace servait de porte d'entrée. Une lampe éclairait l'intérieur, où les habitans étaient couchés sur des peaux. Non loin était une cuisine également construite en neige (1). »

Tout ce que l'on connaît du Labrador est un amas de montagnes et de rochers, entrecoupé de rivières et de lacs sans nombre (2). On sait aussi que les montagnes y sont couvertes de neige toute l'année. Mais en s'éloignant des côtes, le pays prend un aspect moins triste ; les roches arides disparaissent, et l'on voit s'étendre au loin des forêts de sapins, de mélèses, de bouleaux et de peupliers. Toutefois, passé le 56e parallèle, ces arbres font place à des arbustes rabougris qui disparaissent à leur tour sous le 60e degré.

Suivant le missionnaire Herzberg, de la société des frères moraves, la neige commence à fondre au mois de mai ; cependant il en tombe souvent encore de nouvelle, et vers

(1) *Cartwright :* Journal of Transactions, etc., etc., vol. I. — (2) *Roger Curtis :* Particulars of Labrador, dans les *Philos. Transact.*, t. LXIV, part. 2, p. 178.

le commencement de juin il gèle fréquemment la nuit. Au mois de juillet, la neige a disparu dans les vallées exposées au sud. La floraison des plantes commence alors, et dans le mois d'août elles portent des fruits. A peine à la fin de ce mois on voit la neige tomber, et en septembre l'hiver a recommencé. Ainsi, ces malheureuses contrées sont privées de nos deux plus agréables saisons, le printemps et l'automne. L'hiver est tellement rigoureux que la glace des lacs a jusqu'à 12 pieds d'épaisseur.

D'après un herbier recueilli au Labrador par M. Herzberg, et adressé par lui au botaniste allemand Meyer, celui-ci y a reconnu 12 plantes particulières à ce pays (1). Il signale parmi les acotylédones 15 genres, les monocotylédones 17, les dicotylédones 71 et les phanérogames 88 (2).

« Toutes les eaux sont extrêmement poissonneuses. Parmi les poissons, on distingue le saumon, la truite, le brochet, l'anguille et le barbeau. Les ours se réunissent en grandes troupes auprès des cataractes pour y prendre le saumon qui y remonte en très-grand nombre et dont ils sont très-friands. Il y en a qui plongent, poursuivent leur proie sous les eaux, et ne reparaissent qu'à 100 ou 200 pas de distance; d'autres, plus paresseux ou moins agiles, semblent être venus là pour jouir du spectacle. Les castors y fourmillent, ainsi que les rennes. L'air est plus doux dans l'intérieur des terres, où l'on aperçoit quelques vestiges de fertilité. Les vallées, selon Curtis, sont couvertes de pins et de pinastres. Il y croît beaucoup de céleri sauvage et des plantes antiscorbutiques. Le fait le plus bizarre qui nous

---

(1) Ce sont les suivantes : *Agrostis trichanta* (Schrank), *avena squarrosa* (id.), *orchis dilatata* (Pursh), *salix uva ursi* (id.), *s. planifolia* (id.), *vaccinium fissum* (Schrank), *solidago thyrsoida* (E. Meyer), *s. multiradiata* (Ait.), *potentilla emarginata* (Pursh), *arenaria thymifolia* (id.), *stellaria labradorica* (Schrank).

(2) *Ern. Meyer*: De plantis labradoricis. — Leipzig, 1830.

soit transmis, c'est « que les terrains tourbeux de la côte
« se couvrent de gazon après avoir été engraissés par les
« cadavres des phoques que la mer y rejette. » Il faut en
attendre la confirmation. On pourrait cultiver les parties
méridionales ; mais il serait difficile de se défendre des ours
et des loups, et le bétail ne pourrait quitter l'étable que
trois mois de l'année. La côte orientale offre un escarpement stérile de montagnes rocheuses qui se revêtent en
quelques endroits d'une tourbe noirâtre et de quelques
plantes rabougries. Des brouillards l'assiégent ; cependant
ils paraissent de moins de durée qu'à Terre-Neuve (1).
Quoique la plus grande partie des eaux viennent de la neige
fondue, cependant on n'y connaît point les goîtres. Des
milliers d'îles couvrent cette même côte : elles sont peuplées d'oiseaux aquatiques, et particulièrement des canards
qui donnent l'édredon.

« Chaque année, plus de 2000 navires anglais et américains, montés par plus de 24,000 hommes, vont pêcher
sur les côtes du Labrador plus de 2,000,000 de quintaux
de poisson, 10,000 peaux de veaux marins et 6000 tonneaux
d'huile, formant une valeur de 28,000,000 de francs.

« La plus célèbre production de ce pays est le labrado-
rite, que l'on a long-temps appelé feldspath de Labrador,
découvert par les frères moraves au milieu des lacs du
canton élevé de *Kylgapied*, où ses vives couleurs se réflé-
chissaient au fond de l'eau. Les roches sont en général
granitiques. Le district d'*Ungawa*, situé à l'ouest du cap
Chudleigh, abonde en jaspe rouge, en hématites et en
pyrites.

« Les Esquimaux ont peuplé toutes les côtes septentrionales et orientales de cette contrée ; ils vivent de la pêche.

C'est parmi eux que les frères moraves ont fondé les trois colonies de *Nain*, d'*Okkak* et de *Hoffenthal* (1). Lorsqu'ils y abordèrent, les Esquimaux avaient la coutume de tuer les orphelins et les veuves, pour ne pas les exposer à mourir de faim. Les missionnaires, après leur avoir enseigné diverses pratiques utiles pour la pêche, bâtirent un magasin où chacun pût conserver son superflu; ils les engagèrent à mettre la dixième partie de côté pour les veuves et les orphelins. Voilà comment on convertit véritablement les peuples ! »

Nain, le principal établissement des frères missionnaires moraves, est situé sur la côte orientale, vis-à-vis les îles *Hillsborough*; il possède un port assez bien abrité.

« Une tribu particulière habite les montagnes méridionales; malheureusement le mélange avec les Canadiens français en a effacé les traits avant qu'ils aient pu être examinés avec soin. Cette peuplade, qui a adopté le rit catholique, se nourrit de rennes et de gibier. On ne les appelle que les *Montagnards*. Une autre tribu, nommée les *Escopics*, habite la partie occidentale. »

Le vaste enfoncement des eaux de l'océan Atlantique, dans les terres de l'Amérique septentrionale, qui, commençant par le *détroit* dit *d'Hudson*, s'élargit ensuite sous le nom de *baie d'Hudson* est, à proprement parler, une véritable *mer*. En effet, peut-on refuser ce nom à une étendue de plus de 450 lieues de longueur du sud au nord, et de plus de 250 de largeur de l'est à l'ouest? Au sud, elle offre un autre enfoncement de 100 lieues de longueur et de 60 de largeur, improprement appelé *baie de James*, bien que ce soit un golfe qui présente lui-même des baies profondes dans sa partie méridionale. Les côtes de la mer d'Hudson

---

(1) *David Cranz*. Histoire des frères moraves, continuée par *Hegner*, p. 125, 139, 321 (Barby, 1791).

sont en général élevées et bordées de rochers; la profondeur de ses eaux est de 150 brasses au milieu. L'hiver, leur surface est couverte de glaces, et l'été elle n'en est pas même entièrement dépourvue. De nombreuses îles s'élèvent du sein des eaux dans les parties méridionale, orientale et septentrionale de cette mer. Au sud, la plus grande est celle d'*Agomisca*; au nord celle de *Mansfield*, qui peut avoir 4 à 5 lieues de longueur, et plus au nord encore plusieurs grandes îles que l'on peut appeler les *Terres-Arctiques* et regarder comme des dépendances de la Nouvelle-Bretagne, c'est-à-dire des possessions anglaises dans l'Amérique septentrionale.

Les *Terres-Arctiques*, ou les nombreuses îles répandues dans la mer polaire, peuvent se diviser en trois groupes. Le *Devon septentrional* est un assemblage imparfaitement connu d'îles couvertes de glaces que le capitaine Parry découvrit en 1819 et 1820, et qui est plus intéressant relativement au passage de l'océan Atlantique au Grand-Océan par le nord de l'Amérique, qu'il n'est important comme possession anglaise.

Dans la même expédition, le capitaine Parry découvrit les îles *Sabine*, *Biam-Martin*, *Bathurst*, et celle qu'il nomma *Melville*, du nom du premier lord de l'amirauté anglaise. Cette dernière est entourée de glaçons de 40 à 50 pieds d'épaisseur. On en a rapporté une nouvelle espèce de rats à laquelle on a donné le nom de *mus-hudsonus*. Il désigna sous celui de *Géorgie septentrionale* cet archipel de la mer Polaire (1). La végétation y est chétive; elle ne se compose que de quelques espèces de mousses. Le capitaine Parry y trouva plusieurs animaux, tels que le bœuf musqué, l'ours blanc, le cerf américain, le renard, le renne

(1) Il est situé entre le 96° et le 117° degré de longitude occidentale, et est coupé par le 75° parallèle.

et une grande espèce de loups; les côtes sont fréquentées par divers oiseaux et par plusieurs espèces de phoques. Il y remarqua même des traces d'habitans. On pourrait peut-être comprendre aussi dans cet archipel la *terre de Banks*, que le capitaine Parry découvrit en 1820 au sud-ouest de l'île Melville, et dont on ne connaît encore qu'une petite partie.

Le troisième groupe se compose de toutes les îles qui s'étendent au sud du détroit de Lancastre et Barrow, au nord de celui de l'*Hécla* et entre la mer d'Hudson et celle de Baffin. Les îles principales sont: *Cockburn*, *Winter*, *Mansfield*, qui a 25 lieues de longueur du nord au sud et 6 de largeur; *Southampton*, qui est encore plus considérable, et l'île *James*. La *terre de Cumberland*, dont on ne connaît que les côtes orientales; le *Nouveau-Galloway*, qui s'étend le long de la mer de Baffin; le *Sommerset septentrional*, qui se développe au sud du détroit de Barrow et à l'ouest de celui du Prince Régent, dépendent aussi de ce groupe; la *terre de Melville*, au sud de l'île Cockburn, dont le détroit de Fury-et-Hécla la sépare, et qui ne paraît tenir, vers le sud-ouest, au continent, que par un isthme étroit; enfin les îles *Jameson*, encore imparfaitement connues, font partie de ce groupe (1).

« Au sud de l'île James, le détroit d'Hudson sépare l'île de *Cumberland* du Labrador; à l'est, le passage de Davis et la mer de Baffin isole ces îles du Groenland; au sud-ouest, elles sont baignées par le golfe *Welcome* et par le *Mare-Christianeum* du danois Munck. Les capitaines James et Fox qui, dans le XVIIe siècle, pénétrèrent dans le bras de mer qui sépare les îles James et Cumberland de celle de Southampton, virent leurs efforts échouer contre les glaces

(1) M. *Balbi* a proposé de comprendre provisoirement toutes ces îles sous le nom d'Archipel de *Baffin-Parry*.

immobiles qui obstruaient ce canal. L'effrayante peinture des souffrances auxquelles le froid et la disette de vivres exposèrent ces navigateurs n'a pas découragé les capitaines Parry et Ross de la pensée d'une nouvelle tentative. Elle intéresse vivement la géographie, car il n'est pas invraisemblable que ce canal communique avec la mer, probablement méditerranée, vue par Hearne. L'accumulation perpétuelle de la glace entre ces îles au 63° degré de latitude, tandis que l'on remonte habituellement le détroit de Davis au 72°, semble indiquer ici l'embouchure d'une mer intérieure, ou peut-être d'un fleuve servant de débouché à de grands lacs.

« Faisons maintenant le tour de la baie ou plutôt de la mer de Baffin. Les côtes qui la bornent à l'occident et au nord-ouest, et auxquelles on donne les noms de *Terres du Prince Guillaume*, de *North-Galloway* ou *New-Galloway*, le *Nouvel-Ayr* et autres, paraissent habitées par quelques familles d'Esquimaux. Un bâtiment norvégien, qui fut poussé vers une côte située vis-à-vis l'île Disco, y a recueilli une bonne cargaison de pelleteries; le capitaine Parry y trouva des Esquimaux sur les bords de la Clyde. Plus au nord, le *détroit de Lancaster*, aujourd'hui de *Barrow*, sépare les terres et conduit dans une mer intérieure où M. Parry a successivement découvert les îles désertes et stériles de *Bathurst*, de *Melville* et autres, comprises sous le nom de *North-Georgia*. On ignore si la *Terre de Banks* est une île ou une pointe de l'Amérique. En rentrant dans la baie de Baffin, nous voyons au nord les *Highlands*, *Hautes Terres Arctiques*, région montagneuse, habitée par une tribu d'Esquimaux qui ignoraient l'existence de toute autre nation (1).

---

(1) *Parry*, Voyage à la recherche du passage nord-ouest, London, 1821.

« Nous voilà parvenus au *Groenland* (1), dépendance naturelle de l'Amérique.

« Nous avons déjà démontré, dans l'*Histoire de la Géographie*, que l'existence de la vaste côte tracée communément vis-à-vis l'Islande, sous le nom de *vieux Groenland*, n'est fondée que sur une hypothèse de Torfæus, antiquaire islandais. Cette côte a probablement toujours été ensevelie dans les mêmes glaces qui encore en défendent l'accès. L'ancien Groenland répond à la partie du sud-ouest actuellement connue, qui est occupée par les Danois et par une peuplade d'Esquimaux.

« Les établissemens danois consistent dans une vingtaine de factoreries semées le long des côtes. Le poste le plus avancé vers le pôle est *Upernavick* (72° 30′ lat.): puis viennent *Umanak*, où l'on fait une pêche importante de chiens-marins; *Godhavn*, sur l'île de Disco; *Jacobshavn*, fondé en 1741; *Holsteinborg*, qui date de 1759, et qui ne renferme que 150 Esquimaux; *Sukkertoppen*, où il y a un bon port où l'on fait une pêche abondante; *Godthaab*, la principale et la plus ancienne de ces colonies, à 64° 10′, avec un excellent port; *Friderikshaab* et *Julianeshaab*.

« La description d'un de ces établissemens donnera une idée de tous les autres. Holsteinborg se compose de la maison du gouverneur et de celle du pasteur, auxquelles sont annexés de fort jolis jardins potagers; près de là s'élève l'église, surmontée d'un petit clocher; le reste consiste en deux magasins, une boulangerie et une quarantaine de huttes d'Esquimaux. La maison du gouverneur et celle du

---

(1) On écrit en danois et en islandais *Grœnland*, de *grœn*, vert, et *land*, terre. C'est à regret que nous conservons l'orthographe *groenland*, source d'une fausse étymologie. *Groin*, dans l'ancien scandinave, répond à *crescens germinans*, et non pas à *concreta*. Ainsi *Groinland*, si le mot existait, signifierait *terra germinans*, et non pas *terra concreta*.

ministre sont bâties en bois, et renferment une cuisine, une salle à manger, une chambre à coucher et un salon; l'église est simple, mais propre, et peut contenir 200 personnes. L'établissement exporte chaque année 3000 peaux de rennes et une grande quantité d'huile de baleines et de veaux marins. On a fondé depuis peu dans cette colonie reculée une bibliothèque publique qui, en 1834, se composait d'une centaine de volumes; ce qui est déjà beaucoup pour une contrée comme le Groenland. Le district de Julianeshaab renferme environ 2000 habitans. On y élève des bêtes à laines et des bêtes à cornes; mais on y trouve quelques restes d'anciennes maisons qui appartiennent à l'époque du moyen âge (1).

« Les frères moraves ont trois loges, dont l'une, nommée *Lichtenau*, est tout près du cap Farewell. La population qui, en 1789, avait été trouvée de 5122 âmes, s'élevait en 1802 à 5621 individus; mais ce recensement, fait après une épidémie, était d'ailleurs incomplet (2). La vaccine, récemment introduite, garantira cette peuplade des ravages de la petite-vérole. »

« Un autre établissement d'herrnhuttes ou de frères moraves est *Lichtenfels*; enfin le troisième est *Nye-Herrnhut* ou *Nouveau-Herrnhutte*. L'archipel de Disco comprend aussi plusieurs petits établissemens danois; au sud, la colonie d'*Egedesminde* comprend plusieurs îles dont les plus considérables sont celles des Renards. Cette colonie exporte tous les ans 60 tonneaux de lard et 700 fourrures, ainsi qu'une grande quantité d'édredon. »

Le gouvernement danois se manifeste peu dans l'administration de ces colonies : toute sa sollicitude se borne à y entretenir des missionnaires qui exercent une

---

(1) Capit. *Ross* : Voyage aux terres Arctiques, 1829 à 1833.
(2) Rapport sur la situation actuelle du Groenland, dans la *Gazette ministérielle danoise*, 1803, numéros 15 et 16.

utile influence et une sage autorité sur les habitans. Les colonies du Groenland sont divisées en deux inspectorats : celui du sud, dont le chef-lieu est la bourgade de Julianeshaab, et celui du nord qui paraît avoir pour chef-lieu Egedesminde, dont le nom rappelle Egède son fondateur.

Lorsqu'au Xe siècle l'Islandais Eric Rauda eut fait connaître au gouvernement norvégien la découverte qu'il venait de faire d'un pays que l'on se représentait, malgré sa latitude, tout couvert de verdure, plusieurs familles consentirent à l'y suivre et à y fonder une colonie. Bientôt après, Olaüs, roi de Norvége, chargea plusieurs missionnaires de répandre le christianisme dans cette nouvelle contrée; en 1386, Marguerite de Valdemar, qui réunit sous son sceptre le Danemark, la Norvége et la Suède, déclara le Groenland domaine de l'État. En 1418, une flotte ennemie, qui appartenait probablement au prince Zichmni de Frislande, vint attaquer la colonie déjà affaiblie par les ravages d'une maladie contagieuse, et détruisit tout par le fer et le feu. Les dissensions troublaient alors la mère-patrie; le Groenland fut oublié. Pendant les XVIIe et XVIIIe siècles, le gouvernement danois fit rechercher, mais en vain, les restes des anciens établissemens; enfin, en 1721, Jean Egède, prêtre norvégien, entreprit d'aller instruire dans le christianisme les Esquimaux du Groenland : il y débarqua avec toute sa famille, y resta 15 ans, et y fonda une colonie dont la prospérité naissante attira l'attention du gouvernement, qui rétablit les relations commerciales avec le Groenland. Depuis, les frères moraves répandirent avec zèle l'instruction religieuse parmi les Groenlandais.

Les côtes seules, dans un espace de 300 lieues, sont habitées; ni les Danois ni les Groenlandais n'ont dépassé la chaîne de montagnes qui défend l'accès de l'intérieur; mais il y a des Groenlandais nomades qui s'établissent quelquefois à une distance considérable au nord d'Upernavick (1). »

Il y a encore sur la côte occidentale le haut pays arctique (Artic-Highland), la *Terre de Jameson*, groupes d'îles découvertes par le capitaine Scoresby, et quelques autres îles peu connues.

La côte orientale a été explorée dans le courant de 1828 à 1830 par le capitaine danois Graah pour y retrouver les traces d'une colonie qui, partie de l'Islande, s'établit au Groenland pendant le XIVe siècle. Il dépassa le 69e parallèle, mais il ne retrouva pas de traces d'anciens établissemens; cependant les indigènes, au nombre d'environ 600 qu'il rencontra sur cette côte, lui parurent avoir plus d'analogie avec les Européens qu'avec les Esquimaux: loin d'en avoir le corps trapu et la petite stature, ils sont nerveux, d'une taille élancée et au-dessus de la moyenne; leur teint est aussi clair que chez les Européens: ce qui semblerait annoncer une race résultant du mélange des Esquimaux avec ces derniers.

Toute cette côte a paru à M. Graah plus froide, plus stérile, plus misérable que la côte occidentale; elle ne consiste qu'en une sorte de glacier continu qui ne laisse d'espace à la végétation que le long de quelques coteaux, sur le bord des rivières et sur les côtes des îles. Pendant l'été de 1829, il n'a pas eu un seul jour que l'on pût appeler chaud: le 14 juin, le thermomètre centigrade ne s'était pas encore élevé au-dessus de 12 degrés, et pendant l'hiver de 1829 à 1830 il n'est pas descendu au-dessous de 17 à 18 degrés. La végétation peu variée n'offrait qu'une herbe très-fine que les rayons du soleil desséchaient bientôt, que le cochléaria, l'oseille, quelques renoncules, des

---

(1) A la nouvelle qu'il y a des habitans sur la côte orientale, M. *Hormskiold* a de nouveau soutenu que l'ancien Groenland oriental était réellement à l'est du cap Farewell.

saules, des bouleaux nains et des myrtils dont les baies servent de nourriture aux indigènes.

Les principaux animaux qu'il rencontra furent des rennes, des ours blancs, des renards et des lièvres ; mais vers le 63ᵉ degré, on ne voit plus ces derniers animaux ; on ne connaît plus les rennes que de nom. L'ours blanc pèse quelquefois jusqu'à 1600 livres. Il appartient probablement à une espèce particulière, ce requin des parages du Groenland, dont les chairs palpitent, dit-on, encore trois jours après sa mort, et qui porte sur les yeux un appendice qui semble émousser le sens de la vue. Les habitans prétendent que dans les montagnes les plus septentrionales il existe un animal qu'ils nomment *ancarock*, beaucoup plus grand que le chat auquel il ressemble, et presque aussi féroce que le tigre. On y remarque une grande variété d'oiseaux, tels que l'aigle, l'autour, l'épervier, le faucon, le corbeau, le geai, l'alouette et le canard.

Le Groenland, dont on ne peut déterminer exactement les limites, paraît, d'après les nouvelles explorations des intrépides navigateurs Parry, Ross et Graah dans la mer Polaire, être entièrement séparé du continent par cette mer, par celle de Baffin, par le détroit de Lancastre et par celui de Davis. L'Atlantique le baigne au sud-ouest et au sud-est, et l'océan Glacial arctique à l'est. Au nord et au nord-ouest ses bornes sont tout-à-fait inconnues ; on présume cependant que sa longueur du nord au sud est d'environ 600 lieues, et que sa largeur vers le 78ᵉ degré est de 300 lieues de l'est à l'ouest. La population paraît être de 21,000 individus, dont 7 à 8000 chrétiens.

« Le Groenland n'est véritablement qu'un amas de rochers entremêlés d'immenses blocs de glace, l'image réunie du chaos et de l'hiver. Le *Pic-de-Glace*, masse énorme de glace, s'élève près de l'embouchure d'une rivière, et jette un tel éclat, qu'on l'aperçoit distinctement à plus de 10 lieues. Des aiguilles hardies et une voûte immense donnent à cet édifice de cristal l'aspect le plus magique. Une chaîne continue parcourt la partie connue du Groenland, que les Islandais, dans leurs descriptions, appellent *Himin-Rad* ou *Monts du Ciel*. Les trois pointes, qu'on nomme la *Corne-du-Cerf*, s'aperçoivent en mer à la distance de 25 lieues. Les roches sont ordinairement composées de granite, de quelques pierres argileuses et de pierres ollaires par bancs verticaux. Dans les fentes perpendiculaires on trouve du quarz, du talc et des grenats. On a apporté au *Muséum groenlandais*, à Copenhague, des échantillons d'un très-riche minerai de cuivre, de mica-schiste, de marbre grossier et de serpentine, ainsi que de l'amiante, des cristaux de roches et de la tourmaline noire (1). Enfin le Groenland nous a fourni le minéral nommé *fluate d'alumine* ou *cryolithe*. On a récemment découvert une vaste mine de charbon de terre dans l'île Disco. Trois sources chaudes ne sont pas les seuls indices volcaniques observés jusqu'à présent : entre le 67e et le 77e parallèle, au milieu d'énormes amas de neige, un volcan a lancé des flammes en 1783. Pendant les courts instans de l'été, l'air, très-pur sur la terre ferme, est dans les îles obscurci par les brouillards. Les clartés vagabondes de l'aurore boréale adoucissent un peu la sombre horreur des nuits polaires. Ce qu'on appelle *fumée de glace*, est une vapeur qui sort des crevasses de la glace marine ou qui s'élève de la surface des lacs, et qui, formant dans l'air un réseau transparent et solide, est poussée par le vent, rase le sol et tue l'Esquimau qu'elle atteint. La rareté des pluies, le peu d'abondance des neiges et l'intensité inouïe du froid qu'apporte le vent d'est-nord-est, nous font soupçonner que les parties les plus orientales du

---

(1) *David Crantz* : Histoire du Groenland. *Paul Egède* : Nouvelle relation sur le Groenland.

Groenland forment un grand archipel encombré de glaces éternelles que les vents et les courans y amoncellent depuis des siècles. Il y a quelques terres labourables, et probablement l'orge pourrait venir dans la partie méridionale. Les montagnes sont couvertes de mousse du côté du nord; les parties exposées au midi produisent de très-bonnes herbes, des groseilles et d'autres baies en abondance, et quelques petits saules et bouleaux. Non loin de Julianeshaab, un bois de bouleaux couvre une vallée; mais les arbres les plus hauts ont 18 pieds. On cultive les choux et les navets près des colonies danoises.

« Le règne animal offre ici de gros lièvres dont la chair est excellente, et qui donnent une bonne fourrure; des rennes de la variété américaine, des ours blancs, des renards, des grands chiens qui hurlent au lieu d'aboyer, et dont le Groenlandais attèle ses traîneaux. Une immense quantité d'oiseaux aquatiques demeurent près des rivières, qui abondent en saumons. Les cabillauds, les turbots, les petits harengs fourmillent dans la mer. On a fourni des filets aux indigènes, qui commencent à en sentir l'utilité. Dans le Groenland septentrional, les Danois et les naturels vont conjointement à la pêche aux baleines; mais cette occupation tumultueuse et peu lucrative pour les indigènes, répand dans ce canton le vice et la misère. Les naturels du sud s'en tiennent à la chasse du chien-marin. La chair de cet animal est leur nourriture principale; la peau leur fournit des vêtemens, et en même temps ils en construisent leurs bateaux; les nerfs deviennent du fil, les vessies des bouteilles, la graisse remplace tantôt le beurre et tantôt le suif, le sang fournit du bouillon. Le Groenlandais ne comprend pas comment on peut vivre sans chien-marin; c'est pour lui ce que l'arbre à pain est pour le Taïtien et le blé pour l'Européen.

« La compagnie du Groenland, établie à Copenha-

AMÉRIQUE : *Régions du nord et du nord-est.* 113

gue, estime sa recette habituelle à 140,000 rixd. (5 à 600,000 francs), et les exportations du pays même, sans le produit de la pêche des baleines, ont monté de 50 à 100,000 rixdalers. Les dépenses de la compagnie vont à 400,000 francs (1). »

« Les principaux objets d'importation sont de la farine, du sel, du drap, du vin, de l'eau-de-vie et divers métaux, contre lesquels on rapporte en retour de l'huile et des côtes de baleines, des peaux de phoques, d'ours, de renards et de lièvre, des cornes de narvals et de l'édredon.

« Les naturels ont la taille courte, les cheveux longs et noirs, les yeux petits, le visage aplati et la peau d'un jaune brun. On reconnaît en eux une branche des Esquimaux. Cette parenté est surtout prouvée par leur idiome, d'ailleurs remarquable par la richesse de ses formes grammaticales. Les particules et les inflexions y sont aussi nombreuses, aussi variées que dans le grec; mais la règle qui prescrit d'intercaler toutes les parties du discours dans le verbe, fait naître des mots d'une longueur démesurée. Les consonnes R, K et T dominent dans cette langue, et produisent, par leur accumulation, des sons très-rudes (2). Les femmes groenlandaises, comme celles des Caraïbes, ont des mots et des inflexions dont il n'est permis qu'à elles de se servir. Les Groenlandais s'appellent quelquefois *Innouk* ou *frères*, mais leur véritable nom de nation paraît être *Kalalit*, et ils désignent ordinairement leur pays sous le nom de *Kalalit Nounet*.

« Les Groenlandais n'ont conservé aucune trace positive d'une communication avec la colonie scandinave dont ils ont envahi et détruit les établissemens. Ils font, il est vrai, du soleil une déesse ou femme déifiée, et de la lune un homme;

---

(1) Note sur le commerce de Groenland, dans la *Minerve* danoise.
(2) Dictionnaires et grammaires groenlandais, par *Egède*.

ce qui est conforme à la croyance des Goths, différente de celle des autres Scandinaves; mais comme on retrouve un dieu *Lunus* ou *Mèn* chez les nations classiques mêmes, cette analogie prouve ou trop ou rien. On reconnaît chez les Groenlandais une foule de traits non équivoques qui démontrent leurs liaisons avec les Esquimaux, même les plus éloignés. Les instrumens de pêche des habitans de l'Amérique russe, entre autres, sont exactement composés comme ceux des Groenlandais : chez l'un et l'autre peuples, une vessie de chien-marin, gonflée de vent et attachée au javelot dont on frappe la baleine, sert à empêcher cet animal, une fois blessé, de rester long-temps plongé sous l'eau (1). Une semblable invention, observée aux deux extrémités orientale et occidentale de l'Amérique septentrionale, suppose incontestablement des communications habituelles entre les tribus. Les petits bateaux des habitans d'Ounalachka, de l'entrée du prince Guillaume (le golfe de Tchougatchine des Russes), des Esquimaux du Labrador et des Groenlandais, ont précisément la même construction: ce sont des espèces de caisses, formées de branches légères, recouvertes de tous côtés de peau de chien-marin; sur une longueur de douze pieds, ces barques n'ont qu'un pied et demi de large; au milieu de la surface supérieure, est un trou environné d'un cerceau de bois, auquel est attachée une peau qui, au moyen d'une courroie, se resserre comme une bourse; c'est dans ce trou que se place le rameur, muni d'un seul aviron très-mince, long de trois à quatre pieds et s'élargissant des deux côtés; en pagayant rapidement à droite et à gauche, le navigateur, ou, pour mieux dire, l'homme-poisson avance en ligne droite, à travers les flots écumeux, au sein même de la tempête, sans courir

---

(1) *Jean Egède :* Histoire du Groenland, chap. VII (en danois). *La Pérouse :* Voyage autour du Monde, chap. IX.

plus de risque que n'en courent les baleines et les phoques, dont il est devenu le compagnon et le rival. Cette invention, admirée par le capitaine Cook, adoptée en partie par les pilotes norvégiens et danois, ne s'est pas reproduite par un pur hasard, et est exactement la même chez toutes les tribus des extrémités boréales de l'Amérique; ces tribus descendent donc d'une souche commune, et ont long-temps communiqué ensemble.

« Nous saisirons cette occasion pour expliquer un passage d'un écrit perdu de Cornelius Nepos, cité avec des variantes par Pline et Pomponius Mela (1). « Un roi des Suèves, selon le premier, ou des Boyens, selon le second, fit présent à Quintus Metellus Celer, proconsul des Gaules, de quelques *Indiens* qui avaient été jetés par la tempête sur les côtes de la Gaule, selon Mela, ou qui, en voyageant pour leur commerce, s'étaient égarés jusqu'aux rivages de la Germanie, selon Pline. Les Romains en concluaient que, venant de l'Inde, l'on pouvait faire le tour de l'Asie et de l'Europe par le nord, en traversant l'océan imaginaire qui, à leurs yeux, occupait l'emplacement de la Sibérie et du nord de la Russie. Pour nous, cette explication est inadmissible, mais le fait subsiste; des Indiens ou des hommes basanés quelconques sont venus aborder sur les côtes de la Gaule ou de la Germanie. C'étaient très-probablement des Esquimaux, soit du Labrador, soit du Groenland. Le même fait s'est renouvelé en 1680 et en 1684. Des Groenlandais sont arrivés aux îles Orcades dans les barques dont nous venons de décrire la construction (2). On les prit pour des Lapons, et on les appela, par conséquent, *Finn-men*; mais leurs bateaux, conservés au collége médical d'Edinbourg et dans l'église de Barra, prouvent qu'ils venaient du Groenland.

(1) *Plin.* : Hist. Nat., t. II, p. 67. *Pomponius Mela*, t. III, p. 5.
(2) *Wallace* : Account of the island of Orkney. London, 1700, f° 60.

« Le caractère actuel des Groenlandais est un mélange indéfinissable de qualités bonnes et mauvaises; l'attachement aux usages nationaux lutte contre l'influence d'une civilisation étrangère. Les Groenlandais accusent avec amertume les Danois et les autres navigateurs européens de leur avoir apporté le fléau de la petite-vérole et celui des liqueurs spiritueuses. » Mais quelle est l'origine de cette espèce de lèpre qui n'attaque pas les mains, qui passe pour contagieuse et qui couvre tout le corps d'écailles que le malade se plaît à racler?

« Aujourd'hui, l'administration danoise régularisée suit un plan de colonisation propre à établir l'ordre et le bonheur; mais les anciens défauts et les nouveaux vices des Groenlandais y opposent de grands obstacles. Presque dépourvus de toute idée de religion et de lois, ils ne voient dans le culte qu'une cérémonie sans but, et dans les punitions que l'abus de la force. Le malfaiteur lui paraît assez puni lorsque, dans une assemblée publique, il a été accablé de reproches. Les missionnaires avouent que la conversion des Groenlandais avançait lentement et n'influait que peu sur leurs idées morales. Depuis plusieurs années, les prédications des indigènes, élevés comme missionnaires, ont produit un heureux changement. Les frères moraves réussissent aussi singulièrement à frapper l'imagination de ces hommes simples, mais doués d'un esprit vif. L'administration commerciale, en introduisant le numéraire et même le papier-monnaie, leur a donné des notions nouvelles sur la propriété. Dans la partie méridionale, on leur a enseigné la tonnellerie et la construction des bateaux (1). Déjà ils oublient le nom de leur antique divinité, *Torngarsouk*, à laquelle ils n'ont jamais offert de culte, ainsi que la déesse malfaisante, sans nom, qui était censée habiter un palais

---

(1) Gazette ministérielle danoise ci-dessus.

sous les flots, gardé par des chiens-marins redoutables (1). Une sorte de philosophie s'est même glissée parmi eux, et il existe diverses opinions nouvelles sur la vie à venir et sur la transmigration des âmes. Les esprits forts groenlandais nient le paradis, où l'âme, dans une heureuse indolence, se nourrissait de têtes de chiens-marins. Les sorciers-prêtres, nommés *anghekok*, et les enchanteurs malfaisans, nommés *iliseets*, perdent continuellement de leur influence. L'époque n'est peut-être pas très-éloignée où le sublime dévouement du vertueux Egède aura porté des fruits, et où une peuplade chrétienne et civilisée habitera cette mémorable colonie, la plus boréale que les Européens aient fondée. Une gloire douce et pure récompensera alors le Danemark des sacrifices pécuniaires que lui a coûtés cette lutte contre les élémens, dans laquelle un zèle pieux et des souvenirs historiques l'ont entraîné.

« Ces mêmes souvenirs nous accompagnent dans la merveilleuse île qui, bien que connue sept siècles avant Colomb, n'en est pas moins, comme la grande île du Groenland, une dépendance naturelle du nouveau continent. C'est nommer l'*Islande*, cette terre de prodiges où les feux de l'abîme percent à travers un sol glacé, où des sources bouillantes lancent leurs jets d'eau parmi les neiges éternelles, où le génie puissant de la liberté, et le génie non moins puissant de la poésie, ont fait briller les forces de l'esprit humain aux derniers confins de l'empire de la vie.

« La situation géographique de l'Islande n'a été long-temps connue que par des observations d'auteurs obscurs, faites au milieu du XVIIe siècle, peut-être même simplement copiées par Torfæus sur quelque imitation de la *carta di navegar* des frères Zeni, dressée dans le XIVe siècle. On

---

(1) *Jean Egède:* Histoire naturelle et civile du Groenland, ch. XIX. Crantz, liv. III, sect. v, § 35-39.

y avait assujetti les résultats, d'ailleurs exacts, de l'arpentage des ingénieurs militaires, terminé en 1734. Tels étaient les élémens discordans de la carte de l'Islande, publiée par les héritiers Homann, et devenue, avec de légères corrections, la source de toutes les autres (1). Mais, en 1778, Borda, Pingré et Verdun de la Crenne, après avoir d'abord en vain cherché l'Islande qui, pour ainsi dire, flottait dans l'Océan à l'instar de Délos, en déterminèrent astronomiquement plusieurs points principaux, dont quelques uns étaient placés jusqu'à 3 et 4 degrés trop à l'ouest. La surface de l'île, qui, d'après les anciennes cartes, avait été évaluée à 8,000 lieues carrées, a été réduite, en conséquence de ces mesures, à 5,000. Elle a 120 lieues de longueur sur 50 de largeur.

« L'Islande, dont le véritable nom est *Ice-land*, c'est-à-dire le pays des glaces, n'est proprement qu'une chaîne de rochers immenses, dont le sommet est toujours couvert de

---

(1) Voici les changemens que l'Islande a subis sur les cartes du XVIIIe siècle :

	deg.	min.	deg.	lat. N.	deg.	min.	deg.	min.	
Carte des Homann	63	19	à 67	17	348	22	à 2	12	de Ferro.
Carte de Horrebow	63	14	67	14	331	0	345	11	d'Oxford?
					(346	25	1	36	de Ferro).
Carte de l'Histoire gén. des Voyages	63	15	67	18	36	6	22	6	de Paris.
					(343	54	237	54	de Ferro).
Carte de Verdun de la Crenne	63	13	66	45	27	2	18	14	de Paris.
					(351	58	1	36	de Ferro).

Il est remarquable qu'en supposant avec nous que Horrebow ait compté, sans le savoir, du *méridien d'Oxford*, sa détermination de la côte orientale se trouvera juste. Il est donc probable qu'il avait sous les yeux quelque carte ou observation d'un voyageur anglais qui serait resté inconnu.

La carte des frères Zeni donne toutes les latitudes trop hautes, mais elle n'assigne à l'île que 9 degrés en longitude, et se rapproche ainsi des cartes modernes à un *demi-degré* près. La forme même de l'île est bonne, à l'exception de la péninsule nord-ouest, que les Zeni n'ont pas connue.

neige, quoique le feu couve dans leurs flancs. Le trapp et le basalte paraissent prédominer dans la composition de ces montagnes. Le basalte y forme d'immenses amas de piliers semblables à ceux de la chaussée des Géans en Irlande. Le mont d'Akrefell présente des bancs d'amygdaloïde, de tufa volcanique et de *grunstein*, dont la face inférieure a évidemment subi l'action d'un feu très-fort, mais sous une grande pression, probablement au fond de l'Océan primitif (1). On distingue plusieurs formations de lave; l'une a coulé et coule souvent encore en forme de torrens enflammés, sortis des cratères; l'autre, d'une structure spongieuse et comme caverneuse, semble avoir, pour ainsi dire, bouilli à la place même. Cette dernière lave forme les stalactites les plus singulières. L'île renferme 27 et selon d'autres 29 volcans dont on connaît les éruptions, sans compter ceux qui ont pu s'éteindre avant que l'île fût habitée. Le plus fameux entre ces volcans est le mont *Hékla*, situé dans la partie méridionale de l'île, à environ $\frac{5}{4}$ de lieue de la mer. On estime son élévation à 5,200 pieds au-dessus du niveau de l'Océan. »

Pour arriver à l'Hékla, on traverse plusieurs vallons autrefois habités, mais qui, dépeuplés par les ravages du volcan, sont encombrés de laves, de cendres et de pierres ponces. Ses flancs sont hérissés de montagnes moins hautes, terminées chacune par un cratère. Lorsque l'Hékla est en éruption, tous ces cratères rejettent des matières en fusion. Le sommet du cône principal est entouré d'une sorte de rempart; les parties abritées contre la pluie sont couvertes d'une grande quantité de sel. Enfin on arrive à la région des neiges, au milieu de laquelle se trouve le principal cratère de l'Hékla, qui, en 1827, était encombré par

(1) *Mackenzie*, Travels in Iceland. Edinburg Review, tome XIX, p. 432-434.

des sables, des cendres et des rochers de laves qui, en tombant, avaient bouché l'orifice.

Toutes les montagnes, dont la hauteur atteint 2 à 3000 pieds, sont couvertes de neiges et de glaces éternelles (1). Les plus grandes rivières n'ont pas plus d'une trentaine de lieues de longueur, mais elles sont larges et profondes. Parmi les nombreux lacs, le plus important est le *My-Watn* ou le *Lac aux Mouches* : il a plus de 8 lieues de circonférence; le fond de son bassin est couvert d'une lave noire, d'où sortent en plusieurs endroits des sources chaudes qui répandent sur sa surface une épaisse vapeur (2).

« Les volcans de *Skapta-Syssel* se sont fait connaître, en 1783, d'une manière terrible. Le fleuve *Skapt-Aa* fut entièrement comblé de pierres ponces et de laves. Un canton fertile fut changé en un désert couvert de scories. Les exhalaisons sulfureuses et les nuages de cendres se répandirent presque sur toute l'île : une épidémie en fut la suite. Mais aucun phénomène ne prouve mieux combien est immense cette masse de matières volcaniques, que l'apparition d'une nouvelle île qui, peu de temps avant l'éruption de 1783, eut lieu au sud-ouest de *Reikianess*, sous 63° 20' lat. et 5° 40' long. ouest. Cette île jeta des flammes et des pierres ponces. Lorsqu'en 1785 on en fit la recherche, elle avait entièrement disparu. Il est probable que cette île n'était qu'une croûte de laves et de pierres ponces, élevée à la surface de la mer par une éruption sous-marine (3). »

En 1821, le 20 décembre, l'*Eya-Fialls-Iœkul*, après être resté plus d'un siècle en repos, lança à la distance de deux

---

(1) Voici la hauteur des principales montagnes :

L'OErœfe-iœkul	6,240 pieds.	Le Snéefell	4,572 pieds
Le Tindfiall	5,368	L'OEster-iœkul	5,794
Le Knapefell-iœkul	6,000	Le Glaama-iœkul	5,000

(2) *Ghéman* : Islands geographische beschreibung. — (3) M. *de Lœvenœrn* : Lettre sur l'île nouvelle. Copenhague, 1787.

AMÉRIQUE : *Régions du nord et du nord-est.* 121

lieues des pierres du poids de 50 à 80 livres ; en 1822, le *Snee-Fialls-Iœkul* eut une éruption ; l'année suivante, ce fut le tour du *Myrdal-Iœkul*, du *Krabla*, du *Wester-Iœkul* et du *Kattlagia-Iœkul*. Du 22 au 26 juin, ce dernier eut trois éruptions accompagnées de tremblemens de terres si violens, que près de 10,000 personnes périrent. Les cendres que lança le cratère furent portées à la distance de plus de 30 milles en mer.

« Les sources chaudes sont une autre curiosité de cette île, mais elles n'ont pas toutes le même degré de chaleur. Celles dont les eaux tièdes sortent aussi paisiblement que des sources ordinaires, s'appellent *laugar*, c'est-à-dire bains. Les autres, qui lancent à grand bruit des eaux bouillantes, sont nommés *chaudières*, en islandais *hverer*. La plus remarquable de ces sources est celle nommée *Geyser*, qui se trouve près de *Skalholt*, au milieu d'une plaine où il y a environ quarante autres sources moins considérables. Son ouverture est du diamètre de 19 pieds, et le bassin dans lequel elle se répand en a trente-neuf. L'archevêque de Troil l'a vue s'élever à 88 pieds, le docteur Lind à 92. La colonne d'eau, environnée d'une épaisse fumée, retombe sur elle-même ou se termine par une large girandole. Une nouvelle source s'est offerte pour rivale au Geyser, c'est le *Strok* ; son jet d'eau est formé d'un rayon d'un moindre diamètre, mais qui, s'élançant avec plus de force que le Geyser, présente une surface plus nette et parvient à une plus grande élévation, où elle se disperse comme nos jets d'eau artificiels (1). Deux autres sources s'élancent et retombent alternativement. Le *Badstafa* est de ce nombre : il lance ses eaux à 40 ou 48 pieds pendant 10 minutes, dis-

(1) *Olsen*: Lettre sur l'Islande, dans les Mémoires nouv. de l'Académie des sciences de Copenhague, vol. IV, avec fig. — C'est le *New-Geyser* de M. *Stanley*, Letter on Iceland, 1789.

continue pendant le même espace de temps, et recommence ainsi périodiquement. Ses eaux sont à la température de 82 degrés du thermomètre centigrade. Toute cette infernale vallée est remplie de sources et environnée de laves et de pierres ponces. Ces eaux bouillantes, et principalement celles du Geyser, déposent sur leurs bords une croûte de tuf siliceux (1). Les Islandais tirent quelque parti de ces sources chaudes, qui jadis ont servi à baptiser leurs ancêtres païens; ils y font cuire leurs légumes, viandes, œufs et autre nourriture; mais il faut avoir soin de couvrir le pot suspendu dans ces eaux fumantes, afin que l'odeur volcanique ne gâte pas les mets. Les habitants y lavent aussi leur linge, et ils y font courber plusieurs instrumens de bois. Les sources moins chaudes servent à se baigner. Les vaches qui boivent de leurs eaux donnent une quantité de lait extraordinaire.

« Outre ces magnifiques jets d'eau, l'Islande a encore des sources minérales, que les habitants appellent sources de *bière*. Cette dénomination semble démontrer qu'ils n'en ont pas toujours négligé l'usage comme aujourd'hui.

« Une des productions les plus singulières de l'Islande, est cette masse noirâtre, pesante, propre à brûler, nommée en islandais *surturbrand* (2); c'est un bois fossile, légèrement carbonisé, et qui brûle avec flamme. Une autre espèce de bois minéralisé est plus pesante que le charbon de terre, et brûle sans flamme; elle contient de la calcédoine dans ses fissures transversales (3). »

Une lave transparente que l'on trouve au Krabla est un *flint-glass* naturel que l'on taille pour l'employer à des instrumens d'optique.

(1) *Bergmann*, dans les Lettres sur l'Islande, par *Troil* (Paris, *Volland*).
(2) *Surtur* : Le Dieu noir, le Pluton du Nord. *Brand*, tison.
(3) *Mackenzie*, l. c.

« Les montagnes centrales de l'île n'offrent point de granite; elles renferment du fer et du cuivre, que le manque de bois empêche d'exploiter; du marbre, de la chaux, du plâtre, de la terre à porcelaine, plusieurs sortes de bols, des agates, du jaspe et autres pierres.

« On trouve du soufre, tant pur qu'impur. Les mines de Krisevig et de Husavig sont les plus considérables. On a établi une raffinerie de soufre dans le dernier endroit. Les collines de soufre présentent un phénomène plus effrayant peut-être et plus instructif que le Geyser; on voit à leurs pieds l'argile dans une ébullition continuelle; on entend les eaux bouillonner et siffler dans l'intérieur de la montagne; une vapeur chaude couvre ce terrain, d'où souvent il s'élance des colonnes d'eau boueuse. Le soufre qui forme la croûte de ces couches d'argile est ordinairement très-chaud, et s'y présente dans les cristallisations les plus magnifiques.

« L'île ne produit pas d'autre sel que celui que l'on trouve au milieu de quelques laves; mais la mer qui l'avoisine a les eaux aussi salées que celles de la mer Méditerranée. Le sel qu'on en tire donne au poisson une teinte bleuâtre.

« Le ciel de l'Islande étale aussi des prodiges. A travers un air rempli de petites particules glacées, le soleil et la lune paraissent doubles ou prennent des formes extraordinaires; l'aurore boréale se joue en mille reflets de couleurs diverses; partout l'illusion du mirage crée des rivages et des mers imaginaires. Le climat ordinaire serait assez tempéré pour permettre la culture des blés, qui autrefois était suffisante aux besoins d'une population beaucoup plus considérable. Le gouvernement se donne beaucoup de peine pour la faire revivre. Mais lorsque les glaces flottantes viennent à s'arrêter entre les promontoires septentrionaux de cette île, tout espoir de culture cesse pour une ou deux années; un froid effroyable se répand sur toute l'île; les vents apportent des colonnes entières de particules glacées; toute la végétation s'éteint; la faim et le désespoir semblent s'asseoir sur ces montagnes qu'échauffent en vain tous les feux des abîmes souterrains.

« Dans un siècle on a compté 43 mauvaises années, parmi lesquelles 14 années de famine. Les années 1784 et 1785, dans lesquelles la rigueur des hivers succéda à des éruptions volcaniques, virent périr 9000 hommes ou un 5e de la population, 28,000 chevaux, 11,491 bêtes à cornes, et 190,488 bêtes à laine (1). »

Dans les disettes de fourrages on donne, dit-on, aux vaches de la chair du poisson appelé dans le pays *stembitr*, du genre *blennus* de Linné, pilée avec des os de morue; cette nourriture leur procure beaucoup de lait, mais il a un goût désagréable. Les moutons d'Islande ont jusqu'à 4 à 5 cornes. Dans l'hiver on les tient enfermés dans des cavernes; ils y souffrent tellement de la faim qu'ils se mangent la laine sur le dos : ce qui produit dans leur estomac ces pelotes de poils connues sous le nom d'ægagropiles. Mais les Islandais connaissent le moyen de les délivrer de ces masses de poils.

« L'*elymus arenarius*, en islandais *melur*, est une espèce de blé sauvage qui donne une bonne farine. Le *lichen* d'Islande et plusieurs autres sortes de lichens servent à la nourriture, ainsi qu'un grand nombre de racines antiscorbutiques, et même plusieurs sortes d'herbes marines, entre autres l'*alga saccarifera* et le *fucus foliaceus*. L'Islande produit, comme la Norvége, une immense quantité de baies sauvages d'un goût excellent. Le jardinage est à présent répandu dans tout le pays. Les choux-fleurs ne

---

(1) *Stephansen* (bailli d'Islande) : Description de l'Islande au XVIIIe siècle. Copenhague, 1807. *Olavius* : Voyage économique en Islande (en danois). *Olafsen* : Voyage en Islande.

réussissent pas. La culture des pommes de terre prend des accroissemens trop lents pour le bonheur de l'île.

« Il y eut autrefois de grandes forêts qui abritaient les vallées méridionales. Une mauvaise économie les a dévastées. On ne trouve à présent que quelques bois de bouleaux et beaucoup de broussailles. Mais le bois, que la terre refuse aux Islandais, leur est amené par la mer. C'est un des phénomènes les plus étonnans dans la nature que cette immense quantité de gros troncs de pins, sapins et autres arbres qui viennent se jeter sur les côtes septentrionales de l'Islande, surtout sur le cap du Nord et sur celui nommé Langaness. Ce bois arrive sur ces deux points dans une telle abondance, que les habitans en négligent la plus grande partie. Les morceaux qui sont poussés le long de ces deux promontoires vers les autres côtes fournissent à la construction des bateaux.

« Les chevaux sont de la même espèce que ceux de la Norvége, et on les emploie de même à porter des fardeaux comme les ânes. Les bœufs et les vaches sont pour la plupart sans cornes. Les moutons, au contraire, en ont 2 et quelquefois 3 ; ils sont très-grands, et leur laine est plus longue que celle des moutons danois ordinaires. L'Islande a compté jusqu'à 400,000 bêtes à laine, et près de 40,000 bêtes à cornes; en 1824, elle renfermait 28,500 chevaux. Les pâturages, mieux soignés, seraient la vraie richesse de l'île; mais on les abandonne aux soins de la nature.

« Le gouvernement a fait transporter en Islande des rennes qui s'y multiplient. Il est remarquable que cet animal n'y était point indigène, quoique la mousse des rennes y vienne en abondance. Les renards d'Islande fournissent de belles pelisses : on en vend quelquefois une peau grisâtre, à Copenhague, 40 à 50 fr. C'est le seul quadrupède sauvage de l'Islande. Les ours blancs, qui arrivent sur les îles flottantes de glaces, font quelquefois des ravages avant d'être tués. Parmi les oiseaux d'Islande, l'édredon (*anas mollissima*) est renommé par son duvet délicat. Les faucons de l'Islande étaient autrefois plus recherchés qu'aujourd'hui. Les blancs, qui sont rares, valent 90 à 100 fr. la pièce. Le roi de Danemark en fait des présens à quelques cours.

« La mer et les rivières offrent aux Islandais des avantages qu'ils négligent trop. Les saumons, truites, brochets et autres excellens poissons dont fourmillent les rivières, vivent et meurent pour la plupart en repos. Les anguilles sont en abondance, mais les habitans n'osent pas en manger; ils y voient l'engeance du grand serpent marin, qui, selon la mythologie odinique, enlace la terre entière, et qu'on prétend avoir vu lever la tête près des côtes d'Islande. Les harengs environnent les côtes, mais les Islandais ne connaissent que depuis peu l'usage des filets. Les petites baleines, les veaux et chiens-marins, et les cabillauds sont les sortes dont on pêche le plus.

« L'Islande était divisée en quatre quartiers, nommés d'après les quatre points cardinaux. Ceux du sud, de l'est et de l'ouest formaient le diocèse de *Skalholt*. Le diocèse de *Holum* comprenait le quartier du nord. Mais depuis 1801 les deux évêchés ont été réunis. Aujourd'hui l'île est divisée en trois bailliages, celui *du sud*, celui *de l'ouest* et celui *du nord et de l'est*, et en 19 districts. De nouveaux emplacemens ont été désignés pour les villes à fonder. »

Celle de *Reikiavik* comptait, il y a peu de temps, une centaine de maisons, et 5 à 600 âmes; c'est la capitale actuelle, c'est le siége d'un évêché et la résidence des gouverneurs et des principales autorités de l'île. Elle possède un lycée, une bibliothèque publique de 5130 volumes, une école d'enseignement mutuel, une association pour la diffusion des connaissances utiles, une société des sciences et une de littérature islandaise, qui sont des sections de la société royale des antiquaires et de celle de littérature établies à Copenhague; enfin elle publie deux journaux. *Bessestadr* ou *Bessestad* est le siége d'un bon gymnase, avec une bibliothèque de 1500 volumes; à *Holum* ou *Holar*, dans le nord de l'île, on a réuni près de 900 volumes; cette petite ville, jadis siége d'un évêché, possédait déjà une imprimerie en 1530. A *Lambhuus*, qui n'est qu'une petite bourgade à peu de distance de Reikiavik, on a construit un observatoire. *Skalholt* ou *Reinkinrik*, autrefois chef-lieu de l'île, et siége d'un évêché, fait un commerce assez actif; la société y est d'une politesse remarquable.

« Le commerce de l'Islande, autrefois livré au monopole, est aujourd'hui libre. On exporte du poisson, de l'huile de poisson, des viandes, du suif, du beurre, des cuirs, de l'édredon, du soufre, de la laine, du fil de laine, de la grosse étoffe de laine, des toiles de chanvre et de lin, des bas de laine et des gants. L'importation consiste en blé, grains, eau-de-vie, tabac, marchandises coloniales, étoffes fines, quincaillerie. La valeur du commerce varie beaucoup. »

La valeur des exportations est estimée à environ 1 million de francs.

« Passons maintenant à l'intéressante peuplade qui habite cette terre singulière. Les Islandais sont en général d'une taille moyenne, bien conformés; mais une nourriture peu abondante leur donne peu de vigueur. Les mariages ne sont pas féconds. Probes, bienveillans, peu industrieux, mais fidèles et obligeans, ces insulaires exercent généreusement l'hospitalité, autant que leurs moyens le permettent. Leurs principales occupations consistent dans la pêche et le soin de leurs troupeaux. Sur les côtes, les hommes vont à la pêche en été et en hiver. Les femmes apprêtent le poisson, s'occupent à coudre et à filer. Les hommes préparent les cuirs et exercent les arts mécaniques ; quelques uns travaillent l'or et l'argent ; ils manufacturent, comme les paysans du Jutland et de plusieurs autres provinces, une sorte d'étoffe grossière connue sous le nom de *wadmal*. On fabrique annuellement 146,000 paires de bas de laine et 163,000 paires de gants (1). Ces insulaires sont si attachés à leur pays natal, qu'ils se trouvent malheureux partout ailleurs. Naturellement graves et religieux, ils ne traversent jamais une rivière ou tout autre passage dangereux, sans se découvrir la tête et implorer la protection divine. Lorsqu'ils se rassemblent, leur passe-temps favori consiste à lire leurs relations ou mémoires historiques : le maître de la maison commence, et les autres le remplacent tour à tour (2). D'autres fois on fait lecture de poésies nouvellement composées (3). Quelquefois un homme donne la main à une femme, et ils chantent tour à tour des couplets qui forment une espèce de dialogue (4). Le reste de la compagnie fait de temps en temps *chorus*. Le jeu d'échecs est fort en vogue parmi eux, et, comme les anciens Scandinaves, ils tiennent à gloire d'y être habiles. Le vêtement des Islandais n'est ni élégant ni très-orné ; mais il est décent, propre et convenable au climat. Les femmes portent à leurs doigts des bagues d'or, d'argent et de cuivre. Les plus pauvres sont vêtues de l'étoffe grossière dont nous avons fait mention, mais toujours noire. Celles qui ont plus d'aisance s'habillent d'étoffes plus amples, et portent des ornemens d'argent doré. »

Ce qu'il y a de remarquable, c'est l'analogie frappante de leur coiffure en pointe avec celle de nos Cauchoises, ce qui indique une commune origine entre les Islandais et les Normands. Les Islandais descendent d'une colonie

---

(1) *Mohr* et *Olavius*: Voyages en Islande (en danois). — (2) Ces réunions se nomment *Sagu-Lestor*. — (3) *Rimu-Lestor*. — (4) *Vikevaka*.

norvégienne qui, sous la conduite du Jarl ou comte Ingolf, forcé d'abandonner sa patrie pour cause de meurtre, arriva en Islande vers l'année 860. Ces Scandinaves emportèrent avec eux leurs monumens historiques, leur tradition, leur théogonie, leur poétique et tout ce qui caractérisait les mœurs de la mère-patrie. Relégués vers le pôle, ils conservaient leurs antiques croyances ; les skaldes, poètes guerriers, chantaient encore sur le rhythme runique les victoires d'Odin, lorsque la Gothie et le Jutland avaient oublié les traditions de leurs ancêtres pour embrasser les croyances du christianisme. Aussi est-ce aux Islandais que l'on doit ce que l'on sait sur les runes, caractères employés par les Goths et les Francs, et sur leur système de versification. Qu'on ne s'étonne d'ailleurs pas que l'Islande ait produit plusieurs auteurs célèbres, tels que *Jonas Arngrim*, *Torfœus*, *Sœmund*, *Sigfusson* et *Snorro-Sturleson*, dont les écrits ont jeté un grand jour sur l'histoire des peuples du Nord et sur la religion des Scandinaves. L'un d'eux, Sigfusson, est l'auteur de plusieurs poésies skaldes. Sœmund avait déjà recueilli les sagas ou traditions des anciens princes norvégiens, lorsque Snorro-Sturleson, au commencement du XIIIe siècle, rédigea le système mythologique des Scandinaves qui fut nommé *Snorro-Edda* ou nouvelle Edda, pour la distinguer de celle de Sœmund. Les Islandais, tant que dura leur indépendance, conservèrent dans leur gouvernement la forme républicaine : leur île était divisée en quatre provinces gouvernées par cinq magistrats choisis parmi les principaux habitans. En 981, le christianisme y fut introduit ; en 1261, une révolution la soumit aux rois de Norvége ; mais depuis 1397, le traité de Calmar la réunit au Danemark. Depuis cette époque la langue islandaise a commencé à dégénérer. Aujourd'hui c'est un idiome mêlé de mots anglais, français, hollandais et latins : il n'est même pas rare, disent des voyageurs récens, que des hommes grossiers saluent en employant des phrases latines, telles que, *vale*, *Domine; salus et honor.*

« Les Islandais sont en général mal logés. Dans quelques endroits, leurs maisons sont construites de bois que la mer y jette, et quelquefois les murs sont faits de lave et de mousse. Ils couvrent le faîte de gazons posés sur des solives et quelquefois sur des côtes de baleine, qui sont plus durables et moins chères que le bois. Il y a beaucoup de cabanes construites entièrement en gazon et éclairées par des lucarnes. Leur principale nourriture consiste en poisson sec et en laitage; on ne prodigue pas la viande, et autrefois le pain était rare. Aujourd'hui 18,000 tonnes de seigle sont consommées dans l'île. Les riches connaissent le vin, le café et toutes les épiceries de notre cuisine. Une imitation plus utile des mœurs danoises a fondé ici, ainsi qu'on l'a vu précédemment, plusieurs sociétés littéraires, dont quelques unes ont publié des mémoires. Les paroisses ont commencé à former de petites bibliothèques publiques, d'où les pères de famille empruntent des livres de morale ou d'histoire. Nul Islandais n'ignore l'art d'écrire et de calculer; la plupart d'entre eux connaissent l'histoire biblique et celle de la Scandinavie. On trouve parmi les ministres beaucoup d'hommes versés dans toutes les beautés de la littérature grecque et romaine; mais l'utile étude des sciences physiques n'est pas répandue (1). Telle est cette colonie des Scandinaves, placée entre les glaces du pôle et les flammes de l'abîme.

« Au nord-est de l'Islande s'étendent des côtes mal connues qui appartiennent, soit au Groenland, soit à un archipel glacé. Elles n'ont été vues qu'accidentellement par

---

(1) *Holland*, sur la littérature et l'instruction des Islandais dans le Voyage de *sir Georges Mackenzie. Troil* Lettres sur l'Islande, p. 184.

des navigateurs qui, à la poursuite des baleines, s'étaient avancés dans ces mers dangereuses. Récemment, des secousses éprouvées en pleine mer, et des amas de pierres ponces flottantes ont paru indiquer l'existence de volcans vers le 75ᵉ degré. Retrouverait-on ici les sources chaudes qui, selon les frères Zeni, servaient à chauffer le monastère de Saint-Thomas? »

A 50 lieues du Groenland et à 100 de l'Islande, l'île de *Jean-Mayen* offre des côtes plates et sablonneuses, mais souvent bordées par d'énormes amas de glaces qui s'élèvent à 1200 pieds. Son sol, entièrement volcanique, est couvert de montagnes dont la plus importante est le *Béerenberg*, élevé de 6840 pieds et couvert de neiges éternelles. L'*Esk*, volcan de 1500 pieds d'élévation, vomit fréquemment de la lave : en 1800, il lançait de la fumée; à la fin de 1818, il eut une éruption. Cette île fut découverte par le navigateur hollandais dont elle porte le nom. Elle n'est fréquentée que par les navires baleiniers; l'âpreté de son climat n'y laisse croître que de chétives plantes. On ne trouve sur ses rivages qu'un petit nombre d'oiseaux de mer : on y a remarqué des traces d'ours et de renards.

« Un groupe de trois ou quatre grandes îles, et d'un nombre considérable de petites, termine, dans l'état actuel de nos connaissances, cette chaîne de terres glaciales dépendantes du Groenland, et par conséquent de l'Amérique septentrionale. »

Ces îles furent découvertes en 1553 par l'Anglais Hugh Willoughby; en 1595, elles furent visitées par les navigateurs hollandais Guillaume Barentz et Jean Cornelius, qui crurent les avoir découvertes, et qui, à cause des rochers pointus dont elles sont hérissées, donnèrent à l'une d'elles le nom de Spitzberg.

« La grande île du *Spitzberg* proprement dite est séparée, par des canaux étroits, de l'*île du Sud-Est* et de celle de *Nord-Est*. La presqu'île orientale de la grande île a reçu le nom de *Nouvelle-Frislande*. Vers la pointe nord-ouest sont les restes de l'établissement des baleiniers hollandais, nommé *Smeerenberg* (1). La quatrième île est celle du *Prince Charles*. Les montagnes du Spitzberg, couronnées de neiges perpétuelles et flanquées de glaciers, jettent de loin un éclat semblable à celui de la pleine lune. Elles se composent probablement de granite rouge dont les blocs, étant à nu en grande partie, resplendissent comme des masses de feu au milieu des cristaux et des saphirs que forme la glace. Leur énorme élévation les fait apercevoir à une grande distance; et comme elles s'élancent immédiatement du sein de la mer, les baies, les vaisseaux, les baleines, tout paraît dans leur voisinage d'une extrême petitesse. Le silence solennel qui règne dans cette terre déserte accroît la mystérieuse horreur qu'éprouve le navigateur en y abordant. Cependant la mort de la nature n'est même ici que périodique. Un jour de cinq mois tient lieu d'été; le lever et le coucher du soleil marquent les bornes de la saison vivante; mais ce n'est que vers le milieu de cette saison, ou, si l'on aime mieux, vers le midi de ce jour, que la chaleur, long-temps accumulée, pénètre un peu en avant dans la terre glacée; le goudron des vaisseaux fond aux rayons du soleil, et cependant on ne voit éclore qu'un petit nombre de plantes; ce sont des cochléaires, des renoncules, des joubarbes; Martens put même couronner son chapeau de fleurs de pavot cueillies sur ces tristes rivages. Les golfes et baies se remplissent de fucus et d'algues d'une dimension gigantesque; une espèce a 200 pieds de long. C'est dans ces forêts marines que les phoques et les cétacés aiment à rouler leurs corps énormes, ces vastes masses de graisse que les pêcheurs européens poursuivent

(1) C'est-à-dire château de Graisse.

jusqu'au milieu des glaces éternelles; c'est là que ces animaux vont chercher les mollusques et les petits poissons, leur nourriture habituelle; c'est là que ces êtres, en apparence si lourds, si peu sensibles, se livrent à leurs penchans sociaux, à leurs jeux, à leurs amours. Réunis sur un champ de glace, les chiens-marins sèchent leur poil brunâtre; le *morse* ou *hvalross* (1), en grimpant aux rochers, montre ses énormes défenses dont l'ivoire éclatant est caché sous une couche de limon de mer; la baleine lance des jets d'eau par ses vastes évens, et ressemble à un banc flottant sur lequel divers crustacés et mollusques fixent leur demeure; mais elle est souvent blessée à mort par le narval ou *narhval* (2), à qui la perte habituelle d'une de ses défenses horizontales a fait donner le nom d'*unicorne de mer*; la baleine est encore souvent la victime d'une espèce de dauphin nommée l'*épée de mer*, qui lui arrache des morceaux de chair, et qui cherche surtout à dévorer sa langue. Au milieu de tous ces colosses vivans de la mer Glaciale s'avance un quadrupède redoutable, vorace et sanguinaire: c'est l'ours polaire. Tantôt porté sur un îlot de glace, et tantôt nageant au sein des flots, il poursuit tout ce qui respire, dévore tout ce qu'il rencontre, et s'assied, en rugissant de joie, sur un trophée d'ossemens et de cadavres. Un autre quadrupède, le timide et aimable renne, broute la mousse qui couvre tous les rochers. Des troupes de renards et d'innombrables essaims d'oiseaux de mer viennent encore, pendant quelques momens, peupler ces îles solitaires; mais dès que finit le jour polaire, ces animaux se retirent à

---

(1) *Morse* est une corruption de l'adjectif russe *morskaia*, maritime. *Hval-ross* est islandais et danois: *hval*, baleine; *ross*, cheval. *Cheval-baleine*. Le mot *hval* paraît venir de *hvall*, colline, tertre, comme qui dirait poisson-montagne (Comp. *Niala-Saga*, glossarium in voce *hvall*).

(2) *Nar-hval*, de *nar*, corps mort, en islandais, et *hval*. *Tue-baleine*.

travers des terres inconnues soit en Amérique, soit en Asie (1).

« Les animaux marins du Spitzberg présentent à la cupidité européenne un appât qui fait oublier les dangers de ces mers inhospitalières. La pêche de la baleine, mentionnée dès le IX⁰ siècle, a souvent occupé jusqu'à 400 gros bâtimens de toutes les nations. Les Hollandais, dans l'espace de quarante-six ans, prirent 32,900 baleines, dont les fanons et l'huile forment une valeur de 380,000,000 de francs (2). Ces animaux paraissent fréquenter aujourd'hui les parages du Spitzberg en nombre moins considérable; on n'en voit plus d'aussi grande taille que dans le commencement de cette pêche. Le morse est plus nombreux et plus facile à attaquer; sa peau, employée à suspendre les carrosses, et ses dents, plus compactes que celles de l'éléphant, sont des objets qui attirent souvent au Spitzberg des colonies temporaires russes. Les anciens Bretons en faisaient déjà, avant la domination romaine, des pommes d'épée (3). L'ancienne colonie scandinave du Groenland payait en « *dentes de roardo* », qui paraissent avoir été des défenses de morse, le tribut qui, sous le nom de *denier de Saint-Pierre*, affluait des extrémités de la terre pour défrayer la magnificence des basiliques romaines et les pompes de la cour pontificale (4). La corne du narval a long-temps été l'objet d'un respect superstitieux; on en tirait de prétendus remèdes universels; on la suspendait dans les muséums à des chaînes d'or. Les margraves de Bayreuth en

---

(1) *Martens* : Voyage au Spitzberg et au Groenland. Hambourg, 1675, in-4°; et la traduction dans les *Voyages au Nord*. *Bacstrom* : Voyage au Spitzberg, dans le *Philosophical magazine*, 1801.

(2) *Anderson* : Histoire du commerce, VII⁰ vol., p. 233. Trad. allem.

(3) *Solin* : Polyhistor, c. XXII. — (4) *Schlegel* : Mémoires pour l'Histoire danoise, t. I, part. 1, p. 177. *Beckmann* : Apparat pour la connaissance des marchandises, t. I, p. 339-341 (en allem.).

faisaient conserver plusieurs dans leur trésor de famille ; ils en avaient reçu une en paiement d'une somme de plus de 60,000 rixdalers. Les princes des deux branches de cette maison se partagèrent une de ces cornes avec autant de formalités qu'ils en auraient mis à partager un bailliage (1). Aujourd'hui les médecins ont abandonné cette panacée, et le « *véritable unicorne* » a perdu sa valeur imaginaire. Une autre substance, originaire de ces régions, a également été le sujet de quelques fables ; c'est la matière cérébrale du cachalot, nommée très-improprement *sperma ceti*, et plus convenablement *blanc de baleine* ; on en fait des bougies d'une blancheur éclatante. Tous ces gros animaux sont cependant moins utiles à l'homme que le hareng, dont la mer Glaciale semble être ou la patrie ou l'asile. Là, dans des eaux inaccessibles, il brave et l'homme et la baleine ; mais des causes inconnues l'en font sortir pour venir environner de ses innombrables essaims les côtes septentrionales de l'Europe et de l'Amérique.

« Une dernière curiosité doit encore nous arrêter dans cette région polaire ; c'est l'extrême abondance de bois flottant que la mer amène sur les côtes du Labrador, du Groenland, et plus encore sur celles de l'Islande, du Spitzberg et des terres arctiques entre ces deux îles. On assure que les amas de bois flottant rejetés sur l'île Jean-Mayen, égalent souvent cette île en étendue (2). Il est des années où les Islandais en recueillent assez pour leur chauffage. Les baies du Spitzberg en sont remplies ; il s'accumule sur les parties de la côte de Sibérie exposées à l'est. Il se compose de troncs de mélèzes, de pins, de cèdres sibériens, de sapins, de bois de Fernambouc et de Campêche (3). Ces

---

(1) *Spiess*: Archivische nebenarbeiten, cahier I, p. 69.
(2) *Crantz*: Histoire du Groenland, t. I, p. 50-34.
(3) *Olafsen*, Voyage d'Islande, t. I, p. 272 (en allem.).

troncs paraissent avoir été entraînés par les grands fleuves d'Asie et d'Amérique; les uns sont apportés du golfe du Mexique par le fameux courant de Bahama; les autres sont poussés par le courant qui, au nord de la Sibérie, porte habituellement de l'est à l'ouest. Quelques uns de ces gros arbres, que le frottement a dépouillés de leur écorce, sont même assez bien conservés pour former d'excellent bois de construction (1). Mais si ces bois flottans proviennent en partie de forêts actuellement existantes, une autre partie nous semble avoir une origine plus reculée et qui se rattache aux grandes révolutions du globe. Nous avons vu, dans la *Géographie physique*, les dépôts de houille, ceux de bois bitumineux et ceux d'arbres renversés s'étendre indistinctement sous la surface des continens et sous celle des mers. Ces débris de végétaux appartiennent à plusieurs catastrophes, à plusieurs écroulemens de terrains. Toute l'étendue du globe a éprouvé de semblables révolutions, même les régions polaires en offrent les traces. En Islande, outre le bois fossile bitumineux, on trouve encore dans la terre du bois qui n'a éprouvé qu'un changement de couleur, d'odeur et de solidité, quelquefois un aplatissement, mais aucun commencement de minéralisation. Ces bois se rencontrent dans les terrains argileux et sablonneux, à quelques toises au-dessus du niveau actuel de l'Océan, tandis que les tourbières et les dépôts du bois bitumineux commencent le plus souvent à 25 toises au-dessus de ce niveau, et s'élèvent jusqu'à 100 toises (2). De même on voit, en Sibérie, de grands amas de bois déposés à des élévations où la mer actuelle n'a pu atteindre (3). Quelques savans ont cru voir dans ces faits une nouvelle preuve de la diminution des mers: ces dépôts proviennent, selon eux, des bois flottans d'une

(1) *Olafsen*: Voyage en Islande, t. I, § 637-638. — (2) *Idem*, t. I, p. 80, 192, 220 et 326.
(3) *Gmelin*: Voyage en Sibérie, t. III, p. 126.

époque antérieure à cette diminution. Sans vouloir rejeter absolument cette opinion, nous y voyons plutôt des restes de forêts qui ont été renversées dans les lieux mêmes où elles prirent naissance. Si nous admettons que le fond de la mer, en beaucoup d'endroits, présente à l'action des flots de semblables dépôts de forêts détruites qui ont appartenu à des continens écroulés dans les grandes catastrophes du globe, nous concevons qu'il doit s'en détacher une quantité plus ou moins grande, selon que l'action des flots y est plus ou moins forte. Or, cette action, toujours assez superficielle, a plus de prise dans les mers les plus basses, telles que sont toutes les mers boréales. Il nous semble donc que l'on peut considérer une grande partie des bois flottans polaires comme des débris de la végétation des continens qui, en s'écroulant dans les abîmes, ont permis aux eaux de l'Océan, en se retirant, de laisser à sec nos contrées actuelles. »

D'ailleurs plusieurs de ces amas de grands végétaux sembleraient indiquer sur certaines plages un exhaussement du sol, que l'on pourrait attribuer à l'action lente et continue des feux souterrains, tout-à-fait analogue au soulèvement de certaines parties des côtes de la mer Baltique.

« Ces conjectures méritent peut-être l'attention de ceux qui un jour pourront porter un regard scientifique sur les mystères de ce monde polaire, dont nous venons de tracer une esquisse. »

LIVRE CENT SOIXANTE-QUINZIÈME.

Tableau *des divisions administratives du Groenland et de l'Islande.*

POSSESSIONS DU DANEMARK.

GROENLAND.

Superficie en lieues.	Population absolue.
111,000.	21,000 habitans.

GROENLAND OCCIDENTAL OU GROENLAND COLONISÉ.

Population : 16,000 habitans.

Inspectorat du Nord.

Chefs-lieux.	Autres établissemens.
Egedesminde.	Omenak, Fiskernoes, Frederikshaab, Upernavik, archipel de Disco.

Inspectorat du Sud.

Julianeshaab.	Godthaab, Holsteinborg, les îles du Chien et de Kron-Prius.

GROENLAND ORIENTAL OU INDÉPENDANT.

Population : 5,000 habitans.

La population totale du Groenland comprend 6,000 indigènes chrétiens, 1000 frères moraves et 14,000 indigènes idolâtres.

ISLANDE.

Superficie en lieues.	Population absolue.
5,000.	50,000 habitans.

SONDERAMTEL OU BAILLIAGE DU SUD.

Reikiawiik.	Bessestad, Skalholt.

VESTERAMTEL OU BAILLIAGE DE L'OUEST.

Stappen.	Heraundalur.

NORDER OG OSTERAMTEL OU BAILLIAGE DU NORD ET DE L'EST.

Madruval.	Holum, Eskefiord, Skagastrand.

LIVRE CENT SOIXANTE-SEIZIÈME.

Suite de la Description de l'Amérique. — Le Canada avec la Nouvelle-Écosse et Terre-Neuve.

« Après avoir parcouru toute la zone glaciale du Nouveau-Monde, nous allons entrer dans une région où la nature, moins marâtre, quoique toujours sévère et dure, permet à l'agriculture de réunir les hommes en sociétés plus nombreuses. Mais le caractère du désert ne disparaît pas tout entier, et la civilisation naissante semble encore une plante étrangère. En remontant le fleuve Saint-Laurent, nous voyons se développer les majestueuses forêts du *Canada* autour des plus vastes amas d'eau douce qu'il y ait au monde. Le fleuve Saint-Laurent n'est qu'un long *détroit*, par lequel s'écoulent les eaux des grands lacs du Canada.

« La plus reculée de ces *mers d'eau douce*, comme les premiers voyageurs les appelèrent (1), se nomme le lac *Supérieur*; il a 4 à 500 lieues de circonférence; sa longueur de l'est à l'ouest est de 170 lieues et sa plus grande largeur de 55. Ses eaux limpides, nourries par quarante rivières, se balancent dans un bassin de rochers, et forment des lames presque égales à celles de l'océan Atlantique. Le lac *Huron*, qui a 86 lieues de longueur sur 50 de largeur, et 300 lieues de circonférence, reçoit les eaux du précédent par une suite de descentes rapides connues sous le nom des *Sauts de Sainte-Marie*. On ne donne que 120 lieues de longueur, 25 de largeur et 260 lieues de pourtour au lac *Mi-*

---

(1) *Sagard Théodat* : Le grand Voyage du pays des Hurons, p. 259. Paris, 1632.

chigan, dont les fertiles bords appartiennent en entier aux Etats-Unis. Ses eaux se joignent de niveau, et par un large détroit, à celles du lac Huron. Un autre détroit, ou plutôt la rapide rivière de *Saint-Clair*, sert d'écoulement au lac Huron, et forme, en s'élargissant, le petit lac de Saint-Clair. Un canal plus tranquille, nommé proprement le *Détroit*, unit ce bassin au lac *Erié*, qui a 83 lieues de longueur sur 20 à 30 de largeur, mais qui, étant peu profond et bordé de terres d'une élévation inégale, éprouve des coups de vent redoutables aux navigateurs.

« Ce lac se décharge par la rivière de *Niagara* et par ses célèbres cataractes tant de fois décrites, et qu'aucune parole ne peut décrire dignement. Disons seulement que le principal saut est du côté du Canada. Dans cet endroit, la rivière a environ 1800 pieds de largeur, et la chute est de 142 pieds. Entre les chutes est une petite île, celle des Boues (Goat-Island). Le saut qui est du côté des Etats-Unis, avait encore naguère 962 pieds de large et 163 pieds de haut. Cette grande cataracte est continuellement enveloppée d'un nuage qu'on aperçoit de très-loin; les flots écumeux semblent couler dans les cieux. De temps à autre, le nuage, en s'ouvrant, laisse entrevoir les rochers et les forêts. L'aspect le plus étonnant se présente dans l'hiver lorsque les eaux, malgré leur effroyable mouvement, ressentent l'influence des gelées; alors d'énormes colonnes de glace s'élèvent du fond du précipice, tandis que d'autres morceaux de glace pendent d'en haut comme autant de tuyaux d'orgue (1). »

Depuis la fin de décembre 1828, l'aspect des chutes du Niagara a complètement changé par l'éboulement d'une immense portion du rocher du haut duquel tombent les eaux. Cette récente destruction, opérée par les efforts d'une

(1) *Heriot*: Travels in Canada, chap. VII et VIII.

masse énorme d'eau qui tombe d'une si grande hauteur, se renouvellera encore sans doute de même qu'elle a eu lieu plusieurs fois ; car on sait que la cascade a déjà reculé d'environ 3 ou 4 lieues et qu'il y a plusieurs siècles elle était vis-à-vis de la ville de Lewistown.

« C'est par ce pompeux vestibule que les eaux du Niagara descendent vers le tranquille lac *Ontario*, qui est pourtant sujet à une espèce de flux et reflux. Ce lac est long de 65 lieues et large de 25. Il se dégorge, par le charmant lac de *Mille-Iles*, dans le fleuve *Saint-Laurent* proprement dit. Ce fleuve prend, surtout près de Montréal, un caractère extrêmement pittoresque. C'est un tableau charmant et impossible à décrire, que celui d'un village qui se développe aux regards à mesure qu'on double une pointe de terre boisée ; les maisons paraissent suspendues sur le fleuve, et les clochers étincelans réfléchissent, à travers les arbres, les rayons du soleil. Ce spectacle se répète de lieue en lieue, et quelquefois plus souvent (1). Mais au-dessous de Québec, le lit du fleuve s'élargit si considérablement, les rivages s'enfuient dans un lointain si immense, que l'œil y reconnaît plutôt un golfe qu'une rivière. »

Le Saint-Laurent, malgré son immense volume d'eau, ses eaux profondes et sa vaste embouchure, n'occupe que le troisième ou le quatrième rang parmi les fleuves américains : sorti de l'extrémité du lac Ontario, il se jette, après un cours de 200 lieues, dans un golfe qui porte son nom. La masse d'eau qu'il verse dans l'Océan est évaluée à 57,335,700 mètres cubes par heure. On peut juger par-là de sa rapidité. Sa largeur varie considérablement : à sa naissance elle est de 3 lieues ; mais depuis Québec jusqu'à son embouchure, c'est-à-dire sur une longueur d'environ 100 lieues, il n'en a pas moins de 15 à 20.

(1) *Weld*: Voyage dans le Canada, t. II, p. 210, etc., etc.

« Le seul fleuve considérable du Canada, après le Saint-Laurent, c'est l'*Ottawa*, dont le cours est évalué à plus de 200 lieues, et la masse d'eau qui s'écoule à 250,000 tonneaux par heure. Il porte au grand fleuve le tribut de ses eaux limpides et verdâtres. Elles forment, parmi d'autres cascades pittoresques, celle de la *Chaudière*, qui a 120 pieds de hauteur et 360 de largeur. La rivière de *Saguenay*, qui vient aussi du nord, est l'écoulement du lac Saint-Jean. Une rivière remarquable vient en droite ligne du sud, c'est celle de *Sorelle*, débouché du lac Champlain; lac qui forme une communication militaire et commerciale très-importante entre le Canada et les États-Unis. Parmi les petites rivières, celle de *Montmorency* est célèbre par sa cataracte pittoresque; elle passe deux fois entre des portails de rochers taillés à pic et couverts d'arbres : resserrée dans un lit de 100 pieds de large, elle se précipite à la fin perpendiculairement de la hauteur de 242 pieds, et semble se transformer tout entière en flocons d'argent ou de neige; de petits nuages s'élèvent à chaque instant, reflètent mille couleurs, et disparaissent en se heurtant contre les rochers nus et grisâtres qui servent de cadres à cette scène moins imposante, mais plus variée que celle de Niagara (1).

« Le Canada, sans renfermer de véritables chaînes de montagnes, s'élève par degrés; les ramifications des monts Alléghany y acquièrent la hauteur moyenne de 150 à 300 toises, et s'étendent dans le Haut-Canada. Les cataractes marquent le changement du niveau des eaux; mais le partage même des eaux entre la mer d'Hudson et le fleuve Saint-Laurent, n'offre qu'une suite de collines et de rochers isolés. Ces petites montagnes sont appelées *Land's-Heights*. Le sol est partout considérablement élevé au-dessus des lacs.

(1) *Heriot*, p. 76-78.

Le froid et le chaud y sont extrêmes, puisque le thermomètre, en juillet et en août, monte à 193 degrés de Fahrenheit, et qu'en hiver le mercure y gèle. La neige commence avec le mois de novembre, et en janvier il est souvent difficile à un Européen de se tenir quelques momens en plein air sans en éprouver des suites fâcheuses. Des intervalles d'un temps plus doux n'y servent qu'à rendre le sentiment du froid plus vif et ses effets plus dangereux. Souvent à Québec, au commencement de l'hiver, la neige roule en grandes masses dans l'air, et couvre les rues jusqu'au niveau des lucarnes des maisons basses. Enfin, en décembre les vents neigeux cessent, un froid uniforme et un air serein leur succèdent. Tout à coup les glaces arrivent dans le fleuve, et s'accumulent de manière à remplir tout le bassin; mais la plupart du temps ces glaces ne sont que flottantes, et les habitans de la rive méridionale, animés par l'espoir du gain, les franchissent, en laissant tantôt glisser et tantôt flotter leurs canots. Les glaces disparaissent de même avec une rapidité extrême vers la fin d'avril, ou au plus tard au commencement de mai. Elles se rompent avec un bruit semblable à celui du canon, et sont entraînées à la mer avec une violence épouvantable. Le printemps se confond avec l'été; les chaleurs subites font éclore la végétation à vue d'œil. De tous les mois de l'année, le mois de septembre est le plus agréable (1).

« Le Canada est en général montagneux et couvert de bois. La culture s'éloigne peu des bords de la grande rivière. Les produits sont : le tabac pour la consommation des colons, les légumes et les grains, qui forment un article d'exportation. La culture du froment a fait des progrès rapides. Les terres deviennent meilleures à mesure qu'on remonte

---

(1) *Lambert* : Travels in Lower-Canada. *Annales des Voyages*, t. XVIII, p. 114.

le Saint-Laurent. Les environs de Montréal surpassent autant en fertilité ceux de Québec, que les terres du Haut-Canada surpassent celles de Montréal. Presque partout aux environs de Québec, un terrain peu profond recouvre un immense lit de pierre calcaire grisâtre, qui, mise en contact avec l'air, se délite en petites lames ou se réduit en poussière. Les prairies du Canada, supérieures à celles des contrées américaines plus méridionales, présentent un gazon fin et épais. Mais les Canadiens sont mauvais cultivateurs; ils ne labourent ni assez profondément, ni assez souvent : les champs sont remplis de mauvaises herbes. Leur froment a la tige longue seulement de 18 à 20 pouces; l'épi n'atteint que les deux tiers de celui du froment d'Angleterre. Il est semé au commencement du mois de mai, et mûrit vers la fin d'août. Les Canadiens français, bien différens des Anglo-Américains, ne se donnent jamais la peine de créer un jardin ni un verger.

« Parmi les fruits du Canada, les meilleurs sont, comme en Norvége, les baies, spécialement les fraises et les framboises. On cultive des pommes et des poires aux environs de Montréal. Des vignes, tant sauvages que plantées, donnent de petits raisins d'un goût agréable, quoique aigrelet. On cultive beaucoup de melons; il paraît même que ce végétal est indigène. Une plantation de houblon a parfaitement réussi. Le pays produit deux espèces de cerises sauvages dont on ne tire pas grand parti. Le noyer d'Angleterre ne s'accommode pas des successions subites de froid et de chaud qui caractérisent le printemps du Canada (1).

« Dans la végétation indigène des pays situés au nord du fleuve Saint-Laurent, on remarque un mélange singulier des flores de la Laponie et des Etats-Unis. La grande chaleur

---

(1) Voyez, pour plus de détails, les *Annales des Voyages*, t. XVIII, p. 113-124-126.

de l'été fait que les plantes annuelles et celles que la neige est capable de couvrir pendant l'hiver, y sont pour la plupart les mêmes que dans les pays plus méridionaux; tandis que les arbres et les arbrisseaux ayant à braver, sans abri, toute la rigueur du climat, appartiennent aux espèces qui caractérisent les régions arctiques. Le ginseng et le lis de Canada, semblable à celui de Kamtchatka, indiquent une liaison entre la flore de l'Amérique et celle de l'Asie. La *zizania aquatica*, graminée propre à ce climat, et qui tient de la nature du riz, croît abondamment dans la vase des rivières; elle fournit un aliment aux Indiens errans, comme aux oiseaux de marécage. Quoique le pays soit couvert de nombreuses forêts, les arbres n'y acquièrent jamais cette grosseur et cette surabondance de vie qui les distinguent dans les États-Unis. La famille des sapins et des arbres verts y est peut-être la plus multipliée : on y distingue le sapin à feuille argentée, le pin de Weymouth, le pin canadien, la sapinette d'Amérique et le cèdre blanc du Canada (1), qu'il ne faut pas confondre avec celui des États-Unis (2). Après ceux-là, qui occupent le premier rang, nous nommerons encore l'érable à sucre et l'érable rouge, le bouleau, le tilleul et l'ormeau d'Amérique, le bois de fer et le gaînier du Canada (3). Les nombreuses espèces de chênes nous sont en général inconnues; celles de l'Europe ne s'y montrent que sous la forme d'arbrisseaux rabougris : aussi le bois de construction du Canada se tire-t-il des provinces occidentales de la Nouvelle-Angleterre, ancienne région des États de l'Union. On rencontre encore dans les îles du Saint-Laurent le sassafras, le laurier et le mûrier rouge; mais ils sont dans le même état de langueur. Le frêne commun, l'if et le frêne des montagnes se rencontrent également dans les

(1) Thuya occidentalis. — (2) Cupressus disticha. — (3) Cercis Canadensis.

contrées septentrionales de l'ancien et du nouveau continent; mais les forêts du Canada possèdent un ornement caractéristique dans les festons légers de la vigne sauvage et dans les fleurs odorantes de l'asclépiade de Syrie. Les forêts du Canada fournissent principalement des douves et planches de sapin, ainsi qu'un certain nombre de petits mâts. Les potasses et les cendres perlées sont encore un produit des forêts. Les Canadiens font beaucoup de sucre d'érable, et le vendent à moitié prix de celui des colonies. L'extraction du sucre de l'arbre a lieu au moment où la sève monte et où il règne encore un froid vif. Le sucre d'érable, à Québec, est brun et très-dur; il fond lentement, et contient plus d'acide que le sucre de canne; mais les habitans du Haut-Canada le raffinent et le rendent très-beau.

« Les animaux qui habitent les vastes forêts ou qui errent dans les parties incultes de cette contrée, sont le cerf, l'élan d'Amérique, le daim, l'ours, le renard, la martre, le chat sauvage, le furet, la belette, l'écureuil gris, le lièvre et le lapin. Les parties méridionales recèlent un grand nombre de bisons, de daims de la petite race, de chevreuils, de chèvres et de loups. Les marais, les lacs et les étangs abondent en loutres et en castors très-estimés. Peu de fleuves peuvent se comparer au Saint-Laurent par la variété, l'abondance et l'excellence du poisson. Le caïman et le serpent à sonnettes, habitans incommodes des régions plus méridionales, se sont répandus jusqu'ici. Parmi les oiseaux indigènes, les premiers voyageurs distinguèrent déjà le lourd coq d'Inde (1) qu'on a si souvent considéré mal à propos comme originaire de la côte de Malabar, et qui porte même en allemand le nom de poule de Calicut (2). Le colibri s'égare, pendant l'été, dans cette

---

(1) *Sagard Théodat*, p. 301. — (2) *Beckmann*: Mémoires pour l'Histoire des découvertes et des inventions, t. III, p. 246 (en allem.).

région boréale, et vient voltiger comme une fleur ailée parmi les fleurs des jardins de Québec. »

Des mines de fer ont été découvertes dans plusieurs parties du Canada, tels que les bords de l'Ontario, de l'Érié, du lac Saint-Jean, et la baie de Saint-Paul à l'entrée du fleuve Saint-Laurent; on y a trouvé aussi des filons de zinc, de manganèse, de mercure et de titane. On prétend même qu'il y existe des mines de plomb argentifère, et quelques indices font croire qu'on pourrait trouver du cuivre aux environs du lac Supérieur (1), puisque jadis les indigènes en ont exploité dans cette région. En 1737, les Français établirent une fonderie de canons à Saint-Maurice, dans le Bas-Canada; aujourd'hui la compagnie anglaise des forges y emploie 300 ouvriers; on y établit des machines à vapeur. En un mot, le Bas-Canada est la partie qui renferme presque toutes les usines du pays : on y compte 18 fonderies et 103 fabriques où l'on travaille le fer.

« Le *Bas-Canada* est divisé en *seigneuries* ou francs-fiefs, concédés par la couronne de France aux premiers colons. Ils s'étendent le long du fleuve. Le reste du territoire est habité par les indigènes. La partie située au sud de l'embouchure du fleuve porte le nom de *Gaspé* ou *Gaspésie* : quoiqu'elle dépende politiquement du Canada, nous la décrirons avec le Nouveau-Brunswick. »

Les seigneuries du Bas-Canada subsistent toujours, malgré la nouvelle division administrative adoptée par le gouvernement. Ces seigneuries sont au nombre de 210. Mais le pays est depuis 1829 divisé en 5 districts qui se subdivisent en 40 comtés, dont 15 sont au nord du fleuve Saint-Laurent et 25 au sud.

« Le *Haut-Canada*, dont la frontière commençant au lac Français longe ensuite la rivière d'Ottawa, a été divisé en

(1) *Kalm* : Voyage d'Amérique septentrionale, t. II, p. 349.

quatre districts et 25 comtés, mais ces subdivisions varient selon l'accroissement de la population. »

La superficie des deux Canadas est de plus de 53,000 lieues carrées; mais en n'y comprenant que les terres, elle est de 39,400 lieues. Le Bas-Canada a environ 300 lieues de longueur sur 140 dans sa plus grande largeur; sa superficie en terre est de 27,000 lieues. Le Haut-Canada a environ 350 lieues de longueur et 130 dans sa plus grande largeur; sa superficie terrestre est de 12,400 lieues carrées.

« Un superbe bassin, où plusieurs flottes pourraient mouiller en sûreté; une belle et large rivière; des rivages partout bordés de rochers très-escarpés, parsemés ici de forêts, là surmontés de maisons; les deux promontoires de la pointe Levis et du cap Diamant; la jolie île d'Orléans et la majestueuse cascade de la rivière de Montmorency, tout concourt à donner à la ville de *Québec*, capitale du Bas-Canada, un aspect imposant et vraiment magnifique. La haute ville est bâtie sur le cap Diamant, élevé de 345 pieds, tandis que la ville basse s'étend le long de l'eau au pied de la montagne, dont souvent, dans le froid et le dégel, il se détache des quartiers de roche qui écrasent les maisons et les passans. La beauté des édifices publics ne répond pas à l'idée qu'en fait naître de loin l'éclat du fer-blanc dont ils sont couverts, ainsi que la plupart des maisons. Les fortifications, considérablement augmentées dans ces dernières années, en font, conjointement avec sa situation naturelle, une place de guerre très-importante; mais il faut 10,000 hommes pour garnir tous les postes. Cependant, les détachemens de troupes stationnées à Montréal et à Trois-Rivières peuvent, en descendant le fleuve, joindre la garnison en peu d'heures, et une flotte peut, sans obstacles, ravitailler la place, tant que les glaces n'ont pas interrompu la navigation. Les habitans, au nombre de 23,000, ou 30,000 selon quelques auteurs, se dédommagent des froids longs et rigoureux de l'hiver par des parties de traîneaux et par des assemblées de danse. La garnison soutient un mauvais théâtre anglais, et des courses de chevaux, récemment introduites, contribuent à l'amélioration de la race (1). »

Les fortifications occupent une étendue de 2 à 3 milles. Les principaux édifices sont : le *palais de justice*, d'une belle architecture moderne; la *cathédrale anglicane*, remarquable par la hauteur et la légèreté de sa flèche recouverte en étain; la *cathédrale catholique*, grande et spacieuse, mais qui se distingue par sa simplicité extérieure; la prison neuve, dont on admire les belles proportions et les dispositions intérieures; l'ancien collége des Jésuites, aujourd'hui l'une des plus belles casernes de la ville, et l'arsenal, qui renferme un matériel pour l'équipement complet de 20,000 hommes. Québec possède un collége, un séminaire, plusieurs écoles élémentaires, une bibliothèque publique assez riche, et plusieurs sociétés savantes : celle de littérature et d'histoire, celle d'agriculture, celle de médecine, et deux associations, l'une d'hommes, l'autre de femmes, pour la propagation de l'instruction et de l'industrie. Cette ville est la résidence du gouverneur général de l'Amérique anglaise, d'un évêque catholique très-peu payé, et d'un évêque anglican qui jouit, en revanche, d'un traitement de 75,000 fr. Enfin, elle est le siége d'une cour de justice. Les deux tiers de la population sont catholiques et descendent des Français qui bâtirent Québec et y fondèrent, en 1608, une importante colonie.

« *Montréal*, la seconde ville du Bas-Canada, se présente avec éclat sur la côte orientale d'une île considérable formée par le fleuve, à sa jonction avec l'Ottawa. Des hauteurs boisées, de nombreux vergers, de jolies maisons de campagne, et tout cela renfermé dans une île baignée d'une

---

(1) *Lambert, Heriot*, etc., etc.

superbe rivière où peuvent remonter les gros vaisseaux ; tels sont les charmes de cette ville, qui renferme environ 2000 maisons et plus de 30,000 âmes. Son commerce consiste surtout en fourrures qui arrivent des environs du lac Ouinnipeg ou Bourbon, pour le compte de la compagnie anglaise, composée principalement de marchands de cette ville. Cette compagnie emploie 3000 individus comme agens, facteurs et chasseurs. Les Écossais s'engagent en foule à son service; après vingt à trente années d'une vie triste et pénible, quelques uns se retirent avec une santé délabrée et une fortune de 10 à 20,000 livres sterling. »

Montréal possède plusieurs édifices dignes d'être cités : telle est la nouvelle *cathédrale catholique*, l'un des plus vastes temples du Nouveau-Monde; on assure qu'il peut contenir plus de 10,000 personnes; tel est encore l'hôpital général, l'un des mieux tenus de l'Amérique anglaise. La place du Marché est ornée d'un monument érigé à la gloire de Nelson : c'est une colonne d'ordre dorique haute de 30 pieds, surmontée d'une statue colossale de ce marin célèbre. Ses principaux établissemens sont le collége français, que l'on peut placer au rang des universités ; le séminaire catholique; l'institut classique académique et l'université anglaise. Plusieurs sociétés savantes s'y sont établies : la principale est la *société d'histoire naturelle*, qui publie des mémoires et possède une bibliothèque et des collections; les autres sont l'*institut mécanique*, la *société d'agriculture*, celle d'*horticulture* et l'*association pour la propagation de l'industrie et de l'instruction élémentaire*. Le cabinet littéraire possède une des plus riches bibliothèques de l'Amérique anglaise. Montréal publie une douzaine de journaux anglais et français.

Cette ville est aujourd'hui une place de commerce plus importante que Québec. Sa position en fait l'entrepôt des produits du Haut-Canada, des parties des États-Unis qui en sont limitrophes et des contrées sauvages qu'arrose l'Ottawa. Québec voit plus de navires jeter l'ancre dans son port ; mais Montréal leur fournit leurs cargaisons. Québec ne conserve sa prépondérance que parce qu'il possède un port où 100 vaisseaux de ligne seraient en sûreté, et parce que ses fortifications en font le Gibraltar de l'Amérique anglaise.

La population de Montréal, toujours croissante, a fait des progrès considérables en peu d'années : en 1817, elle était de 15,000 âmes; en 1819, de 20,000 ; en 1829, un recensement officiel la porta à 25,976, et il y a lieu de croire qu'au commencement de 1835 elle devait être de plus de 30,000 âmes. Le rapide appelé *Sainte-Marie*, qui se trouvait encore, il y a peu d'années, à un quart de lieue au-dessous de la ville, est maintenant à son extrémité septentrionale, tant elle a pris d'accroissement. Ce rapide est un des obstacles que présente ici la navigation du fleuve Saint-Laurent; toutefois, les communications avec la capitale sont entretenues habituellement par 6 ou 8 bateaux à vapeur.

« La petite ville des *Trois-Rivières*, entre Québec et Montréal, est devenue remarquable par le concours des naturels qui s'y réunissent en foule. »

Elle est située sur le banc septentrional du fleuve, à l'embouchure de la rivière de Saint-Maurice. Sa population est d'environ 3000 âmes. Elle est bien bâtie; les naturels y portent leurs pelleteries.

Nous pouvons citer dans le Bas-Canada plusieurs villages ou bourgs intéressans par leur industrie : ce sont *Beaufort*, où l'on remarque un moulin à scier où l'eau met en mouvement 80 scies isolées et 5 autres circulaires; *Pont-Levi*, rendez-vous des curieux qui vont visiter la belle cascade de *la Chaudière; Orléans*, dans une île de ce nom au milieu du fleuve Saint-Laurent, à 2 lieues au-dessous de Québec : cette île, longue de 9 lieues et large de 2, est remarquable par sa fertilité; le centre est occupé par des bois épais;

dans la partie occidentale s'élèvent plusieurs jolies maisons de campagne ; dans cette partie se trouvent des chantiers où l'on a construit, dans ces dernières années, des vaisseaux de guerre d'une énorme dimension : on en cite qui ont plus de 300 pieds de long. Le village de *Lorette*, où l'on admire une belle église, est peuplé d'Iroquois qui ont été convertis à la religion catholique par des missionnaires français. *La Chine* est un gros village d'où partent des bateaux à vapeur destinés pour le Haut-Canada. *La Prairie de la Madeleine* est un des entrepôts du commerce entre le Bas-Canada et les États-Unis. Le bourg de *Tadousac*, situé sur un rocher presque inaccessible près du confluent du Saguenay et du fleuve Saint-Laurent, fait un grand commerce avec les Indiens ; sa population, de plus de 2000 âmes, le place au rang des villes. Le village de *Chambly*, à 6 lieues de Montréal, ne se compose que de 150 maisons ; mais il possède un bon collége et une maison d'éducation pour les jeunes demoiselles.

A 13 lieues au nord-est de Montréal, la petite ville de *Sorel* ou *William Henry* est agréablement située au confluent du Richelieu ou Sorel et du fleuve Saint-Laurent, sur l'emplacement du fort Sorel, construit par les Français en 1665 pour réprimer les incursions des indigènes. Elle se compose de 8 rues, de 160 maisons et de 1500 à 1800 habitans.

« En sortant du fleuve Saint-Laurent pour entrer dans le lac Ontario, on traverse le golfe appelé improprement *lac de Mille-Iles*. Sur une de ses anses s'élève la ville de *Kingston*, munie d'un bon port où les bâtimens venant du lac Ontario déchargent ordinairement leurs marchandises. »

Elle pourrait passer pour jolie, si ses rues, qui sont droites et garnies de maisons en pierres, étaient pavées. Elle est munie d'un port spacieux, commode et bien abrité, mais qui ne peut recevoir que des navires tirant 18 pieds d'eau.

Sur la côte en face de la ville est une baie qui peut, à la vérité, mettre à l'abri de tout vent une flotte nombreuse : c'est aussi là qu'hiverne ordinairement la flotte royale du lac. Sur le bord de la baie, on aperçoit l'arsenal de la marine anglaise dans cette partie du monde, et de beaux chantiers où l'on construit des vaisseaux de guerre du premier rang. La population commerçante de Kingston se compose de plus de 5000 habitants. A l'ouest de cette ville, *York*, siége des autorités et du gouvernement, domine le lac, possède un superbe port abrité par une longue presqu'île appelée Gibraltar, et renferme 7000 âmes. La baie de *Burlington*, à l'extrémité occidentale de l'Ontario, est bordée de paysages romantiques.

Arrivons à *Newark*, aujourd'hui *Niagara*, petite ville bien bâtie, avec un millier d'habitants, défendue par le fort *George*, et possédant un port à l'embouchure et sur la gauche du *Niagara*.

« Le fort *Érié* commande le fleuve Niagara à sa sortie du lac de ce nom; la ville de *London* est située dans l'intérieur des terres; *Malden* ou *Amherstburg* est une place frontière du côté de la rivière du Détroit (1).

« Nous ferons remarquer ici que l'extrémité méridionale du Canada forme une presqu'île séparée du reste de la province par les rivières Severn et Trent, qui sont même liées par une chaîne de petits lacs. Le reste de cette péninsule, ou, si l'on veut, de cette île, que l'on appelle le *Haut-Canada*, est baigné par les lacs Huron, Érié et Ontario, les fleuves Saint-Clair, Détroit et Niagara. Tout le sol n'est qu'une plaine de terreau végétal reposant sur des couches de calcaire et de plâtre. Il n'y a point d'eau stagnante, mais les rivières sont bourbeuses. Le froment, le trèfle, les

---

(1) *Smith*, Description of Upper-Canada. *Gray*: Letters from Canada, 1809.

poires, les pêches réussissent parfaitement. Le climat, sur les bords du lac Erié, est presque aussi doux qu'à Philadelphie (1). Cette portion heureuse et fertile, différente du reste du Canada, aurait dû être revendiquée en faveur des États-Unis, lors du traité de 1783; elle forme encore l'objet de leur ambition; mais les Anglais en ont apprécié l'importance politique et militaire. »

Déjà la colonie anglaise du Haut-Canada avait pris, au commencement de 1835, un développement prodigieux qu'elle doit au commerce, à la civilisation, à des capitaux considérables, à un sol fertile et à un esprit entreprenant. Les établissemens de *Brockville*, *Sainte-Catherine*, *Hamilton*, *Kobourg*, *Queenston*, et plusieurs autres qui naguère étaient considérés comme de simples villages, peuvent prendre rang parmi les villes. Ajoutons que 25 bateaux à vapeur, qui appartiennent à cette colonie, sillonnent le lac Ontario et le fleuve Saint-Laurent; plusieurs de ces bâtimens sont de la force de 40 à 50 chevaux.

« La population du Canada s'accroît rapidement. Dans les premières années de la domination anglaise, elle paraît avoir subi une grande diminution, s'il faut en croire Heriot. Selon cet écrivain, la population totale du Canada, en 1758, sans les troupes régulières, s'élevait à 91,000 individus; il semblerait même que Heriot n'a pas compris dans cette évaluation les Indiens, dont le nombre était de 16,000. Sept ans après, le général Murray fit faire un recensement qui ne donna que 76,275 habitans, dont 7400 Indiens. Les Français étaient-ils émigrés pour se soustraire à la domination anglaise, ou les estimations de 1758 avaient-elles été exagérées dans le but de donner plus d'éclat à la conquête? On l'ignore. »

---

(1) Lettre sur le Haut-Canada, dans *The Columbian*, journal de New-York, 12 et 13 avril 1813.

Dans un traité de la géographie du Canada à l'usage des écoles de cette province, et publié à Montréal en 1831, nous lisons que la population du Bas-Canada est évaluée à 500,000 individus, sans y comprendre les sauvages. Celle du Haut-Canada était, en 1829, de 188,500 âmes. La milice y est de 8000 hommes, et les tribus indiennes mettent sur pied 600 guerriers. Cependant, une statistique canadienne plus récente encore porte à près de 900,000 individus la population des deux Canadas, ce qui fait plus de 600,000 pour le Bas-Canada et au moins 250,000 pour le Haut-Canada. L'accroissement de population est moins rapide dans cette province que dans la précédente; et en effet cela doit être ainsi, lorsque l'on considère que chaque année des milliers d'Européens traversent l'Océan pour se diriger vers Québec. Dans le Haut-Canada, les $\frac{17}{20}$ de la population sont d'origine anglaise; $\frac{1}{20}$ se compose de Français, et $\frac{2}{20}$ d'Anglo-Américains. Dans le Bas-Canada, les $\frac{8}{9}$ sont Français d'origine. On conçoit que la composition de la population des deux contrées doit avoir une grande influence sur leur état moral et politique.

« Toute la population française est resserrée principalement sur la rive septentrionale du grand fleuve, depuis Montréal jusqu'à Québec; l'aspect de cette série de fermes et de champs labourés, pendant un espace de plus de 400 milles anglais, satisfait plutôt l'œil que la pensée. Les cultivateurs canadiens, animés d'un esprit diamétralement opposé à celui des Anglo-Américains, ne quittent pas les endroits qui les ont vus naître. Au lieu d'émigrer pour former de nouveaux établissemens, pour défricher les terres voisines dont ils connaissent la fertilité supérieure, les membres d'une famille partagent entre eux les biens-fonds tant qu'il en reste un seul acre.

« Les premiers colons français paraissent être venus de la Normandie. Contens de peu, attachés à leur religion, à leurs usages, soumis au gouvernement qui respecte leur liberté, ils possèdent, à côté de beaucoup d'indolence, un fonds naturel de talens et de courage qui n'aurait besoin que d'être cultivé par l'instruction : ils se livrent avec ardeur aux travaux les plus rudes; ils entreprennent, pour un gain modique, les voyages les plus fatigans. Ils fabriquent eux-mêmes les étoffes de laine et de lin dont ils s'habillent à la campagne; ils tissent ou tricotent eux-mêmes leurs bonnets et leurs bas, tressent leurs chapeaux de paille, et tannent les peaux destinées à leur fournir des *mocassins* ou grosses bottes; enfin leur savon, leurs chandelles et leur sucre, ainsi que leurs charrues et leurs canots, sont les produits de leurs propres mains.

« Le visage des Français du Canada est long et mince; leur teint brunâtre et hâlé devient quelquefois, sans doute par l'effet du mélange avec la race indigène, aussi foncé que celui des Indiens : leurs yeux, petits et noirs, ont beaucoup de vivacité; le nez avancé tend à la forme aquiline; les lèvres sont peu épaisses, les joues maigres et les pommettes saillantes. Ils ont conservé dans leurs manières des traces honorables de leur première origine. Une politesse noble et aisée règne dans leur conversation; ils se présentent avec un air qui les ferait prendre pour les habitans d'une grande ville, plutôt que pour ceux d'une contrée demi-sauvage. Ils montrent de la déférence envers leurs supérieurs, et jamais de la rudesse envers leurs inférieurs. La plus parfaite harmonie règne entre eux : souvent les enfans de la troisième génération demeurent dans la maison paternelle; même leur habitude de partager, autant que possible, les biens-fonds, afin de ne pas se séparer, toute nuisible qu'elle est sous le rapport de l'économie publique, ne laisse pas de prouver la bonne intelligence dont les familles sont animées. Ils se marient jeunes, et se voient de bonne heure entourés de nombreux descendans; aussi, hors des villes, les mœurs sont pures et les ménages heureux.

« La gaieté française conserve ici son empire, quoique le climat, en rendant nécessaire l'usage des poêles et des fourrures, donne aux Canadiens l'apparence des Russes. Les plaisirs y ont le caractère simple et un peu grossier qu'ils avaient en France avant le raffinement introduit sous Louis XIV : les parens et les amis s'assemblent tous les jours autour d'une table chargée de mets solides ; à côté d'un énorme quartier de bœuf ou de mouton, on voit de vastes terrines remplies de soupes ou de lait caillé. Immédiatement après un dîner qu'anime une gaieté franche et bruyante, les violons se font entendre ; tout le monde se livre à la danse, les menuets et les *gigues* se succèdent sans interruption. A la campagne, les femmes et même les hommes qui veulent se parer, ont la coutume de se peindre les joues avec le suc de la betterave [1]. »

Les Canadiens suivent avec une scrupuleuse exactitude les modes dont ils reçoivent les modèles de Paris. Les femmes du Canada sont remarquables par leurs grâces et leur brillante santé. Par l'éclat de leur teint, la régularité de leurs traits et la beauté de leur taille, elles ressemblent aux Cauchoises ; leurs grands yeux noirs tranchent agréablement avec l'incarnat de leurs joues fraîches et vermeilles. Bonnes épouses, mères tendres, ménagères soigneuses, elles font la félicité de leurs familles. Un voyageur moderne, M. Howison, a vu à la ville du Détroit de jeunes et belles filles attristées, indignées même de ce que le curé défendait impérieusement les bals : plus de danse, adieu la joie et les plaisirs. Ce sont bien là nos Françaises enjouées. Mais le courrier arrive ; il apporte un paquet cacheté ; toutes ces jeunes filles se réunissent, avides d'oublier dans la lecture le chagrin que leur cause le zèle pieux du curé,

[1] *Lambert* : Travels in Lower-Canada, t. I, p. 326, 382, etc.

Et que vont-elles lire avec tant d'empressement? des journaux qui arrivent de France.

Les arts d'agrément ne sont point négligés dans l'éducation des jeunes personnes de bonne famille; le dessin forme une partie importante de l'instruction qu'elles reçoivent; la musique compte des élèves jusque dans les fermes et les villages. Les salons de Québec et de Montréal retentissent souvent des airs mélodieux de Rossini, d'Auber, d'Hérold et de Boïeldieu. On sait qu'en 1826 la célèbre cantatrice Mme Malibran fut accueillie avec enthousiasme sur les théâtres du Bas-Canada. Enfin, dans la classe inférieure, d'anciennes chansons normandes sont répétées en chœur par une jeunesse joyeuse.

La sobriété n'est pas la vertu des Canadiens; l'habitude de l'ivresse y produit des accidens tragiques, presque tous les meurtres, et même la folie. Dans le seul district de Québec, en 49 mois, l'ivrognerie a causé la mort de 224 hommes. Il serait utile que les sociétés de tempérance qui se répandent depuis plusieurs années dans les États de l'Union pussent s'établir au Canada; mais jusqu'ici elles y ont eu peu de succès.

« Quoique le cultivateur du Canada jouisse d'un bonheur sans égal, quoiqu'une longue paix ait répandu de l'aisance et quelques germes d'industrie parmi les classes supérieures, le goût des études a besoin d'être encouragé; l'instruction publique a même été pendant long-temps tellement négligée, que plusieurs membres de l'assemblée provinciale ou du parlement ne savent ni lire ni écrire. Du moins le *Mercure de Québec*, journal anglais, proposait, il y a une quinzaine d'années, de former un séminaire pour l'instruction des membres du parlement privés de ces deux connaissances élémentaires. Ce trait sent un peu trop la satire. »

Ce n'est cependant point aux Anglais qu'il convient de faire aux Canadiens un reproche de leur ignorance; si l'instruction a fait quelques progrès au Canada, c'est malgré le gouvernement, dont la politique a été, jusque dans ces derniers temps, de priver d'écoles le pays, sous le prétexte qu'elles y perpétueraient le règne de la langue française et du catholicisme. Aussi a-t-il refusé de restituer aux écoles les biens que les jésuites avaient obtenus pour leur entretien. Nous n'osons affirmer que cet abus existe encore; mais il est certain que jusqu'en 1832 toutes les démarches, toutes les pétitions des Canadiens pour connaître l'état et la valeur de ces propriétés ont été sans résultat. On sait, au surplus, que les jésuites possédaient, dans le Bas-Canada seul, près de 800,000 arpens de terre.

Depuis 1814, chaque paroisse du Canada possède une école; en 1817, pour prix de la courageuse fidélité dont les Canadiens avaient donné la preuve dans la guerre de l'Angleterre contre les États-Unis, un acte royal établit l'*institution pour l'avancement des connaissances*, qui a produit ces associations dont nous avons signalé l'existence dans plusieurs villes; mais la direction n'en a été confiée qu'à des ecclésiastiques anglicans. Enfin, en 1829, l'instruction primaire a reçu une nouvelle impulsion : chaque paroisse fournit l'école et le logement à l'instituteur; le trésor de la province lui accorde un traitement de 20 louis; trois syndics élus par les pères de famille sont les surveillans de l'école; le curé devient membre du syndicat s'il obtient la majorité des votes. En 1832, 23,000 livres sterling ont été affectées sur le budget à l'instruction publique. La méthode d'enseignement mutuel commence à se répandre; des écoles normales viennent d'être établies. En 1829, sur 100,000 enfans mâles, 18,400 seulement recevaient l'instruction; en 1830, le nombre des écoliers était de 41,800; en 1831, de 45,200, et le nombre des filles fréquentant les écoles était d'environ 20,600. L'enseignement élémentaire comprend les élémens de la grammaire française et de la grammaire anglaise, l'arithmétique, et des notions d'histoire et de géographie.

« Les habitans du Haut-Canada conservent les mœurs de l'Angleterre ou de l'Irlande, leurs contrées originaires.

« Les deux provinces ne sont pas moins distinctes par les lois que par les mœurs. Dans l'une et dans l'autre, il existe un conseil législatif et une chambre des représentans. Ces deux assemblées ont la faculté de proposer des lois à l'acceptation du gouvernement. Le projet de loi, sanctionné par le gouvernement, est transmis au roi d'Angleterre, qui, pendant deux ans, a le droit de le désapprouver. Le conseil législatif est composé de 22 membres dans le Haut-Canada, et de 28 dans la province basse. Pour former la chambre en assemblée, le Haut-Canada fournit 50 membres, et le bas 84, choisis par les francs-tenanciers des villes et districts. »

Le conseil législatif, la chambre des députés, un gouverneur, aidé d'un conseil exécutif, forment toute l'administration supérieure des deux Canadas. Le conseil exécutif est composé de 9 membres dans le Haut-Canada, et de 11 dans le Bas.

Les conseillers législatifs, qui forment la chambre haute du pays, sont nommés par le gouverneur, avec l'approbation du roi d'Angleterre. Leurs fonctions sont à vie, à moins qu'ils ne s'absentent de leur province pendant quatre ans, ou qu'ils ne prêtent serment à quelque puissance étrangère. Ils peuvent faire partie du conseil exécutif.

Les membres de la chambre sont élus pour quatre ans, sauf le cas de dissolution. Ils sont nommés par la majorité des francs-tenanciers de chaque comté, et dans les villes par les propriétaires qui ont 5 liv. st. (125 fr.) de revenu, et les citoyens qui ne paient pas moins de 10 liv. st. (250 fr.) de loyer. Les comtés peuplés de 1000 habitans nomment un député, et ceux qui ont 4000 habitans, 2. Le comté qui a moins de 1000 âmes se joint pour l'élection au comté voisin qui renferme le plus petit nombre d'habitans.

Le gouverneur doit convoquer la chambre au moins une fois en douze mois; il peut même la réunir plus souvent si le bien public l'exige.

Les lois qui régissent les deux Canadas sont: les actes du parlement anglais relatifs aux colonies; les coutumes de Paris antérieures à l'an 1666; les édits des rois de France; le droit romain; le code criminel d'Angleterre tel qu'il était en 1774, et tel qu'il a été expliqué dans les actes subséquens. Il est à remarquer que dans le Bas-Canada, qui a conservé les anciennes lois françaises, les terres qui ont le titre de seigneurie sont encore soumises au régime féodal, et que dans le Haut-Canada, où les lois anglaises sont seules en vigueur, les propriétés coloniales appelées *townships*, et qui consistent en terres qui ont été distribuées à des militaires de tous grades, sont au contraire régies par les lois communes. Les deux gouverneurs, les juges et les autres officiers civils sont payés par les deux provinces, et le superflu des revenus est employé à répandre l'instruction primaire, à construire des chemins et des canaux, et à d'autres améliorations publiques.

« Le seul profit que la Grande-Bretagne tire du Canada provient de son commerce avec cette colonie, qui occupe environ 7000 tonneaux. Les dépenses d'administration sont évaluées à 620,000 francs : l'Angleterre en paie la moitié. On estime les frais de garnison et d'entretien des forts à 2,400,000 francs. Les présens que l'on fait aux sauvages, avec le salaire des employés, officiers et commis qui résident chez eux, peuvent monter à pareille somme. Mais cette province si coûteuse offre à la politique anglaise un double caractère d'utilité et d'importance. Le Canada est, en temps de paix, le débouché de plusieurs produits des manufactures anglaises qui entrent aux États-Unis, soit légalement, soit en fraude. Les produits du sol même du Canada, et ceux que le commerce anglais tire par cette voie de l'intérieur de l'Amérique septentrionale, fournissent les objets d'un échange et d'une navigation considérables, et qui s'accroissent tous les ans (1). »

Les exportations, en 1830, ont été de 1,220,000 livres sterl. (30,500,000 francs), sans y comprendre 60,000 quintaux de morue sèche, 13,000 de morue verte, 45,000 gallons (202,500 litres) d'huile de poisson; et les importations se sont élevées à la valeur de 1,620,000 livres sterling (40,500,000 francs). Le nombre des vaisseaux était de 660, d'une capacité de 144,000 tonneaux. Le nombre des matelots employés dans ce commerce s'élevait à plus de 7000. Dans l'année 1810, le nombre des vaisseaux était de 661, et le tonnage de 143,893 tonneaux. Les seules importations du port de Québec s'élevaient, en 1830, à la valeur de 1,146,345 livres sterling; en y comprenant les importations par le lac Champlain et par le Gaspé, on pouvait en évaluer la totalité à 1,307,000 livres sterling (32,675,000 francs). Les seules exportations du port de Québec s'élevaient à 1,317,000 livres sterling; et y compris celles du Labrador et du Gaspé, et celles par le lac Champlain, on peut en porter la totalité à 1,500,000 livres sterling (36 millions de francs).

Les deux Canadas ont fait dans l'industrie des progrès récens et assez rapides depuis quelques années : le Bas-Canada compte près de 400 moulins à farine, 90 moulins à cordes, 97 à foulon; les moulins à huile se multiplient de jour en jour. On y compte aussi 25 brasseries et 45 distilleries. Le Haut-Canada possède 13,500 métiers de tisserands, presque tous occupés par des femmes. On y fabrique 1,200,000 aunes de tissus de

(1) Voyez les tableaux de statistique, à la suite de ce livre.

laine, et 1,100,000 de tissus de lin. Enfin le Bas-Canada renferme 85 tanneries, 11 fabriques de chapeaux et 55 poteries.

« Considéré comme position militaire, le Canada forme le principal anneau de cette chaîne de possessions britanniques du nord, qui, depuis l'Acadie et Terre-Neuve, vient se perdre aux environs du lac Ouinnipeg, chaîne qui enveloppe les États-Unis par le nord-est et le nord. Tant que l'Angleterre conservera ces positions, elle sera toujours l'ennemi le plus dangereux, ou l'allié le plus utile, le plus nécessaire pour la grande république américaine, seule rivale maritime que la moderne reine de l'Océan ait à redouter. »

Nous ne nous étendrons pas sur les mœurs des tribus sauvages qui habitent dans les limites du Canada. Les *Hurons*, qui s'étendent au nord et à l'est du lac qui porte leur nom, ont aussi une ville assez considérable sur le fleuve ou le canal appelé *Détroit*. Ce peuple, appelé Huron par les Français, se donne le nom d'*Yendat;* il a joui autrefois d'une certaine célébrité; mais il a été ruiné par ses guerres avec les Iroquois : aujourd'hui il ne se compose plus que de quelques familles qui ont embrassé le christianisme.

« Quelques restes des tribus appelées les *Six Nations*, et principalement des *Mohawks*, ont quelques villages sur la rivière d'Oure. Les *Missisagues*, tribu alliée des Algonquins, habitent encore dans la péninsule du Canada, aux sources de la rivière de Crédit et sur les bords des lacs Huron et Supérieur : on porte leur nombre à 16,000. La branche principale des *Iroquois* occupe les bords de l'Ottawa; c'est un faible reste de cette nation redoutable et généreuse.

« M. Lambert vit, chez un Anglais, le capitaine *John*, vieux chef d'Iroquois, qui a combattu dans la guerre contre les Anglo-Américains, sous les drapeaux britanniques. Ce vieillard racontait, les larmes aux yeux, le danger qu'il avait couru un jour en voyant approcher dans le bois un officier anglais son ami, mais qu'il ne reconnaissait pas; tous les deux allaient tirer, et tous les deux eussent peut-être péri, étant d'excellens tireurs; heureusement ils se reconnurent à leur voix. La fille du capitaine John, très-belle personne, avait aimé passionnément un Anglais; elle en avait un enfant; abandonnée, elle poursuivit son Thésée les pistolets à la main, et telle était l'énergie connue de son caractère, que l'Anglais n'osait plus se montrer dans le pays.

« Non loin de Montréal est le misérable village de *Cachenonaga*, habité par les *Agniers* ou *Alguiers*, nom que les Français ont donné aux *Cochenawagoes* ou *Cochnuagus*, tribu d'Iroquois qui a adopté la religion chrétienne. Cette peuplade a une dévotion particulière à la sainte Vierge. Les Indiennes, par principe de religion et d'humanité, élèvent les enfans bâtards abandonnés par leurs pères européens.

« Les *Tummiskamings* ou *Timmiscameins*, qui parlent la langue algonquine ou knistenane, demeurent au nord des sources de l'Ottawa. Ils passent pour être les plus nombreux des indigènes du Haut-Canada. Les *Algonquins* s'étendent vers la rivière Saint-Maurice. On trouve, aux environs de Québec, quelques hameaux de Hurons convertis au christianisme, et qui parlent français(1). Les *Pikouagamis*, aux environs du lac Saint-Jean; les *Mistissinnys*, sur le lac du même nom, et les *Papinachois*, au nord de la rivière Saguenay, mènent aujourd'hui une vie paisible, et commencent à se livrer à quelques essais de culture. Ces tribus paraissent de la même origine que les Algonquins et les Knistenaux.

« En descendant par le fleuve Saint-Laurent, nous voyons

(1) *Heriot*, p. 80-83.

à droite une contrée très-semblable aux parties les plus montueuses du Canada, bien boisée, bien arrosée, mais assiégée de brumes maritimes, qui seules en dénaturent la température. C'est le *Gaspé* ou la *Gaspésie*, patrie ancienne d'une tribu indienne, remarquable par ses mœurs policées et par le culte qu'elle rendait au soleil. Les Gaspésiens distinguaient les aires de vent, connaissaient quelques étoiles et traçaient des cartes assez justes de leur pays. Une partie de cette tribu adorait la croix avant l'arrivée des missionnaires, et conservait une tradition curieuse sur un homme vénérable qui, en leur apportant ce signe sacré, les avait délivrés du fléau d'une épidémie [1]. On serait tenté de chercher ici le *Vinland* des Islandais, et cet apôtre des Gaspésiens pourrait bien être l'évêque de Groenland, qui, en 1121, visita le Vinland [2]. Le nom de Gaspé a été restreint aujourd'hui au pays entre le fleuve Saint-Laurent et la baie des Chaleurs, située entre le Nouveau-Brunswick et le Bas-Canada. »

La Gaspésie paraît renfermer 4000 habitans. On voit au nord de la baie des Chaleurs et à l'extrémité de la péninsule que forme le district de *Gaspé*, la petite ville de ce nom, importante par son port, situé au fond d'une baie vaste et bien abritée. *New-Carlisle* est le chef-lieu de ce district : il se compose d'une centaine de maisons avec une église, une prison et une maison de justice ; son port est favorable au commerce et à la pêche.

« Le *Nouveau-Brunswick* s'étend, d'un côté, sur le golfe Saint-Laurent ; de l'autre, sur la baie de Fundy ; il avoisine les États-Unis à l'ouest, et se termine au sud à l'isthme qui conduit dans la Nouvelle-Écosse. Ce pays, dont la prospérité, la culture et la population s'accroissent dans une

---

[1] Nouvelle Relation de la Gaspésie, par le *P. Leclercq*, Paris, 1692, chap. x et suiv. — [2] Voyez notre volume I, p. 487.

progression rapide, est traversé par l'extrémité de la chaîne des Apalaches. La rivière de Saint-John (Saint-Jean) est navigable pour des vaisseaux de 50 tonneaux dans l'espace d'environ 50 milles, et pour des bateaux, dans celui d'environ 170 milles. Son cours est d'une centaine de lieues. Le flux remonte à peu près à 70 milles. On y trouve du saumon, des loups de mer et des esturgeons. Elle forme plusieurs lacs, dont le plus considérable est le lac George. Les bords, engraissés par des débordemens annuels, sont fertiles et unis, et dans beaucoup d'endroits, couverts de grands arbres. Cette rivière offre des moyens commodes pour se rendre à Québec. Les exportations, qui consistent en bois de charpente, poissons, pelleteries et cuirs, occupent non moins de 500 bâtimens d'une capacité de 97,700 tonneaux. Le caribou, l'orignal, le lynx, l'ours et les autres animaux sauvages du Canada et des États-Unis se montrent encore dans ce pays, mais ne se répandent guère dans la Nouvelle-Écosse (1). »

Le climat de ce pays est plus froid que ne l'indique sa latitude entre le 45° et le 48° parallèles : l'hiver y dure 6 mois, pendant lesquels le thermomètre de Réaumur descend à 20 degrés au-dessous de zéro; le printemps y est inconnu; un été brûlant y succède à l'hiver; l'automne y est la seule saison tempérée.

La tribu indigène des *Maréchites* est réduite à 140 guerriers. Les Européens y dépassent le nombre de 80,000. *Fredericktown* ou *Fréderictown*, autrefois *Sainte-Anne*, située sur la droite et à l'embouchure de la rivière de Saint-Jean, est la capitale du Nouveau-Brunswick, la résidence du gouverneur et des principales autorités. Elle est régulièrement bâtie, et peuplée de 12,000 âmes. Cette ville

---

(1) Relation de la Nouvelle-Écosse, traduite de l'anglais. Paris, 1787. (On y a changé l'élan ou *moosedeer* en une souris, *mouse*.)

AMÉRIQUE : *Nouveau-Brunswick.* 167

possède un collége, plusieurs églises et une société d'agriculture; on y publie une gazette. *Saint-John* ou *Saint-Jean*, à 20 lieues au sud-est, est la plus considérable cité de la province : on estime sa population à 10 ou 12,000 âmes. Ses maisons, la plupart en bois, sont bien construites; son port est un des meilleurs de la côte : la franchise dont il jouit en fait un point commercial important. Saint-Jean possède une banque et publie plusieurs journaux. Les autres villes qui viennent ensuite sont *Saint-Andrews*, peuplée de 2 à 3000 âmes, et *Newcastle*, sur le Miramichi.

« L'*Acadie*, définitivement soumise à l'Angleterre depuis 1713, fut divisée, en 1784, après la paix avec les États-Unis déclarés indépendans, en deux gouvernemens, dont l'un, formé de la péninsule orientale, conserva le nom de *Nouvelle-Écosse*, que tout le pays portait anciennement chez les Anglais; la partie occidentale de la province, destinée surtout à recevoir les militaires allemands au service de la Grande-Bretagne qui voudraient se fixer en Amérique, eut le nom de *Nouveau-Brunswick*.

« La Nouvelle-Écosse est une presqu'île qui partage avec toute cette partie du globe un climat fort rigoureux en hiver : cependant les ports n'y gèlent jamais (1). Les seuls brouillards maritimes rendent l'air sombre et malsain. Lorsqu'ils disparaissent, le printemps offre quelques momens délicieux; les chaleurs de l'été égalent au moins celles dont on jouit alors dans nos contrées, et font rapidement mûrir les récoltes. Ce pays, généralement âpre et montagneux, renferme des coteaux rians et fertiles, notamment autour de la baie de Fundy et sur le bord des rivières qui s'y déchargent : de vastes terrains, autrefois

(1) Relation de la Nouvelle-Écosse, p. 15.

marécageux jusqu'à 20 ou 25 lieues dans l'intérieur, y ont été rendus à la culture. Les plaines et les éminences présentent une agréable variété de champs plantés en froment, seigle, maïs, pois, haricots, chanvre, lin; et quelques espèces de fruits, tels que les groseilles et les framboises, viennent parfaitement dans les bois qui couronnent les hauteurs et couvrent jusqu'aux trois quarts du pays. Ces forêts renferment quelques excellens chênes très-propres à la construction navale; mais elles se composent principalement de pins, de sapins, de bouleaux, qui donnent de la poix, de la térébenthine, du goudron, ou du bois à l'usage des sucreries dans les Antilles. Le menu gibier, ainsi que les volailles, y abondent. Les rivières fourmillent principalement de saumons, et le produit des pêcheries de cabillauds, de harengs, de maquereaux établies dans les différens ports ou sur les côtes, fournit à l'exportation pour l'Europe. Plusieurs baies, havres et criques offrent de grands avantages au commerce; la plupart des rivières sont navigables, et le flot y remonte bien avant dans la terre.

« La population avait d'abord diminué après l'occupation anglaise, premièrement par l'émigration, et ensuite par la déportation finale des anciens habitans français, appelés les *Neutres*, mais qui étaient accusés de faire cause commune avec les indigènes, nommés les *Micmacs* (1), contre les nouveaux maîtres. Après la paix d'Aix-la-Chapelle, on s'occupa sérieusement du projet de repeupler la colonie. Près de 4000 soldats et marins, déliés du service, furent engagés à s'y fixer avec leurs familles. On les y transporta aux frais du gouvernement; on donna à chacun d'eux 50 acres exempts de toute espèce de taxe ou d'impôt

---

(1) Le nom de cette tribu paraît falsifié. *La Hontan*, v. II, p. 27, l'écrit *Mikémacks*. Dans une Description de leurs mœurs (Londres, 1758), on les nomme *Mikmoses*.

pendant 10 ans, et ensuite seulement soumis à la rétribution d'un schelling par an. On leur donna en outre 10 acres pour chaque membre de leur famille, avec promesse d'augmentation à mesure que leur famille s'accroîtrait et qu'elle se montrerait digne de cette faveur par la bonne culture de leur terrain.

« Les colons n'ont pas entièrement répondu à l'attente qu'on s'en était formée ; mais l'excellent port d'*Halifax* est devenu de la plus haute importance. Les avantages de sa position se sont éminemment manifestés, surtout dans les diverses guerres d'Amérique, où ce port, qui commande en quelque sorte l'océan Atlantique, servit de rendez-vous général aux flottes en croisière, et de refuge aux vaisseaux marchands. La ville, passablement fortifiée et peuplée de 16 à 20,000 habitants, est la résidence du gouverneur de la province, duquel dépendent également les îles de Saint-Jean et du Cap-Breton. »

Cette ville est assez jolie, bien que la plupart de ses édifices soient en bois. Cependant, il en est un qui fait exception : c'est le *Province-Building*, vaste bâtiment en pierres de taille, orné de colonnes d'ordre ionique, et qui renferme les tribunaux, les bureaux de l'administration, une bibliothèque publique, et les salles dans lesquelles l'assemblée législative de la province tient ses séances. L'entrée du port est défendue par d'importantes fortifications. Les établissemens d'instruction y sont considérables et bien tenus : le grand collége est organisé comme l'université d'Edinbourg ; Halifax publie 6 ou 7 journaux hebdomadaires. *Annapolis*, autre excellent port, ci-devant *Port-Royal*, presque à l'opposite d'Halifax, sur la baie de Fundy, n'a que 1200 habitants ; mais *Shelburne*, sur la côte méridionale, près du havre de Roseway, peuplée il y a peu d'années de 10 à 12,000 âmes, n'en a pas aujourd'hui la dixième partie.

Nous citerons encore *Lunebourg*, dont la population presque entièrement allemande est de 1200 habitans; *Liverpool*, petite ville que son commerce rend florissante; *Yarmouth*, qui paraît en avoir plus de 3000; *Windsor*, qui depuis 1802 possède une université regardée comme le principal établissement d'instruction qui existe dans l'Amérique anglaise; enfin *Truro*, dans la baie de Fundy, où l'on éprouve des marées de 65 pieds de hauteur.

La population de la presqu'île de la Nouvelle-Écosse est d'environ 140,000 âmes.

« L'île du *Cap-Breton* ou *Ile-Royale*, séparée de la Nouvelle-Écosse par le détroit de *Canso*, autrement de *Fronsac*, avait été considérée par les Français comme la clef du Canada. Cependant ses ports ont le désavantage d'être souvent fermés par les glaces. L'atmosphère, sujette à de violentes tempêtes, est souvent obscurcie par des tourbillons de neige et de grêle, ou par de fortes brumes qui empêchent de distinguer les objets les plus proches, et qui déposent partout une couche de verglas. Le poids de la glace abattue des agrès d'un seul d'entre les vaisseaux employés à la prise de l'île en 1758, a été estimé à 6 ou 8 tonneaux, et cette masse prodigieuse s'y était attachée dans la nuit du 5 mai. Le sol, en grande partie aride, produit quelques chênes d'un volume énorme, des pins pour la mâture, et diverses sortes de bois propres à la charpente. On y récolte aussi un peu de grains, du lin et du chanvre. Les montagnes et les forêts recèlent de la volaille sauvage en quantité, notamment une espèce de grosses perdrix qui ressemblent à des faisans par la beauté du plumage. Le sein de la terre renferme d'inépuisables mines de houille.

« Le port de *Louisbourg*, autrement Port-Anglais, près du Cap-Breton proprement dit, est l'un des plus beaux de toute l'Amérique. Après s'être emparés de l'île dans la guerre de Sept-Ans, les Anglais firent sauter, comme inutiles, les fortifications de la place, qui avaient coûté à la France des sommes immenses. » Rien n'y rappelle l'importance qu'elle avait acquise sous les Français, si ce n'est son vaste port et les ruines de ses grands édifices. Quelques familles de pêcheurs y habitent de misérables cabanes. *Sidney* n'a que 500 habitans; *Ship-harbour* n'est guère plus considérable. La plus importante ville de cette île est *Arichat*, et cependant elle n'a pas 2000 âmes.

« L'île de *Saint-Jean* ou du *Prince-Édouard*, quoique voisine de celle du Cap-Breton, lui est bien supérieure par la fertilité de son sol et par son aspect riant. Aussi, sous la domination française, fut-elle appelée le grenier du Canada, qui en tirait une grande quantité de grains, de bœufs et de porcs; plusieurs fermiers récoltaient jusqu'à 1200 gerbes de blé. Les rivières sont riches en saumons, truites, anguilles, et la mer adjacente abonde en esturgeons et toutes sortes de coquillages. Elle possède un port commode pour la pêche, et tout le bois nécessaire à la construction navale. La population était déjà, en 1789, de 5000 âmes, et s'accroît toujours. »

Aujourd'hui la seule ville de *Belfast*, peuplée d'Écossais, atteint presque cette population. *Charlotte-Town*, avec un bon port et 3 ou 4000 âmes, possède une bonne école latine et une société d'agriculture; *Saint-Andrew* est la résidence d'un évêque catholique; *George-Town* et *Murray-Harbour* sont importans par leurs ports et leurs chantiers de construction.

La rocailleuse île d'*Anticosti*, couverte de bois, mais dépourvue de ports, est située à l'embouchure du fleuve Saint-Laurent. Lorsqu'elle fut découverte, en 1534, par Jacques Cartier, elle reçut le nom de l'Assomption. Ses établissemens consistent en deux ports. Elle a 45 lieues de longueur sur 11 de largeur. Au nord de l'île du Cap-Breton les petites îles *Madeleines* ou *Magdalen*, dont les principales sont *Coffins*, *Saunders*, *Wolfe*, *Amherst* et *Entry*, ne sont peuplées que de pêcheurs.

« La grande île, appelée par les Anglais *Newfoundland* (1) et par les Français *Terre-Neuve*, ferme au nord l'entrée du golfe Saint-Laurent. Les brouillards perpétuels qui enveloppent cette île se forment vraisemblablement par le conflit du froid naturel de ces parages avec la chaleur du courant des Antilles, qui s'y engouffre entre les terres et le grand banc avant de s'échapper vers l'est dans l'océan Atlantique boréal. L'île passe généralement pour stérile, les bords des rivières exceptés. Elle produit cependant diverses sortes de bois employés soit à la construction navale, soit à l'établissement des nombreux échafaudages dressés tout le long de la côte pour la préparation de la morue. Les clairières forment de bons pâturages. Dans l'intérieur s'élève une suite d'éminences considérables, et entrecoupées de fondrières ou de marais qui donnent au pays un aspect sauvage, mais pittoresque. Les forêts servent de retraite à une quantité d'ours, de loups, d'élans et de renards; les rivières et les lacs abondent en castors, loutres, saumons et autres amphibies ou poissons. Mais tous ces avantages ne sont rien, comparés avec la richesse qu'offre la mer voisine. A l'est et au sud de l'île, s'élèvent du fond de l'Océan plusieurs bancs de sable, dont le plus grand, appelé *grand banc de Terre-Neuve*, s'étend à près de 10 degrés du sud au nord. La tranquillité, la douce température et la pesanteur moindre de l'eau, y attirent une quantité si énorme de cabillauds, que leur pêche fournit à la consommation de la majeure partie de l'Europe. Ils y disparaissent seulement vers la fin de juillet et pendant le mois d'août;

---

(1) C'est-à-dire terre nouvellement découverte. Il faut donc écrire *New-Found-Land* ou *Newfoundland*. L'orthographe *New-Foundland* ferait naître la fausse idée qu'il existe quelque part un ancien Foundland.

la saison de la pêche, qui commence avec le mois de mai, ne se termine qu'à la fin de septembre.

« Parmi les animaux de Terre-Neuve, on distingue une race particulière de chiens, remarquables par leur grande taille, leur long poil soyeux, et surtout par la plus grande dimension de la peau entre les doigts du pied, qui les rend propres à nager. Il paraît que cette race descend d'un dogue anglais et d'une louve indigène (1); du moins, elle n'y existait pas lors des premiers établissemens. »

Nous ne nous en tiendrons pas à cet aperçu général sur Terre-Neuve, cette île mérite un peu plus de détails. Séparée de la terre de Labrador par un détroit large de 2 miriamètres, son étendue est considérable. Elle est longue de 55 myriamètres et dans sa plus grande largeur elle en a 54. Toute sa côte n'offre que des déchirures plus ou moins profondes et des rochers battus par les flots. Les principaux enfoncemens que forment ces déchirures sont : au sud, la *baie du Désespoir;* sur la côte occidentale, la *baie de Saint-George;* au nord, celle d'*Ingornachoix*, près de laquelle on remarque le cap du Quipon; sur la côte orientale, la *baie des Grignettes* et d'autres encore, non moins importantes, dont quelques unes se prolongent assez avant dans l'intérieur de l'île. Lorsqu'on pénètre dans cette baie, on croit remonter l'embouchure d'un grand fleuve, mais on est étonné de ne trouver à son extrémité que de petites rivières, auxquelles la fonte des neiges ou l'abondance des pluies donnent de l'importance; elles sont pendant une grande partie de l'année presque desséchées, et leur lit n'est jonché que de cailloux roulés.

Suivant le témoignage de M. de la Pilaye et de plusieurs habitans de Terre-Neuve, les brumes dont il a été question plus haut peuvent être traversées sans crainte par le navi-

(1) *Whitbourne:* Discourse and Discovery of Newfoundland.

gateur, parce qu'elles n'approchent jamais à plus d'une demi-lieue de la côte : en sorte qu'il règne entre ces brumes vaporeuses et l'île une espèce de canal sur lequel les navires peuvent circuler sans danger.

Les plus hautes montagnes de Terre-Neuve s'élèvent à peine à 975 mètres au-dessus du niveau de l'Océan. Leurs sommets n'offrent partout que la triste et monotone verdure des mousses et des lichens, qui s'y accumulent sans cesse en y formant une croûte élastique. Au-dessous de ces cimes toutes les parties élevées, couvertes de terre végétale, sont ombragées de forêts composées d'arbres verts et de bouleaux, arbres qui n'atteignent pas une élévation de plus de 10 à 15 mètres ; les parties basses comprennent des vallées étroites et tortueuses ou des plaines humides et tourbeuses, couvertes çà et là de flaques d'eau et d'étangs, souvent sans écoulement apparent (1).

Si nous pénétrons avec M. Cormack dans l'épaisseur des bancs pierreux de l'île, en franchissant les étangs et les marais de l'intérieur, nous remarquerons presque partout la plupart des roches de la série granitique, telles que le granite supportant ici des micaschistes et là des porphyres. Dans le district du lac Melville, ces roches dominent, ainsi que le schiste argileux, le quarzite et la siényte. Dans le même district on voit paraître des grès qui semblent appartenir au terrain houiller. Les roches granitiques apparaissent aux environs du lac Gower jusqu'à celui de Richardson. On remarque des agates près du lac Gower; des basaltes près de ceux d'Emma et du Jenette; de la houille et du fer près de celui de Stewart. Depuis le lac Jameson jusqu'au port Saint-George, les principales roches sont le granite, le grès et le quarzite. La serpentine occupe le centre de l'île et y forme plusieurs crêtes ; la montagne de Jame-

(1) M. *de la Pilaye* : Notice sur Terre-Neuve, qu'il visita en 1816 et 1819.

son en est presque entièrement composée et renferme plusieurs beaux minéraux; mais c'est la côte occidentale qui est la plus riche en substances minérales. Dans la baie de Saint-George on exploite de la houille; sur le bord de la rivière de South-Barrasway il y a des sources salées, et à peu de distance au nord de cette rivière, une source sulfureuse. On trouve du gypse et de l'ocre rouge entre cette rivière et celle de Segond-River; dans la baie des îles il existe un assez beau marbre gris.

Afin d'éviter de trop grands détails sur la végétation de Terre-Neuve, nous nous bornerons à faire observer que malgré l'influence d'un climat rigoureux et une distance de 800 à 1000 lieues, elle offre une grande ressemblance avec celle de l'Europe septentrionale. Les botanistes y comptent 497 plantes phanérogames, composant 212 genres, dont 102 espèces appartiennent à la section des glumacées.

Ainsi que l'a fait observer M. de la Pilaye, quoique la situation de Terre-Neuve corresponde à la partie moyenne de la zone tempérée en Europe, c'est-à-dire à la région qui s'étend depuis l'embouchure du Rhin jusqu'à celle de la Loire, son voisinage du Canada et du Labrador y détermine un climat analogue à celui de la Sibérie. En hiver, le thermomètre, cependant, y descend rarement à plus de 8 degrés au-dessous de zéro et monte en été à 25 ou 26.

Les indigènes de Terre-Neuve forment deux ou trois tribus de 100 à 300 individus chacune. Les Indiens rouges s'étendent au sud, dans l'intérieur, jusqu'au grand lac; les Micmacs habitent les environs de la baie de Saint-George, de celle du Désespoir et les bords de la rivière Great-Cod-Bay. Ces peuplades, qui sont loin de vivre en bonne intelligence, se livrent à la chasse et font avec les Anglais le commerce de fourrures (1).

(1) Voyez notre article *Terre-Neuve*, dans le Dictionnaire de Géographie physique de l'Encyclopédie méthodique.   J. H.

« Terre-Neuve, long-temps considérée comme un pays inhospitalier, comme une simple station de pêcheurs, a depuis quelques années, vu doubler sa population et son industrie. Les villes de *Plaisance* et de *Saint-John* ou *Saint-Jean*, embellies et agrandies, ont pris un aspect européen. La population de l'île, qui en 1789 était de 25,000 habitans, s'élève aujourd'hui à 85,000. Le commerce de bois de construction et de pelleteries occupe un grand nombre de bâtimens. Les prédictions de Whitbourne, de Humphrey Gilbert se sont vérifiées, et l'activité britannique a donné une belle colonie de plus au monde civilisé (1). »

Plaisance, que les Anglais nomment *Placentia*, était autrefois la capitale de l'île; elle n'a plus que 2 à 3000 habitans depuis que le siége des autorités a été transféré à Saint-John, ville fortifiée, qui possède un beau port et dont la population est de près de 15,000 individus en hiver; en été plus de 2000 habitans quittent leurs foyers et vont se livrer à la pêche. *Harbour-Grace* ou *Havre-de-Grace* a 3 à 4000 habitans, un bon port et d'importantes pêcheries. Nous pouvons en dire autant de *Trinity-Harbour*. A Harbour-Grace on publie un journal hebdomadaire et trois à Saint-John. Ces exemples, comme d'autres que nous avons rapportés, prouvent que jusque dans les points les plus reculés du globe, le besoin de la liberté de la presse est impérieux chez les Anglais.

Le banc de Terre-Neuve est depuis le XVe siècle le rendez-vous d'une foule de marins qui vont y pêcher la morue. Ce sont surtout les Anglo-Américains et les Anglais qui y sont le plus nombreux. Année commune, on y compte 600 bâtimens anglais, 1500 des Etats-Unis et environ 400 navires français; en tout 2500 navires montés

---

(1) Voyez *Steele:* Voyage across the Atlantic. Tableaux de statistique ci-après. Discours du comte Bathurst dans la chambre des pairs, 15 mars 1816.

par plus de 34,000 hommes, et dont la pêche produit une valeur de plus de 35 millions de francs. En 1826, 350 bâtimens français s'y rendirent ; ils étaient montés par 10,199 hommes et en rapportèrent 27,312,300 kilogr. de poisson, estimés à la valeur moyenne de 7,500,000 fr. (1).

« Nous ne pouvons mieux placer qu'ici la notice des *îles Bermudes*. Ce groupe d'environ 400 îlots, situé à moitié chemin entre la Nouvelle-Écosse et les Antilles, appartient à la première sous les rapports politiques, puisqu'il sert de station d'été à l'escadre dont Halifax est l'hivernage. L'étendue de cet archipel est de 35 milles de long sur 22 de large ; mais un long et dangereux récif le continue sous les eaux. La grandeur des îlots varie depuis quelques centaines de pas jusqu'à 12 milles. Ils ressemblent de loin à des collines couvertes d'une verdure sombre, aux pieds desquelles l'Océan se brise en écume. Arides et rocailleux, ils n'ont d'eau douce que celle qu'on recueille dans des citernes pour l'usage des habitans et des équipages des vaisseaux de guerre. L'air y est très-sain. Les genévriers font la seule richesse des habitans, qui en construisent des bâtimens très-légers, servant au cabotage entre les États-Unis, l'Acadie et les Antilles. On évalue la fortune d'un particulier d'après le nombre des genévriers qu'il possède ; chaque arbre se vend sur pied une guinée (2). Comme on leur réserve le peu de bon terrain que renferment les îles, l'agriculture est négligée. Les Américains y apportent des denrées. Les habitans sont au nombre de 14,500, dont 7500 blancs et 7000 noirs, sur une étendue de 12,161 *acres* (3). La ville de *Saint-George*, dans l'île du même nom, renferme 300 mai-

---

(1) *V. Audouin* et *Milne Edwards* : Mémoire sur les pêcheries de France. — (2) *Michaux* : Notice sur les îles Bermudes, dans les *Annales du Muséum d'histoire naturelle*, t. VIII, p. 356 et suiv.

(3) Rapports officiels, dans *The Courier*, du 30 décembre 1815.

sons. On donne encore le nom de ville à *Hamilton*. Les ouragans obligent les habitans à tenir leurs maisons peu élevées (1). Les lois anglaises règnent ici, et le pouvoir législatif appartient à l'assemblée générale des habitans.

« Comme elles possèdent plusieurs bons ports, les Espagnols doivent regretter d'avoir négligé ces îles, découvertes, selon l'opinion commune, en 1557, par Juan Bermudez, mais probablement connues dès l'année 1515 sous le double nom de la *Bermuda* et *la Garça* (2). La plus grande de ces îles porte encore le nom de *Bermuda*. Elles n'étaient peuplées que de singes (3). Les tempêtes qui règnent dans ces parages leur firent donner le nom de *Los Diabolos*. Un coup de vent y jeta, en 1609, l'Anglais George Sommers, qui crut en avoir fait la découverte. Le nom de ce navigateur, synonyme avec celui d'été, trompa le savant Delisle, qui donna à ce groupe le nom d'*îles d'Été*. La relation qu'en fit Sommers y attira quelques colons. Plusieurs royalistes y allèrent attendre la fin des jours de Cromwell. L'aimable poète Waller, entre autres, chanta ces îles fortunées où il avait trouvé un asile. Il fit passer son enthousiasme à ce sexe qu'il est si facile d'enflammer par une idée généreuse. Les belles Anglaises ne voulurent long-temps d'autre parure qu'un chapeau fait de feuilles de palmiers des Bermudes. »

---

(1) Voyages intéressans, par M. N**. Paris, 1788.
(2) *Oviedo*: Hist. nat., cap. LXXXV, p. 53, dans les *Historiadores de India*, édition de *Barcia*, t. I.
(3) *Gomara*: Hist. nat., cap. CCXXI, p. 203, dans *Barcia*, t. II.

TABLEAU *de la population approximative et de la superficie des possessions anglaises dans l'Amérique septentrionale.*

NOMS des TERRITOIRES.	TERRE. SUPERFICIE en milles carrés.	EAU. MILLES carrés.	MILLES carrés arpentés, et territoire en partie exploré.	QUANTITÉ d'acres en culture.	POPULATION.
...d'Hudson............	525,000	330,000	....	....	
...itoire indien s'étendant de la mer Glaciale ...océan Pacifique......	1,800,000	200,000	....	....	110,000
...itoire arctique jusqu'aux 78° de latitude.	1,400,000	700,000	....	....	
...Canada.............	205,863		45,000	2,945,000	561,000
...-Canada............	95,125		33,000	1,250,000	220,000
...eau-Brunswick......	26,704		11,000	410,000	93,000
...elle-Écosse.........	14,031	110,000	9,000	700,000	139,000
...Breton.............	3,125		1,000	85,000	24,000
...rince-Édouard......	2,159		1,500	89,000	8,500
...e-Neuve............	35,923		16,000	240,000	85,000
...audes..............	1,700	»	1,700	1,000	14,500
	4,109,630	1,340,000	118,200	5,720,000	1,255,000

...croissement de la population, de la culture et des animaux domestiques dans le Bas-Canada.

ANNÉES.	POPULATION.	ACRES cultivés.	BOISSEAUX de grains semés.	CHEVAUX.	BESTIAUX.	MOUTONS.
1764.	76,275	764,604	194,724	13,757	50,329	27,064
1783.	113,012	1,569,818	383,345	30,096	98,591	84,666
...roissement 18 années.	36,737	805,214	188,621	16,339	48,262	57,602
1825.	425,080	?	?	?	?	?
...roissement 42 années.	312,068	?	?	?	?	?
1831.	540,000	2,945,560	5,095,886	140,432	405,027	829,122
...roissement 16 années.	114,920	»	»	»	»	»
...roissement 48 années.	426,988	1,375,742	4,712,541	110,336	306,436	744,456

Détail du recensement de 1825.

SEXE MASCULIN.	Individus de 14 ans et au-dessous............		
	Idem de 14 ans à moins de 18 ans............		
	Idem de 18 à 25 ans.......	garçons..	23,378
		mariés..	5,293
	Idem de 25 à 40 ans.......	garçons..	7,899
		mariés..	31,783
	Idem de 40 à 60 ans.......	garçons..	2,664
		mariés..	23,419
	Idem de 60 ans et au-dessus..	garçons..	1,994
		mariés...	9,443
SEXE FÉMININ...	Au-dessous de 14 ans............		
	Au-dessus de 14 ans et au-dessous de 45 ans.......	filles....	39,518
		mariées..	52,854
	De 45 ans et au-dessus.......	filles....	6,682
		mariées..	1,860

Total..... 4

Accroissement de la population du Haut-Canada.

ANNÉES.	NOMBRE D'HABITANS.
1753............	8,000
1806............	70,718
Accroissement en 53 ans.........	62,718
1814............	95,000
1821............	122,716
Accroissement en 7 ans.........	27,716
1825............	157,541
Accroissement en 4 ans.........	34,825
1829............	188,558
Accroissement en 4 ans.........	31,017

Détail du recensement de 1829, par district.

District oriental............	19,259
——— d'Ottawa............	3,732
——— de Bathurst............	14,546
——— de Johnstown............	17,800
——— de Midland............	30,960
——— de Newcastle............	13,337
——— de Home............	22,927
——— de Gore............	17,705
——— de Niagara............	20,177
——— de Londres............	19,813
——— occidental............	8,332
Total.....	188,558

TABLEAUX. 181

TABLEAU *des divisions administratives des possessions anglaises dans l'Amérique septentrionale.*

A. TERRES ARCTIQUES.

1. *Devon septentrional* :	Comprenant plusieurs îles couvertes de glaces.
2. *Georgie septentrionale* :	Les îles *Cornwallis*, *Bathurst*, *Byam-Martin*, *Melville*, *Sabine*, la terre de *Banks*.
3. *Terre de Baffin* :	Les îles *Cockburn*, *Southampton*, *Mansfield*, *Winter*, *Cumberland*, le *Nouveau-Galloway* et le *Sommerset* septentrional.

B. NOUVELLE-BRETAGNE.

2. *Gouvernement de Québec ou Bas-Canada* (divisé en 40 comtés).	Comtés du Nord : 1° de *Vaudreuil*. — 2° d'*Ottawa* ou d'*Outaouais*. — 3° du lac des *Deux-Montagnes*. — 4° de *Terrebonne*. — 5° de *Lachenaie*. — 6° de l'*Assomption*. — 7° de *Montréal*. — 8° de *Berthier*. — 9° de *Saint-Maurice*. — 10° de *Champlain*. — 11° de *Port-Neuf*. — 12° de *Québec*. — 13° de *Montmorency*. — 14° de *Saguenay*. — 15° d'*Orléans*.
	Comtés du Sud : 1° de *Gaspé*. — 2° de *Bonaventure*. — 3° de *Rimouski*. — 4° de *Kamouraska*. — 5° de l'*Islet*. — 6° de *Belle-Chasse*. — 7° de *Dorchester*. — 8° de la *Beauce*. — 9° de *Mégantic*. — 10° de *Lotbinière*. — 11° de *Nicolet*. — 12° d'*Yamaska*. — 13° de *Drummond*. — 14° de *Sherbrooke*. — 15° de *Stanstead*. — 16° de *Missiskoui*. — 17° de *Shefford*. — 18° de *Richelieu*. — 19° de *Saint-Hyacinthe*. — 20° de *Rouville*. — 21° de *Verchères*. — 22° de *Chambly*. — 23° de la *Prairie*. — 24° de l'*Acadie*. — 25° de *Beauharnais*.
	Ces 40 comtés sont répartis en cinq grandes divisions appelées districts; savoir : celui de *Québec*, celui de *Montréal*, celui des *Trois-Rivières*, celui de *Gaspé*, et celui de *Saint-François*.
	N. B. Le groupe des îles *Madeleines* dépend aussi du gouvernement de Québec.

182   LIVRE CENT SOIXANTE-SEIZIÈME.

1. *Région occidentale :*	Le *Nouveau-Cornouailles* ; le *Nouvel-Hanovre* ; la *Nouvelle-Géorgie* ; les *îles Quadra et Vancouver* ; l'île de la *Reine-Charlotte*.
	(A l'est des montagnes Rocheuses) : le *fort Franklin*, le *fort Espérance*, le *fort Chipéwyan*, le *fort William*, *Hudson-house* et *Chesterfield-house*.
2. *Maine occidental* ou *Nouvelle-Galles :*	Les forts *York*, *Churchill* et *Moose*.
b. *Gouvernement d'York* ou du *Haut-Canada* (divisé en 25 comtés).	Principaux chefs-lieux : *York*. — *Cornwall*. — *Bytown*. — *Perth*. — *Kingston*. — *Queenston*. — *Fort Érié*. — *Malden*. Les 25 comtés forment 11 districts, savoir : *Oriental*, *Ottawa*, *Bathurst*, *Johnstown*, *Midland*, *Newcastle*, *Home*, *Gore*, *Niagara*, *Londres*, *Occidental*.
c. *Gouvernement du Nouveau-Brunswick* (divisé en 7 comtés).	Comtés : 1° de *Charlotte*. — 2° de *King* (ou du roi). — 3° de *Queen* (ou de la reine). — 4° de *Saint-John*. — 5° de *Sunburry*. — 6° de *Northumberland*. — 7° de *Westmoreland*.
d. *Gouvernement de la Nouvelle-Écosse* (divisé en 10 comtés).	Comtés : 1° d'*Halifax*. — 2° de *Poictou*. — 3° d'*Annapolis*. — 4° de *Cumberland*. — 5° d'*Hants*. — 6° de *Lunebourg*. — 7° de *Queen*. — 8° de *King*. — 9° de *Shelburn*. — 10° de *Colchester*.
1. *L'île du Cap-Breton* (divisée en 2 comtés).	Comtés : 1° de *Sidney*. — 2° de *Louisbourg*.
e. *Gouvernement de l'île du Prince-Édouard* (divisé en 3 comtés).	Comtés : 1° du *Roi*. — 2° de *la Reine*. — 3° du *Prince*.
f. *Gouvernement de Terre-Neuve* (divisé en 3 districts).	Districts : 1° de *Saint-John*. — 2° de *Trinity-Harbour*. — 3° de *Harbour-Grace*.
1. Le *Labrador* et le *Maine oriental*.	Principaux établissem. : *Nain*. — *East-Main*.
2. Iles d'*Anticosti*, de *Belle-Ile*.	
g. *Gouvernement des Bermudes*.	Chef-lieu : *Saint-George*.

LIVRE CENT SOIXANTE DIX-SEPTIÈME.

Suite de la Description de l'Amérique. — États-Unis anglo-américains. — Partie située à l'est du Mississipi. — Description physique générale (1).

« Les frimas disparaissent, les brumes se dissipent, les arbres étalent des rameaux vigoureux, les champs se couvrent de moissons plus abondantes. Partout l'homme est occupé à bâtir des maisons, à fonder des villes, à subjuguer la nature, à défricher des terrains; nous entendons partout les coups de la cognée, le ronflement des forges; nous voyons les antiques forêts livrées aux flammes, et la charrue sillonnant leurs cendres; nous apercevons des villes riantes, des palais et des temples à peu de distance des cabanes habitées par de misérables sauvages; nous sommes dans l'*Amérique fédérée*, nous foulons cette terre de liberté, peuplée depuis deux siècles par les nombreuses colonies que l'esprit de l'intolérance religieuse et politique chassait des îles Britanniques et des autres parties de l'Europe.

« Ce n'est que depuis une quarantaine d'années que la république anglo-américaine figure parmi les puissances. La paix de 1763 avait rendu l'Angleterre maîtresse de toute l'Amérique septentrionale jusqu'au Mississipi. Les colons anglais sentirent leurs forces. Les tentatives que le gouvernement de la métropole fit pour les soumettre à des taxes nouvelles, excitèrent les feux cachés de la rebellion. La bataille de *Bunkershill*, en 1775, apprit aux hommes prévoyans combien les Américains seraient dif-

(1) Voyez l'*Avis* au commencement du volume.

ficiles à vaincre sous le prudent et valeureux *Washington*. Bientôt on vit le sage *Franklin* poser les bases de la constitution. L'indépendance fut proclamée le 4 juillet 1776. La France et l'Espagne conclurent une alliance avec la nouvelle république. Les Anglais, après avoir vu leurs armes humiliées par les défaites de Burgoyne et de Cornwallis, reconnurent l'indépendance des États-Unis, composés alors de 13 provinces. La nouvelle république parut sur la scène du monde avec une population de 2 millions et demi, avec une dette considérable, avec une armée peu disciplinée et sans marine. En peu d'années la population s'est élevée à 8 millions, moins par l'arrivée de quelques milliers d'émigrés européens, que par la facilité qu'un pays nouveau offre à l'établissement des familles, et par conséquent à leur accroissement par des mariages nombreux et féconds. Le commerce, favorisé par la situation des côtes et par la neutralité du pavillon, a bientôt répandu ses richesses dans toutes les provinces maritimes; mais de là aussi est sorti le premier germe d'une division entre ces provinces et celles de l'intérieur, qui voient tout leur intérêt dans l'agriculture. Les modifications inévitables dans une constitution aussi vaguement tracée que l'était celle de Franklin, ont fait naître une autre division. Deux factions politiques ont partagé la nation. Les *fédéralistes*, sous la conduite d'Adams et d'Hamilton, voulaient conserver à chaque État autant d'indépendance que possible; les *républicains* cherchaient au contraire à concentrer l'action de la force nationale, et à fondre peu à peu les divers États en un seul. Les premiers n'ont pas échappé au reproche de vouloir retourner sous la domination d'un prince anglais, les seconds ont été accusés de partager toutes les extravagances de la démocratie française. Au milieu de tant de dangers, la république américaine a soutenu une nouvelle guerre contre les Anglais, a bravé ce pavillon britannique qui domine l'Océan, a châtié les puissances barbaresques, a créé une marine, acquis l'immense territoire de la Louisiane, et civilisé plus d'une horde sauvage.

« Depuis que la Louisiane et les Florides font partie du territoire des États-Unis, cette république fédérée égale en étendue les plus grands empires du monde. Séparée du Nouveau-Brunswick et du Bas-Canada par une ligne conventionnelle encore très-mal déterminée, l'Amérique-Unie se voit ensuite bornée au nord par une limite naturelle qui suit le fleuve Saint-Laurent à partir d'une ligne tracée au nord du lac Champlain jusqu'au fleuve, et qui, en traversant les grands lacs Ontario, Erié, Huron et le lac Supérieur, la sépare des possessions britanniques du Haut-Canada. »

A l'ouest de ce dernier lac, la limite passe par les lacs *Seiganah* et *Bois-blanc* (*White-wood*), le *lac de la Pluie* (*Rain-Lake*) et la partie occidentale du *lac des Bois*, et de là se dirige *droit à l'ouest* jusqu'à la rivière de Columbia. De là elle descend en ligne droite jusqu'au 42e degré de latitude, retourne ensuite à l'ouest jusqu'au 110e méridien, redescend jusqu'au 38e parallèle, se prolonge à l'ouest jusqu'au 103e degré de longitude, redescend encore jusqu'à la *rivière Rouge* (*Red river*) dont elle suit le cours jusqu'au lieu appelé Pecan-point, d'où elle redescend perpendiculairement jusqu'à la rivière de la *Sabine*, longue d'une centaine de lieues, dont elle suit les sinuosités jusqu'à la mer.

Le territoire des États-Unis présente de l'est à l'ouest une longueur de 1250 lieues au nord et de 270 au sud, et une largeur de 485 lieues sous le 94e méridien. Sa superficie est évaluée à 313,000 lieues carrées, dont un 15e est couvert d'eau. Ses côtes ont un développement de plus de 1200 lieues, dont 800 sur l'Atlantique et 400 sur le golfe du Mexique.

« Le Mississipi partage ce vaste territoire en deux parties à peu près égales; mais dans celle à l'est du fleuve, on compte 2 millions d'hectares d'eau. En observant encore qu'il n'y a guère d'établissement européen au nord-ouest de la rivière des Illinois, on réduit à moins de 20 millions d'hectares l'espace dans lequel s'agite la civilisation américaine.

« Les États-Unis, qui surpassent en étendue le double de la Chine propre, sont plus de 11 fois moins peuplés. La population civilisée, qui surpasse le nombre de 12 millions, se trouve presque tout entière à l'est du Mississipi, et un cinquième de cette population est concentré dans les provinces qui formaient la *Nouvelle-Angleterre*. C'est de ce foyer primitif, ainsi que des autres États situés sur l'océan Atlantique, que les colons se sont répandus vers les contrées de l'intérieur et de l'ouest.

« Les tribus indigènes, repoussées par cette masse de nouveaux habitans, sont aujourd'hui en très-petit nombre entre les monts Alleghanys, les lacs et le Mississipi. Mais en remontant ce fleuve, et surtout le Missouri et ses affluens, le nombre des sauvages devient plus considérable. Le nombre total est d'un peu plus de 300,000 individus.

« Les deux grands traits qui caractérisent la géographie des États-Unis, c'est la majestueuse étendue des fleuves et le peu d'élévation des montagnes. Nous ne connaissons encore qu'imparfaitement les montagnes du nord-ouest, d'où découle le Missouri : mais depuis cette grande chaîne, l'Amérique septentrionale semble s'abaisser vers l'océan Atlantique et vers le golfe du Mexique, en suivant une pente rarement interrompue par quelque faible élévation, ou plutôt par des terrasses qui mènent d'un plateau à l'autre.

« La dernière et la plus élevée de ces terrasses prend le nom général de *monts Alleghanys*. C'est moins une chaîne de montagnes qu'un long plateau couronné de plusieurs chaînes soit de montagnes, soit de collines. Entre la rivière de l'Hudson et le petit lac Oneida, l'extrémité septentrionale des Alleghanys a reçu des Français le nom de *monts Apalaches*. A l'est de l'Hudson, qui, avec le lac Champlain, nous paraît limiter une région particulière, les collines granitiques, arrondies par le sommet, souvent couvertes en haut par des marécages ou des terrains tourbeux [1], ne présentent qu'un ensemble de petites élévations, sans formes régulières, sans direction marquée. La principale élévation prend dans la Nouvelle-Angleterre le nom de *White-Hills*, collines blanches, et dans le Vermont celui de *Green-Mountains*, montagnes vertes. Dès qu'on a franchi l'Hudson, la structure des montagnes paraît changer, car, selon tous les voyageurs, elles se présentent, en Pensylvanie et en Virginie, sous la forme de sillons parallèles entre eux, mais dont la largeur et les intervalles varient. Sur les confins de la Caroline du nord et du Tennessée, les Alleghanys sont, au contraire, des groupes isolés de montagnes, qui se touchent seulement par leur base. Ils occupent moins de terrains.

« Toute la chaîne orientale porte le nom de *Blue-Ridge*, ou *Blue-Mountains*, montagnes bleues. Elle est coupée par le Susquehannah, le Potowmack et le James; néanmoins elle conserve une élévation générale plus constante qu'aucune des autres chaînes. Celle qui marque le partage des eaux est très-peu élevée et peu large. Mais dans la chaîne la plus occidentale, chaîne d'ailleurs peu étendue et coupée par la rivière de Kanhawa, quelques montagnes assez rapprochées offrent une élévation supérieure à celle de tout le reste du système. Le *mont Laurell* et le *mont Gau-*

---

[1] *Akerly*: Notice géologique de *Duckess-County* dans l'État de New-York; *American Mineralogical Journal*, vol. I, cah. I, art. 4th. *Belknap*, Description de Hampshire, t. III, p. 34.

ley dans l'ouest de la Virginie, la montagne du Grand-Père (*Great-Father-Mountain*), celle de Fer (*Iron Mountain*), celle qu'on surnomme la Jaune et la Noire, entre le Tennessée et la Caroline, s'élèvent jusqu'à 5 ou 6000 pieds au-dessus du niveau de la mer Atlantique (1); tandis que le pic *Otter*, de la chaîne orientale, n'a pas 4000 pieds de hauteur (2).

« Selon Volney, la chaîne des montagnes Bleues se compose principalement de *grès*, et ce serait une raison pour la distinguer entièrement des hauteurs *granitiques* dans la Nouvelle-Angleterre, le Vermont et le Nouveau-Brunswick (3). Il est vrai qu'un géologiste américain, M. Maclure, affirme que les *formations primitives*, d'après le langage de l'école de Werner, occupent *sans interruption* une zone qui s'étend en longueur depuis l'embouchure du fleuve Saint-Laurent jusqu'aux confins de la Floride, et qui varie de largeur depuis 20 jusqu'à 150 lieues, longe immédiatement l'océan Atlantique depuis le cap Gaspé jusqu'au cap Codd, et laisse ensuite entre elle et la mer une *zone alluviale* qui, augmentant successivement de largeur, s'étend jusqu'au golfe du Mexique. Cette zone primitive, dit M. Maclure, s'élève en pentes plus ou moins escarpées vers la crête de la chaîne orientale des Alleghanys; elle est composée de granite, de gneiss, de schiste micacé et argileux, de calcaire et de trapp, de serpentine, de porphyres, de siénite, de quarz, de schiste siliceux, de gypse et de schiste novaculaire; les couches se relèvent généralement du sud-est vers le nord-est, sous un angle de plus de 45 degrés, en formant des montagnes qui ont

---

(1) *Michaux*: Voyage dans les États de l'ouest, p. 275. — (2) *Notes de M. Jefferson sur la Virginie*. M. Weld remarque que M. Jefferson ne dit pas qu'il ait mesuré lui-même cette hauteur (*Voyage au Canada*, t. I, p. 242). — (3) *Volney*: Tableau du climat et du sol des États-Unis d'Amérique, t. I, p. 13 et suiv.; p. 46, etc.

leur sommet tantôt arrondi comme les *White-Hills*, tantôt taillé en pyramide comme le pic *Otter*. Les minéraux et les métaux abondent dans cette zone; on y a découvert des grenats, la staurotide, l'épidote, diverses roches magnésiennes, l'émeraude, le granite graphite, le feldspath adulaire, la tourmaline, l'amphibole, l'arragonite, le sulfure de fer dans le *gneiss*, le fer oxidé magnétique dans la roche amphibolique, le fer oxidé hématite, la plombagine, le molybdène, le cobalt blanc, le cuivre gris, le zinc sulfuré, et trois variétés de titane.

« Cette zone primitive, continue le géologiste américain, *n'est pas sans mélange;* elle est traversée dans le
« sens de la longueur par une autre petite zone de for-
« mation secondaire, large de 15 à 25 milles, qui se
« montre d'abord dans la vallée inférieure du Connecticut,
« mais qui reparaît à l'ouest de la rivière Hudson, coupe
« les rivières de Rauton, de Delaware, de Schulkill, de
« Susquehannah, de Potowmack, et qui finit au Rappa-
« hannok en Virginie. Cette formation secondaire, inter-
« posée au milieu de la zone primitive, est composée de
« grès ancien, de calcaire, d'agglomérat siliceux, mêlé
« avec des cailloux quarzeux, de roches amphiboliques et
« de *wacke*, recouvrant ordinairement le grès sur les hau-
« teurs. Un sillon de terrain de transition, qui, au nord,
« a 15 milles de largeur, et vers le sud seulement 2, s'é-
« tend depuis la Delaware jusqu'aux sources du Roanoke,
« côtoie au sud-est la petite zone de formation secon-
« daire, et, l'ayant coupée vers le Potowmack, la côtoie de
« nouveau vers le nord-ouest. Ce sillon est composé de
« calcaire à petits grains, attenant avec des couches de
« *grauwacke*, et mêlé avec la dolomite, le silex, un marbre
« blanc grainé, le spath calcaire. Entre la petite zone
« secondaire et le sillon de terrain de transition, on
« trouve, à 12 milles de Richmond, un banc de houille

« de 20 milles de long sur 10 de large, reposant dans u
» bassin oblong sur la roche granitique, mêlé de grès
« blanchâtre et d'argile schisteuse, ayant des impressions
« végétales (1). »

« Quelque confiance qu'inspire le savant exposé de
M. Maclure, nous n'y voyons pas encore un résultat entièrement certain, et nous soupçonnons dans la zone
primitive de ce géologiste quelques irrégularités de plus
qu'il n'y en admet. A-t-il suffisamment distingué le granite de transport de celui qui se trouve en place? Les roches calcaires, abondantes dans la Caroline du sud, paraissent encore appartenir à la formation secondaire (2). On
indique dans cette province des couches de gypse et de
pierre meulière en dedans des limites de la zone primitive de M. Maclure.

« Ce savant trace la zone des *terrains de transition* immédiatement à l'ouest de la primitive; il lui donne une
largeur de 20 à 40 milles, et une inclinaison de 45 degrés vers l'ouest. Cette zone occupe, généralement parlant, le milieu du plateau entre la chaîne orientale dont
elle forme le revers à l'ouest, et les pieds de la chaîne
occidentale; mais au sud, elle traverse les Alleghanys, et
vient expirer aux confins des plaines de la Floride. Le calcaire de transition, la *grauwacke* et le schiste siliceux occupent ordinairement les vallées; les agrégations quarzeuses, parmi lesquelles on trouve une sorte de pierre
meulière, des ossemens de quadrupèdes et des débris
d'animaux marins, constituent la pente des montagnes.
Cette zone n'a offert d'autres minéraux que le fer en couches sous la forme de pyrite, le plomb en masse sous

---

(1) *Maclure* : Mémoire sur la Géologie américaine, dans les *Transactions philosophiques de Philadelphie*, t. VI, p. 41.

(2) *Drayton* : South-Carolina, p. 46 et 47.

la forme de galène, quelques couches d'anthracite, accompagnées de schiste alumineux et de veines de sulfate de baryte.

« La *zone de formation secondaire* commence derrière celle de transition, et s'étend jusque vers les lacs, le Mississipi et l'Illinois, sur une surface de 200 à 500 milles. Les couches de cette zone, dit M. Maclure, sont presque horizontales partout où elles n'ondoient pas avec le terrain, comme, par exemple, dans les parties élevées de la chaîne occidentale qui s'y trouvent comprises. Cette zone est formée, à la surface, de grès ancien, de calcaires et de gypses stratifiés de deux époques différentes, de grès dit de formation *tertiaire*, de sel gemme, de craie, de houille et de trapp ou basalte stratiforme d'une origine très-récente. Le fondement de toutes ces couches paraît être un immense lit de calcaire secondaire de toutes les nuances. La rampe occidentale des monts Alleghanys présente en outre une grande couche de houille qui, accompagnée de grès et d'argile schisteuse, s'étend depuis les sources de l'Ohio jusqu'à celles de Tombighi. Cette zone entière est peu fournie en minéraux; on n'y a trouvé que du fer argileux et du sulfure de fer.

« Tout autour de ce noyau d'ancienne terre s'étend, depuis le cap Codd jusque dans la Floride, et de là le long des deux rives du Mississipi jusqu'au confluent du Missouri, et même un peu au-delà, une *zone de dépôt d'alluvions*, composée, généralement parlant, de couches de sable, d'argile et d'autres terres meubles, entremêlées de dépôts de coquillages, dont la succession et l'épaisseur différente indiquent plusieurs séjours consécutifs de l'Océan. Mais cette zone est elle-même subdivisée en deux bandes, l'une très-peu élevée au-dessus de la surface actuelle de la mer, et dans laquelle les rivières éprouvent l'influence de l'eau salée, qui, à chaque haute marée, se mêle à leurs flots; l'autre commençant à 60, à 80 et à 100 milles des bords de la mer (1), par des collines ou dunes sablonneuses, élevées de 150 à 200 pieds, et derrière lesquelles le sol présente des ondulations et quelques roches de transport. Il paraît que la bande la plus élevée de la zone alluviale, devenue plus large à mesure qu'elle avance *vers le sud*, forme le dos de la péninsule de la Floride orientale. Les parties les plus basses de l'une et de l'autre bande sont composées d'un limon fertile charrié par les rivières.

« Dans la description du Canada, nous avons déjà fait connaître les grands lacs qui, au nord des États-Unis, forment comme une mer d'eau douce, et qui, dans la dernière guerre, sont devenus le théâtre de sanglans combats entre les Anglais et les Anglo-Américains; ceux-ci doivent long-temps regretter la faute que leurs diplomates ont commise en 1783, de ne pas leur avoir obtenu à tout prix, même en cédant le district du Maine, la possession de la péninsule renfermée entre les trois lacs Érié, Ontario et Huron, péninsule alors déserte, et dont à présent la culture a fait un poste avancé des colonies anglaises, très-gênant et, dans certains cas, très-dangereux pour les États-Unis. Ces lacs sont les seuls dignes de figurer dans un tableau général. Il ne conviendrait pas non plus d'énumérer les nombreux marais; il suffit de décrire celui qu'on nomme l'affreux marais, *Dismal Swamp*. Il s'étend dans la partie orientale de la Virginie, et dans la Caroline septentrionale; il occupe une surface de 150,000 acres, ou 234 milles carrés; mais partout il est couvert d'arbres, de genévriers et de cyprès dans les parties les plus humides, et dans les plus sèches, de chênes blancs et de rouges, ainsi que de plusieurs espèces de pins. Ces arbres y sont d'une grandeur prodigieuse; souvent l'es-

---

(1) *Payne's* : Geography, tom. IV, p. 389-417-440. *Drayton*, South-Carolina, p. 9.

pace entre leurs pieds est garni d'épaisses broussailles, différence bien remarquable d'avec les forêts de l'Amérique septentrionale, où, en général, on ne trouve point de taillis. Il y croît aussi des roseaux et une herbe épaisse et haute, qui a la propriété d'engraisser promptement le bétail. Mais des troupes d'ours, de loups, de daims et d'autres animaux sauvages abondent dans cette forêt marécageuse. Un marais encore plus étendu, mais beaucoup moins connu, occupe une portion des côtes de la Caroline du nord; on l'appelle *Great Alligator Dismal Swamp*, le Grand Marais des Caïmans; il occupe au moins 600 milles carrés, en y comprenant trois lacs considérables. Les plantations de riz commencent à envahir les bords de cet immense marais.

« Parmi les fleuves qui arrosent ces contrées, le Saint-Laurent a déjà fixé nos regards : le *Mississipi* jouit encore d'une plus grande célébrité; mais il est reconnu aujourd'hui que le *Missouri* est la branche principale, et c'est à ce dernier fleuve qu'appartiendrait avec plus de raison le glorieux titre de *Vieux Père des Eaux* ou *Mecha-Chébé*, que l'ignorance des sauvages a donné à un de ses affluens. Nous réservons la description du Missouri pour un des livres suivans. Le *Mississipi*, d'après l'ancienne façon de parler, a sa source à 47 degrés de latitude, dans le lac Tortue. Par la chute pittoresque de Saint-Antoine, il descend de son plateau natal dans une vaste plaine : après un cours de 280 lieues, ses eaux limpides se perdent dans les flots bourbeux du Missouri; à ce magnifique confluent chacune de ces rivières a une demi-lieue de large. »

Quant au Mississipi, il a 300 à 900 mètres de largeur depuis le saut de Saint-Antoine jusqu'à son confluent avec l'Illinois; à sa jonction avec le Missouri, il a 2500 mètres, et au confluent de l'Arkansas 1500. Vers son point de réunion avec l'Ohio, il a 15 à 20 mètres de profondeur, et 60 à 80 entre la Nouvelle-Orléans et le golfe du Mexique. On a vu dans le tableau que nous avons donné plus haut de la longueur des fleuves, que le cours d'eau que l'on continue à appeler Mississipi n'a pas moins de 1000 lieues de longueur.

« Les affluens du haut Mississipi, du côté de l'ouest, sont encore imparfaitement décrits : on ne sait lequel d'entre eux est la *Rivière-Longue*, sur laquelle navigua La Hontan, et qu'il décrit comme très-profonde. »

La rivière de *Saint-Pierre*, qui prend sa source vers le 45ᵉ parallèle et le 100ᵉ degré de longitude, se joint au Mississipi par sa rive droite, un peu au-dessous de la chute de Saint-Antoine. Cette rivière, qui forme plusieurs rapides, est très-profonde, a plus de 100 mètres de largeur et une longueur d'environ 200 lieues.

« C'est à l'est du haut Mississipi que l'*Ouisconsin* baigne ses collines escarpées, et l'*Illinois* ses immenses savanes; toutes deux elles ouvrent presque une communication entre le Mississipi et le lac Michigan. Plus au sud, le beau fleuve d'*Ohio* règne sur un grand nombre de rivières tributaires, telles que le *Wabash*, le *Kentoukey*, le *Cumberland* et le *Tennessée*; après avoir coulé à l'ombre des magnolia et des tulipiers, il est englouti par le bas Mississipi, qui reçoit encore de l'ouest la rivière des *Arkansas* et la Rivière-Rouge. »

Entrons dans quelques détails relativement à ces affluens. L'Ouisconsin, large, rapide, mais peu profond, est embarrassé de petites îles et de bancs de sable. Son cours est d'environ 130 lieues. L'Illinois, qui n'a que 100 lieues de longueur, a près de 200 mètres de largeur à son embouchure dans le Mississipi. L'Ohio, dont le cours est de 400 lieues, est alimenté par 400 affluens; sa largeur moyenne est de 500 mètres; dans certains endroits il en a 1400. Sa pente est de 29 pieds par lieue, et sa vitesse d'une lieue par heure.

AMÉRIQUE : *Partie située à l'est du Mississipi.* 195

« La manière dont le Mississipi s'écoule dans le golfe du Mexique, offre des singularités très-remarquables. Outre une embouchure principale et permanente, il s'y forme des canaux d'écoulement qui changent souvent de direction ; car le niveau des eaux du fleuve est, dans la plus grande partie de la Basse-Louisiane, plus élevé que celui de la contrée voisine. Son immense volume d'eau n'est retenu que par de faibles digues de terres légères et friables, de 5 à 6 pieds de hauteur (1). Mais ce sol, si bas par rapport au fleuve, a cependant de toutes parts une pente faible, à la vérité, mais non interrompue, vers la mer ; ainsi les eaux du fleuve, en se débordant, ne trouvent aucun obstacle et s'écoulent vers la mer assez paisiblement. Les canaux d'écoulement, dits les bras de *Tchafalaya*, des *Plaqueminiers* et de *la Fourche* à l'ouest, et le bras d'*Iberville* à l'est, existent en tout temps et embrassent une espèce de delta, composé de terrains meubles, soit limoneux, soit sablonneux. L'embouchure principale ne présente que deux passes, dont la meilleure même n'offre un passage assuré qu'aux bâtimens qui ne tirent pas au-dessus de 12 à 15 pieds d'eau. Cela est d'autant plus fâcheux qu'en dedans de son embouchure le lit du fleuve, dans un cours d'environ 100 lieues, offre un canal assez profond pour recevoir les plus gros vaisseaux. La profondeur du fleuve, dans cette partie de son cours, est de 30 à 40 brasses ; sa largeur, suivant la crue ou la diminution de ses eaux, est de 400 à 500 toises ; près l'embouchure, cette largeur est d'une lieue. Cet engorgement du fleuve n'a eu lieu que depuis un peu plus d'un demi-siècle (2).

« Mais ce n'est pas le seul changement que ce puissant fleuve éprouve depuis que les Européens ont commencé à

---

(1) Vue de la colonie de Mississipi, par *B. Duvallon*, p. 13.
(2) *Idem, ibid.*, p. 9.

l'observer. Les arbres, déracinés par les vents ou tombés de vétusté, s'assemblent de toutes parts sur les eaux du Mississipi. Unis par des lianes, cimentés par des vases, ces débris des forêts deviennent des îles flottantes; de jeunes arbrisseaux y prennent racine; le pistia et le nénuphar y étalent leurs roses jaunes; les serpens, les oiseaux, les caïmans viennent se reposer sur ces radeaux fleuris et verdoyans, qui arrivent quelquefois jusqu'à la mer, où ils s'engloutissent. Mais voici qu'un arbre plus gros s'est accroché à quelque banc de sable et s'y est solidement fixé; il étend ses rameaux comme autant de crocs auxquels les îles flottantes ne peuvent pas toujours échapper; il suffit souvent d'un seul arbre pour en arrêter successivement des milliers : les années accumulent les unes sur les autres ces dépouilles de tant de lointains rivages; ainsi naissent des îles, des péninsules, des caps nouveaux qui changent le cours du fleuve, et quelquefois le forcent à s'ouvrir de nouvelles routes.

« Le Mississipi n'éprouve point de marées, à cause des nombreuses coudées de son cours; d'ailleurs les vents n'y sont point constans : ainsi il est extrêmement difficile de le remonter, surtout pendant les crues qui ont lieu dans les six premiers mois de l'année; la force du courant est alors d'une lieue par heure.

« Nous indiquerons brièvement les autres rivières des États-Unis. La baie de Mobile reçoit les eaux de l'*Alabama*, qui parcourt le territoire des Creecks, ou des Muscogulges; l'*Apalachi-Cola* descend des monts Apalaches vers la baie du même nom. Les Anglo-Américains possèdent la plus grande partie de ces rivières.

« L'océan Atlantique reçoit immédiatement les rivières de *Altamaha*, de *Savannah* et de *Grande-Pédie* (*Great-Pedee*). Leurs embouchures offrent quelques bancs de sables; cet inconvénient devient plus grand à la rivière du

Cap-Fear, proprement le *Clarendon* (1); et plus au nord on voit même une chaîne de dunes séparer de l'Océan la grande lagune dite *Pamlico-Sound*, qui se joint presque à l'*Albemarle-Sound*, autre lagune où s'écoule le *Roanoke*. Les passes étroites et environnées de bancs changeans, par lesquelles on entre dans ces lagunes, rendent presque nulle la navigation de la Caroline du nord et d'une partie de la Virginie. Au nord du *Cap-Henry* s'allonge la baie de *Chesapeak*, dans laquelle s'écoulent, par trois larges ouvertures, le *Fluvanna*, autrement dit la rivière de *James*; le rapide *Potowmack*, ce fleuve de près de 200 lieues de cours, ce nourrisson des montagnes Bleues, et qui baigne les remparts de la cité Fédérale, et le large *Susquehanna*, presque de la même longueur, qui entraîne dans son lit la plupart des rivières de la Pensylvanie. La baie de *Delaware* ne reçoit guère que la rivière du même nom. Près de New-York s'écoule l'*Hudson*, ou *North-River*, fleuve d'environ 100 lieues de cours, qui baigne des rivages très-pittoresques, et dont les eaux, par la rapidité de leur course, prennent en quelques endroits une force capable, disent les géographes américains, de briser une barre de fer. Au-dessous de la ville d'Hudson, il est large d'un quart de lieue. Le *Connecticut* a moins de largeur, moitié plus de longueur, un grand nombre de chutes et de rapides, mais il descend, comme l'Hudson, en ligne droite vers la mer. A l'extrémité nord-est des États-Unis, on remarque la rivière de *Sainte-Croix*, qui leur sert de limite. Les Américains prétendent que ce nom a été donné par les Français à presque toutes les rivières à l'est du pays de Sagadahoc, et que l'on aurait dû chercher plus à l'est celle de ces rivières qui forme l'ancienne et véritable limite du district du Maine (2).

« Le climat de l'Amérique fédérée est un des plus incons-

(1) *Payne's* Geography, t. IV, p. 418. — (2) *Idem*, *ibid.*, p. 253.

tans, des plus capricieux du monde ; il passe rapidement des frimas de la Norvége aux chaleurs de l'Afrique, de l'humidité de la Hollande à la sécheresse de la Castille. Un changement de 10 degrés au thermomètre de Réaumur, dans la même journée, compte parmi les choses ordinaires (1). Les indigènes mêmes se plaignent des variations subites de la température. En passant sur la vaste étendue des glaces du continent, le vent du nord-ouest acquiert un haut degré de froid et de sécheresse ; le sud-est au contraire produit sur la côte de l'Atlantique des effets semblables à ceux du *sirocco* ; le vent du sud-ouest a le même effet dans les plaines situées à l'est des Apalaches, et lorsqu'il souffle, les chaleurs de l'été deviennent fréquemment excessives et étouffantes. Cependant vers les montagnes on jouit d'un climat tempéré et salubre, même dans les États méridionaux ; le teint frais des jeunes personnes qui habitent la partie reculée de la Virginie, atteste la bonté de l'air qu'on y respire. Le même teint domine parmi les habitans de la Nouvelle-Angleterre et de l'intérieur de la Pensylvanie ; mais sur toutes les côtes qui s'étendent depuis New-York jusqu'à la Floride, la pâleur des visages rappelle celle qui distingue les créoles des Antilles. Les fièvres malignes règnent sur presque toute cette côte pendant les mois de septembre et d'octobre. Les contrées situées à l'ouest des montagnes sont en général plus tempérées et plus salubres : le vent de sud-ouest y amène la pluie, tandis qu'à l'orient c'est le vent du nord-est. Sur la côte de l'océan Atlantique, les mêmes parallèles sont soumis à un climat plus froid en Amérique qu'en Europe. Le confluent même de la Delaware est pris de glace pendant six semaines. Les glaces flottantes du pôle, qui arrivent jusque sur le grand banc de Terre-Neuve, sont sans

---

(1) *Volney* : Tableau du climat et du sol des États-Unis, t. I, p. 173 et suivantes.

doute les principaux conducteurs du froid dont l'action à l'ouest est rompue par la chaîne des Alleghanys. Le vent du nord-est, qui couvre toute la côte atlantique d'épaisses brumes ou de nuages pluvieux, n'apporte qu'un air frais et sec sur les bords de l'Ohio. Dans tous les États-Unis, les pluies sont subites et abondantes; la rosée y est également excessive. Un autre point météorologique sur lequel l'atmosphère de cette partie du globe diffère de celle de l'Europe, c'est la quantité de fluide électrique dont elle est imprégnée : les orages en fournissent des preuves effrayantes, par la prodigieuse vivacité des éclairs et la violence des coups de tonnerre.

« Un climat aussi capricieux a dû être favorable à l'introduction de la maladie pestilentielle appelée la *fièvre jaune*, qui a si fréquemment renouvelé ses ravages dans les ports anglo-américains du midi et du centre. C'est la même maladie que le *vomissement noir* des Espagnols, et le *matlazahualt* des Mexicains; elle paraît endémique dans les terrains bas et marécageux de la zone torride de l'Amérique.

« Les États-Unis, depuis les bords de l'océan Atlantique jusqu'aux prairies où roule le Wabash, n'offrent qu'une immense forêt, interrompue, il est vrai, par les vastes plaines nues et ouvertes que la nature ou les incendies ont formées dans le Kentoukey, dans le Tennessée et sur les bords des grands lacs du Nord. Les espaces conquis par la culture, quoique de jour en jour plus considérables aux environs des grandes villes et le long des rivières, ne forment pas encore la vingtième partie de la totalité du territoire.

« On peut diviser la végétation de l'Amérique-Unie en *cinq régions*, savoir : 1° la *région du nord-est*, marquée par l'embouchure du Connecticut et par le cours du Mohawk, affluent de l'Hudson; les pins, les sapins et les autres arbres toujours verts du Canada y dominent; ce n'est en effet qu'une partie du *littoral* du Canada.

« 2° La *région des Alleghanys*, où le chêne rouge et noir, le hêtre, le peuplier-baumier, le bouleau noir et rouge ombragent souvent les plantes et les arbustes du Canada, du moins jusque dans la Caroline du nord (1). Les vallées entre les chaînes de montagnes sont renommées pour leur fertilité en plantes céréales.

« 3° La *région des collines orientales*, comprenant les terres d'alluvion supérieures, depuis les montagnes jusqu'aux dernières chutes des rivières; c'est là que croissent les érables rouges, les frênes rouges et noirs, les noyers, les sycomores, les acacias et les châtaigniers. Au midi, les magnoliers, les lauriers, les orangers se mêlent à ces forêts. L'indigo, le coton et le tabac y viennent et prospèrent jusqu'au Susquehannah; plus au nord, les pâturages y dominent.

« 4° La *région des pinières maritimes*. Elle longe l'océan Atlantique, et s'étend en largeur depuis la mer jusqu'aux premières collines; le pin à longues feuilles, le pin jaune et le cèdre rouge occupent les lieux secs, et le cyprès à feuilles d'acacia les bas-fonds jusqu'au Roanoke, ou même jusqu'au Chesapeak; plus au nord, ce sont les pins blancs, les sapins noirs et ceux du Canada, ainsi que le thuya occidental (2). Les rizières commencent où la marée devient douce, et se terminent où elle cesse de se faire sentir (3).

« 5° La *région de l'ouest*, qui sera sans doute subdivisée en plusieurs, mais dans laquelle, généralement parlant, les arbres forestiers sont le chêne blanc, les noyers noirs et écailleux, le noyer hicory, le cerisier, le févier, le tulipier, le frêne blanc et bleu, le micoconlier, l'érable à sucre, l'orme blanc, le tilleul et le platane occidental,

---

(1) *Michaux* : Voyage à l'ouest des Alleghanys, p. 277.
(2) *Idem*, Histoire des arbres forestiers de l'Amérique septentrionale.
(3) *Drayton* : South-Carolina, p. 23.

qui tous y parviennent à de plus fortes dimensions que sur les côtes de l'Atlantique.

« Mais ces régions doivent se confondre continuellement par l'effet des niveaux variés du terrain. Considérons donc l'ensemble du règne végétal des États-Unis. Les espèces d'arbres les plus répandues sont le chêne à feuilles de saule (1) qui croît dans les marais; le chêne marronnier (2), qui, dans les États méridionaux, s'élève à une grandeur énorme, et qu'on estime presque autant pour ses glands farineux que pour son bois; le chêne blanc, le rouge et le noir. Les deux espèces de noyer, le blanc et le noir ou *hicory*, précieux par l'huile de ses noix; le châtaignier et l'orme d'Europe abondent presque autant que les chênes dans toute l'Amérique-Unie. Le tulipier et le sassafras, plus sensibles au froid que les premiers, rampent en forme d'arbrisseaux rabougris, sur les confins du Canada, se montrent comme arbres dans les États du centre; mais c'est sur les brûlans rivages de l'Altamaha qu'ils prennent tout l'accroissement, se parent de toute la beauté dont leur espèce est susceptible. L'érable à sucre (3), au contraire, ne se rencontre, dans les provinces du midi, que sur les coteaux septentrionaux des montagnes, tandis qu'il est fort multiplié dans les provinces de la Nouvelle-Angleterre, où le climat, plus âpre, le fait parvenir à sa grandeur naturelle. Le liquidambar qui donne la gomme odorante, le bois de fer (4), le micocoulier, l'orme d'Amérique, le peuplier noir et le *taccamahaca* se trouvent partout où le sol leur convient, sans montrer une grande préférence pour un climat plutôt que pour un autre. Les terrains sablonneux et légers sont peuplés de la précieuse famille des pins, dont les principales espèces sont le sapin de Pensylvanie,

---

(1) *Quercus phellos*. — (2) *Quercus prinos*. — (3) *Acer saccharinum*. (4) *Carpinus ostrya*.

le sapin commun et le beau sapin-hemlok; le pin noir, le blanc et celui de Weymouth, le mélèze; on pourrait aussi mettre dans cette famille l'arbre de vie, le genévrier de Virginie et le cèdre rouge d'Amérique. Parmi les arbrisseaux et les arbustes qui se multiplient sur tous les points des États-Unis, nous distinguerons l'arbre à frange (1), l'érable rouge, le sumac, le chêne vénéneux (2), le mûrier rouge, le pommier épineux, le lilas de Pensylvanie, le prunier-persimon, le faux acacia et l'acacia à triple épine (3).

« Les États-Unis n'offrent pas, généralement parlant, les belles pelouses de l'Europe; mais parmi les herbes grossières qui en couvrent le sol, la curiosité des jardiniers a fait connaître le *collinsonia*, qui sert de remède aux Indiens pour la morsure du serpent à sonnettes; plusieurs jolies espèces de *phlox*, le martagon doré, l'*œnothera* biennal, ainsi que diverses espèces d'aster, de *monarda* et de *rudbeckia*.

« C'est dans la Virginie et dans les États du sud et du sud-ouest que la flore américaine étale ses principales merveilles et l'éternelle verdure des savanes : l'imposante magnificence des forêts primitives, et la sauvage exubérance des marécages captivent tous les sens par les charmes de la forme, de la couleur et du parfum. Si on longe les rivages de la Caroline, de la Géorgie et de la Floride, des bosquets continuels semblent flotter dans l'eau. A côté des pinières on aperçoit le palétuvier, le seul arbuste qui peut fleurir dans les eaux salées; le magnifique *lobelia cardinalis* et l'odorant *pancratium* de la Caroline, dont les fleurs ont le blanc de la neige. Les terrains où la marée atteint se font distinguer du terrain sec par les tiges mouvantes et pressées de la canne (4), par le feuillage léger du *nyssa aquatica*,

---

(1) *Chionanthus.* — (2) *Rhus radicans.* — (3) *Gleditsia triacantha.*
(4) *Arundo gigantea.*

par le taccamahaca, l'arbre à frange et le cèdre blanc (1); ce dernier est peut-être, de tous les arbres d'Amérique, celui qui offre l'aspect le plus singulier; le tronc, en sortant de la terre, se compose de quatre ou cinq énormes arcs-boutans qui, en se réunissant à peu près à la hauteur de sept pieds, forment une espèce de voûte d'où jaillit une colonne droite de 18 à 20 pieds sans aucune branche, mais qui se termine en un chapiteau plat de la forme d'un parasol garni de feuilles agréablement découpées et du vert le plus tendre. La grue et l'aigle fixent leur nid sur cette plate-forme aérienne, et les perroquets qu'on voit sans cesse voltiger dans le voisinage y sont attirés par les semences huileuses renfermées dans de petits cônes suspendus aux branches. Dans les labyrinthes naturels que présentent ces forêts marécageuses, le voyageur découvre quelquefois de petits lacs, de petites clairières qui formeraient les retraites les plus délicieuses, si l'air malsain, en automne, permettait d'y habiter. On y avance sous une voûte de smilax et de vignes sauvages, parmi des faréoles et des lianes rampantes qui enlacent vos pieds d'un filet de fleurs; mais le sol tremble, les insectes incommodes voltigent autour de vous; l'énorme chauve-souris, de l'espèce du vespertilion, étend ses ailes hideuses, le serpent à sonnettes agite les anneaux de sa peau retentissante; le loup, le carcajou, le chat-tigre remplissent l'air de leurs cris discordans et sauvages.

« On appelle *savanes* les grandes prairies de l'ouest qui déroulent à perte de vue un océan de verdure qui semble monter vers les cieux, et qui ne sont peuplées que d'immenses troupeaux de bisons : on donne aussi ce nom aux plaines qui bordent les rivières, et qui sont généralement inondées pendant tout le cours de la saison pluvieuse. Les

(1) *Cupressus disticha.*

arbres qui y croissent appartiennent à l'espèce aquatique : ce sont l'arbre au carton (1), l'olivier d'Amérique et le gordonia argenté à fleurs odorantes; on les voit, isolés ou réunis en groupes, former de petits bois percés à jour, tandis que, sur la plus grande partie de la savane, on aperçoit un herbage long et succulent, entremêlé de plantes et d'arbrisseaux. Le myrica cirier (2) se distingue ici parmi plusieurs espèces d'azalia, de kalmia, d'andromeda et de rhododendron, ici épars, là en touffes, entrelacés tantôt par la grenadille pourprée, tantôt par la capricieuse *clitoria*, qui en parent les voûtes de festons riches et variés. Les bords des étangs, ainsi que les endroits bas et bourbeux, sont ornés des fleurs azurées et brillantes de l'ixia, des fleurs dorées de la *canna lutea*, et des touffes roses de l'*hydrangia*; tandis qu'une infinité de riantes espèces de phlox, avec la timide sensitive, l'irritable dionée, l'*amaryllis-atamasco* couleur de feu, dans les savanes où la marée atteint les rangs impénétrables du palmier royal (3), forment aux bois une ceinture variée, et marquent les limites douteuses où la savane s'élève vers les forêts.

« Les plateaux calcaires qui forment la presque totalité des contrées à l'ouest des Alleghanys, présentent quelques parties entièrement dénuées d'arbres, et nommées *barrens*; mais on n'a pas encore examiné avec les soins et les connaissances nécessaires si cette circonstance provient de la nature du sol, ou d'une destruction opérée par les hommes. Ceux d'entre ces plateaux calcaires qui, élevés de 3 à 400 pieds, bordent les lits des fleuves profondément encaissés, se revêtent des plus riantes forêts de l'univers. L'Ohio coule à l'ombre des platanes et des tulipiers, comme un canal qui aurait été creusé dans un vaste parc de plaisance; quelquefois, s'enlaçant d'un arbre à l'autre, les lianes

---

(1) *Magnolia glauca*. — (2) *Myrica cerifera*. — (3) *Yucca gloriosa*.

forment, au-dessus d'un bras de rivière, des arches de fleurs et de verdure. En descendant au sud, les orangers sauvages se mêlent avec le laurier odorant et le laurier commun. La colonne droite et argentée du figuier papayer qui s'élève à 20 pieds, et que couronne un dais de feuilles larges et découpées, ne forme pas une des moindres beautés de ce pays enchanteur. Au-dessus de tous ces végétaux domine le grand magnolia; il s'élance de ce sol calcaire à la hauteur de 100 pieds et au-delà; son tronc, parfaitement droit, est surmonté d'une tête épaisse et volumineuse, dont le feuillage, d'un vert obscur, affecte une figure conique; au centre des couronnes de fleurs qui terminent les branches, s'épanouit une fleur du blanc le plus pur, qu'à sa forme on prendrait pour une grande rose, et à laquelle succède une espèce de cône cramoisi qui, en s'ouvrant, laisse voir suspendues à des fils déliés et longs de six pouces au moins, des semences arrondies en grains du plus beau corail rouge : ainsi, par ses fleurs, par son fruit et par sa grandeur, le magnolia surpasse tous ses rivaux.

« A ce tableau de la végétation sauvage se mêle aujourd'hui le charme d'une agriculture déjà très-avancée. L'exemple des Washington et des Jefferson enorgueillit les cultivateurs, qui sont libres, heureux et maîtres du pays; car cette classe comprend incontestablement les trois quarts de la population. Les richesses que le commerce apporte leur fournissent les moyens de faire toutes les améliorations possibles, et d'élever ainsi l'agriculture à un état de plus en plus florissant. L'exportation des grains et de la fleur de farine augmente chaque année. Parmi les productions des champs, les plus importantes sont les pommes de terre et le maïs, originaires du pays, l'épeautre ou *spelt* d'Allemagne, le froment, le seigle, l'orge, le blé-sarrasin, l'avoine, les fèves, les pois, le chanvre et le lin. Le riz des Carolines est célèbre, et le tabac, dont la culture s'est ralentie dans les derniers temps, a fait la réputation de la Virginie. La culture des navets et d'autres végétaux communs dans les fermes de l'Europe paraît encore négligée; mais il y a autour des villes surtout de belles prairies artificielles où l'on cultive la luzerne, la quinte-feuille, la pimprenelle, le trèfle rouge, le blanc et le jaune. Les vergers sont très-soignés, et le cidre qu'ils fournissent est la boisson ordinaire dans les États du nord et du centre. On y récolte aussi beaucoup de houblon. La Virginie produit notamment des pavies, d'excellens abricots et des pêches dont on tire une eau-de-vie fameuse. On distingue parmi les pommes de terre une espèce particulière appelée *ground-nut*, et parmi les fruits d'arbre, la pomme de Newtown, qui abonde auprès de New-York.

« Ce contraste de la nature sauvage qui disparaît, et de la culture qui étend son domaine, a été admirablement décrit par M. de Chateaubriand : « Là régnait le mélange
« le plus touchant de la vie sociale et de la vie de la na-
« ture : au coin d'une cyprière de l'antique désert, on dé-
« couvrait une culture naissante; les épis roulaient à flots
« d'or sur le tronc du chêne abattu, et la gerbe d'un été
« remplaçait l'arbre de dix siècles; partout on voyait les
« forêts livrées aux flammes pousser de grosses fumées dans
« les airs, et la charrue se promener lentement entre les
« débris de leurs racines; des arpenteurs, avec de longues
« chaînes, allaient mesurant le désert, et des arbitres éta-
« blissaient les premières propriétés; l'oiseau cédait son
« nid, le repaire de la bête féroce se changeait en une ca-
« bane; on entendait gronder des forges, et les coups de la
« cognée faisaient pour la dernière fois mugir des échos qui
« allaient eux-mêmes expirer avec les arbres qui leur ser-
« vaient d'asile. »

« Il erre cependant encore de nombreuses tribus d'animaux dans les inépuisables forêts de ce continent.

Le bison ou bœuf d'Amérique, quoiqu'il ait une éminence ou bosse sur le dos, forme une espèce bien distincte des zébus de l'Inde et de l'Afrique, et des aurochs un peu bossus du nord de l'Europe. Les bœufs d'Amérique ont toujours le cou, les épaules et le dessous du corps chargés d'une laine épaisse; une longue barbe leur pend sous le menton, et leur queue ne va pas jusqu'aux jarrets; ils diffèrent aussi beaucoup des petits bœufs musqués du nord de ces contrées, qui, par la forme singulière de leurs cornes, se rapprochent des buffles du cap de Bonne-Espérance, et dont M. de Blainville a fait son genre *ovibos*. Cet animal se plaît dans les montagnes nues, où il vit par troupes de 20 à 30. L'élan d'Amérique, l'orignal ou le *moose-deer*, répandu depuis les monts Rocheux et le golfe de Californie jusqu'au golfe Saint-Laurent, est devenu rare dans le territoire des États-Unis : on prétend qu'il y en a eu de noirs, ayant 12 pieds de haut, tandis que l'espèce grise surpasse rarement la taille d'un cheval; les uns et les autres ont des cornes palmées qui pèsent de 30 à 40 livres. Le cerf d'Amérique est plus grand que celui d'Europe; on en voit de nombreux troupeaux paissant dans les savanes du Missouri et du Mississipi, où se plaît aussi l'espèce connue sous le nom de daim de Virginie. Il y a encore dans les États-Unis deux espèces d'ours noirs, dont l'une, surnommée l'ours maraudeur, ainsi que le loup, parcourt toutes les provinces. Mais l'animal carnivore qu'on craint le plus dans les parties septentrionales est le *catamount*, ou chat des montagnes (*felis montana*); le lynx, l'once, le matgay sont moins redoutables et donnent des fourrures dont aucune cependant n'égale celle du castor. Le chat musqué (1) imite en quelque sorte cet animal singulier, en construisant sa hutte dans des ruisseaux peu profonds. On remarque encore

---

(1) *Ondatra* ou *mus zibethicus*.

parmi les animaux de ces contrées le renard gris et celui de Virginie, le chat de New-York, le coase, l'urson (1) espèce de porc-épic; le manicou (2), et six variétés d'écureuils, savoir : l'écureuil strié d'Amérique, celui de la Caroline, le noir qui ravage les plantations, le cendré qui fournit une fourrure estimée, et les deux espèces de la baie d'Hudson, dont l'une est un écureuil volant qui se rapproche du polatouche. Le lièvre d'Amérique paraît différer de celui de nos contrées : il forme deux espèces, l'une appelée *lepus virginianus* par le docteur Harlan, et l'autre *lepus hudsonius* par Pallas. Il y a de même dans la classe des oiseaux plusieurs espèces qui portent des noms européens, quoique le naturaliste découvre des différences essentielles entre eux et les oiseaux de l'ancien continent; plusieurs aigles, vautours et chats-huans y occupent le premier rang.

« Il y a peu à dire sur les mines des États-Unis. Ce peuple agriculteur dédaigne encore les trésors métalliques que peut-être son sol renferme. Le fer et le charbon sont pourtant recherchés. Les fonderies du district du Maine n'emploient que du minerai limoneux; on y trouve aussi des acres qui donnent de la couperose ou du vitriol et du soufre. Les mines de *Franconia*, dans le New-Hampshire, contiennent du fer oxidulé qui se trouve, comme celui de Suède, dans le gneiss, alternant avec le granite et le *greenstone* primitif (3). Le minerai de fer abonde dans le Massachusets, où l'on exploite également des mines de cuivre, de plombagine et d'ardoise alumineuse : une carrière de pierre à chaux y fournit de l'asbeste. Rhode-Island a des mines de fer et de cuivre; une mine de plomb, sur les bords du Connecticut, reste négligée comme trop coû-

---

(1) *Histrix dorsata.* — (2) *Didelphis Virginianus.* — (3) Gibbs, dans l'*American Mineralogical Journal*, t. I, art. II.

teuse. Les montagnes, entre l'Hudson et le Connecticut, renferment du fer et un peu d'étain [1]. Philipsbourg, dans le New-York, possède une mine d'argent. Dans le New-Jersey, on a long-temps exploité une mine de cuivre où l'on soupçonnait de l'or. On vient de découvrir dans cette province, à Hoboken, de la magnésie native très-pure et assez fortement cristallisée [2]. Dans la Virginie, auprès des chutes du Rapahanor, il a été trouvé un bloc de minerai d'or, apporté sans doute par cette rivière ; il y a aussi dans cette province des mines qui donnent 5o à 80 livres de métal sur 100 de minerai, ainsi que des mines de cuivre et de plombagine, mais surtout d'abondantes mines de charbon de terre. On trouve également ce précieux combustible sur les bords de la rivière James, vers le Mississipi et l'Ohio ; celui de Pittsbourg est d'une qualité supérieure. Outre l'abondance de charbon, la Virginie offre des améthystes et des émeraudes ou cristaux de couleur violette et verts. La Caroline méridionale, riche déjà en pierres de taille, en quarz qu'on a pris pour du diamant, et en fer, a présenté des indices d'argent. Quoique l'Amérique-Unie n'ait offert aucune trace de l'activité des volcans, on a découvert un immense dépôt de soufre natif dans l'intérieur de l'État de New-York, vers les cascades de Clifton.

« Nous terminerons cette esquisse physique de la partie orientale du territoire des États-Unis, en indiquant à nos lecteurs les tableaux placés à la fin de la description de cette contrée, qui renferment plusieurs résultats généraux qu'on n'a pas cru devoir séparer. »

[1] *Akerly* : Account of Duchess-County. Améric. Mineral. Journal.
[2] *Bruce* : Amer. Mineral. Journal, I, art. VII.

LIVRE CENT SOIXANTE-DIX-HUITIÈME.

Suite de la Description de l'Amérique. — États-Unis, partie orientale. — Description topographique et politique.

« Nous avons appris à connaître le territoire des États-Unis, à l'est du Mississipi, sous les rapports généraux et constans de la géographie physique. Il faut maintenant descendre à ces détails de description locale que chaque jour voit changer, même dans les pays anciennement civilisés. Ici, c'est tout-à-fait un tableau mouvant, une scène d'action perpétuelle, sans aucun moment de repos; des villes et des républiques entières y naissent plus rapidement qu'on n'élève un édifice en Europe. Ces variations journalières doivent nous faire de la brièveté une loi rigoureuse.

« La *Nouvelle-Angleterre* comprenait les territoires qui appartiennent aujourd'hui aux États de *Massachusets* au centre, de *Connecticut* et de *Rhode-Island* au sud, de *Vermont* et *New-Hampshire*, au nord, et au district de *Maine* dépendant de Massachusets. Tout ce pays est hérissé de collines granitiques et couvert de forêts; mais l'industrie a su tirer un tel parti de quelques vallées fertiles, que cette portion des États-Unis est encore aujourd'hui la mieux peuplée, toute proportion gardée. C'est le premier foyer de l'esprit commercial et maritime; c'est le siége de la civilisation la plus généralement répandue: instruit et laborieux, le peuple y sait apprécier et défendre ses droits politiques; mais on l'accuse de pousser très-loin cette défiance et cette humeur litigieuse qui sont comme inséparables du sentiment de l'indépendance. Le sombre presbytérianisme y avait introduit une bigoterie intolérante; mais adouci par les lumières de la philosophie, il n'y montre plus son influence que dans l'austérité des mœurs et dans le respect pour le culte, marques caractéristiques des habitans de la Nouvelle-Angleterre (1). La nature accorde à ce peuple une constitution très-saine, très-robuste; le sexe y possède au plus haut degré ce teint de roses et cet air de candeur virginale qu'on vante chez les Anglo-Américaines. Élevées avec plus de soin que dans les États méridionaux, elles ont la conversation agréable et spirituelle; elles n'en sont pas moins d'excellentes ménagères; elles dirigent avec succès la fabrication domestique des toiles et des étoffes. La sévérité avec laquelle on célèbre les dimanches n'empêche pas que dans les autres jours la jeunesse ne se livre avec ardeur à des bals et à des parties de traîneau; mais les jeux de hasard et les courses à cheval n'y jouissent d'aucune faveur (2).

« L'ancien district du *Maine*, le plus septentrional de tous, se peuple continuellement, et forme depuis 1819 un État indépendant divisé en 10 comtés. La population qui, en 1759, n'était que de 13,000 habitans, et en 1790 de 90,000, s'était, dans les 20 années suivantes, élevée à 228,000; aujourd'hui elle est de plus de 400,000. Le pays produit du blé, des grains, du chanvre; mais il exporte surtout du bois de construction et du poisson sec. »

Cet État est borné au nord et au nord-ouest par le Bas-Canada, à l'est par le Nouveau-Brunswick, au sud et au sud-est par l'Atlantique. Les principaux cours d'eau qui l'arrosent sont: le *Saint-Jean*, le *Penobscot*, la *Sainte-Croix*, le *Kennebeck*, l'*Androscoggin* et le *Saco*, qui tous ont leur embouchure dans l'Océan sur le territoire de cet État, à l'exception du premier qui va traverser le Nou-

(1) *Payne*'s Geography, t. IV, p. 221 et suiv. — (2) Voyez les *tableaux des États-Unis*.

veau-Brunswick. C'est un pays élevé vers le nord et l'ouest qui offre au centre une chaîne de montagnes, des plaines ondulées, et un grand nombre de lacs dont le plus grand appelé *Moose-Head*, a 11 lieues de longueur et 7 de largeur. Le sol, quoique sablonneux, y est généralement fertile; les forêts y sont composées de chênes, de pins, d'érables, de hêtres et de bouleaux.

Portland, capitale de cet État, est une jolie ville de 12 à 13,000 âmes, située entre le Saco et le Penobscot sur le bord de l'Océan. Ses maisons et ses édifices sont bâtis en briques; on distingue parmi ces derniers le palais de justice, l'hôtel-de-ville et la maison de charité. On y remarque un observatoire d'où la vue s'étend au loin sur les innombrables îles qui bordent la côte. Son port, éclairé la nuit par un phare situé à 85 pieds de hauteur, est un des plus beaux et des meilleurs de l'Amérique; il est défendu par différens ouvrages de fortification.

Parmi les autres cités de l'État du Maine se trouvent *Eastport*, ville maritime bâtie sur l'île de Moose, qui communique au continent par un beau pont construit en 1820; *Hallowel*, port où l'on construit des navires; *Bath*, l'une des villes les plus commerçantes du Maine; *Brunswick*, qui possède un collége, un cabinet d'histoire naturelle et l'une des plus belles galeries de tableaux des États-Unis, établissemens entretenus à l'aide d'une dotation de James Bowdoin; *Waterville*, où l'on remarque aussi un beau collége; *Gordiner*, qui possède un lycée; *Bangor*, qui entretient une école de théologie, et *Thomaston*, qui renferme la prison de l'État. Toutes ces villes, ainsi que *Castine*, *York*, *Berwick* et *Belfast*, ont 3 ou 4000 habitans.

« Les Indiens Penobscot vivent aujourd'hui d'une manière très-paisible; ils professent la religion catholique; leurs *sachems* veillent à la sainteté des mariages, et leur population s'augmente au moment où tant d'autres tribus s'éteignent.

« Dans l'État de *New-Hampshire*, les productions sont les mêmes que dans celui du Maine. La population est de 269,000 âmes. »

Cet État, situé à l'est du précédent, est un pays plat, parsemé de quelques collines, mais borné au nord par les ramifications des monts Alleghanys. On y voit aussi un grand nombre de lacs. Ses principaux cours d'eau sont le *Connecticut* et le *Merrimack*. Rempli d'établissemens industriels, on y compte plus de 50 manufactures de tissus de laine, de coton et de lin.

« Quoique maîtres seulement de 6 lieues de côte, les habitans sont fameux par la construction des navires. »

Dover, fondée en 1623, est la ville la plus ancienne et la plus industrieuse ; elle est située sur le Cocheto, qui y forme une cascade de 40 pieds de hauteur ; ses 6000 habitans font un commerce considérable de bois de charpente. *Concord*, qui n'a que 3 à 4000 âmes, est la capitale. Un lieu beaucoup plus important est *Portsmouth*, le principal port de cet État. C'est une ville industrieuse, de 8000 habitans, où l'on trouve un athénée et cinq banques de commerce. On y voit aussi une assez belle église épiscopale, un arsenal maritime et des chantiers de construction.

« C'est dans ce port qu'on a construit *l'America*, vaisseau de 74 canons, qui fut lancé au mois de novembre 1782, et dont le congrès fit présent au roi Louis XVI. On y a également construit *le Croissant*, frégate de 32 canons, que le dey d'Alger, en 1797, a exigé des États-Unis. »

Exeter, ville de 3000 âmes, est remarquable par son collége, l'un des plus beaux établissemens que les États-Unis possèdent en ce genre. La construction des navires y est beaucoup moins active qu'autrefois. La jolie petite cité d'*Hanover* est célèbre par le collége qui porte le nom de *Dartmouth*. *Gilmanton*, au milieu d'un district riche en mines de fer, possède une maison de justice et plusieurs usines.

« Le *Vermont* abonde en pâturages; ses bœufs et ses chevaux sont renommés. Les montagnes se couvrent de pins, de hêtres et de chênes; les collines s'ornent d'érables à sucre; dans les vallées prospèrent les arbres fruitiers. L'élan habite le nord de cet État, et les serpens à sonnettes vivent dans le midi; mais ils y sont peu redoutables (1). Le pigeon-voyageur et l'abeille sont indigènes. Dans la superbe plaine d'*Oxbow*, on voit une source qui change de place d'année en année, et dont les eaux exhalent une odeur de soufre. Le nom de cet État est l'altération du mot français *Vert-Mont*, que les habitans ont adopté par l'effet de leur penchant pour les Français du Canada, et qui est la traduction de l'appellation anglaise *Green-Mountain* (2). » Les habitans, au nombre de 280,000, font un grand commerce avec le Canada. Cette population guerrière n'a pas démenti, dans la guerre contre les Anglais, en 1814, la réputation de bravoure qu'elle s'était acquise dans celle de l'indépendance.

Montpellier, ville de 2,500 âmes, sur la rive droite de l'Onion, est le chef-lieu de cet État. Les autres principales villes sont *Middlebury*, où l'*Otter-River* forme plusieurs chutes que l'on utilise pour des manufactures; *Bennington*, où l'on voit plusieurs forges et plusieurs papeteries; et *Burlington*, qui renferme une académie et une université.

« Entrons dans le *Massachusets*, un des États du second rang dans l'Union, puisqu'il compte plus de 600,000 habitans. Les sapins, les châtaigniers, les bouleaux blancs, les érables à sucre couvrent une grande partie du sol, qui n'est que médiocrement fertile. Les arbres fruitiers de l'Europe septentrionale y prospèrent; le froment redoute les vapeurs salines de l'Océan, et ne vient bien que dans l'intérieur des

---

(1) *Williams*: Natural and Civil History of Vermont. *Walpole*, dans le New-Hampshire, 1794. — (2) *Volney*, t. I, p. 11, note.

terres (1). Le cap *Codd* doit son nom à l'immense quantité de morues qu'on y pêche. »

Suivant un voyageur récent, plus de 65,000 personnes sont employées à l'agriculture, 36,000 dans les diverses manufactures de coton, de laine, de toiles, de verrerie, de papier, de savon, dans les fonderies, etc., et 14,000 environ dans le commerce. Si l'on y ajoutait le nombre fort considérable de celles qui sont employées à la pêche, celui des individus qui occupent des emplois dans les divers offices du gouvernement, dans l'instruction publique, etc., celui des artisans, tels que les maçons, les charpentiers, les tailleurs, etc., etc., et qu'ensuite on retranchât du nombre total des habitans les enfans qui ne sont point encore en âge de travailler, les vieillards et les infirmes qui ne le peuvent plus, on verrait combien est petit dans cet État le nombre des oisifs. Aussi de cette activité industrielle résulte-t-il dans les familles une aisance qui frappe d'étonnement l'Européen qui visite pour la première fois cette contrée; et cependant elle n'est pas la plus industrieuse de la confédération américaine. Le dimanche, ajoute-t-il, il est impossible de distinguer à la mise, et l'on pourrait même dire aux manières, un artisan de ce que l'on appelle dans la société un *gentleman*. La multiplicité des écoles, et le droit qu'a tout homme de s'occuper des affaires publiques, répandent jusque chez les artisans une instruction et une rectitude de jugement qu'on chercherait vainement dans les classes moyennes de France (2).

Ce que nous venons de dire est surtout très-remarquable à *Boston*, capitale de cet État, et peuplée de plus de 60,000 âmes. Cette ville est située sur une presqu'île au fond de la

---

(1) *Payne's* Geography, t. IV, p. 219. — (2) *Lafayette en Amérique en 1824 et 1825*, ou Journal d'un voyage aux États-Unis, par A. Levasseur, secrétaire du général Lafayette pendant son voyage. T. I, p. 99.

baie qui en porte le nom, et qu'on appelle aussi baie de Massachusets. Aucune cité n'approche de celle-ci pour l'élégance et la propreté des rues. La plupart des maisons sont bâties en briques, mais peintes de diverses couleurs : on n'y a pas les yeux fatigués par l'uniformité d'un rouge éclatant (1).

Elle renferme plusieurs beaux édifices, tels que l'hôtel-de-ville, le palais de l'État, surmonté d'un dôme à la turque, la maison de justice, le théâtre, la douane, le nouveau marché, vaste bâtiment construit en granite, et la Bourse, qui renferme, dit-on, 202 salles. Le mail, ou la promenade publique, située au cœur de la ville, se compose de pelouses entourées et coupées par de larges allées d'arbres. La place Franklin est une des plus belles. Sept ponts, dont trois en bois, et d'une longueur extraordinaire, font communiquer la ville avec ses faubourgs. L'hôpital général est un grand et bel édifice, bien aéré, d'une belle tenue. Enfin, au nombre de ses monumens on doit citer la statue de Washington. Boston est l'une des villes de l'Union qui possède le plus d'établissemens littéraires et scientifiques : ce sont l'*Athénée*, le *Collége* et la *Société de médecine*, l'*Académie des sciences et des arts*, la *Société linnéenne* et la *Société historique du Massachusets*. En 1826, on y comptait 215 écoles. Boston est le siége d'un évêché catholique; cette ville communique par des canaux et des chemins de fer avec Worcester, Providence, Taunton et Lowel, et avec le fleuve Hudson et le Connecticut. Son port est sûr et assez spacieux pour contenir 500 vaisseaux à l'ancre. L'entrée a une lieue et demie ou deux lieues de largeur; mais, remplie d'îlots, elle peut à peine recevoir deux bâtimens de front. Les deux

---

(1) Le capitaine *Basil-Hall* : Voyage dans les États-Unis de l'Amérique du nord et dans le Haut et Bas-Canada. T. I, p. 249. — Paris, 1834.

principales de ces îles sont *Castel-Island* et *Governor's-Island;* deux forts mettent la ville en sûreté du côté de la mer.

« Boston s'honore d'avoir donné naissance au célèbre Franklin, et d'être le siége d'un grand nombre de sociétés savantes, littéraires, bienfaisantes ou pieuses. Les principales manufactures de cette ville sont des distilleries de rhum, des raffineries de sucre, des brasseries, des fabriques de papier de tenture, des corderies, des filatures de coton et de laine, des fabriques de toile et de bougies de spermaceti. Boston est, après New-York, la principale ville des États-Unis pour le commerce maritime ; elle couvre de ses navires toutes les mers du globe. »

Salem, à 5 lieues au nord-est de Boston, s'est enrichie par ses pêcheries et son commerce aux Antilles. Elle a 14,000 habitans. Cette ville est la seconde de l'État par son commerce et son opulence. Elle possède plusieurs sociétés savantes et l'un des plus riches musées d'histoire naturelle et de curiosités que l'on puisse voir.

Charlestown, à un quart de lieue de Boston, est une jolie ville de 8000 habitans, importante par son arsenal maritime et ses chantiers de construction, d'où sont sortis des vaisseaux de 100 à 130 canons. A *Cambridge*, un peu plus loin, on remarque une université connue sous le nom de collége de *Haward*, son fondateur : il renferme de belles collections et une bibliothèque de 30,000 volumes. C'est dans cette petite ville que fut établie la première imprimerie des États-Unis. *Marblehead*, qui a plus de 5000 habitans; *Gloucester*, dont le port, ouvert aux plus grands navires, fait un commerce considérable; *Barnstable*, importante par ses immenses salines, et dont le port s'obstrue par une barre de sable; *Beverly*, *New-Bedford* et *Dighton*, près de laquelle on voit une inscription hiéroglyphique qu'on n'a point encore expliquée, sont des villes industrieuses et riches qui rivalisent entre elles pour la pêche et le commerce. *Lowel*, nouvelle ville qui compte déjà 6 à 700 habitans, est la plus industrieuse de la Nouvelle-Angleterre. Elle est située sur le Merrimack. « Quelques années auparavant, dit un voyageur (1), le lieu qui s'offrait à nos regards, maintenant couvert de moulins à coton, de villages rians, de canaux, de routes et de ponts, n'était qu'un désert, sinon solitaire, du moins habité par quelques sauvages tatoués. » On fabrique à Lowel des étoffes communes qui servent à la consommation intérieure. Dès six heures du matin, la cloche appelle les ouvriers au travail; une nuée de jeunes filles, dit le voyageur que nous venons de citer, remarquables par la propreté de leur tenue, se rendent dans les ateliers avec un air de satisfaction qui fait plaisir à voir. En Europe, ces ouvrières ne jouissent pas toujours d'une bonne réputation; ici, ce sont des modèles de sagesse et de bonne conduite. Il en résulte que pas une ne manque de mari (2).

Les îles, petites, mais très-peuplées, de *Martha's Vineyard* et de *Nantuckett*, dépendent aussi du Massachusets. La première a des fabriques de lainage et des salines; la seconde nourrit un grand nombre de moutons et de bêtes à cornes, et s'enrichit par la pêche de la baleine.

« Le Massachusets renferme encore *Newbury-Port*, avec 7000 habitans; *Plymouth*, avec un port spacieux; *Springfield*, importante par son arsenal et sa manufacture d'armes; *Andover*, célèbre par son école théologique, et *Taunton* par ses forges et ses manufactures de coton. La petite ville de *Lynn* a fabriqué, dans une année, un million de paires de souliers de dames, en cuirs indigènes, apprêtés et maroquin (3).

---

(1) *Basil-Hall* : Voyage aux États-Unis, etc.
(2) *Idem, ibid.*, t. I, p. 253. — (3) *Weekly Register*, journal publié à Baltimore par M. *Niles*, 1812, vol. I, p. 390.

« Le nouveau pont sur le Merrimack mérite d'être cité comme une des curiosités du Massachusets; il forme une seule arche de 244 pieds de longueur; il est suspendu sur 10 chaînes de fer, longues de 516 pieds, et qui passent par-dessus deux grands massifs de maçonnerie, surmontés d'un échafaudage en bois, le tout élevé de 72 pieds depuis les fondemens. Ce pont, qui ne semble appuyé sur rien, n'éprouve aucune secousse, même par le passage des charrettes les plus fortement chargées (1).

« La milice régulière de Massachusets forme une armée de 50,000 hommes d'infanterie, 2000 de cavalerie et 1500 d'artillerie, avec 60 pièces de campagne. Parmi les sectes religieuses, celle des *congrégationalistes* domine; elle adopte les dogmes de Calvin; mais d'après son régime ecclésiastique, chaque *congrégation de saints* forme une société indépendante, gouvernée par ses propres chefs, et non par les synodes, comme chez les presbytériens.

« La petite république de *Rhode-Island* ne comptait, en 1830, guère au-delà de 97,000 habitans. Cet État a été fondé par un ministre chassé comme hérétique par les *congrégationalistes* de Massachusets. La secte des *baptistes* a peuplé Rhode-Island. Cette secte adopte les dogmes de Calvin, mais son régime ecclésiastique est celui des indépendans. Les produits et les exportations consistent en grains, en bois de charpente, en chevaux, en bétail, en poissons, en fromages, en ognons, en cidre, en liqueurs spiritueuses et en toile soit de chanvre, soit de coton. Il y a encore des forges où l'on fabrique divers ustensiles de fer, et notamment des ancres; des fabriques de bougies, de blanc de baleine, des raffineries et des distilleries. »

La jolie ville de *Providence* a souvent 150 bâtimens marchands en mer; elle est située sur le continent. C'est l'un

---

(1) Journal de Londres, 3 septembre 1811.

des deux chefs-lieux de cet État. Elle est située au fond de la superbe baie de Narraganset. Cette ville est élégamment bâtie et renferme des manufactures et des établissemens d'instruction. Quoiqu'elle n'ait pas plus de 17,000 habitans, on y publie cinq journaux. On remarque dans ses environs le bourg de *Pawtucket*, renommé par la belle cascade, de 50 pieds de hauteur, qu'y forme la rivière de ce nom, et par les nombreuses fabriques de coton et les forges qu'il renferme. *Newport*, sur l'île de Rhode, en est le second chef-lieu : sa population est moitié moins considérable que celle de Providence. Le gouvernement fédéral y a dépensé près de 2 millions de dollars pour en faire l'un des points militaires les plus importans de l'Union. La ville maritime de *Bristol* est une des mieux situées de cet État pour le commerce. Nous pourrions encore citer 8 ou 10 villes qui ne le cèdent point à cette dernière : les plus importantes sont *Scitnate*, *Smithfield* et *Warwick*.

« L'île de Rhode ou Rhode-Island, qui donne son nom à tout l'État, a 5 lieues de longueur du nord au sud, et une lieue un tiers de largeur. Le sol, la salubrité du climat et la situation de cette île l'avaient fait considérer comme l'*Eden* de l'Amérique; mais la guerre de l'indépendance l'a appauvrie, et elle en ressent encore les effets. »

On y élève beaucoup de chevaux, de bêtes à cornes et de moutons, et dans la partie du sud-ouest on exploite de riches mines de houille. Les naturels la nommaient autrefois *Aquidnick*.

« Le plus peuplé des États de la Nouvelle-Angleterre, relativement à sa superficie, est celui de *Connecticut*; le nombre des habitans est de près de 300,000. Presque tous sont congrégationalistes. Très-rigides observateurs des devoirs que prescrit leur religion, ils ne permettent pas que les dimanches on joue à aucun jeu, ni d'aucun instrument chez soi, ni même que l'on monte à cheval ni en voiture dans l'intérieur des villes. Mais leurs écoles publiques et leur hospitalité méritent des éloges. Le *fonds des écoles* formait déjà en 1811 un capital net de 1,201,165 dollars (1). Le fermier, libre, instruit et heureux, s'habille de bons draps, fabriqués dans sa maison. Partout l'état de la culture et celui des routes annoncent une haute civilisation. »

Le corps législatif du Connecticut siége alternativement à *Hartford* et à *New-Haven*. On compte environ 10,000 habitans dans la première de ces villes. Sa position entre Boston et New-York, en la rendant un lieu de passage, contribue à sa prospérité. Hartford est situé sur la rive droite du Connecticut, à 16 lieues de l'embouchure de ce fleuve. Plusieurs élégans édifices ornent cette industrieuse cité; elle possède plus de 80 navires. Elle a une société de médecine, une banque, un institut de sourds-muets, un bon collége et un arsenal bien approvisionné. New-Haven est à l'embouchure du Quinnipiack. Elle est un peu plus peuplée que la précédente; ses rues sont droites, sablées et plantées d'arbres; elle possède un collége appelé *Yale college*, regardé comme l'une des principales universités des États-Unis; des écoles de médecine, de droit et de théologie y sont annexées; enfin cet établissement renferme une riche bibliothèque et un beau cabinet de minéralogie. Cette ville a été fondée par des Hollandais. *New-London* a le meilleur port du Connecticut, et sa population est de près de 5000 âmes. *Norwich*, assez bien bâtie, fait un commerce important. La petite ville de *Cornwall* est célèbre par son école des Missions étrangères, fondée dans le but d'instruire et de convertir à la religion chrétienne des indigènes de l'Amérique et de l'Océanie. *Bristol* est peu peuplée, mais importante par ses fabriques d'horlogerie: en 1830 elle ex-

(1) *Griswold*, gouverneur du Connecticut : Discours prononcé à l'ouverture de l'assemblée générale, à New-Haven, 10 octobre 1811.

porta plus de 30,000 montres. Enfin *Middletown*, ville de 7000 âmes, est connue pour ses fabriques et sa petite université fondée en 1830.

Tels sont les différens États qui occupent le territoire de la Nouvelle-Angleterre. Le mouvement industriel et intellectuel que l'on remarque dans toutes les parties de cette contrée est dû à un fait important qui a présidé à la fondation de ses premières colonies. L'un des jurisconsultes français qui sont allés étudier dans ces dernières années le système pénitentiaire aux États-Unis, s'exprime à ce sujet de la manière suivante :

« Les émigrans qui vinrent s'établir sur les rivages de la
« Nouvelle-Angleterre appartenaient tous aux classes aisées
« de la mère-patrie. Leur réunion sur le sol américain pré-
« senta dès l'origine le singulier phénomène d'une société
« où il ne se trouvait ni grands seigneurs ni peuple, et,
« pour ainsi dire, ni pauvres ni riches. Il y avait, propor-
« tion gardée, une plus grande masse de lumières répan-
« dues parmi ces hommes que dans le sein d'aucune nation
« européenne de nos jours. Tous, sans en excepter un seul,
« avaient reçu une éducation assez avancée, et plusieurs
« d'entre eux s'étaient fait connaître en Europe par leurs
« talens et leur science. Les autres colonies avaient été fon-
« dées par des aventuriers sans famille ; les émigrans de la
« Nouvelle-Angleterre apportaient avec eux d'admirables
« élémens d'ordre et de moralité ; ils se rendaient au désert
« accompagnés de leurs femmes et de leurs enfans. Mais ce
« qui les distinguait surtout de tous les autres, était le but
« même de leur entreprise. Ce n'était point la nécessité qui
« les forçait d'abandonner leur pays ; ils y laissaient une
« position sociale regrettable et des moyens de vivre assu-
« rés. Ils ne passaient point non plus dans le Nouveau-
« Monde, afin d'y améliorer leur situation ou d'y accroître
« leurs richesses ; ils s'arrachaient aux douceurs de la pa-

AMÉRIQUE : *États-Unis, partie orientale.* 223

trie, pour obéir à un besoin purement intellectuel ; en s'exposant aux misères inévitables de l'exil, ils voulaient faire triompher *une idée* (1). »

« A l'ouest du Connecticut et de Vermont, s'étend le grand État de *New-York*, c'est-à-dire Nouvelle-York, qu'arrose la belle rivière d'Hudson. Mais la plus grande masse du territoire se prolonge derrière la Pensylvanie jusques aux lacs Ontario et Erié. Le New-York, en s'approchant du sud, jouit d'un climat plus modéré que la Nouvelle-Angleterre ; mais c'est là que commence le domaine de la fièvre jaune. Il se trouve au nord des montagnes un terrain dont la superficie est de 40 ou 50 mille acres, que l'eau recouvre pendant l'hiver et au printemps, mais qui forme ensuite d'excellens pâturages. Quelques forêts de châtaigniers et de chênes garnissent les environs du lac Erié. Les montagnes et les collines de ce canton sont couvertes d'épaisses forêts qui fournissent de beaux bois de construction. Au-delà de l'Alleghany, le pays est uni, et le sol formé d'un riche terreau qui, dans son état naturel, produit des chênes et des sapins de différentes espèces, des pins résineux, des cèdres, des peupliers blancs, des tulipiers, des sumacs, et surtout des forêts d'érables, dont les habitans tirent une grande quantité de sucre et de mélasse. On recueille aussi beaucoup de fruits d'une excellente qualité. Enfin il y a beaucoup de fer et même une mine d'argent dans ce pays. Il s'y trouve aussi des eaux minérales, dont les plus célèbres sont celles de Saratoga.

« L'accroissement de la population surpasse toute idée. En 1731, cet État renfermait 50,291 habitans ; quarante ans plus tard, la population était plus que triplée, puisqu'elle s'élevait à 163,338 individus. Les vingt années qui ont suivi l'an 1771 ont plus que doublé la population,

(1) *Alexis de Tocqueville :* De la démocratie en Amérique, t. I, p. 23.

puisqu'en 1791 il comptait 340,000 habitans; mais l'accroissement a encore été plus rapide dans les vingt années suivantes. D'après le recensement de 1800, l'État posséda 586,000 habitans; celui de 1810 porte la population à 960,000 âmes; en 1820, on y a reconnu 1,373,000 individus, et enfin, en 1830, 1,913,500 (1). Les émigrations de la Nouvelle-Angleterre y ont contribué. Dans la partie maritime, il y a beaucoup d'habitans d'origine hollandaise. Il ne reste que peu d'Indiens. Les débris des cinq nations qui formaient autrefois la ligue iroquoise, habitent la partie occidentale de l'État de New-York. Les Onéidas, les Onondagas et les Senekas résident près des lacs dont ils portent le nom. Il ne reste plus dans le New-York qu'une seule famille de la puissante tribu des Mohawks. On porte le nombre des Indiens à 6300 (2). »

On se fera une idée de l'industrieuse activité qui règne dans cet État florissant, lorsqu'on saura que dans ces derniers temps on y comptait 170 usines et forges, 12 moulins à huile, 5195 à scie, 2264 à farine, 1222 à foulon, 1229 distilleries, 2105 fabriques de potasse, 189 manufactures de tissus de laine et 76 de coton. On pourra apprécier le degré de civilisation de ses habitans, en considérant que l'on y compte un étudiant sur quatre individus, que sur une population de 1,900,000 habitans, 9000 écoles étaient fréquentées par 560,000 enfans; que l'on y publie 160 journaux et ouvrages périodiques, et qu'il possède les grands colléges, 2 écoles de médecine et 36 académies.

Le gouvernement réside à *Albany*, ville de 24,000 âmes sur la rive occidentale de l'Hudson. Suivant un voyageur, elle n'offre point un aspect agréable. « Le terrain, dit-il, est « partout inégal; ses rues sont, il est vrai, larges et bien

---

(1) *Sterling Goodenow*: Topographical and statistical Manual of the State of New-York. 1811, New-York. — (2) *Payne*, p. 317.

alignées, mais l'architecture des maisons est de mauvais goût et rappelle beaucoup les vieilles villes de l'Allemagne. A l'exception du Capitole, il n'y a point de bâtimens qui aient l'aspect monumental ; celui-ci produit un assez bel effet par sa situation sur une éminence qui termine une fort belle rue appelée *State-street*. Ce monument, qui sert à la fois au sénat, à la chambre représentative, aux cours de justice, à la société des arts, à celle d'agriculture, etc., et qui renferme la bibliothèque, est construit en granite pris sur les bords de l'Hudson, et les colonnes, ainsi que tous les ornemens extérieurs, sont en beau marbre blanc tiré des carrières du Massachusets. La façade principale est d'ordre ionique ; la plupart des salles sont décorées et meublées avec un luxe que l'on admire d'abord, mais qu'ensuite on ne peut s'empêcher de blâmer quand on apprend qu'il a jeté l'administration municipale dans des dettes qui, nécessairement, retombent à la charge des administrés. » Comme place de commerce, Albany est une des villes les plus considérables de l'Union ; un canal ouvert en 1825 lui facilite avec le lac Érié des communications qui accroîtront encore l'activité de son commerce.

« Bien qu'Albany s'agrandisse rapidement, elle n'effacera pas de sitôt *New-York*, qui est certainement la ville la plus commerçante et la plus peuplée de toute l'Amérique. Cette grande ville, située dans l'île de *Manhattan*, renferme pourtant plusieurs rues étroites, malpropres et malsaines. Comme tous les ports des États-Unis, le port de New-York manque de quais, mais il est partout suffisamment profond. »

Si les anciens quartiers de New-York sont composés de rues étroites et tortueuses, les nouveaux ne renferment que des rues larges, droites et bien alignées. La plus belle et la plus commerçante, appelée *Broadway* (Rue-Large), la traverse sur une longueur de plus d'une lieue et sur u[ne] largeur de 80 pieds. L'élégance des maisons, la richess[e] et la variété des magasins, la largeur des trottoirs, la fou[le] toujours active qui l'anime, font de cette rue une des pro[-]menades les plus intéressantes; mais ce qui la dépare, c'e[st] le cimetière immense qui borde un de ses côtés et dont l[es] passans ne sont séparés que par une grille en fer (1).

Les édifices publics de cette grande cité l'emportent e[n] beauté sur la plupart de ceux des autres villes des États-Unis[:] l'*hôtel-de-ville* est le plus magnifique de tous; il est e[n] partie bâti en marbre, mais le couronnement de ce pala[is] est en bois peint. Si la *prison d'État* est vaste, la *maison* [de] *charité* la surpasse encore en étendue : la façade de so[n] principal corps-de-logis a 320 pieds de longueur. Le *Ne[w-]York-Exchange* est un autre bâtiment remarquable : c'e[st] là que sont établis les bureaux de la poste et le cerc[le] littéraire des commerçans. On compte à New-York 7[2] églises, dont 15 appartiennent aux épiscopaliens, 14 au[x] presbytériens, 10 aux réformés, 13 aux méthodistes[,] 10 aux anabaptistes, 2 à la confession d'Augsbourg et [8] aux catholiques qui y ont un évêque. Parmi les édific[es] destinés au culte, les plus vastes et les plus élégans son[t] le temple de la Trinité et le temple de Saint-Pau[l.] Le plus beau bâtiment est *Federal-hall*, où, le 30 avr[il] 1789, Washington et le congrès jurèrent de mainteni[r] la constitution générale de l'Union. Nous n'essaierons pa[s] d'énumérer les établissemens de bienfaisance et d'instruc[-]tion renfermés dans New-York; parmi les premiers s[e]

(1) Une loi récente interdit les inhumations dans ce cimetière, et con[-]damne les contrevenans à une amende de 100 dollars. Cette mesur[e] satisfait quelques familles riches, parce qu'elle s'oppose à ce qu'on [y] admette les cadavres de la classe inférieure, et qu'elle permet au peti[t] nombre de gens *comme il faut* de n'exécuter la loi qu'en imposan[t] l'amende à leurs héritiers, fiers de cette distinction.

font remarquer la *maison pénitentiaire*, *l'hospice des fous* et celui des *orphelins*; au nombre des seconds, le *séminaire théologique*, *l'institut des sourds-muets* et *l'école de médecine*. Le collège de Colombia renferme l'université, composée de la faculté des arts et de la faculté de médecine. Il y a aussi à New-York un musée d'histoire naturelle. On y trouve plusieurs sociétés savantes et littéraires. Nous ajouterons que New-York peut être regardée comme la ville de toute l'Amérique qui occupe le plus grand nombre de presses et comme le centre principal du commerce de librairie de l'Union. Elle présente du côté de la mer un coup d'œil magnifique. Son port, mal défendu par les fortifications, est assez profond pour offrir un abri sûr aux plus gros navires. Outre un nombre dix fois plus considérable de vaisseaux marchands qui lui appartiennent, environ 90 bateaux à vapeur, dont une soixantaine sont de New-York, font le service de cette ville dans presque toutes les directions.

« La population de New-York, y compris sa banlieue, ne s'élevait en 1810 qu'à 96,000 âmes, appartenant à différentes nations. En 1830, elle était de plus de 200,000. Depuis long-temps les habitans de cette cité se distinguent de ceux des autres villes des États-Unis, excepté Charlestown, par leur politesse, par leur gaieté et par leur hospitalité, de laquelle les réfugiés de Saint-Domingue ont reçu des preuves touchantes. Beaucoup de familles d'origine hollandaise ont conservé en partie les mœurs de leurs ancêtres. Le *cigare*, que les hommes ne quittent presque jamais, leur rend le même service que le verre d'eau rendait au philosophe grec; avant qu'ils ne l'aient ôté de la bouche avec toute la gravité batave, ils ont eu le temps de réfléchir à leur réponse. Le sexe, dans ces familles, mène une vie assez retirée, et se livre tout entier aux soins domestiques. Nous avons dit que New-York était, par son importance commerciale et par sa population, la première ville de l'Union. Elle a une banque particulière; il s'y trouve aussi une branche de la banque des États-Unis.

Les travaux de défense du port de New-York méritent quelque attention : le fort *Columbus*, le *Château de Guillaume* (*Castle Williams*), le fort *Lafayette* et le fort *Richmond*, en protégent l'entrée. C'est à *Brooklyn* qu'est situé l'arsenal maritime de New-York, dans lequel on a construit et armé plusieurs vaisseaux de ligne, ainsi que la fameuse frégate à vapeur *le Fulton*, batterie flottante de 3 pièces de canon du calibre de 32, mue par une force de 12 chevaux.

« Les riches habitans de New-York ont leurs maisons de campagne dans l'île Manhattan et dans *Long-Island* (*l'île Longue*), qui n'en est séparée que par un canal d'un quart de lieue de largeur. Cette île, de 40 lieues de long et de à 8 de large, est divisée en trois comtés, dont *Jamaica*, *Brooklyn* et *Sag-Harbour* sont les villes principales. *Rochester*, ville de 10 à 15,000 âmes, sur le Genessée, qui est barré par plusieurs chutes d'eau, dont une a 95 pieds de hauteur, doit son importance et son accroissement rapide à sa situation au bord du grand canal Érié, qui traverse cette rivière.

« Parmi 460 communes ou *towns* que renferme l'État, on remarque *Plattsburg* ou *Plattsbourg* sur le lac Champlain, moitié chemin entre Québec et New-York; *Saratoga*, connue par le désastre de l'armée de Burgoyne et par ses sources incrustantes. Les forts de *Crown-Point* et de *Ticonderoga* sur le lac Champlain, ceux d'*Oswego* et de *Niagara* sur le lac Ontario, ne sont pas d'une grande force. »

Troy, sur le bord de l'Hudson, renferme environ 800 habitans; mais par sa fabrique d'armes, ses toileries et son commerce, elle tient un rang considérable : c'est la quatrième ville de l'État par sa population, que l'on estime

12,000 âmes. *Hudson*, sur le fleuve de ce nom, se distingue par sa situation pittoresque et ses eaux salubres.

Buffalo, situé à l'endroit où le Niagara sort du lac Érié, est la seule ville de la partie occidentale de l'État de New-York qui possède un port ; *Newburgh* est intéressante par ses manufactures et son importante brasserie ; *Poughkeepsie*, commune de 7,000 habitans, possède des chantiers de construction et 3 imprimeries qui livrent chacune un journal par semaine.

« L'espèce de péninsule qui forme le *New-Jersey* commence au nord par des montagnes extrêmement riches en minerai de fer et de zinc ; plus bas, des collines agréablement variées étalent leurs vergers et leurs pâturages ; l'extrémité méridionale n'offre qu'une plaine couverte d'une immense forêt de pins, et dont le sol marécageux et sablonneux renferme en grande quantité de la mine de fer limoneuse. De nombreuses rivières y font mouvoir toutes sortes d'usines et de moulins. La cascade du *Passaïc* est pittoresque, la rivière tombe en une seule nappe de 70 pieds de haut (1). Cette province ne renferme aucune grande ville. *Trenton* en est la capitale. Sa population n'est que de 4000 âmes. Le port de *Newark*, situé vis-à-vis de la ville de New-York, est le seul endroit d'où l'on ait tenté des expéditions maritimes ; c'est aussi la seule ville dont la population dépasse 10 à 11,000 âmes. Elle est renommée pour ses fabriques de souliers, ses carrosses et son cidre, qui ressemble beaucoup au vin de Champagne. La baie de *Raritan* offre un excellent port. Parmi les habitans du New-Jersey, distingués par leur bravoure et leur constance dans la guerre de la liberté, quelques uns descendent des Hollandais, qui avaient compris le Jersey oriental avec le New-York sous le nom de *Novum Belgium* ; il y a aussi des

(1) *Carey's American Atlas*, p. 61.

descendans des Suédois qui, établis sur la Delaware, avaien[t]
essayé de fonder une *Nouvelle-Suède*. L'une et l'autre d[e]
ces faibles colonies ont été absorbées dans le grand nombre d'Anglais, principalement quakers, qui vinrent ic[i]
chercher la liberté religieuse. »

Les autres villes que l'on peut encore citer sont *Patter-
son*, près de la cascade du Passaïc; *New-Brunswick*, importante par son commerce, par son *collége* et par son *séminaire théologique*, et *Perth-Amboy*, remarquable par so[n]
port, l'un des plus importans de l'Union.

« La *Pensylvanie*, ou mieux *Pennsylvanie*, qui ne l[e]
cède à aucun des États-Unis pour la richesse du sol, pou[r]
l'abondance et la variété des productions, forme la transition entre la zone froide et la zone chaude de l'Amériqu[e]
septentrionale; il ne faut pas en conclure qu'elle jouit d'u[n]
climat tempéré; c'est l'humidité de l'Angleterre au printemps, et la sécheresse de l'Afrique en été; quelques jours
d'automne rappellent le doux ciel de l'Italie; mais les hivers
ramènent les frimas de la Sibérie. Il n'y a que des constitutions robustes qui résistent à ces changemens de température. Outre les grandes rivières de Delaware, de Susquehannah et d'Ohio, un nombre considérable d'eaux courantes
répandent partout la fertilité, alimentent des moulins et
des canaux d'irrigation, ou embellissent le pays par de romantiques cascades. Les *Ohio-Pyles*, ou la chute de la rivière *Youghiogeny*, est une des plus remarquables. Les
Montagnes-Bleues paraissent avoir porté dans cette province
le nom indigène de *Kittatinny* (1). La farine de froment, de
qualité excellente; du chanvre, des érables à sucre, de riches mines de charbon, sont les productions les plus importantes. La race pensylvanienne se distingue par son activité,
ses bonnes mœurs et son courage; plus éclairée que les ha-

(1) *Payne's* Geography, t. IV, p. 336.

bitans de New-York, plus tolérante que ceux de la Nouvelle-Angleterre, elle n'est pas corrompue par l'esprit exclusif du commerce, elle dédaigne les préjugés qui accompagnent dans les États du midi l'existence d'une classe d'esclaves. La constitution démocratique est appuyée par de bonnes institutions municipales ; la tolérance religieuse ne connaît d'autres bornes que celles de la morale universelle et de cette conscience du genre humain qui repousse l'athéisme. Un tiers de la population est composé de quakers et d'Anglais épiscopaliens; ils habitent Philadelphie et les comtés de Chester, de Bucks et de Montgomery. Les Irlandais, pour la plupart presbytériens, habitent les contrées de l'ouest et du nord; comme ils sont en général originaires du nord de l'Irlande, peuplé par des Écossais, on les appelle quelquefois *Écossais-Irlandais*. Les Allemands, pour la plupart originaires de la Souabe et du Palatinat, forment une population de 150 à 200 mille individus, et demeurent principalement dans les comtés de Lancastre, d'York, de Dauphin et de Northampton, ou sur les premières rampes des Montagnes-Bleues, où les noms de *Berlin*, *Manheim*, *Strasbourg*, *Heidelberg* et autres rappellent le souvenir de l'Allemagne. La population n'a pas tout-à-fait doublé en 20 ans, car en 1790 elle était de 430,000 âmes, et en 1810, de 810,000. En 1830, elle était de plus de 1,347,000 individus. Les émigrations des États de l'est traversent plutôt la Pensylvanie qu'elles ne s'y arrêtent. Les quakers ne pouvant pas prendre les armes, d'après leur doctrine religieuse, la milice de l'État ne s'élève qu'à 116,000 hommes. »

Cet État renfermait dans ces derniers temps un grand nombre de manufactures : on y comptait 8 verreries, 78 forges, 175 clouteries, des hauts-fourneaux et des fonderies de plomb et de cuivre. La valeur des produits fabriqués était de 45 à 48 millions de dollars, celle des exportations s'élevait, en 1828, à plus de 5 millions de dollars, dont plus de 3 millions en produits indigènes, et celle des importations à environ 13 millions de la même monnaie. On y comptait aussi plus de 150 lieues de canaux et une vingtaine de lieues de chemins de fer.

Quatre sociétés de bienfaisance de femmes ont été fondées dans cet État pendant les années 1793, 1802, 1809 et 1811; celle de Washington date de 1812. Dès l'année 1774, il s'en est formé une consacrée à l'abolition de la traite et au soulagement des noirs libres. En 1780, s'établit celle des secours aux noyés et asphyxiés. Enfin on y compte plus de 30 associations de bienfaisance mutuelle pour la classe ouvrière.

« Le grand territoire de *Pensylvanie* ne touche que par ses points extrêmes au lac Érié. Néanmoins sa principale ville, *Philadelphie*, située entre les rivières de Shuylkill et de Delaware, est une grande place de commerce. »

D'après les derniers recensemens, la ville de Philadelphie contient 167,000 habitans avec ceux de ses faubourgs. Le plan en fut tracé en 1683 par William Penn, fondateur et propriétaire de la colonie appelée après lui Pennsylvanie. Cette ville est construite avec élégance; ses principales rues, pavées de cailloux et de briques sur les trottoirs, ont 100 pieds de largeur. C'est la première ville des États-Unis pour la variété, la richesse et la supériorité de ses manufactures. On peut affirmer, dit un voyageur [1], qu'elle est la plus régulièrement belle, non seulement des États-Unis, mais du monde entier. « Ses rues qui se coupent toutes à angles
« droits, ses larges trottoirs toujours propres, l'élégance
« de ses maisons bâties en briques et décorées de beau mar-
« bre blanc, la richesse et le bon goût de ses monumens
« publics, offrent au premier abord un aspect séduisant,
« mais qui peut à la longue fatiguer l'œil par son excessive

---

[1] *A. Levasseur*: Journal d'un voyage aux Etats-Unis.

« régularité. » Elle s'étend sur une longueur d'environ 2 milles, depuis la rive droite de la Delaware jusqu'à la rive gauche du Schuylkill. Sa largeur est de plus d'un mille. Le plus beau des édifices qui contribuent à l'embellir est celui de la *banque*, considéré généralement comme le principal morceau d'architecture de l'Union : il est entièrement construit en marbre tiré des monts Alléghanys, et présente l'image assez exacte du Parthénon à Athènes. Le nouvel *hôtel des monnaies*, seul établissement de ce genre aux États-Unis, est un des principaux ornemens de Philadelphie.

Les établissemens d'instruction y rivalisent par le nombre et la belle tenue avec ceux de bienfaisance. Nous citerons parmi les premiers le *musée de Peel*, renfermant de belles collections d'histoire naturelle, l'*observatoire*, le *jardin botanique de Bartram*, la *bibliothèque de la ville*, celle de l'*université*, et celle de l'*académie des beaux-arts*; la *société philosophique américaine*, celle de *médecine*, celle d'*agriculture*, celle des *sciences naturelles*, la *société linnéenne*, celle de *géologie* et celle qui a pour but l'encouragement des inventions utiles. La plupart de ces sociétés, et notamment celle de géologie, publient chaque année des mémoires. Philadelphie, récemment enrichie par le legs de 16 millions de dollars que lui fit un riche négociant français, Etienne Gérard, naturalisé citoyen de cet État, est à la veille de posséder, conformément aux dernières volontés de cet opulent vieillard qui affecta 2 millions de dollars pour cette fondation, un établissement d'instruction unique dans son genre : c'est un grand collége dans lequel on doit enseiguer toutes les langues, toutes les sciences, en un mot toutes les branches des connaissances humaines.

« On admire la propreté des marchés et l'excellente organisation des prisons de cette ville. Au sein de ce bel ordre, il existait un réceptacle d'ordures, une source de contagion ; c'était la rue Water : c'est dans ce cloaque infect que prit naissance la fameuse fièvre jaune de 1793. Le gouvernement municipal s'est occupé de la destruction de ce foyer de maladie. Philadelphie possède beaucoup de manufactures ; les machines anglaises y sont d'un usage général. On y construit de très-beaux vaisseaux en cèdre rouge, en chêne vert de Caroline et en mûrier de Virginie (1). Le caractère doux et tolérant des quakers différait beaucoup de celui des colons fanatiques qui s'établirent dans la Nouvelle-Angleterre. Aujourd'hui ils ne composent que le quart des habitans. Leur aversion pour l'élégance et pour tous les objets de luxe diminue tous les jours. Les beaux équipages ne sont pas rares dans les rues de Philadelphie, et le théâtre devient de jour en jour plus fréquenté. L'hôtel qui était destiné au président des États-Unis annonce combien peu les arts ont fait de progrès dans ce pays. Le plan en a été tracé par un homme qui entendait bien l'architecture ; mais un comité de citoyens, chargé d'examiner ce plan et d'en diriger l'exécution, crut le perfectionner en transposant l'ordre des étages ; de sorte que les pilastres qui devaient orner le rez-de-chaussée paraissent suspendus en l'air. »

Aux portes de Philadelphie nous citerons le *Water-Works*, magnifique construction hydraulique qui fournit de l'eau à toute la ville ; et à un mille de celle-ci le beau pont en bois sur le Schuylkill : il est d'une seule arche de 340 pieds de diamètre.

Harrisbourg, sur la rive gauche du Susquehannah, est, malgré son peu d'importance, la capitale de toute la Pensylvanie. C'est une cité régulièrement bâtie, dans laquelle on ne remarque que le *Capitole* et l'hôtel de l'administration de l'État. Sa population s'élève à peine à 5,000 âmes.

---

(1) *Payne*, t. IV, p. 338.

« L'industrieuse et florissante *Pittsburg* ou *Pittsbourg*, au confluent de l'Alleghany et de la *Monongahela*, qui forment l'Ohio, est une ville bien bâtie, mais dont les maisons noircies par la fumée de la houille lui donnent un aspect triste. On exploite dans ses environs des houillères importantes. Elle renferme un grand nombre d'usines, dont plusieurs sont affectées à la fabrication des machines à vapeur. Ses fonderies de canons, ses clouteries, ses manufactures de tissus de laine et de coton, ses verreries, ses fabriques de poterie, de cordages et de potasse, lui ont valu le surnom de *Birmingham américain*. Elle doit l'activité de son commerce et de son industrie au canal qui unit l'Ohio à l'Atlantique par le Chesapeake. Sa population, en y comprenant celle de 4 villages que l'on peut considérer comme appartenant à ses faubourgs, s'élève à plus de 20,000 âmes. Dans l'intérieur de la Pensylvanie nous remarquerons encore *Lancaster*, ville de 7 à 8000 âmes, qui publie trois journaux anglais et trois allemands, et qui a des fabriques considérables de chapeaux et de carabines; *Carlisle*, qui renferme l'excellent collége de Dickinson; *Alleghanytown*, remarquable par sa belle et nouvelle maison pénitentiaire; *York*, avec 4000 habitans; *Bethléem*, chef-lieu des frères moraves, siége de leur évêque et de plusieurs colléges, fabriques et manufactures; enfin *Ephrata* ou *Tunkerstown*, résidence d'une autre secte religieuse très-austère, nommée les *tunkers* ou *dunkers*.

« L'agriculture fleurit dans le petit État de *Delaware*, qui a pour capitale *Dover* ou *Douvres*, petite ville de 1000 à 1200 habitans. Le commerce fait prospérer *Wilmington*, ville agréablement située et peuplée de 6 à 7000 âmes. Presque tout le terrain étant déjà mis en culture, le nombre des habitans de cet État ne s'accroît que lentement. Les rivages de la baie de Delaware sont très-bas, couverts de forêts, dont la continuité n'est interrompue que par des marécages funestes à la santé des habitans.

« La baie de Chesapeake partage en deux parties le *Maryland*, riche surtout en tabac, en froment et en fer. Quoique l'importation des nègres d'Afrique y ait cessé depuis 1763, près d'un quart de la population se compose encore de noirs et de mulâtres esclaves. Riches par le travail de leurs esclaves, vivant dans des campagnes isolées, les Marylandais ont l'indolence et la paresse d'esprit des autres Anglo-Américains méridionaux, sans avoir leur gaieté hospitalière. La religion catholique compte le plus grand nombre de fidèles (1). L'État possède des fonds actifs de 1,600,000 dollars, et sa recette annuelle surpasse la dépense de plus de moitié; aussi le gouvernement consacre-t-il des sommes considérables à l'entretien d'un grand nombre d'écoles, parmi lesquelles se trouvent une université, trois colléges et une école de médecine. »

La petite ville d'*Annapolis* est le siége du gouvernement; elle est située dans la baie de Chesapeake, à l'embouchure de la Severn. Malgré sa faible population, que l'on ne porte pas à 3000 âmes, elle possède une banque et un théâtre. La ville la plus considérable s'appelle *Baltimore*, située sur la rivière de *Patapsco*. Devenue le rendez-vous des hommes de toutes les nations qui cherchent fortune, elle s'est rapidement élevée à l'état florissant où on la voit aujourd'hui. La situation en est un peu basse, mais l'art a réussi à la rendre passablement salubre. En 1790 on évalua à 13,503 le nombre de ses habitans; il était en 1810 de 36,000, sans les *précincts* ou la banlieue. Enfin en 1830 il était de plus de 80,000. « Quoique ses rues soient toutes
« larges et régulièrement tracées, elle n'a cependant pas la
« monotonie de Philadelphie. Le sol sur lequel elle est
« assise a un mouvement d'ondulation qui donne à chaque

---

(1) *Payne*, p. 380.

« quartier un caractère varié. De plusieurs points élevés de
« la ville l'œil peut embrasser non seulement l'ensemble des
« constructions, mais encore une partie du port, les eaux
« brillantes de la Chesapeake et les sombres forêts qui s'é-
« tendent au loin (1). » Les habitans de Baltimore paraissent
généralement avoir un goût prononcé pour les beaux-arts;
ils doivent, sous ce rapport, leur supériorité marquée sur
les autres peuples des États-Unis à l'influence de deux
artistes français qui ont résidé long-temps dans leurs murs.
La *cathédrale catholique*, dont la coupole rappelle celle du
Panthéon à Rome, passe pour le plus beau de ses temples.
On cite encore un nouvel édifice appelé l'*Exchange*,
construit depuis, et qui comprend la Douane et la Bourse.
« L'*église unitarienne* est un chef-d'œuvre d'élégance
« et de simplicité. Le *monument* élevé à la mémoire des
« citoyens morts en défendant Baltimore pendant la der-
« nière guerre, est d'un style sévère et d'une belle exécu-
« tion. La *colonne* érigée en l'honneur de Washington res-
« semble assez, par son élévation et sa forme, à notre
« colonne de la place Vendôme, à Paris. Elle est en beau
« marbre blanc; sa situation, sur une petite colline, fait
« qu'elle peut être vue de presque tous les points de la ville,
« et même d'une assez grande distance de la baie. » Elle a
environ 162 pieds de hauteur; elle est ornée de bas-reliefs
en bronze relatifs aux principales actions du héros américain, et surmontée de sa statue colossale.

« Une très-petite lisière du Maryland, qui s'étend dans les
montagnes, est à l'abri des fièvres intermittentes et des chaleurs d'un été brûlant. Là fleurit la jolie ville de *Frédérik-
stown*, qui renferme 4 à 5000 habitans d'origine allemande.

Entre le Maryland et la Virginie se trouve un territoire

---

(1) *Lafayette en Amérique en 1824 et 1825*, ou Journal d'un voyage
aux États-Unis, par M. Levasseur. — Paris, 1829.

appartenant à toute l'Union, et connu sous le nom d[u] *District fédéral* ou de *Columbia*. C'est la plus petite de[s] divisions politiques et administratives de la confédération elle n'occupe que 147 kilomètres carrés. « Au centre s'élè[ve] la Cité-Fédérale qui porte le grand nom de *Washington* Le siége du gouvernement central y a été transféré e[n] l'année 1801. Cette ville, construite sur les bords du Po[-] tomak et de l'*Eastern-Branch*, s'étend à près de 4 mille[s] sur chacune de ces rivières : c'est une des plus heureuse[s] situations de toute l'Amérique, tant pour la salubrité d[e] l'air et la beauté du pays, que sous le rapport d'une par[-] faite convenance. Les éminences graduelles y forment un[e] foule de charmantes perspectives, et une pente suffisant[e] pour l'écoulement des eaux pluviales. L'enceinte de l[a] ville renferme un grand nombre de sources excellentes. L'*Eastern-Branch*, rivière qui se jette dans le Potomak, fournit un des havres les plus sûrs et les plus commodes de l'Amérique; les plus grands vaisseaux y trouvent assez d'eau jusqu'à 4 milles de son embouchure, et le canal, percé le long du rivage contigu à la ville, offre un havre spacieux avec les plus grandes commodités.

« Cette capitale, située sur la grande route, également éloignée de l'extrémité septentrionale et de l'extrémité mé- ridionale des États-Unis, au milieu d'un pays abondant en objets de commerce, ne comptait encore en 1810 que 8000 habitans, ou 13,000 en y comprenant *Georgetown*, qui en est comme le faubourg. »

C'est une des villes de l'Union les moins favorablement placées, principalement sous le point de vue politique, pour prendre un grand accroissement : seule elle ne compte au- jourd'hui que 18 à 20,000 habitans, et Georgetown que 8000.

« Le plan tracé par un Français, le major L'Enfant, réu- nit dans un très-haut degré la commodité, la régularité, le charme de la perspective et la libre circulation de l'air. Avant de rien commencer, on avait déterminé la position des divers édifices publics, tels qu'on les construit aujourd'hui, sur le terrain le plus avantageux; tous dominent ou des perspectives lointaines ou des vues agréables, et leur situation les rend susceptibles de tous les accessoires que pourrait exiger par la suite l'utilité ou l'embellissement. Le *Capitole* s'élève sur une éminence des plus belles, d'où l'œil plane sur toutes les parties de la ville et sur la vaste étendue des campagnes circonvoisines. Sur une plate-forme encore plus élevée, se trouve l'hôtel du président, qui jouit d'une perspective d'eau charmante, et commande la vue du Capitole, ainsi que celle des parties de la ville les plus importantes. Un amiral anglais, rival d'Érostrate, a surpris et brûlé cette ville en 1814; mais les dommages ont été bientôt réparés. »

La vaste enceinte de Washington, tracée pour une ville dix fois plus peuplée; ses rues tirées au cordeau et larges de 80 à 100 pieds; ses habitations, séparées dans quelques quartiers par de grands espaces vides ou par des champs que sillonne la charrue; ses monumens somptueux qui contrastent avec le silence de ses rues, la feraient prendre plutôt pour une colonie naissante que pour la capitale d'un État populeux et florissant. La plupart des maisons sont détachées les unes des autres; enfin, suivant l'expression d'un habitant de Washington même, il semble qu'un géant ait secoué, sur l'emplacement qu'occupe la ville, la boîte de jouets de ses enfans. Le Capitole est un grand et bel édifice surmonté de trois dômes, et bâti en une pierre de taille à gros grains, dont la teinte légèrement jaune n'a rien de désagréable à l'œil. Il renferme deux salles spacieuses destinées pour les séances de la chambre des représentans et du sénat, une autre pour les assemblées de la cour suprême des États-Unis, et une troisième pour la bibliothèque nationale. Il fut incendié en 1814 par les Anglais, qui se conduisirent comme des Vandales lorsqu'ils prirent Washington; mais aujourd'hui il est sorti de ses cendres, plus vaste et plus riche qu'à cette époque. « La chambre des « représentans est une magnifique salle de forme circulaire « de 96 pieds de diamètre et de 48 de hauteur. Quatorze « colonnes de marbre soutiennent le dôme, et sont réunies « sous la corniche par des festons de damas rouge. La ga- « lerie pour le public, élevée de 20 pieds au-dessus du sol « de la chambre, règne dans toute l'étendue derrière les « colonnes. Au centre est assis le président, du fauteuil « duquel sept passages vont rayonner à la circonférence; « les membres sont placés sur des sièges disposés en rangées « concentriques, faisant face au président. Chaque membre « a un fauteuil bien rembourré, et un pupitre muni de tout « ce qui est nécessaire pour écrire, au-dessous duquel est « un tiroir fermant à clef (1). » La salle où se réunit le sénat est plus petite, mais de la même forme que celle des représentans : le diamètre de l'hémicycle n'est que de 75 pieds.

L'*arsenal de la marine* est un des plus beaux établissemens dans son genre. Au milieu de sa cour principale, une colonne rostrale a été érigée en l'honneur des marins américains morts dans un combat glorieux devant Alger; les Anglais, jaloux de toute gloire étrangère, cherchèrent à la détruire : elle porte encore les traces des coups de sabre dont ils l'ont frappée; les Américains n'en ont effacé aucune, mais ils ont gravé sur la base du monument cette phrase sévère : *Mutilé par les Anglais en* 1814. Après le Capitole, l'édifice le plus important est la maison du président. Les quatre grands corps de bâtimens qui l'entourent et qui servent à l'administration des quatre ministères, sont

---

(1) *Basil-Hall*: Voyage dans les Etats-Unis, etc.

commodes, vastes et solidement bâtis, mais n'ont rien de remarquable dans leur architecture.

Georgetown est fort joliment située sur le penchant d'une colline, entre le Potomak et le *Rock-Creek*, qui la sépare de Washington. Elle renferme une fonderie de canons et un beau collége; son commerce, quoique assez actif, est cependant moins considérable que celui d'*Alexandrie*, située 7 milles plus bas, sur le bord du Potomak. La population de cette dernière ville, qui possède une académie et une banque, est de 8000 à 9000 âmes. Ses exportations, qui consistent principalement en farines, s'élèvent annuellement à près de 900,000 dollars.

« Depuis la baie de Chesapeake jusqu'aux bords de l'Ohio, s'étend le territoire actuel de la *Virginie*. Les montagnes Bleues ou les Alleghanys la partagent en deux portions; celle d'ouest, riche en magnifiques points de vue, ressemble à un vaste parc; le fameux tabac, le riz, le froment enrichissent les cultivateurs de l'autre partie. Dans la première on ne voit guère que des blancs; dans la seconde, les esclaves noirs sont très-nombreux. La religion presbytérienne domine dans les montagnes de l'ouest, la religion anglicane règne dans les plaines orientales. Le long des montagnes Bleues il y a une race d'habitans très-forts et très-grands, parmi lesquels il est rare de trouver un homme qui n'ait pas 6 pieds de haut. Il paraît qu'en général les individus qui habitent la partie supérieure de la Virginie jouissent d'une excellente santé. La partie maritime, au contraire, est exposée à des fièvres dangereuses. Une distinction tranchante entre les riches et les pauvres rend le gouvernement plus aristocratique que celui des autres États; mais le petit nombre d'hommes riches, éclairés et intelligens qui forment l'oligarchie virginienne a montré, dans les affaires générales de la confédération, l'esprit le plus opposé à la monarchie; c'est dans ce sens qu'on a désigné la Virginie comme le siége de l'esprit démocratique (1). Dans cette patrie de Washington et de Jefferson, on néglige les sciences et les lettres. Le bas peuple s'enivre et se bat avec toute la fureur des sauvages; dans leurs combats, un œil poussé hors de l'orbite, une oreille arrachée à coups de dents, ne comptent pour rien (2). Les Virginiens riches aiment les courses à cheval, ce qui les a engagés à élever des chevaux excellens. Livrés à des plaisirs champêtres, ils fuient le séjour des villes. Aussi *Richmond*, la capitale, n'a-t-elle guère au-delà de 16,000 habitans. Il y a un collége à *Williamsbourg*, ancienne capitale. *Norfolk*, port de commerce, compte, dit-on, jusqu'à 10,000 âmes. *Pétersbourg*, autre port de commerce voisin, en renferme plus de 8000. A l'ouest des montagnes Bleues on trouve *Winchester* avec 3000 habitans, et *Wheeling*, sur l'Ohio, qui en a plus de 5000, et qui acquerra un jour de l'importance par le mouvement commercial que doit y développer le chemin de fer de Baltimore. »

Charlottesville est remarquable par l'*université de la Virginie*, établie depuis peu d'années; *Lexington*, par son *collége de Washington*, et *Harpers-Ferry*, par sa manufacture d'armes et son vaste arsenal, où l'on conserve 100,000 fusils.

« Des curiosités ordinaires ne doivent pas nous arrêter dans notre course; nous ne pouvons accorder qu'une simple mention à la *cave de Maddison* et au passage du *Potomak* à travers les crevasses des montagnes; mais le *Pont-de-Roche* exige une courte description. Une petite rivière, le *Cedar-Creek*, affluent du James, passe au fond d'une vallée qui a de 210 à 270 pieds de profondeur, 45 pieds de diamètre en bas et 90 pieds en haut. Une masse solide

---

(1) *Payne*, t. IV, 399. — (2) *Ashe*, Travels in America, 1809. Edinburg Review, XV, 447.

le roche calcaire, épaisse de 40 pieds, recouverte de terreau et de rochers détachés, passe d'un bord de la vallée à l'autre, et forme ainsi une immense arche qui, vue d'en bas, inspire un sentiment mêlé de frayeur et d'admiration. Le phénomène, très-naturel en soi-même, ne diffère des excavations si fréquentes dans les pays calcaires, que par la grandeur des masses et par sa disposition pittoresque (1).

« La population de la Virginie s'accroît lentement, et ne paraît doubler que dans une période de 60 à 70 ans. Sur 974,000 habitans que le dernier recensement de 1810 a donnés, il y avait 392,000 esclaves noirs, circonstance qui diminue la force militaire de l'État, mais qui double la valeur du droit de voter. Les Virginiens, comme les anciens Grecs et Romains, fondent leur liberté politique sur l'existence d'une classe d'esclaves. En 1830 on y comptait 1,211,000 individus, parmi lesquels se trouvaient près de 470,000 esclaves, et 47,000 noirs libres. Les finances particulières de cet État paraissent florissantes; en 1811, la recette montait à 582,000 dollars, et la dépense à 369,000; on connaît ici une taxe sur les propriétés, dont le principe répugne aux autres Anglo-Américains (2). »

La *Caroline du nord*, bordée dans sa partie maritime de bancs de sable et de marais, et presque entièrement couverte à l'occident par les ramifications des monts Alléghanys, ne possède qu'un port de commerce appelé *Newbern*, au confluent du Trent et de la Neuse. La ville est jolie : quoiqu'elle ne renferme que 3 à 4000 âmes, c'est la plus peuplée de tout l'État. Elle possède un théâtre, une académie et une bibliothèque publique. Son commerce est considérable et son port possède beaucoup de navires

---

(1) Comp. *de Chastellux*, t. II, p. 305. *Weld*: Voyage au Canada, traduction française, t. I, p. 251. *Payne's* Geography, t. IV, p. 398. (Nous avons préféré ce dernier.)

(2) Rapport officiel, dans le *Weekly Register*, N° 22.

marchands. *Raleigh*, le chef-lieu, n'a que 1700 habitans; en 1820, elle en avait 2700. Le plus bel édifice de cette ville était naguère le *palais de l'État*, vaste bâtiment dans lequel on admirait une statue de Washington, par Canova, aujourd'hui fortement endommagée par un incendie qui a détruit le palais.

« *Wilmington* est une des villes les plus commerçantes, et *Fayetteville* la plus jolie.

« La plus grande partie du pays est une forêt de pins à goudron; c'est la principale branche d'exploitation : on élève aussi des bêtes à cornes et des porcs dont on exporte la viande aux Antilles. Indolens au sein d'une contrée fertile, pleins de talens naturels, mais dépourvus d'instruction; hospitaliers, mais trop adonnés à tous les plaisirs sensuels, les Caroliniens du nord vivent en partie sans aucune espèce de religion reconnue. Dans les montagnes, les nouveaux colons, Irlandais et Ecossais d'origine, conservent au contraire leur rigide presbytérianisme, leur amour pour le travail et leurs mœurs sévères. »

Partout, en parcourant cet État, on s'aperçoit que l'on approche des régions tropicales : la douceur de la température, la couleur de la population, le nombre des nègres employés aux travaux pénibles; enfin la culture du riz, du tabac et du coton, en offrent à chaque instant la preuve.

Près de la petite ville de *Charlotte*, dans la partie méridionale, on exploite des mines d'or importantes et des dépots d'alluvions aurifères très-riches. L'extraction de ce métal occupe 20,000 individus et produit, dit-on, depuis 1828, la valeur de 4 à 5 millions de dollars chaque année.

« Dans la *Caroline du sud*, le haut pays jouit d'un climat tempéré, les côtes éprouvent de très-grandes chaleurs. La végétation commence en février; c'est alors que l'érable à fleurs rouges fleurit; il est bientôt suivi par le modeste saule et l'humble sureau ; le prunier et le pêcher étalent ensuite leur parure brillante. Les planteurs sont en activité dans les mois de mars et d'avril ; la saison de semer continue jusqu'en juin. Dès lors les chaleurs augmentent ; dans les mois de juillet et d'août, il tombe de fortes pluies, accompagnées d'orages. En septembre, les matinées et les soirées sont froides ; mais le soleil est encore ardent au milieu du jour. Le temps est orageux vers l'équinoxe ; l'air est d'ordinaire doux et serein en octobre. Vers la fin de ce mois, les gelées blanches se montrent, et les fièvres disparaissent avec les chaleurs. Le froid arrive en décembre ; la végétation s'arrête ; les montagnes se couvrent de neige, mais dans les plaines elle ne prend pas consistance ; un rayon de soleil la fait disparaître. L'hiver y est la saison la plus agréable. La plus forte gelée qu'il y ait ne pénètre pas la terre à 2 pouces, et le froid n'y dure pas 3 jours de suite. Des plantes qui ne peuvent supporter l'hiver de la Virginie prospèrent dans la Caroline du sud. Aux environs de Charleston et sur les îles qui bordent la côte, les orangers passent l'hiver en pleine terre, et sont rarement endommagés par les froids ; mais à 10 milles de distance dans l'intérieur, ils gèleraient tous les ans jusqu'à rase terre, quoique ces contrées aient une latitude plus méridionale que Malte et Tunis (1). Ce pays connaît quelques fléaux. Souvent à trois mois de sécheresse destructive succèdent trois semaines ou un mois de pluie. Les ouragans y sont aussi très-redoutables. »

La Caroline du sud, pays en général boisé, est partagé en trois genres de culture : dans les parties élevées on récolte le froment, le tabac et le chanvre ; dans l'intérieur, le maïs et le blé ; dans la partie méridionale, le coton et

---

(1) *Drayton*, View of South-Carolina. Charlestown, 1802. *Michaux* : Voyage à l'ouest des monts Alleghanys.

le riz. Les moyens de communication y sont encore dans un état imparfait ; cependant les routes s'améliorent tous les jours, et l'on a construit dans ces derniers temps un canal qui unit les rivières de la *Santee* et du *Cooper*.

« Les principaux articles de commerce qu'exporte la Caroline du sud, sont du riz, de l'indigo, du tabac, des peaux, du coton, du bœuf, du porc, de la poix, du goudron, de la térébenthine, de la cire végétale, des bois de construction, du liége, des cuirs et des plantes médicinales.

Columbia est le siége du gouvernement de cet État, dont elle occupe le centre, dans une plaine élevée, au confluent du *Broad* et de la *Saluda*. C'est une petite ville de 3000 habitans. *Charleston* est située à la jonction de l'Ashley et du Cooper, au fond d'une rade qui ajoute à la sûreté de son port et qui contribue à maintenir cette ville, sous le rapport commercial, au cinquième rang des cités de la Confédération. Sa population, estimée à 30,000 âmes, la place parmi les plus peuplées des États méridionaux. La fièvre jaune y a souvent exercé ses ravages ; cependant on regarde cette ville comme une des plus saines de toutes celles de la région inférieure des États méridionaux ; aussi est-elle pendant la mauvaise saison le rendez-vous des riches planteurs du pays et des Antilles. Il faut ajouter que la politesse et l'urbanité qui distinguent les habitans de Charleston en rendent le séjour agréable à tous les étrangers. Les Charlestonais hors de leur commerce, ont des connaissances très-bornées ; mais en revanche, ils se portent bien ; ils s'amusent à tirer au blanc, à jouer à la paume à la manière basque, et à voir des courses de chevaux ; les dames sont renommées pour la vivacité de leur danse.

A 18 lieues au sud-ouest de Charleston, *Beaufort* possède un port spacieux et profond. Cette ville rivalise pour le commerce avec *Camden* et *Georgetown*.

La *Géorgie*, pour le sol et le climat, ressemble à la Caroline du sud. Vers les monts Alléghanys, qui la bordent au nord, s'élèvent de vastes forêts qui fournissent une grande quantité de bois de charpente ; les bords des rivières sont couverts de champs de riz ; le blé et l'indigo sont cultivés sur les terres élevées. Le coton, renommé pour sa qualité, est une des plus importantes productions du pays.

Les villes de cet État sont peu populeuses. *Milledgeville*, le chef-lieu, situé vers le centre, sur la rive droite de l'*Oconée*, n'a que 2000 habitans. Il est vrai qu'elle n'a été fondée qu'en 1807. A l'embouchure de la *Savannah*, dont le cours sépare la Géorgie de la Caroline du sud, s'élève sous le même nom de *Savannah* la principale des cités géorgiennes. Elle ne renferme encore que 8000 individus, mais la beauté et la situation avantageuse de son port, l'activité de son commerce, lui assurent une longue prospérité. *Augusta*, sur la Savannah, est une ville de 7000 âmes. C'est l'entrepôt de l'immense quantité de coton que l'on recueille dans la Géorgie, et que l'on embarque ensuite à Charleston et à Savannah.

« La population de ces trois États méridionaux augmente dans des proportions très-différentes. Celle de la Caroline du nord a doublé en 30 années ; celle de la Caroline du sud, en 20 années, et celle de la Géorgie en 10 ; mais il est à regretter que cet accroissement soit en partie dû à l'importation des nègres. La population noire s'est accrue, pendant 20 ans, dans la Caroline du nord, de 70 pour 100 ; dans celle du sud, de 90 pour 100, et dans la Géorgie, de 220 pour 100 ; c'est-à-dire qu'elle a plus que *triplé* dans ce dernier État. Nous remarquerons encore que les deux tiers des nègres sont concentrés dans ces provinces [1]. »

[1] *Census of the N. S. for* 1790, 1800 and 1810.

La *Floride*, qui ne forme qu'un district, offre le même climat que la Géorgie, mais une plus grande quantité de lacs, de marais, de plaines sablonneuses et de savanes dépourvues d'arbres.

« Son territoire est inséparable de celui des États-Unis, sous le rapport historique comme sous le rapport physique. En effet, les premiers navigateurs étendirent à toute la contrée au midi des monts Alléghanys le nom de *Floridas* ou *Pâques-Fleuries*, donné d'abord au cap sud-est et à la péninsule, que les indigènes appelaient *Tegesta*. Ce promontoire fut découvert en 1512, par Ponce de Léon, navigateur espagnol, allant à la recherche d'une miraculeuse fontaine de Jouvence dont l'existence se fondait sur une tradition conservée parmi les Caraïbes des Antilles. Quelques Français s'étant fixés dans ce pays négligé par les autres puissances, qui alors ne cherchaient que des mines d'or, Philippe II, roi d'Espagne, jaloux de la possession exclusive de toute l'Amérique, y envoya une flotte chargée de détruire ce nouvel établissement. Par une barbarie digne de ce temps, les colons qui avaient échappé au massacre furent pendus à des arbres portant l'écriteau : *Non pas comme Français, mais comme hérétiques*. Dominique de Gourgues, marin gascon, indigné du meurtre de ses compatriotes, vendit ses terres, construisit quelques vaisseaux, s'associa une élite d'aventuriers chevaleresques, cingla vers la Floride, surprit, battit, écrasa les coupables, fit sauter leur fort, et pendit à son tour les prisonniers, avec l'écriteau : *Non pas comme Espagnols, mais comme assassins*. Après avoir ainsi vengé l'affront national, il s'en retourna en Europe ; et, réclamé par l'Espagne, il fut heureux d'être oublié.

« Sous le gouvernement espagnol les Florides étaient divisées en orientale et occidentale. La première comprenait cette longue péninsule qui forme l'extrémité sud-est du continent de l'Amérique septentrionale. La Floride occidentale s'étendait depuis la rivière Apalachicola à l'est jusqu'à la rivière Iberville ou à la branche orientale du Mississipi, selon les Espagnols; mais les Anglo-Américains soutiennent que la Louisiane s'étendait jusqu'au *Rio-Perdido*, petite rivière à l'est de Pensacola. Les cartes et les relations anciennes françaises favorisent singulièrement cette opinion; nul doute que la Mobile et Pensacola n'aient été occupés par les Français, et que le nom de Louisiane ne comprît tous les affluens du Mississipi et 200 lieues de côtes maritimes (1). Les Espagnols invoquent l'état des frontières qui a précédé immédiatement la dernière cession de la Louisiane; ils pourraient, avec plus de raison, soutenir que toute la Louisiane n'est qu'une usurpation sur l'ancienne Floride, et que par conséquent le nom relativement moderne de Louisiane ne désigne que la Nouvelle-Orléans et les postes français le long du Mississipi (2). Mais ne serait-ce pas manquer à la bonne foi? L'inspection d'une carte ne suffit-elle pas pour faire comprendre que la France et les États-Unis, en recevant la Louisiane par les traités de 1800 et de 1803, ont cru recevoir les deux bords du Mississipi et toutes les dépendances anciennes et naturelles de la Nouvelle-Orléans? L'objet litigieux n'a d'ailleurs aucune valeur pour l'Espagne. Il en est autrement de la Floride orientale; quoique les établissemens civils et militaires y coûtent 151,000 piastres de plus que la province ne rapporte, la position de la péninsule qui domine une des entrées du golfe du Mexique, et les cultures qu'on pourrait y établir, en ren-

(1) *De l'Isle* : Carte de la Louisiane et du cours du Mississipi. Carte de la Nouvelle-France, pour l'établissement de la compagnie française, etc., etc.

(2) C'est ce qu'a fait M. *Robin*, Mémoire sur les limites de la Louisiane, dans son *Voyage*, t. III, p. 137 et suiv.

dent la possession importante sous le point de vue commercial et militaire.

« La Floride n'est qu'une continuation du pays plat de la Géorgie et de la Caroline du sud. Au lieu d'une chaîne de montagnes, faussement indiquée dans les cartes, on ne trouve au partage des eaux que des collines, des rochers isolés et de vastes marais. Le climat passe pour humide et malsain, du moins à la côte, quoique l'air y doive être habituellement agité et renouvelé par le contre-coup des vents alizés joint au mouvement que le courant du golfe y communique.

« L'hiver est si doux, que les végétaux les plus délicats des Antilles, les orangers, les bananiers, les goyaviers y éprouvent rarement la moindre atteinte de la saison. Les brouillards y sont inconnus. Aux équinoxes, et surtout en automne, les pluies tombent abondamment chaque jour depuis 11 heures du matin jusqu'à 4 après midi, pendant quelques semaines de suite. Il doit y avoir des endroits bien salubres, s'il est vrai que beaucoup d'Espagnols s'y rendaient tous les ans de la Havane pour raison de santé (1).

« Les productions des latitudes septentrionales et méridionales y fleurissent les unes à côté des autres, et l'on verra rarement ailleurs un mélange plus agréable d'arbres, de plantes et d'arbustes. Les pins rouges et blancs, les sapins, les chênes toujours verts, le châtaignier, l'acajou, le noyer, le cerisier, l'érable, le bois de campêche, le bois de *braziletto*, le sassafras couvrent ici un sol très-varié, tantôt riche en terreau, et tantôt composé de sable et de gravier, le plus souvent marécageux (2). On

---

(1) *Carver*, Universal Traveller, p. 604. Comp. *Robin*, Voyage à la Louisiane, t. II, p. 7. — (2) *W. Stork :* Description of East-Florida, with a journal kept by *John Bartram*, London, 1769 : *Bernard Romans*, Natural History of East and West-Florida ; New-York, 1776.

voit des forêts entières de mûriers blancs et rouges, plus beaux que dans aucune autre partie de l'Amérique. Tous les arbres fruitiers de l'Europe y ont été naturalisés. L'orange y est plus grande, plus aromatique et plus succulente qu'en Portugal.

« Les bords du *Coza*, autrement *Mobile*, rivière considérable, forment l'une des plus belles et des plus fertiles parties de la province. Les prunes y viennent naturellement, et d'une qualité supérieure à celles qu'on recueille dans les vergers de l'Espagne. La vigne sauvage serpente à terre ou grimpe au haut des arbres.

« Le *myrica cerifera*, dit M. Stork, vient dans tous les terrains, et en si grande quantité, que toute l'Angleterre en pourrait être fournie de cire, s'il y avait assez de mains pour cueillir les baies. L'extraction de cette denrée est fort simple. Après avoir écrasé les baies, on les fait bouillir dans l'eau, et on enlève avec une écumoire la cire, qui est d'une belle couleur verte; elle peut être blanchie comme la cire d'abeilles, et sa consistance rend les bougies qu'on en fait très-appropriées aux climats chauds. L'indigo et la cochenille entraient, sous l'administration anglaise, dans les exportations qui, en 1777, s'élevèrent à la valeur de 1,000,000 de francs.

« Les collines rocheuses qui paraissent former le noyau de la Floride orientale, ont présenté des indices de fer, de cuivre, de plomb et de mercure. Les animaux domestiques de l'Europe ne trouvent pas ici les pâturages convenables. L'ours, descendu des monts Alléghanys, supporte très-bien les chaleurs du climat, et y devient même très-gras. De nombreux essaims d'oiseaux des contrées septentrionales viennent y passer l'hiver. Dans les forêts de la Floride, une grande araignée jaune, dont le ventre est plus gros qu'un œuf de pigeon, suspend ses toiles, semblables à de la soie jaune, et assez fortes pour arrêter de petits oiseaux dont cet insecte se nourrit. Il y a aussi une grande variété d'innocens lézards en partie très-beaux, et dont quelques uns changent de couleur comme les caméléons.

« La péninsule ou la Floride orientale renferme plusieurs lacs, parmi lesquels on distingue ceux de *Mayaco* et de *Saint-George*; la rivière de *Saint-Jean* sert d'écoulement à ce dernier. Beaucoup de petits entonnoirs ou enfoncemens coniques contiennent de l'eau douce. »

Depuis 1822 que la Floride fait partie des États de l'Union, sa population a plus que triplé: en 1820, elle n'était que d'environ 10,000 âmes, et en 1830, elle s'élevait à près de 35,000. Dans la partie occidentale que les Espagnols nommaient *comté de Feliciana*, *Pensacola*, au fond d'une baie du golfe du Mexique, est une petite ville peu fortifiée, qui possède un port spacieux, bien abrité contre tous les vents; l'entrée en est commandée par un fort construit en briques. C'est le meilleur port du golfe du Mexique; c'est aussi l'un des points militaires les plus importans pour les États-Unis. Le gouvernement y a fait faire des travaux considérables de fortification et un arsenal pour la marine. Un beau phare de 80 pieds de hauteur et à feux mobiles indique aujourd'hui l'entrée du port. Cette ville renfermait, en 1820, 2000 habitans, et 3000 en 1830. Le sol, aride et sablonneux dans cette partie du pays, produit beaucoup de pins propres à la mâture.

« La côte occidentale de la péninsule, plus riante et plus fertile, présente successivement l'établissement de *Saint-Marc d'Apalache*, petit port sur la baie de ce nom, la baie du *Saint-Esprit*, le golfe de *Ponce de Léon*, et le promontoire méridional nommé *cap Agi* ou *pointe Tancha*, devant lequel s'étend au sud-ouest une chaîne d'îlots couverts de hauts palmiers, de récifs de corail et de bancs de sable très-sujets à changer de position, et au milieu desquels le navigateur n'ose chercher les chéneaux qui abrégeraient sa route. Les récifs continuent à border la côte orientale de la péninsule où le *cap des Florides* marque la première découverte du pays. Plus au nord, la *Nouvelle-Smyrne* ne conserve que son nom pour attester le séjour momentané des Grecs venus de l'île de Minorque pour cultiver ici la vigne. Quelques restes de cette colonie vivent parmi les 2400 habitans de la petite ville fortifiée de *Saint-Augustin*, ancienne capitale de toute la Floride, munie d'un port d'un accès difficile. Au commencement de 1821 sa population était de 5000 âmes; mais au mois de décembre de la même année la fièvre jaune la réduisit à 1600. Les environs de cette ville contiennent quelques plantations. De larges bancs d'huîtres, ou plutôt d'*avicules*, qui souvent renferment des perles, s'étendent le long de la côte. On y trouve aussi de l'ambre gris, et, surtout après les vents de mer, une sorte de bitume que les Espagnols emploient fréquemment au carénage des vaisseaux, en le mêlant avec du saindoux. Sa grande consistance, qui l'empêche de fondre facilement au soleil, le rend même préférable au goudron dans les climats chauds. »

Le territoire de la Floride a pour capitale *Tallahassée*, nouvellement bâtie, entre l'*Ausilly* et l'*Ocklokonne*, et dont la population n'était en 1830 que de 2600 individus.

« Telle est la Floride, faible digue opposée au courant rapide et continuel des émigrations américaines. Elle n'y pourra résister à la longue; elle se verra bientôt inondée par ces infatigables *défricheurs*, que les Anglo-Américains appellent les *First-Settlers*. Cette espèce d'hommes ne saurait se fixer sur le sol qu'elle a défriché : l'amour, l'amitié, les affections sociales, les paisibles jouissances, tout cède chez eux à une passion ardente pour un mieux imaginaire qui constamment se présente à leurs yeux. Le désert les attire comme avec une force magique. Sous le prétexte de trouver des terres meilleures, un climat plus sain, une chasse plus abondante, cette race pousse toujours en avant, se porte constamment vers les points les plus éloignés de toute population américaine, et s'établit jusqu'au milieu des peuplades sauvages qu'elle brave, persécute, opprime et extermine ou chasse devant elle. Souvent ces hommes entreprennent des voyages de plus de 1000 lieues pour découvrir quelque terrain fertile; seuls, dans un canot, ils descendent d'immenses rivières; ils ne portent pour tout bagage qu'une couverture, et pour toutes armes qu'une carabine, un *tomahawk* ou petite hache d'Indien, deux piéges à castor et un large couteau. Ils vivent pendant ces longues courses du produit de leur chasse. Tels étaient les premiers colons qui défrichèrent le Kentucky et le Tennessée; l'habitude d'une vie errante ne leur a pas permis d'y rester, ni de jouir des fruits de leurs travaux; ils ont émigré dans des contrées plus éloignées, même au-delà du Mississipi. Il en sera de même de ceux qui habitent aujourd'hui les bords de l'Ohio. Le même penchant qui les y amena les en éloignera. D'autres colons, plus portés pour une vie sédentaire, viendront des États atlantiques; ils profiteront des premiers défrichemens; ils ajouteront à la culture du maïs, celle du blé, du tabac et du chanvre; ils remplaceront les *loghouses* par des maisons en planches. C'est en suivant cette marche que la civilisation et la culture ont pénétré au-delà du Mississipi, et déjà elles se préparent à remonter jusqu'aux sources du Missouri. »

« Passons les monts Alleghanys, et parcourons rapidement du nord au sud le fameux *territoire d'ouest* ou la contrée située entre ces montagnes et le Mississipi. »

Le *territoire de Michigan*, péninsule environnée des lacs Saint-Clair, Huron et Michigan, ne renferme encore que

1,000 habitans. C'est un pays plat, du centre duquel partent plusieurs cours d'eau qui vont se jeter dans les lacs qui l'environnent. S'il est loin d'être aussi fertile que la plupart des États de l'est, le voisinage de ces lacs rend sa position favorable pour un commerce important. Son chef-lieu est *Détroit*, petite ville régulièrement bâtie, sur la rive droite d'une rivière qui lui donne son nom. Toutes les maisons sont en bois, mais on y voit de belles casernes, un arsenal, un dépôt d'artillerie, et quelques établissemens utiles, tels qu'un collége et une société d'agriculture. Sa population n'est encore que de 2000 habitans. Un autre lieu remarquable du territoire est *Michillimackinac* ou *Mackinaw*, sur l'île et au bord du détroit de ce nom, à la pointe septentrionale du Michigan. C'est une ville bâtie sur des rochers escarpés et défendus par des forts : ce qui lui a valu le surnom de *Gibraltar* que lui donnent les Anglo-Américains. Elle fait pendant l'été un grand commerce de fourrures avec les naturels des régions de l'ouest et de ce territoire, tels que les Chipeouays et les Ottawas. Le fort *Gratiot*, sur la rivière de Saint-Clair, défend l'entrée du lac Huron.

« Plus au sud, mais à l'ouest de la Pensylvanie, s'est formé l'*État de l'Ohio*. A partir de Pittsbourg, l'Ohio coule entre deux *ridges* ou chaînes de hautes collines. Entre le pied de ces collines et le bord de la rivière, on trouve des terrains plats et couverts de bois, appelés en Amérique *flats-bottom* ou bien *rivers-bottoms*. Le sol de ces terrains est d'une fertilité étonnante; c'est un véritable humus végétal produit par la couche épaisse de feuilles dont la terre se charge tous les ans (1). On remarque sur les bords de l'Ohio, depuis Pittsbourg, à peine quelques pierres détachées; ce n'est que quelques milles avant Limestone que l'on commence à

---

(1) *Michaux* : Voyage à l'ouest des monts Alleghanys, p. 89-91.

observer un banc de pierres calcaires d'une épaisseur asse[z] considérable.

« Aucune partie de l'Amérique septentrionale ne peut être comparée à celle-ci pour la force végétative des forêts. Le platane y parvient quelquefois à 40 pieds de circonférence et au-delà. Les tulipiers y deviennent également très-gros. Les autres arbres des forêts sont le hêtre, le *magnolia*, le micocoulier, l'acacia, l'érable à sucre, l'érable rouge, le peuplier noir et plusieurs espèces de noyers. Les eaux limpides de l'Ohio sont ombragées de saules que surmontent des érables et des frênes, dominés à leur tour par des tulipiers et des platanes. Les cerfs et les ours abondent dans les forêts; les profits qu'offre la chasse de ces animaux détournent les habitans des soins de l'agriculture. La culture du maïs, sans être très-soignée, produit un très-grand bénéfice; car telle est la fertilité des terres, que les tiges s'élèvent à 10 ou 12 pieds de haut, et que l'on en recueille 25 à 30 quintaux par acre.

« Le pêcher est le seul arbre à fruit que l'on cultive jusqu'à présent dans ce pays. On ne le soigne en aucune manière, et cependant il pousse avec tant de vigueur qu'il rapporte dès la troisième année (1). Dans l'Ohio on trouve en abondance une espèce de *mullette* dont la nacre est fort épaisse et très-belle (2). »

Columbus, jolie petite ville située sur la rive gauche du Scioto, affluent de l'Ohio, est la capitale de cet État. Sa population était, en 1830, de 2400 habitans. C'est l'industrieuse *Cincinnati* qui est la principale ville. Cette belle cité se déploie majestueusement en amphithéâtre au bord de l'Ohio, dont le cours paisible occupe ici un quart de lieue de largeur. Sa population n'était, en 1810, que de

---

(1) *Michaux:* Voyage à l'ouest des monts Alleghanys, p. 94, 117, etc.
(2) C'est l'*unio ohiotensis* de *Bosc*.

2500 habitans; en 1820 elle en avait 9600; le recensement officiel de 1830 y a constaté une population de 24,800 individus, en y comprenant sa banlieue. On y trouve des habitans de toutes les nations de l'Europe, principalement des Irlandais, des Allemands et des Français de l'ancienne province d'Alsace. Le fond de la population sort de la partie des États-Unis connue sous le nom de Nouvelle-Angleterre. On y reconnaît les heureux résultats de cet esprit d'ordre et d'économie, et de cette industrie infatigable qui distinguent les colons de cette contrée de l'Amérique. C'est à ces qualités que Cincinnati doit ses progrès rapides et sa prospérité. Pour faire de leur ville une cité importante, un grand centre de fabrication, les habitans n'avaient ni les avantages qu'offrent à ceux de Pittsbourg de riches usines de fer et de houille, ni la position avantageuse de Louisville, bâtie aux chutes de l'Ohio, là où commence la grande navigation à vapeur sur cet important cours d'eau. Ils n'avaient que leur amour du travail et leur persévérance; et cependant ils ont si bien réussi que leur ville est deux fois plus peuplée que Louisville et plus considérable que Pittsbourg. Ils ont voulu que Cincinnati devînt le centre du commerce des régions de l'ouest, et pour parvenir à ce but ils ont borné leur industrie à la fabrication d'une foule de petits objets secondaires qui servent à la consommation des habitans des pays occidentaux, et c'est dans leur ville que ces populations s'approvisionnent. Ainsi, à part les salaisons, qui s'opèrent annuellement sur 150,000 porcs, Cincinnati ne fabrique que des ustensiles de ménage, des instrumens agricoles, de l'horlogerie, du charronnage, de la quincaillerie, du savon, de la chandelle et du papier, objets de première nécessité pour les populations agricoles de l'ouest. C'est également à Cincinnati que l'on fond l'immense quantité de caractères d'imprimerie destinés à alimenter les presses d'où sort la grande quantité de journaux qui s'impriment dans l'ouest. Cette ville fournit aussi à la même population une foule de livres à bon marché, mais dont la consommation est considérable : c'est-à-dire livres d'église et livres d'écoles. Ainsi, dans le premier trimestre de 1831, on y a imprimé environ 88,000 volumes (1).

On conçoit, d'après ces résultats, que Cincinnati soit une ville où l'amour du travail est tellement répandu, et le goût du luxe et de la dissipation tellement en horreur, que quiconque n'est pas déterminé à y vivre en s'occupant utilement et en dépensant le moins possible, y mènerait une vie à charge aux autres et à lui-même. Cincinnati est la résidence d'un évêque catholique, et le quartier général du commandement de la division militaire de l'ouest. On y remarque plusieurs belles places et quelques grands édifices, tels que le principal marché, la maison de justice, le collége de médecine, l'hôpital du commerce et la maison des aliénés. On y publie aujourd'hui une douzaine de journaux.

« *Chilicothe* était autrefois la ville principale de ce nouvel État. Elle renferme 3000 habitans. On y voit encore des maisons appelées *loghouses*, sortes de cabanes en troncs d'arbres, sans fenêtres, et si petites, que deux lits en occupent une grande partie. Deux hommes élèvent et terminent en moins de trois jours une de ces constructions chétives. »

Nous citerons encore parmi les autres villes deux des plus importantes : *Zanesville*, peuplée de 3000 âmes et bien bâtie, sur la rive gauche du Muskingum ; on exploite dans ses environs une grande quantité de sel par le moyen de

---

(1) Ils étaient répartis de la manière suivante :
Éducation primaire......... 36,500 | Agriculture................. 11,000
Religion..................... 26,800 | Matières diverses........... 13,700

L'un des deux musées de cette ville renferme un spectacle mécanique assez singulier : c'est une représentation de l'enfer, où l'on assiste aux contorsions et aux cris des condamnés, et qui, par les émotions qu'elles y éprouvent, attire beaucoup de dames.

AMÉRIQUE : *États-Unis, partie orientale.* 259

puits; *Steubenville*, à peu près de la même population, est remplie de fabriques.

« La partie septentrionale de l'État d'Ohio, bordée par le lac Érié, porte le nom particulier de *Nouveau-Connecticut*; elle se peuple rapidement par des émigrés de l'ancien État de ce nom; et ces colons, actifs, sobres et religieux, y créent déjà de riantes bourgades (1) qui, en peu d'années, se placent au rang des villes. L'État d'Ohio n'admet pas d'esclaves.

« Un ancien peuple civilisé et belliqueux a dû habiter ces régions dans un temps antérieur à l'histoire; on découvre continuellement des camps retranchés ou plutôt des forts, des restes de forges et des ruines de villes construites en pierres et sur un plan régulier. Du milieu de ces vieux murs on voit s'élever des arbres dont la grosseur atteste un âge de plusieurs siècles (2). » Mais nous ne nous arrêterons pas ici sur ces restes antiques; nous leur consacrerons plus loin un article spécial, dans lequel nous examinerons tout ce que l'on connaît dans ce genre sur le territoire des États-Unis.

« A côté de ces monumens de l'homme on rencontre ceux de la nature; des ossemens fossiles nous apprennent ici l'existence d'animaux inconnus. M. Peales, directeur du muséum d'histoire naturelle de Philadelphie, est parvenu, avec beaucoup de soin et de dépenses, à réunir un squelette fossile complet d'un grand quadrupède qui peut être regardé comme une espèce d'éléphant. Ce squelette a été trouvé près des grandes salines, à 500 milles au-dessus de Pittsbourg, et à 3 milles à l'est de l'Ohio. Il était enseveli avec beaucoup d'autres ossemens, surtout de buffles et de daims, dans un sol calcaire, principalement composé de

---

(1) *Colonial Journal*, N° 1, Londres, 1816, p. 47.
(2) Lettre dans le *Mercure de Chilicothe*, 6 novembre 1811.

détritus de coquilles, et couvert d'eau même pendant les saisons les plus sèches (1). Ce quadrupède se fait remarquer par l'extrême solidité de sa charpente osseuse, par ses mâchoires plus longues d'un tiers que celles de l'éléphant ordinaire, par des dents molaires plus nombreuses, d'une structure moins composée que celles des autres éléphans, et enchâssées séparément dans des alvéoles régulièrement cloisonnés; enfin par une plus grande obliquité de la ligne faciale, et un front moins élevé que dans l'éléphant d'Asie: on conclut ce dernier trait de la conformation de la mâchoire et de l'encaissement des dents (2). Daubenton avait regardé cet animal comme un hippopotame; M. Williams Hunter a cherché à prouver que ces dents molaires n'ont pu appartenir qu'à un carnivore, opinion adoptée par M. Peales, qui croit que cet éléphant était amphibie, et qu'il vivait de chair et de crustacés. »

Cependant ces conjectures si opposées ont disparu devant la sagacité d'un savant dont les travaux honorent la France. G. Cuvier a reconnu que cet animal se rapproche de l'éléphant par ses longues défenses, par la forme de ses pieds et même par la trompe dont sa tête devait être armée, et qu'il n'en différait que par ses dents qui, au lieu d'être formées de lames transversales, ont une couronne simple hérissée de mamelons ou de tubercules plus ou moins nombreux, plus ou moins saillans : de là le nom de *mastodonte* qu'il lui a donné (3). Rien dans la forme de ses pieds et de ses dents n'annonce qu'il pouvait être carnivore; mais l'analogie que son système dentaire offre avec celui du cochon et de l'hippopotame prouve, suivant notre célèbre anatomiste, qu'il devait se nourrir de végétaux tendres, de racines et de plantes aquatiques.

(1) *Journal de Physique*, février 1803, p. 150, etc.
(2) *Camper fils* : Description d'un éléphant, p. 24.
(3) Du grec μαστός, petite éminence; ὀδούς, dent.

Borné à l'est par l'État d'Ohio, au nord par le territoire de Michigan, à l'ouest par l'Illinois, et au sud par le Kentucky, l'*État d'Indiana*, fondé en 1816, comptait, en 1820, 147,000 habitans, et en 1830, 341,000. Au nord son sol est entrecoupé d'un grand nombre de petits lacs; au sud, depuis les chutes de l'Ohio jusqu'à la Wabash, il est traversé par une chaîne de collines appelées les *Knobs*, hautes de 4 à 500 pieds au-dessus de leur base; au centre s'étend une grande plaine appelée *Flat-woods* ou Bois plats. Sur les bords des rivières, excepté de l'Ohio, s'étendent des dépôts de terres d'alluvion très-fertiles, qui se terminent par des prairies élevées de 30 à 100 pieds, couvertes de taillis et de jolis arbustes que bordent de vastes forêts.

La douceur du climat égale, si elle ne surpasse pas, celle de l'État d'Ohio. Au-dessous du 40° parallèle, l'hiver est tempéré et plus court que dans les autres États : la belle saison dure ordinairement jusque vers le 25 décembre, et le printemps commence vers le 15 février; mais au-delà de la limite ci-dessus, dans le bassin de la Wabash, les vents du nord et du nord-ouest dominent et rendent l'hiver plus rigoureux. La plus grande partie du sol est favorable à la culture du blé, du seigle, du maïs, de l'avoine, de la pomme de terre, du chanvre, du tabac, du melon, et même du cotonnier.

Vincennes offre l'aspect d'une petite ville florissante : elle est bien bâtie; elle possède une académie, et renferme 1800 habitans; en 1820 elle n'en avait que la moitié. *New-Albany*, avec environ 2500 habitans, est la ville la plus peuplée de tout l'État; elle compte plusieurs usines, et l'on y construit beaucoup de bateaux à vapeur.

« Tous les établissemens primitifs de ce pays étaient dus à des Français du Canada, dont les descendans se distinguent encore par leur gaieté et leur insouciance. Des Suisses du pays de Vaud ont fondé sur les bords de l'Ohio, à sept milles de l'embouchure, une colonie appelée *Nouvelle-Suisse*, et une ville appelée *Vevay*, qui renferme 5 à 600 habitans. Ces industrieux colons ont planté des vignes qui déjà leur ont fourni deux espèces de vin, que dans leur patriotique emphase les Anglo-Américains ont comparé l'un au bordeaux, l'autre au madère (1). Les Français avaient infructueusement essayé de changer en vin le jus des raisins indigènes qui croissent en abondance. »

Indianopolis, chef-lieu de cet État, est située sur la branche occidentale de la rivière Blanche (*White-river*). En 1802 elle ne renfermait que 40 maisons; sa population est aujourd'hui de plus de 1200 habitans.

La nation des *Illinois* donne son nom à un État situé entre celui d'Indiana et le cours du Mississipi. Ce pays est peu montagneux; la température y est douce; le sol y est fertile. On y récolte en grande quantité du maïs et du blé, du chanvre et du lin, du tabac excellent, du houblon et de l'indigo; la vigne sauvage y donne même un vin potable. Les bords de la Wabash, quoique malsains sur une longueur d'environ 30 lieues, offrent de belles prairies et de magnifiques forêts. La superficie du territoire de cet État est évaluée à 6700 lieues; on estime que les prairies situées vers le centre et le nord en occupent à peu près le quart.

L'État d'Illinois, fondé en 1818, ne renferme encore que des villes peu importantes. *Vandalia*, son chef-lieu, est une jolie petite ville, qui n'avait en 1830 que 500 habitans. On y trouve cependant une société savante qui prend le titre de *Historical society of Illinois*. *Shawaneetown* est importante par les salines qu'on y exploite, et qui produisent annuellement plus de 300,000 boisseaux de sel. Elles donnent le nom de *Saline* à une petite rivière qui se jette dans l'Ohio. Dans les environs de ces salines on voit une

(1) *Liberty-Hall*, journal américain, octobre 1811.

caverne curieuse qui, en 1797, servait de retraite à une bande de brigands.

« Les *Shawanées*, les *Illinois* et les *Potaouatamies* ou *Pottowatomies*, tribus indigènes de l'Indiana et de l'Illinois, ne peuvent se déterminer à une vie sédentaire et agricole. Dans ces derniers temps un prophète, qui prétendait avoir vu apparaître la Divinité, a essayé de les réunir en une confédération militaire. Quelques rapports lui donnent le nom de *Skenadaryo*, et lui attribuent la doctrine politique et morale la plus élevée ; les sages de l'antiquité avoueraient ses pures et nobles maximes (1) ; mais, selon d'autres relations, où il est nommé *Maygouis*, ses idées et ses discours ne paraissent être que ceux d'un fanatique allié du gouvernement du Canada, d'un ennemi implacable des États-Unis, qui veut en même temps empêcher ses compatriotes de vendre leurs terres aux Américains, et de les mettre en culture pour leur propre compte (2). Ce prophète, après avoir livré aux généraux américains des combats opiniâtres, a fini par succomber, et est tombé au pouvoir de ses ennemis. Quoique les Indiens mènent une vie misérable, leurs idées morales ont pris un certain essor. Une femme shawanèese ayant rencontré seule dans les forêts un voyageur américain qui essayait de lui inspirer des sentimens tendres, lui répondit avec dignité : Oulamav, mon époux, est toujours devant mes yeux, et m'empêche d'apercevoir aucun autre homme.

« Au sud de l'État d'Ohio et du gouvernement d'Indiana,

---

(1) *Monthly Repository of Theology*, vol. III, p. 709. (On y dit que le prophète demeure à l'ouest de l'Ohio ; or c'est précisément la demeure du prophète des Shawanées. Voyez le rapport officiel du général Harrison ; *Weekly Register*, vol. I, p. 301-322.)

(2) *Lambert*, Travels in Canada. *Nile* (Weekly Register, vol. I, p. 72, etc.), dit que le *prophète des Shawanées*, dont il ne donne pas le nom, recevait des émissaires anglais.

nous visiterons le riant *Kentucky*, État démembré de la Virginie. Il a reçu son nom de la principale rivière qui se jette dans l'Ohio. Le sol calcaire engloutit, pendant l'été, les eaux courantes dans des fentes et des cavités souterraines (1). Les *Barrens*, ou plaines dépourvues d'arbres qui se trouvent au sud-ouest de la rivière du Kentucky, sont remplis de trous en forme d'entonnoir, qui probablement doivent leur origine à des éboulemens fréquens (2) provoqués par des cavités souterraines. »

Dans sa partie septentrionale, les terrains qui bordent l'Ohio sur une largeur d'une demi-lieue sont exposés à des inondations périodiques; mais vers le nord-est le pays est entrecoupé de vallées étroites et couvert de montagnes, dont le sol ferrugineux est de la plus étonnante fertilité. Vers les frontières de la Virginie, les montagnes sont plus escarpées, les vallées plus profondes et tellement étroites, tellement boisées, que la lumière peut à peine y pénétrer. Vers le sud, entre les rivières de *Green* et de Cumberland, le sol peu fécond n'est cultivé que dans quelques parties; toutefois il s'y trouve de bons pâturages où l'on nourrit de nombreux troupeaux. Le Kentucky occidental est plat, humide, mais fertile. La douce température qui règne généralement dans cet État, la richesse de son sol, et la variété de ses sites agréables, lui ont valu le surnom de paradis terrestre.

« Le climat est singulièrement salubre et agréable, mais les froids commencent de bonne heure, et le cotonnier ne réussit pas. Il gèle souvent de 5 à 6 degrés pendant plusieurs jours de suite. La qualité bonne ou mauvaise du sol se distingue d'après l'espèce des arbres qu'il produit. Les terres les plus fertiles sont celles où les forêts sont composées de cerisiers de Virginie, de noyers blancs, de

---

(1) *Michaux*, Voyage aux États de l'Ouest, p. 168-170.
(2) *Idem, ibid.*, p. 163.

rênes blancs, noirs et bleus; de *celtis* à feuilles velues, le *guilandina dioïca*, nommé cafier; de *gleditsia triacanthos* et d'*annona triloba* : les trois dernières espèces indiquent surtout les meilleures terres. Dans les parties fraîches et montueuses on voit s'élever des troncs énormes de platanes, de tulipiers, de *magnolia*, ainsi que de *quercus macrocarpa*, dont les glands sont de la grosseur d'un œuf de poule. Les habitans du Kentucky appartiennent presque tous à des sectes religieuses très-exaltées; beaucoup d'entre eux choisissent les forêts pour théâtre de leurs exercices de dévotion. Un géographe américain vante leur urbanité et leur hospitalité; un voyageur anglais affirme que, dans leurs combats journaliers, ils s'arrachent sans pitié les yeux et les oreilles. L'un et l'autre peut être vrai à l'égard de classes différentes. » La population a triplé dans l'espace de dix ans, écoulés de 1790 à 1800; elle n'a fait que doubler dans les dix années suivantes, mais elle continue toujours à s'accroître dans la même proportion; elle était en 1810 de 470,000 individus, en 1820 de 564,000 au moins (1), et en 1830 de près de 689,000.

« *Francfort*, la capitale, petite ville de 2000 âmes, est bâtie sur un plan régulier et renferme plusieurs édifices élégamment construits, dont le principal est le palais de l'État. *Lexington*, ville à laquelle on accorde plus de 6000 habitans, fait un commerce considérable, possède un théâtre, plusieurs établissemens littéraires, entretient six imprimeries, et publie trois journaux. C'est dans son enceinte que se trouve l'une des universités les plus fréquentées des États-Unis occidentaux : elle est connue sous le nom d'*université de Transylvanie*. Une autre ville qui rivalise avec celle-ci sous le rapport de l'industrie, mais qui la surpasse en population, est *Louisville*, au bord de l'Ohio : en 1830

(1) Lettre de M. *Correa de Serra* à M. *Michaux*.

elle avait plus de 10,000 habitans. La plus importante cité après celles-ci est *Maysville*, avec 2000 habitans. Il existe dans le Kentucky une jolie ville qui porte le nom de *Versailles*, et une autre celui de *Paris*. Près de *Bowling-green*, on va visiter la *grotte du Mammouth*, qui paraît avoir 3 à 4 lieues d'étendue. Plus d'un cinquième des habitans se compose d'esclaves.

« A l'ouest de la Caroline du nord s'étend l'État de *Tennessée*, qui a environ 175 lieues de longueur, 40 de largeur et 5490 lieues de superficie. La nature le partage en deux. Le Tennessée d'ouest est situé sur la rivière de *Cumberland*, et en porte le nom dans le langage ordinaire. Les monts Cumberland le traversent et étendent au loin leurs ramifications. Le Tennessée d'est est arrosé par les rivières d'Holston et de Clinches, qui, par leur réunion, forment celle de Tennessée; ce district porte généralement le nom d'*Holston*. Les parties les plus occidentales de l'État de Tennessée sont abandonnées aux sauvages. Le Holston est un pays élevé, sain, riche en pâturages. *Knoxville* en est la principale cité : elle avait, en 1830, 3600 habitans. La culture du coton réussit parfaitement dans le Cumberland, où l'on trouve *Nashville*, la plus considérable ville de l'État; sa population, qui s'est accrue assez rapidement depuis quelques années, dépasse aujourd'hui 5000 âmes. Elle est sur la rive gauche du Cumberland, au milieu d'une contrée agréable et fertile parsemée de belles propriétés; on y remarque plusieurs manufactures de toiles de coton et de tissus de laine, ainsi que des distilleries et une université; mais cette partie de l'État n'est pas à l'abri des fièvres épidémiques. *Murfreesborough*, l'ancienne capitale, n'a qu'un peu plus de 2000 habitans.

« La population de cet État, plus récemment peuplé que le Kentucky, s'est accrue, dans les années 1800 à 1801, dans la proportion de 150 pour 100; elle était, à cette dernière oque, de 261,000 individus, en 1820 de près de 421,000, en 1830 d'environ 685,000. Un cinquième de la population actuelle se compose d'esclaves.

« Entre le Tennessée, la Géorgie et l'État de Missispi, demeure la nation indienne des *Chéroquées* ou *Chekis*, jadis fameuse dans la guerre, mais que les soins bienfaisans du gouvernement fédéral ont réussi à civiliser. Elle possède des moulins à blé, à scie et à poudre; elle fabrique du salpêtre; on rencontre des auberges sur les grandes routes; les femmes ont toutes des métiers à filer et à tisser. La tribu comptait, en 1810, 12,395 Indiens (1); elle est aujourd'hui de 15,000. Les *Chicasaws*, qui demeurent plus à l'ouest vers le Mississipi, se vantent de n'avoir jamais répandu le sang d'un Anglo-Américain; mais leurs progrès dans la civilisation paraissent moins rapides. »

Tout ce pays forme depuis 1819 un *État* qui porte le nom d'*Alabama*, qu'il tire d'une des principales rivières qui l'arrosent. Dans sa partie méridionale le terrain est bas, uni et marécageux le long des rivières; sous le 31e parallèle il devient ondulé, et s'élève presque insensiblement jusqu'au 33e : là il commence à être montueux, et s'élève progressivement jusqu'à la chaîne semi-circulaire appartenant aux monts Alleghanys, qui traverse de l'est à l'ouest sa partie septentrionale, et dont l'élévation est d'environ 3000 pieds. *Cahawba*, peuplée de 2 à 3000 âmes, en était encore la capitale en 1831. *Mobile*, qui s'élève à l'embouchure de la rivière de ce nom, au fond d'une baie sur le golfe du Mexique, est la ville la plus importante de cet État : le recensement officiel de 1830 ne lui donne que 3000 habitans, mais il paraît que sa population avec celle de ses faubourgs est plus du triple de ce chiffre. Elle est bien bâtie; elle possède un *théâtre* et une *banque*; son port,

---

(1) Monthly Repository of Theology, vol. V, p. 467. Londres, 1810.

qui ne peut recevoir que des navires qui ne tirent pas plus de 8 pieds d'eau, est défendu par le fort Charlotte. Elle a long-temps végété sous le despotisme de l'inquisition espagnole et sous la mauvaise administration du gouvernement français; souvent même elle a été ravagée par la fièvre jaune, mais quelques années de liberté ont suffi pour la placer dans l'état prospère où elle est aujourd'hui. Lorsque les Américains en prirent possession en 1813, elle ne contenait que 200 maisons. *Tuskaloosa* ou *Tuscalousa*, petite ville de 1600 habitants, sur la rivière de ce nom, ne mériterait pas de nous arrêter, si elle n'avait été élevée depuis peu au rang de capitale de l'Alabama. Elle possède une université.

« Nous entrons dans le gouvernement de *Mississipi*, qui a été érigé en *État* en 1817, car il comptait déjà, en 1810, une population de plus de 40,000 individus, dont les trois quarts étaient acquis pendant les dix dernières années; ainsi la population (en 1816) surpassait déjà le nombre de 60,000 fixé pour l'émancipation des républiques naissantes. En 1820 il avait 75,000 habitans, et en 1830 plus de 136,000. »

Il s'étend depuis la rive gauche du Mississipi jusque près de l'Alabama. Au nord il est borné par l'État du Tennessée. Borné sur une faible étendue par le golfe du Mexique, ses côtes sont sablonneuses et marécageuses; son intérieur, couvert de forêts et de pâturages, nourrit un si grand nombre de bêtes à cornes, qu'il n'est pas rare d'en voir des troupeaux de 500 à 1000 têtes appartenant à un seul propriétaire.

« *Natchez*, qui du haut de ses rivages salubres domine le vaste cours du Mississipi, sans être jamais atteint de ses eaux, paraît encore être la ville principale de cette province; elle n'a cependant que 3000 habitans. Son sol est à 300 pieds au-dessus de la rive gauche du fleuve. Elle

AMÉRIQUE : *États-Unis, partie orientale.* 269

re son nom d'une peuplade que les Français furent forcés
de détruire vers l'année 1730. L'instruction y est tellement
répandue que, malgré sa faible population, elle possède un
collége et une bibliothèque publique. En 1826, elle publiait
trois journaux politiques et une gazette littéraire. *Jackson*,
qui n'a que 1700 habitans, est la capitale de cet État.

« C'est sur la rivière de *Tombeckbée* que demeure la tribu
des *Chactas* ou *Têtes-Plates*, devenue si célèbre par la touchante fiction d'Atala et les peintures brillantes de M. de
Chateaubriand. De tous les indigènes, ce sont les plus rapprochés des Européens par leurs idées morales. Placés dans
un canton fertile, au sein de forêts majestueuses, de buissons odorans et de savanes abondantes en gibier et en pâturages, ils mènent une vie douce et tranquille dans leurs
maisons commodes, bâties à l'ombre d'orangers, de ceririers et de pruniers. Quelques unes de leurs femmes paraîtraient belles et piquantes, même en Europe, où l'on admirerait la vivacité de leurs yeux. Les Chactas ont des poètes
qui, tous les ans, produisent des chansons pour la grande
fête du feu nouveau. Leur culte paraît tenir du culte du
soleil, établi chez les Natchez. Le génie des fleuves, le bienfaisant *Michabou*, est invoqué par leurs sorciers contre le
dieu du mal, *Kichi-Manitou*. Le nombre de ces Indiens
s'élevait, en 1816, à 25,000 individus, dont 6 à 7000 combattans.

« Les Chactas ont pour ennemis les *Creeks-Supérieurs*,
nommés proprement *Muskoghis*, d'où les Français ont fait
Muscogulgues. Cette nation, venue comme les Chactas du
pays à l'ouest du Mississipi, a subjugué un grand nombre
de tribus de l'ancienne Floride ou de la moderne Géorgie,
telles que les *Apalaches*, les *Alibamas*, les *Cousas*, les *Chactihoumas*, les *Oconées*, les *Oakmulgées*, les *Pacanas*, les
Talepousas et autres. Ces tribus, désignées dans les anciennes
relations sous le nom collectif de *Floridiens*, n'étaient pas

très-nombreuses dans leur liberté primitive; car, se[lon] Nuñez de Vaca, le village d'*Apalache* ne renfermait, [en] l'an 1520, que 40 cabanes : on ne connaissait aucune esp[èce] de gouvernement; chaque famille vivait sous les lois de [la] simple nature (1). On a depuis attribué aux Apalaches [des] idées assez élevées sur la divinité et sur une vie future. [Ils] plaçaient l'enfer dans le nord, parmi des montagnes âp[res] et glacées. Quelques tribus floridiennes avaient des ch[efs] despotiques, nommés *paca-oustis* (2). Ils embaumaient le[s] morts au moyen de gommes et résines odoriférantes; [les] corps étaient gardés long-temps en plein air avant d'ê[tre] confiés à la terre. Les Muscogulgues ayant incorporé tou[tes] ces nations dans leur confédération, dont le chef s'app[elle] *Myco*, ont formé une nation de 17 à 18,000 individ[us] ayant 5000 combattans (3). Généreux, braves et hospi[ta]liers, ces peuples ont long-temps eu la sagesse de défen[dre] l'introduction des liqueurs spiritueuses : ils n'ont cédé le[urs] terres qu'avec une extrême répugnance, et ils oppose[nt] encore aux envahissemens des Anglo-Américains une [ré]sistance opiniâtre. Ils adorent le grand esprit, et ense[ve]lissent leurs morts avec des armes et des ustensiles, à [la] manière des tribus septentrionales. Leur gouvernement [est] une monarchie élective, limitée par l'autorité des ch[efs] inférieurs formant la grande assemblée, dans laquelle [les] sorciers ou prêtres exercent aussi une influence fondée [sur] des terreurs superstitieuses. Ils cultivent le maïs, le riz, [le] tabac, divers légumes et arbres fruitiers. Les *Séminoles* [ou] Creeks-Inférieurs, au nombre de 2 à 3000, paraissent ne [pas] dépendre de la confédération, et vivent dans un état b[ien] plus sauvage. »

(1) Naufragios de *Alvar Nuñez Cabeça di Vaca*, p. 6-17, etc.; [dans] *Barcia*, Historiadores de las Indias, t. I. — (2) *Gomara* : Historia d[e las] India, ch. XLV et XLVI. — (3) *Bartram* : Voyage dans la Caroline du [sud] et du nord. *Payne's* Geography, t. IV, p. 446.

LIVRE CENT SOIXANTE-DIX-NEUVIÈME.

Suite de la Description de l'Amérique. — Possessions des États-Unis à l'ouest du Mississipi, ou Louisiane et Missouri. — Territoire du Nord-Ouest.

Nous ne nous arrêterons pas long-temps dans la partie cultivée de la Louisiane, déjà tant de fois décrite par les voyageurs français.

« L'*État* de la *Louisiane* comprend aujourd'hui, 1° le delta du Mississipi ; 2° les parties de la terre-ferme occidentale situées entre la rivière des Adayes, nommée *Sabina* ou *Mexicana*, à l'ouest, le golfe du Mexique au sud, le Mississipi à l'est, et le 33ᵉ degré de latitude au nord ; 3° la partie de la Floride occidentale, appelée *Féliciana*, occupée par les Américains (1). Cette dernière section, peuplée de 15 à 20,000 habitans, n'est pas portée en ligne de compte dans le recensement de 1810, qui donne à l'État 76,000 habitans, dont la moitié composée de nègres. » Actuellement la population totale doit s'élever à plus de 215,000 individus.

Cet État offre une étendue d'environ 500 lieues de longueur sur 300 de largeur. D'innombrables rivières l'arrosent ; et la plupart sont tributaires du grand fleuve qui le borde dans la plus grande partie de son étendue ; au sud, la contrée est basse et souvent inondée ; près du Mississipi s'étendent d'immenses savanes peuplées de bisons et parcourues par des peuplades sauvages ; à l'ouest, des cimes hérissées de rochers dominent de vastes forêts de pins et de sapins qui élèvent leurs énormes troncs élancés sur le

---

(1) Voyez ci-dessus, pag. 252.

flanc des montagnes. Tel est l'aspect général de cette contrée qui fut découverte et signalée en 1541 par Ferdinand de Soto, et où des Français partis du Canada s'établirent les premiers en 1682, en donnant au pays le nom de Louisiane, en l'honneur de Louis XIV. Après avoir été mal administrée, la colonie française qui avait fondé la Nouvelle-Orléans fut cédée à l'Espagne en 1764; en 1801, elle fut rétrocédée à la France, qui, en 1803, céda la Louisiane aux États-Unis moyennant une somme de 80 millions de francs, sur lesquels 20 millions furent restitués à l'Union à titre d'indemnité de captures indûment faites. En 1804, le congrès divisa la Louisiane en deux territoires dont celui du sud reçut le nom de Nouvelle-Orléans, et celui du nord conserva celui de Louisiane. Enfin, en 1812, ces deux territoires furent réunis et admis au rang d'État sous le nom de Louisiane.

Le Mississipi n'est pas moins remarquable par sa rapidité que par sa largeur et sa profondeur. La vitesse du courant est de 4 milles à l'heure; sa largeur est à la Nouvelle-Orléans, à l'époque des basses eaux, de 682 mètres et pendant les grosses eaux, de 779 mètres; sa profondeur est de 168 pieds; ailleurs elle varie entre 50 et 70. « Le fleuve commence à croître dans le mois de janvier, et
« continue à grossir jusqu'au mois de mai; il reste dans cet
« état pendant tout juin et une grande partie de juillet;
« puis il commence à diminuer jusqu'en septembre et oc-
« tobre, époque où il est au niveau le plus bas; quelque-
« fois cependant le fleuve commence à croître dès le
« mois de décembre (1). »

« Le Delta du Mississipi, composé d'un terreau léger, limoneux ou sablonneux, sans pierres ni roches quelconques, est, en beaucoup d'endroits, d'un niveau inférieur à

---

(1) *Bazil-Hall* : Voyage aux État-Unis, etc., t. II, p. 256.

celui de la rivière, dont une faible digue le sépare : circonstance qui semblerait le menacer, à chaque crue des eaux, d'une destruction inévitable ; mais ayant en même temps une pente continuelle, quoique insensible, vers la mer, les eaux du fleuve, après avoir franchi leurs barrières, trouvent de toutes parts un écoulement facile. Les nombreux canaux que le fleuve se creuse à travers un terrain couvert de mille arbustes, varient d'année en année, et forment un labyrinthe d'eau et de bosquets qu'aucune carte ne saurait retracer. Mais au milieu de ces *bayoux* (1), le bras d'Iberville à l'est, le grand bras de la Nouvelle-Orléans au milieu, avec l'embranchement de Barataria au sud, enfin le bras réuni de Tchafalaya et de la Fourche à l'est paraissent aujourd'hui avoir acquis une existence invariable. Dans toutes les embouchures, le lit du fleuve a beaucoup moins de profondeur que dans la partie supérieure de son cours. On croit que le Mississipi doit à cette circonstance d'être exempt de toute influence des marées. Les lacs de *Pontchartrain*, de *Borgne*, de *Barataria* et beaucoup d'autres, dont l'eau est à moitié douce et à moitié salée, sont renfermés dans ce Delta, où vers l'an 1820 une compagnie de flibustiers, sous les ordres d'un M. Lafitte, s'était établie dans une telle position que, toujours poursuivie et toujours introuvable, elle fondait quand elle voulait sur sa proie, et échappait à toutes les recherches de ses ennemis. »

Dans les parties où les différentes passes du fleuve touchent à la mer, on remarque une espèce de barre sujette à de constantes fluctuations qui font, disent les voyageurs, le désespoir des pilotes. Près de la passe du sud-est il y a un village peuplé de pilotes et appelé *La Balize*,

---

(1) Ce mot, du dialecte colonial, vient sans doute de *loyau*, chemin étroit.

du mot espagnol *valisa*, qui signifie *phare*. C'est le plus triste lieu qu'on puisse imaginer. Ce village est pour ainsi dire sous-marin: il est au-dessous des eaux du fleuve et de la mer; du point central s'élève une sorte d'observatoire d'où la vue s'étend au loin, d'un côté sur un marais sans fin, de l'autre sur plusieurs passes et un grand nombre de bayoux, sortes de canaux naturels qui serpentent au milieu des marécages. L'œil se repose à peine sur quelques parties de terre : les plus proches sont à 15 ou 20 lieues. Il y a en tout une vingtaine de maisons dont six seulement sont habitées : on communique de l'une à l'autre au moyen de planches ou de troncs d'arbres jetés sur la vase et sur l'eau; il est impossible de faire 20 à 30 pas sans enfoncer jusqu'au cou dans des trous vaseux ou dans des sables mouvans.

« Le Delta du Mississipi, destiné par la nature à être une immense région, a reçu la culture du sucre, à laquelle le climat inconstant et le froid des hivers, souvent assez sensible, paraissaient s'opposer (1). La canne à sucre brave ici, comme dans le Mazenderan, en Perse, les intempéries et les frimas; mais ici, comme sur les bords de la mer Caspienne, le suc de la canne, moins élaboré que sous le ciel des Antilles, contient moins de parties cristallines. Le coton, l'indigo, la vigne, le chanvre et le lin réussissent sur les terres plus élevées et moins humides des districts d'*Atacapas* et d'*Opelousas*. Les environs de *Naichitoches* produisent d'excellent tabac (2). Les forêts se composent des mêmes arbres que dans la Floride et le Kentucky. Les pépinières s'étendent depuis la mer jusqu'au-delà de la rivière *Ouachitta*. L'ours, le jaguar, le chat-tigre se font moins redouter que les serpens, les moustiques et les in-

---

(1) *Duvallon*: Vue de la colonie du Mississipi, p. 69, p. 133, etc.
(2) *Robin*: Voyage à la Louisiane, III, p. 2.

AMÉRIQUE : *Pays à l'ouest du Mississipi.* 275

ectes venimeux ou incommodes de toutes espèces (1). La race commune des chevaux n'est pas belle. D'immenses troupeaux de bœufs errent, en partie sans maîtres, dans les prairies d'Atacapas et d'Opelousas. Beaucoup d'habitans ne doivent leur aisance qu'à ce genre de propriété, qui paraît d'un revenu plus sûr qu'aucun autre.

« *La Nouvelle-Orléans*, destinée à devenir un jour l'Alexandrie de cette autre Égypte, le Canopus de cet autre Nil, voit s'accroître rapidement le nombre de ses habitans, l'étendue de son commerce, la splendeur et l'élégance de ses nouvelles habitations. C'est aujourd'hui une ville de 46,000 habitans. »

On trouve dans cette ville des rues étroites et de vieilles maisons ornées de corniches et de balcons qui indiquent leur origine française et espagnole. Son sol est au-dessous du niveau du fleuve, mais il s'accroît journellement de toutes les terres enlevées par le Mississipi du côté qui fait face à la ville. Depuis qu'on s'est occupé de dessécher les marais qui l'environnent, la fièvre jaune ne fait plus à la Nouvelle-Orléans les ravages qui en rendaient le séjour si pernicieux. La position avantageuse de cette ville doit assurer sa prospérité future. Ses édifices publics sont assez bien bâtis, ses établissemens d'instruction et d'utilité publique sont bien tenus. Elle possède deux théâtres et plusieurs imprimeries. On y publie 8 journaux, 3 en français, 4 en anglais et 1 en espagnol. Son commerce intérieur emploie 1400 grands bateaux plats appelé *arches* et 130 bateaux à vapeur; 1000 vaisseaux sortent annuellement de son port pour l'Amérique méridionale et l'Europe. En 1831, on y a ouvert un chemin de fer qui communique de cette capitale au lac Pontchartrain.

(1) *Duvallon*, p. 99-108.

Les autres villes de la Louisiane, en général peu importantes, sont *Donaldsonville* qui ne renferme pas 1000 habitans; *Saint-Francisville*, chef-lieu du district de West Feliciana, entrepôt considérable de coton; *Natchitoches* qui est plus commerçante sans être plus peuplée; *Jackson* remarquable par son collége; enfin *Bâton-Rouge*, ville de 2500 habitans, importante par son arsenal et par sa position au-dessus du Delta du Mississipi.

Le territoire d'*Arkansas* doit son nom à une peuplade indigène située sur la rive droite de l'Arkansas, le principal affluent du Mississipi, et à laquelle les États-Unis, en 1818, achetèrent ce pays, d'environ 7800 lieues carrées, moyennant 4000 dollars en numéraire et une redevance de 1000 dollars en marchandises. Ce territoire est traversé du sud-ouest au nord-est par les monts Ozarks; ses parties de l'ouest et du nord-est sont encore stériles et désertes; celles du sud-est sont parcourues par les Arkansas et les Osages, et cultivées çà et là par des colons anglo-américains; celles de l'ouest, où ces derniers sont les plus nombreux, sont traversées par des routes commodes qui conduisent dans les États limitrophes du nord, de l'occident et du midi. On distingue dans ce territoire deux districts, celui d'*Ozark*, qui porte le nom de la chaîne de montagnes qui le traverse, et celui des *Osages*, ainsi appelé du nom de la plus nombreuse des nations indigènes qui le parcourent.

La population de tout ce territoire était évaluée en 1830 à 30,000 individus. Les principales villes ne mériteraient, dans un autre pays, que le titre de villages : telles sont *Little-Rock* ou *Arkopolis*, chef-lieu de tout le territoire, et renfermant à peine 900 habitans, bien qu'on y compte plusieurs maisons de commerce; *Arkansas* ou *Post*, qui en a près d'un millier; *Gibson*, qui est le principal poste militaire de la contrée, et *Napoléon*, centre d'une petite colonie fondée en 1819 par des émigrés français, sur les bords du Big-black, rivière de 60 lieues de cours, qui va se jeter dans le Mississipi. Nous devons citer encore un autre lieu appelé *Warm-spring*, simple bourgade, qui, lorsque le pays sera plus peuplé, acquerra de l'importance par les sources chaudes qu'elle possède, et qui sont salutaires dans les maladies chroniques et les paralysies. Depuis long-temps elle est remarquable en ce que les naturels de différentes nations qui s'y rendent y vivent en bonne intelligence, quelles que soient les inimitiés qui, hors de là, les divisent : aussi lui ont-ils donné, depuis une époque très-reculée, le nom de *Terre de la Paix*.

Au nord du territoire d'Arkansas s'étend l'*État du Missouri*, traversé dans sa largeur de l'est à l'ouest par ce fleuve, et borné à l'est par le Mississipi. Les bords du Missouri sont très-fertiles; mais, au sud de cette rivière, la stérilité du sol est compensée par la richesse minérale. La population de ce nouvel État était, en 1830, de 140,000 âmes. La petite ville de *Jefferson*, au bord du Missouri, en est, depuis 1822, la capitale. *Saint-Louis*, qui fut fondée en 1764 par quelques Français, doit son accroissement rapide et sa prospérité à sa position sur l'un des plus grands fleuves du monde, et à sa faible distance de deux de ses principaux affluens, l'*Illinois* et le Missouri. En 1816, elle ne renfermait que 2000 habitans; aujourd'hui elle en a plus de 5000. Elle conserve encore les fortifications dont elle fut entourée dès son origine. Elle est le siége d'un évêché catholique, et possède deux banques, un théâtre, un collége, un musée, une bibliothèque et trois imprimeries. C'est l'entrepôt du commerce établi entre le Missouri, la Louisiane, l'État d'Ohio et la Pensylvanie. Plus de 20 bateaux à vapeur y entretiennent des communications régulières avec ces différentes parties de l'Union.

Quelques autres villes méritent d'être citées. *Franklin*,

fondée depuis 1816, est considérée comme la seconde ville de l'État par sa position avantageuse sur la rive gauche du Missouri, dans une plaine fertile. Le commerce y est assez actif; il s'y fait un service régulier de bateaux à vapeur. Elle n'a encore que 1200 habitans; mais elle est construite sur un plan régulier, et ses maisons, la plupart en briques, sont élégamment construites. *Saint-Charles* est une petite ville intéressante par le collége ecclésiastique que l'on remarque dans ses environs, et dont la fondation est due aux jésuites. *Sainte-Geneviève*, qui domine une vue aussi étendue que pittoresque sur la rive droite du Mississipi, et où l'on prépare les produits des abondantes mines de plomb qui en sont voisines, possède un collége qui occupe un bel édifice, et une banque qui est la succursale de celle du Missouri. *New-Madrid* ou *Nouveau-Madrid*, situé sur un terrain élevé que les inondations du Mississipi atteignent rarement, et où les arbres forestiers prennent une croissance extraordinaire, est fréquemment menacé par deux genres de fléaux également redoutables: l'un est causé par les affaissemens que déterminent les excavations du sol d'alluvion que cette ville occupe; l'autre est la fréquence des tremblemens de terre. En 1811 et 1812, elle fut entièrement bouleversée; aussi sa population, composée d'Italiens, d'Espagnols et de Français, est-elle très-faible; on ne la porte pas à plus de 300 individus.

« L'État de Missouri, avant d'appartenir à l'Union américaine, faisait partie de la Louisiane. Les Français, qui, dans cette contrée comme dans celle de la Nouvelle-Orléans, comptaient pour une moitié dans la population, vivaient dans une heureuse indolence; la chasse et leurs troupeaux fournissaient abondamment à leurs simples besoins; chacun cultivait nonchalamment les terres dont il s'était emparé, et dont souvent il ne savait marquer les limites précises. Lors de sa réunion à la Confédération américaine, les colons français se virent en présence d'hommes entreprenans, avides, accoutumés aux chicanes judiciaires, et qui leur demandaient compte de leurs titres de possession ; ils apprirent à connaître l'utile gêne d'un régime légal, les besoins et les jouissances du luxe; ils se trouvèrent en même temps dépouillés de leur droit illimité de propriété, et entraînés à une plus grande dépense : de là des plaintes amères, qu'envenime encore la différence de langage et de croyance religieuse. Mais ces plaintes cesseront ; le nom et la langue française s'éteindront ici comme dans tant d'autres parties de l'Amérique. »

Cet État, sous l'administration américaine, a fait de grands efforts pour favoriser le développement de l'instruction publique. Le collége de Saint-Louis, qui a le rang d'université, prospère sous la direction des jésuites. Dans la commune de *Sainte-Marie*, il y a un séminaire dirigé par des prêtres de la congrégation de Saint-Vincent de Paul. Il est vrai que le pays ne possède pas encore d'écoles primaires gratuites; mais on y trouve un grand nombre d'écoles secondaires pour les deux sexes, et presque toutes fondées et entretenues par des catholiques.

« Nous allons quitter les derniers confins de la civilisation, et nous élancer au milieu des tribus qui se croient encore indépendantes, et dont cependant la république américaine considère le territoire comme soumis à sa souveraineté. Les explorateurs envoyés par le gouvernement fédéral dans ces vastes régions nous serviront de guides. Le major Pike nous conduira depuis Saint-Louis jusqu'aux sources du Mississipi. Nous indiquerons succinctement les nations qui habitent sur le haut de ce fleuve et dans son voisinage. »

L'immense espace que nous allons parcourir ne porte point encore de dénomination bien fixe. On désigne depuis long-temps sous le nom de *Territoire du Nord-Ouest* (*North-West Territory*) la contrée qui, au nord de l'État d'Illinois, s'étend entre le lac Michigan, à l'est, le lac Supérieur et les possessions anglaises au nord, et le haut Mississipi à l'ouest. On a proposé de le désigner sous le nom de *Territoire-Huron* (*Huron Territory*), mais cette désignation n'a point encore été adoptée par le congrès. Un savant américain, M. Tanner, a même eu l'idée de le diviser en deux districts, auxquels il donne les noms de deux peuplades importantes : le plus septentrional serait appelé *District des Mandanes*, et celui du sud *District des Sioux*.

On ne trouve dans cette contrée que quelques forts épars : ainsi, à l'extrémité de la *Baie verte* (*Green bay*) se trouve le *fort Brown*; plus au nord, sur le bord du lac Huron, le *fort du Saut de Sainte-Marie*; près de la frontière anglaise, le *fort Charlotte*; enfin, sur les bords du Mississipi, le *fort Saint-Antoine*, le *fort de la prairie du Chien*, ou le *fort Crawford*, et le *fort Calhoun*.

A l'ouest du Territoire du Nord-Ouest s'étend une contrée dix fois plus considérable, le territoire de l'ouest (*Western-Territory*), désignée aussi sur les cartes américaines sous le nom de *territoire de Missouri* (*Missoury Territory*), et que l'on a proposé d'appeler *District de l'Oregon*, parce qu'il est traversé vers sa limite occidentale par une rivière appelée la Columbia ou l'Oregon. On y voit, à l'embouchure de cette rivière, *Astoria*, petit établissement commercial fondé dans le pays des *Tchinnouks*. Un voyageur américain, M. Roy-Cox, a signalé dans son voisinage des pins d'une hauteur et d'une grosseur prodigieuses : l'un d'eux, à 10 pieds au-dessus du sol, a plus de 14 pieds de diamètre; son sommet s'élève à près de 300 pieds; un autre, qui n'est élevé que de 240 pieds, a plus de 17 pieds de diamètre.

« La puissante nation des *Sioux* est la terreur de toutes les peuplades sauvages, depuis le pays des Indiens-Serpens et la rivière du Corbeau au nord jusqu'au confluent du Missouri et du Mississipi; elle se divise en plusieurs tribus.

Les *Minoa-Kantong*, ou gens du Lac, s'étendent de la prairie du Chien à la prairie des Français, et sont subdivisés en quatre tribus qui obéissent à différens chefs. Ils passent pour les plus braves de tous les Sioux, et sont beaucoup plus civilisés que les autres; eux seuls font usage de canots. Ils construisent des cabanes de troncs d'arbres, et s'adonnent à la culture de la terre; mais quoiqu'ils récoltent un peu de maïs et de fèves, l'avoine sauvage, que la nature fournit à presque tout le nord-ouest de ce continent, leur sert principalement en guise de pain. Cette bande est généralement pourvue d'armes à feu. La bande des *Waspetongs*, ou « gens de feuilles », erre dans le pays compris entre la prairie des Français et la rivière Saint-Pierre. Les *Sassitongs*, divisés en deux tribus, chassent sur le Mississipi depuis la rivière Saint-Pierre jusqu'à celle du Corbeau. La bande vagabonde des *Yanetongs* du nord et du sud maintient son indépendance dans les vastes solitudes qui s'étendent entre la rivière Rouge et le Missouri; elle s'y confond en quelque sorte avec celle des *Titons*, également divisée en branche du nord et du sud, et dispersée sur les deux rives du Missouri, depuis la rivière du Chien jusqu'au pays des Mahas et des Minetares. Le bison fournit à ces deux bandes la nourriture, le vêtement et l'habitation, ainsi que les selles et les brides de leurs chevaux, dont elles possèdent des troupeaux innombrables. La bande des *Waschpecontes*, la plus petite enfin, fait la chasse vers les sources de la rivière des Moines. Elle fournit aux Yanetongs du nord et aux Titons le peu de fer dont ils ont besoin; du reste, ils paraissent être les plus indolens et les plus stupides de la nation.

« Les Sioux sont incontestablement les plus belliqueux et les plus indépendans des Indiens établis sur le territoire des États-Unis. La guerre est même leur passion dominante. Ils connaissent l'art de faire des retranchemens en terre pour y mettre leurs femmes et leurs enfans à l'abri des flèches et des balles, lorsqu'ils craignent une attaque subite de l'ennemi (1). Du reste, les marchands peuvent voyager parmi eux en toute sûreté, en ayant soin cependant de ne pas blesser le point d'honneur de ces sauvages. D'un autre côté, jamais aucun voyageur n'a démérité dans leur esprit en cherchant à tirer vengeance d'une injure qu'il aurait reçue d'un de leurs compatriotes. Les objets qu'ils vendent aux Américains sont des peaux de tigres, de daims, d'élans, de castors, de loutres, de martes, de renards blancs, noirs et gris, de rats musqués et de ratons. Leur prononciation gutturale, leurs pommettes saillantes et tout l'ensemble de leurs traits, leurs mœurs et leurs traditions confirmées par le témoignage des nations voisines, tout porte à faire croire qu'ils ont émigré de la partie nord-ouest de l'Amérique. Ils écrivent en hiéroglyphes comme les Mexicains (2).

« Les *Chippeway*, ou *Chipeouays*, habitent dans l'ouest et le sud du lac Supérieur, sur les lacs de Sable, Sangsue, des Pluies et Rouge, ainsi qu'aux sources des rivières Chipeouay, Sainte-Croix, Rouge, Mississipi et Corbeau; ils se divisent, comme les Sioux, en plusieurs bandes (3). Ceux qui résident sur les lacs de Sable et Sangsue sont désignés par les voyageurs sous le nom de *Sauteurs*; mais ceux des rivières Chipeouay et Sainte-Croix s'appellent les *Folle-Avoine-Sauteurs*. Les *Crées* ou *Cries* résident sur le lac Rouge. Les *Oloways* habitent la côte nord-ouest du lac Michigan et les bords du lac Huron. Les *Muscononges*, sur les bords de la rivière Rouge, près du Ouinipeg, par conséquent hors du territoire américain, restent en liaison intime avec les autres Chipeouays, et n'en sont pas encore le dernier chaînon.

(1) *M. Z. Pike:* Voyage en Louisiane, etc., trad. franç. de M. Breton, t. p. 46, p. 218. — (2) *Idem, ibid.*, 1, p. 75. — (3) *Idem, ibid.*, p. 219.

« Pendant deux siècles, les Chipeouays et les Sioux se sont fait une guerre acharnée, jusqu'en 1805, où M. Pike les réconcilia. Les Chipeouays ont plus de douceur dans le caractère et plus de docilité que les Sioux, plus de sang-froid et de résolution dans les combats. Les Sioux attaquent avec impétuosité; les Chipeouays, protégés d'ailleurs par un pays entrecoupé d'une multitude de lacs, de ruisseaux et de marais impénétrables, se défendent avec adresse et prudence. Ils ont au surplus l'avantage de posséder tous les armes à feu, tandis que la moitié des Sioux n'est armée que de flèches, dont le coup n'est point sûr dans les bois. Les Chipeouays ont un penchant indicible pour les liqueurs fortes, entretenu par les marchands, qui encouragent en eux ce goût funeste, afin d'obtenir leurs fourrures à plus vil prix. Des hiéroglyphes sculptés en bois de pin ou de cèdre remplacent également chez eux le langage écrit (1).

» Les beaux traits des *Ménomènes*, que les Français appelaient *Folle-Avoine*, ont charmé tous les voyageurs. Leur physionomie respire à la fois la douceur et une noble indépendance; ils ont le teint plus clair que celui des autres indigènes, des yeux grands et expressifs, de belles dents, la stature moyenne et proportionnée, la taille bien prise, beaucoup d'intelligence, et des mœurs patriarcales. Ils demeurent sous des huttes fort spacieuses, et construites avec des nattes de jonc, à la manière des Illinois; ils couchent sur des peaux d'ours et d'autres bêtes qu'ils ont tuées à la chasse. Le sirop d'érable forme leur boisson aux repas. Quoique peu nombreux, ils sont respectés de leurs voisins, notamment des Sioux et des Chipeouays; les blancs les estiment comme des protecteurs et des amis (2). Les limites incertaines de leur terrain de chasse s'étendent jusqu'au

---

(1) *M. Z. Pike*, I, p. 107.
(2) *Idem, ibid.*, p. 99, p. 151, p. 210, etc.

Mississipi ; mais leurs villages sont situés sur la rivière *Ménomène* et sur la *baie Verte*, golfe du lac Michigan. Ils parlent entre eux un langage particulier qu'aucun blanc n'a jamais pu apprendre, mais tous comprennent l'algonquin.

« Les *Ouinebagos*, ou *Winebaiges*, que les Français ont appelés *Puants*, résident sur les rivières Ouisconsing, des Rochers, des Renards, et sur la baie Verte : leurs villages sont très-concentrés. Ils parlent le même langage que les Otos de la rivière Plate, et descendent, selon leurs propres traditions, d'une peuplade qui a émigré du Mexique pour se soustraire à l'oppression des Espagnols. Ils passent pour braves, mais leur valeur tient de la férocité. Depuis cent soixante ans environ ils se sont mis sous la protection des Sioux, pour lesquels ils se piquent de fidélité, en les regardant comme des frères (1). On porte leur nombre à près de 6000.

« Les *Otogamis* ou *Renards*, chassés par les Français de l'Ouisconsing, se sont réfugiés sur le Mississipi, où ils habitent trois villages ; ils étendent leurs chasses jusqu'à la rivière qui porte leur nom. Ils vivent dans une alliance étroite avec les Saques, et s'adonnent à la culture des grains, des fèves, des melons, mais surtout à celle du maïs, dont ils peuvent vendre plusieurs centaines de boisseaux par an. Éloignés de leurs villages, ils se logent, ainsi que les Saques, les Puants et les Ménomènes, dans des cabanes de forme elliptique, couvertes de nattes de jonc (2).

« Les *Saques* ou *Sakis*, établis sur le Mississipi au-dessus de Saint-Louis, y chassent depuis la rivière des Illinois jusqu'à celle des Ayonas, et dans les vastes plaines à l'occident qui confinent avec le Missouri. Ils récoltent une quantité considérable de maïs, de fèves et de melons. Naturellement

(1) *M. Z. Pike*, 1, p. 216. — (2) *Idem, ibid.*, p. 187, p. 207.

« nquiets, remuans et dissimulés, ils emploient plus la ruse que la force ouverte.

« Les *Ayonas*, étroitement liés avec les Saques et les Ottogamis, demeurent sur les rivières des Moines et d'Ayona, loin de la grande route du commerce. Moins civilisés et moins dépravés que les autres, ils cultivent un peu de maïs, et poussent leur chasse jusqu'à l'ouest du Missouri.

« Nous allons remonter, sur les traces des capitaines Lewis et Clarke, l'immense cours du Missouri, et donner une idée de ce vaste pays, qu'on pourrait désigner sous le nom de *Missourie*, et qui, ainsi que nous l'avons dit plus haut, porte sur les cartes américaines le nom de *Territoire du Missouri*.

« Quoique dépourvu de hautes montagnes, et n'ayant généralement que l'apparence d'un terrain d'alluvion, le sol de la Missourie s'élève considérablement vers l'ouest, où il forme la base de la chaîne des montagnes Rocheuses et du grand plateau Mexicain.

« Le premier objet qui mérite notre attention, c'est le *Missouri*. Au lieu de l'embarquement de M. Lewis, cette rivière avait 875 verges, ou près de 2,400 pieds de large; son courant rapide entraîne une quantité énorme de sable, qui s'amasse de distance en distance, et forme des bancs mobiles très-dangereux pour les navigateurs; il charrie aussi beaucoup de bois, dont une partie reste au fond de son lit; ses bords, minés par les eaux, s'enfoncent souvent et lui font prendre une autre direction.

« Un grand nombre de larges rivières viennent du sud et de l'ouest se réunir au Missouri. Une des plus grandes est la rivière *Plate*, qui, étant sortie des chaînes des montagnes Rocheuses vers le 112ᵉ degré de longitude, coule, dans la direction de l'est, jusqu'au 97ᵉ degré, où elle joint le Missouri. La rivière Plate a 600 verges de largeur à son embouchure, mais sa profondeur ne paraît pas excéder 6 pieds; ses sources avoisinent les frontières des États-Unis mexicains, ainsi que le Rio-del-Norte, qui, après avoir traversé le Nouveau-Mexique, va se jeter dans le golfe mexicain. Sa rapidité et la quantité de sable qu'elle charrie empêchent d'y naviguer : ce n'est que dans de petits canots de cuir que les Indiens la traversent.

« Cette abondance de sable apportée au Missouri est un phénomène remarquable. Ces rivières, quoique peu sujettes aux débordemens, battent sans cesse des terres légères ou peu tenaces, en détachent des portions considérables, et changent toujours de rivages. Les sinuosités du Missouri viennent de la même cause. Un jour nos voyageurs s'étant arrêtés pour prendre la hauteur du méridien, se virent si près de l'endroit où ils avaient fait leurs observations la veille, qu'ils envoyèrent un homme pour mesurer la langue de terre qui les séparait de leur dernière station : il mesura 974 verges; cependant ils avaient fait 18 milles $\frac{3}{4}$. A un endroit nommé avec raison le *Grand-Détour*, et situé à 4 degrés de latitude, la courbure du Missouri n'était pas moins grande; la langue de terre n'avait que 2000 verges, tandis que le circuit de la rivière était long de 8 milles : le Méandre même n'est pas aussi sinueux (1).

« Les bancs de sable amassés par le Missouri sont si mobiles, que l'expédition en ayant choisi un pour y camper la nuit, fut réveillée le lendemain matin par la sentinelle, qui lui annonça que l'île s'enfonçait; en effet, à peine eurent-ils le temps d'abattre leurs tentes et de gagner leurs bateaux : en un clin d'œil tout le banc disparut. C'est jusqu'à l'endroit où l'expédition passa l'hiver, c'est-à-dire environ 1600 milles du lieu d'embarquement, et à 47 degrés $\frac{1}{2}$ de latitude, que le Missouri conserve ces qualités. La rapidité du courant, mesurée sur le mouvement du bois qu'il charrie, se trouva, dans un endroit, de 7 pieds $\frac{1}{2}$ par

(1) Voyage de MM. Lewis et Clarke aux sources du Missouri. *Passim*.

« seconde; en beaucoup d'autres, elle était du double. Un courant qui fait 7 pieds ½ par seconde, doit faire environ 5 milles en une heure, rapidité qui surpasse de beaucoup celle des autres rivières connues de cette partie du monde, et qui, par conséquent, suppose une chute considérable.

« Ainsi nos voyageurs, en remontant le Missouri, ont dû s'élever beaucoup au-delà du niveau de la mer, et se trouver enfin, en prenant leurs quartiers d'hiver, à une grande hauteur. Faute de baromètre, ils auraient pu déterminer cette hauteur, ou plutôt la pente du terrain, d'après les observations exactes sur la rapidité et la profondeur de la rivière en divers endroits; mais ils paraissent avoir négligé ces observations.

« A quelque distance du rivage, le terrain s'élevait en collines de peu de hauteur; en plusieurs endroits les rochers resserraient la rivière, et l'on découvrait des bancs de pierre molle, ou des lits de charbon; le long des rivages se prolongeaient des prés, et la contrée se présentait sous un aspect fertile. On voyait beaucoup de bois, mais on n'apercevait point de gros arbres ni de grandes forêts. Peut-être les nombreux buffles, daims et élans qui paissent dans les savanes, en détruisant les jeunes plants, empêchent-ils les bois de croître. Parmi les fruits sauvages, on n'a remarqué que ceux de la vigne. Le raisin que nos voyageurs cueillirent était abondant, et presque toujours d'un bon goût.

« Le climat du pays traversé par l'expédition est en général très-rude. A l'endroit où elle campa durant l'hiver, le thermomètre marqua souvent 20° au-dessous de zéro. Le 11 novembre, le froid était si vif, lorsque le vent soufflait du nord, que l'on fut obligé de suspendre les parties de chasse; au lever du soleil, le thermomètre marquait 21° au-dessous de zéro; la glace remplissait l'air au point de refléter les objets, et de faire paraître deux soleils. Le lendemain, le vent continua de souffler d[u] nord, et au lever du soleil, le thermomètre était tomb[é] à 38°. Cependant cet endroit n'était qu'à 47° de lati[-]tude. Un froid aussi vif sous une latitude si peu avancé[e] vers le nord, doit provenir de l'élévation du terrain, d'o[ù] descendent en effet plusieurs rivières qui coulent du côt[é] du nord au lac Ouinipeg, et de là dans la baie d'Hudson. L'une d'elles, la rivière de *la Souris*, est marquée sur l[a] carte comme ayant sa source à un mille de la rive septen[-]trionale du Missouri; et en général sur un long espac[e] vers le nord-est, la ligne du partage des eaux longe d[e] très-près le fleuve.

« De petites tribus isolées d'Indiens habitent les deu[x] rives du Missouri. Quelque fertile que soit le sol de cett[e] contrée, il n'y a peut-être pas de pays sur la terre où il ait moins d'habitans. La population paraît diminuer par le[s] ravages de la petite-vérole, et par les effets des liqueur[s] spiritueuses. A ces fléaux il faut ajouter les guerres que c[es] sauvages se font mutuellement. La chasse, dans ce pays[,] ne paraît pas être d'un grand rapport, et la culture rest[e] dans un état languissant.

« L'imagination des Indiens aggrave encore le fléau d[e] la petite vérole. En parlant de la tribu des *Mahas*, qu[i] habite sous 42° 25′ de latitude, la relation du voyage s'ex[-]prime ainsi : « Les rapports qui nous sont parvenus d[es]
« ravages de la petite-vérole, sont effrayans. On ignore pa[r]
« quelle voie cette maladie leur a été communiquée : il[s]
« l'ont probablement apportée de quelque excursion guer[-]
« rière. Jadis c'était un peuple belliqueux et puissant; mai[s]
« quand ils virent leur force s'évanouir devant une malad[ie]
« à laquelle ils ne pouvaient résister, leur frayeur fut ex[-]
« trême : ils brûlèrent leurs villages, et quelques uns tuèren[t]
« leurs femmes et leurs enfans, pour leur éviter une afflic[-]

« tion aussi cruelle, et pour les faire passer dans un monde
« plus heureux. »

« Désirant faire goûter aux Indiens le changement de gouvernement, ou l'usurpation des *Blancs*, et les engager à vivre en paix, l'expédition avait toujours soin de les aborder avec beaucoup de prévenance. Elle les invitait souvent à tenir conseil avec elle; et elle eut assez d'occasions de se convaincre que cette éloquence mâle et généreuse qu'on attribue aux sauvages, n'existe pas chez toutes les tribus. Voici le discours du grand chef des Indiens-Sioux, dans une conférence que les capitaines Lewis et Clarke avaient demandée.

« Je vois devant moi les deux fils de mon *grand-père*
« (c'est ainsi qu'ils nomment le président); vous me voyez
« avec le reste de nos chefs et guerriers. Nous sommes bien
« pauvres, nous n'avons ni poudre, ni balles, ni couteaux,
« et nos femmes et nos enfans n'ont pas de vêtemens. Je
« souhaite que mes frères, puisqu'ils m'ont donné un dra-
« peau et une médaille, donnent aussi quelque chose d'utile
« à ce pauvre peuple. Je réunirai les chefs des Pawnas et
« des Mahas, et je ferai la paix entre eux; il vaut mieux
« que ce soit moi qui la fasse que les fils de mon grand-
« père, car ils m'écouteront plus facilement. Je suis allé
« auparavant chez les Anglais, et ils m'ont donné une mé-
« daille et quelques habits. »

« Ce langage ne se ressent pas de l'esprit indépendant que nous supposons toujours aux sauvages. Des plaintes sur la pauvreté et des demandes telles que celles des Sioux, annoncent un peuple sauvage corrompu par son commerce avec les nations civilisées.

« Une des nations indiennes que l'expédition rencontra le premier été, ne faisait point usage de liqueurs spiritueuses, et elle refusa d'en goûter : c'étaient les *Ricaras*, hommes forts et bien proportionnés, qui avaient dans trois villages une population de 450 individus. Quoique pauvres, ils étaient bons et généreux; ils ne mendiaient pas comme les Sioux; cependant ils acceptaient avec reconnaissance ce qu'on leur offrait. Leurs femmes étaient gentilles et gaies, malgré les travaux domestiques qui pesaient sur elles, comme chez la plupart des sauvages. A l'exception de la chasse, elles avaient à pourvoir à toute la subsistance de la famille. Elles ne sont pas plus avares de leurs faveurs que les femmes des Sioux; seulement les maris exigent qu'on demande leur consentement. Un jour un chef des Ricaras, dans une visite qu'il fit à M. Lewis, vit infliger une punition corporelle à un des soldats, conformément au jugement d'une cour martiale. Il en fut vivement touché, et il cria tout le temps de la punition. On lui expliqua la faute du coupable, et les motifs du châtiment; il reconnut que des exemples étaient nécessaires; il avoua en avoir donné lui-même, en punissant de mort des criminels; mais il ajouta que sa nation ne frappait même pas les enfans.

« Les *Mandanes*, autre tribu, habitent les bords du Missouri, au-delà des Ricaras. Ce peuple croit à un grand esprit qui préside à ses destinées, et qui possède en même temps l'art de guérir; car chez ce peuple, grand esprit et grand médecin sont synonymes, le dernier étant un nom qu'ils appliquent généralement à tout ce qu'ils ne comprennent pas. Chacun se choisit un objet de dévotion, qu'il appelle *la médecine* : c'est ou quelque être invisible, ou plus souvent quelque animal qui devient son protecteur et son médiateur auprès du grand esprit, et il n'y a rien qu'on néglige pour le rendre propice. « J'étais, il n'y a pas long-temps, possesseur de dix-sept chevaux, dit un Mandane aux Américains, mais je les ai tous sacrifiés à *ma médecine*, et je suis maintenant pauvre. » Il avait, en effet, conduit tous ses chevaux dans la plaine, et là il leur avait donné la

AMÉRIQUE : *Territoire du Missouri.*

iberté, en les abandonnant à *sa médecine*. L'idée d'associer
out pouvoir inconnu à celui d'une médecine, le plus frap-
ant à leurs yeux, paraît être générale parmi les tribus
ndiennes de cette partie de l'Amérique. Les nations qui
abitent à l'ouest des montagnes Rocheuses ont un langage
out différent, et ne paraissent avoir que peu de relations
vec les Indiens de l'est; cependant ils se servent de la
même métaphore, et, semblables à quelques philosophes
de l'ancien continent, ils sont très-fiers d'avoir expliqué un
fait physique à l'aide d'une expression figurée.

« Les Mandanes croient à une existence future, et cette
croyance se lie à la tradition de leur origine. Toute la nation, disent-ils, demeurait dans un grand village sous terre,
auprès d'un lac souterrain; une vigne étendait ses racines
depuis la surface de la terre jusqu'à leur demeure, et leur
laissait apercevoir le jour à travers quelques fentes. Quelques uns des plus hardis grimpèrent au haut de la vigne,
et furent charmés de voir une terre riche en fruits de toutes
espèces, et couverte de buffles. De retour dans leur souterrain, ils firent goûter à leurs camarades les grappes qu'ils
avaient apportées, et tout le monde en fut si enchanté,
qu'on résolut unanimement de quitter cette sombre demeure pour la belle contrée d'en haut. Hommes, femmes,
enfans, tous montèrent le long du cep; mais quand la moitié de la peuplade fut arrivée sur la terre, une grosse
femme, en voulant monter, cassa le cep par son poids, et
se priva, ainsi que le reste de la nation, pour toujours de
la clarté du soleil. Quand les Mandanes meurent, ils espè-
rent retourner à l'ancien établissement de leurs ancêtres,
où les bons arrivent en traversant un lac, tandis que les
méchans s'y noient, accablés par le fardeau de leurs péchés. Cette dernière idée rappelle les traditions des Kalmouks.

« L'expédition demeura tout l'hiver dans le voisinage de

cette nation. Pour passer le temps durant la triste saison, les Indiens ont leurs amusemens comme les nations les plus civilisées : la danse est de ce nombre; mais ce n'est pas une danse très-gracieuse. Celle qu'ils appellent la *danse des buffles* est un amusement si dégoûtant, que les auteurs de la relation n'ont osé le décrire qu'en latin. Une autre danse, appelée la *danse de la médecine*, est moins indécente; mais elle n'en est pas plus agréable.

« Le Missouri qui, depuis son embouchure jusqu'au territoire des Mandanes, coule dans une direction nord-nord-ouest, suit plus haut une ligne est et ouest, ligne qui incline même un peu vers le sud. Dans cette nouvelle région, il traverse également un terrain d'alluvion et des terres basses, sur lesquelles paissent des élans, des buffles, et des antilopes. Tout le pays présentait aux voyageurs l'aspect d'une plaine sans bornes, sans arbres et même sans broussailles, excepté les endroits marécageux et les pentes escarpées des collines, où ces végétaux sont à l'abri du feu. Le courant du fleuve, à cette hauteur, était moins rapide, et la navigation plus facile et plus sûre que plus bas, en sorte que l'expédition put faire 18 à 20 milles par jour. En avançant, elle aperçut sur les flancs des collines, sur les bords de la rivière, et même sur les bancs de sable, une substance blanche, dont il y avait des masses au fond de l'eau; elle avait le goût du sel amer mêlé au sel commun. Plusieurs ruisseaux, venant du pied des collines, étaient tellement imprégnés de cette substance, que l'eau en avait contracté un goût désagréable et une qualité purgative. C'était sans doute une terre magnésienne. On aperçut aussi du bois réduit en charbon. En s'arrêtant plus haut dans leur navigation, ils découvrirent de même des traces de sel et de charbon, ainsi que de pierre-ponce, et une sorte, disent-ils, de *terre brûlée*. Plus loin, les collines présentaient à la vue de grands blocs de rochers rompus, dont quelques uns, quoique élevés de 200 pieds au-dessus du niveau de l'eau, paraissaient avoir été jadis soumis à son influence, leur surface ayant été aplanie par l'action des courans. Ces rocs se composent de granite blanc et gris, de cailloux, de pierre calcaire et de quelques couches interrompues d'une pierre noire comme du bois pétrifié, et formant de bonnes pierres de touche. Les traces du charbon de terre et de la pierre-ponce continuaient à se montrer. La qualité du charbon s'améliorait, du moins il s'embrasait aisément, mais en donnant peu de flamme et de fumée. Un peu au-dessus de cet endroit, on trouva une couche de charbon de six pieds d'épaisseur. Dans les plaines, erraient de grands troupeaux de daims, d'élans, de buffles et d'antilopes; des loups guettaient les traînards et s'en emparaient quelquefois. La femelle du buffle défend ses petits tant qu'ils restent auprès du troupeau, mais plus loin elle n'ose s'exposer elle-même. Au 27 avril, le Missouri charriait encore des glaçons. On voyait aussi surnager des buffles morts qui s'étaient probablement noyés en voulant passer la rivière à la nage, ou en marchant sur une glace peu solide. Quelquefois des buffles vivans sont emportés par les glaçons; étant alors dans un état très-faible, ils sont aisément surpris par les Indiens. Ceux que le fleuve entraîne sont enterrés plus bas dans les sables, comme les éléphans de la Sibérie ont été ensevelis sur les bords du Ienissei et de la Lena. L'antilope, cet animal doux et léger qui semble plutôt voler que courir, est très-commun dans les pâturages du Missouri. Sa curiosité cause, dit-on, très-souvent son malheur. A la première vue du chasseur, il s'enfuit avec beaucoup de légèreté; mais si le chasseur se cache à terre, en tenant en l'air son chapeau ou un autre objet, l'antilope revient au petit trot pour le voir, et approche quelquefois deux à trois fois, au point de se mettre à la portée du fusil.

« L'expédition rencontra aussi des animaux dangereux, surtout l'ours blanc et l'ours brun. Les Indiens, qui le craignent beaucoup, ne les attaquent jamais qu'étant au nombre de six à huit, et alors même ils ont souvent le dessous, et laissent un ou plusieurs des leurs sur la place. Le danger n'est pas le même pour des chasseurs habiles et armés de fusils. Cependant l'ours est toujours un animal formidable, comme on pourra le voir par l'aventure suivante :

« Un soir (dit M. Lewis), les gens du dernier de nos bateaux découvrirent un ours brun, couché sur un terrain ouvert, à environ 300 pas de la rivière. Six bons chasseurs entreprirent de l'attaquer, et avancèrent à la faveur d'une petite hauteur; ils arrivèrent à 20 pas de lui : alors quatre d'entre eux firent feu, et percèrent son corps d'autant de balles, dont deux passèrent directement dans ses poumons. L'animal furieux se leva en sursaut, et courut sur eux la gueule ouverte. Quand il approcha, les deux chasseurs qui n'avaient point encore tiré, déchargèrent leurs fusils, et lui firent deux blessures, dont l'une, en lui fracassant l'épaule, retarda sa course ; mais avant que les chasseurs pussent charger de nouveau, il fut si près d'eux, qu'ils furent forcés de gagner la rivière; ils n'y étaient pas encore arrivés qu'il les avait déjà atteints. Deux se jetèrent dans le bateau ; mais les autres s'étant dispersés, se cachèrent parmi des saules et tirèrent sur l'ours : ils le blessèrent en plusieurs endroits, mais il n'en devint que plus furieux. Il suivit deux d'entre eux de si près, qu'ils se virent réduits à se précipiter du haut d'un coteau de 20 pieds dans la rivière ; encore l'ours s'y précipita-t-il après eux, et déjà il n'était plus qu'à quelques pieds du dernier, lorsque l'un des chasseurs qui étaient restés sur le rivage lui tira un coup à la tête et le tua. Après l'avoir traîné sur la plage, on vit que son corps était traversé par huit balles en diverses directions. » Il paraît, d'après ce récit, que l'ours de ces contrées n'est pas moins féroce et n'a pas une vie moins dure que l'ours qui habite les glaces du Groenland.

« Une circonstance particulière dans l'histoire naturelle de cette contrée, c'est que la rosée y est très-rare, même auprès d'une aussi grande rivière que le Missouri. Nos voyageurs n'en virent que deux exemples en traversant les pays ouverts. Le 24 mai, les bords de la rivière se couvrirent de glace; le lendemain, les cotonniers avaient perdu leurs feuilles. Peu à peu l'expédition approcha des montagnes Rocheuses, et déjà quelques pics de cette chaîne commencèrent à se montrer. Les collines n'étaient plus parées de bois; seulement, le long de la rivière, on remarquait quelques arbres rabougris: c'étaient des cotonniers, des frênes, des aunes, des buis et des saules. Depuis que nos voyageurs avaient quitté les Mandanes, ils n'avaient plus aperçu d'Indiens; seulement ils avaient rencontré par-ci par-là des cabanes qui paraissaient avoir été abandonnées depuis peu. Les rochers se composaient d'une pierre tendre, traversée par des blocs d'une substance noire, semblable au trapp, et plus encore au basalte. Des paysages très-pittoresques s'offraient à la vue de part et d'autre. MM. Lewis et Clarke virent s'élever, disent-ils, des pans de murs si extraordinaires, qu'ils crurent y apercevoir un ouvrage de l'art.
« Ces murs montent perpendiculairement sur le rivage,
« quelquefois à la hauteur de cent pieds; leur épaisseur
« varie d'un à douze pieds, mais ils sont aussi larges en haut
« qu'en bas. Ils se composent de pierres noires et dures,
« de la forme des polygones irréguliers; une rangée est
« posée sur l'autre, de manière que chaque pierre de des-
« sus remplit les insterstices entre les deux pierres infé-
« rieures (1). »

(1) Voyage de *Lewis* et *Clarke*, p. 352.

« Nos voyageurs n'étaient pas minéralogistes ; sans cela ils n'auraient pas pris pour des murs ce qui ne paraît être qu'un assemblage de colonnes basaltiques couchées horizontalement. Ces polyèdres, tournés vers la rivière, étaient les extrémités des colonnes, telles qu'on les voit dans l'île de Mull sur la côte d'Ecosse, ou dans la fameuse chaussée des Géans, en Irlande. La position horizontale des colonnes ou prismes basaltiques se retrouve dans les îles Færöe. Quant à la figure irrégulière, il faudrait attendre les témoignages d'observateurs plus savans.

« Après avoir passé entre ces murailles colossales, l'expédition, arrivée auprès du 112e deg. de longitude et à 47° 20' de latitude, se trouva arrêtée par un confluent de deux rivières, entre lesquelles il était difficile de distinguer le vrai Missouri, c'est-à-dire la rivière dont elle voulait connaître le cours. L'événement justifia le choix de nos voyageurs. A deux milles du confluent, M. Lewis entendit le bruit d'une chute d'eau, et en avançant, il remarqua une rosée fixe qui, poussée par un vent du sud-ouest, traverse la plaine comme une colonne de vapeurs. Il se porta vers cet endroit. A mesure qu'il approcha, le bruit augmenta au point de ne plus lui laisser de doute que ce ne fût la grande chute du Missouri. Au bout de sept milles, il parvint, à travers des rochers de 200 pieds de haut, à jouir du spectacle magnifique des plus belles cataractes du monde, mais qui, depuis la création, roulent leurs eaux dans un désert.

« Ces chutes s'étendent à une distance d'environ douze milles, et la largeur moyenne de la rivière varie de 280 à 550 mètres. La principale chute, qui se présente une des premières lorsqu'on remonte le courant, a 80 pieds de hauteur perpendiculaire, et 800 de largeur. Des rochers d'une centaine de pieds de haut s'élèvent sur les deux côtés ; à gauche, l'eau se précipite dans un abîme au bas du roc ; le reste de la cataracte, hérissé de blocs saillans, ne tombe as en masse, mais il n'en est pas moins beau : c'est une masse d'écume de 550 pieds de large sur 220 de haut, qui se forme et se disperse sans cesse de nouveau, et qui, frappée des rayons du soleil, reflète toutes les couleurs brillantes de l'arc-en-ciel. Quelques personnes préfèrent les simples cascades, d'autres aiment mieux les incidens produits par les obstacles qui s'opposent à la chute : le Missouri a l'avantage de réunir ces deux espèces de cataractes.

« En remontant le courant, on rencontre une autre cascade d'environ 47 pieds ; enfin, la dernière n'en a que 26, mais entre ces 3 chutes principales, il s'en élève beaucoup d'autres plus petites, ainsi que des pentes très-rapides qui dominent successivement les unes sur les autres, en sorte que toute la pente de la rivière, depuis la dernière cascade jusqu'à la première, est de 384 pieds. Précisément au-dessous des cascades, dit le capitaine Lewis, une petite île couverte de bois s'élève dans la rivière : là, un aigle avait fait son nid sur un cotonnier. Cet oiseau solitaire régnait dans un site où ni les hommes ni les animaux ne peuvent aborder. La rivière est parfaitement calme au-delà des cataractes, et de nombreux troupeaux de buffles paissent sur les bords dans des plaines qui s'étendent de part et d'autre, et ressemblent au fond d'un ancien lac dont l'issue est maintenant minée par les eaux.

« Au-delà des cataractes, l'expédition dut se diriger au sud, en s'inclinant un peu vers l'est. Après 60 milles géographiques, la rivière sort de la première chaîne des montagnes Rocheuses, ou, pour nous servir de la dénomination donnée par nos voyageurs, des *portes* de cette chaîne. Ce passage est à 46° 46' 50" de latitude. Ils prétendent que les rochers qui le resserrent sont de granite noir, mais ne serait-ce pas du trapp ou du basalte ? L'aspect de ce passage a encore quelque chose de majestueux. Qu'on se figure deux murs noirs, de l'énorme hauteur de 1200 pieds, qui bordent la rivière dans l'espace d'une lieue, et se penchent même sur les eaux, comme s'ils allaient écraser le navigateur assez téméraire pour oser franchir ce sombre défilé, qui a 320 mètres de largeur. La rivière, selon nos voyageurs, s'est frayé toute seule cette route; elle l'occupe entièrement. Dans les premiers 3 milles, on ne saurait trouver un lieu où se placer entre la rivière et les rochers, et elle est très-profonde sur les bords. « La violence avec laquelle elle s'est frayé ce passage, doit « avoir été terrible ; des blocs de rocher qu'on voit dissé- « minés à sa sortie sur les bords de l'eau, et qui ont été déta- « chés de la chaîne, servent pour ainsi dire de trophées de « la victoire qu'elle y a remportée. » Malgré sa longueur et sa profondeur, le défilé a partout la même largeur. Au-dessus du défilé, les rochers perpendiculaires disparaissent, les collines s'éloignent des bords de la rivière, et les vallées s'étendent considérablement. Ici nous avons, pour la seconde fois, des traces d'un ancien lac. Aujourd'hui, ce sol produit le cotonnier à feuille étroite, le tremble et le pin : le gibier y abonde. Un ornement de ces champs, comme des autres campagnes du Missouri, c'est le poirier épineux, dont le fruit fait le désespoir des voyageurs.

« A la latitude de 45° 24' 8", l'expédition se vit arrêtée par le confluent de trois rivières à peu près également larges, entre lesquelles il fallait distinguer le vrai Missouri. En l'honneur de trois hommes d'État américains distingués, la branche du sud-ouest fut nommée *Jefferson*, celle du milieu *Maddison*, et celle de l'est *Gallatin*. Celle-ci, qui doit être considérée comme la principale, a ses sources dans les mêmes montagnes d'où sortent l'*Arkansas*, le *Rio-del-Norte*, le *Multnomah*, et probablement le *Rio-San-Felipe*. Ces montagnes, que les Espagnols de Santa-Fé appellent *Sierra-Verde*, forment donc le point central du système hydrographique de l'Amérique septentrionale.

« Malgré l'élévation du terrain près du confluent, la chaleur était excessive en cet endroit. Le 28 juillet, le thermomètre de Fahrenheit marqua dans l'après-midi 90°. L'expédition résolut de remonter le Jefferson, comme répondant le mieux à l'espoir qu'ils avaient de parvenir, par la route la plus courte à travers les montagnes, à une des petites rivières qui vont se confondre avec la Columbia, et verser leurs eaux dans l'océan Pacifique. M. Lewis prit, avec trois hommes, les devans, afin d'avoir une entrevue avec quelques uns des Indiens qui habitent les montagnes occidentales, et afin d'obtenir d'eux quelques renseignemens utiles. Dans le même temps, le reste de l'équipage continua sa navigation sur le Jefferson, après avoir marqué, par la dénomination d'*île de Trois-Milles*, qu'ils donnèrent à une petite île de la rivière, la distance qu'ils avaient déjà parcourue sur le Missouri depuis son embouchure. Le capitaine Lewis et ses trois compagnons eurent à essuyer bien des difficultés et des aventures avant de pouvoir arriver à leur but. Ils continuaient à longer une rivière qu'ils jugeaient être une continuation du Jefferson ou du Missouri occidental, réduit, à cette hauteur, à une largeur qu'on pouvait franchir d'un saut. « Un des hommes de l'expédition, dit M. Lewis, mit, dans son enthousiasme, un pied sur chaque bord de ce ruisseau, remerciant Dieu de l'avoir laissé vivre pour enjamber le Missouri » ; expression naïve d'un homme qui, dans l'espace de 3 milles, avait travaillé contre un courant rapide et impétueux, dont la source était, dans ce moment, sous ses pieds. En effet, elle sortait de la base d'une montagne voisine ; on s'y transporta, et ce fut pour la première fois que cette source fut visitée par des hommes civilisés. En s'asseyant auprès de la fontaine glacée qui étanchait leur soif, et qui envoyait son petit tribut à l'Océan, nos voyageurs se sentirent, selon l'expression de la relation, dédommagés de tous leurs travaux et de toutes leurs peines. Ils quittèrent à regret cette place intéressante, et montèrent vers l'ouest jusqu'à ce qu'ils arrivassent à la haute chaîne qui forme la ligne du partage entre les eaux de l'océan Atlantique et celles de l'océan Pacifique : dès lors ils commencèrent à descendre vers l'occident, par une pente plus rapide que la montée par laquelle ils étaient venus. Apercevant bientôt un ruisseau limpide coulant à l'ouest, ils s'arrêtèrent afin de boire, pour la première fois, des eaux de la Columbia. Ils avaient pris une route tracée par les sauvages ; aussi ne tardèrent-ils pas à rencontrer quelques individus ; mais ce ne fut qu'après bien des accidens qu'ils parvinrent à ouvrir des communications. Trois femmes furent enfin surprises : M. Lewis leur fit des présens, et peignit les joues de toutes les trois de vermillon, symbole de la paix chez les sauvages. Ensuite il leur fit entendre qu'il désirait d'être conduit à leur peuplade, pour voir les chefs et les guerriers ; elles consentirent à le conduire. Ils avaient fait à peu près 2 milles, lorsqu'ils rencontrèrent une troupe d'environ 60 guerriers montés sur d'excellens chevaux, et courant vers eux au grand galop. Le capitaine Lewis ayant déposé son fusil, s'avança de 50 pas avec son drapeau. Après avoir parlé avec la femme âgée, le chef et deux autres hommes qui l'accompagnaient descendirent de cheval, vinrent trouver le capitaine Lewis, et l'embrassèrent très-cordialement, en mettant leur bras gauche sur son épaule droite, et en touchant sa joue gauche de la leur, tandis qu'ils faisaient entendre le cri de joie : *Ahi! ahi!* Là-dessus, tout le corps des guerriers étant arrivé, s'empressa de prodiguer ses caresses à nos voyageurs. Après cet accueil amical, M. Lewis alluma une pipe, et l'offrit aux Indiens, qui s'assirent en cercle autour de lui; mais ils ne voulurent recevoir cette marque d'amitié qu'après avoir ôté leurs *mocasins* ou souliers, ce qui indique chez eux la sincérité de leurs protestations; ils demandent à aller pieds nus, si jamais ils sont parjures. Ce ne serait pas une punition légère dans ces montagnes hérissées de pierres et d'épines. La nation avec laquelle les Américains venaient de faire connaissance, était celle des *Shoschonies* ou *Snakes*, peuple aimable, doux et honnête, et qui forme la transition entre les nations de la Columbia et celles du Missouri.

« Le lendemain, M. Lewis, avec les Indiens, alla trouver ses amis qui remontaient la rivière dans leurs canots. Une femme mandane qui avait suivi l'expédition, étant l'épouse de l'interprète, témoigna beaucoup de joie à la vue des Indiens, qu'elle savait être de sa tribu; à la manière des sauvages, elle suça ses doigts. Bientôt après, une femme indienne se fit jour à travers la foule, pour rejoindre la Mandane; elles se reconnurent l'une et l'autre, et s'embrassèrent avec beaucoup de vivacité. L'entrevue de ces deux femmes avait quelque chose de touchant, non seulement à cause de leurs sentimens animés, mais aussi à cause de leur situation. Compagnes dans leur jeunesse, elles avaient été faites prisonnières toutes deux dans la même bataille par les Minetaries ou *gros ventres*; dans ce triste état, elles s'étaient souvent consolées mutuellement, jusqu'à ce que l'une d'elles trouvât moyen de s'échapper, mais sans espoir de voir jamais son amie délivrée des mains des ennemis. A peine cette scène intéressante se fut-elle passée, que les deux partis s'étant joints et disposés à s'entretenir amicalement, *Sacageavah* (la femme de l'interprète) fut envoyée dans la tente du chef pour y servir elle-même d'interprète : mais quelle fut sa surprise lorsque dans le chef elle reconnut son frère! A l'instant elle se précipita sur lui et le couvrit de ses embrassemens, en versant des torrens de larmes : le chef même fut ému, mais il sut se modérer.

« Le voyage que MM. Lewis et Clarke entreprirent d'après les indications de ces Indiens, à travers les chaînes des montagnes Rocheuses, fut extrêmement pénible, à cause des chemins rapides et rocailleux, et de la rareté des provisions. Cependant on trouvait des poissons dans quelques rivières, entre autres des saumons, généralement répandus dans les rivières qui coulent à l'ouest, tandis que le Missouri et ses affluens en sont privés : le froid, dans ces montagnes élevées, ajoutait aux désagrémens du voyage. L'expédition avait remonté un courant très-rapide dans l'espace de 3 milles ; ainsi on peut bien évaluer à 600 pieds la hauteur à laquelle ils laissèrent leurs bateaux. Depuis ce point, ils avaient toujours monté ; aussi, le 21 août, ils se trouvèrent dans un climat si froid que, dans la nuit, l'eau gela jusqu'à un quart de pouce dans les vases exposés à l'air ; l'encre gelait dans la plume, et les terrains bas étaient couverts de gelée blanche, quoique dans la journée il fît très-chaud.

« Les Indiens Shoschonies, parmi lesquels l'expédition se trouvait alors, forment une tribu de la nation dite *Indiens Serpens*, dénomination vague sous laquelle on comprend tous les habitans des contrées méridionales des montagnes Rocheuses, ainsi que des plaines qui s'étendent sur les deux côtés. Cette tribu compte 900 guerriers, et peut-être 14,000 individus. Ils vivaient autrefois dans les plaines du Missouri ; mais les *Pawkies*, ou Indiens voleurs, les ont chassés dans les montagnes, d'où ils ne sortent plus qu'à la dérobée pour visiter la terre de leurs ancêtres. Depuis le milieu de mai jusqu'au commencement de septembre, ils résident auprès des eaux de la Columbia, où ils se regardent comme à l'abri des attaques des Pawkies. Comme le saumon, leur principal aliment, disparaît au commence-

…ent de l'automne, ils sont contraints à chercher leur …ubsistance sur les bords du Missouri; mais ils n'avancent …e ce côté qu'avec beaucoup de précaution et lorsqu'ils …nt été joints par quelques tribus alliées. Après avoir …hassé au buffle pendant l'hiver, le retour de la belle sai-…on les ramène aux bords de la Columbia. Dans cet état …omade et précaire, ils éprouvent des besoins extrêmes. Il …e passe souvent des semaines entières sans qu'ils trouvent …'autre nourriture qu'un peu de poisson et de racines. Ce-…endant ces privations ne sont pas capables d'abattre leur …ourage ou de diminuer leur bonne humeur. Cette tribu …de la dignité dans son état de détresse. Francs et com-…municatifs, ils mettent de la candeur dans les partages, et …expédition n'a pas vu un seul exemple de vol ou de fraude, …uoiqu'on exposât à leurs yeux un grand nombre d'objets …ouveaux qui pouvaient tenter la cupidité. Tout en par-…ageant avec leurs hôtes ce qu'ils possédaient, ils se gar-…aient bien de demander la moindre chose. Les Shoschonies …iment les habits somptueux; ils recherchent les amuse-…mens, surtout les jeux de hasard, et, comme d'autres In-…diens, ils se vantent de leurs exploits guerriers vrais ou …aux. Chaque individu est son propre maître, et la seule …êne imposée à sa conduite, c'est l'avis d'un chef qui exerce …ur les opinions de la tribu une autorité de persuasion. …'homme a la propriété absolue de ses femmes et de ses …illes; cependant on ne frappe jamais les enfans, de crainte …'affaiblir l'indépendance de leur esprit. La polygamie est …ommune chez ce peuple; mais les femmes qui appartien-…nent au même homme ne sont pas généralement des sœurs, …omme chez les Minetaries et les Mandanes.

« Les Shoschonies entretiennent un grand nombre de …hevaux. Ces animaux sont généralement d'une belle taille, …igoureux et endurcis contre les fatigues comme contre …a faim. Semblable à l'Arabe, l'Indien a un ou deux chevaux attachés jour et nuit à un pieu auprès de sa caban[e] afin d'être toujours prêt à agir. On dit que cette race [de] chevaux vient originairement des Espagnols, mais les In[-] diens en élèvent maintenant eux-mêmes. Ils ont aussi d[es] mules qui viennent des Espagnols. Ils en font tant de ca[s] qu'une bonne mule vaut chez eux deux ou trois chevau[x]; il est vrai qu'elles sont d'une belle espèce.

« Le voyage de MM. Lewis et Clarke, qui nous a fa[it] connaître le cours du Missouri, a été suivi de plusieu[rs] autres courses, entreprises par des chasseurs de la comp[a-] gnie pour le commerce des fourrures, établie à New-Yor[k]. Un parti de ces hommes intrépides, en remontant la *Mu[lt-] nomah*, ou le bras méridional de la Columbia, dans u[ne] direction constante d'est-sud-est, franchirent, selon le[ur] opinion, les premières branches du *Rio-Colorado*, mais [ce] sont plutôt les affluens du *Rio-San-Felipe*, ou même ce[ux] du *Rio-del-Norte*; car, après les avoir franchis, et en su[i-] vant toujours la même direction, ils atteignirent les sourc[es] de la rivière *Plate*, qui, malgré son nom, leur offrit u[ne] belle navigation pendant 300 milles. Ce n'est qu'à cet[te] distance de sa source que la rivière Plate devient imprat[i-] cable, n'étant plus qu'un torrent vagabond qui se per[d] presque dans un lit de sables, où même un canot de cu[ir] ne trouverait pas assez d'eau. Elle redevient navigable a[u] village des *Indiens-Otto*, paisibles chasseurs de casto[r]. Cette route passe tout entière sur des plateaux à trave[rs] des plaines; on pourrait la faire en voiture, selon ceux q[ui] l'ont découverte (1). Cette assertion a droit de nous éto[n-] ner, d'autant plus que nous voyons le major Pike plac[er] dans sa carte de très-hautes montagnes, entre autres [le] *Grand-Pic* ou *Big-Horn* (2), sur la route qu'on préten[d]

---

(1) *National-Intelligencer*, Journal de Washington, 22 juin 1813.
(2) *Pike*, Carte de l'intérieur de la Louisiane.

avoir suivie. Ce grand Pic doit avoir 12,700 pieds d'élévation au-dessus du niveau de la mer. L'étonnement et le doute augmentent, lorsqu'on apprend qu'une autre bande de chasseurs, partie du pays des Indiens-Ricaras, après avoir franchi le *Petit-Missouri* et la rivière *Yellowstone* (*Pierre-Jeanne*), qu'ils nomment *Bighorn-River*, visitèrent le *Grand-Pic* ou le *Big-Horn*, virent un camp d'*Indiens-Absaroqua*, et marchèrent très-long-temps à travers des montagnes âpres et couvertes de neige, au milieu desquelles ils assurent avoir descendu le Rio-Colorado pendant trois jours; ils franchirent ensuite une chaîne de montagnes, et se trouvèrent sur un affluent de la Columbia, nommé *Rivière du Serpent*, ou *Ky-Eyenem*, rivière qu'ils suivirent pendant 400 milles, jusqu'à un endroit où, roulant de cascades en cascades parmi des murs hauts de 200 pieds et taillés à pic, elle n'offrait plus de navigation, même aux hommes les plus audacieux. Ayant quitté cette rivière, ils atteignirent enfin un camp d'Indiens-Shoschonies, qui les conduisirent aux bords de la Columbia (1). Ces deux relations ne sauraient guère se concilier.

« Les parties méridionales du territoire du Missouri sont mieux connues. Le cours du *Kansas* ou de l'*Arkansas* a été déterminé par le major Pike et quelques autres officiers anglo-américains. Le sol, dans l'espace de 100 à 200 milles, à partir du Mississipi, présente des prairies, des bois et des collines. Les cascades et les *rapides* continuent ensuite à marquer les changemens successifs de niveau peu considérables, jusqu'à une distance de 700 à 800 milles, où de très-grands escarpemens offrent l'apparence d'une chaîne de montagnes, ou plutôt le talus d'un grand plateau sur lequel les bisons et les chevaux sauvages errent en troupes innombrables. Les cotonniers dominent dans les bois. Le

---

(1) *National Intelligencer*, Journal de Washington, 22 juin 1813.

terrain qui sépare la Rivière-Rouge de l'Arkansas est couvert d'efflorescences salines; plusieurs ruisseaux y roulent une eau rougeâtre, imprégnée de sel : la végétation ne consiste qu'en plantes grasses et salifères. Il paraît que ce plateau salin continue jusqu'aux premières chaînes des montagnes du Nouveau-Mexique.

« Nous parlerons ici de toutes les tribus indiennes établies dans cette partie du Mississipi, quoique plusieurs d'entre elles soient encore, dans le fait, indépendantes des Anglo-Américains. L'analogie de langage, de mœurs et de coutumes entre les Osages, les Kansas, les Missouris, les Mahaws ou Mahas et les Ottos, indique une origine commune : tous paraissent avoir émigré des régions du nord-ouest, et s'être séparés par le besoin de pourvoir à leur subsistance, en poursuivant le gibier dans des contrées lointaines et moins peuplées (1).

« Les *Mahaws*, les *Missouris* et les *Ottos* affectionnant les bords du Missouri, après avoir souffert beaucoup par les attaques perpétuelles des Sioux, ont été finalement presque détruits par les ravages de la petite-vérole que les blancs leur apportèrent.

« Les *Kansas* et les *Osages*, en se portant plus à l'est, se sont trouvés en collision avec les Ayonas, les Saques, les Potowatomies, les Shawanées, même avec les Chikkasah et les Chactah ou Chactas.

« Le gouvernement de ces nations forme une espèce d'oligarchie républicaine, présidée par des chefs, la plupart héréditaires, mais qui souvent sont éclipsés par des guerriers illustres. Toute affaire importante est soumise à l'assemblée des guerriers, qui décident à la majorité des voix. Le peuple est divisé en trois classes. Le gros de la nation se compose de guerriers ou chasseurs; les jongleurs et les

---

(1) *Pike*, Voyage, II, p. 258.

cuisiniers forment les deux autres classes. Les jongleurs, qui sont en même temps prêtres et magiciens, ont une grande influence sur les affaires publiques par leurs divinations, leurs sortiléges, et par l'interprétation des rêves. Quoi qu'il en soit, ils se montrent assez bons jongleurs; ils s'enfoncent de larges couteaux dans la gorge en répandant le sang à gros bouillons; ils insèrent des bâtons aigus dans leur nez, ou ils rejettent par les narines des os qu'ils ont avalés auparavant; d'autres percent leur langue d'un bâton, et se la font couper pour rejoindre ensuite les morceaux, sans qu'il reste aucune trace de l'opération. Les cuisiniers sont au service du public, ou attachés à quelque personnage marquant : ce sont quelquefois d'anciens guerriers qui, se trouvant affaiblis par l'âge ou accablés d'infirmités, et ayant perdu toute leur famille, se voient obligés d'embrasser cette profession ; chargés en même temps des fonctions de crieurs publics, ils convoquent les chefs aux conseils ou aux festins.

« Les mets ordinaires des Osages sont des épis verts de maïs préparés avec de la graisse de bison, des citrouilles bouillies et des viandes. Ils sont hospitaliers par ostentation. Lorsqu'un Américain des États-Unis entre dans un village, l'usage veut qu'il se présente d'abord à la cabane du chef, qui lui sert un repas où son hôte mange le premier, à la manière des anciens patriarches. Ensuite tous les personnages les plus importans du village invitent l'étranger, et ce serait leur faire une grande insulte que de ne point obéir à l'appel ; en sorte que dans une même après-dînée on peut recevoir douze à quinze invitations ; c'est le cuisinier qui les fait, en criant : « Venez et mangez, un tel donne un festin ; venez et jouissez de sa libéralité. »

« Les cabanes, dans les villages, sont dressées sans ordre, et quelquefois si rapprochées, qu'elles obstruent le passage. Pour surcroît d'embarras, les chevaux parquent la nuit au milieu des rues, lorsqu'on a lieu de craindre que l'ennemi ne rôde dans le voisinage. Du reste, leurs habitations sont fraîches et très-propres.

« La nation des Osages proprement dits se divise en trois villages, qui pourraient bien un jour présenter trois peuplades particulières, savoir : les grands Osages, les petits Osages, et ceux de l'Arkansas : ce dernier grossit tous les jours.

« Les Osages sont redoutés comme une nation brave et belliqueuse par les peuplades au sud et à l'ouest de leur territoire ; mais ils ne sauraient lutter avec les guerriers des nations septentrionales, munis de bons fusils rayés, et envers lesquels ils jouent sagement les rôles de quakers du désert, en continuant de faire une guerre implacable aux sauvages de l'occident, nus et sans défense, ou seulement armés de flèches et de lances. Il faut croire cependant que par la suite ils sauront mieux résister à leurs voisins du nord, s'il est vrai qu'ils possèdent aujourd'hui 4 pierriers provenant d'un fort espagnol, et 2 canons de bronze donnés par le gouvernement des États-Unis, qui paraît vouloir les amener promptement à une civilisation européenne.

« Les *Kansas*, sur la rivière de leur nom, quoique beaucoup moins nombreux que les Osages, sont plus redoutables par leur courage, et font quelquefois trembler jusqu'aux Panis. Du reste, ils reconnaissent, comme les Osages, la protection des États-Unis.

« Les *Li-Panis*, autrefois établis près de la mer, errent depuis le Rio-Grande jusque dans l'intérieur du pays de Texas, et vivent en paix avec les Espagnols du Mexique ; mais ils font la guerre aux Tetans et aux Apaches. Ils ont les cheveux blonds, et sont généralement de beaux hommes, formant environ 800 guerriers, divisés en trois bandes. Ils donnent la chasse aux chevaux sauvages, et les domptent pour les vendre ensuite aux Mexicains. Ils paraissent être une brache des Panis. La lance, l'arc et les flèches sont leurs seules armes.

« Les *Panis*, ou *Pawnées*, appelés *Padoucas* par les Espagnols, forment une nation nombreuse, disséminée sur les bords des rivières Plate et Kansas, et divisée en trois branches principales, savoir : les *grands Panis*, les *Panis republicains*, et les *Panis loups*, qui quelquefois se font la guerre. Ils ont la stature haute et élancée, les os des joues fort proéminens, et la prononciation gutturale. Leur langage a plus de rapport avec celui des Sioux qu'avec l'idiome des Osages. Leur gouvernement a la forme d'une aristocratie héréditaire, comme chez les Osages ; mais ils sont moins policés.

« La chasse du bison, qui abonde dans leur territoire, ne les empêche pas de s'appliquer à la culture des champs, ni de penser à l'avenir, en faisant des provisions pour l'hiver. Ils coupent les citrouilles en tranches fort minces, qu'ils font sécher au soleil, afin d'avoir de quoi donner à leur soupe quelque consistance pendant toute l'année. Ils ont des troupeaux d'excellens chevaux, dont ils prennent le plus grand soin ; cependant ils font la guerre à pied, en cherchant des positions où ils puissent se servir avec avantage de leurs armes à feu.

« Les maisons sont de forme ronde avec une saillie vers la porte ; chaque membre de la famille a sa chambre particulière. Ils aiment les jeux d'exercice, auxquels ils se livrent dans des places publiques de 7 à 800 pieds de long, préparées exprès de chaque côté du village (1).

« Les *Tetans* ou *Ietans*, établis sur le bord de la haute rivière Rouge, de l'Arkansas, et près de Rio del Norte, étendent leurs courses vers le sud jusqu'à la basse rivière Rouge, vers l'est au territoire des Panis et des Osages, vers le nord

---

(1) *Pike*, t. II, p. 277-281.

dans des pays occupés par les Yutas, les Kiaways et d'autres nations encore peu connues; et vers l'ouest, elles ne se bornent pas toujours aux frontières du Nouveau-Mexique. C'est la seule nation limitrophe dont les Américains-Espagnols reconnaissent l'indépendance : ils les désignent sous le nom de *Camanches* ou *Cumanches*. Les Tetans sont armés d'arcs, de flèches, de lances, de frondes, de boucliers, et sont très-bons cavaliers : souvent ils ont appris aux Espagnols à trembler devant eux, en laissant des traces effrayantes de leurs incursions.

« Les *Kiaways* et les *Yutas* parlent la même langue que les Tetans; mais ils sont souvent en guerre entre eux, ainsi qu'avec les Panis et les Sioux. Ils sont armés de lances, d'arcs et de flèches, et font la chasse au bison. Les Kiaways, qu'on estime à 1000 guerriers, errent autour des sources de la rivière Plate. Les Yutas, plus nombreux et un peu plus policés à cause de leurs liaisons avec les Américains-Espagnols, fréquentent les sources de Rio-del-Norte (1).

« Les *Tancards*, armés de lances, d'arcs et de flèches, comptent 600 guerriers, et parcourent les bords de la rivière Rouge en poursuivant les bisons et les chevaux sauvages. Ils sont presque tous grands et beaux. Une sorte de gloussement est particulier à leur langage, dont la pauvreté les force d'ailleurs de recourir souvent aux signes. Ils trafiquent avec les Mexicains du Texas, et possèdent de grands troupeaux de chevaux ; mais leur civilisation n'avance pas, quoiqu'ils soient, après les Apaches, les Indiens les plus indépendans de ces contrées.

(1) *Pike*, t. II, p. 94.

LIVRE CENT QUATRE-VINGTIÈME.

Coup d'œil sur les monumens d'une antique civilisation, observés sur le territoire des États-Unis.

Les peuplades sauvages de l'Amérique septentrionale paraissent avoir succédé à des peuples plus anciens et plus civilisés, à en juger par les monumens découverts, depuis la fin du XVIIIe siècle jusque dans ces derniers temps, sur différens points du territoire de l'Union. Du moins il est certain que ces peuplades n'ont aucune tradition qui se rapporte à ces monumens. Mettant à profit les descriptions qui en ont été faites par différens voyageurs, et surtout les savantes recherches de M. Warden sur ce sujet [1], nous allons jeter un coup d'œil rapide sur ces débris antiques: ce sera en donner une idée suffisante. Nous ne pouvons, dans un ouvrage destiné à résumer toutes nos connaissances géographiques, passer sous silence des monumens qui se rattachent à une question qui sera long-temps insoluble, celle de savoir si l'Amérique a possédé une population autochthone, ou si elle a été peuplée par des races appartenant à l'ancien continent.

Les monumens antiques trouvés jusqu'à ce jour sur l'immense territoire de l'Union, appartiennent à cinq classes principales, savoir: *tombeaux*, *murailles*, *inscriptions*, *idoles*, *momies*.

Les tombeaux consistent en tertres, que l'on désigne communément sous le nom de *tumuli*. Ordinairement ils

[1] Recherches sur les antiquités des États-Unis de l'Amérique septentrionale. — Recueil de Voyages et de Mémoires, publié par la Société de géographie, tom. II.

sont en terre, et quelquefois en pierres. Construits à peu près sur le même modèle, ils ne diffèrent que par les dimensions qui, en général, sont plus considérables dans la partie méridionale des États-Unis que dans la partie septentrionale. Vers le nord ils ont dix à 12 pieds de diamètre à leur base, et 4 à 5 pieds de hauteur; vers le sud ils couvrent une surface de plusieurs arpens, et ont 80 à 90 pieds d'élévation. Sur la *Cahokia*, petite rivière qui parcourt l'État d'Illinois et va se jeter dans le Mississipi, il existe vis-à-vis de la ville de Saint-Louis plus de 100 *tumuli*, formant différens groupes. L'un de ces tombeaux a 100 pieds de hauteur et 800 de diamètre à sa base. Un autre, situé dans le district appelé *American Bottom*, a la forme d'un parallélogramme : il a 2400 pieds de circuit, et 90 de hauteur. Non loin des rives de l'Ohio, entre deux de ses affluens, appelés la *Petite Grave-Creek* et la *Grande Grave-Creek*, se trouve le *Grand Tombeau* (*Big-Grave*), qui a 300 pieds de diamètre à sa base, et 90 de hauteur. Le sommet est creusé en forme d'amphithéâtre, avec un rebord de 7 à 8 pieds d'épaisseur. Une ouverture pratiquée dans ce tombeau y a fait découvrir plusieurs milliers de squelettes humains.

Ces deux monumens funéraires sont les plus grands que l'on ait encore observés, à l'exception du *Mont Joliet*, situé dans l'État d'Illinois, et qui paraît être aussi un *tumulus* : c'est évidemment un monument de l'art. Il a environ 1000 à 1200 pieds de longueur sur 600 à 900 de largeur. Quant à ceux de moindre dimension, ils sont dans certains lieux tellement nombreux, qu'il est impossible de ne pas admettre qu'à l'époque de leur construction la population indigène était beaucoup plus considérable qu'elle ne l'est aujourd'hui. Ainsi, au nord et à une petite distance de Saint-Louis, on compte jusqu'à 27 *tumuli* groupés, tous de forme et de grandeur différentes; mais ce qui est assez remarquable, tous alignés du nord au sud ; la plupart ont la forme d'un carré oblong. Assez ordinairement ces tombeaux sont situés sur le bord des rivières.

Dans l'État d'Indiana il existe aussi un grand nombre de tertres qui ont depuis 4 jusqu'à 30 pieds de hauteur ; plusieurs sont construits en pierres entassées les unes sur les autres : l'un de ceux-ci a 10 pieds de hauteur et 175 de circonférence. L'État d'Illinois en offre environ 150 dans un espace de 6 ou 7 lieues au-dessus et au-dessous du Kaskaskias. Enfin, pour donner une idée du grand nombre de ces monumens, il suffit de dire que dans le seul État de la Louisiane, M. Brackenridge estime qu'il y en a plus de 3000 (1).

Ce qui peut faire apprécier le degré de civilisation du peuple qui les a érigés, ce sont les objets fabriqués qu'on y a découverts : une courte énumération de ces objets fera voir qu'on s'est plu à exagérer l'état de cette civilisation, bien qu'elle soit supérieure à celle des indigènes de nos jours, qui du reste ne construisent aucune sépulture de ce genre.

On a trouvé dans la plupart de ces tombeaux des haches assez semblables à celles dont les tribus américaines se servent encore à la guerre ; des pilons en pierre, des vases de terre, des médailles en cuivre, des pointes de flèches du même métal, des chapelets dont les grains étaient passés dans un fil de lin, des têtes de pipes en cuivre mal battu, des poteries assez bien conservées et formées de silex et d'argile. Dans un des tertres des environs de Marietta, ville de l'État d'Ohio, on a découvert quelques pièces de cuivre qui paraissent avoir formé le devant d'un casque. Un des tertres ouverts près de Circle-

---

(1) *H. Brackenridge*: On the population and tumuli of the aborigenes of north America.

ville, dans l'État d'Ohio, a présenté une grande quantité de pointes propres à armer des flèches, et la poignée d'une petite épée faite en corne de cerf. Dans un autre *tumulus* des environs de la même ville, se trouvaient des couteaux et des haches en pierre. Près de Louisville, dans l'État de Kentucky, on a trouvé, avec des ossemens humains, des pointes de flèches en silex.

On a cherché à évaluer l'antiquité de ces tombeaux par la dimension des arbres qui croissent sur leurs sommets et dans les fossés qui les entourent; mais on conçoit que cette évaluation ne peut être qu'approximative, attendu que ces arbres n'y ont point été plantés par ceux qui ont élevé ces monumens, et qu'ils y ont poussé naturellement à une époque plus ou moins ancienne. Cependant des *platanes* de l'espèce appelée *platanus occidentalis* indiquèrent par la grosseur de leur tronc et par le nombre des couches concentriques qui le formaient un nombre d'années assez considérable. Lorsque des Français fondèrent en 1788 la ville de Marietta, qu'ils nommèrent ainsi en l'honneur de la reine Marie-Antoinette, les tertres qui s'élèvent près de son emplacement étaient couverts d'arbres de dimensions prodigieuses. Quelques uns paraissaient avoir près de 500 ans; mais ils étaient postérieurs à d'autres arbres morts de vétusté, dont les troncs pourris avaient 6 à 8 pieds de diamètre, et tout portait à croire qu'il y avait eu antérieurement à ceux-ci d'autres arbres dont on retrouvait les débris décomposés. Un bouleau qui présentait 136 cercles d'accroissement paraissait avoir pris la place d'un arbre d'une autre espèce. « Si donc nous ad-
« mettons, dit à ce sujet le docteur Cutler, que les arbres
« actuels aient 450 ans, et que les anciens en aient eu
« autant, il en résulterait que ces ouvrages ont été aban-
« donnés depuis 900 ans; et en supposant qu'ils aient été
« occupés l'espace de 100 ans, leur origine remonterait

« au moins à 1000 ans. » On conçoit, nous le répétons, que ces arbres, ayant poussé spontanément, soient postérieurs de plus d'un siècle à l'érection de ces *tumuli*, ce qui porterait l'antiquité de ceux-ci à près de 12 siècles. En général on a remarqué sur ces monumens des arbres aussi grands et probablement aussi vieux que ceux des antiques forêts voisines.

Cependant nous devons faire remarquer que les monumens funéraires dont nous venons de parler paraissent être d'une époque plus ancienne que d'autres dont nous allons dire un mot, et qui, mal observés d'abord, ont été le sujet de suppositions fort singulières.

Sur les bords du Merameg, ou *Maramec*, appelé aussi *Merrimack*, affluent du Mississipi, MM. Say et Peale remarquèrent une foule de tombeaux qui avaient déjà été explorés et qui passaient pour renfermer les ossemens d'une race d'hommes au-dessous de la taille ordinaire : on avait même donné le nom de Lilliput à cet emplacement, que l'on regardait comme contenant les restes d'une ville qui avait été habitée par des pygmées. Enfin, comme on avait trouvé dans un de ces tombeaux la tête d'un vieillard sans dents, on en avait conclu qu'il avait existé dans le voisinage de cette ville une race d'hommes ayant les mâchoires comme celles des tortues. Ces tombeaux ne s'élèvent pas comme les autres au-dessus du sol ; on les reconnaît aux pierres verticales qui les entourent, et dont on n'aperçoit que les extrémités ; d'autres pierres placées horizontalement les recouvrent. Ce qui a fait supposer l'antique existence d'une peuplade de nains dans la contrée, c'est que les tombes n'ont ordinairement que 3 à 4 pieds de longueur, fait qui s'est trouvé expliqué tout naturellement par la découverte d'un squelette bien conservé, qui avait les os des jambes repliées contre les cuisses. Ces os paraissent avoir été disséqués, comme c'est encore la coutume chez quelques tribus de l'Amérique du nord. Tout porte à croire enfin que ces tombes contiennent les restes d'un peuple plus moderne que celui qui a élevé les tertres. Mais cependant ce peuple était d'une autre race que les Indiens d'aujourd'hui : ces derniers sont grands, minces et bien faits, tandis que ceux dont on retrouve les sépultures sur les bords du Maramec, étaient courts et trapus.

Examinons maintenant les grandes constructions en terre, en pierres ou en briques : elles offrent d'autant plus d'intérêt qu'elles semblent annoncer un plus haut degré de civilisation que l'érection des monumens funéraires que nous venons de passer en revue. Elles consistent en murailles de terre qui s'élèvent parallèlement sur le sol et en murailles souterraines quelquefois en terre, et d'autres fois en briques et en pierres. On a considéré les premières comme des restes de fortifications, et en effet tout semble annoncer qu'elles ont été faites dans un but stratégique. Elles se composent de parapets et de fossés, avec cette particularité que les portes s'ouvrent toutes du côté du levant. Quelques unes sont surtout remarquables par leur étendue. Celle que l'on voit près de la ville de Chillicothe, dans l'État d'Ohio, couvre plus de 40 hectares de superficie ; c'est une muraille en terre de 12 pieds de hauteur et de 20 d'épaisseur à sa base, entourée de tous côtés, excepté de celui de la rivière, d'un fossé large d'environ 20 pieds. La plupart, situées sur le bord des rivières, sont de forme rectangulaire, et ont plus de 700 pieds de longueur et 600 pieds de largeur ; d'autres, placées à quelque distance des cours d'eau, sont circulaires et ont rarement plus de 150 pieds de diamètre. Des travaux semblables s'étendent d'un côté depuis les bords méridionaux du lac Érié jusqu'au golfe du Mexique, et de l'autre sur les rives du Missouri, et depuis ce cours d'eau jusqu'aux montagnes Rocheuses.

A partir de l'embouchure du Cataragus-Creek, dans le lac

Érié, dit M. Warden, on rencontre une ligne de ces fortifications qui s'étendent l'espace de 50 milles vers le sud, et qui ne sont éloignées les unes des autres que de 4 à 5 milles. Dans la partie occidentale de l'État de New-York, on trouve les vestiges d'une ville défendue par des forts, et dont l'emplacement paraît avoir occupé plus de 202 hectares. « L'ancienne fortification, découverte par le capitaine « Carver, près du lac Pépin et du Missouri, par 43° 50' de « latitude nord, a près d'un mille d'étendue. Elle est de « forme circulaire, et la surface qu'embrassent ses remparts « pourrait contenir 5000 hommes. »

« Quoique ces ouvrages, dit Carver, aient été déformés « par le temps, on en distingue néanmoins les angles, qui « paraissent avoir été construits suivant les règles de l'art « militaire et avec autant de régularité que si Vauban lui-« lui-même en eût tracé le plan. »

L'État de New-York possède, dans le comté d'Onondoga, et dans le district de Pompey, les restes d'une ville antique qui a dû occuper une superficie d'environ 203 hectares; à l'est et au nord il existe une descente perpendiculaire d'environ 100 pieds de profondeur, dans un ravin au fond duquel coule un ruisseau. Trois forts de forme circulaire, éloignés l'un de l'autre de 8 milles, forment un triangle qui embrasse la ville [1].

Aux environs de Newark, dans l'État d'Ohio, au sud du Racoon-Creek, affluent du Licking, s'étendent, sur une longueur de 11 milles et sur une largeur de 8, des fortifications antiques d'une grande importance. On remarque à l'ouest un fort de forme ronde occupant une superficie de 844 pieds carrés, et communiquant par deux murailles parallèles en terre, hautes de 10 pieds, avec un fort octo-

---

[1] M. *de Witt Clinton* : Mémoire sur les antiquités de la partie septentrionale de l'État de New-York. — 1820.

gone dont les murs sont de la même hauteur et qui co[uv]-
vre une surface de 1535 pieds carrés. On entre dans ce f[ort]
par huit ouvertures d'environ 15 pieds de large, défendu[es]
chacune par un tertre dont la hauteur et l'épaisseur égale[nt]
celles des murs extérieurs. A 6 milles au sud-est du pr[e]-
mier fort rond, s'en élève un second de la même forme
de la même dimension, mais dont les murailles ont 30 pie[ds]
de hauteur, et qui est environné d'un fossé profond. Vis-[à]-
vis l'entrée de ce fort, se prolonge, vers le nord-est, u[ne]
double muraille qui forme un passage conduisant à un fo[rt]
carré occupant 768 pieds de superficie, et communiquan[t]
par deux passages formés de murailles parallèles, à une mu[-]
raille bâtie en demi-cercle et défendue à chaque extrémi[té]
par deux tours rondes. Du fort carré on communique, p[ar]
un chemin couvert formé de deux murs en terre, avec [un]
fort de forme octogone; enfin, près de celui-ci, s'éten[d]
vers le nord et vers le sud un autre chemin couvert, do[nt]
les extrémités sont défendues aussi par deux tours ronde[s].

A 4 ou 5 milles au nord-ouest de Sommerset, on re[-]
marque un grand fort de forme presque triangulaire; il di[f]-
fère de la plupart des autres moins par la forme que par s[a]
construction: les murs se composent de quartiers brut[s]
de rochers, qui ne présentent aucune trace d'instrumen[t]
de fer; au centre s'élève un môle en pierres, construit e[n]
forme de pain de sucre et haut de 12 à 15 pieds.

Près de Marietta, des restes de vastes constructions pa[-]
raissent représenter une ville carrée de 1535 pieds de su[-]
perficie, défendue par des chemins couverts et deux forts[,]
l'un carré et l'autre rond. Mais malgré l'incertitude où l'o[n]
est si quelques unes de ces constructions ont pu êtr[e]
des villes, celle qui par son étendue pourrait avoir renferm[é]
des habitans est l'ensemble de fortifications que l'on remar[-]
que à 5 ou 6 milles de Chillicothe. Il occupe près de 45 are[s]
de superficie. La muraille a 12 pieds de hauteur et le foss[é]

qui l'entoure a environ 20 pieds de largeur. On remarque un ouvrage circulaire environné de murs et de fossés, qui paraît être un enclos sacré destiné aux sépultures : la grande quantité d'ossemens que l'on y a trouvés semble prouver qu'une nombreuse population a demeuré au milieu des fortifications qui ont dû former l'enceinte de la ville.

Nous avons vu plus haut que des officiers instruits ont trouvé dans quelques uns de ces travaux des traces d'une certaine connaissance de l'art militaire : rien ne peut mieux justifier cette opinion que les anciennes fortifications que l'on remarque sur une colline escarpée qui borde la rive gauche du Petit-Miami, à une dizaine de lieues de Cincinnati, dans l'État d'Ohio. Ces fortifications, qui occupent une longueur de 1600 mètres du sud au nord, et une largeur de 5 à 600 mètres, présentent une suite d'angles saillans et rentrans qui leur donne beaucoup de ressemblance avec les travaux des modernes. Les murailles en terre, hautes de 18 à 20 pieds, en ont 72 d'épaisseur à leur base.

Dans l'État de Kentucky on voit, sur un terrain élevé, près des sources de l'Hikmans-Creek et de la ville de Lexington, les restes d'une ancienne cité qui a dû être considérable. Elle occupe une étendue de 5 à 600 arpens; sa forme est celle d'un polygone irrégulier à sept côtés inégaux, dont le plus grand a 1080 pieds de longueur et le plus petit 360.

Sur le territoire d'Arkansas, dit M. Warden, M. Savage a découvert, près de la rivière de Saint-François, les ruines d'une ville fortifiée d'une grande étendue, et les débris d'une citadelle construite en briques et en ciment. Des arbres, dont quelques uns paraissaient avoir plus de 300 ans, avaient pris racines sur ces murailles.

Dans l'État de Missouri, parmi d'anciens travaux de fortifications, on cite une muraille en terre longue de 3858 pieds, haute de 8 et épaisse de 75 à sa base, qui s'étend sur le bord du Missouri. Une autre, de 6 pieds de hauteur, va depuis l'extrémité de la précédente jusqu'à la distance [de] 3300 pieds.

Toutes ces constructions ne sont réellement remarqua[bles] que parce qu'elles ne peuvent être attribuées aux a[n]cêtres des Indiens d'aujourd'hui, qui n'en élèvent aucun[e] de cette importance ni de cette solidité. Le peuple qui [les] a faites était certainement plus avancé en civilisation q[ue] les misérables sauvages qui errent dans les contrées occ[i]dentales de l'Amérique du nord; mais cette civilisati[on] n'est point à comparer à celle des Mexicains et des Pér[u]viens, et encore moins à celle des antiques nations [de] l'ancien continent.

Cependant, comme si ce n'était pas assez de trouv[er] sur le territoire des États-Unis les traces d'un peuple an[té]rieur à la population actuelle, des restes de constructi[ons] en pierres, remarquables par leur régularité, nous révèl[ent] dans la même contrée l'existence d'une nation plus avanc[ée] en civilisation que celle qui a élevé cette foule de tertres, ces nombreuses fortifications dont nous n'avons présen[té] qu'un aperçu rapide. A deux milles de Louisiana, sur [le] Noyer-Creek, ruisseau qui se jette dans le Mississipi, s'é[lè]vent quelques uns des monumens dont nous voulons pa[r]ler. L'un d'eux, construit en pierres informes, a 56 pie[ds] de longueur et 22 de largeur : c'est un bâtiment divisé [en] quatre salles, dont la dernière est aussi grande que les tr[ois] autres ensemble. Un petit bâtiment carré à l'extérieur, m[ais] qui renferme deux salles de même forme, séparées par u[ne] de forme ovale, se remarque à quelque distance de là. C[es] édifices présentent des voûtes assez bien faites, construi[tes] en petites pierres taillées avec régularité. On peut attribu[er] encore à la même nation des murailles tantôt parallèle[s,] tantôt circulaires, ou d'une forme oblongue fort allongé[e,] que l'on suppose avoir été bâties pour former des e[n]ceintes destinées à la célébration des jeux; la plupart ces constructions sont aussi en pierres. Enfin, il est probable qu'ils appartiennent au même peuple ces puits construits en briques, que des fouilles ont fait découvrir sur les bords de la Delaware.

Telles sont les grandes constructions que des populations inconnues ont laissées sur le sol des Etats-Unis. M. Brackenridge en porte le nombre à plus de 5000. Il nous reste à parler de quelques antiquités moins considérables, mais non moins intéressantes. Au premier rang se place un rocher de gneiss, trouvé sur le bord de la mer, à l'embouchure de la rivière de Taunton, dans l'État de Massachusetts, et chargé de figures que l'on a considérées comme des hiéroglyphes et de caractères que l'on a regardés comme phéniciens : ce qui prouverait que l'Amérique a été connue des anciens. Mais malgré l'opinion de Court de Gébelin et de quelques auteurs récens, tels que MM. Yates et Moulton (1), l'origine qu'on a voulu assigner à ce monument nous semble loin d'être prouvée. En effet, selon nous, ou le monument est phénicien, et alors l'inscription ne doit présenter que des caractères appartenant à l'alphabet des Phéniciens, ou il est étranger à ce peuple, et dans ce cas il n'offrira que de faibles analogies avec son écriture : et c'est en effet ce que nous remarquons dans l'inscription hiéroglyphique en question. En retranchant de cette inscription sept ou huit figures d'hommes et d'animaux qui n'ont jamais pu être tracées par une main phénicienne, tant elles sont grossières, il reste plus de 80 caractères, parmi lesquels on en trouve à peine 7 ou 8 qui aient quelque ressemblance avec les lettres phéniciennes. Du reste, nos doutes à l'égard de l'origine de ce monument ne lui ôtent pas même à nos yeux tout l'intérêt qu'il mérite : il est assez remarquable sous d'autres rapports. Il n'est visible qu'à la

(1) History of the state of New-York.

marée basse; sa hauteur est d'environ 5 pieds et sa largeur à sa base est de 10 à 12 pieds. Sa surface est polie, et peut-être même sa masse a-t-elle été taillée, car il est à trois faces, terminé en pointe, imitant grossièrement la forme d'une pyramide. Les caractères et les figures qui couvrent l'une de ses faces ne sont gravés qu'au trait; mais la profondeur des lignes, qui n'excède pas un tiers de pouce, et dont la largeur varie d'un demi-pouce à un pouce, annonce qu'elles ont été faites avec un instrument de fer qui devait avoir la forme d'un segment de cylindre : ce qui annonce la connaissance de plusieurs arts que ne possèdent point les sauvages de l'Amérique septentrionale.

A *Bollovs-Falls*, dans l'État de Vermont, au sud de la rivière de Connecticut, on découvrit en 1823 un roc de 6 pieds de longueur et de 4 de hauteur, qui est chaque année couvert pendant les grosses eaux, et sur lequel sont gravées en creux des figures humaines. A l'extrémité de ce rocher, une tête d'homme sculptée en relief est d'autant plus remarquable qu'elle a été peu endommagée par le mouvement des eaux, et qu'elle a conservé presque tout son caractère original. Le nez, la bouche et les yeux sont presque détruits, mais le front, les joues et le menton sont, il est vrai, bien conservés, et attestent que ce travail est d'une main assez habile. Ce qui reste de cette tête n'offre aucun des caractères des naturels de nos jours.

Nous pourrions citer dix ou douze autres exemples d'inscriptions ou de sculptures gravées sur des rochers dans différentes parties du territoire de l'Union, et qui ne sont point l'ouvrage des peuplades actuelles. Le plus remarquable de ces monumens est un rocher de grès très-dur, situé au confluent de l'Elk et de la Kanhava. Sur l'un des côtés du rocher on a gravé une tortue, un aigle avec les ailes déployées, un enfant dont les traits sont bien sculptés, et plusieurs figures au nombre desquelles on distingue celle d'une femme. Sur l'autre côté on remarque, parmi d'autres figures, celle d'un homme dans l'attitude d'une personne qui prie, et dont la tête est terminée en pointe ou coiffée d'un bonnet pointu. Plus loin, une figure semblable est suspendue à une corde par les talons. On doit s'étonner de la patience qu'il a fallu pour graver ces figures sur un roc tellement dur que l'acier peut à peine l'entamer.

Un autre rocher a mérité d'attirer l'attention des antiquaires ; il est calcaire, et a été détaché de la chaîne qui borde le Mississipi près de Saint-Louis. Sa longueur est de 8 à 10 pieds, et sa largeur de 3 à 4. Il porte l'empreinte assez bien sculptée de deux pieds d'homme.

Les idoles et les vases que l'on a trouvés soit dans des tombeaux, soit dans d'autres constructions, ne ressemblent pas plus que ces mêmes constructions aux objets qui sortent aujourd'hui des mains des sauvages de l'Amérique. L'une de ces idoles, découverte dans un *tumulus* près de Nashville, dans l'État de Tennessée, représente le buste d'un homme; ses bras et son visage étaient mutilés, mais sur le sommet de sa tête étaient sculptés une tresse et un gâteau. Dans une antique forteresse située sur le Cany, affluent de la rivière de Cumberland, on a découvert, dit M. Warden, à 4 pieds de profondeur, un vase composé de trois têtes jointes ensemble par derrière auprès de leur sommet, au moyen d'un col qui s'élève au-dessus de ces têtes d'environ 3 pouces. Le col a 6 pouces de circonférence ; il est creux aussi bien que les têtes, et peut contenir une pinte de liquide. Ce vase est fait d'une argile durcie par le feu ; il est peint : les figures surtout sont ornées de couleurs variées, que l'humidité du sol n'a point altérées, bien qu'il ait dû être enfoui pendant des siècles. Les savans américains qui en ont donné la description ont trouvé dans ces figures les caractères qui distinguent les peuples tatares (1). On a prétendu aussi que l'idole que nous venons de citer ressemblait à celle que Pallas a recueillie dans la Russie méridionale. Mais nous ferons observer à ce sujet que de pareils traits de ressemblance, dans des monumens grossiers des arts, ne sont pas suffisans pour en conclure qu'ils ont une origine commune. Dans tous les pays, les premiers essais de l'homme dans les arts du dessin offrent nécessairement un certain degré d'analogie, il serait téméraire d'y chercher des caractères de race : rien ne ressemble plus à la laide physionomie d'un Tatare ou d'un Mongol que le premier essai de figure humaine sorti des doigts grossiers d'un sauvage de l'Amérique ou de l'Océanie.

Il ne nous reste plus qu'à parler des momies des anciens peuples de l'Amérique septentrionale. On en a trouvé plusieurs dans des cavernes calcaires de l'État de Kentucky, principalement dans celle du *Mammouth*, qui a été ainsi nommée, dit M. Warden, à cause de sa grande étendue, qui est de 10 milles de longueur et de 25 milles en y comprenant ses différens embranchemens. Toutes ces cavernes renferment une grande quantité de nitre. On y a découvert des momies, à des profondeurs plus ou moins considérables, dans des couches de terre saturées de cette substance. L'une d'elles se trouvait à 10 pieds au-dessous du sol ; elle était placée dans une sorte de cercueil composé de plusieurs pierres, dont une formait le dessus. Elle était accroupie, comme dans certains tombeaux dont nous avons parlé ; elle avait les genoux repliés sur la poitrine, les bras croisés et les mains passées l'une sur l'autre, à la hauteur du menton. Toutes les parties du corps étaient parfaitement conservées, mais tellement desséchées, que, malgré une stature de 5 pieds 5 à 6 pouces, elle ne pesait pas plus de 12 à 14 livres. On n'y remarquait aucune inci-

(1) *Archæologia americana*, p. 211 et 238.

sion qui indiquât que les viscères en aient été retirés. Elle n'était recouverte d'aucun bandage, ni d'aucune substance aromatique ou bitumineuse ; mais elle était revêtue de quatre enveloppes différentes : la plus inférieure se composait d'une sorte d'étoffe faite de ficelle double, tordue d'une manière toute particulière, et de grandes plumes brunes entrelacées avec beaucoup d'art ; la seconde était de la même étoffe, mais sans plumes ; la troisième était d'une peau de daim sans poil, et la quatrième et dernière, d'une peau de daim avec le poil.

Le savant docteur Mitchill, en décrivant une momie absolument semblable, trouvée aux environs de Glasgow, dans le Kentucky, a cherché à établir, sur la ressemblance qui existe entre la toile en ficelle, le tissu en plumes qui lui servaient d'enveloppe, et les étoffes semblables que fabriquent les habitans des îles de l'Océanie, la preuve que les premiers habitans de l'Amérique septentrionale étaient originaires de la Malaisie : ainsi, d'un côté nous voyons des savans américains prétendre, les uns d'après quelques signes grossièrement gravés, que les Phéniciens ont connu l'Amérique ; les autres, d'après des figures mal ébauchées, que la population primitive du nord de ce continent était sortie de la Mongolie ; les autres enfin, d'après des tissus que tous les peuples qui sont au même degré de civilisation peuvent fabriquer de même, que cette population était originaire de l'Océanie.

Ne nous hâtons donc point de tirer, de la présence des différens monumens que nous venons de passer en revue, aucune conséquence sur l'origine de la population américaine : de nouvelles recherches sont nécessaires pour arriver à des résultats satisfaisans. Jusque-là nous serions plutôt porté à croire que les Indiens de nos jours ont dû se répandre dans l'Amérique septentrionale après qu'une nation plus policée en avait été en possession et avait émigré dans d'autres contrées. Peut-être est-ce cette même nation qui, au VIIe ou au XIIe siècle de notre ère, quitta ses anciennes possessions pour aller conquérir le Mexique ; ce qui s'accorderait assez avec la date présumée de quelques-uns des monumens que nous avons cités, et entre autres des tombeaux. Les populations plus septentrionales qui, jusque-là, avaient été contenues dans leurs limites par cette nation, qui pourrait bien être celle des Toultèques ou celle des Aztèques, l'auront remplacée sur le territoire des États-Unis, où elles sont restées étrangères à sa civilisation, ignorant l'art de construire ces énormes tombeaux, que l'on ne peut comparer qu'aux *tumuli* des anciens, celui d'élever des retranchemens, pour se mettre à l'abri des attaques de l'ennemi, celui de travailler le fer, de le convertir en acier, et d'en fabriquer des instrumens propres à graver des inscriptions et des figures sur des rochers d'une grande dureté, ignorant enfin les diverses branches d'industrie dont on retrouve les traces dans les monumens restés abandonnés.

On sait en effet que le Nouveau-Monde offre à différentes époques, dans ses souvenirs historiques, le même mouvement de migration des peuples du nord vers le sud, que l'ancien continent : ainsi les *Toultèques* parurent pour la première fois au Mexique vers l'an 648 de notre ère ; les *Chichimèques* en 1170 ; les *Nahualtèques* en 1178 ; les *Acolhues* et les *Aztèques* en 1196. On sait aussi, comme le fait remarquer M. de Humboldt, que les Toultèques introduisirent au Mexique la culture du maïs et du coton ; qu'ils construisirent des villes, des chaussées, et surtout ces grandes pyramides que l'on admire encore aujourd'hui, et dont les faces sont très-exactement orientées ; qu'ils connaissaient l'usage des peintures hiéroglyphiques ; qu'ils savaient fondre les métaux et tailler les pierres les plus dures, et qu'enfin leur année solaire était plus parfaite que celle des Grecs et des Romains.

LIVRE CENT QUATRE-VINGT-UNIÈME.

Considérations générales sur les États-Unis de l'Amérique septentrionale.

« L'immensité et la richesse du territoire que nous venons de parcourir, le nombre de villes et de républiques naissantes que nous avons indiquées, la grande lutte entre la civilisation et l'état sauvage que nous avons tracée, tout a dû faire pressentir à nos lecteurs les hautes destinées de la nation anglo-américaine. En contemplant cette nouvelle Europe, qui successivement peuple et remplit les antiques solitudes des Alleghanys et du Mississipi, ils ont dû être tentés quelquefois de s'écrier avec un poète américain : « Salut, ô grande république qui embrasse un monde! Salut, empire naissant de l'Occident! »

> Hail, great Republic of a World!
> Thou rising Empire of the West!

« Peut-être s'attend-on à nous voir esquisser ici la situation morale et politique de cette fédération d'États, et discuter ou concilier les opinions contraires que plusieurs écrivains distingués ont émises sur le caractère, les ressources et l'avenir des Anglo-Américains; mais cette tâche nous mènerait trop loin. Bornons-nous à quelques traits. Ces États ou républiques se gouvernant chacune par ses autorités locales, pour tout ce qui regarde les relations civiles et municipales, mais sujettes à une autorité centrale pour tout ce qui concerne la défense commune, la politique extérieure et les douanes; ce congrès, divisé en deux chambres qui partagent le pouvoir législatif, mais qui n'offrent entre elles aucun contre-poids naturel, puisqu'elles se composent également l'une et l'autre de représentans élus et amovibles; ce président, sans éclat, sans revenus, n'ayant sur tous les points, la nomination aux offices exceptée, qu'un pouvoir partagé et dépendant, chargé de conclure avec les puissances étrangères des traités qui ont besoin d'être ratifiés par les deux tiers du sénat: tout cet assemblage si compliqué de rouages si faibles, semble une anomalie politique à nos hommes d'État européens, accoutumés à raisonner sur la balance des intérêts stables et permanens qui naissent d'une royauté héréditaire, d'une aristocratie de naissance et de propriété. Le gouvernement général des États-Unis est en effet une machine très-imparfaite ; c'est un résultat de circonstances fortuites, et non pas d'un choix raisonné ; c'est un compromis entre le système de la démocratie une et indivisible, soutenu par le parti agricole, et le système d'une simple fédération de démocraties indépendantes, préférée par le parti commercial. Les législateurs qui posèrent les bases de cette espèce de transaction n'avaient pas un pouvoir suffisant pour donner à leur patrie les meilleures lois possibles; ils lui donnèrent les meilleures qu'il fût possible de faire adopter par les partis existans.

« Les révolutions, inévitables dans une société qui n'a pas achevé sa constitution, changeront sans doute la face de la fédération anglo-américaine; mais ces révolutions n'y produiront aucun des résultats prédits par les politiques de l'Europe. Un retour vers la monarchie, sous une branche cadette de la maison régnante en Angleterre, est impossible dans la situation d'une nation étrangère aux combinaisons politiques de l'Europe, tout entière agricole ou commerçante, neuve par les sentimens, mais imbue d'idées démocratiques et d'une philosophie anti-monarchique. Ce rêve ne séduit plus même la cour de Saint-

James. Une invasion durable, une conquête étrangère ne peuvent guère mieux se concevoir; car, quelque médiocre que soit la discipline de l'immense garde nationale américaine, cette nuée de chasseurs infatigables doit être indomptable sur son propre territoire. Une nouvelle guerre avec les Anglais accélérerait probablement le triomphe du parti de la république, une et indivisible. Il ne nous paraît pas moins impossible que dans un État où les fortunes sont distribuées avec égalité, où les routes de la considération sont ouvertes à tout le monde, il se forme une aristocratie héréditaire, assez unie d'intérêts, assez séparée du reste de la nation pour devenir dangereuse à la liberté publique. Le trait de caractère qu'on reproche le plus aux Anglo-Américains, l'amour effréné de l'argent, s'oppose directement à l'introduction des illusions chevaleresques, et ce vice moral produit ici l'effet d'une vertu politique. Les négocians et les cultivateurs anglo-américains ne comprennent d'autres vues politiques que celles qui se dirigent sur les intérêts positifs du commerce et de l'agriculture. Cette disposition des esprits empêche également beaucoup de bien et beaucoup de mal. »

Des politiques, qui ne croient pas que la liberté puisse s'allier avec l'amour de l'ordre et le dévouement patriotique, ont cru voir dans l'agglomération des États anglo-américains des germes de division et peut-être même de despotisme. Une population européenne formée de différentes nations, qui, sous le rapport des idiomes, appartiennent à 4 souches premières, a sans doute été la base sur laquelle se sont appuyés ceux qui se sont plu à voir en noir l'avenir des États-Unis. En effet, les quatre souches principales de la population anglo-américaine sont : la *souche germanique*, qui comprend les *Anglais*, formant à eux seuls presque les trois quarts de tout le peuple de l'Union; les *Allemands*, très-nombreux dans la Pennsylvanie, les États de New-York, de New-Jersey, de l'Ohio, et dans d'autres États occidentaux; les *Hollandais*, qui habitent aussi les mêmes pays, mais qui sont en très-petit nombre dans la Pennsylvanie et dans les trois derniers États; enfin, les *Suédois* et les *Suisses*, les moins nombreux de tous, qui habitent les mêmes pays, ainsi que le Maryland et l'Indiana. La *souche celtique* se compose d'*Irlandais*, de *Gallois* et d'*Écossais*, répartis dans les États du centre et dans la Pennsylvanie, le New-York et le Kentucky. A la *souche gréco-latine* appartiennent les *Français*, les *Italiens* et les *Espagnols*; les premiers sont les plus nombreux, et habitent principalement la Louisiane, l'Illinois et le Mississipi. Enfin, à la *souche sémitique* appartient la faible population *juive*, établie à New-York, à Philadelphie, à Charlestown et à Savannah.

« Un schisme entre les États est la supposition favorite de ceux qui rêvent l'anéantissement de la Fédération; ce schisme serait assez probable si les intérêts des États de l'est ou de la Nouvelle-Angleterre, ceux des États du midi et ceux des États de l'ouest étaient tout-à-fait distincts et séparés; mais quoique ces trois grandes divisions de la Fédération offrent en général un contraste marqué dans les mœurs et les idées, contraste que nous avons indiqué en les décrivant, il existe entre eux des liens d'intérêts très-forts; la Nouvelle-Angleterre a besoin des denrées de la Caroline et de la Virginie; celles-ci tirent du nord leurs constructions navales et les produits de plusieurs fabriques: les États de l'ouest, menacés par le Haut-Canada, ne se sentent pas assez de force pour se passer de l'appui de leurs frères de la côte atlantique; soutenu par ces faits simples et évidens, le raisonnement des politiques américains contre un schisme acquiert peu à peu la force d'une opinion nationale.

« Si l'accroissement de la république tend d'un côté à

provoquer une séparation, cet accroissement est d'un autre côté accompagné de circonstances qui contribuent à cimenter l'union. Le mélange continuel de la population efface la différence des mœurs; des lumières uniformes se répandent dans toutes les grandes villes, et depuis la guerre sur les lacs du Canada, tous les États, même ceux de l'ouest, réclament en commun cette gloire navale naissante et que la vanité des Anglo-Américains ne cesse d'exalter.

« Ainsi la nature et les hommes, les vertus et les vices, les lumières et les préjugés, tout concourt à préserver la Fédération du sort que des écrivains passionnés lui ont trop légèrement prédit. Mais les sociétés ont, comme les individus, leurs momens de crise et leurs maladies de croissance. L'Amérique fédérée pourra donc éprouver quelques secousses intérieures, suites nécessaires de l'accroissement successif du territoire, de la population, des richesses et des lumières. Ces secousses mêmes ne feront que hâter le développement successif de ce corps politique, si plein de vie et d'énergie. »

Quelques mots sur l'origine et l'accroissement de cette république, sur sa constitution, sur l'état de son instruction, sur la marche rapide de son industrie compléteront ce que nous nous proposons de dire.

« La paix de 1763 avait rendu l'Angleterre maîtresse de « toute l'Amérique septentrionale jusqu'au Mississipi. Les « colons anglais sentirent leur force; les tentatives que le « gouvernement de la métropole fit pour les soumettre à des « taxes nouvelles, excitèrent les feux cachés de la rebellion. « La bataille de *Bunkershill*, en 1775, apprit aux hommes « prévoyans combien les Américains seraient difficiles à « vaincre sous le prudent et valeureux Washington. Bientôt « on vit le sage Franklin poser les bases de la constitution. « L'indépendance fut proclamée le 4 juillet 1776. La France

« et l'Espagne conclurent une alliance avec la nouvelle répu-
« blique. Les Anglais, après avoir vu leurs armes humiliées
« par les défaites de Burgoyne et Cornwallis, reconnurent
« l'indépendance des États-Unis, composés alors de 13 provinces. » A la même époque, une portion du Canada fut
cédée à la nouvelle république; en 1803, elle acheta la
Louisiane à la France; dans ces dernières années, l'Espagne lui céda quelques portions de territoire qui dépendaient autrefois du Mexique; enfin, par un traité conclu
en 1819, cette même puissance céda en 1821 la Floride
aux États-Unis.

La confédération anglo-américaine, qui prend le nom
d'*Union* ou d'*États-Unis de l'Amérique septentrionale*, et
que l'on désigne simplement aussi sous celui d'*États-Unis*,
forme aujourd'hui la principale puissance du Nouveau-
Monde. A l'époque où son indépendance fut reconnue,
sa population n'était que de 2,500,000 habitans : l'influence
d'un gouvernement libre, d'une industrie chaque jour
croissante, et d'un commerce important avec toutes les nations du monde, l'a quintuplée dans l'espace de 50 années.

Le territoire anglo-américain comprend un *district fédéral*, celui de Colombia, renfermant la capitale, 24 *États*,
3 *territoires*, et 6 districts, y compris l'immense *district
occidental* ou de l'*Orégon*, qui n'est point encore officiellement organisé.

Ce serait peut-être ici le lieu de donner une idée de la
constitution américaine. Chacun des États est une république indépendante pour tout ce qui regarde les affaires
locales, et est administré par un gouvernement électif
et une assemblée législative. La réunion des vingt-quatre
États forme la confédération. Les pouvoirs législatifs résident dans un congrès composé d'un sénat et d'une
chambre de représentans. Les sénateurs, au nombre de
deux pour chaque État, sont nommés pour 6 ans, et

AMÉRIQUE : *Considérations générales.* 333

ont divisés en trois séries, qui se renouvellent tous les
ans; ils doivent être âgés de 30 ans. Les représentans, qui doivent en avoir au moins 25, sont élus par le
peuple à raison d'un par 40,000 habitans; cinq esclaves
sont comptés comme trois hommes libres dans la répartition
à faire. Le pouvoir exécutif est confié à un président et
à un vice-président, élus pour 4 ans, et nommés par un
nombre d'électeurs égal à celui des sénateurs et des représentans réunis, et que chaque État envoie au congrès à
cet effet (1). Le président doit être âgé de 35 ans; le vice-
président est choisi par le sénat parmi les deux autres can-
didats qui ont réuni le plus de suffrages. Le traitement du
premier est de 125,000 fr.; celui du vice-président est de
30,000. Ce dernier préside le sénat, mais il n'y a droit de
suffrage que lorsque les votes sont partagés. Le congrès
s'assemble au moins une fois tous les ans. Les représentans reçoivent du trésor une indemnité de 8 dollars par
jour, mais ils ne peuvent occuper aucun emploi du gouvernement. Les bills d'impôts sont proposés par la chambre

(1) D'après la population reconnue par le recensement de 1820, le
nombre total des représentans avant 1830 était de 213; celui des membres du sénat, à 2 par État, était de 48 : ce qui faisait en tout 261 députés
et sénateurs. C'était donc 261 mandataires à nommer, lesquels avaient
mission d'élire le président. Et comme celui-ci est élu à la majorité
absolue des suffrages, 131 voix décidaient ce choix. Le nombre des mandataires à nommer était réparti dans les différens États de la manière
suivante :

New-York	36	Connecticut	8
Pennsylvanie	28	New-Jersey	8
Virginie	24	New-Hampshire	8
Ohio	16	Vermont	7
Massachusets	15	Indiana	5
Caroline du nord	15	Louisiane	5
Kentucky	14	Alabama	5
Maryland	11	Rhode-Island	4
Tennessée	11	Mississipi	3
Caroline du sud	11	Illinois	3
Géorgie	9	Missouri	3
Maine	9	Delaware	3

des représentans; le sénat peut y faire les changemens qu'il juge convenables. Tout bill doit être approuvé par le président. Lorsque celui-ci le renvoie avec des objections, il n'a force de loi que s'il passe dans les deux chambres à la majorité des deux tiers des membres. Si le président ne le renvoie pas au congrès dans les dix jours qui suivent sa présentation, le bill est censé approuvé. Le congrès propose des amendemens à la constitution toutes les fois que les deux tiers des deux chambres le trouvent nécessaire, ou à la demande des deux tiers des législateurs des divers États.

Nous avons dit que la confédération anglo-américaine comprenait 24 États et 3 territoires. Un territoire n'est admis dans l'Union que s'il a 60,000 habitans; mais l'administration y est différente de celle des États; les citoyens n'y jouissent pas des mêmes prérogatives. Chaque territoire est administré par un gouverneur que nomme le président de la république.

A l'exception de l'État de la Louisiane, qui est divisé en paroisses, et de celui de la Caroline du Sud, qui est partagé en districts, chaque État et chaque territoire se divisent en comtés. Il est assez singulier que cette division, antérieure à la fondation de la république, ait été conservée.

Ce qui peut faire apprécier le degré de civilisation auquel est parvenue la confédération anglo-américaine, c'est le développement de la presse périodique. Aucun État européen, sans en excepter même la Grande-Bretagne, ne peut, sous ce rapport, entrer en comparaison avec elle. En 1828, pour une population de 12,000,000 d'habitans, on n'y comptait pas moins de 802 journaux, sans y comprendre les autres publications périodiques. En 1833, le nombre de tous les journaux politiques s'élevait à 840, et celui des écrits périodiques à près de 400, parmi lesquels une soixantaine traitaient exclusivement de matières relieuses. La seule ville de New-York publiait 65 journaux quotidiens ou mensuels; et, dans l'État tout entier, on en comptait pas moins de 263, nombre considérable pour une population de 1,900,000 habitans.

L'instruction primaire est aussi beaucoup plus répandue aux États-Unis que dans aucune autre partie du globe; cela tient à la prévoyance éclairée des premiers colons : ainsi, chaque fois qu'une ville, qu'une bourgade même a été fondée, on a construit une école, nommé un instituteur, et assuré leur entretien futur. Depuis cette époque, toutes les législatures ont rivalisé de zèle pour répandre et améliorer l'instruction publique : aussi le nombre des écoliers, comparé à la population, est-il beaucoup plus considérable aux États-Unis que dans aucun autre pays du globe. Le nombre est de 1 sur 4 habitans, tandis qu'en France il est de 1 sur 18.

On peut dire que l'Union américaine recueille les fruits d'un plan si sagement concerté, qu'il était impossible qu'il fût improductif. C'est dans les écoles que se forme le caractère de la masse du peuple; c'est là que chacun acquiert dès son enfance le sentiment éclairé de ses devoirs et de ses droits; en un mot, c'est dans les écoles que l'Anglo-Américain puise cet esprit démocratique qui est la plus sûre garantie de la nation contre les chances d'usurpation que pourrait avoir un président doué d'une haute capacité et d'une coupable ambition.

Mais ce n'est pas seulement sur les avantages d'un bon système d'instruction primaire que se fonde la prospérité des États-Unis; une stricte économie dans les deniers publics permet, avec un budget de 25 millions de dollars, de faire face à toutes les dépenses de l'Union, et d'amortir la dette publique, qui bientôt n'existera plus. C'est à l'aide de ressources en apparence si faibles relativement à sa population, que l'Union a pu, depuis 1816, pourvoir sa

marine de rades, de stations sûres et bien défendues, [de]
chantiers de construction et de réparation, et faire exécut[er]
un système de fortifications qui embrasse tous les poin[ts]
vulnérables de son vaste territoire. Ces fortifications o[nt]
pour objet, suivant l'expression d'un Français qui a contr[i]-
bué à leur exécution, « de couvrir et de défendre tous l[es]
« ports, de les assurer à la marine militaire et marchand[e];
« de priver l'ennemi de toute position où, sous la prote[c]-
« tion d'une force navale supérieure, il pût s'établir da[ns]
« l'intérieur, se maintenir pendant la guerre, et tenir tou[te]
« la frontière en alarmes. Elles doivent en outre protég[er]
« les grands centres de population dont l'activité comme[r]-
« ciale est de nature à influer d'une manière vitale sur l[es]
« destinées du pays; empêcher, autant que possible, qu[e]
« les grandes avenues de la navigation intérieure ne fusse[nt]
« fermées à leur entrée dans l'Océan; elles doivent pr[o]-
« téger la navigation intérieure en couvrant et défendan[t]
« les divers havres et points accessibles que présente [la]
« côte; enfin elles doivent assurer les grands dépôts mar[i]-
« times (1). »

Les 1300 lieues de côtes que possèdent les États-Un[is]
n'offraient avant l'exécution de ces travaux qu'un petit nom[-]
bre de points accessibles aux flottes ennemies, principale[-]
ment aux embouchures des rivières et à l'entrée des grand[es]
baies: aujourd'hui tous ces points sont liés entre eux [de]
manière à former une première enceinte de fortification[s]
susceptibles d'être défendues par un petit nombre de trou[-]
pes; ainsi 27,000 hommes suffiraient pour garder ces poin[ts]
fortifiés. Enfin de grands arsenaux maritimes ont été cré[és]
sur les points les plus avantageux de la côte, à l'abri de

(1) *Guillaume-Tell Poussin*, ex-major au corps du génie américain
et aide de camp du général du génie Bernard. — Travaux d'améliora[-]
tions intérieures projetées ou exécutées par le gouvernement général de[s]
États-Unis d'Amérique, etc. — Paris, 1834.

travaux de fortifications ; de sorte qu'en temps de guerre ces arsenaux peuvent à chaque instant approvisionner la marine militaire.

Bien que ces travaux paraissent suffisans pour maintenir l'indépendance de la nation, on les a rendus encore plus efficaces en les combinant avec un réseau de canaux et de chemins de fer à la fois stratégiques et commerciaux qui, en temps de paix, sont entièrement consacrés à accroître la prospérité industrielle. Grâce à cette combinaison ingénieuse et nouvelle, on pourrait en 5 jours transporter 20,000 hommes d'un point à l'autre de l'extrême frontière de l'immense territoire de l'Union.

Dans certaines localités on a dû couper des canaux, des presqu'îles pour unir entre elles les principales baies du littoral américain, et affranchir par-là le navigateur de l'obligation de doubler des caps et de franchir des écueils dangereux ; ailleurs il a fallu couper et traverser des montagnes granitiques telles que les Alleghanys. Enfin, dans certains endroits, le chemin de fer construit parallèlement au canal est venu en quelque sorte rivaliser avec lui.

Le gouvernement central a veillé à ce que les projets fussent de nature, en satisfaisant au besoin de chaque État, à contribuer aussi au bien général ; il a fourni, pour assurer leur exécution, tantôt des terrains et d'autres fois des fonds. L'ensemble de ces travaux est tellement gigantesque qu'il surpasse tout ce que l'on a fait dans ce genre en Europe. Il présente un développement de 1322 lieues de canaux et de 506 lieues de chemins de fer ; et l'on pourrait craindre qu'il ne pût jamais être conduit à fin, si l'on ne considérait qu'il n'a fallu qu'une dizaine d'années pour exécuter plus de 1000 lieues de canaux et plus de 300 lieues de chemins de fer.

On prévoit les avantages que les États-Unis tireront un jour de l'achèvement de ces canaux et de ces routes pour

22

leurs fabriques, lorsque l'on considère l'activité prodigieuse qui règne dans leur industrie ; ainsi, pour ne citer qu'une seule branche de produit, des documens officiels publiés par le gouvernement prouvent qu'en 1831 il existait dans les différens États de l'Union 795 filatures qui ont coûté à établir 200 millions de francs, et qui ont employé dans cette même année 78 millions de livres de coton. En 1828, les exportations de toutes natures de produits se sont élevées à la valeur de 390 millions de francs et ont encore augmenté depuis.

Les bras mercenaires manquent aux États-Unis : aussi la main-d'œuvre y est-elle plus chère qu'en Europe. Le nègre artisan ou domestique gagne la valeur de 2 fr. 50 c. par jour, plus la nourriture; une négresse qui lave le linge ou qui fait la cuisine se paie de même; un blanc, simple journalier, peut gagner 2 fr. 75 c., plus la nourriture; un charpentier, un menuisier, un maçon, un ébéniste, gagnent depuis 7 jusqu'à 12 fr. par jour; le charpentier de marine, 15 fr.; les ouvriers dans les fonderies et les forges, 60 fr. par semaine; un manœuvre qui travaille à réparer les routes gagne 60 à 75 fr. par mois, avec la nourriture et le logement; un fermier paie un domestique blanc 60 à 80 fr. par mois, et celui-ci mange à la table du maître. Les ouvriers établis qui travaillent pour leur compte gagnent depuis 6000 jusqu'à 16,000 fr. par an. Cependant les vivres sont moins chers qu'en France : les 200 livres de farine coûtent 20 à 25 fr.; la viande 15 c. la livre, le poisson 5 c., et les légumes sont en général dans la même proportion (1).

Ce qui entretient le haut prix de la main-d'œuvre, c'est que les ouvriers qui ont de l'ordre, et qui ont fait des économies après quelques années de travail, vont s'établir

---

(1) Guide des Emigrans français dans les Etats de Kentucky et d'Indiana, etc. — 1835.

dans les États de Kentucky et d'Indiana, où ils trouvent à acheter des terres à défricher à 6 fr. 25 c. l'acre, ou environ 16 fr. l'hectare. S'ils se fixent à l'ouest du Mississipi, ils trouvent des terres à un prix moitié moins élevé.

L'Amérique septentrionale, dit un auteur anglo-américain, est le paradis des femmes : elles ne travaillent ni à la terre ni aux ouvrages grossiers du ménage. Un mari dont la femme s'occuperait de ces travaux fatigans passerait dans le public pour être trop dur ou pour n'être pas assez industrieux pour la faire vivre : il en rougirait. « Tous leurs « soins se bornent à coudre pour elles-mêmes et leurs né- « gresses, à veiller sur elles et à les faire travailler ; à entre- « tenir les bonnes mœurs et la propreté dans leurs familles ; « aussi jusque dans les dernières conditions trouve-t-on « les lumières et les bonnes manières qui honorent l'homme. « On est fier d'être Américain. »

Le gouvernement des États-Unis a pour principe de ne faire que des dépenses productives ; voilà pourquoi l'armée soldée n'est que de 7000 hommes, et que la marine militaire ne se compose que d'une quarantaine de bâtimens à flot.

Avec de tels élémens de prospérité et de puissance, pourquoi faut-il que l'on ait à reprocher aux Anglo-Américains des défauts et des préjugés presque inexplicables chez un peuple si avancé en civilisation ? Comment un pays de liberté compte-t-il encore un cinquième d'esclaves dans sa population ? Comment un pays d'égalité, un pays où la religion dit à tous que tous les hommes sont frères, nourrit-il un préjugé absurde et cruel qui voue au mépris public le dernier descendant d'un esclave, l'être qui renferme dans ses veines un atome de sang africain ? En vain la blancheur du teint déguisera-t-elle à tous les yeux le mélange primitif de ce sang avec celui de plusieurs générations, l'orgueil du citoyen américain remontera toute cette filiation pour y reconnaître la tache de réprobation qui fait annuler un

scrutin auquel aura pris part un homme de couleur o
du moins qualifié tel par la loi, et qui déverse le me
pris sur la famille qui oserait admettre dans son sein c
paria plus à plaindre que celui des bords du Gange, parc
qu'il est né au milieu d'une nation libre et civilisée. Auss
pardonne-t-on à un écrivain français de s'écrier au milie
de toutes les merveilles que le mouvement industriel e
l'amour du gain ont enfantées aux États-Unis : « Voilà don
« ce peuple que j'admirais ! fanatique de liberté et prodigu
« de servitude, discourant sur l'égalité parmi 3,000,00
« d'esclaves, esprit fort et philosophe pour condamner le
« priviléges de la naissance, et stupide observateur de
« priviléges de la peau ! Dans le nord, orgueilleux de so
« travail ; dans le midi, glorieux de son oisiveté ; réunis-
« sant en lui, par une monstrueuse alliance, les vertus e
« les vices les plus incompatibles, la pureté des mœurs et
« le vil intérêt, la religion et la soif de l'or, la morale et
« la banqueroute ; peuple *homme d'affaires*, qui se croit
« honnête parce qu'il est légal, sage parce qu'il est habile,
« vertueux parce qu'il est rangé (1) ! »

(1) M. *Gustave de Beaumont :* Marie, ou l'Esclavage aux États-Unis;
Tableau de mœurs américaines.

TABLEAUX
relatifs à la géographie politique ou statistique des États-Unis d'Amérique.

TABLEAU *statistique général des États-Unis, d'après* BLODJET.

MOUVEMENT.	EN 1784.	EN 1804.	EN 1809.
...due territoriale, acres	640,000,000	1,280,000,000 (1	1,280,000,000
...tans libres	2,650,000	5,000,000	5,810,000
...ves	600,000	992,900	1,145,000
...de couleur affranchis	56,000	126,000	160,000
...lation totale	3,250,000	6,000,000	6,955,000 (2
...oissement annuel	96,000	180,000	202,591
...vidus par mille carré	3	6	»
...tations	630,000	1,190,000	1,375,000
...ges	} 36	{ 56	{ 25
...démies			74
...ain défriché, acres	21,500,000	38,950,000	40,950,000
...du terr. cultivé, doll	2	6	63o
...... en friche, cent	35	215	230
...vaux	600,000	1,160,000	1,400,000
...à cornes	1,200,000	2,850,000	3,660,000
...ce	541,666	1,050,000	1,290,000
...ine militaire	»	20	150
...lots	18,000	64,000	55,000
...nage	250,000	1,107,323	1,250,000
...orations, dollars	11,000,000	80,000,000	54,000,000
...ortation, idem	2,000,000	77,699,000	52,200,000
...pag. d'assur., capital	»	10,000,000	18,600,000
...mis, dollars	»	10,064,097	7,060,661
...nses, idem	»	11,258,913	13,867,226
...éraire, idem	10,000,000	17,500,000	20,000,000
...ques	3	39	95
...tal des banques, doll	2,250,000	39,500,000	54,000,000
...ts de banque, idem	2,000,000	14,000,000	19,000,000
...e nominale, idem	200,000,000	98,196,018	94,119,694 (3
...ls d'amortissement, id	»	14,413,000	43,994,136
...er public, idem	»	4,824,121	3,008,982
...gations des douanes, id	»	12,317,449	9,600,000
...ains pub. vendus, acres	»	1,223,378	5,008,982
...uit des terr. pub., doll	»	2,888,509	6,337,093
Fonds nationaux.			
...ds d'amert. actif, doll	»	7,024,450	27,597,868
...o lots dans la cité de Washington, idem	»	1,500,000	1,500,000
...pub. dans l'ouest, acr.	Incertain.	250,000,000	250,000,000
...dans la Louisiane, id	»	400,000,000	400,000,000

En 1810, la population effective des États-Unis était de 7,239,903 âmes.
L'addition de la Louisiane, qui forme l'augmentation pour cette année, a été faite d'après une ...tion vague, puisque les limites du pays n'étaient même pas encore déterminées.
En déduisant de la dette nominale le fonds d'amortissement et les remboursemens, on trouvera ...e réelle.

II. TABLEAU de la population des Etats-Unis, d'ap[rès le] recensement de 1790.

PROVINCES.	Hommes blancs libres, de seize ans et au-dessus, y compris les chefs de famille.	Hommes blancs libres au-dessous de seize ans.	Femmes blanches libres, y compris les chefs de famille.	Autres individus libres.	Esclaves.	T[otal]
Vermont..........	22,335	22,328	40,505	255	16	
New-Hampshire..	36,086	34,851	70,160	630	158	
Maine............	24,384	24,748	46,870	538	0	
Massachusetts.....	95,453	87,289	190,582	5,453	0	
Rhode-Island.....	16,019	15,799	32,652	3,407	948	
Connecticut......	60,593	54,403	117,448	2,808	2,764	
New-York	84,700	78,122	152,320	4,654	21,324	
New-Jersey......	45,251	41,416	83,287	2,762	11,423	
Pennsylvanie.....	110,788	106,948	206,363	6,537	3,737	
Delaware.........	11,783	12,143	22,384	3,899	8,887	
Maryland	55,916	51,339	101,395	8,043	103,036	
Virginie..........	110,936	116,135	215,056	12,866	292,627	
Kentucky........	15,154	17,057	28,922	114	12,430	
Caroline du Nord.	69,988	77,506	140,710	4,975	100,572	
Caroline du Sud..	35,576	37,722	56,880	1,801	107,094	
Géorgie..........	13,103	14,044	24,739	398	29,264	
Territ. de l'Ouest, au sud de l'Ohio.	6,271	10,227	15,365	361	3,417	

Somme totale..... 3[...]

N. B. La classe indiquée par ces mots : *Autres in[dividus] libres*, paraît comprendre les *engagés*, c'est-à-dire les [gens] obligés de servir pendant un espace de temps fixé.

Les Indiens non taxés n'y sont pas compris.

TABLEAU de la population des États-Unis, d'après le recensement de 1800.

ÉTATS ou DISTRICTS.	HOMMES BLANCS LIBRES de seize ans et au-dessus.	HOMMES BLANCS LIBRES au-dessous de seize ans.	FEMMES BLANCHES LIBRES.	AUTRES PERSONNES LIBRES, excepté les Indiens non taxés.	ESCLAVES.	TOTAUX.
...ont.........	37,862	41,466	74,580	557	»	154,465
...Hampshire.	45,683	45,575	90,740	855	8	183,858
...chusetts....	108,982	66,153	229,258	6,552	»	422,845
....	36,557	40,275	74,119	818	»	151,719
...-Island	16,561	15,297	33,600	3,304	380	69,122
...ecticut.....	63,839	57,354	123,528	5,300	951	251,002
...York........	142,723	94,370	268,122	10,374	20,613	586,050
...ersey......	48,886	49,759	95,601	4,402	12,422	211,149
...lvanie......	152,180	149,287	284,401	14,564	1,706	602,545
...are	12,346	12,687	22,819	8,268	6,153	64,273
...and.........	59,194	54,494	108,310	19,987	107,707	349,692
...ie...........	130,452	134,147	246,275	20,507	346,968	886,149
...cky.........	42,642	51,319	85,915	741	40,343	220,959
...ne du Nord.	81,457	90,191	166,116	7,043	133,196	478,105
...ne du Sud..	47,349	53,567	95,339	3,185	146,151	345,591
...ie............	25,658	28,310	48,295	1,919	59,699	162,686
...ssée.........	20,759	26,421	44,529	309	13,584	105,602
...du N.-O. (tenant État)	11,439	12,999	20,595	337	»	45,365
...oire d'In-.............	1,373	1,201	2,003	163	135	5,641
...oire de Mis-.............	1,552	1,355	2,252	182	3,489	8,830
...bia	3,049	2,459	4,758	783	3,244	14,093
Total.....	1,058,696	1,135,529	2,115,331	110,072	896,849	5,303,666

IV. TABLEAU de la population des

ÉTATS et TERRITOIRES.	HOMMES BLANCS LIBRES			
	Au-dessous de dix ans.	De dix à quinze ans.	De seize à vingt-cinq ans, y compris les chefs de famille.	De vingt-six à quarante-quatre ans, y compris les chefs de famille.
District du Maine.................	41,273	18,463	20,403	22,079
Massachusetts........	68,930	34,964	45,018	45,854
New-Hampshire......	34,284	17,840	18,865	20,531
Vermont.............	38,082	18,347	19,678	20,791
Rhode-Island........	10,735	5,554	7,250	6,765
Connecticut.........	37,814	20,498	23,880	23,699
New-York...........	165,933	73,702	85,779	94,882
New-Jersey..........	37,814	18,914	21,231	21,394
Pennsylvanie........	138,464	62,606	74,203	74,192
Delaware............	9,632	4,480	5,150	5,860
Maryland............	38,613	18,489	22,688	25,255
Virginie.............	97,777	42,919	51,473	52,567
Ohio................	46,693	18,119	20,189	22,701
Kentucky............	65,134	26,804	29,772	29,553
Caroline du Nord....	68,039	30,321	34,630	34,456
Tennessée de l'Est...	18,392	7,618	8,266	7,539
Tennessée de l'Ouest.	26,102	9,552	11,220	12,418
Caroline du Sud.....	39,669	17,193	20,933	20,488
Géorgie.............	28,009	11,951	14,085	14,372
Territoire d'Orléans...........	5,848	2,491	2,963	5,130
Mississipi...........	4,217	1,637	2,692	3,160
Louisiane...........	3,438	1,345	1,568	2,069
Indiana.............	4,923	1,922	2,284	2,316
Illinois.............	2,266	945	1,274	1,339
Michigan...........	800	351	583	763
District de Columbia.........	2,479	1,158	1,520	2,107
	1,035,278	468,183	547,597	572,347

TABLEAUX. 345

, d'après le recensement de 1810.

	HOMMES BLANCHES LIBRES				AUTRES PERSONNES LIBRES, excepté les Indiens non taxés.	ESCLAVES.	TOTAUX.
	De dix à seize ans.	De seize à vingt-cinq ans, y compris les chefs de famille.	De vingt-six à quarante-quatre ans, y compris les chefs de famille.	De quarante-cinq ans et au-dessus, y compris les chefs de famille.			
	17,827	21,290	21,466	12,515	969	»	228,705
	33,191	46,366	49,229	39,894	6,637	»	472,040
	17,259	20,792	21,940	15,204	970	»	214,460
	17,341	20,983	20,792	11,457	750	»	217,895
	5,341	7,520	7,635	6,372	3,609	108	76,931
	18,931	24,975	26,293	22,696	6,453	310	261,942
	68,611	85,139	85,805	46,718	25,333	15,017	959,016
	17,797	21,194	21,359	15,109	7,843	10,851	245,562
	60,913	75,960	70,826	45,740	22,492	795	810,095
	4,370	5,541	5,527	2,876	13,136	4,177	72,674
	17,833	23,875	22,908	14,154	33,927	111,502	380,546
	42,207	54,899	51,163	39,512	30,570	292,518	974,622
	16,869	19,990	19,436	8,717	1,899	»	230,760
	25,743	29,511	25,920	13,482	1,713	80,561	406,511
	30,653	37,933	33,944	20,427	10,296	168,824	555,500
	7,215	8,559	7,348	4,129	510	9,376	101,367
	9,113	11,305	10,276	4,356	807	35,159	160,460
	16,699	20,583	18,974	10,936	4,554	196,365	415,115
	11,237	13,461	12,350	6,238	1,801	105,218	252,433
	2,588	2,874	3,026	1,499	7,585	34,660	76,556
	1,544	2,187	1,753	675	240	17,088	40,352
	1,265	1,431	1,369	562	607	3,011	20,845
	1,863	2,228	1,880	794	393	237	24,250
	791	1,053	894	364	616	168	12,282
	332	268	311	130	120	24	4,762
	1,192	1,653	1,734	832	2,549	5,395	24,623
	448,324	561,668	544,156	338,379	186,446	1,191,364	7,239,903

Total pour tout l'État de Massachusetts, 700,745.
Total pour tout l'État de Tennessee, 261,827.

TABLEAU *de la population des États-Unis, d'après les derniers recensemens.*

ÉTATS.	POPULATION			
	blanche.	NOIRE		absolue.
		esclave.	libre.	
Maine	398,260	6	1,171	399,437
New-Hampshire	268,721	5	602	269,328
Vermont	279,776	»	881	280,652
Massachusetts	603,359	4	7,045	610,408
Rhode-Island	93,621	14	3,564	97,199
Connecticut	289,603	25	8,047	297,675
New-York	1,869,061	76	44,869	1,914,006
New-Jersey	300,266	2,254	18,303	320,823
Pennsylvanie	1,309,900	403	37,930	1,348,233
Delaware	57,601	3,292	15,855	76,748
Maryland	291,108	102,994	52,938	447,040
Virginie	694,300	469,757	47,348	1,211,405
Caroline du Nord	472,843	245,601	19,543	737,987
Caroline du Sud	257,863	315,401	7,921	581,185
Géorgie	296,806	217,531	2,486	516,823
Alabama	190,406	117,549	1,572	309,527
Mississipi	70,443	65,659	519	136,621
Louisiane	89,231	109,588	16,710	215,529
Tennessée	535,746	141,603	4,555	681,904
Kentucky	517,787	165,213	4,917	687,917
Ohio	926,311	6	9,567	935,884
Indiana	339,399	3	3,629	343,031
Illinois	155,061	747	1,837	157,445
Missouri	114,795	25,091	569	140,455
District de Colombie	27,563	6,119	6,152	39,834
Territoire de Michigan	31,346	32	261	31,639
Idem d'Arkansas	25,671	4,576	141	30,388
Idem de la Floride	18,385	15,501	848	34,730
	10,525,232	2,009,050	319,576	12,853,858

Nombre des Indiens répartis sur le territoire de l'Union en 1830.

Nouvelle-Angleterre, New-York, Pennsylvanie et Virginie... 7,693
Caroline du nord, Caroline du sud et Géorgie.............. 8,400
Mississipi, Alabama, Louisiane et Tennessée............... 44,559
Ohio, Indiana, Illinois et Missouri....................... 17,458
Michigan, Arkansas, Floride et territoire du Nord-Ouest... 40,740
Entre le Mississipi et les montagnes Rocheuses, en exceptant
  la Louisiane, le Missouri et le territoire d'Arkansas... 94,300
Dans les montagnes Rocheuses et à l'ouest de ces montagnes. 100,000

Total.... 313,130

TABLEAUX.

TABLEAU *de la population des États-Unis, d'après le recensement de 1830.*

ÉTAT DU MAINE,
Constitué en 1820, divisé en 10 comtés.

Superficie, 32,000 milles carrés. | Population { en 1820. 298,335 / en 1830. 399,437 } Individus.

VILLES.

Augusta	3,980	Brunswick	3,747
Portland	12,601	Waldoborough	3,113
Bath	3,773	Camden	2,200
Hallowell	3,964	Prospect	2,380
Eastport	2,450	Berwick	3,168
Bangor	2,866	Saco	3,220
Belfast	3,077	Kennebunk	2,763
Wiscasset	2,443	Warren	2,030
Gardiner	3,707	Thomaston	4,221

ÉTAT DE NEW-HAMPSHIRE,
Constitué en 1792, divisé en 8 comtés.

Superficie, 9,280 milles carrés. | Population { en 1820. 244,161 / en 1830. 269,328 } Individus.

VILLES.

Concord	3,727	Gilmanton	3,816
Portsmouth	8,082	Somersworth	3,090
Dover	5,449	Haverhill	2,153
Exeter	2,757	Amherst	1,657
Keene	2,374	Hopkinton	2,474
Rochester	2,155	Dunstable	2,417
Claremont	2,526	Plymouth	1,175
Weare	2,430	Lancaster	1,187

ÉTAT DE VERMONT,
Constitué en 1791, divisé en 13 comtés.

Superficie, 10,200 milles carrés. | Population { en 1820. 235,764 / en 1830. 280,657 } Individus.

VILLES.

Montpellier	2,985	Bennington	3,420
Windsor	3,134	Middlebury	3,468
Burlington	3,526	Saint-Albans	2,395
Rutland	2,753	Woodstock	3,044
Brattleboro	2,143	Rockingham	2,272
Shoreham	2,137	Shaftsbury	2,143
Danville	2,630	Milton	2,100
Fairfield	2,270	Chester	2,320

ÉTAT DE MASSACHUSETTS.
Constitué en 1780, divisé en 14 comtés.

Superficie, 7,800 milles carrés. | Population { en 1820. 523,287 ; en 1830. 610,408

VILLES.

Boston	61,392	Andover	4,540
Salem	13,886	Beverly	4,079
Newbury-port	6,388	Danvers	4,228
Marblehead	5,152	Hingham	3,357
Lynn	6,138	Plymouth	4,750
Gloucester	7,513	Middleboro'	5,008
Roxbury	5,249	Dorchester	4,064
Lowel	6,474	Scituate	3,470
Charlestown	8,783	Nantucket	7,205
Cambridge	6,071	Springfield	6,784
New-Bedford	7,592	Northampton	3,613
Worcester	4,172	Dedham	3,120
Taunton	6,045	Barnstable	3,975
Haverhill	3,920	Ipswich	2,940
Newbury	3,803	Rochester	3,556
Dartmouth	3,867	Fairhaven	3,034
Troy	4,159	Sandwich	3,361
Mendon	3,152	Pittsfield	3,570
W. Springfield	3,272	Sheffield	2,302
Amherst	2,630	Belchertown	2,492

ÉTAT DE RHODE-ISLAND,
Constitué en 1776, divisé en 5 comtés.

Superficie, 1,360 milles carrés. | Population { en 1820. 83,059 ; en 1830. 97,199

VILLES.

Newport	8,010	Scituate	3,904
Providence	16,832	Warwick	5,529
Bristol	3,054	Smithfield	6,858
South-Kingston	3,663	North-Kingston	3,036

ÉTAT DE CONNECTICUT,
Constitué en 1778, divisé en 8 comtés.

Superficie, 4,670 milles carrés. | Population { en 1820. 275,248 ; en 1830. 297,675

VILLES.

New-Haven	10,678	Danbury	4,310
Hartfort	9,789	Haddam	3,015
Midletown	6,892	Granwick	3,805
New-London	4,356	Norwalk	3,792
Lichfield	4,456	Windsor	3,220
Fairfield	4,226	Stonington	3,400
Norwick	3,144	Chatham	3,640

TABLEAUX. 349

ÉTAT DE NEW-YORK,
Constitué en 1776, divisé en 56 comtés.

Superficie, 46,200 milles carrés. | Population { en 1820. 1,372,812 / en 1830. 1,914,006 } Individus.

VILLES.

Albany	24,238	Washington	3,036
New-York	203,007	Bethlehem	6,092
Rochester	9,269	Batavia	4,270
Troy	11,405	Catskill	4,860
Brooklyn	15,396	Ellisburgh	5,282
Buffalo	8,653	Watertown	4,768
Utica	8,324	Brookfield	4,567
Schenectady	4,258	Lenox	5,039
Ithaca	5,270	Johnstown	7,703
Poughkeepsie	7,222	Manlius	7,375
Auburn	4,486	Onondaga	5,668
Hudson	5,395	Seneca	6,160
Newburgh	6,424	Lokport	3,823
Canandaguia	5,162	Plattsburgh	4,913
Athens	2,425	Schobarie	5,146
Kingston	4,170	Norwick	3,774
Rome	4,360	Watervliet	4,965
Rensselaerville	3,689	Pittstown	3,702
Fishkill	8,292	Hosick	3,582

ÉTAT DE NEW-JERSEY,
Constitué en 1776, divisé en 14 comtés.

Superficie, 6,900 milles carrés. | Population { en 1820. 277,575 / en 1830. 320,823 } Individus.

VILLES.

Trenton	3,925	New-Brunswick	7,830
Newarck	10,953	Patterson	7,730
Elisabethtown	3,450	Princeton	?

ÉTAT DE PENNSYLVANIE,
Constitué en 1776, divisé en 51 comtés.

Superficie, 43,950 milles carrés. | Population { en 1820. 1,049,358 / en 1830. 1,348,233 } Individus.

VILLES.

Harrisburg	4,307	Wilkesbarre	2,233
Philadelphie	167,800	Lebanon	7,704
Pittsburg	12,542	Bloomfield	3,529
Lancaster	7,684	Lewistown	1,479
Reading	5,859	Kittaning	1,620
York	4,216	Gettysburgh	1,473
Carlisle	2,523	Norristown	1,826
Chambersburg	2,794	Easton	3,500

ÉTAT DE DELAWARE,
Constitué en 1792, divisé en 3 comtés.

			Individu
Superficie,	2,000 milles carrés.	Population { en 1820.	72,749
		{ en 1830.	76,748

VILLES.

Dower................ 1,300 | Wilmington............ 6,6..

ÉTAT DE MARYLAND,
Constitué en 1776, divisé en 19 comtés.

			Individu
Superficie,	10,800 milles carrés.	Population { en 1820.	407,350
		{ en 1830.	447,040

VILLES.

Annapolis............. 2,623 | Fredericktown.......... 4,4.
Baltimore............. 80,625 | Hagerstown............ 3,3..

ÉTAT DE VIRGINIE,
Constitué en 1776, divisé en 110 comtés.

			Individu
Superficie,	64,000 milles carrés.	Population { en 1820.	1,065,366
		{ en 1830.	1,211,405

VILLES.

Richmond............. 16,060 | Winchester............ 4,3.
Norfolk.............. 9,816 | Fredericksburg......... 3,3.
Petersburg............ 8,320 | Wheeling.............. 5,22
Lynchburg............ 6,700 | Charlottesville......... ?

ÉTAT DE LA CAROLINE DU NORD,
Constitué en 1776, divisé en 64 comtés.

			Individu
Superficie,	43,800 milles carrés.	Population { en 1820.	638,829
		{ en 1830.	737,987

VILLES.

Raleigh.............. 1,700 | Wilmington............ 2,8.
Newbern............. 3,776 | Washington............ 1,4.
Fayetteville........... 2,868 | Edenton............... 1,60

ÉTAT DE LA CAROLINE DU SUD,
Constitué en 1790, divisé en 29 districts.

			Individu
Superficie,	30,000 milles carrés.	Population { en 1820.	502,740
		{ en 1830.	581,185

VILLES.

Columbia............. 3,309 | Georgetown............ 2,00
Charleston............ 30,289 | Hambourg............. ?

ÉTAT DE GÉORGIE,
Constitué en 1776, divisé en 76 comtés.

Individus.
Superficie, 58,200 milles carrés. | Population { en 1820. 340,989
{ en 1830. 516,823

VILLES.

Milledgeville .... 1,599 | Savannah 7,303
Augusta .... 6,690 | Macon 2,600

ÉTAT D'ALABAMA,
Constitué en 1819, divisé en 36 comtés.

Individus.
Superficie, 50,800 milles carrés. | Population { en 1820. 127,900
{ en 1830. 309,527

VILLES.

Cahawba .... 2,300 | Blakely .... ?
Mobile .... 3,194 | Tuscaloosa 1,600

ÉTAT DE MISSISSIPI,
Constitué en 1817, divisé en 26 comtés.

Individus.
Superficie, 45,350 milles carrés. | Population { en 1820. 75,448
{ en 1830. 136,621

VILLES.

Jackson .... 1,700 | Natchez 2,790
Monticello .... 2,300 | Liberty 1,030

ÉTAT DE LOUISIANE,
Constitué en 1811, divisé en 31 paroisses.

Individus.
Superficie, 48,000 milles carrés. | Population { en 1820. 153,407
{ en 1830. 215,529

VILLES.

Nouvelle-Orléans ...... 46,309 | Bâton-Rouge 2,500

ÉTAT D'INDIANA,
Constitué en 1816, divisé en 64 comtés.

Individus.
Superficie, 36,250 milles carrés. | Population { en 1820. 147,175
{ en 1830. 343,031

VILLES.

Indianapolis .... 1,200 | Vincennes 1,800

ÉTAT DE KENTUCKY,
Constitué en 1792, divisé en 83 comtés.

Individus.
Superficie, 39,000 milles carrés. | Population { en 1820. 364,317
{ en 1830. 687,917

VILLES.

Frankfort .... 1,980 | Lexington 6,104
Louisville .... 10,352 | Maysville 2,040

ÉTAT D'OHIO,
Constitué en 1802, divisé en 73 comtés.

Superficie, 38,500 milles carrés. | Population { en 1820. 581,434 / en 1830. 935,884

VILLES.

Columbus	2,437	Mont-Vernon	1,02.
Cincinnati	24,830	Dayton	2,96
Steubenville	2,937	Marietta	1,20
Zanesville	3,094	Hamilton	1,09
Chillicothe	2,846	Lancaster	1,53

ÉTAT D'ILLINOIS,
Constitué en 1818, divisé en 52 comtés.

Superficie, 59,000 milles carrés. | Population { en 1820. 55,211 / en 1830. 157,445

VILLES.

Vandalia	500	Jacksonville	5?
Kaskaskia	?	Maysville	75
Shawneetown	600	Cahokia	1,20

ÉTAT DE MISSOURI,
Constitué en 1821, divisé en 33 comtés.

Superficie, 60,300 milles carrés. | Population { en 1820. 66,586 / en 1830. 140,455

VILLES.

Jefferson	1,332	Franklin	1,25
Saint-Louis	5,852	Saint-Charles	1,22

ÉTAT DE TENNESSÉE,
Constitué en 1796, divisé en 62 comtés.

Superficie, 41,300 milles carrés. | Population { en 1820. 420,813 / en 1830. 681,904

VILLES.

Murfreesborough	2,300	Nashville	5,56
Knoxville	3,642	Greenville	?

DISTRICT FÉDÉRAL DE COLOMBIE,
Constitué en 1800, divisé en 2 comtés.

Superficie, 100 milles carrés. | Population { en 1820. 33,039 / en 1830. 39,834

VILLES.

Washington	18,827	Georgetown	8,44
Alexandria	8,263		

TERRITOIRE DE LA FLORIDE,
Cédé à l'Union en 1822, divisé en 15 comtés.

			Individus.
Superficie,	57,750 milles carrés.	Population { en 1820.	10,000?
		{ en 1830.	34,730

VILLES.

Tallahassée............	2,633	Saint-Augustin...........	1,377
Pensacola...............	3,000		

TERRITOIRE DE MICHIGAN,
Établi en 1823, divisé en 17 comtés.

			Individus.
Superficie,	33,750 milles carrés.	Population { en 1820.	8,896
		{ en 1830.	31,639

VILLES.

Détroit................ 2,222

TERRITOIRE D'ARKANSAS,
Établi en 1819, divisé en 23 comtés.

			Individus.
Superficie,	121,000 milles carrés.	Population { en 1820.	14,000?
		{ en 1830.	30,388

VILLES.

Arkopolis................ 800

TERRITOIRE DU MISSOURI,
Formé en 1812 (diminué en 1819 et 1820 de ce qui a servi à constituer le territoire d'Arkansas et l'État de Missouri).

Superficie, 930,000 milles carrés.

TERRITOIRE DU NORD-OUEST.

Superficie, 144,000 milles carrés.

N. B. Ces quatre derniers *territoires* comprennent les six divisions suivantes, proposées par M. Tanner, mais qui n'ont point été officiellement adoptées. Le Michigan comprend le *district Huron*, celui des *Mandanes* et celui des *Sioux*; l'Arkansas renferme le *district d'Ozark* et celui des *Osages*; enfin le territoire du Nord-Ouest et celui du Missouri forment le *district de l'Oregon*.

XII. **TABLEAU** *des restrictions locales du droit d'élection pour les assemblées de chaque État.*

ÉTATS.	SÉNATEURS, par qui élus.	REPRÉSENTANS, par qui élus.	FORMES de l'élection.
New-Hampshire.	Citoyens payant taxe.	Citoyens payant taxe.	Par *communes*, eu égard à la population.
Massachusetts...	Citoyens possédant 1,440 fr.	Citoyens possédant 1,440 fr.	*Idem.*
Rhode-Island...	Tous les citoyens.	Tous les citoyens.	Par *comm.*, san égard à la pop.
Connecticut.....	Citoyens francs-tenanciers.	Citoyens francs-tenanciers.	*Idem.*
New-York......	Citoyens francs-tenanciers de la valeur de 2,400 f.	Francs-tenanciers à 480 fr., ou fermiers à 40 *schillings*.	Par *comtés*, e égard à la population.
New-Jersey.....	Citoyens possédant 1,200 fr.	Citoyens possédant 1,200 fr.	*Idem.*
Pennsylvanie....	Cit. payant taxe.	Cit. payant taxe.	*Idem*
Delaware........	*Idem.*	*Idem.*	Par *comtés*, san égard à la popul
Maryland......	Deux *électeurs* par comté, choisis par tous les citoyens.	Tous les citoyens.	*Idem.*
Virginie........	Citoyens francs-tenanciers.	Citoyens francs-tenanciers.	*Idem.*
Caroline du Nord.	Francs-tenanciers de 50 arpens.	Citoyens payant taxe.	*Idem.*
Caroline du Sud et Géorgie....	Citoyens payant taxe.	*Idem.*	Par *comtés*, e égard à la popul
États de l'Ouest..	Tous les citoyens blancs.	Tous les citoyens blancs.	*Idem.*
Vermont........	Point de sénat.	*Idem.*	Par communes.

Conditions de l'éligibilité dans quelques États.

ÉTATS.	Pour Sénateurs.	Pour Représentans.
New-Hampshire......	Âgé de 30 ans, franc-alleu de 4,800 fr.	Propriété de 2,400 f. ou moitié en franc-alleu.
Massachusetts........	Franc-alleu de 7,200 fr. ou propriété personnelle de 14,400 fr.	Franc-alleu de 2,400 fr. ou propriété double.
N.-Jersey et Maryland.	Propriété de 24,000 fr.	Propriété de 12,000 fr.
Caroline du nord.....	Franc-alleu de 300 arp.	Franc-alleu de 100 arp.
Pennsylvanie........	Résidence de 4 ans, âgé de 25, paiem. de taxe.	Résidence de 3 ans, paiement de taxe.
Rhode-Island........	Tous les citoyens.	Tous les citoyens.

TABLEAU des chemins de fer dans l'État de l'Union.

	LONGUEUR	
	MILLES.	LIEUES.
Chemin de Mohawk à l'Hudson...............	15 1/2	5 1/2
—— de Boston à Albany................	200 »	72 »
—— de Boston à Providence.............	43 »	15 1/2
—— de Philadelphie à Columbia.........	80 »	29 1/2
—— de Philadelphie à Trenton..........	27 1/2	10 »
—— de Baltimore à la Susquehannah.....	70 »	25 »
—— de Baltimore à l'Ohio..............	250 »	80 »
—— de Baltimore à Philadelphie........	118 »	42 1/2
—— de Baltimore à Washington.........	40 »	14 1/2
—— de New-Brunswick à New-York.....	30 »	11 »
—— de Camden à Amboy................	61 »	22 »
—— de New-castle à Frenchtown........	16 »	5 1/2
—— de Charlestown à Hambourg........	135 »	49 »
—— de Hambourg à la rivière du Tennessée...	220 »	79 1/2
—— de Patterson à New-York...........	16 »	5 1/2
—— de Trenton à Raritan..............	39 ?	14 »
—— de Honendole aux houillères de Lackawaxen.	16 »	5 1/2
—— de Mauch-Chunk au Lehigh.........	9 »	3 »
—— de Roan-run à Mauch-Chunk.......	6 »	2 »
—— de la Nouvelle-Orléans au lac Pontchartrain.	5 »	1 1/2
Chemin de fer ou Portage compris entre Frankstown dans le comté de Huntingdon, et Johnstown dans celui de la Cambria (avec un tunnel de 274 mètres de longueur au travers de la chaîne des Alleghanys).	37 »	13 »
Total.....	1,434 »	506 »

MARINE des États-Unis en 1831.

NOMS DES BATIMENS.	NOMBRE de canons.	DATE de la construction.
L'Indépendance...............	74	1814
Le Franklin...................	74	1815
Le Washington................	74	1816
Le Columbus..................	74	1819
L'Ohio........................	74	1820
La Caroline-du-Nord...........	74	1820
La Delaware...................	74	1820
Les États-Unis................	44	1797
La Constitution................	44	1797
La Guerrière...................	44	1814

NOMS DES BATIMENS.	NOMBRE de canons.	DATE de la construction.
Le Java.............................	44	1814
Le Potomac..........................	44	1821
Le Brandevin........................	44	1825
L'Hudson............................	44	?
Le Congrès..........................	36	1799
La Constellation....................	36	1797
Le Macédonien.......................	36	?
Le John-Adams.......................	24	1799
Le Piané............................	24	?
L'Érié..............................	18	1813
L'Ontario...........................	18	»
Le Paon.............................	18	»
Le Boston...........................	18	1825
Le Lexington........................	18	»
Le Vincennes........................	18	1826
La Garenne..........................	18	1826
Le Natchez..........................	18	1827
Le Falmouth.........................	18	1827
Le Beau-Pré.........................	18	1828
Le Vandalia.........................	18	»
Le Saint-Louis......................	18	»
La Concorde.........................	18	»
Le Dauphin..........................	12	1821
Le Grampus..........................	12	»
Le Marsouin.........................	12	1820
Le Requin...........................	12	1821
Le Fox..............................	3	»

(En construction) 5 vaisseaux de ligne.
    Id. 6 frégates.
    Id. 1 goëlette.

ÉTAT-MAJOR DE LA MARINE.

Capitaines de vaisseaux....... 37
Commandans................. 33
Lieutenans.................. 253

  Total des officiers...... 323

ARMÉE DE TERRE.

État-major général..................... 14 hommes.
État-major de l'artillerie.............. 308
Corps des ingénieurs topographes........ 10
Finances et administration de l'armée... 18
Service de santé....................... 68
Infanterie (7 régimens)................ 3,829
Cavalerie (1 escadron de chasseurs).... 690
Artillerie (4 régimens)................ 2,160

    Total.... 7,097

TABLEAU *des canaux dans les États de l'Union*.

	LONGUEUR en	
	MILLES.	LIEUES.
SYSTÈME TRANSALLÉGHANIEN.		
Grand canal de New-York ou *d'Érié* (terminé)...		
a. Section de l'est, partant de Hudson près Albany, à Utica, sur la Mohawk............ 103ᵐ »		
b. Section du centre, d'Utica à Montézuma, sur la Seneca............ 96 »		
c. Section de l'ouest, de la Seneca au lac Érié. 167 »	366 »	132 »
Canal Champlain (terminé)............	63 »	23 »
Canal de la Chesapeake à l'Ohio (en construction).		
a. Section de l'est, de Washington à Cumberland............ 186ᵐ »		
b. Section du centre, de Cumberland à l'embouchure de la Casselman............ 70 »		
c. Section de l'ouest, de la Casselman à Pittsbourg............ 85 ¼	341 »	123 »
Canal de Pennsylvanie (terminé)............		
a. Section transversale, de Colombie à Pittsbourg............ 322ᵐ »		
b. Section moyenne, de Duncan's-Island à Tésya............ 204 »		
c. Section occidentale, de Northumberland à Dunstown............ 70 »		
d. Section orientale, de Bristol à Easton..... 168 »	764 »	276 »
SYSTÈME LITTORAL.		
Canal du Mississipi au lac Pontchartrain (terminé)...	7 »	2 »
Canal Chesapeake-Albemarle, joignant le James aux lagunes d'Albemarle (terminé)............	23 »	8 »
Canal Delaware et Chesapeake, établissant la communication de la baie de Chesapeake à celle de la Delaware (terminé)............	14 »	5 »
Canal de la Delaware au Rariton, commençant à Bordentown et finissant à la rive droite du Rariton (terminé)............	28 »	10 »
Canal de New-Haven, qui va du *Long-Island-Sound* au lac Memphramagog (terminé)............	205 »	74 »
Canal à travers l'isthme du cap Cod, joignant les baies de Buzzard et de Barnstable (terminé)............	9 »	3 »
SYSTÈME LOCAL.		
Canal de Baltimore, allant de cette ville à Colombia (terminé)............	60 »	22 »
Canal du Roanoke, allant du village de Welden à celui de Salem sur le Roanoke (terminé)............	244 »	88 »
Canal de Jonction, joignant le Roanoke à l'Appomatox (terminé)............	44 »	16 »
A reporter......	2,168 »	782 »

	LONGUEUR en	
	MILLES.	LIEUES.
Report	2,168 »	782
Canal de Eutaw ou de Santé, faisant communiquer cette rivière avec le port de Charlestown (terminé).	21 »	7
Canal Morris, commençant à Phillisburgh et se terminant à Jersey-city (terminé).	100 »	36
Canal Blackstone, mettant en communication Worcester et Providence (terminé).	45 »	16
Canal Hudson et Delaware. Après avoir fait communiquer ces deux rivières, il rencontre à Carpenter's-point le canal Lackawaxen (terminé).	65 »	23
Canal Lackawaxen. Il part des précédens, et aboutit à Honesdale (terminé).	53 »	19
Canal de Schuylkill, communiquant de Philadelphie à Port-Carbon (terminé).	112 »	40
Canal de Middlesex, unissant le Merrimack à la rade de Boston (terminé).	27 »	9
Grand Canal d'Ohio. Il traverse du nord au sud l'État de ce nom, de Cleveland sur le lac Érié à Portsmouth (terminé).	307 »	111
Canal du Miami, communiquant par le Miami de Cincinnati sur l'Ohio à Perrysbourg sur le Maumée (en construction).	150 »	54
Canal d'Oswego, communiquant de Salina à Oswego (terminé).	38 »	13
Canal de Seneca, communiquant du canal de New-York ou d'Érié avec les lacs Seneca et Cayuga (term.).	20 »	7
Canal de l'Union, commençant au Schuylkill, et se terminant à Middletown (terminé.).	80 »	28
Canal de Lehigh, commençant à Laston, à l'embouchure du Lehigh, et se terminant au chemin de fer de Mauch-chunk (terminé).	47 »	16 ½
Canal de Louisville, commençant un peu au-dessous de l'embouchure de Bear-Grass-Creek, à 2 milles au-dessus des chutes de l'Ohio, et aboutissant au-dessous de Shippingport, sur la gauche de l'Ohio (terminé).	1 ½	½
Canal de Jonction, entre l'Océan et le golfe du Mexique à travers les Florides (en cours d'exécution).	231 »	88
Canal latéral au Tennessée (terminé).	35 »	12
Canal du Wabash, unissant la rivière de ce nom à celle du Maumée du lac.	130 »	60
Total	3630 ½	1321 ¾

TABLEAU des hauteurs de montagnes et de lacs de l'Amérique septentrionale.

	Pieds.
Pic de Long (monts Rocky ou Chippeouans)	15,000
Mont Washington (New-Hampshire)	6,234
Mont Mansfield. Pic nord (Vermont)	4,279
Mont Catskill. Cime arrondie (New-York)	3,800
Black-hills (40° lat. au N.-O. du Missouri)	3,500
Monts Alléghanys (Virginie)	3,100
Monts Osark (à l'ouest du Mississipi)	2,250
Coteaux Ouisconsan (au sud du lac supérieur)	2,250
Cabane des monts Catskill (New-York)	2,214
Sources des rivières tributaires des lacs Ouinnipeg et Supérieur	1,200
Sources du Mississipi	1,200
Col nommé Break-Neck, près de la fonderie de West-Point	1,187
Lac de la Pluie, au S.-E. du lac des Bois	1,100
Mont Tourn, Rommaport (New-Jersey)	1,067
Lac des Bois	1,040
Lac du Chien	1,000
Sources du Miami	964
Sources du Scioto	919
Sources de la rivière Saint-Pierre et de la rivière Rouge	830
Confluent de la Platte et du Missouri	680
Confluent du Saint-Pierre et du Mississipi	680
Lac Ouinnipeg	595
Lac Supérieur	571
Lacs Huron et Michigan	571
Ohio, près de Welling (Virginie)	565
Lac Érié	565
Ohio, à Cincinnati	414
Pointe Levi, vis-à-vis de Québec	310
Confluent de l'Ohio et du Mississipi	300
Lac Ontario	231

360 LIVRE CENT QUATRE-VINGT-UNIÈME.

TABLEAU *de la valeur des exportations des États-Unis* *en* 1827 *et* 1828 *en produits provenant de leur sol.*

	1827. DOLLARS.	1828. DOLLARS.
Poisson, huile et côtes de baleines............	1,575,332	1,693,0
Fourrures..............................	441,690	626,5
Bois ouvré et non ouvré...................	2,351,805	2,534,2
Genseng...............................	79,566	91
Goudron et autres résines..................	403,489	487,7
Potasse et soude.........................	643,171	761,3
Viande, peaux, suif, beurre, fromage.........	2,512,383	2,592,1
Chevaux, mulets et moutons................	187,215	193,6
Grains, farines, biscuit....................	5,803,230	5,415,5
Légumes et fruits........................	75,002	58,6
Riz...................................	2,343,908	2,620,6
Tabac.................................	6,577,123	5,269,9
Coton.................................	29,359,545	22,487,2
Graine de lin...........................	188,606	144,0
Autres substances végétales................	18,131	31,6
Plomb, fer, cuivre et bronze...............	329,260	319,2
Savon et chandelle.......................	901,751	912,3
Chapellerie.............................	286,624	326,2
Cuir, bottes et souliers....................	388,525	401,2
Maroquins..............................	119,545	81,2
Étoffes de coton et de laine................	1,159,414	1,010,2
Sellerie, cordages, etc....................	176,857	151,6
Substances minérales ouvrées...............	82,059	58,2
Monnaies d'or et d'argent..................	1,043,574	693,0
Tabac manufacturé.......................	239,024	240,2
Diverses matières premières................	257,021	233,7
Cire...................................	123,354	134,8
Divers objets manufacturés................	293,379	247,9
Esprit de grains et bière...................	144,832	203,7
Esprit de mélasse........................	97,003	185,0
Médicamens............................	119,390	95,0
Poudre de guerre........................	176,229	181,3
Librairie, papeterie, quincaillerie...........	1,584,268	459,1
Totaux........	58,921,691	50,711,9

TABLEAU *de la valeur annuelle des importations faites aux États-Unis par navires américains et étrangers, d'après une moyenne de sept années, de* 1821 *à* 1828.

MARCHANDISES						TOTAL général des importations.
EXEMPTES DE DROITS			PAYANT LE DROIT A LA VALEUR			
PAR NAVIRES		TOTAL.	PAR NAVIRES		TOTAL.	
Américains.	Étrangers.		Américains.	Étrangers.		
dollars.	dollars.	dollars.	dollars.	dollars.	dollars.	dollars.
9,764,714	789,657	10,554,371	39,721,100	3,096,514	42,817,614	53,371,985

TABLEAUX. 361

...EAU *des recettes et dépenses des États-Unis, depuis 1824 jusqu'en 1830 exclusivement.*

	RECETTES.			DÉPENSES.			
	Produit des douanes.	Emprunts et autres.	Total en dollars.	Liste civile (1).	Dette publique.	Autres dépenses.	Total en dollars.
	20,098,713	6,742,145	26,840,858	1,330,747	12,095,345	10,159,713	23,585,805
	23,341,332	1,919,102	25,260,434	1,256,745	11,041,082	11,805,571	24,103,398
	19,712,283	3,254,081	22,966,364	1,228,141	10,003,668	11,424,956	22,656,765
	23,205,524	1,558,105	24,763,629	1,455,391	12,163,438	11,840,651	25,459,480
	22,681,965	2,085,157	24,767,122	1,353,907	12,383,801	11,363,259	25,071,018

TABLEAU *des sectes religieuses aux États-Unis* (2).

	LAÏQUES.	MINISTRES.	TOTAL.	TEMPLES.
Baptistes (réformés rigides)............	2,743,453	2,914	2,746,367	4,684
Baptistes dits Arminiens...............	150,000	300	150,300	400
Baptistes dits Mennonites.............	120,000	200	120,200	?
Baptistes en libre communion.........	30,000	30	30,030	?
Baptistes sabbatériens (qui fêtent le samedi au lieu du dimanche)................	20,000	30	20,030	40
Baptistes dits des six principes........	20,000	25	20,025	30
Baptistes émancipateurs (qui pensent que c'est un devoir d'émanciper les esclaves).	4,500	15	4,515	?
Épiscopiens méthodistes...............	2,600,000	1,777	2,601,777	?
Épiscopiens anglicans.................	600,000	558	600,558	522
Presbytériens unis à un synode général.	1,800,000	1,801	1,801,801	2,253
Presbytériens indépendans............	100,000	74	100,074	144
Presbytériens de Cumberland ou modifiés.	100,000	50	100,050	75
Congrégationalistes...................	1,260,000	1,000	1,261,000	1,381
Universalistes (Arminiens admettant la rédemption universelle).................	500,000	150	500,150	300
Protestans-luthériens.................	400,000	205	400,205	1,200
Chrétiens ou Baptistes unitaires.......	275,000	200	275,200	800
Unitaires congrégationalistes..........	176,000	160	176,160	193
Réformés allemands..................	200,000	84	200,084	400
Quakers ou amis (comprenant les orthodoxes et la nouvelle secte des Hicksites).	200,000	"	200,000	462
Frères unis ou moraves...............	7,000	28	7,028	23
Méthodistes associés ou autres.........	175,000	350	175,350	?
Tunkers (baptistes allemands arminiens).	30,000	40	30,040	40
Shakers ou millénaires................	6,000	45	6,045	15
Swedenborgiens ou sectateurs de la Nouvelle-Jérusalem....................	5,000	30	5,030	28
Catholiques romains..................	800,000	400?	800,000	284
Juifs et autres sectes non mentionnées..	500,000	?	500,000	130
Totaux............	12,821,953	10,466	12,832,419	

1) Le président reçoit par an 135,000 fr.
Les secrétaires d'État de l'intérieur, des finances, de la guerre, de la marine, et le directeur général des postes reçoivent chacun 32,520 fr.
Le vice-président et le grand-juge chacun 27,100 fr.
Chaque juge en second 24,390 fr.
Les juges dans les différens États ont de 5420 à 8130 fr.
2) Ce tableau est dressé d'après l'almanach américain de 1833.

LIVRE CENT QUATRE-VINGT-DEUXIÈME

Suite de la Description de l'Amérique. — Le Mexique, y compris le Nouveau-Mexique et la capitainerie générale de Guatemala, c'est-à-dire la Confédération mexicaine et celle de l'Amérique centrale. — Description générale physique.

« Nous allons parcourir successivement le vaste territoire que possédait autrefois la couronne espagnole dans les deux Amériques.

« Cette Espagne transatlantique nous fournira matière à un tableau historique et politique, que nous croyons devoir faire précéder par des descriptions physiques et topographiques des grandes divisions qui la composent.

« En nous bornant à distinguer les grandes masses de terre circonscrites par des mers, enfermées dans des bassins de rivières, ou marquées par quelque autre trait, nous partagerons les contrées hispano-américaines continentales en trois divisions, celle du nord, comprenant le Mexique avec Guatemala; celle du milieu, renfermant le Pérou, la Nouvelle-Grenade et Caracas; enfin celle du sud, composée du Paraguay ou Buenos-Ayres, du Chili et des terres Magellaniques. Les îles de Porto-Rico et de Cuba seront décrites avec le reste de l'archipel Columbien; la Floride l'a été avec les États-Unis.

« L'usage a étendu à toutes les colonies espagnoles au nord de l'isthme, la Floride exceptée, le nom général de Mexique; mais rigoureusement parlant, ces contrées n'ont aucune dénomination commune. Le nom de *Nouvelle-Espagne* ne fut d'abord donné, en 1518, qu'à la province de Yucatan, où la culture des champs et la beauté des

difices excita l'admiration des compagnons d'armes de
Grijalva. Cortez, en 1520, étend déjà la dénomination de
Nouvelle-Espagne au royaume de *Montezuma*, en conseillant à Charles-Quint d'en prendre le titre d'empereur.
D'après les recherches de l'abbé Clavigero, ce royaume, que
Solis étend depuis Panama jusqu'à la Nouvelle-Californie,
était limité, sur les côtes orientales, par les rivières de Guacualco et de Tulpan; sur les côtes occidentales, par les
plaines de Soconusco et par le port de Zacatula. Il embrassait ainsi la plus grande partie de la confédération actuelle
du Mexique, avec une surface de 18 à 20,000 lieues carrées.
Le nom de *Mexico* même est d'origine indienne; il signifie,
dans la langue aztèque, l'habitation du dieu de la guerre,
appelé Mexitli ou Huitzlipochtli. Il paraît cependant qu'avant
l'année 1530, la ville fut appelée plus communément *Tenochtitlan*. La dénomination d'*Anahuac*, qu'il ne faut point
confondre avec les précédentes, désignait, avant la conquête, tout le pays contenu entre le 14e et le 21e degré
de latitude. Outre l'empire aztèque de Montezuma, les petites
républiques de Tlascallan et de Chololan, le royaume de
Tezcuco ou Acolhoacan, et celui de Mechoacan, qui comprenait une partie de l'intendance de Valladolid, aujourd'hui l'État de Mechoacan, appartenaient aux plateaux de
l'ancien Anahuac [1].

« La vaste étendue de pays sur laquelle le vice-roi du
Mexique exerçait son pouvoir militaire suprême était désignée en général sous le nom de *Nouvelle-Espagne*, et avait
pour limites boréales et australes les parallèles du 38e et
du 10e degré de latitude. Elle renfermait deux grands
gouvernemens distincts : 1° la capitainerie de *Guatemala*,
qui embrassait les gouvernemens de Costa-Ricca et de Nicaragua, avec les provinces de Honduras, de Vera-Paz, de

[1] *Clavigero* : Storia antica del Messico, t. IV, p. 265.

Chiapa et de Guatemala; 2° la vice-royauté du *Mexique*
de la Nouvelle-Espagne proprement dite, comprenant
Mexique proprement dit, et les provinces intérieures
internas, orientales et occidentales.

« Lors de la nouvelle administration introduite en 177
par don Galvez, ministre des Indes, la Nouvelle-Espagne
était divisée en douze intendances et trois provinces.

De ces quinze divisions, il y avait:

Dans l'intérieur, au nord,

    1° La province du *Nouveau-Mexique*, le long du Rio-
        del-Norte;

    2° L'intendance de la *Nouvelle-Biscaye*, au sud-ouest
        du Rio-del-Norte, sur le plateau central.

Sur le grand Océan, au nord-ouest,

    3° La province de la *Nouvelle-Californie*;

    4° La province de la *Vieille-Californie*;

    5° L'intendance de la *Sonora*.

Vers le golfe du Mexique, au nord-est,

    6° L'intendance de *San-Luis-Potosi*, comprenant les
        provinces de Texas et de Cohahuila, la colonie
        du Nouveau-Santander, le nouveau royaume de
        Léon; enfin les districts de Charcas, d'Altamira,
        de Catorce et de Ramos, qui forment l'inten-
        dance de San-Luis proprement dite.

« Ces six territoires, presque entièrement compris dans
la zone tempérée, renfermaient au total 677,000 âmes, sur
82,000 lieues carrées, ce qui donnait 8 habitans par lieue.

Au sud du tropique se trouvaient:

Dans la région moyenne,

    7° L'intendance de *Zacatecas*;
    8° ————— de *Guadalaxara*;
    9° ————— de *Guanaxuato*;
   10° ————— de *Valladolid*;
   11° ————— de *Mexico*;

12° ——————— de *la Puebla*;
13° ——————— de *la Vera-Cruz*.

A l'extrémité du sud-est,
14° L'intendance de *Oaxaca*;
15° Celle de *Merida* ou *Yucatan*.

« Ces neuf intendances, situées sous la zone torride, possédaient une population de 5,160,000 âmes sur 36,500 lieues carrées de superficie, 141 habitans par lieue carrée; mais les quatre cinquièmes de cette population étaient concentrés sur le dos de la Cordillère, ou sur des plateaux dont l'élévation au-dessus de l'Océan égale la hauteur du passage du Mont-Cenis.

« Suivant l'ancienne division, encore très-usitée dans le pays, la Nouvelle-Espagne formait, 1° le *royaume du Mexique*; 2° le *royaume de la Nouvelle-Galice*; 3° le *nouveau royaume de Léon*; 4° la *colonie du Nouveau-Santander*; 5° la *province de Texas*; 6° la *province de Cohahuila*; 7° la *province de la Nouvelle-Biscaye*; 8° la *province de la Sonora*; 9° la *province du Nouveau-Mexique*; 10° les *deux Californies*, ou les provinces de la Vieille et de la Nouvelle-Californie.

« Le royaume du Mexique embrassait les intendances de Guanaxuato, Valladolid ou Mechoacan, Mexico, Puebla, la Vera-Cruz, Oaxaca et Merida, avec une portion de l'intendance de San-Luis-Potosi; il avait par conséquent plus de 27,000 lieues carrées, et près de 4,500,000 habitans. Le royaume de la Nouvelle-Galice avait plus de 4000 lieues carrées, et près de 1,000,000 d'habitans; il embrassait les intendances de Zacatecas et de Guadalaxara, ainsi qu'une petite partie de celle de San-Luis-Potosi (1).

« Une autre division également ancienne, est celle qui

(1) *A. de Humboldt*, t. II, p. 81, etc.

distingue la *Nouvelle-Espagne* proprement dite des *provi[n]cias internas*, c'est-à-dire situées dans l'intérieur du con[ti]nent, quoiqu'à l'égard de la capitale elles soient situées [à] l'extérieur. A ces dernières appartenait, à l'exception d[es] deux Californies, tout ce qui est au nord et au nord-oue[st] du royaume de la Nouvelle-Galice, par conséquent le pet[it] royaume de Léon, la colonie du Nouveau-Santander, l[e] Texas, la Nouvelle-Biscaye, Sonora, Cohahuila et le No[u]veau-Mexique. On distinguait les «*provincias internas d[u] Vireynato*», qui comprenaient 7814 lieues carrées, d[es] «*provincias internas de la comandancia de Chiuahua*» érigées en capitaineries générales l'année 1779. Ces dernier[es] avaient 53,375 lieues carrées. Des douze intendances nou[ve]lles, il y en avait trois situées dans les provinces internes [à] savoir, celles de Durango, Sonora et San-Luis-Potosi. [Il] est cependant à remarquer que l'intendant de San-Lu[is] n'était directement soumis au vice-roi que pour Léon, Sa[n]tander et les districts de Charcas, de Catorce et d'Altamir[a,] voisins de sa résidence. Les gouvernemens de Cohahuila [et] de Texas fesaient aussi partie de l'intendance de San-Lui[s-]Potosi, mais ils appartenaient directement à la *coman[-] dancia general* de Chihuahua.

« Il en résulte que l'on divisait toute la Nouvelle-Espagne en provinces soumises au vice-roi, formant 59,103 lieue[s] carrées, avec 5,477,900 habitans, et comprenant les deu[x] Californies, les intendances de Mexico, Puebla, la Vera Cruz, Oaxaca, Merida, Valladolid, Guadalaxara, Zacate[-]cas, Guanaxuato et San-Luis-Potosi, à l'exception d[e] Cohahuila et de Texas; en provinces soumises au com[-]mandant général des provinces internes, formant 59,37[5] lieues carrées, avec 359,200 habitans, et comprenant le[s] intendances de Durango et Sonora, la province du Nou[-]veau-Mexique, ainsi que Cohahuila et Texas. Le gran[d] total était de 118,478 lieues carrées, et 5,837,100 habi[-]

AMÉRIQUE : *États-Unis du Mexique.*

ans. Par suite des contestations récentes avec les États-Unis d'Amérique, dont les envahissemens systématiques avaient donné de justes alarmes à l'Espagne, le gouvernement militaire des provinces internes, auparavant soumises au gouverneur de Chihuahua, avait été confié à deux commandans généraux. On distinguait alors les provinces internes *occidentales*; savoir, Sonora, Durango ou Nouvelle-Biscaye, Nouveau-Mexique, les Californies, les provinces internes *orientales*; savoir, Cohahuila, Texas, colonie du Nouveau-Santander, nouveau royaume de Léon. Ces nouveaux commandans généraux, de même que l'ancien, étaient considérés comme chefs de l'administration des finances dans les deux intendances de Sonora et de Durango, dans la province du Nouveau-Mexique, dans Texas et Cohahuila. Quant à Léon et au Nouveau-Santander, ils ne dépendaient du commandant que sous le rapport de la défense militaire.

« L'émancipation des colonies espagnoles du continent américain renverse ces divisions administratives, mais il est encore indispensable d'en connaître l'ensemble compliqué. »

« Le tableau suivant indique plus particulièrement la distribution de la population, et ses rapports très-inégaux avec la surface des intendances. »

ÉTENDUE EN LIEUES CARRÉES.		POPULATION.		HABITANS PAR LIEUE CARRÉE.	
San-Luis-Potosi.	27,821	Mexico.........	1,911,800	Guanaxuato......	568
Sonora..........	19,143	Puebla..........	813,300	Puebla..........	301
Durango.........	16,873	Guadalaxara....	630,500	Mexico..........	255
Guadalaxara....	9,612	Oaxaca..........	534,800	Oaxaca..........	120
Merida..........	5,977	Guanaxuato....	517,300	Valladolid......	109
Mexico..........	5,927	Merida..........	465,700	Merida..........	81
Oaxaca..........	4,447	Valladolid......	376,400	Guadalaxara.....	66
La Vera-Cruz...	4,141	San-Luis-Potosi.	334,000	Zacatecas.......	65
Valladolid......	3,447	Durango.........	159,700	Vera-Cruz......	38
Puebla..........	2,696	Vera-Cruz......	156,000	San-Luis-Potosi.	12
Zacatecas.......	2,355	Zacatecas.......	153,300	Durango.........	10
Guanaxuato....	911	Sonora..........	121,400	Sonora..........	6

Découvert en 1519 par Fernand Cortez, le Mexique devint, sous la domination espagnole, le théâtre de toutes les persécutions et de toutes les horreurs qu'entraînent le fanatisme et la cupidité. Long-temps les indigènes seuls eurent à gémir de la tyrannie espagnole; mais bientôt les colons eux-mêmes eurent à supporter de la part de la métropole toutes les entraves qu'un gouvernement ombrageux crut devoir mettre au développement intellectuel et commercial. L'introduction de la littérature et des arts de l'Europe fut prohibée; et, pour assurer le débit des produits de l'Espagne, on défendit aux colons, sous des peines atroces, de cultiver l'olivier, la vigne et le mûrier. Tel était l'état déplorable de cette importante colonie espagnole, lorsque Napoléon envahit l'Espagne en 1808, et plaça sur le trône un de ses frères. Le Mexique, gouverné jusqu'alors par des vice-rois, voulut rester fidèle aux Bourbons. Le vice-roi Iturrigaray proposa de former un gouvernement provisoire sous l'influence d'une junte composée d'Européens et de créoles; mais les premiers, craignant un mélange qui pouvait porter atteinte à leur suprématie, s'emparèrent de lui et le renvoyèrent en Europe. Son successeur, Venegas, envoyé par la junte de Cadix, montra une si grande partialité en faveur des Européens qu'il exaspéra les créoles. Une vaste conspiration fut ourdie, et, dans le mois de septembre 1810, le moine Hidalgo se mit à la tête des insurgés; mais l'année suivante il périt sur l'échafaud. Jusqu'en 1820 l'autorité des vice-rois fut tour à tour renversée et rétablie. A cette époque, la nouvelle de la révolution de l'île de Léon arriva au Mexique; le vice-roi Apodaca remplaça dans le commandement des troupes le général Amigo, dévoué à la constitution, par Augustin Iturbide. Le choix était malheureux; celui-ci publia, le 24 février 1821, un manifeste par lequel le Mexique était déclaré empire constitutionnel, indépenant de l'Espagne, mais sous le sceptre de Ferdinand VII. Le vice-roi Apodaca eut pour successeur O'Donaju, envoyé par les cortès, qui confirma par un traité le manifeste d'Iturbide. Cependant les cortès ayant refusé de ratifier ce traité, le congrès mexicain proclama le général Iturbide empereur du Mexique.

Ce choix n'avait point été unanime ; un parti nombreux prit les armes contre le nouveau souverain, et pendant que celui-ci se faisait couronner avec une magnificence qui rappelait celle de Napoléon, qu'il cherchait à imiter, les insurgés proclamaient la république. Après une lutte sanglante, cet empereur éphémère abdiqua en 1823, et partit pour l'Europe. Un nouveau congrès fut convoqué au commencement de 1824, et, par un acte constitutionnel, le Mexique adopta une organisation modelée sur celle de la confédération anglo-américaine, et prit le titre d'*États-Unis Mexicains*. Ce fut dans le courant de cette année qu'Iturbide, espérant ressaisir le pouvoir, et croyant que sa présence suffirait pour opérer une révolution nouvelle au Mexique, y débarqua comme Napoléon l'avait fait à Cannes ; mais son nom n'était point rehaussé par le prestige de la gloire : à peine eut-il mis le pied sur cette terre qu'il avait le projet d'asservir, qu'il fut pris et fusillé comme traître à sa patrie. Depuis cette époque, le Mexique n'a cessé d'être ravagé par les orages politiques. L'ignorance et la superstition du peuple, et peut-être aussi l'absence de tout esprit public, en seront long-temps encore le foyer ; mais jamais l'Espagne ne reconquerra sa puissance dans ce pays ; l'expédition qu'elle a tentée en 1829 lui a sans doute appris que son véritable intérêt est de reconnaître cette république naissante, et de profiter des liens qui l'unissaient naguère à la mère-patrie, pour chercher, par des traités commerciaux à l'avantage des deux pays, à compenser la perte d'une prépondérance dont elle n'a que trop long-temps abusé

« En embrassant d'un coup d'œil général toute la surface du Mexique, nous voyons que les deux tiers sont situés sous la zone tempérée, et que l'autre tiers appartient à la zone torride. La première partie a 82,000 lieues carrées. Par un concours de diverses causes et de circonstances locales, plus des trois cinquièmes des 36,000 lieues carrées situées sous la zone torride jouissent d'un climat qui est plutôt froid ou tempéré que brûlant. Tout l'intérieur de la vice-royauté du Mexique, surtout l'intérieur des pays compris sous les anciennes dénominations d'Axahuac et de Mechoacan, vraisemblablement même toute la Nouvelle-Biscaye ou la partie occidentale de l'État de Cohahuila et Texas, forment un plateau immense élevé de 2000 à 2500 mètres au-dessus du niveau des mers voisines, tandis qu'en Europe les terrains élevés qui présentent l'aspect de plaines, tels que les plateaux d'Auvergne, de Suisse, d'Espagne, n'ont guère plus de 400 à 800 mètres de hauteur au-dessus de l'Océan.

La chaîne de montagnes qui forme le plateau du Mexique, paraît, au seul aspect d'une carte géographique, la même que celle qui, sous le nom des Andes, traverse toute l'Amérique méridionale ; cependant, examinée sous les rapports de la géographie physique, la structure de cette chaîne diffère beaucoup au sud et au nord de l'équateur. Dans l'hémisphère austral, la Cordillère est partout déchirée et interrompue par des crevasses qui ressemblent à des filons ouverts, qui n'ont pu être remplis de substances hétérogènes. S'il y existe des plaines élevées dans la Colombie, ce sont plutôt de hautes vallées longitudinales limitées par deux branches de la grande Cordillère des Andes. Au Mexique, c'est le dos même des montagnes qui forme le plateau. Au Pérou, les cimes les plus élevées constituent la tête des Andes ; au Mexique, ces mêmes imes, moins colossales, mais toutefois hautes de 4900 à 1400 mètres, sont ou dispersées sur le plateau, ou rangées d'après des lignes qui n'ont aucun rapport de parallélisme avec la direction de la Cordillère. Au Pérou, et dans la Colombie, le nombre des vallées transversales, dont la profondeur perpendiculaire est quelquefois de 1400 mètres, empêche les habitans de voyager autrement qu'à cheval, à pied, ou portés sur le dos des Indiens. Dans les États mexicains, au contraire, les voitures roulent depuis la capitale de Mexico jusqu'à Santa-Fé, sur une longueur de plus de 500 lieues.

« La longueur du plateau compris entre les 18 et les 40° de latitude, est égale à la distance qu'il y a depuis Lyon jusqu'au tropique du Cancer, qui traverse le grand désert africain. Ce plateau extraordinaire paraît s'incliner insensiblement vers le nord, surtout depuis la ville de Durango, à 140 lieues de Mexico. Cette pente, contraire à la direction des fleuves, nous paraîtrait peu vraisemblable, si elle n'était pas admise par le savant et judicieux voyageur à qui nous devons à peu près tout ce que nous savons de précis, d'exact et d'intéressant sur ces contrées. Il faut donc supposer que les montagnes au nord de Santa-Fé s'élèvent brusquement pour former les chaînes et les plateaux très-élevés d'où descendent le Missouri et ses affluens.

« Parmi les quatre plateaux situés autour de la capitale du Mexique, le premier, qui comprend la vallée de Toluca, a 2600 mètres; le second, ou la vallée de Tenochtitlan, 2274; le troisième, ou la vallée d'Actopan, 1966 mètres; et le quatrième, ou la vallée d'Istla, 981 mètres de hauteur. Ces quatre bassins diffèrent autant par le climat que par leur élévation au-dessus du niveau de l'Océan; chacun d'eux offre une culture différente; le dernier, et le moins élevé, est propre à la culture de la canne à sucre; le troisième à celle du coton; le second à la culture du blé d'Europe, et le premier à des plantations d'agaves, que l'on peut considérer comme les vignobles des Indiens Aztèques.

« Si cette configuration du sol favorise singulièrement, dans l'intérieur de la Nouvelle-Espagne, le transport des denrées, la navigation, et même la construction des canaux, la nature oppose de grandes difficultés à la communication entre l'intérieur du royaume et les côtes, qui, s'élevant de la mer en forme de rempart, présentent partout une énorme différence de niveau et de température. La pente orientale y est surtout rapide et d'un accès difficile. En se dirigeant depuis la capitale vers la Vera-Cruz, il faut avancer 60 lieues marines pour trouver une vallée dont le fond soit élevé de moins de 1000 mètres au-dessus de l'Océan. Des 84 lieues que l'on compte jusqu'à ce port, il y en a 56 qu'occupe le grand plateau d'Anahuac; le reste du chemin n'est qu'une descente pénible et continuelle; c'est la difficulté de cette descente qui renchérit le transport des farines du Mexique à la Vera-Cruz, et qui les empêche de rivaliser en Europe avec les farines de Philadelphie. Dans le chemin d'Acapulco, sur le grand Océan, on parvient aux régions tempérées en moins de 17 lieues de distance, et l'on n'y fait ensuite que monter et descendre jusqu'à la mer.

« La Cordillère des Andes, qui traverse l'isthme de Darien, se trouve tantôt rapprochée de l'océan Pacifique, tantôt des côtes du golfe du Mexique. Dans la république de Guatemala, la crête de ces montagnes, hérissée de cônes volcaniques, longe la côte occidentale depuis le lac de Nicaragua jusqu'à la baie de Tehuantepec; mais dans l'État d'Oaxaca, entre les sources des rivières Chimalapa et Quatarnalco, elle occupe le centre de l'isthme mexicain. Depuis le 18ᵉ degré et demi jusqu'au 21ᵉ degré de latitude, dans les États de la Puebla et du Mexico, depuis la Mieca jusqu'aux mines de Zimapan, la Cordillère se dirige du sud au nord, et se rapproche des côtes orientales. C'est dans cette partie du grand plateau d'Anahuac, entre la capitale de Mexico et les petites villes de Cordoba et de Xalappa, que paraît un groupe de montagnes volcaniques rivalisant avec les cimes les plus élevées du continent. M. de Humboldt en a mesuré les principales. Le *Popocatepetl*, c'est-à-dire Montagne-Fumante, nommée par les Espagnols le *Grand-Volcan*, a 2764 toises de haut; l'*Iztacci-huatl*, ou Femme-Blanche, la *Sierra-Nevada* des Espagnols, 2461; le *Citlal-tepetl*, ou Montagne-Étoilée, autrement nommée le *Pic d'Orizaba*, 2722; le *Nevado de Toluca*, 2364, et le *Nauh-campa-tepetl*, ou *Cofre de Perote*, 2097 toises (1).

Plus au nord du 19ᵉ parallèle, près des mines célèbres de *Zimapan* et du *Doctor*, situées dans l'État de Queretaro, la Cordillère prend le nom de *Sierra-Madre*, en mexicain *Tépé-suenne*; s'éloignant de nouveau de la partie orientale du Mexique, elle se porte au nord-ouest vers les villes de San-Miguel-el-Grande et de Guanaxuato. Au nord de cette dernière ville, regardée comme le Potosi du Mexique, la Sierra-Madre prend une largeur extraordinaire; bientôt elle se partage en trois branches, dont la plus orientale se divise vers Charcas et Real de Catorce, pour se perdre dans le Nouveau-Léon. La branche occidentale occupe une partie de l'État de Xalisco. Depuis *Bolanos*, elle s'abaisse rapidement et se prolonge, par Culiacan et Arispe, dans le Sonora, jusqu'aux bords du Rio-Gila. Sous le 30° de latitude, elle acquiert cependant de nouveau une hauteur considérable dans le Tarahumara, près du golfe de Californie, où elle forme les montagnes

(1) *A. de Humboldt*: Tableau des Régions équatoriales, p. 148. Vues et Monumens, p. 233.

de la Haute-Pimerie (*Pimeria alta*), célèbres par des lavages d'or considérables. La troisième branche de la Sierra Madre, que l'on peut regarder comme la chaîne centrale des Andes mexicaines, occupe toute l'étendue de l'État de Zacatecas. On peut la suivre, par Durango et le Parral, dans le Chohahuila, jusqu'à la *Sierra de Los-Mimbres*, située à l'ouest du Rio-Grande-del-Norte ; de là elle traverse le Nouveau-Mexique, et se joint aux montagnes de la Grue et à la *Sierra-Verde*. Ce pays montueux, situé sous le 40° de latitude, a été examiné, en 1777, par les PP. Escalante et Fond ; il donne naissance au Rio-Gila, dont les sources se rapprochent de celles du Rio-del-Norte. C'est la crête de cette branche centrale de la Sierra-Madre qui partage les eaux entre le grand Océan et la mer des Antilles. C'est elle dont Fiedler et l'intrépide Mackenzie ont examiné la continuation sous les 50 et 55° de latitude boréale. La carte de *don Alzate* (1) donne à une partie de la Sierra de Los-Mimbres le nom particulier de *Sierra dos Pedernales*, montagnes des pierres à fusil, circonstance qui semble indiquer une ressemblance entre les rochers de cette chaîne et ceux des montagnes Rocheuses, dont elle est d'ailleurs la continuation méridionale.

« Le granite, qui paraît former ici, comme partout ailleurs, la couche la plus profonde, se montre à découvert dans la petite chaîne qui borde l'océan Pacifique, et qui du côté d'Acapulco, est séparée de la masse du haut pays par la vallée de Peregrino (2). Le beau port d'Acapulco est taillé par la main de la nature dans des rochers granitiques. La même roche forme les montagnes de la Mixteca et de la Zapoteca dans l'intendance d'Oaxaca (3). Le plateau central, ou l'Anahuac, semble une immense digue de

---

(1) *Voyage à la Californie*, de *Chappe d'Auteroche*.
(2) Tableau du chemin de Vera-Cruz à Acapulco, dans l'*Atlas de l'Essai sur le Mexique*. — (3) *A. de Humboldt*: Mexique, t. II, p. 318.

roches porphyriques, distinguées de celles d'Europe par la présence constante de l'amphibole et par l'absence du quarz. Elles contiennent d'immenses dépôts d'or et d'argent. Le basalte, le trapp amygdaloïde, le gypse et le calcaire du Jura forment les autres roches dominantes. Les couches se suivent ici dans le même ordre qu'en Europe, excepté que la syénite alterne avec la serpentine. Les roches secondaires ressemblent également à celles de nos contrées, mais on n'a encore trouvé aucun dépôt considérable de sel gemme ni de charbon de terre sur le plateau du Mexique; tandis que ces substances, surtout la première, paraissent abonder au nord du golfe de Californie, vers le lac Timpanogos (1).

« Le porphyre de la Sierra de Santa-Rosa se présente en masses gigantesques, d'une figure bizarre et qui rappelle les murs et des bastions en ruine. Les masses, taillées à pic et élevées à 3 ou 400 mètres sur les plaines environnantes, portent dans le pays le nom de *Buffa*. D'énormes boules à couches concentriques reposent sur des rochers isolés. Ces porphyres donnent aux environs de la ville de Guanaxuato un aspect singulièrement romantique. Le rocher porphyrique de Mamanchota, connu dans le pays sous le nom d'*Orgues d'Actopan*, se détache sur l'horizon comme une vieille tour dont la base ébréchée serait devenue moins large que le sommet (2). Les porphyres trappéens en colonnes, qui terminent la montagne de Jacal et d'Oyamel, sont à leur tour couronnés de pins et de chênes qui ajoutent de la grâce à ce site imposant (3). C'est de ces montagnes que les anciens Mexicains tiraient la pierre *itzli*, ou l'obsidienne, dont ils fabriquaient leurs instrumens tranchans.

« Le *Cofre de Perote* est une montagne porphyrique éle-

(1) *A. de Humboldt*: Mexique, t. IV, p. 134. — (2) *Idem*, Vues et Monumens, pl. LXIV. — (3) *Idem*, *ibid.*, pl. LXV.

vée de 2097 toises au-dessus du niveau de la mer, et qui représente un sarcophage antique surmonté, à une de ses extrémités, d'une pyramide (1). Les basaltes de la Regla, dont les colonnes prismatiques, de 30 mètres d'élévation, ont un noyau plus dur que le reste, forment la décoration d'une cascade très-pittoresque (2).

« Les habitans du Mexique considèrent à peine les volcans comme une curiosité, tant ils sont familiers avec les effets de ces colosses ignivomes. Presque tous les sommets des Cordillères américaines offrent des cratères. Celui du mont Popoca a une demi-lieue de circonférence, à ce qu'on dit; mais il est à présent inaccessible. L'*Orizava* est également un volcan qui, en 1545, fit une éruption, et continua de brûler pendant 20 années; cette montagne est nommée par les Indiens *Citlal-tepetl*, ou Montagne-Étoilée, à cause des exhalaisons lumineuses qui sortent de son cratère et jouent autour de son sommet, couvert de neiges éternelles. Les flancs de ces colosses coniques, ornés de belles forêts de cèdres et de pins, ne sont plus bouleversés par des éruptions, ni sillonnés par des torrens de lave enflammée; il paraît même que les coulées de laves proprement dites sont rares au Mexique. Cependant, en 1759, les plaines de Jorullo, sur les bords de l'océan Pacifique, furent le théâtre d'une des catastrophes les plus grandes qu'ait jamais essuyées le globe: dans une seule nuit, il sortit de la terre un volcan de 1494 pieds d'élévation, entouré de plus de 2000 bouches qui fument encore aujourd'hui. MM. de Humboldt et Bonpland descendirent dans le cratère embrasé du grand volcan, jusqu'à 258 pieds de profondeur perpendiculaire, sautant sur des crevasses qui exhalaient l'hydrogène sulfuré enflammé;

---

(1) *A. de Humboldt :* Vues et Monumens, pl. XXXIV.
(2) *Idem, ibid.,* p. 123

« ls parvinrent, après beaucoup de dangers, à cause de la fragilité des laves basaltiques et syénitiques, presque jusqu'au fond du cratère, où l'air était extraordinairement surchargé d'acide carbonique.

« Les montagnes granitiques d'Oaxaca ne renferment aucun volcan connu; mais, plus au sud, Guatemala redoutait le voisinage de deux montagnes, dont l'une vomit du feu et l'autre de l'eau, et qui ont fini par engloutir cette grande ville (1).

« Les volcans continuent jusqu'à Nicaragua; près de cette ville est celui de Momantombo. L'Omo-tepetl élance son sommet enflammé du sein du lac de Nicaragua; d'autres montagnes ignivomes bordent les golfes de l'océan Pacifique. La province de Costarica renferme également des volcans, entre autres celui de Varu, situé dans la chaîne appelée de Boruca.

« Nous ne terminerons pas cet aperçu des montagnes mexicaines sans parler des célèbres mines d'or et d'argent, dont le produit anunel, en temps ordinaire, s'élève à une valeur de 22,000,000 de piastres. L'or, qui n'entre dans ce produit que pour un million, se trouve en paillettes ou en grains dans les terrains d'alluvion de la Sonora et de la Haute-Pimerie; il existe aussi en filons dans les montagnes de gneiss et de schiste micacé de la province d'Oaxaca. L'argent semble affecter le plateau d'Anahuac et de Mechoacan; la mine de Batopilas, dans la Nouvelle-Biscaye, la plus septentrionale qu'on ait exploitée, a donné plus abondamment de l'argent natif, tandis que dans les autres le métal est extrait soit des minerais qu'on nomme *maigres*, tels que l'argent rouge, noir, chloruré et sulfuré, soit du plomb argentifère. La disette de mercure, qu'on tire de la Chine et de l'Autriche, arrête seule l'essor de l'ex-

---

(1) *Lorenzana*, cité dans l'Essai sur le Mexique, t. I, p. 171.

ploitation. Les mines connues sont loin d'offrir aucun indice d'épuisement. Il en reste sans doute à découvrir. Un Espagnol affirme que, dans la province de Texas, toutes les pierres renferment de l'argent (1).

« Un avantage, très-notable pour les progrès de l'industrie nationale, naît de la hauteur à laquelle la nature, dans la Nouvelle-Espagne, a déposé les grandes richesses métalliques. Au Pérou, les mines d'argent les plus considérables se trouvent à d'immenses élévations, très-près de la limite des neiges éternelles. Pour les exploiter, il faut amener de loin les hommes, les vivres et les bestiaux. Des villes situées sur des plateaux où l'eau gèle pendant toute l'année, et où les arbres ne peuvent point végéter, ne sont pas faites pour offrir un séjour attrayant. Il n'y a que l'espoir de s'enrichir qui puisse déterminer l'homme libre à abandonner le climat délicieux des vallées, pour s'isoler sur le dos des Andes. Au Mexique, au contraire, les filons d'argent les plus riches, comme ceux de *Guanaxuato*, de *Zacatecas*, de *Tasco* et de *Real-del-Monte*, se trouvent à des hauteurs moyennes de 1700 à 2000 mètres. Les mines y sont entourées de champs labourés, de villes et de villages ; des forêts couronnent les collines voisines : tout y facilite l'exploitation des richesses souterraines.

« Au milieu des nombreuses montagnes que la nature a accordées à la Nouvelle-Espagne, elle souffre en général, comme l'ancienne, d'un manque d'eau et de rivières navigables. Le grand fleuve Rio-Bravo-del-Norte et le Rio-Colorado sont les seules rivières qui puissent fixer l'attention, tant à cause de la longueur de leur cours qu'à cause de la grande masse d'eau qu'elles portent à l'Océan : mais coulant dans la partie du royaume la plus inculte, elles resteront long-temps sans intérêt pour le commerce.

---

(1) Viagero Universal, t. XXV, p. 249.

AMÉRIQUE : *États-Unis du Mexique.* 379

dans toute la partie équinoxiale du Mexique, on ne trouve que de petites rivières dont les embouchures sont considérablement larges. La forme étroite du continent y empêche la réunion d'une grande masse d'eau, et la pente rapide de la Cordillère donne plutôt naissance à des torrens qu'à des fleuves. Parmi le petit nombre de rivières qui existent dans la partie méridionale, les seules qui puissent un jour devenir intéressantes pour le commerce intérieur sont le Rio-Huasacualco et celui d'Alvarado, tous les deux au sud-est de la Vera-Cruz, et propres à faciliter les communications avec Guatemala ; le Rio de Montezuma, qui porte les eaux des lacs et de la vallée de Tenochtitlan au Rio de Panuco, et par lequel, en oubliant l'élévation du terrain, on a projeté une navigation depuis la capitale jusqu'à la côte orientale ; le Rio de Zacatula, et enfin le grand fleuve de Sant-Iago ou *Tololotlan*, formé de la réunion des rivières de Leorma et de Las-Laxas, qui pourrait porter les farines de Salamanca, de Zelaya, et peut-être celles de toute l'intendance de Guadalaxara au port de San-Blas, sur les côtes de l'océan Pacifique.

« Les lacs dont le Mexique abonde, et dont la plupart diminuent annuellement, ne sont que des restes de ces immenses bassins d'eau qui paraissent avoir existé jadis dans les grandes et hautes plaines de la Cordillère. Nous en citerons le grand lac de Chapala, dans la Nouvelle-Galice, qui a près de 160 lieues carrées ; les lacs de la vallée de Mexico, qui occupent le quart de la surface de cette vallée ; le lac de Pazcuaso, dans l'intendance de Valladolid, un des sites les plus pittoresques du globe ; le lac de Mextitlan et celui de Parras, dans la Nouvelle-Biscaye.

« Le lac de *Nicaragua* mérite une attention particulière, par ses marées et par sa position entre les deux Océans. Il est probable que sa position est très-élevée, ce qui

rendra difficile ou inutile l'exécution des vagues proj[ets]
d'un canal de communication, que tout le monde a [pu]
rêver, mais qu'il était réservé à M. Martin de la Bastide [de]
rédiger sous la triple forme d'une brochure, d'un évent[ail]
et d'une tabatière. M. de la Bastide n'a oublié que tr[ois]
choses; il ne donne pas le nivellement du terrain entre [le]
lac et le golfe Papagayo; il ne dit pas comment rendre [na]-
vigable la rivière de Saint-Jean, coupée par de nombreu[ses]
chutes d'eau; enfin, il ignore que pendant l'automne [un]
air pestilentiel interdit l'approche de l'embouchure de cet[te]
rivière. Généralement parlant, tous les projets pour o[u]-
vrir une communication entre l'océan Atlantique et l'[o]-
céan Pacifique, présentent l'inconvénient que le can[al]
n'admettrait pas des bâtimens d'une grandeur telle que [la]
navigation des hautes mers l'exige. Il faudrait donc décha[r]-
ger et recharger les cargaisons, ce qui réduirait la co[m]-
modité résultant d'un canal au niveau des avantages q[ui]
résulteraient d'un bon chemin aboutissant à deux por[ts]
sur les mers respectives. Or, un chemin attirerait moi[ns]
qu'un canal l'attention jalouse et les invasions ennemi[es]
des autres puissances, danger qui paraît avoir jadis déci[dé]
l'Espagne à défendre, sous peine de mort, le renouvelle[-]
ment de tout projet quelconque de communication (¹)
On paraît cependant avoir récemment fait de nouvelle[s]
recherches sur les points les plus favorables pour co[n]-
struire un canal de communication. L'isthme de Tehua[n]-
tepec, au sud d'Oaxaca, présente les deux rivières d[e]
Huasacualco et de Chimilapa, qui, réunies par un can[al]
de 7 à 8 lieues, feraient communiquer les deux Océans. L[a]
rivière Atrato, qui tombe dans le golfe de Darien, au sud-[
est de l'isthme de Panama, est déjà réunie par un peti[t]

(¹) *Alcedo : Diccionario geografico de las Indias*, aux mots *Istmo* [et]
Atrato.

AMÉRIQUE : *États-Unis du Mexique.* 381

nal navigable, dans la saison des pluies, pour des ba-
aux, au *Rio-San-Juan*, ruisseau qui s'écoule dans l'o-
an Pacifique. C'est peut-être le point où la chaîne des
ndes est le plus décidément interrompue, puisque le
nal ne paraît pas considérablement élevé au-dessus du
veau des deux mers (1).

« Pour achever le tableau du sol mexicain, il faut encore
ter un coup d'œil sur les côtes maritimes et sur les eaux
i les baignent. Toute la côte orientale ou atlantique de
Nouvelle-Espagne doit être considérée comme une
gue contre laquelle les vents alizés et le mouvement per-
tuel des eaux de l'est à l'ouest jettent des sables que l'O-
éan agité tient suspendus. Le courant de rotation, arrivant
l'océan Atlantique méridional, longe d'abord le Brésil
la Guiane, ensuite la côte de Caracas depuis Cumana
squ'au Darien; il remonte vers le cap Catoche dans le
ucatan, et après avoir long-temps tournoyé dans le golfe
Mexique, il sort par le canal de la Floride, et se dirige
ers le banc de Terre-Neuve. Les sables amoncelés par le
urnoiement des eaux, depuis la péninsule de Yucatan
squ'aux bouches du Rio-del-Norte et du Mississipi, ré-
récissent insensiblement le bassin du golfe mexicain, en
aisant accroître le continent. Les rivières qui descendent
le la Sierra-Madre pour se jeter dans la mer des Antilles,
e contribuent pas peu à augmenter les bas-fonds. Toute la
ôte orientale de la Nouvelle-Espagne, depuis les 18 et 26
degrés de latitude, est garnie de barres; des vaisseaux qui
irent au-delà de 32 centimètres d'eau ne peuvent passer
ur aucune de ces barres sans courir risque de toucher.
Cependant ces entraves, si contraires au commerce, facilitent en même temps la défense du pays contre les projets
ambitieux d'un conquérant européen.

(1) *A. de Humboldt :* Mexique, liv. I, chap. II.

« Un autre inconvénient très-grave est commun aux côtes orientales et occidentales de l'isthme : des tempêtes violentes les rendent inabordables pendant plusieurs mois, empêchant presque toute navigation dans ces parages. Les vents du nord-ouest, appelés *los Nortes*, soufflent dans le golfe du Mexique depuis l'équinoxe d'automne jusqu'à l'époque du printemps ; ils sont généralement faibles aux mois de septembre et d'octobre ; leur plus grande force est dans le mois de mars. Sur les côtes occidentales, la navigation est très-dangereuse dans les mois de juillet et d'août : des ouragans terribles y soufflent alors du sud-ouest. Dans ces temps, et jusqu'en septembre et en octobre, les atterrages de San-Blas, d'Acapulco et de tous les ports du royaume de Guatemala, sont les plus difficiles. Pendant la belle saison, depuis le mois d'octobre jusqu'au mois de mai, la tranquillité de l'Océan est encore interrompue dans ces parages par des vents impétueux du nord-est et du nord-ouest, connus sous les noms de *Papagayo* et de *Tehuantepec*.

« On voit, d'après cette ébauche de la disposition du terrain, que presque les seules côtes de la Nouvelle-Espagne jouissent d'un climat chaud et propre à fournir les productions qui sont l'objet du commerce des Antilles. L'intendance de la Vera-Cruz, à l'exception du plateau qui s'étend de Perote au pic d'Orizava, le Yucatan, les côtes d'Oaxaca, les provinces maritimes du Nouveau-Santander et du Texas, le nouveau royaume de Léon, la province de Cahahuila, le pays inculte appelé *Bolson de Mapimi*, les côtes de la Californie, la partie occidentale de la Sonora, de la Cinaloa et de la Nouvelle-Galice, les lisières méridionales des intendances de Valladolid, de Mexico et de Puebla, sont des terrains bas et entrecoupés de collines peu considérables. La température moyenne de ces plaines, ainsi que celle des ravins qui sont situés sous les tropiques, dont l'élévation au-dessus de l'Océan ne surpasse pas 300 mètres, est de 25 à 26° du thermomètre centigrade, c'est-à-dire de 8 à 9° plus grande que la chaleur moyenne de Naples (1). Ces régions fertiles, que les indigènes nomment *Tierras calientes*, c'est-à-dire pays chauds, produisent du sucre, de l'indigo, du coton et des bananes en abondance : mais quand les Européens non acclimatés les fréquentent pendant long-temps, quand ils s'y réunissent dans les villes populeuses, ces mêmes contrées deviennent le séjour de la fièvre jaune, connue sous le nom de vomissement noir, ou du *vomito prieto*. Le port d'Acapulco, les vallées de Papagayo et du Peregrino, appartiennent aux endroits de la terre où l'air est constamment le plus chaud et le plus malsain. Sur les côtes orientales de la Nouvelle-Espagne, les grandes chaleurs sont interrompues pendant quelque temps, lorsque les vents du nord amènent des couches d'air froid de la baie d'Hudson, vers le parallèle de la Havane et de la Vera-Cruz. Ces vents impétueux soufflent depuis le mois d'octobre jusqu'au mois de mars; souvent ils refroidissent l'air à tel point, que le thermomètre centigrade descend, près de la Havane, jusqu'à zéro, et à la Vera-Cruz, à 16°, abaissement bien frappant pour des pays situés sous la zone torride.

« Sur la pente de la Cordillère, à la hauteur de 1200 à 1500 mètres, il règne perpétuellement une douce température de printemps, qui ne varie que de 4 à 5° : de fortes chaleurs et un froid excessif y sont également inconnus. C'est la région que les indigènes appellent *Tierras templadas*, ou pays tempérés, dans laquelle la chaleur moyenne de toute l'année est de 20 à 21°. C'est le beau climat de Xalappa, de Tasco et de Chilpaningo, trois villes célèbres par l'extrême salubrité de leur climat et par l'a-

(1) *A. de Humboldt*: Mexique, t. I, p. 285.

bondance des arbres fruitiers qu'on cultive dans le[s] environs. Malheureusement cette hauteur mitoyenne [de] 1300 mètres est presque la même à laquelle les nuages [se] soutiennent au-dessus des plaines voisines de la m[er,] circonstance qui fait que ces régions tempérées, situé[es] à mi-côte, sont souvent enveloppées dans des brum[es] épaisses.

« La troisième zone, désignée par la dénomination [de] *Tierras frias*, ou pays froids, comprend les plateaux q[ui] sont élevés de plus de 2200 mètres au-dessus du niveau [de] l'Océan, et dont la température moyenne est de 17° et a[u-]dessous. Dans la capitale du Mexique, on a vu le therm[o]mètre centigrade descendre jusqu'à quelques degrés au[-]dessous du point de la glace; mais ce phénomène est tr[ès] rare. Les hivers, le plus souvent, y sont aussi doux qu[à] Naples. Dans la saison la plus froide, la chaleur moyenn[e] du jour est encore de 13 à 14°; en été, le thermomètre, [à] l'ombre, ne monte pas au-dessus de 24°. La températur[e] moyenne la plus fréquente sur tout le grand plateau d[u] Mexique, est de 17°; elle est égale à la température d[e] Rome, et l'olivier y est cultivé avec succès. Cependant c[e] même plateau, d'après la classification des indigènes, ap[-]partient aux *Tierras frias*; les expressions de froid et d[e] chaud n'ont pas de valeur absolue : toutefois les plateaux plus élevés que la vallée de Mexico, ceux, par exemple[,] dont la hauteur absolue dépasse 2500 mètres, ont, quoi[-]que sous les tropiques, un climat que l'habitant même du nord de l'Europe trouve rude et désagréable. Telles sont les plaines de Tolma et les hauteurs de Guchilaque[,] où, pendant une grande partie du jour, l'air ne s'échauffe pas au-delà de 6 ou 8°; l'olivier n'y porte pas de fruits.

« Toutes ces régions appelées froides jouissent d'une température moyenne de 11 à 13°, égale à celle de la France et de la Lombardie; cependant la végétation y est beaucoup moins vigoureuse, et les plantes de l'Europe n'y croissent pas avec la même rapidité que dans leur sol natal. Les hivers, à 2500 mètres de hauteur, ne sont pas extrêmement rudes; mais aussi, pendant l'été, le soleil n'échauffe pas assez l'air raréfié de ces plateaux pour accélérer le développement des fleurs, et pour porter les fruits à une maturité parfaite: c'est cette égalité constante, c'est cette absence d'une forte chaleur éphémère qui imprime au climat des hautes régions équinoxiales un caractère particulier. Aussi la culture de plusieurs végétaux réussit-elle moins bien sur le dos des Cordillères mexicaines que dans des plaines situées au nord du tropique, quoique souvent la chaleur moyenne de ces dernières soit moindre que celle des plateaux compris entre les 19 et 22° de latitude.

« Dans la région équinoxiale du Mexique, et même jusqu'au 28° degré de latitude boréale, on ne connaît que deux saisons: la saison des pluies, qui commence au mois de juin ou de juillet, et finit au mois de septembre ou d'octobre, et celle des sécheresses, qui dure huit mois, depuis octobre jusqu'à la fin de mai. La formation des nuages et la précipitation de l'eau dissoute dans l'air, commencent généralement sur la pente orientale de la Cordillère. Ces phénomènes, accompagnés de fortes explosions électriques, s'étendent successivement de l'est à l'ouest dans la direction des vents alizés, en sorte que les pluies tombent 15 ou 20 jours plus tard sur le plateau central qu'à la Vera-Cruz. Quelquefois on voit dans les montagnes, et même au-dessous de 2000 mètres de hauteur absolue, des pluies mêlées de grésil et de neige, dans les mois de décembre et de janvier; mais ces pluies ne durent que peu de jours, et quelque froides qu'elles soient, on les regarde comme très-utiles pour la végétation du froment et pour les pâturages. Depuis le parallèle de 24° jusqu'à celui de 30, les pluies sont plus rares et très-courtes; heu-

reusement les neiges, dont l'abondance est assez considérable depuis le 26ᵉ degré de latitude, suppléent à ce manque de pluie (1).

« En France, et dans la plus grande partie de l'Europe,
l'emploi du territoire et les divisions agricoles dépendent
particulièrement de la latitude géographique; la configuration du terrain, la proximité de l'Océan, ou d'autres
circonstances locales, n'y influent que faiblement sur la
température. Dans les régions équinoxiales de l'Amérique,
au contraire, le climat, la nature des productions, l'aspect, la physionomie du pays, sont presque uniquement
modifiés par l'élévation du sol au-dessus du niveau de la
mer. Sur les 19 et 22° de latitude, le sucre, le coton, surtout le cacao et l'indigo, ne viennent abondamment que
jusqu'à 6 ou 800 mètres de hauteur. Le froment d'Europe
occupe une zone, qui, sur la pente des montagnes, commence généralement à 1400 mètres, et finit à 3000. Le
bananier, plante bienfaisante qui constitue la nourriture
principale de tous les habitans des tropiques, ne donne
presque plus de fruits au-dessus de 1550 mètres. Les chênes du Mexique ne végètent qu'entre 800 et 3100 mètres.
Les pins ne descendent vers les côtes de la Vera-Cruz que
jusqu'à 1850 mètres; mais aussi ces pins ne s'élèvent près
de la limite des neiges perpétuelles, que jusqu'à 4000 mètres de hauteur (2).

Les provinces appelées *Internas*, et situées dans la zone
tempérée, mais surtout celles qui sont comprises entre
les 30 et 38ᵉ degrés de latitude, jouissent, avec le reste de
l'Amérique boréale, d'un climat qui diffère essentiellement
de celui que l'on rencontre sous les mêmes parallèles dans
l'ancien continent, et qui se marque surtout par une très-
forte inégalité entre la température des différentes saisons.

---

(1) *A. de Humboldt*: Mexique, t. III, p. 73.
(2) *Idem, ibid.*, t. I, p. 290.

les hivers d'Allemagne y succèdent à des étés de Naples et de Sicile. Cependant cette différence de température est bien moins frappante dans les parties du nouveau continent qui se rapprochent de l'océan Pacifique, que dans les parties orientales.

« Si le plateau de la Nouvelle-Espagne est singulièrement froid en hiver, sa température d'été est beaucoup plus élevée que celle qu'annoncent les observations thermométriques faites par Bouguer et La Condamine dans les Andes du Pérou. Cette chaleur et d'autres causes locales influent sur l'aridité qui désole ces belles contrées : l'intérieur du pays, surtout une très-grande partie du plateau d'Anahuac, est dénué de végétation. La grande masse de la Cordillère mexicaine et l'immense étendue de ses plaines produisent une réverbération de rayons solaires qu'à égale hauteur on n'observe pas dans des pays montagneux plus inégaux. D'ailleurs, le terrain y est trop haut pour que sa hauteur, par conséquent la moindre pression barométrique que l'air raréfié y exerce, n'augmente pas déjà sensiblement l'évaporation qui a lieu sur les grands plateaux. D'un autre côté, la Cordillère n'est pas assez élevée pour qu'un grand nombre des cimes puisse entrer dans la limite des neiges perpétuelles. Ces neiges, à l'époque de leur minimum, au mois de septembre, ne descendent pas, sous le parallèle du Mexico, au-delà de 4500 mètres ; mais au mois de janvier, leur limite se trouve à 3700 mètres. Au nord, dès 20°, surtout depuis les 22 jusqu'au 30° de latitude, les pluies, qui ne durent que pendant les mois de juin, juillet, août et septembre, sont peu fréquentes dans l'intérieur du pays. Le courant ascendant, ou la colonne d'air chaud qui s'élève des plaines, empêche les nuages de se précipiter en pluies et d'abreuver une terre sèche, salée et dénuée d'arbustes. Les sources sont rares dans les montagnes, composées en grande partie d'amygdaloïde poreuse et de porphyres feuillés. L'eau infiltrée, au lieu d'être réunie en de petits bassins souterrains, se perd dans des fentes que d'anciennes révolutions volcaniques ont ouvertes : cette eau ne sort qu'au pied de la Cordillère; c'est sur les côtes qu'elle forme un grand nombre de rivières, dont le cours n'est que de peu de longueur.

« L'aridité du plateau central et le manque d'arbres, très nuisible à l'exploitation des mines, ont sensiblement augmenté depuis l'arrivée des Européens au Mexique. Les conquérans n'ont pas seulement détruit sans planter, mais en desséchant artificiellement de grandes étendues de terrain ils ont causé un autre mal plus important : le muriate de soude et de chaux, le nitrate de potasse et d'autres substances salines couvrent la surface du sol ; elles se sont répandues avec une rapidité que le chimiste a de la peine à expliquer. Par cette abondance de sels, par ces efflorescences contraires à la culture, le plateau du Mexique ressemble, en quelques endroits, à celui du Tibet et aux steppes salées de l'Asie centrale.

« Heureusement cette aridité du sol ne règne que dans les plaines les plus élevées. Une grande partie des États-Unis mexicains appartient aux pays les plus fertiles de la terre. La pente de la Cordillère est exposée à des vents humides et à des brumes fréquentes ; la végétation, nourrie de ces vapeurs aqueuses, y est d'une beauté et d'une force imposantes. A la vérité, l'humidité des côtes favorisant la putréfaction d'une grande masse de substances organiques occasione des maladies auxquelles les Européens et d'autres individus non acclimatés sont exposés ; car sous le ciel brûlant des tropiques, l'insalubrité de l'air indique presque toujours une fertilité extraordinaire du sol. Cependant, à l'exception de quelques ports de mer, et de quelques vallées profondes et humides, où les indigènes souffrent de fièvres intermittentes, la Nouvelle-Espagne doit être considérée comme un pays éminemment sain. Une chaleur sèche et invariable est très-favorable à la longévité. A la Vera-Cruz, au milieu des épidémies de la fièvre jaune (vomissement noir), les indigènes et les étrangers déjà acclimatés depuis quelques années jouissent de la santé la plus parfaite. En général, les côtes et les plaines arides de l'Amérique équatoriale doivent être regardées comme saines, malgré l'ardeur excessive du soleil, dont les rayons perpendiculaires sont réfléchis par le sol.

« La végétation varie comme la température, depuis les rivages brûlans de l'Océan jusqu'aux sommets glacés des Cordillères. Dans la région chaude jusqu'à 200 toises, les palmiers à éventails, les palmiers *miraguana* et *pumos*, *toreodoxa* blanc, la tournefortie veloutée, le sebestier *geraschantus*, la céphalante à feuilles de saule, l'*hyptis* bourrelé, le *salpianthus arenarius*, l'amaranthine globuleuse, le calebassier pinné, le *podopterus* mexicain, la bignonie à feuilles d'osier, la sauge occidentale, le *perdicium* de la Havane, le *gyrocarpus*, le *leucophyllum ambiguum*, la *gomphia* mexicaine, le panic élargi, la bauhine raide, le campêche rayé, le courbaril émoussé, la swietenie mexicaine, la malpighie à feuilles de sumac, dominent dans la végétation spontanée. Cultivés sur les confins de la zone tempérée et de la zone chaude, la canne à sucre, le cotonnier, le cacaotier, l'indigotier, ne dépassent guère le niveau de 3 à 400 toises; cependant la canne prospère dans les vallées abritées à un niveau de 1000 toises. Le bananier s'étend des bords de la mer jusqu'au niveau de 725 toises. La région tempérée depuis 200 jusqu'à 1100 toises, présente le liquidambar styrax, l'*erythroxylon* mexicain, le poivrier à longue cosse, l'*aralia digitata*, la quenouille de Pazcuar, la *guardiola* mexicaine, le *tagetes* à feuilles minces; la *psychotria pauciflora*, le quamoclit de Cholula, le liseron arborescent, la véronique de Xalapa, la globulaire mexicaine, le *stachys* d'Actopan, la sauge mexicaine, le gatilier mou, l'arbousier à fleurs épaisses, le panicaut à fleurs de protea, le laurier de Cervantès, le daphné à feuilles de saule, la fritillaire à barbe, l'*yucca* épineux, la cobée grimpante, la sauge jaune, quatre variétés de chêne mexicains, commençant à 470 toises d'élévation et finissant à 1120, l'if des montagnes, la banisterie ridée. Dans la région froide, depuis 1100 toises jusqu'à 2350, on remarque le chêne à tronc épais (*quercus crassipes*), la rose mexicaine, l'aune qui finit au niveau de 1850 toises, le merveilleux *cheirostemon platanoïdes*, dont nous parlerons plus loin, la *krameria*, la valériane à feuilles cornues, la *datura superba*, la sauge cardinale, la potentille naine, l'arbousier à feuilles de myrte, l'alisier denté, le fraisier mexicain. Les sapins qui commencent dans la zone tempérée à 950 toises d'élévation, ne finissent dans la froide qu'à 2050. Ainsi les arbres *conifères*, inconnus à l'Amérique méridionale, terminent ici, comme dans les Alpes et les Pyrénées, l'échelle des grands végétaux. Sur les limites mêmes de la neige perpétuelle, on voit naître l'*arenaria bryoïdes*, le *cnicus nivalis*, la *chelone gentianoïdes* (1). On pourra jeter un plus grand intérêt sur cette aride nomenclature, lorsque M. de Humboldt aura complété la partie botanique de son savant et vaste ouvrage.

« Parmi les végétaux mexicains qui fournissent une abondante substance alimentaire, le bananier tient le premier rang. Les deux espèces nommées *platano-arton* et *dominico* (2) paraissent indigènes; le *camburi* ou *musa sapientum* y a été apporté d'Afrique. Un seul *régime* de bananes contient souvent 160 à 180 fruits, et pèse 60 à 80 livres. Un terrain de 100 mètres carrés de surface produit aisé-

---

(1) *A. de Humboldt*: Prolegomena in Nov. Spec. Plant., p. 40 et 41. *Idem*, Mexique, p. III, ch. IX. *Idem*, Tableau de la Géographie des Plantes. — (2) *Musa paradisiaca et regia*.

ment 4000 livres pesant de fruit. Le manioc occupe la même région que le bananier. La culture du maïs est plus étendue ; ce végétal indigène (1) réussit sur la côte de la mer et dans les vallées de Toluca, à 1400 toises au-dessus de l'Océan. Le maïs produit généralement 150 pour 1 ; il forme la principale nourriture des hommes et des animaux. Le froment, le seigle et les autres céréales de l'Europe ne sont cultivés que sur le plateau dans la région tempérée. Le froment donne en général de 25 à 30 pour 1. Dans la région la plus froide, on cultive la pomme de terre originaire de l'Amérique méridionale, *tropæolum esculentum*, nouvelle espèce de capucine, et le *chenopodium quinoa*, dont la graine est un aliment aussi agréable que sain. La région tempérée et la froide possèdent encore l'oca (*oxalis tuberosa*) ; la batate et l'igname sont cultivées dans la région chaude. Malgré les abondans produits de tant de plantes alimentaires, les sécheresses exposent le Mexique à des famines périodiques.

« Ce pays produit des espèces indigènes de cerisiers, des pommiers, des noyers, des mûriers, des fraisiers ; il a fait l'acquisition de la plupart des fruits de l'Europe et de ceux de la zone torride. Le *maguey*, variété de l'agave, fournit la boisson nommée *pulque*, et que les habitans du Mexique consomment en très-grande quantité. Les fibres du maguey fournissent du chanvre et du papier ; les épines servent d'épingles et de clous.

« La culture du sucre s'accroît, quoiqu'elle soit en général bornée à la région tempérée et que, par défaut de population, les plaines chaudes et humides des côtes maritimes si propre à ce genre de culture, restent en grande partie en friche. Déjà, il y a vingt ans, l'exportation du sucre par le port de la Vera-Cruz s'élevait à une valeur de 7,000,000 de fr.

---

(1) *Mahis*, en langue d'Haïti ; *cara*, en quichua ; *tlaolli*, en aztèque.

La canne est ici cultivée et exploitée par des mains libres.

« Le ci-devant royaume de Guatemala voit naître, sous son climat ardent et humide, le meilleur indigo, ainsi que le meilleur cacao. Le produit des plantations d'indigo s'élève, par an, à 12,000,000 de francs : la seule exportation du cacao est évaluée à 45,000,000 de francs. C'est de la langue mexicaine que nous avons tiré le mot *chocolatl*, dont nous avons adouci la finale. Les noix de cacao, considérées à Mexico comme une denrée de première nécessité, servent en place de petite monnaie; six noix valent un sou.

« L'intendance d'Oaxaca est aujourd'hui la seule province où l'on cultive en masse le *nopal* ou le *cactus cochenilifer*, sur lequel aime à se nourrir l'insecte qui produit la cochenille. La cochenille présente un objet d'exportation de la valeur annuelle de 12,000,000 de francs [1]. Parmi les autres végétaux utiles, nous distinguerons le *convolvulus jalapa*, ou vrai jalap, qui croît naturellement dans le canton de Xalapa, au nord-ouest de la Vera-Cruz; l'*epidendrum vanilla*, qui, conjointement avec le jalap, aime l'ombre des liquidambars et des amyris; la *copaïfera officinalis* et le *toluifera balsamum*, deux arbres qui donnent une résine odorante, connue dans le commerce sous le nom de *baume de capivi* et *de tolu*.

« Les rivages des baies d'Honduras et de Campêche sont célèbres, depuis le moment de leur découverte, par leurs riches et immenses forêts de bois d'acajou et de campêche, si utiles aux fabriques, mais dont les Anglais ont envahi l'exploitation. Une espèce d'acacia donne une excellente teinture en noir [2]. Le gaïac, le sassafras, le tamarin, ornent et enrichissent ces provinces fertiles. On trouve dans les bois l'ananas sauvage : tous les terrains rocailleux et bas sont chargés des diverses espèces d'aloès et d'euphorbes

---

[1] *A. de Humboldt*, Mexique, t. III, p. 260. — [2] Lettre de don *Alzate*, dans la Relation du Voyage de *Chappe d'Auteroche*, p. 67.

« Les jardins de l'Europe tirent déjà quelques nouveaux ornemens de la flore mexicaine, entre autres la *salvita fulgens*, à laquelle ses fleurs cramoisies donnent tant d'éclat ; le belle *dahlia*, l'élégant *sisyrinchium* strié, l'*heliantus* gigantesque et la délicate *mentzelia*. M. Bonpland, compagnon de M. de Humboldt, a trouvé une espèce de plante bombacine qui produit un coton doué à la fois de l'éclat de la soie et de la solidité de la laine.

« La zoologie du Mexique est médiocrement connue. Plusieurs espèces, voisines de celles que nous connaissons, en diffèrent pourtant par des caractères importans. Parmi les espèces décidément neuves et indigènes, sont le *coëdou*, espèce de porc-épic ; l'apaxa, ou le cerf mexicain, le *conopatl*, du genre des moufettes, dont on connaît cinq ou six espèces ; l'écureuil dit du Mexique, et une autre espèce d'écureuil, strié (1) ; le loup mexicain habite les forêts et les montagnes. Parmi les quatre animaux qualifiés de chiens par le Pline mexicain, Hernandez, l'un, nommé *xolo-itzcuintli*, est le loup distingué par l'absence de tout poil. Le *techichi* est une espèce de chien muet, que les Mexicains mangeaient. Cet aliment était si nécessaire aux Espagnols mêmes, avant l'introduction des bestiaux, que peu à peu toute la race en fut détruite (2). Linné confond le chien muet avec l'*itzcuinte-potzoli*, espèce de chien encore assez imparfaitement décrite, et qui se distingue par une queue courte, une tête très-petite et une grosse bosse sur le dos (3). Le bison et le bœuf musqué errent en grands troupeaux dans le Nouveau-Mexique et la Nouvelle-Californie. Les élans de cette dernière province ont assez de force pour avoir été employés à traîner un lourd carrosse à Zacatecas, selon le témoignage de Clavijero. On connaît encore très-imparfaitement les grands moutons sauvages de Californie, ainsi

---

(1) *Sciurus variegatus.* — (2) *Clavijero*: Storia di Messico, t. I, p. 73. — (3) *Hernandez*: Hist. Quadrup. Nov. Hispan., c. xx-xxiii.

que les *berendos* du même pays, qui paraissent ressembl[er]
à des antilopes (1). Le *jaguar* et le *couguar*, qui dans [le]
Nouveau-Monde représentent le tigre et le lion de l'anci[en]
continent, se montrent dans tout le royaume de Guatema[la]
et dans la partie basse et chaude du Mexique propreme[nt]
dit ; mais ils ont été peu observés par des naturalistes in[s]truits. Hernandez dit que le *miztli* ressemble au lion sa[ns]
crinière, mais qu'il est d'une plus grande taille (2). L'ou[rs]
mexicain est le même que celui de la Louisiane et du Canad[a.]

« Les animaux domestiques de l'Europe, transportés a[u]
Mexique, y ont prospéré et se sont extrêmement multiplié[s.]
Les chevaux sauvages qui parcourent en bandes immense[s]
les plaines du Nouveau-Mexique, descendent tous de ceu[x]
qu'ont amenés les Espagnols. La race en est belle et vi[-]
goureuse. Celle des mulets ne l'est pas moins. Les trans[-]
ports entre Mexico et la Vera-Cruz occupent 70 mill[e]
mulets. Les moutons sont d'une espèce grossière et ma[l]
soignée. L'entretien des bœufs est important sur la côt[e]
orientale et dans l'intendance de Durango. On voi[t]
encore des familles qui possèdent des troupeaux d[e]
40 à 50 mille têtes de bœufs et de chevaux. D'ancienne[s]
relations parlent même de troupeaux deux ou trois foi[s]
plus nombreux (3).

(1) *A. de Humboldt* : Mexique, t. II, p. 423. — (2) *Hernandez* : Hist.
Quadrup., c. 11. — (3) *Valdecebro* : Gobierno de Animales, *passim*.

LIVRE CENT QUATRE-VINGT-TROISIÈME.

Suite de la Description de l'Amérique. — Le Mexique, y compris le Nouveau-Mexique et la capitainerie-générale de Guatemala, c'est-à-dire la Confédération mexicaine et celle de l'Amérique centrale. — Description générale physique. — Tableau des habitans.

Il nous reste à considérer l'espèce humaine. Le premier dénombrement officiel, fait en 1793, donna pour résultat approximatif 4,483,500 habitans comme *minimum*. Des personnes qui avaient suivi en détail le dépouillement des listes, jugeaient avec raison que le nombre des habitans qui s'étaient soustraits au recensement général, ne pouvait guère être compensé par ceux qui, errant sans domicile fixe, avaient été comptés plusieurs fois. On supposa qu'il fallait ajouter au moins un *sixième* ou un septième à la somme totale, et on évalua la population de toute la Nouvelle-Espagne à 5,200,000 âmes.

« Depuis cette époque, l'augmentation du produit des dîmes et de la capitation des Indiens, celle de tous les droits de consommation, les progrès de l'agriculture et de la civilisation, l'aspect d'une campagne couverte de maisons nouvellement construites, annoncent un accroissement rapide dans presque toutes les parties du royaume; mais le dénombrement n'a pas été renouvelé. M. de Humboldt a prouvé que le rapport des naissances aux décès, déduit d'une comparaison de 50 ans, est à peu près comme 170 est à 100, terme moyen. Le rapport des naissances à la population lui paraît être comme 1 est à 17, et le rapport des décès comme 1 est à 30. Il évalue le nombre des naissances à près de 350,000, et celui des décès à 200,000; en sorte que dans des circonstances favorables, l'excédant des naissances serait de 150,000; et, si rien n'intervertissait ou ne troublait de temps en temps l'ordre de la nature, la population devrait doubler tous les 19 ans (1). En se bornant n'ajouter qu'*un dixième* seulement pour les individus omis dans le dénombrement, et *deux dixièmes* pour les progrès de la population en 10 ans, M. de Humboldt trouve 5,800,000 habitans dans le royaume du Mexique à la fin de l'année 1803. D'après la même progression, le Mexique aurait dû compter, en 1820, une population de 8 à 9 millions d'habitans; mais déjà, en 1810, les troubles intérieurs avaient commencé à bouleverser ce royaume.

« On ne donne à Guatemala qu'un million d'habitans, en n'y comprenant pas les Indiens-Mosquito, qui sont indépendans de l'Espagne et alliés de l'Angleterre.

« Les causes physiques qui arrêtent presque périodiquement l'accroissement de la population mexicaine, sont la petite-vérole, le *matlazahuatl*, et surtout la disette et la famine.

« La *petite-vérole* a été introduite en 1520, où, selon le témoignage du père franciscain Torribio, elle enleva la moitié des habitans du Mexique. Assujettie, comme le vomissement noir et comme plusieurs autres maladies, à des périodes assez régulières, elle a fait des ravages terribles en 1763, et surtout en 1779, où elle enleva, dans la capitale du Mexique seule, plus de 9,000 personnes, et moissonna une grande partie de la jeunesse mexicaine. L'épidémie de 1797 fut moins meurtrière, principalement à cause du zèle avec lequel l'inoculation fut propagée. Mais depuis le mois de janvier 1804, la vaccine même a été introduite au Mexique, et grâce à l'activité de don Thomas Murphy, qui, à plusieurs reprises, en a fait venir le virus de l'Amérique septentrionale, cette cause de dépopulation n'existera plus dorénavant pour le Mexique.

(1) *A. de Humboldt*: Mexique, t. I, p. 324-341.

AMÉRIQUE : *Habitans du Mexique.* 397

« Le *matlazahuatl* est une maladie particulière à la race indienne, et, dans cette supposition, elle ne se montre qu'à de très-longs intervalles : il a surtout sévi en 1545, 1576, 1736, 1737, 1761 et 1762. Torquemada assure que, dans la première épidémie, il mourut 800,000, et dans la seconde 2,000,000 d'Indiens. Elle est, selon l'opinion commune, identique avec la fièvre jaune ou le vomissement noir ; selon d'autres avis, ce serait une véritable peste. Le matlazahuatl, prétend-on, n'attaque pas les hommes blancs soit européens, soit descendans des créoles, tandis que la fièvre jaune n'attaque que très-rarement les Indiens mexicains. Le siége principal du vomissement noir est la région maritime ; le matlazahuatl, au contraire, porte l'épouvante et la mort jusque dans l'intérieur du pays sur le plateau central. Mais ces distinctions nous paraissent illusoires ou mal démontrées. Le matlazahuatl trouve, dans les vallées chaudes et humides de l'intérieur, un foyer aussi favorable au développement de ses miasmes que sur la côte maritime. En ravageant l'intérieur, cette peste paraît surtout immoler les Indiens, parce que ce sont eux qui forment la masse de la population, plus exposée, par sa misère, aux effets d'une épidémie ; en désolant les côtes maritimes, elle paraît choisir ses victimes parmi les matelots et ouvriers européens qui composent la multitude. Les symptômes connus se ressemblent d'une manière frappante.

« Un troisième obstacle qui nuit fortement à la population, et peut-être le plus cruel de tous, est la famine. Indolens par caractère, placés sous un beau climat, et accoutumés à se contenter de peu, les Indiens ne cultivent en maïs, en pommes de terre et en froment que ce qu'il leur faut pour leur propre subsistance, ou tout au plus ce que requiert la consommation des villes et celle des mines les plus voisines. Au surplus, des milliers d'hommes sont soustraits à l'agriculture par la nécessité de transporter à dos de

mulet les marchandises, les provisions, le fer, la poud[re]
et le mercure depuis la côte jusqu'à la capitale, et de là a[ux]
mines et aux usines, souvent établies dans des régions arid[es]
et incultes. Le manque de proportion qui existe entre l[es]
progrès naturels de la population et l'accroissement de [la]
quantité d'alimens produite par la culture, renouvelle do[nc]
le spectacle affligeant de la famine chaque fois qu'une gran[de]
sécheresse ou quelque autre cause accidentelle a gâté la r[é]-
colte du maïs. Une disette de vivres est presque toujou[rs]
accompagnée d'épidémies. En 1804 seulement, le ma[ïs]
ayant gelé vers la fin d'août, on évalua à plus de 300,0[00]
le nombre d'habitans que le défaut de nourriture et les m[a]-
ladies asthéniques enlevèrent dans le royaume.

« On a regardé long-temps le travail des mines comme un[e]
des causes principales de la dépopulation de l'Amérique. [Il]
serait difficile de révoquer en doute qu'à la première épo[que]
que de la conquête, et même long-temps encore après,
beaucoup d'Indiens périrent par l'excès de fatigue, par l[e]
défaut de nourriture et de sommeil, et surtout par le chan[-]
gement subit de climat et de température au haut de l[a]
Cordillère et dans le sein de la terre, changement qui ren[d]
le travail des mines si pernicieux pour la conservation d'un[e]
race d'hommes privée de cette flexibilité d'organisation q[ui]
distingue l'Européen. Mais le travail des mines est aujour[-]
d'hui, dans la Nouvelle-Espagne, un travail libre; aucun[e]
loi ne force l'Indien de s'y livrer, ni de préférer telle exploi[-]
tation à telle autre. En général, le nombre des personne[s]
employées dans des travaux souterrains et divisées en plu[-]
sieurs classes, n'y excède pas celui de 28 à 30 mille, et l[a]
mortalité parmi les mineurs n'est pas beaucoup plus grand[e]
que celle que l'on observe parmi les autres classes d[u]
peuple (1).

(1) *A. de Humboldt*: Mexique, t. I, p. 361.

L'espèce humaine présente, dans le Mexique, quatre grandes divisions, qui forment huit castes, savoir :

1° Indiens aborigènes.

2° Espagnols.... { originaires nés en Europe ;
{ créoles, nés en Amérique.

3° Nègres....... { africains, esclaves ;
{ descendans de nègres.

4° Castes mixtes { métis, issus d'un mélange de blancs et d'Indiens ;
{ mulâtres, issus de blancs et de nègres ;
{ zambos, issus d'Indiens et de nègres.

« Quelques Malais et Chinois, qui sont venus des Philippines se fixer au Mexique, ne peuvent entrer en considération. Le nombre des Indiens cuivrés de race pure, principalement concentrés dans la partie méridionale du plateau d'Anahuac, excède deux millions et demi, ce qui forme environ les deux cinquièmes de la population entière. Ils sont infiniment plus rares dans le nord de la Nouvelle-Espagne et dans les provinces appelées *internes*.

« Loin de s'éteindre, la population des indigènes va en augmentant, surtout depuis un siècle, et il paraît qu'*au total*, ces pays sont plus peuplés aujourd'hui qu'ils ne l'étaient avant l'arrivée des Européens. Le royaume de Monézuma n'égalait pas, en surface, la huitième partie de la Nouvelle-Espagne actuelle : les grandes villes des Aztèques, les terrains les mieux cultivés se trouvaient dans les environs de la capitale du Mexique, et surtout dans la belle vallée de Tenochtitlan. Les rois d'Alcolhuacan, de Tlacopan et de Mechoacan étaient des princes indépendans. Au-delà du parallèle de 20°, demeuraient les Chichimègues et les Otomites, deux peuples nomades et barbares, dont les hordes peu nombreuses poussaient leurs incursions jusqu'à Tula, ville située près du bord septentrional de la vallée de Tenochtitlan. Mais il est tout aussi difficile d'évaluer avec

quelque certitude le nombre des sujets de Montézuma, q[ue]
de prononcer sur l'ancienne population de l'Égypte, de [la]
Perse, de Carthage, de la Grèce, ou même sur celle [qui]
compose plusieurs États modernes. L'histoire nous présen[te]
d'un côté, des conquérans ambitieux de faire valoir le fr[uit]
de leurs exploits; de l'autre, quelques hommes religieux [et]
sensibles, employant, avec une noble ardeur, les armes [de]
l'éloquence contre la cruauté des premiers colons (1). To[us]
les partis étaient également intéressés à exagérer l'état flor[is]-
sant des pays nouvellement découverts. Quoi qu'il en so[it,]
les ruines étendues de villes et de villages que l'on obser[ve]
sous les 18 et 20° de latitude, dans l'intérieur du Mexiqu[e,]
prouvent bien que la population de cette *seule* partie [du]
royaume était jadis bien supérieure à celle qui y existe mai[n]-
tenant; mais ces ruines ne sont disséminées que sur un e[s]-
pace relativement très-borné.

« A une grande force musculaire, les indigènes à tei[nt]
cuivré joignent l'avantage de n'être presque sujets à aucun[e]
difformité. M. de Humboldt assure n'avoir jamais vu [d']
Indien bossu; il est extrêmement rare d'en voir de louche[s,]
de boiteux ou de manchots. Dans les pays dont les habita[ns]
souffrent du goître, cette affection de la glande thyroï[de]
ne s'observe jamais chez les Indiens, rarement chez les m[é]-
tis. Les Indiens de la Nouvelle-Espagne, et surtout les fem[-]
mes, atteignent généralement un âge assez avancé. Le[ur]
tête ne grisonne jamais, et ils conservent toutes leurs force[s]
jusqu'à la mort. Pour ce qui concerne les facultés morale[s]
des indigènes mexicains, il est difficile de les apprécier ave[c]
justesse, si l'on ne considère cette caste accablée d'une lon[-]
gue oppression que dans son état actuel d'avilissement. A[u]
commencement de la conquête, les Indiens les plus aisé[s]
et chez lesquels on pouvait supposer une certaine cultur[e]

---

(1) *Clavijero*: Storia antiqua di Messico, t. I, p. 36; t. IV, p. 282.

AMÉRIQUE : *Habitans du Mexique.* 401

intellectuelle, périssaient en grande partie victimes de la férocité des Européens. Le fanatisme chrétien sévit surtout contre les prêtres aztèques : on extermina les ministres du culte, tous ceux qui habitaient les *maisons de Dieu* et que l'on pourrait considérer comme dépositaires des connaissances historiques, mythologiques et astronomiques du pays; car c'étaient les prêtres qui observaient l'ombre méridienne aux gnomons, et qui réglaient les intercalations. Les moines espagnols firent brûler les peintures hiéroglyphiques par lesquelles des connaissances de tout genre se transmettaient de génération en génération. Privé de ces moyens d'instruction, le peuple retomba dans une ignorance d'autant plus profonde, que les missionnaires, peu versés dans les langues mexicaines, substituaient peu d'idées nouvelles aux idées anciennes. Les femmes indiennes qui avaient conservé quelque fortune, aimèrent mieux s'allier aux conquérans que de partager le mépris qu'on avait pour leur nation. Il ne resta donc des naturels que la classe la plus indigente, les pauvres cultivateurs, les artisans, parmi lesquels on comptait un grand nombre de tisserands; les porte-faix, dont, à défaut de grands quadrupèdes, on se servait comme de bêtes de somme, et surtout cette lie du peuple, cette foule de mendians qui, attestant l'imperfection des institutions sociales et le joug de la féodalité, remplissaient déjà, du temps de Cortez, les rues de toutes les grandes villes de l'empire mexicain. Or, comment juger, d'après ces restes misérables d'un peuple puissant, et du degré de culture auquel il s'était élevé depuis le XII° jusqu'au XVI° siècle, et du développement intellectuel dont il est susceptible? Mais aussi, comment douter qu'une partie de la nation mexicaine ne fût parvenue à un certain degré de culture, en réfléchissant sur le soin avec lequel des livres hiéroglyphiques furent composés, en se rappelant qu'un citoyen de Tlascala, au milieu du bruit des armes, profita de la facilité que lui offrait notre alphabet romain pour écrire dans sa langue cinq gros volumes sur l'histoire d'une patrie dont il déplorait l'asservissement.

« Les Mexicains avaient une connaissance presque exacte de la grandeur de l'année, qu'ils intercalaient à la fin de leur grand cycle de 104 ans avec plus d'exactitude que les Grecs, les Romains et les Égyptiens. Les Toltèques paraissent dans la Nouvelle-Espagne au VIIe, les Aztèques au XIIe siècle : déjà ils dressent la carte géographique du pays parcouru ; déjà ils construisent des villes, des chemins, des digues, des canaux, d'immenses pyramides très-exactement orientées et dont la base a jusqu'à 438 mètres de long. Leur système de féodalité, leur hiérarchie civile et militaire se trouvent dès lors si compliqués, qu'il faut supposer une longue suite d'événemens politiques pour que l'enchaînement singulier des autorités, de la noblesse et du clergé ait pu s'établir, et pour qu'une petite portion du peuple, esclave elle-même du sultan mexicain, ait pu subjuguer la grande masse de la nation. De petites peuplades lassées de la tyrannie, s'étaient donné des constitutions républicaines qui ne peuvent se former qu'après de longs orages populaires, et dont l'existence n'indique point une civilisation très-récente. Mais d'où leur est-elle venue ? où est-elle née ? Accoutumés à admettre servilement des systèmes exclusifs, ne sachant qu'apprendre sans méditer, nous oublions que la civilisation n'est que le développement et l'emploi de nos facultés morales et intellectuelles. Les Grecs attribuent eux-mêmes leur civilisation supérieure à Minerve, c'est-à-dire à leur propre génie ; nous nous obstinons à leur donner les Égyptiens pour maîtres. Ceux-ci révèrent Osiris comme leur premier instituteur, et nous affectons de chercher la source de leur civilisation dans l'Inde. Mais alors qui instruisit les Indiens du Mexique ? Est-ce Brahma, Confucius, Zoroastre, Manco-Capac, Idacanzas ou Bochica ? Il faut un commencement à tout ; et si la civilisation est née dans l'ancien continent, pourquoi n'aurait-elle pas pu naître de même dans le nouveau? Le manque de froment, d'avoine, d'orge et de seigle, de ces graminées nourrissantes que l'on désigne sous le nom général de céréales, paraît prouver que si des tribus asiatiques ont passé en Amérique, elles devaient descendre de quelque peuple nomade ou pasteur. Dans l'ancien continent, nous voyons la culture des céréales et l'usage du lait introduits depuis l'époque la plus reculée à laquelle remonte l'histoire. Les habitans du nouveau continent ne cultivaient d'autres graminées que le maïs (*zea*) ; ils ne se nourrissaient d'aucune espèce de laitage, quoique deux espèces de bœufs indigènes dans le nord eussent pu leur offrir du lait en abondance. Voilà des contrastes frappans, qui, joints aux résultats de la comparaison des langues, prouve que la race mongole n'a pu fournir à la race américaine que des tribus nomades.

« Dans son état actuel, l'Indien mexicain est grave, mélancolique, taciturne, aussi long-temps que les liqueurs enivrantes n'ont pas agi sur lui : cette gravité est surtout remarquable dans les enfans des Indiens, qui, à l'âge de quatre ou cinq ans, montrent beaucoup plus d'intelligence et de développement que les enfans des blancs. Il aime à mettre du mystérieux dans ses notions les plus indifférentes ; aucune passion ne se peint dans ses traits. Toujours sombre, il présente quelque chose d'effrayant lorsqu'il passe tout à coup du repos absolu à une agitation violente et effrénée. L'énergie de son caractère, qui ne connaît aucune douceur, dégénère habituellement en dureté. Elle se déploie surtout chez les habitans de Tlascala : au milieu de leur avilissement, les descendans de ces républicains se distinguent encore par une certaine fierté que leur inspire le souvenir de leur ancienne grandeur. Les indigènes du Mexique, comme tous les peuples qui ont gémi long-temps sous le despotisme civil et religieux, tiennent avec une opiniâtreté extrême à leurs habitudes, à leurs mœurs, à leurs opinions; l'introduction du christianisme n'a presque pas produit d'autre effet sur eux que de substituer des cérémonies nouvelles, symboles d'une religion douce et humaine, aux cérémonies d'un culte sanguinaire. De tout temps, les peuples à demi barbares recevaient des mains du vainqueur de nouvelles lois, de nouvelles divinités; les dieux indigènes et vaincus cèdent aux dieux étrangers. D'ailleurs, dans une mythologie aussi compliquée que celle des Mexicains, il était facile de trouver une parenté entre les divinités d'Aztlan et celles de l'Orient; le Saint-Esprit s'identifiait avec l'aigle sacré des Aztèques. Les missionnaires ne toléraient pas seulement, ils favorisaient même ce mélange d'idées par lequel le culte chrétien s'établissait plus promptement.

« Les Mexicains ont conservé un goût particulier pour la peinture et pour l'art de sculpter en pierre et en bois; on est étonné de voir ce qu'ils exécutent avec un mauvais couteau et sur les bois les plus durs. Ils s'exercent surtout à peindre des images et à sculpter des statues de saints; mais, par un principe religieux, ils imitent servilement, depuis 300 ans, les modèles que les Européens ont portés avec eux lors de la conquête. Au Mexique comme dans l'Hindoustan, il n'était pas permis aux fidèles de changer la moindre chose à la figure des idoles; tout ce qui appartenait au rite des Aztèques était assujetti à des lois immuables. C'est par cette raison même que les images chrétiennes ont conservé en partie cette raideur et cette dureté des traits qui caractérisaient les tableaux hiéroglyphiques du siècle de Montézuma. Ils montrent beaucoup d'aptitude pour l'exercice des arts d'imitation; ils en déploient une plus grande encore pour les arts purement mécaniques.

« Lorsqu'un Indien parvient à un certain degré de culture, il montre une grande facilité d'apprendre, un esprit juste, ne logique naturelle, un penchant particulier à subtiliser ou à saisir les différences les plus fines des objets à comparer; il raisonne froidement et avec ordre, mais il ne manifeste pas cette mobilité d'imagination, ce coloris du sentiment, cet art de créer et de produire qui caractérisent les peuples de l'Europe et plusieurs tribus de nègres africains. La musique et la danse des indigènes se ressentent du manque de gaieté qui les caractérise. Leur chant est lugubre. Les femmes déploient plus de vivacité que les hommes; mais elles partagent les malheurs de l'asservissement auquel le sexe est condamné chez la plupart des peuples où la civilisation est encore imparfaite. Les femmes ne prennent point part à la danse; elles y assistent pour présenter aux danseurs des boissons fermentées qu'elles ont préparées de leurs mains (1).

« Les Indiens mexicains ont aussi conservé le même goût pour les fleurs que Cortez leur trouvait de son temps : on est étonné de trouver ce goût, qui indique sans doute le sentiment du beau, chez une nation dans laquelle un culte sanguinaire et la fréquence des sacrifices paraissaient avoir éteint tout ce qui tient à la sensibilité de l'âme et à la douceur des affections. Au grand marché de Mexico, le natif ne vend pas de pêches, pas d'ananas, pas de légumes, pas de liqueur fermentée sans que sa boutique soit ornée de fleurs qui se renouvellent tous les jours; le marchand indien paraît assis dans un retranchement de verdure, et tout y est de la dernière élégance.

« Les Indiens chasseurs, tels que les *Mecos*, les *Apaches*, les *Li-panis*, que les Espagnols embrassent sous la dénomination d'*Indios bravos*, et dont les hordes, dans leurs courses souvent nocturnes, infestent les frontières de la Nouvelle-Biscaye, de la Sonora et du Nouveau-Mexique,

(1) *A. de Humboldt* : Mexique, t. I, p. 413.

annoncent plus de mobilité d'esprit, plus de force de caractère que les Indiens cultivateurs : quelques peuplades ou même des langues dont le mécanisme paraît prouver un ancienne civilisation. Ils ont beaucoup de difficulté à apprendre nos idiomes européens, tandis qu'ils s'expriment dans le leur avec une facilité extrême. Ces mêmes chefs indiens, dont la morne taciturnité étonne l'observateur, tiennent des discours de plusieurs heures, lorsqu'un grand intérêt les excite à rompre leur silence habituel. Nous donnerons plus loin quelques détails sur ces tribus.

« Les indigènes sont ou descendans d'anciens plébéiens ou les restes de quelque grande famille qui, dédaignant de s'allier aux conquérans espagnols, ont préféré labourer de leurs mains les champs que jadis ils faisaient cultiver par leurs vassaux. Ils se divisent donc en Indiens tributaires et en Indiens-Caciques, qui, d'après les lois espagnoles, doivent participer aux priviléges de la noblesse de Castille; mais il est difficile de distinguer par leur extérieur, leur habillement ou leurs manières, les nobles des roturiers : ils vont généralement pieds nus, couverts de la tunique mexicaine, d'un tissu grossier et d'un brun noirâtre; ils sont vêtus comme le bas peuple, qui néanmoins leur témoigne beaucoup de respect. Cependant, loin de protéger leurs compatriotes, les hommes qui jouissent des droits héréditaires du *caciquat*, pèsent fortement sur les tributaires. Exerçant la magistrature dans les villages indiens, ce sont eux qui lèvent la capitation : non seulement ils se plaisent à devenir les instrumens des vexations des blancs, mais ils se servent aussi de leur pouvoir et de leur autorité pour extorquer de petites sommes à leur profit. La noblesse aztèque offre d'ailleurs la même grossièreté de mœurs, le même manque de civilisation, la même ignorance que le bas peuple indien. Isolée, abrutie, on a vu rarement un de ses membres suivre la carrière de la robe ou de l'épée. On rouve plus d'Indiens qui ont embrassé l'état ecclésiastique, surtout celui de curé. La solitude des couvens ne paraît avoir d'attrait que pour les jeunes filles indiennes.

Considérés en masse, les Indiens mexicains présentent le tableau d'une grande misère. Indolens par caractère, et plus encore par suite de leur situation politique, ils ne vivent qu'au jour le jour. Au lieu d'une aisance générale, on trouve quelques familles dont la fortune paraît d'autant plus colossale, qu'on s'y attend moins. Cependant les lois actuelles, généralement douces et humaines, leur assurent le fruit de leurs fatigues, et pleine liberté pour la vente de leurs productions. Ils sont exempts de tout impôt indirect, et uniquement sujets à un tribut de capitation que paient les Indiens mâles depuis l'âge de dix ans jusqu'à celui de cinquante, et dont le fardeau a été beaucoup allégé dans les derniers temps. En 1601, l'Indien payait annuellement 32 réaux de tribut et 4 de service royal, en tout 19 à 20 francs. On le réduisit peu à peu, dans quelques intendances, à 15 et même à 5 francs : dans l'évêché de Mechoacan et dans la plus grande partie du Mexique, la capitation monte aujourd'hui à 11 francs. Mais si la législation paraît favoriser les indigènes sous le rapport des impôts, d'un autre côté elle les a privés des droits les plus importans dont jouissent les autres citoyens. Dans un siècle où l'on discuta formellement si les Indiens étaient des êtres raisonnables, on crut leur accorder un bienfait en les traitant comme des mineurs, en les mettant à perpétuité sous la tutelle des blancs, en déclarant nul tout acte signé par un natif de la race cuivrée, et toute obligation qu'il contractait au-dessus de la valeur de 15 francs. Ces lois, maintenues dans leur pleine vigueur, élèvent des barrières insurmontables entre les Indiens et les autres castes, dont le mélange est également prohibé et dont la désunion, ainsi que celle des familles et des autorités constituées, a été considérée de tout temps, par la politique espagnole, comme le plus sûr moyen de conserver les colonies dans la dépendance de la capitale. La loi défend non seulement le mélange de castes, elle défend même aux blancs de se fixer dans les villages indiens; elle empêche que les natifs ne s'établissent au milieu des Espagnols. Les Indiens se gouvernent par eux-mêmes; mais leurs magistrats, généralement les seuls habitans du village qui parlent l'espagnol, ont intérêt à maintenir leurs concitoyens dans l'ignorance la plus profonde. Restreints dans un espace étroit de 500 mètres de rayon, qu'une loi ancienne assigne aux villages indiens, les natifs sont en quelque sorte sans propriété individuelle; ils sont tenus de cultiver les biens communaux, sans espoir de recueillir le fruit de leur travail. Le dernier règlement des intendances portait que les natifs ne peuvent plus recevoir de secours de la caisse de la communauté, sans une permission spéciale du collége des finances du Mexique. Les biens communaux ont été mis en ferme par les intendans; le produit en était versé dans les caisses royales, où les employés du gouvernement tenaient compte, sous des rubriques particulières, de ce qu'on appelle la propriété de chaque village. Mais il est devenu si long et si difficile d'obtenir, pour les natifs, quelques secours de ces fonds, qu'ils renoncent à en demander. Par une singulière fatalité, ou par un vice inhérent à l'organisation sociale, les priviléges accordés aux Indiens, loin de leur procurer des avantages, ont produit des effets constamment défavorables à cette caste, et ont fourni des moyens de l'opprimer.

« Les Espagnols tiennent le premier rang dans la population de la Nouvelle-Espagne : c'est entre leurs mains que se trouvent presque toutes les propriétés et les richesses, mais ils n'occuperaient que la seconde place parmi les habitans de race pure, si on les considérait sous le rapport de leur nombre, qui, dans la confédération mexicaine, peut s'élever à 1,200,000, dont un quart habite les provinces internes. On les divise en blancs nés en Europe, et en descendans d'Européens, nés dans les colonies espagnoles de l'Amérique et dans les îles asiatiques. Les premiers portent le nom de *Chapetons*, ou de *Gachupinos*; les seconds celui de *Criollos* (créoles). Les natifs des îles Canaries, que l'on désigne généralement sous la dénomination d'*Islénos*, et qui sont la plupart gérans des plantations, se considèrent comme Européens. On estime que les Chapetons sont comme 1 à 14.

« Les *castes de sang mêlé* provenant du mélange des races pures, constituent une masse presque aussi considérable que les indigènes. On peut évaluer le total des individus à sang mêlé, à près de 2,400,000 âmes. Par un raffinement de vanité, les habitans des colonies ont enrichi leur langue en désignant les nuances les plus fines des couleurs qui naissent de la dégénération de la couleur primitive. Le fils d'un blanc, né Européen ou Créole, et d'une indigène à teint cuivré, est appelé *Métis* ou *Mestizo*. Sa couleur est presque d'un blanc parfait ; sa peau est d'une transparence particulière; le peu de barbe, la petitesse des mains et des pieds, une certaine obliquité des yeux, annoncent plus souvent le mélange du sang indien que la nature des cheveux. Si une Métis s'allie à un blanc, la seconde génération qui en résulte ne diffère presque plus de la race européenne. Les Métis composent vraisemblablement les sept huitièmes de la totalité des castes. Ils sont réputés d'un caractère plus doux que les *Mulâtres* ou *Mulatos*, fils de blancs et de négresses, qui se distinguent par la vigueur et l'énergie de leurs couleurs, par la violence de leurs passions, et par une singulière volubilité de langue. Les descendans de nègres et d'Indiennes portent, à Mexico, à Lima, et même à la Havane, le nom bizarre de *Chino*, Chinois. Sur la côte de Caracas et dans la Nouvelle-Espagne même, on les appelle aussi *Zambos*. Aujourd'hui cette dernière dénomination est principalement restreinte aux descendans d'un nègre et d'une mulâtresse, ou d'un nègre et d'une China. On distingue de ces Zambos communs, les *Zambos-Prietos*, qui naissent d'un nègre et d'une Zamba. Les castes du sang indien ou africain conservent l'odeur qui est propre à la transpiration cutanée de ces deux races primitives. Du mélange d'un blanc avec une mulâtresse, provient la caste des *Quarterons*. Lorsqu'une Quarteronne épouse un Européen ou un Créole, ses enfans portent le nom de *Quinterons* : une nouvelle alliance avec la race blanche fait tellement perdre le reste de couleur, que l'enfant d'un blanc et d'une Quinteronne est blanc aussi. Les mélanges dans lesquels la couleur des enfans devient plus foncée que n'était celle de leur mère, s'appellent *Saltos-Atras*, ou sauts en arrière (1).

« Le plus ou moins de sang européen, et la peau plus ou moins claire, décident de la considération dont l'homme doit jouir dans la société, et de l'opinion qu'il a de lui-même. Un blanc qui monte pieds nus à cheval, s'imagine appartenir à la noblesse du pays : la couleur établit même une certaine égalité entre des hommes qui, comme partout où la civilisation est ou peu avancée ou dans un mouvement rétrograde, se plaisent à raffiner sur les prérogatives de race et d'origine. Lorsqu'un homme du peuple se dispute avec un des seigneurs titrés du pays, il n'est pas rare d'entendre dire au premier : « Serait-il possible que vous crussiez être plus blanc que moi ? » Parmi les *Métis* et les *Mulâtres*, il y a beaucoup d'individus qui, par leur couleur, leur physionomie et leur intelligence, pourraient se confondre avec les Espagnols, mais les préjugés les tiennent dans l'avilissement et le mépris. Doués d'un caractère éner-

---

(1) Mémoire de l'évêque de Mechoacan, cité par M. *A. de Humboldt*.

que et ardent, ces hommes de couleur vivent dans un état constant d'irritation contre les blancs, et le ressentiment les porte fréquemment à la vengeance. Souvent il arrive aussi que des familles qui sont soupçonnées d'être de sang mêlé demandent à la haute-cour de justice qu'on les déclare appartenir aux blancs. On voit ainsi des mulâtres très-basanés qui ont eu l'adresse de se faire *blanchir*, selon l'expression populaire. Quand le jugement des sens est trop contraire aux vœux du sollicitant, il faut qu'il se contente de termes un peu problématiques : la sentence dit alors simplement que « tels ou tels individus peuvent *se tenir pour blancs*. »

« Le ci-devant royaume de la Nouvelle-Espagne est, de toutes les colonies européennes sous la zone torride, celle dans laquelle il y a le moins de nègres. On parcourt toute la ville de Mexico sans rencontrer un visage noir : le service d'aucune maison ne s'y fait avec des esclaves. D'après des renseignemens exacts, il paraît que dans toute la Nouvelle-Espagne il n'y a pas 6000 nègres, et tout au plus 9 à 10,000 esclaves, dont le plus grand nombre habite les ports d'Acapulco et de la Vera-Cruz, ou la région chaude, voisine des côtes. Ces esclaves sont des prisonniers faits dans la petite guerre qui est presque continuelle sur les frontières des Provinces Internes ; ils sont, la plupart, de la nation des Mecos ou Apaches, montagnards indomptables et féroces, qui ordinairement succombent bientôt au désespoir ou aux effets du changement de climat. L'accroissement de la prospérité coloniale du Mexique est donc tout-à-fait indépendant de la traite des nègres. Il y a 30 ans que l'on ne connaissait presque pas en Europe de sucre mexicain ; aujourd'hui la Vera-Cruz seule en exporte plus de 120,000 quintaux, et cependant les progrès qu'a faits dans la Nouvelle-Espagne, depuis le bouleversement de Saint-Domingue, la culture de la canne à sucre, n'y ont pas augmenté d'une manière sensible le nombre des esclaves. Du reste, au Mexique comme dans toutes les possessions espagnoles, les esclaves sont un peu plus protégés par les lois que ne l'étaient naguère les nègres qui habitent les colonies des autres nations européennes. Les lois sont toujours interprétées en faveur de la liberté : le gouvernement désire voir augmenter le nombre des affranchis. Un esclave qui, par son industrie s'est procuré quelque argent, peut forcer son maître à l'affranchir, en lui payant la somme de 1500 à 2000 francs quand même il eût coûté le double au propriétaire, ou qu'il possédât un talent particulier pour exercer un métier lucratif. Un esclave qui a été cruellement maltraité acquiert par-là même son affranchissement d'après la loi. M. de Humboldt en a vu lui-même un exemple.

« Les langues parlées dans la vaste étendue du Mexique sont au nombre de plus de 20, et ne sont en partie connues que de nom. Les Créoles et la plus grande partie des races mixtes n'ont pas adopté ici, comme dans le Pérou un dialecte indigène, mais se servent de la langue espagnole, tant dans la conversation que dans les écrits. Parmi les dialectes indigènes, la langue *aztèque* ou mexicaine est la plus répandue ; elle s'étend aujourd'hui depuis le parallèle de 37° jusque vers le lac de Nicaragua ; mais les domaines de plusieurs autres langues sont comme enclavés dans le sien. L'historien Clavijero a prouvé que les Toltèques, les Chichimèques (dont les habitans de Tlascala descendent), les Acolhues et les Nahuatlaques parlaient tous la même langue que les Aztèques (1). La répétition des syllabes *tli*, *tla*, *itl*, *atl*, jointe à la longueur des mots qui vont jusqu'à onze syllabes, doit rendre cette langue peu agréable à l'oreille ; mais la complication et la richesse de ses formes grammaticales prouvent la haute intelligence

---

(1) *Clavijero* : Storia di Messico, t. I, p. 153.

le ceux qui l'ont inventée ou régularisée. Un nombre extrêmement borné d'analogies de mots paraît la rattacher au chinois et au japonais; mais son caractère général éloigne ce rapprochement. La langue *otomite*, parlée dans l'ancien royaume de Mechoacan ou dans la Nouvelle-Galice, est une langue mère, monosyllabique comme le chinois, par conséquent entièrement différente de la mexicaine, et qui paraît avoir été très-répandue (1). On ne saurait dire si les idiomes *tarasque*, *matlazingue* et *core*, parlés également dans la Nouvelle-Galice, sont des branches d'un même tronc ou des langues indépendantes l'une de l'autre; les mots connus de la langue *tarasque* et de la *core* offrent très-peu d'affinité avec les autres langues américaines. Les langues *tarahumare* et *tépéhuane*, parlées dans la Nouvelle-Biscaye; l'idiome de *Pimas*, dans la Pimerie, partie de Sonora; celui des *Apaches*, des *Keras*, des *Piras*, des *Tiguas* et d'autres tribus du Nouveau-Mexique; la langue *guaicoure*, parlée dans la Californie par les Indiens *Moquis*; celle des *Cochimis* et des *Pericues* dans la même péninsule; celle des *Eslènes* et des *Rumsens* dans la Nouvelle-Californie, présentent encore un chaos d'incertitude et d'obscurité. Dans le *tarahumar*, les noms de nombres sont mexicains. Il est remarquable qu'un dialecte de la langue guaicoure se nomme *cora*, et que le nom des *Moquis*, de Californie, se retrouve dans le Nouveau-Mexique (2). Des connaissances plus positives ramèneront cette foule de tribus à un petit nombre de races distinctes.

« La langue *huaztèque*, qui s'est conservée dans le canton d'Huazteca, dans l'intendance de Mexico, paraît différer entièrement de la mexicaine, soit dans les mots, soit pour

(1) *Hervas* : Catalogo delle Lingue, p. 89, 258.
(2) *Idem*, ibid., p. 76 et 80.

la grammaire (1). Elle offre quelques mots finnois et ostiaques; appartiendrait-elle à la première invasion des tribus de l'Asie boréale, invasion antérieure à celle dont les ancêtres des Aztèques, des Toltèques et des Chichimèques ont dû faire partie?

« Il paraît qu'en avançant au sud de Mexico, les langues indigènes, indépendantes de celle des Aztèques, deviennent extrêmement nombreuses. Les intendances de Puebla et d'Oaxaca nous offrent les langues *zapotèque*, *totonaque*, *mistèque*, *popolongue*, *chinantèque*, *mixe*, et plusieurs autres moins connues (2). La langue *maya*, dominante dans l'Yucatan, nous paraît renfermer des mots finnois et algonquins. Le savant Hervas y a remarqué un certain nombre de mots tonquinois (3), parmi lesquels il y en a qui sont communs à divers idiomes de Sibérie et au finnois (4). Cette langue est monosyllabique comme les plus anciennes de l'Asie orientale, mais elle leur est supérieure par ses combinaisons grammaticales. Elle paraît tenir à la même souche générale que l'otomite, dont nous avons déjà parlé. Dans le royaume de Guatemala, la langue *chiapanèse*, la *caquiquelle*, l'*utlatèque*, la *lakandone* et autres attendent encore des observateurs : la principale de celles qu'on parle dans ce royaume est appelée la *poconchi* ou la *pocomane*; elle a des rapports manifestes avec la langue *maya*, et doit ainsi différer radicalement de la langue mexicaine, qui cependant était fort usitée dans ce pays avant l'invasion des Espagnols, et qui aujourd'hui y domine. La langue des *Guaymies*, dans la province de Veraguas, passe pour avoir des rapports avec le caraïbe, et

---

(1) *Vater*, dans les Archives ethnographiques, t. I.
(2) *A. de Humboldt* : Mexique, t. I, p. 878. *Hervas* : Catalogo, p. 75.
(3) *Hervas*, p. 257.
(4) Voyez la *Table comparative des mots*, après l'Introduction à l'Amérique, ci-dessus, p. 36 et suivantes.

prouverait ainsi une invasion de quelques tribus de l'Amérique méridionale; mais on n'en parle qu'avec incertitude. L'idiome des *Indiens-Mosquitos*, sur la côte de Honduras, n'a pas été étudié. »

Nous allons passer à la description topographique.

LIVRE CENT QUATRE-VINGT-QUATRIÈME

Suite de la Description de l'Amérique. — Suite et fin de la confédération du Mexique. — Topographie des provinces et villes.

« Les Espagnols donnent le nom de *Nouvelle-Californie* à toutes les côtes situées depuis le port de *San-Diego* jusqu'aux limites septentrionales des États-Unis Mexicains. Le célèbre navigateur anglais Francis Drake désigna une partie de ces côtes sous le nom de *Nouvelle-Albion*; mais nous avons vu, dans l'*Histoire de la Géographie*, que la priorité de découverte appartient aux Espagnols. Néanmoins le nom anglais est resté sur les cartes à la portion du territoire où les Espagnols n'ont formé aucun établissement, depuis le 38ᵉ parallèle jusqu'au 44ᵉ, ou même au-delà. Vers le *cap Mendocino*, l'intérieur de la Nouvelle-Albion présente de loin plusieurs sommets de montagnes couverts de neige même en été; mais lorsque Francis Drake crut voir de la neige même sur les montagnes inférieures aux environs du port qui a conservé son nom, sous 38 degrés 10 minutes, il fut probablement trompé par l'aspect de sables ou de rochers très-blancs (1). Les naturels, aux environs du *cap Orford*, ont quelques traits européens; leur teint est olivâtre clair, leur taille au-dessus de la moyenne, leur caractère doux et honnête; ils se tatouent la peau, et parlent un langage différent de celui de Noutka. Les habitants de la *baie Trinidad* ont l'habitude de se limer horizontalement les dents jusqu'aux gencives (2).

---

(1) *Vancouver*, Voyage, t. I, p. 287. Traduct. franç.
(2) *Idem, ibid.*, p. 288; t. III, p. 195.

AMÉRIQUE : *Mexique, Topog. des provinces.* 417

« La *Nouvelle-Californie*, considérée comme province espagnole, est une lisière étroite qui longe les côtes de l'océan Pacifique, depuis le port *San-Francisco* jusqu'à l'établissement de *San-Diego*. Sous un ciel souvent brumeux et humide, mais extrêmement doux, ce pays pittoresque présente de toutes parts des forêts magnifiques et des savanes verdoyantes où paissent des troupes nombreuses de cerfs ou d'élans d'une taille gigantesque. Le sol a reçu avec facilité diverses cultures européennes ; la vigne, l'olivier, le froment y prospèrent. »

La Nouvelle-Californie, dit une relation récente, est d'une extrême salubrité. Les saisons y sont divisées comme en France ; mais les hivers sont beaucoup plus doux et les chaleurs plus tempérées. Peut-être cette dernière circonstance doit-elle être attribuée à l'élévation des terres et aux épaisses forêts qui couvrent les montagnes (1).

En 1802, il y avait dix-huit missions, et la population de cultivateurs fixes s'élevait à 15,560 individus (2). Aujourd'hui toute la population, tant européenne qu'indigène, est de 34,500 individus, population bien faible pour une superficie de 5000 lieues carrées (3).

« *San-Francisco*, le poste militaire ou le *presidio* le plus avancé au nord, est situé sur une large baie du même nom, dans laquelle débouchent les rivières de *San-Sacramento*

---

(1) M. *de Morineau* : Notice sur la Nouvelle-Californie. — 1834.
(2) *A. de Humboldt* : Mexique, t. II, p. 440.

	Colons.	Naturels.	Total.
(3) Dans le district de Monterey on compte	720	6,512	7,232
Dans le district de San-Francisco	758	5,773	6,531
Dans le district de Santa-Barbara	767	8,767	9,534
Dans le district de San-Diego	589	6,728	7,317
	2,834	27,780	30,614
Colons vivant dans les fermes (*ranchos*)	326	.....	326
Indiens convertis habitant les villages	.....	3,560	3,560
Totaux	3,160	31,340	34,500

et de *Joaquim*. C'est une ville qui n'a que 2000 âmes, mais qui possède un port que plusieurs célèbres navigateurs, entre autres Vancouver et Kotzebue, ont regardé comme le plus beau du monde. Près de la mission de *Santa-Clara*, le froment rapporte vingt-cinq à trente pour un; il n'exige que très-peu de soin : la moisson se fait au mois de juillet. De belles forêts de chênes, mêlées de prairies hautes et basses, font ressembler le pays à un parc naturel (1). *San-Carlos-de-Monterey*, ville à peu près de la même population que la précédente, est la résidence d'un lieutenant-colonel, gouverneur des deux Californies. Le port de Monterey est loin de répondre à la célébrité que les navigateurs espagnols lui ont donnée ; c'est une baie avec un mouillage médiocre. L'aspect du pays est charmant, et on y jouit d'un printemps perpétuel (2). Le sol devient plus riche en pénétrant dans l'intérieur. *Santa-Barbara*, chef-lieu d'une juridiction, est située sur le canal du même nom, formé par le continent et quelques îles, dont celles de *Santa-Cruz*, de *Santa-Barbara*, de *Santa-Catalina* et de *San-Clemente* sont les principales. C'est près des îles de Santa-Cruz et de *San-Jose* qu'existaient autrefois des pêcheries de perles, aujourd'hui peu lucratives. La mission de *San-Buonaventura*, à l'est de ce *presidio*, occupe un terrain fertile, mais exposé à de grandes sécheresses, comme en général toute cette côte. Dans le jardin des missionnaires, Vancouver vit croître des fruits en abondance et d'une excellente qualité, tels que des pommes, des poires, des figues, des oranges, des raisins, des grenades, deux espèces de bananes, des noix de coco, des cannes à sucre, des indigotiers et plusieurs légumes. Les environs de *San-Diego* sont tristes et stériles. Le territoire de la mission de *San-Juan-de-Campistrano* nourrit du bétail excellent.

(1) *Vancouver*, t. II, p. 284; t. IV, p. 243. — (2) *Ibid.*, II, 305 et 309. *Langsdorf* et *Choris* le confirment.

« Les indigènes paraissent former un grand nombre de tribus entièrement différentes de langage. Les *Matalans*, les *Salsens*, les *Quirotes*, près de la baie de *San-Francisco*, les *Rumsen's* et les *Escelen's*, près de Monterey, sont les plus connus de ces Indiens. Le nom de *Quirotes*, qui peut n'être qu'une abréviation de *Quivirotes*, rappelle celui du royaume de *Quivira*, placé au même endroit sur une grande rivière, par les anciens géographes espagnols, qui retraçaient les découvertes de Cabrillo et de Vizcaino.

« La *Vieille-Californie*, ou la péninsule de Californie proprement dite, est entourée par l'Océan du sud à l'ouest, et par le golfe de Californie, appelé aussi *mer Vermeille*, à l'ouest. Elle dépasse le tropique, et se termine dans la zone torride par le *cap Saint-Lucar*. Sa largeur varie depuis 10 lieues jusqu'à 40 d'une mer à l'autre : son climat, en général, est très-chaud et très-sec. Le ciel, d'un bleu foncé, ne se couvre presque jamais de nuages ; s'il en paraît quelques uns vers le coucher du soleil, ils brillent des teintes de pourpre et d'émeraude. Mais ce beau ciel s'étend sur une terre aride, sablonneuse, où des cactus cylindriques, s'élevant dans les fentes des rochers, interrompent presque seuls le tableau de la stérilité absolue [1]. Dans les endroits rares où il se trouve de l'eau et de la terre végétale, les fruits et les blés se multiplient d'une manière étonnante ; la vigne y donne un vin généreux, semblable à celui des Canaries. On remarque une espèce de mouton extrêmement gros, très-délicat et excellent à manger ; sa laine est très-facile à filer. On nomme beaucoup d'autres quadrupèdes sauvages, ainsi qu'une grande variété d'oiseaux. Les perles qu'on pêche sur les côtes de Californie, ont l'eau très-belle, mais la figure irrégulière. Les mines d'or que la tradition populaire plaçait dans cette péninsule se réduisent

---

[1] *A. de Humboldt*, Mexique, t. II, p. 421 et suiv.

à quelques maigres filons. A 14 lieues de Loreto, on a découvert deux mines d'argent, que l'on croit assez productives; mais le manque de bois et de mercure en rend l'exploitation presque impossible (1). Il y a, dans l'intérieur, des plaines couvertes d'un beau sel en cristaux. Depuis que les missions de la Vieille-Californie sont en décadence, la population s'est réduite à moins de 9000 individus, dispersés sur une étendue égale à l'Angleterre. *Loreto*, chef-lieu de la Californie, est une petite bourgade avec un *presidio* ; les habitans, tant Espagnols que Métis et Indiens, peuvent monter à 1000 individus, et c'est la place la plus peuplée de toute la Californie.

« Les indigènes de la Vieille-Californie étaient, avant l'arrivée des missionnaires, au dernier degré d'abrutissement : comme les animaux, ils passaient les journées, étendus sur le ventre, au milieu des sables; comme les animaux, pressés par la faim, ils couraient à la chasse pour satisfaire les besoins du moment. Une sorte d'horreur religieuse leur annonçait cependant l'existence d'un grand être dont ils redoutaient la puissance. Les *Pericues*, les *Guaicoures* et les *Laymones* sont les principales tribus.

« Les premières missions de la Vieille-Californie avaient été créées en 1698 par les jésuites ; sous la conduite de ces pères, les sauvages avaient abandonné la vie nomade. Au milieu de rochers arides, de broussailles et de ronces, ils avaient cultivé de petits terrains, bâti des maisons, élevé des chapelles, lorsqu'un décret despotique, aussi injuste qu'impolitique, vint détruire, sur tous les points de l'Amérique espagnole, cette utile et glorieuse société. Le gouverneur Don *Portola*, envoyé en Californie pour exécuter ce décret, crut y trouver de vastes trésors et 10,000

---

(1) *P. Jacques Baegert :* Relation de la Californie (en allem. Munich, Manheim, 1773), p. 200. *Vancouver*, t. IV, p. 155.

Indiens armés de fusils pour défendre les jésuites ; il vit au contraire des prêtres en cheveux blancs venir humblement à sa rencontre ; il versa de généreuses larmes sur la fatale erreur de son roi, et adoucit, autant qu'il était en son pouvoir, l'exécution de ses ordres. Les jésuites furent accompagnés jusqu'au lieu de leur embarquement par tous leurs paroissiens, au milieu de sanglots et de cris de douleur (1). Les franciscains leur succédèrent immédiatement dans la Vieille-Californie, et étendirent, en 1769, leurs conquêtes pacifiques sur la Nouvelle. Plus tard, les dominicains ont obtenu le gouvernement des missions de la première de ces provinces, et les ont négligées ou mal dirigées. Les franciscains, au contraire, font le bonheur des Indiens. Leurs simples habitations offrent un aspect très-pittoresque ; elles sont en partie enfoncées dans le pays, loin des postes militaires : le respect et l'amour en sont la sauve-garde.

« Beaucoup d'écrivains français, et entre autres l'abbé Raynal, ont parlé en termes pompeux de ce qu'ils appellent l'*Empire du Nouveau-Mexique*, ils en vantent l'étendue et les richesses ; ils y comprennent apparemment toutes les contrées entre la Californie et la Louisiane ; mais la véritable signification de ce nom est restreinte à un territoire long, il est vrai, de 175 lieues, mais dont la largeur n'est que de 30 à 40. »

Le territoire du Nouveau-Mexique est, de toutes les parties de la confédération mexicaine, celle qui est la moins riche en métaux. Le sol y est en général pierreux et stérile, excepté près des bords du Rio-del-Norte. La sécheresse y est extrême ; l'hiver on y ressent des froids très-rigoureux ; il y gèle jusqu'au milieu de mai : cependant l'air, dépourvu de brumes, y est pur et sain. L'industrie manufacturière et

---

(1) Relatio expulsionis Societatis Jesu, scripta à *P. Ducrue*, dans le journal littéraire de M. *Murr*, t. XII.

agricole y est peu avancée : quelques cabanes réunies prennent souvent, dit M. de Humboldt, le titre pompeux de ville ; il en est pourtant quelques unes dont la population est assez considérable.

« Les villes de *Santa-Fé*, avec 4000 habitans ; d'*Albuquerque*, avec 6000, et de *Taos*, avec 9000, renferment presque la moitié de la population : l'autre moitié se compose de pauvres colons dont les hameaux épars sont souvent ravagés par les puissantes tribus indiennes qui environnent ou qui parcourent le territoire. Il est vrai que le sol qui borde le Rio-del-Norte est un des plus beaux et des plus fertiles de l'Amérique espagnole. Il y vient abondamment du blé, du maïs et des fruits délicats, particulièrement des raisins. Les environs de *Passo-del-Norte* produisent les vins les plus généreux. Les montagnes sont couvertes de pins, d'érables, de chênes. Les animaux féroces y sont en grand nombre ; on y voit aussi des moutons sauvages, et particulièrement des élans ou plutôt de gros cerfs de la grandeur d'un mulet, dont les cornes sont extrêmement longues. Selon le Dictionnaire d'*Alcedo*, on y a découvert des mines d'étain. Il y a plusieurs sources chaudes. Des rivières salées indiquent de riches dépôts de sel gemme. La chaîne de montagnes qui borde à l'orient le Nouveau-Mexique, paraît d'une médiocre élévation ; il y a une passe, appelée *Puerto de don Fernando*, par laquelle les Padoucas ont pénétré dans le Nouveau-Mexique. Au-delà de cette chaîne s'étendent d'immenses prairies, où paissent d'innombrables troupeaux de buffles et de chevaux sauvages. Les Américains-Unis chassent ces animaux, et pénètrent quelquefois jusqu'aux portes de Santa-Fé. Les montagnes principales côtoient la rivière du Nord, en suivant ses bords occidentaux ; on y distingue quelques pics ou *cerros*. Plus au nord, dans le pays de *Nabaho*, la carte de don Alzate marque des montagnes plates au sommet, nommées en espagnol *mesas*, c'est-à-dire *tables*.

« La nature calcaire du sol paraît indiquée par un événement assez extraordinaire dans les annales de la géographie physique. En 1752, les habitants du bourg de *Passo-del-Norte* virent tout à coup rester à sec tout le lit de la grande rivière, pendant l'espace de *cinquante* lieues ; l'eau du fleuve se précipita dans une crevasse nouvellement formée, et ne ressortit de terre que près du préside de *Saint-Éléazar*. Cette perte du Rio-del-Norte dura plusieurs semaines ; enfin l'eau reprit son ancien cours, parce que sans doute la crevasse et les conduits souterrains s'étaient bouchés (1).

« Les habitants espagnols du Nouveau-Mexique, comme ceux de l'État de Chohahuila et Texas, sont dans un état de guerre perpétuel contre les Indiens voisins. Toujours prêts au combat, ne voyageant qu'à cheval et les armes à la main, ces Espagnols vivent d'ailleurs sous un ciel plus froid que celui de Mexico; l'hiver, qui souvent couvre leurs rivières d'une glace épaisse, endurcit leurs fibres et épure leur sang ; ils se distinguent généralement par leur courage, leur intelligence et leur amour de la liberté.

« Les mêmes prérogatives morales s'étendent à la plupart des tribus indiennes voisines du Nouveau-Mexique.

« Les *Apaches* habitaient originairement la plus grande partie du Nouveau-Mexique. C'est encore une nation guerrière et industrieuse. Ces implacables ennemis des Espagnols infestent toute la limite orientale de ce pays, depuis les montagnes Noires jusqu'aux confins de Chohahuila, en tenant les habitants de plusieurs provinces dans un état perpétuel d'alarmes (2). On n'a jamais eu que de courtes trèves

(1) Voyage manuscrit de M{{r}} l'évêque *Tamaron*, extrait dans le Mexique, par M. *A. de Humboldt*.
(2) *Pike* : Voyage dans la Louisiane, etc., t. II, p. 95, 101, 103.

avec eux, et quoique leur nombre ait été considérablement diminué par les guerres et par de fréquentes famines, on est obligé de tenir continuellement sur pied 2000 dragons pour escorter les caravanes, protéger les villages, et repousser leurs attaques toujours renouvelées. Au premier abord, les Espagnols avaient essayé de réduire en esclavage ceux que le sort des armes faisait tomber entre leurs mains; mais les voyant surmonter habituellement tous les obstacles pour retourner dans leurs chères montagnes, ils prirent le parti d'envoyer ces prisonniers à l'île de Cuba, où le changement de climat ne tardait pas à les faire périr. Les Apaches n'en furent pas plus tôt instruits, qu'ils refusèrent de donner ou de recevoir quartier. Dès lors on n'a pu parvenir à faire prisonniers que ceux qu'on surprenait endormis ou qui avaient été mis hors de combat.

« Les flèches des Apaches ont trois pieds de long; elles sont faites avec du roseau, dans lequel on enfonce un morceau de bois dur et long d'un pied, dont la pointe est de fer, d'os ou de pierre. Ils lancent cette arme avec tant de vigueur, qu'à 300 pas de distance ils peuvent percer un homme. Quand on veut arracher la flèche de la blessure, le bois se détache et la pointe reste dans le corps. Leur seconde arme offensive est une lance de quinze pieds de long. Lorsqu'ils chargent l'ennemi, ils la tiennent des deux mains par-dessus leur tête, et dirigent leur cheval en le pressant des genoux. Plusieurs d'entre eux sont armés de fusils conquis, ainsi que les munitions, sur les Espagnols, qui ne leur en vendent point. Les archers et les fusiliers combattent à pied, mais les lanciers sont toujours à cheval. Le bouclier leur sert d'arme défensive. Rien n'égale l'impétuosité et l'adresse de leurs coursiers; ce sont des foudres dont il est impossible de parer les coups.

« On ne s'étonne plus de l'invincible résistance que les Apaches opposent aux Espagnols, lorsqu'on réfléchit au ort que ceux-ci ont fait aux Indiens qui se sont laissé convertir.

« Les *Xeres*, dont le nom se prononce *Kérès*, qui forment à présent la population de San-Domingo, de San-Felipe et de San-Diaz, étaient l'une des plus puissantes des vingt-quatre anciennes tribus qui occupaient jadis le Nouveau-Mexique. Ils ont la stature haute, la figure pleine, l'humeur douce et docile. Ils sont les vassaux, ou, pour mieux dire, les esclaves du gouvernement qui leur impose diverses corvées, telles que de porter des fardeaux, de conduire les mulets, ou bien on les assujettit au service militaire, où ils sont traités avec toute la barbarie dont un blanc peut être capable.

« Les contrées qui séparent le Nouveau-Mexique des deux Californies ne sont connues que par les pieuses tentatives de quelques missionnaires. Dans le XVIIe siècle, les Indiens *Nabajoa* et *Moqui* étaient soumis aux missionnaires ; une insurrection générale, en 1680, se termina par le massacre de ces apôtres de la civilisation. Dans la dernière moitié du XVIIIe siècle, le P. Escalante a pénétré vers deux grands lacs qui paraissent avoir leur écoulement sur la côte de la Nouvelle-Californie. L'un d'eux a les eaux salées. Tout ce pays semble être un plateau peu différent de celui de la Nouvelle-Biscaye. Une rivière prend son nom de petites pyramides de soufre dont ses bords sont couverts. Le *Rio-Colorado* paraît traverser des pays fertiles, et en partie cultivés par des Indiens industrieux. Les *Raguapiti*, les *Yutas* et les *Yabipaï*, et surtout les *Moquis*, jouissent d'une sorte de civilisation. Ces derniers demeurent sur la rivière *Yaquesila*, qui se jette dans le Colorado. Le P. Garcès trouva dans leur pays une ville très-régulièrement construite, ayant des maisons à plusieurs étages et de grandes places publiques. Plus au sud, les bords du fleuve *Gila* ont offert au même missionnaire les ruines d'une grande ville, au milieu de laquelle était une espèce de château-fort exactement orienté selon les quatre points cardinaux. Les Indiens voisins de ces ruines mémorables, vivent dans des villages populeux, et cultivent le maïs, le coton et les calebasses (1). Ces traces d'une ancienne civilisation coïncident avec les traditions des Mexicains, selon lesquelles leurs ancêtres se seraient arrêtés à plusieurs reprises dans ces contrées, après leur sortie du pays d'Aztlan. La première station fut aux bords du lac Teguayo; la seconde, sur les bords du fleuve Gila; la troisième, dans la Nouvelle-Biscaye, près de l'ancien *presidio* de Yanos, où il y a aussi des édifices en ruine, appelés par les Espagnols *casas grandes* (2).

« A l'est du golfe de Californie s'étendent des contrées fertiles, agréables, salubres, mais encore peu connues et faiblement peuplées; elles sont comprises dans l'ancienne intendance de Sonora, qui forme aujourd'hui les *États de Sonora* et *Cinaloa*.

« La *Pimeria*, dans la même division nouvelle, est le pays habité par les Pimas; les missionnaires ont soumis et civilisé cette tribu, dont le territoire abonde en or de lavage. On le divise en *Pimeria-Alta* et *Pimeria-Baxa*, que sépare la rivière de l'Ascension. Les *Seris*, dont le nom rappelle une nation fameuse d'Asie, résistent au joug européen. Il y a des mines très-riches; celles de Sonora donnent de l'or. Le pays est très-fertile et bien arrosé par des rivières considérables; celle de Hiaqui en est la principale. La ville d'*Arispe*, ancien siége de l'intendance, et celle de *Sonora*, où réside un évêque, comptent 7 à 8000 habitans. »

Villa-del-Fuerte, appelée aussi *Montes-Claros*, sur la gauche du Rio-del-Fuerte, ville autrefois peu peuplée, devient chaque jour plus importante, depuis que, érigée en

---

(1) *Cronica serafica de el Collegio de propaganda Fede de Queretaro*, Mexico, 1792; citée par *A. de Humboldt*, Mexique, II, p. 396 et 410. — (2) *A. de Humboldt*, Mexique, II, 392.

capitale de l'État, elle est la résidence du gouvernement et d'un évêque. Elle renferme au moins 8000 habitans.

« L'ancienne province de *Cinaloa*, mieux peuplée, mieux cultivée que les précédentes, comprend la partie méridionale de cet État. Elle renferme des villes importantes, telles que *Cinaloa* même, avec près de 10,000 âmes; *Hostimuri* et *Alamos*, avec des mines riches. »

On trouve encore, dans la même division administrative, *Guaymas*, importante par son commerce et par son port sur le golfe de Californie; *Pitic*, l'entrepôt des marchandises qui débarquent dans ce port, ville riche, mais mal bâtie, dont les rues sablées deviennent très-incommodes au moindre vent qui élève le sable dans les airs. Sur la côte nous citerons aussi *Mazatlan*, avec un bon port; et, dans l'intérieur, *Culiacan*, célèbre dans l'histoire des Mexicains sous le nom d'*Hucicolhuacan*, comme le siége d'une ancienne monarchie. Elle a 11,000 habitans.

« Sur les côtes de cette province, les forêts de goyaviers, de limoniers et d'orangers commencent à devenir communes; le *lignum vitæ* et les palmiers y viennent également; mais, dans l'intérieur, il s'élève des montagnes froides et arides (1).

« La grande chaîne qui fait le dos de tout le Mexique traverse dans toute sa longueur l'ancienne province appelée la *Nouvelle-Biscaye*, ou l'intendance de Durango, qui dépend aujourd'hui de l'*État de Durango*. Des cratères de volcans et une masse de fer semblable aux pierres tombées du ciel y appellent les regards du naturaliste. Les mines d'argent sont nombreuses et riches. La plus grande partie du pays présente un plateau stérile et sablonneux; plusieurs rivières, ne trouvant pas une pente favorable pour s'écouler, s'y répandent et forment des lacs. Les hivers, sou-

(1) *Alcedo*, Diccionario de las Indias, au mot *Culiacan*.

vent rigoureux, sont suivis de chaleurs étouffantes. On cr[aint]
comme un fléau les scorpions, dont la morsure donne [la]
mort en peu d'heures (1). »

Durango, la capitale de cet État, est le siége d'un évêch[é]
érigé en 1620, et d'une administration des mines. So[n]
hôtel des monnaies, qui occupe le troisième rang parm[i]
ceux de la confédération mexicaine, doit son importanc[e]
au produit des mines d'argent exploitées dans ses environ[s.]
Près de cette ville de 25,000 âmes s'étendent de vastes pâ[-]
turages, où l'on nourrit un grand nombre de bestiaux qu[i]
forment une importante branche de commerce. Au nor[d]
de cette ville, *San-Juan-del-Rio* renferme aujourd'hu[i]
10,000 habitans. Plus au nord encore, *San-Jose del Parra*
est le siége d'une cour de justice dont le ressort s'étend no[n]
seulement sur l'État de Durango, mais encore sur celui d[e]
Chihuahua et sur le territoire du Nouveau-Mexique. Cett[e]
ville, ainsi que *Nombre de Dios*, peuplée de 8000 âmes
et *San-Pedro de Botopilas*, sont célèbres par les mines qu[i]
les entourent. *Parra*, près d'un lac du même nom, es[t]
connue pour les vignes que l'on cultive près de ses murs.

« Les Espagnols de cet État, toujours armés contre le[s]
Indiens, ont un caractère entreprenant et belliqueux. Le[s]
Cumanches, les plus redoutables des indigènes, égalent le[s]
Tatares dans la rapidité de leurs courses à cheval : ils s[e]
servent des chiens comme de bêtes de somme. »

Le territoire qui forme l'*État de Chohahuila et Texas* es[t]
un pays couvert de montagnes et de forêts, arrosé par plu[-]
sieurs cours d'eau dont les plus considérables sont le Rio-del[-]
Norte et le *Rio Roxo*; il renferme aussi plusieurs lacs dont
le plus important est celui d'*Aqua-Verde*. Les terres y
sont d'une grande fertilité et produisent des céréales e[t]
d'excellens vins ; d'immenses pâturages nourrissent un

---

(1) *Pike :* Voyage au Nouveau-Mexique, trad. franç., II, 122.

grand nombre de chevaux et de bêtes à cornes ; l'air y est salubre et le climat tempéré. Le pays bas qui s'étend le long de la côte du Texas convient parfaitement à la culture du riz ; le centre est couvert de savanes ou de riches prairies ; les rives du San-Marcos, du Nuécès et du Colorado ont été choisies pour y fonder des colonies, à cause de leur admirable fécondité (1). *Monclava*, sa capitale, est une ville élégante mais de peu d'importance. *Saltillo*, qui n'a que 7000 habitans, est la plus peuplée de l'État. Dans le Texas proprement dit, *Nacogdoches*, appelée autrefois *Assinage*, ne renferme pas plus de 600 habitans ; *San-Antonio de Béjar*, n'est qu'une réunion de misérables cabanes en terre ; *Santa-Rosa* possède de riches mines d'argent ; enfin, *San-Felipe de Austin* est le chef-lieu des colonies militaires fondées dans le Texas, pays envié depuis long-temps par les États-Unis anglo-américains.

L'ancienne province, qui avait reçu le nom pompeux de *nouveau royaume de Léon*, forme aujourd'hui l'*État de Nuevo-Leon*, pays riche en mines d'or, d'argent et de plomb, en sel gemme et en sources salées. Ce pays, malgré sa fertilité, ses forêts remplies de bois de teinture et de construction, et ses immenses pâturages où paissent de grands troupeaux de chevaux et de bêtes à cornes, n'offre que des villes peu importantes : *Monterey*, sa capitale, n'a que 12,000 habitans ; *Cadereita* ne renferme que 800 familles ; *Linares* et *Pilon* sont encore moins peuplées. La population de la plupart des petites cités de cet État est occupée de l'exploitation des mines.

L'État de Tamaulipas appartient à la même région physique que le précédent. Il est borné à l'ouest et au nord par celui-ci et par celui de *Chohahuila et Texas* ; au sud

(1) Description du Texas, par le général *Havel*.

par celui de San-Luis-Potosi, et à l'est par le golfe [de] Mexique. *Aguayo*, petite ville de 6000 âmes, en est la ca[pitale. *Tula* est peu peuplée, mais jolie; *Nuevo-Santander*, ancienne capitale de province, à 13 lieues de la mer, sur la rivière de son nom, serait importante sans une barr[e] qui ne permet qu'à de faibles embarcations l'entrée de cet[te] rivière; mais *Tampico de Tamaulipas*, fondée en 182[2,] est une des villes les plus commerçantes de cet État. [À] quelques milles d'*Altamira*, s'élève au milieu d'une vas[te] plaine une montagne taillée si exactement en forme de py[-]ramide que les savans sont partagés sur la question de savo[ir] si c'est un ouvrage de l'art plutôt que de la nature.

En continuant notre excursion vers le sud, nous tra[-]verserons l'*État de San-Luis-Potosi*, formé de l'ancien[ne] province du même nom. Il est montagneux vers l'ouest et marécageux vers le golfe du Mexique. Depuis les mon[-]tagnes jusqu'à la mer on y éprouve les effets de trois cli[-]mats différens. Près de la côte, où se trouvent les partie[s] les plus malsaines, on cultive les fruits les plus délicieu[x] du Mexique. Ce pays, qui n'a été colonisé que pour l'exploi[-]tation de ses riches mines d'argent, possède des forê[ts] qui suffisent au besoin de ses usines.

Sur la pente orientale du plateau d'Anahuac, à l'oues[t] des sources du *Rio-de-Panico*, nous apercevons *San-Lui[s]-Potosi*, qui doit sa célébrité aux mines de ses environs [aujourd']hui peu productives. Maintenant elle fait un gran[d] commerce de bestiaux, de suif et de cuir. On prétend qu[e] sa population était en 1806 de 60,000 individus; elle e[n] renferme à peine 20,000. Cette ville, bien bâtie, est ornée de belles fontaines et de plusieurs édifices remarquables, tels que l'église paroissiale de Saint-Pierre et celle d[u] couvent des Carmes, l'hôtel des Monnaies et l'aqueduc. *Guadalcazar*, près de la rive droite du Santander, est u[n] bourg situé sur un territoire fertile où l'on exploite quel[-]

...ques filons d'argent; *Charcas* est une bourgade considérable où siége une direction des mines; mais l'exploitation la plus célèbre du pays est celle de *Catorce* : elle produisait encore, il y a peu d'années, pour la valeur de 18 à 20 millions de francs.

De hautes montagnes donnent à *l'État de Zatecas* une grande ressemblance avec la Suisse. Son chef-lieu, qui porte le même nom, est situé sur le territoire le plus célèbre par ses mines d'argent après celui de Guanaxuato. *Zacatecas* ne consiste qu'en une longue rue garnie de hautes maisons, mais derrière lesquelles se groupent, à diverses distances, les cabanes qui servent d'habitations aux mineurs. Ceux-ci, avec la population de la ville proprement dite, forment une masse de 25,000 individus. Non loin sont neuf lacs qui se couvrent d'une efflorescence d'hydrochlorate et de carbonate de soude. Les montagnes, composées de syénite, contiennent quelques uns des plus riches filons du monde (1). *Fresnillo*, à 11 lieues au nord de la précédente, fut florissante tant que dura l'exploitation de ses mines de cuivre et d'argent. Cependant, s'il faut en croire un voyageur récent, M. Ward, cette ville, ainsi que celles de *Sombrerete*, de *Pino* et de *Nochistlan*, auraient atteint, depuis la reprise des travaux, une population de 14 à 18,000 âmes. Mais une ville dont le nombre d'habitans dépasse ce chiffre, c'est celle d'*Aguas-Callientes*, qui doit son nom à ses eaux thermales, et sa prospérité au commerce et à l'industrie : on y cite une manufacture de drap qui occupe 3 à 400 personnes.

La plus grande partie du royaume de la Nouvelle-Galice forme aujourd'hui un *État* qui porte l'ancien nom indigène du pays, celui de *Xalisco*. Il était habité par une race

---

(1) Gomara : Historia de las Indias, cap. ccxi. *Id.* Cronica della Nueva España, cap. ccxix.

belliqueuse, qui sacrifiait des hommes à une idole de
forme d'un serpent, et qui même, à ce que prétendaient les
premiers conquérans espagnols, dévorait ces malheureuses
victimes après qu'on les avait fait périr dans les flammes (1).
Les pentes occidentales de la Cordillère d'Anahuac sont
comprises dans cet État. Près des bords de la mer s'étendent
de vastes forêts qui fournissent de superbes bois de construction; mais les habitans y sont exposés à un air chaud et
malsain, tandis que l'intérieur du pays jouit d'un climat tempéré et favorable à la santé. Le *Rio San-Juan*, nommé aussi
Tololotan et *Barania*, en sortant du lac Chapula, forme
une cataracte très-pittoresque (2). Sur la rive gauche du
Rio-Grande, appelé aussi *Rio de Santiago*, s'élève *Guadalaxara*. Cette capitale est une grande et belle ville dont la
population est estimée à plus de 40,000 âmes, et qui possède une université qui ne le cède qu'à celle de Mexico.
C'est le siége d'un riche évêché; la cathédrale est un vaste
édifice d'une architecture bizarre, mais remarquable par la
profusion de ses ornemens et le choix de beaux tableaux
espagnols qu'elle renferme. Le magnifique couvent de Saint
François comprend dans son enceinte cinq églises, dont
une surtout rivalise de richesse avec la cathédrale, qu'elle
surpasse par son architecture. *San-Blas*, à l'embouchure
du Rio-Grande, serait une ville importante par son port
et son commerce, si l'insalubrité de l'air ne forçait les
principaux habitans à résider à quelques lieues de là, dans
la charmante petite ville de *Tépic*. C'est à San-Blas qu'est
établi l'arsenal maritime de l'Union-Mexicaine. *Lagos*
autrefois florissante, est encore renommée par la foire qui
s'y tient.

« *Compostella* est le chef-lieu d'un district abondant en

(1) *D. Garces* et *D. Valentia*, cités par *A. de Humboldt*, Mexique
II, 315. — (2) *Chappe d'Auteroche*: Voyage, p. 32.

…ais, en cocotiers et en bétail. *Tonala* fabrique de la faïence pour la consommation de la province (1). On remarque encore *la Purificacion*, ville considérable et chef-lieu de la partie méridionale de la Nouvelle-Galice, où la cochenille et le sucre sont les principales productions. A quelque distance à l'ouest est le cap *Corrientes*, pointe très-saillante; les vents et les courans paraissent changer à partir de ce promontoire célèbre. »

Le *Territoire de Colima* comprend la vallée de ce nom, située au pied du volcan de Colima, et large d'environ 9 lieues, qui forme la partie la plus méridionale de l'État de Xalisco. Le chef-lieu de ce territoire porte aussi le nom de *Colima*; c'est une jolie petite ville renfermant environ 400 familles, espagnoles, indigènes, mulâtres et métisses. Son principal commerce est celui du sel que l'on exploite sur les côtes du grand Océan.

« Les deux intendances de *Guanaxuato* et de *Valladolid* forment l'ancien royaume de *Mechoacan*, qui fut indépendant de l'empire mexicain.

« Ce royaume, dont le nom signifie *pays poissonneux* (2), renferme des volcans, des eaux chaudes, des soufrières, des mines, des pics toujours blanchis de neige; et cependant c'est une des contrées les plus riantes et les plus fertiles qu'on puisse voir. De nombreux lacs, des forêts et des cascades en varient les sites. Les montagnes, couvertes de forêts, laissent de l'espace aux champs et aux prairies. L'air est sain, excepté sur la côte, où les Indiens seuls résistent à la chaleur humide et étouffante.

« Les naturels du pays étaient les plus adroits tireurs de flèches de l'Amérique. Les rois de Mechoacan recevaient autrefois leurs principaux revenus en *plumes rouges*;

---

(1) *Alcedo*, Diccionario, au mot *Tonala*.
(2) *Gomara*, Nueva España, cap. CXLVII.

ils en faisaient fabriquer des tapis et autres articles. Ce trait curieux nous rappelle les habitans de Tongatabou. Lors des funérailles des rois, on immolait sept femmes nobles, et un nombre immense d'esclaves, pour servir le défunt dans l'autre monde (1). Aujourd'hui les Indiens, et surtout les *Tarasques*, se livrent aux travaux d'une industrie paisible. »

L'*État de Guanaxuato* est formé de l'ancienne intendance de ce nom. C'est un pays riche en mines et important par la fertilité dont jouissent les parties qui peuvent être arrosées. C'est, dit M. de Humboldt, dans ces régions, sur les bords du *Rio-de-Lerma*, appelé jadis *Tololotlan*, que furent combattus les peuples nomades et chasseurs que les historiens désignent par la dénomination vague de *Chichimèques*, et qui appartenaient aux tribus des *Pames*, *Capuces*, *Samues*, *Mayolias*, *Guamanes* et *Guachichiles*. A mesure que le pays fut abandonné par ces nations vagabondes et guerrières, les conquérans espagnols y transplantèrent des colonies de Mexicains ou d'Aztèques.

La capitale, *Guanaxuato*, située à 5646 pieds au-dessus du niveau de l'Océan, dans une vallée étroite à laquelle aboutissent les gorges qui mènent aux plus riches mines connues, est bien bâtie, mais les inégalités de son sol font que ses rues montent, descendent et sont généralement irrégulières. On y remarque de superbes églises et des maisons élégantes; on y compte plus de 120 magasins et près de 60,000 habitans. Les mines d'argent de Valenciana, de Santa Anita, de Rayas et de Mellado, etc., ont formé autour, par leurs exploitations, comme autant de faubourgs de cette ville dont plusieurs ont une nombreuse population et de beaux édifices.

(1) *Gomara* : Nueva-España, cap. CXLVII, dans *Barcia*, Historiadores, t. II.

AMÉRIQUE : *Mexique*, *Topog. des provinces.* 435

La mine de Valenciana avait, en 1804, 514 mètres de profondeur; plus de 3000 ouvriers y étaient employés; les frais d'exploitation s'élevaient à 5 millions de francs, et le produit net à 3 millions. Les troubles causés par la guerre de l'indépendance ont malheureusement fait abandonner cette mine et celle de Rayas, que les eaux ont ensuite envahies; mais dans ces derniers temps une compagnie anglaise est parvenue à se rendre maîtresse des eaux et les travaux commencent à être très-productifs.

Parmi les autres villes de cet État, nous citerons la charmante *villa de Leon*, dont les rues bien alignées aboutissent pour la plupart à une place ornée de beaux portiques, d'une belle église et du palais du gouvernement. Bâtie sur un sol fertile, elle fait un grand commerce en céréales. *Salamanca* est remarquable par la magnifique église du couvent des Augustins.

« La ville de *San-Miguel-el-Grande* fait un grand commerce de bétail, de peaux, de toile de coton, d'armes blanches, de couteaux, et d'autres ouvrages d'acier très-fin (1). *Zelaya*, chef-lieu d'un district fertile en deux espèces de poivre, a récemment vu les carmes élever dans son sein une magnifique église, ornée de colonnades corinthiennes et ioniques (2). »

La division du sol en trois régions, appelées *terres froides* (*Tierras frias*), *terres chaudes* (*Tierras calientes*), et *terres tempérées* (*Tierras templadas*), dont nous avons déjà parlé, se retrouve dans l'*État de Mechoacan*. Dans sa partie occidentale on aperçoit deux volcans, le *Tancitoro* et le *Jorullo* (*Xorullo*) qui, élevé de 517 mètres au-dessus de la plaine, s'est formé cependant tout à coup en 1759. *Valladolid*, sa capitale, qui occupe l'emplacement de l'ancienne Mechoacan, est située dans la région tempérée : on

(1) *Alcedo*, au mot *San-Miguel-el-Grande*.
(2) *A. de Humboldt* : Mexique, II, 286.

28.

y jouit d'un climat délicieux, rarement il y tombe de la neige. On estime à 25,000 le nombre de ses habitans. Son séminaire est l'un des plus fréquentés de la Confédération mexicaine. Les revenus attachés à l'évêché sont si considérables que la ville ne reçoit de l'eau potable qu'au moyen d'un bel aqueduc, construit aux frais d'un de ses derniers évêques. La construction de ce monument a coûté plus de 500,000 francs. *Pascuaro*, ville de 6000 âmes, s'élève au bord d'un lac pittoresque auquel elle donne son nom; elle conserve religieusement les cendres de Vasco de Quiroga, son premier évêque, mort en 1556, et dont la mémoire est en vénération dans le pays, parce qu'il fut le bienfaiteur des Tarasques, peuple indigène, dont il encouragea l'industrie en prescrivant à chaque village une branche de commerce particulière: institution qui s'est en partie conservée jusqu'à nos jours. La petite ville de *Zintzunzant*, ou *Tzintzontzan*, sur les rivages pittoresques du lac de Pascuaro, a été la capitale du royaume de Mechoacan. *Tlalpuxahua* ou *San-Pedro-y-san-Pablo-Tlalpuxahua*, ville de 4000 âmes, est le chef-lieu d'un riche district de mines.

Une partie de l'ancienne intendance de Durango est devenue le petit *État de Chihuahua*, qui a pour capitale une ville de ce nom, située sur un petit affluent du Conchos, et peuplée de 25 à 30,000 âmes. Sa principale église, l'une des plus belles du Mexique; le palais de l'État et la maison de ville, ornent sa vaste place, qu'embellissent aussi de belles galeries et de riches magasins. Un grand aqueduc apporte l'eau d'une excellente source des environs, au centre de la ville. Chihuahua est environnée de mines d'argent en pleine exploitation. Les forges et les fonderies qui en dépendent sont placées tout autour ou dans les faubourgs, et produisent souvent des nuages de fumée fort incommodes pour les habitans. *Santa-Rosa de Cosiquiriaqui* est importante par ses mines d'argent.

« L'ancienne intendance de *Mexico*, principale province de l'empire de Montézuma, s'étendait autrefois d'une mer à l'autre; mais le district de Panuco en ayant été séparé, elle n'atteignit plus le golfe mexicain. La partie orientale est située sur le plateau; elle offre plusieurs bassins de figure ronde, au centre desquels se trouvent des lacs, aujourd'hui rétrécis, mais dont les eaux paraissent avoir rempli autrefois ces bassins. Desséché et privé de ses bois, ce plateau souffre à la fois de l'aridité habituelle et des inondations subites nées d'une pluie abondante ou de la fonte des neiges. Généralement parlant, la température n'y est pas aussi chaude qu'en Espagne; c'est un printemps perpétuel. Les montagnes qui l'entourent sont encore fertiles en cèdres et autres arbres de haute futaie, et riches en gommes, drogues, sels, productions métalliques, marbres et pierres précieuses. Le plat pays est couvert toute l'année de fruits délicats et exquis, de lin, de chanvre, de coton, de tabac, d'anis, de sucre et de cochenille, dont on fait un grand commerce.

« Outre les nombreux volcans dont nous avons déjà parlé, on rencontre quelques curiosités naturelles : l'une des plus remarquables est le *Ponte-Dios*, ou le Pont-de-Dieu; c'est un rocher sous lequel l'eau s'est creusé un canal; il est à environ 100 milles au sud-est de Mexico, près du village de Molcaxac, sur la profonde rivière appelée Aquetoyaque; on y passe comme sur un grand chemin. Plusieurs cataractes offrent des aspects romantiques. La grande caverne de Dante, traversée par une rivière; les orgues porphyriques d'Actopan, et beaucoup d'autres objets singuliers, frappent le voyageur dans cette région montagneuse, où l'on traverse les rivières écumeuses sur des ponts formés de fruits de la *crescentia pinnata*, liés ensemble avec des cordes d'agave. »

Le pays dont nous venons de donner un aperçu sous le

rapport physique, forme aujourd'hui trois divisions nouvelles : l'État de Queretaro au nord, le district fédéral au centre et l'État de Mexico au sud.

L'*État de Queretaro* occupe une partie du plateau central du Mexique ; le *Rio-Tula*, son principal cours d'eau coule dans une vallée élevée de 6306 pieds au-dessus du niveau de l'Océan. C'est un pays aride, dont le chef-lieu *Queretaro*, est une des plus belles, des plus industrieuses et des plus considérables villes de la confédération. Elle égale les plus belles cités de l'Europe par l'architecture de ses édifices, et s'enrichit par ses fabriques de draps et de maroquins. Sa population, qui était de 50,000 âmes avant la révolution du Mexique, ne s'élève plus qu'à 30,000. Ses rues sont bien alignées et ornées de beaux édifices. L'aqueduc qui fournit de l'eau à la ville est un des plus beaux de l'Amérique, et le couvent des religieuses de *Santa-Clara* est peut être le plus grand qui existe au monde, puisqu'il a plus de 3200 mètres de circonférence. *San-Juan-del-Rio*, à 8 lieues au sud-est de cette ville, est entourée de beaux jardins, et doit son importance à la grande foire qui s'y tient au mois d'octobre et à la belle église de Notre-Dame, qui chaque année attire un grand nombre de pèlerins. *Tula*, à 1318 pieds au-dessus du niveau de la mer, fut autrefois habitée par des géans, selon la tradition des Indiens. Les ossemens qui s'y trouvent proviennent sans doute de quelques grands quadrupèdes.

Le *district fédéral* a pour chef-lieu *Mexico*, capitale de cette confédération mexicaine.

« Sur le dos même du grand plateau mexicain, une chaîne de montagnes porphyriques enferme un bassin ovale, dont le fond est généralement élevé de 6700 pieds au-dessus du niveau de l'Océan. Cinq lacs remplissent le milieu de ce bassin. Au nord des lacs unis de Xochimilco et de Chalco, dans la partie orientale de celui de Tezcuco, s'élevait l'ancienne ville de *Mexico* ou plutôt *Tenochtitlan*, comme l'appelaient les Mexicains. On y arrivait par des chaussées construites sur des bas-fonds. La nouvelle ville, quoique située à la même place, se trouve en terre ferme, et à 4500 mètres des anciens lacs. »

« Ce changement de situation n'est pas venu seulement de la diminution naturelle des eaux; il a été provoqué par la destruction des arbres qui les ombrageaient et qui ont été employés par les Européens aux constructions nouvelles et aux pilotis sur lesquels les édifices sont bâtis; elle a été surtout hâtée par la construction d'un canal commencé en 1607, et dans lequel s'écoulent les eaux des lacs de *Zumpungo* et de *San-Christobal*, qui alimentaient jadis celui de *Tezcuco*. En détruisant les arbres, les Espagnols ont contribué à la diminution de la fertilité du sol : dans beaucoup d'endroits la verdure est remplacée par des efflorescences salines.

« La ville est traversée par de nombreux canaux; les édifices sont construits sur pilotis. Le desséchement des lacs se continue par le canal d'écoulement qu'on a ouvert à travers les montagnes de Sincoq, afin de garantir la ville des inondations. Le sol est encore mouvant dans plusieurs endroits; et quelques bâtimens, comme, entre autres, celui de la cathédrale, se sont enfoncés de six pieds. Les rues sont larges et droites, mais mal pavées. Les maisons présentent une apparence magnifique, étant construites en porphyre et en roche amygdaloïde; plusieurs palais et hôtels offrent une ordonnance majestueuse. Les églises, au nombre de plus de 300, brillent par leurs richesses métalliques; la cathédrale surpasse dans ce genre toutes les églises du monde : la balustrade qui entoure le maître-autel est d'argent massif; on y voit une lampe de même métal, si vaste, que trois hommes entrent dedans quand il faut la nettoyer; elle est en outre enrichie de têtes de lions et d'autres ornemens d'or pur. Les statues de la Vierge et des saints sont ou d'argent massif, ou recouvertes d'or et ornées de pierres précieuses. Des palais, des hôtels, de belles fontaines, de grandes places, ornent l'intérieur de la ville. Au nord, près des faubourgs, est la principale promenade publique, ou l'*Alaméda*; un ruisseau coule autour, et forme un beau carré, au milieu duquel se trouve un bassin avec un jet d'eau ; 8 allées d'arbres y aboutissent, et figurent une étoile ; mais, par un rapprochement affligeant, l'œil découvre en face de l'Alaméda, le *Quémadèro*; c'est la place où l'on brûlait les juifs et les autres victimes du redoutable tribunal de l'inquisition. Quoique la ville de Mexico soit dans l'intérieur des terres, elle est le centre d'un vaste commerce entre la Vera-Cruz à l'est, et Acapulco à l'ouest. Les boutiques y regorgent d'or, d'argent et de joyaux. Cette superbe ville, peuplée de 180,000 âmes, se distingue aussi par de grands établissemens scientifiques qui, dans le Nouveau-Monde, n'ont pas de semblables. Le *jardin botanique*, *l'école des mines*, *l'académie des beaux arts*, qui a formé d'excellens dessinateurs, peintres et sculpteurs ; voilà des établissemens qui répondent aux préjugés de ceux qui regardent les Américains comme inférieurs en capacité naturelle, aux Européens. M. de Humboldt a vu ériger, sur la *Plaza-Mayor*, la plus belle place de Mexico, une statue équestre et colossale en bronze, du roi d'Espagne, par M. *Tolza* ; statue, dit-il, qui, par sa masse imposante et la noble simplicité du style, ornerait les premières villes de l'Europe.

L'hôtel des monnaies, vaste bâtiment d'une architecture noble et simple, est l'un des établissemens les plus beaux et les mieux organisés dans ce genre : depuis la fin du XVIe siècle jusqu'au commencement du XIXe, on y a frappé pour plus de 6 milliards 500 millions de francs en or et en argent. La prison de l'*Alcordava*, bel édifice dont les chambres sont spacieuses et bien aérées, peut renfermer 1200 personnes. Cet hôtel des monnaies, cette vaste prison, la caserne générale, les ministères, les deux chambres et le logement du président, sont les diverses parties d'un immense édifice qui fut construit pour servir de demeure aux vice-rois espagnols, et qui s'élève, ainsi que la cathédrale, sur la *Plaza-Mayor*. Parmi les couvens, au nombre de 38, on cite le plus somptueux, celui de *Saint-François*, fondé en 1531, dont le revenu en aumônes est de plus de 600,000 francs, et qui possède des tableaux du plus grand prix; celui de l'*Incarnation* possède une église où l'on voit une statue de la Vierge en argent massif et du plus beau travail. L'hospice, ou plutôt les deux hospices réunis, dont l'un entretient 600 et l'autre 800 enfans et vieillards, jouit d'un revenu de 250,000 francs. L'église de l'*Hôpital de Jesus de los Naturales*, fondé par Cortez, renferme dans un beau mausolée les cendres de ce conquérant.

« A la sortie de la ville, dit un voyageur récent, se trouve
« la magnifique promenade appelée l'*Alaméda*. C'est un
« jardin bien dessiné, et orné de cinq jets d'eau; il est
« très-fréquenté à la chute du jour lorsqu'on revient du
« Bucareli, longue avenue entourée de verdure, et peu
« distante de là où les hommes vont caracoler à la portière
« des voitures. On se promène ici tous les jours, les femmes
« en voiture et les hommes à cheval. Un sot usage ne
« permet point que jamais une femme comme il faut
« mette pied à terre, ce qui jette de la monotonie dans ce
« genre de plaisir. Il est vrai de dire qu'il en coûte si peu
« pour avoir un cheval, et que les Mexicains sont telle-
« ment passionnés pour l'équitation, que les mendians eux-
« mêmes ne vont jamais à pied. » Pendant le carême, et
jusqu'au mois de mai, l'Alaméda est abandonnée pour une
autre promenade appelée *Las Vigas*, qui consiste en une

allée longue d'un quart de lieue et plantée d'une double rangée de tilleuls et de saules.

« De l'aveu même des auteurs espagnols, les bals et les jeux de hasard sont suivis avec fureur à Mexico, tandis que les jouissances plus nobles de l'art dramatique sont moins généralement goûtées. L'Espagnol mexicain joint à des passions vives un grand fond de stoïcisme ; il entre dans une maison de jeu, perd tout son argent sur une carte, puis il tire son *cigare* de derrière ses oreilles, et fume comme si rien n'était arrivé (1). »

Les *chinampas*, espèces de radeaux sur lesquels on cultive des fleurs et des légumes, donnaient autrefois un aspect unique aux lacs mexicains ; ils étaient flottans et ressemblaient à des îles couvertes de jardins ; mais, aujourd'hui fixes, on circule à l'entour dans de longs arbres creusés en canots que les Indiens conduisent avec une adresse merveilleuse.

Mexico conserve peu de monumens antiques ; les ruines des aqueducs, la pierre dite *des sacrifices*, la pierre calendaire, exposée, avec la précédente, dans la grande place de la ville, sur l'un des murs de la cathédrale ; des manuscrits ou tableaux hiéroglyphiques mal conservés dans les archives du palais des vice-rois ; enfin la statue colossale de la déesse *Teoyaomiqui*, couchée sur le dos dans une des galeries de l'Université, sont les seuls qui existent.

La pierre calendaire, ou le grand calendrier, est sculptée en relief sur un bloc énorme de porphyre trappéen d'un gris noirâtre; il a 12 pieds de diamètre ; il représente, dit M. de Humboldt, des cercles concentriques, des divisions et des subdivisions exécutés avec une régularité, une exactitude mathématique et un fini qui distinguent tous les mo-

---

(1) Description de Mexico, dans le *Viagero Universal* de D. *Estala*, tom. XXVI, pag. 25 ;-380. *Humboldt*, Mexico, II, chap. VIII. *Chappe d'Auteroche*.

numens des anciens Mexicains. La statue colossale de la déesse Teoyaomiqui a été taillée dans un bloc de basalte haut de 9 pieds. Rien n'est plus hideux que cette figure qui présente le monstrueux assemblage d'une tête humaine, de deux bras en forme de serpens, de deux ailes de vautour, avec les pieds et les griffes du jaguar. Ses ornemens consistent en guirlandes composées de vipères entortillées en nombreux anneaux, et en un large collier de cœurs humains, de crânes et de mains noués ensemble avec des entrailles humaines.

Au coin du bâtiment occupé par l'administration de la loterie, on voit encore la tête colossale d'un serpent en pierre qui dut servir d'idole. Enfin, dans les cloîtres, derrière le couvent des Dominicains, on conserve une idole semblable, mais presque entière, représentée dévorant une victime humaine. Telles sont les antiquités les plus remarquables qui restent à Mexico.

Hors de l'enceinte de la ville on voit encore les chaussées pavées qui la faisaient communiquer avec la terre ferme; mais, au lieu de traverser le lac salé de Tezcuco, elles ne s'élèvent plus que sur des terrains marécageux. Deux beaux viviers qui ornaient les jardins de l'ancien palais des rois de Tenochtitlan, se voient aussi hors de la ville.

Au nord-est de la ville et du lac de Tezcuco, sur les collines de *Teotihuacan*, on voit les restes imposans de deux pyramides consacrées au soleil et à la lune, et construites, selon quelques historiens, par les *Olmèques*, nation ancienne venue au Mexique de l'est, c'est-à-dire de quelques contrées situées sur l'océan Atlantique [1]. La pyramide ou *maison* du soleil (*tonatiouh-ytzaqual*) a 171 pieds de haut, sur une base de 645 pieds; celle de la

---

[1] *Siguenza*, cité par *A. de Humboldt*, Mexique, II, 157.

lune (*meztli-ytzaqual*) a 30 pieds de moins. Ces monumens paraissent avoir servi de modèle aux *téocallis* ou
maisons des dieux, construites par les Mexicains dans leur
capitale et ailleurs; mais les pyramides sont recouvertes
d'un mur de pierre. Elles supportaient des statues couvertes en lames d'or très-minces. De petites pyramides en
grand nombre environnent les deux grandes; elles paraissent avoir été dédiées aux étoiles. Un autre monument ancien, digne d'attention, c'est le retranchement militaire de Xochialco, non loin de la ville de Cuernavaca;
c'est encore une pyramide tronquée, à cinq assises, entourée de fossés, et recouverte de roches de porphyre,
sur lesquelles, parmi d'autres sculptures, on distingue des
hommes assis, avec les jambes croisées, à la manière asiatique [1]. Toutes ces pyramides sont exactement orientées
selon les quatre coins du Monde. »

L'industrie de Mexico a été arrêtée dans ses progrès
par les troubles politiques. Ses principaux établissemens
industriels sont des manufactures de cotonnades, de tabac
et de savon; l'orfèvrerie et la bijouterie y ont acquis une
rare perfection; la passementerie et la sellerie y ont fait
de grands progrès.

A l'ouest de la capitale on voit *Tacubaya*, gros village
de 2000 âmes, presque entièrement composé de maisons de
campagne, avec un palais pour l'archevêque, et à l'est sur
le bord du lac dont elle porte le nom, la petite ville de
Tezcuco, jadis *Acolhuacan*, qui possède des manufactures
de coton et de nombreuses antiquités mexicaines. A *Ta-
cuba*, autre village important, on voit encore la chaussée
en pierres par laquelle Fernand Cortez fit son entrée à
Tenochtitlan. *Guadalupe*, que les Mexicains appellent
Nostra-Señora-de-Guadalupe, renferme trois églises: l'une

[1] *A. de Humboldt*, Mexique, II, 162.

st grande, belle et richement ornée, et l'autre, décorée de sculptures, est renommée par un puits placé à l'entrée, dont l'eau un peu chaude passe pour être efficace contre les paralysies.

Avant de quitter le beau bassin de Mexico, entouré de montagnes porphyriques d'une grande élévation, mesurons ses 4 lacs : celui de *Xochimilco* a 6 lieues $\frac{1}{2}$ carrées, celui de *San-Christobal* 3 $\frac{2}{3}$, celui de *Zumpango* 1 $\frac{3}{10}$, et celui de *Tezcuco* 10 $\frac{1}{10}$.

L'*État de Mexico* proprement dit a pour capitale la petite ville de *Tlalpan*, nommée autrefois *San-Agostino-de-las-Cuevas*, et qui ne mérite point une description.

« La partie méridionale de la province nous offre d'abord *Toluca*, où l'on admire un très-ancien arbre de l'espèce appelée *cheirostæmon*, ou arbre à mains, espèce de malvacée. La figure bizarre de ses fleurs, représentant des mains, et son énorme épaisseur le rendaient un objet curieux pour les Indiens ; mais il n'est pas unique, comme on l'avait cru ; l'espèce en est répandue sur les montagnes du Guatemala. *Tasco* possède une belle église paroissiale, élevée et dotée par un Français nommé Joseph de Laborde, immensément enrichi par l'exploitation des mines mexicaines. La seule construction de l'édifice lui coûta 2 millions de francs. Réduit quelque temps après à une extrême misère, il obtint de l'archevêque de Mexico la permission de vendre, à l'église métropolitaine de la capitale, le magnifique *soleil*, orné de diamans, que, dans des temps plus heureux, il avait consacré au tabernacle de l'église de Tasco. Ces changemens de fortune, invraisemblables dans un roman, sont communs au Mexique. »

La côte de l'océan Pacifique présente, sous un ciel brûlant, les deux ports de *Zacatula* et d'*Acapulco*. Cette dernière est adossée à une chaîne de montagnes granitiques, qui, par la réverbération du calorique rayonnant, augmente la chaleur étouffante du climat, ainsi que l'a remarqué M. d[e] Humboldt. Exposée pendant l'été à des émanations pest[i-] lentielles qui s'opposent à l'accroissement de sa popula[-] tion, elle n'a pas plus de 4000 habitans. Son port est de[-] puis long-temps célèbre chez toutes les nations. C'est de so[n] enceinte que partaient autrefois les riches galions espa[-] gnols qui transportaient les trésors de l'Occident dan[s] l'Orient; sa célébrité se rattache aussi à l'histoire des auda[-] cieux flibustiers. Il offre, dit le capitaine Hall, le bea[u] idéal d'un port de mer; son abord est facile, il est très vaste, l'eau n'y a pas trop de profondeur, le fond es[t] exempt d'écueils. De l'intérieur on ne peut découvrir l[a] mer, un étranger qui y arriverait par terre croirait voi[r] un lac enfermé entre des montagnes (1).

La contrée longue et étroite qui forme l'*Etat de Puebl[a]* comprend l'ancienne intendance de ce nom, et n'a sur l[e] grand Océan qu'une côte de 26 lieues d'étendue. Il es[t] traversé par les hautes Cordillères d'Anahuac. Sa moiti[é] septentrionale est occupée par un plateau d'environ 200[0] mètres de hauteur, sur lequel s'élève le volcan encore fu[-] mant de *Popocatepetl*, l'une des plus hautes montagne[s] du Nouveau-Monde. On trouve sur ce plateau des mo[-] numens d'une ancienne civilisation. « La pyramide tron[-] quée de Cholula, élevée de 172 pieds, sur une base longu[e] de 1355 pieds, est construite en briques. Pour se forme[r] une idée de la masse de ce monument, on peut se figure[r] un carré quatre fois plus grand que la place Vendôme [à] Paris, couvert d'un monceau de briques qui s'élève à l[a] double hauteur du Louvre (2). Cette pyramide portait u[n] autel consacré à *Quetzalcoatl* ou le dieu de l'air, un de[s]

---

(1) *Bazil-Hall* : Voyage au Chili, au Pérou et au Mexique. — 1834[.]
(2) *A. de Humboldt* : Vues et Monumens d'Amérique, p. 30 et le[s] planches.

êtres les plus mystérieux de la mythologie mexicaine. Ce fut, disent les traditions aztèques, un homme blanc et barbu comme les Espagnols, que le malheureux Montézuma prit pour ses descendans. Fondateur d'une secte qui se livrait à des pénitences austères, législateur et inventeur de plusieurs arts utiles, Quetzalcoatl ne put à la longue résister au désir de revoir sa patrie, nommée *Tlapallan*, probablement identique avec le pays de *Huéhue-Tlapallan*, dont les Toltèques tiraient leur origine (1). »

« Très-peuplé et très-cultivé dans sa partie montagneuse, l'État de Puebla présente, vers l'océan Pacifique, de vastes contrées abandonnées, malgré leur fertilité naturelle. Les faibles restes des Tlapanèques habitent les environs de Tlapa. »

La plupart des mines d'argent de la Puebla sont abandonnées ou exploitées avec peu d'activité ; son intérieur renferme des salines considérables, et ses montagnes des marbres renommés par leurs couleurs et leur solidité. Le sol est fertile en blé, en maïs, en arbres fruitiers. Le climat de la zone torride y fait prospérer également le sucre et le coton ; mais ce qui met obstacle à l'industrie agricole, c'est que les quatre cinquièmes des terres appartiennent aux communautés religieuses et au clergé. L'inconvénient qui en résulte se fait sentir jusque dans l'industrie manufacturière.

Dans la partie peuplée on distingue surtout la capitale, *Puebla de los Angelos*, ou la ville des Anges, la quatrième ville de toute l'Amérique espagnole pour la population, qui s'élève à 70,000 individus. Ses rues larges et bien alignées, ses maisons construites à l'italienne, et le nombre de beaux édifices qu'elle renferme, la placent immédiatement après Mexico. Ses monumens ont tous une destina-

---

(1) *A. de Humboldt*, Mexique, II, 271.

tion religieuse : ce sont des églises et des couvens. L'un des plus remarquables et des plus vastes est la *maison de retraite spirituelle*. Sa principale place publique est ornée, sur trois côtés, de portiques uniformes, et le quatrième est occupé par une cathédrale dont les richesses ne peuvent être comparées qu'à celles de la cathédrale de Mexico. Parmi les objets fabriqués dans cette ville, les confitures sont très-renommées. Autrefois elle était célèbre par ses faïences et sa poterie rouge. *Cholula*, ville sainte chez les anciens Mexicains, qui l'appelaient *Churultecal*, renfermait, avant la conquête, autant de temples qu'il y a de jours dans l'année, et 40,000 maisons. Elle n'a plus que 16 à 18,000 habitans. On y voit une pyramide ou un *teocalli* en briques, dont le sommet a été détruit, mais qui a encore 172 pieds de hauteur et 1355 de largeur à sa base. Sa plate-forme présente une surface de 4200 mètres carrés, sur laquelle on a construit une église dédiée à Notre Dame de los Remedios (1).

« Les environs du riche village de *Zacatlan* sont peuplés par la nation des Totonaques ; ces indigènes parlent, comme les Tlapanèques, une langue entièrement différente de celle des Mexicains ou Aztèques. Ils avaient adopté la mythologie barbare et sanguinaire des Mexicains ; mais un sentiment d'humanité leur avait fait distinguer, comme étant d'une race différente des autres divinités mexicaines, la déesse Tzinteotl, protectrice des moissons, et qui seule se contentait d'une innocente offrande de fleurs et de fruits. Selon une prophétie qui circulait parmi eux, cette divinité paisible triompherait un jour sur les dieux enivrés du sang humain. Ils ont vu leur pressentiment réalisé par l'introduction du christianisme. *Atlisco* offre à la curiosité du

(1) *A. de Humboldt :* Essai politique sur le royaume de la Nouvelle-Espagne, t. II, p. 151.

AMÉRIQUE : *Mexique, Topog. des provinces.* 449

oyageur un monument végétal ; c'est un cyprès qui a 73
ieds de circonférence, et qui, par conséquent, égale presque en épaisseur le fameux baobab du Sénégal, qu'il surpasse par ses belles formes (1). »

Toute la partie occidentale de l'État de *Vera-Cruz* occupe la pente des Cordillères d'*Anahuac*. Il y a peu de
régions au nouveau continent dans lesquelles, dit M. de
Humboldt, le voyageur soit plus frappé du rapprochement
des climats les plus opposés. « Dans l'espace d'un jour, les
« habitans y descendent de la zone des neiges éternelles à
« ces plaines voisines de la mer dans lesquelles règnent des
« chaleurs suffocantes. Nulle part on ne reconnaît mieux
« l'ordre admirable avec lequel les différentes tribus de vé-
« gétaux se suivent, comme par couches, les unes au-dessus
« des autres, qu'en montant depuis le port de la Vera-Cruz
« vers le plateau de Pérote. C'est là qu'à chaque pas on voit
« changer la physionomie du pays, l'aspect du ciel, le port
« des plantes, la figure des animaux, les mœurs des habi-
« tans et le genre de culture auquel ils se livrent. » Ce pays
embrasse une lisière de districts maritimes dont la partie
la plus basse, presque déserte, ne renferme que des marais et des sables sous un ciel ardent. Il renferme dans ses
limites deux cimes colossales volcaniques, l'*Orizaba* et le
Nauhcanpatepetl ou *Coffre-de-Pérote* : leurs éruptions paraissent être d'une date ancienne ; mais le petit volcan de
Tuxtla, à 4 lieues de la Vera-Cruz, menace constamment cette ville ; sa dernière éruption eut lieu en 1793, et
lança des cendres à plus de 4 lieues à la ronde.

« La ville de *Panuco* est située sur une rivière navigable,
à l'embouchure de laquelle est le port de *Tampico*, obstrué, comme tous ceux de cette côte, par des bancs de
sable.

(1) *A. de Humboldt*, Mexique, II, p. 274.

« Dans les forêts épaisses de *Papantla*, sur les flancs des Cordillères, s'élève une pyramide d'une plus belle forme que celle de Teotihuacan et de Cholula ; elle a 18 mètres de haut sur une base de 25 ; elle est construite en pierres porphyriques très-régulièrement taillées et couverte d'hiéroglyphes (1).

« La jolie ville de la *Vera-Cruz*, siége du riche commerce que fait le Mexique avec l'Europe, ne doit rien aux faveurs de la nature. Les rochers de madrépores, dont elle est construite, ont été tirés du fond de la mer. La seule eau potable est recueillie dans des citernes ; le climat est chaud et malsain ; des sables arides entourent la ville au nord, tandis qu'on voit s'étendre au sud des marais mal desséchés. Le port, peu sûr et d'un accès difficile, est protégé par le fort de *San-Juan d'Ulua*, élevé sur un îlot rocailleux à des frais immenses. La population, estimée à 16,000 habitans, est souvent renouvelée par les fièvres jaunes. Les riches habitans vont fréquemment chercher la fraîcheur et tous les charmes de la belle nature à *Xalapa*, ville considérable, située sur une des terrasses par lesquelles le plateau central s'abaisse sur le golfe mexicain. Cette ville a donné son nom à la racine médicale appelée *jalap*. La forteresse de *Pérote*, regardée comme une des clefs du Mexique, est située dans les environs de Xalapa. »

« La ville de *Tlascala* a été la capitale d'une sorte de république fédérative ; chacune des quatre collines sur lesquelles elle était bâtie avait son *cacique* ou chef de guerre ; mais ils dépendaient tous d'un *sénat* choisi par la nation entière. On portait le nombre des sujets de la république à 150,000 familles. Cette nation, qui jouit de quelques priviléges, est aujourd'hui réduite à 40,000 in-

---

(1) *Marquez* : Monumenti d'Architettura mexicana, tab. I. *A. de Humboldt* : Vues et Monumens, p. 26. Essai sur le Mexique, II, 345.

lividus habitant une centaine de villages. On dirait qu'un destin ennemi venge sur elle le crime d'avoir aidé Cortez à subjuguer l'indépendance du Mexique. A l'époque de l'émancipation du Mexique, Tlascala demanda à former avec le pays qui en dépendait jadis un État séparé; mais le congrès n'en a fait qu'un territoire, qui est presque entièrement enclavé dans l'État de Puebla.

« L'intendance d'*Oaxaca*, nommée aussi *Guaxaca*, d'après une ville indienne, renferme les deux anciens pays des *Miztèques* et des *Zapotèques*. Cette fertile et salubre contrée abonde en mûriers pour les vers à soie; elle produit aussi beaucoup de sucre, de coton, de blé, de cacao et d'autres fruits; mais la cochenille est sa principale richesse. Ses montagnes granitiques recèlent des mines d'or, d'argent et de plomb qu'on néglige; plusieurs rivières charrient du sable d'or que les femmes s'occupent à chercher : on y recueille aussi du cristal de roche. »

Toute cette ancienne intendance forme aujourd'hui l'*État d'Oaxaca*, dont la capitale, qui porte le même nom, reçut, au commencement de la conquête, le nom d'*Antequera*. C'est l'ancien *Huaxyacac* des Mexicains. Elle tient un rang parmi les plus belles villes du Mexique; ses édifices sont construits avec élégance et solidité : les principaux sont la cathédrale, le palais épiscopal et le séminaire. Les deux premiers ornent les deux côtés de la principale place. Cette ville est souvent exposée aux ravages des tremblemens de terre. En 1826 on portait sa population à 40,000 âmes.

« Oaxaca est située dans la délicieuse vallée que Charles-Quint donna aux descendans de Cortez sous le titre de *Marquisat de Valle*. On y recueille une laine très-fine; des chevaux excellens y peuplent les riches pâturages qu'arrose une belle rivière, et que rafraîchit une atmosphère tempérée et humide. A l'embouchure de la rivière de Guaxaca on a établi un chantier de construction pour les navires.

« *Tehuantepec* a un port sur l'océan Pacifique, qui malgré ses désavantages naturels, acquiert de l'importance comme servant d'entrepôt entre le Mexique et le Guatémala. Les ruines des édifices, à *Mitla*, annoncent une civilisation très-avancée; les murs du palais sont décorés de grecques et de *labyrinthes* exécutés en mosaïques, et dont le dessin rappelle les vases dits étrusques. Six colonnes informes, mais d'une masse imposante, trouvées ici, sont les seules qu'on ait découvertes parmi les monumens de l'Amérique (1). »

L'*État de Chiapa*, formé d'une petite partie du Guatémala, est un pays situé sur le versant septentrional de la Cordillère, et renfermant des forêts peuplées de pins, de cyprès et de cèdres. Long-temps il fut regardé comme peu intéressant par les Espagnols, parce qu'il ne renferme aucune mine d'or ou d'argent. *Ciudad-Real*, ou *Chiapa-de-los Españoles*, en est la capitale. C'est une petite ville de 500 âmes, dont le vertueux Las-Casas fut un des premiers évêques. *Chiapa-de-los-Indios* est agréablement situé sur la rive gauche du Tabasco, rivière qui abonde en poissons. Le principal commerce de cette petite ville est le sucre, qu'on cultive en grand dans ses environs.

« Les Indiens de Chiapa formaient un État indépendant des empereurs de Mexico. Cette république méritait peut-être la seconde place après celle de Tlascala, pour les progrès de la civilisation; elle se distinguait surtout par son industrie manufacturière. Les Chiapanais suivaient le calendrier et le système chronologique des Mexicains; mais, dans leur mythologie, on voyait figurer un héros déifié, nommé *Votan*, auquel un jour de la semaine était consacré (2). C'est la seule ressemblance qu'avait cette di-

---

(1) *A. de Humboldt*: Vues et Monumens, p. 270. — (2) L'évêque de *la Vega*, cité par M. *de Humboldt*, Vues et Monumens, p. 148.

vinité chiapanaise avec le *Wodan* des Saxons et l'*Odin* des Scandinaves. Ce peuple se défendit avec courage contre les Espagnols, et obtint de ces conquérans une capitulation honorable. Heureusement le sol de Chiapa n'est pas riche en mines : circonstance qui a valu aux indigènes le maintien de leur liberté et des priviléges qu'on leur avait accordés. Les voyageurs modernes n'ont pas visité cette contrée isolée où Thomas Gage trouva, il y a deux siècles, un peuple heureux, enjoué et industrieux. *Chiapa des Indiens* comptait 4000 familles; ses manufactures en laine, son commerce en cochenille, ses *naumachies* ou combats simulés sur la rivière en faisaient une ville animée et riante. *Chiapa des Espagnols*, dix fois moins peuplée, était le siège du gouverneur et d'un archevêque. »

Si *Tuxtla*, *Textla* ou *Texutla*, peuplée de 2000 âmes; si *San-Bartolomeo-de-los-Remedios*, *San-Juan-Chamula*, et *San-Domingo-Comitlan* sont des villes encore moins importantes que les deux Chiapa, *San-Domingo de Palenque* est un bourg qui mérite l'attention des archéologues par les ruines curieuses que l'on trouve dans ses environs.

Ces ruines sont celles de *Culhuacan*, improprement appelée *Palenque*, située près du Micol, affluent du Tulija. Elles paraissent avoir fait partie d'une ville antique qui pouvait avoir 7 à 8 lieues de circonférence, et qui s'étendait depuis la plaine arrosée par le Micol jusque sur une hauteur voisine. Lorsqu'en 1787 le gouvernement espagnol chargea Antonio del Rio et Alonzo de Calderon de visiter ces immenses ruines qui avaient été signalées trente ans auparavant, il fallut employer la hache et le feu pendant trois semaines pour les débarrasser des arbres et des lianes qui, depuis la conquête, les avaient si long-temps cachées aux yeux des Européens. Au centre de la plaine s'élève, sur un tertre de 60 pieds de hauteur, la plus grande de ces constructions. L'intérieur de l'édifice est d'un style d'archi-

tecture qui se rapproche du gothique, suivant ce qu'e
pensent les voyageurs, mais qui, d'après les dessin
qu'ils en donnent, nous paraît rappeler plutôt le genr
mauresque. Tout porte à croire que c'est un temple. S
longueur est de 300 pieds, sa largeur d'environ 180, e
sa hauteur de 30. Les murs ont 4 pieds d'épaisseur. Il ren
ferme deux cours et plusieurs salles, dont une a 192 pied
de longueur. Vers le milieu de l'édifice s'élève une tour car
rée qui dut être fort élevée, et dont il reste encore quatre
étages qui présentent une élévation de 48 pieds. Au centr
de cette tour on en voit une autre renfermant un escalie
éclairé par des fenêtres. A l'extérieur, la grande tour diminu
de largeur à chaque étage, et présente à chacun d'eux e
sur chacune des faces une fenêtre rectangulaire, ouvert
au milieu d'une arcade à plein cintre. On trouve aussi dan
le temple de vastes souterrains. Au sud de cet édifice il e
existe un autre sur une éminence de 120 pieds d'élévation
il est du même style; sa forme est un parallélogramme
et il est entouré d'un péristyle soutenu par des piliers car
rés. Nous ne décrirons pas toutes ces ruines; nous nou
bornerons à dire qu'on y remarque des pyramides, de
ponts, des aqueducs, des fortifications, des palais et de
tombeaux. Mais ce qui est principalement digne de fixer
l'attention, ce sont les ornemens intérieurs de ces con
structions.

Dans le grand temple le portique est supporté par de
piliers polis, de forme rectangulaire, sans piédestaux n
corniches. Quelques appartemens sont décorés de médail
lons en stuc, contenant diverses figures en relief, qui pa
raissent représenter une suite de rois; ailleurs d'autre
ornemens consistent en masques grotesques, couronnés e
portant une longue barbe, placés au-dessus de deux croix
grecques. Mais ce qu'il y a de plus remarquable, ce son
les bas-reliefs sculptés sur les murs intérieurs de ce tem

ple, et qui représentent différentes scènes relatives au culte, dont quelques unes semblent avoir rapport à une sorte d'initiation; des personnages symboliques, dont un a, parmi ses ornemens, une couronne de feuillage surmontée d'une tête d'oiseau et attachée avec une fleur de lotus, un manteau formé de la peau d'un jaguar, et, à la ceinture, deux longs serpens qui redressent leur tête. Le principal personnage qui figure dans ces sculptures est représenté ailleurs assis, la jambe droite repliée sous lui, sur un trône orné de deux têtes de couguar, et dont les pieds ont la forme de ceux de cet animal. La plupart de ces bas-reliefs sont ornés d'hiéroglyphes qui doivent se lire du haut en bas, comme ceux des monumens égyptiens. Ce qu'il y a de remarquable, c'est le caractère particulier que présentent les figures des personnages, avec leur nez long et aquilin. Parmi ces sculptures il en est une sur laquelle M. de Humboldt a appelé avec raison l'attention des philosophes et des antiquaires.

Au milieu d'un encadrement d'hiéroglyphes, parmi lesquels on ne voit pas sans étonnement le scarabée et le T mystique, si fréquens dans les sculptures égyptiennes, s'élève, au centre du tableau que nous allons décrire, une grande croix semblable à la croix latine, et surmontée de la figure d'un coq. Des deux branches latérales de cette croix part un ornement semblable à une palme repliée en carré, et qui, observé dans la main d'une des principales figures des autres bas-reliefs, paraît être le signe distinctif de la puissance, comme un sceptre ou un bâton augural. Une petite croix est sculptée au milieu de la grande, et a ses trois branches supérieures terminées par un ornement qui rappelle la fleur du lotus. A droite de cette double croix on remarque un personnage qui paraît être un prêtre monté sur un marchepied, et tenant un vase de fleurs dont il semble faire offrande à la croix, tandis qu'à gauche un autre personnage, que le docteur Constancio prétend être une femme, et qui est coiffé d'une tiare égyptienne, présente devant la croix un enfant nouveau-né, couché sur deux feuilles de lotus.

On n'a point encore assez de données sur la religion des anciens peuples du Mexique pour pouvoir faire autre chose que de hasarder de simples conjectures sur l'explication de ces sculptures. Nous ne nions pas qu'il y ait, dans quelques uns des symboles qui y sont représentés, de la ressemblance avec ceux de l'Égypte et de l'Inde; nous conviendrons même que la croix paraît avoir été, dès la plus haute antiquité, un signe symbolique qui représentait les solstices. On sait aussi que la croix a été observée dans les monumens de l'Inde par les anciens Portugais. Ces motifs pourraient faire admettre comme plausibles les conjectures de M. Constancio, qui voit dans le monument de Palenque un temple dédié au soleil, et, dans le tableau qui vient d'être décrit, la naissance de cet astre au solstice d'hiver.

Le gros village appelé *Ocosingo* présente aussi les vestiges d'une antique cité appelée *Tulha*, qui renferme des monumens analogues à ceux de Mitla et de Palenque; cependant le savant voyageur français Waldeck a reconnu en 1834, que les ruines qu'il a étudiées près d'Ocosingo et dans le Yucatan diffèrent sensiblement, par leur architecture et leurs hiéroglyphes, de ceux de Palenque : le style en est aztèque pur, et Palenque est jusqu'à présent unique dans son genre.

L'*État de Tabasco*, formé de l'ancienne province de ce nom, est rempli de forêts où croissent des bois de teinture, et où rugissent les tigres mexicains. Les terres en culture produisent du cacao, du tabac, du poivre et du maïs. On n'y trouve que des villes sans importance. La capitale est *Santiago de Tabasco*, appelée autrefois *Villa Hermosa de Tabasco*. Sur une petite île à l'embouchure du *Rio-Guijalva*, une jolie ville d'origine mexicaine, appelée *Nuestra-Señora de la Vittoria*, doit son nom à la victoire que Fernand Cortez remporta près de ses murs sur les Mexicains.

La péninsule de *Yucatan* forme l'*État* de ce nom, appelé autrefois Intendance de Mérida.

« Hernandez et Grijalva y trouvèrent une nation civilisée, vêtue avec quelque luxe, et qui habitait dans des maisons de pierre. Elle possédait des vases, des instrumens et des ornemens en or. Quelques uns de ces objets étaient décorés d'une espèce de mosaïque en turquoise. Les *téocallis* ruisselaient du sang de victimes humaines (1). Les indigènes parlent la langue *maya*.

« Le pays, très-plat, est, dit-on, traversé par une chaîne de collines peu élevées. Le climat est chaud, mais sec et salubre. Le pays abonde en miel, en cire, en coton, dont on fait beaucoup de toiles peintes, en cochenille et en bois de campêche (2). Ce bois est le principal objet de commerce. Les côtes donnent beaucoup d'ambre gris (3). Les rivages de la péninsule sont comme bordés d'un banc de sable qui s'abaisse presque régulièrement d'une brasse par lieue (4). Les parties maritimes offrent partout un pays plat et sablonneux; il n'y a qu'une seule chaîne de terrains élevés, qui se termine par un promontoire entre le cap Catoche et le cap Desconoscida (5). Les côtes sont couvertes de mangliers, liés ensemble par des haies impénétrables d'althéa et de bambou. Le sol est rempli de coquillages marins. Les sécheresses, dans le pays plat, commencent en février, et bientôt elles deviennent tellement générales, qu'on ne trouve plus une goutte d'eau; la seule ressource est le pin sauvage, qui, dans son branchage large et épais,

(1) *Gomara* : Historia de las Indias, ch. LI-LIV, ch. XLIX.
(2) *Hæmatoxilon campechianum*. — (3) *Alcedo* : Diccionario, au mot Yucatan. — (4) *Dampier* : Voyage, t. III, p. 234. — (5) *Idem*, ib., p. 214.

conserve de l'humidité ; on en tire l'eau par incision (1). Sur la côte septentrionale, à l'embouchure de la rivière Lagaitos, à 200 toises du rivage, le navigateur étonné voit des sources d'eau douce jaillir du sein de l'onde salée. On nomme ces sources *Bouches du Conil* (2). »

Mérida, la capitale, est une ville de 10,000 âmes, située dans une plaine aride, et habitée par une noblesse peu riche. *Campêche*, sur le Rio San-Francisco, possède un port peu sûr, ce qui oblige les vaisseaux à mouiller loin du rivage. Le sel que l'on tire de ses salines, la cire du Yucatan, le bois de Campêche et quelques toiles de coton alimentent le commerce de cette ville de 8000 âmes. *Valladolid*, à l'est de Mérida, cultive dans ses environs des cotonniers d'une excellente espèce, dont le produit se vend cependant à bas prix, parce qu'on ne sait pas, dans le pays, débarrasser le coton de l'enveloppe qui le renferme.

« L'île de *Cozumel*, proprement *Acuçemil*, était célèbre par un oracle où se rendaient en foule les peuples du continent. On y adorait, avant l'arrivée des Espagnols, une croix en bois dont on ignorait l'origine ; elle était invoquée pour obtenir de la pluie, premier besoin de cette île aride (3). »

Au sud de Mérida on trouve plusieurs bâtimens en pierre, assez semblables à ceux de Palenque ; l'un d'eux a 600 pieds sur chaque face ; les piliers, les murailles extérieures et les salles sont ornées de bas-reliefs en stuc, représentant des serpens, des lézards, des hommes tenant des palmes et dansant en s'accompagnant du tambour.

« Nous avons distingué sur nos cartes, sous le nom d'*Yucatan anglais*, la partie de la péninsule qui est au sud de la rivière *Hondo* et du poste militaire espagnol de

(1) *Dampier*, t. III, p. 266. — (2) *A. de Humboldt* : Essai sur le Mexique, II, p. 329. — (3) *Gomara* : Cronica de Nueva-España, ch. xiv et xv.

Salamanca. Ce pays, mieux arrosé et plus fertile que le reste de la péninsule, est habité par des Indiens indépendans, mais les Anglais y font la coupe du bois de campêche et d'acajou ; ils y entretiennent une force militaire, et ils y ont bâti la ville de *Balise.* C'est là que réside un *roi* indien titulaire, qui reçoit un brevet de nomination du gouvernement de la Jamaïque. Les îles *Rattan, Turnef* et autres, baignées par les eaux singulièrement transparentes du golfe de Honduras, sont également occupées par de petites colonies anglaises (1). »

(1) *Henderson*, account of Honduras (Londres, 1809), et divers journaux politiques de Londres, de 1816.

LIVRE CENT QUATRE-VINGT-QUATRIÈME.

TABLEAUX STATISTIQUES *de la Confédération Mexicaine*.

SUPERFICIE en lieues.	POPULATION en 1824.	POPULATION présumée en 1831.	POPULATION présumée par lieue.
110,000.	7,000,000.	7,450,000.	35.

RÉGION MÉRIDIONALE.

DIVISIONS TERRITORIALES.	POPULATION en 1831.	VILLES.
DISTRICT FÉDÉRAL..........	200,000	Mexico ††(1), Guadalupe, Miscalco, Tacuba.
ÉTAT DE LA MEXICO........	1,500,000	*Tlalpan*, Acapulco, Actopan, Chilpanzingo, Cuernavaca, Mextitlan, Real-del-Monte, Tasco, Tezcuco, Tixtlan, Toluca, Tula, Tulanzingo, Zimapan.
ÉTAT DE QUERETARO.......	80,000	*Queretaro*, Amealco, Cadereita.
ÉTAT DE MECHOACAN.......	460,000	*Valladolid* †, Ario, Pascuaro, Zamora, Zintzunzant.
ÉTAT DE LA VERA-CRUZ.....	120,000	*La Vera-Cruz*, Alvarado, Acayucam, Cordova, Guasacualco, Orizaba, Panuco, Papantla, Pérote, Pueblo-Viejo-de-Tampico, Tampico-Alto, Xalapa.
ÉTAT DE LA PUEBLA........	890,000	*La Puebla* †, Acatlan, Atlixco, Cholula, Tehuacan, Tepeaca, Tlapa.
TERRIT. DE TLASCALA (enclavé dans l'État de la Puebla).	10,000	*Tlascala*, Huamantola.
ÉTAT D'OAXACA............	660,000	*Oaxaca* †, Mitla, Tepozcolula, Tehuantepec, Tlapa, Villalta, Xamiltepec, Yanguitlan.
ÉTAT DE TABASCO..........	70,000	*Santiago de Tabasco*, Nuestra-Señora de la Vittoria, Nacajuca, Tacotulpa, Usumcinta.
ÉTAT DE CHIAPA...........	90,000	*Ciudad-Real*, Chiapa-de-los-Indios, San-Bartoloméo de los Remedios, Tuxtla.
ÉTAT DE YUCATAN.........	570,000	*Merida*, Campêche, Lerma, Salamanca de Bacalar, Valladolid.

RÉGION CENTRALE.

ÉTAT DE GUANAXUATO......	500,000	*Guanaxuato*, Hidalgo, Irapuato, Leon, San-Miguel-el-Grande, Salamanca, Zelaya.
ÉTAT DE XALISCO..........	870,000	*Guadalaxara*, Autlan, Barca, Bolaños, Colotlan, Ertzatlan, Iccolotlan, San-Blas, San-Juan-de-los-Lagos, Sayula, Tepic, Totonilsco.
TERRIT. DE COLIMA (enclavé dans l'État de Xalisco)...	10,000	*Colima*.

(1) Le signe †† indique archevêché, et le signe † évêché.

SUITE DE LA RÉGION CENTRALE.

DIVISIONS TERRITORIALES.	POPULATION en 1831.	VILLES.
ÉTAT DE ZACATECAS........	190,000	*Zacatecas*, Aguas-Calientes, Fresnillo, Jerez, Nochistlan, Pino, Sombrerete.
ÉTAT DE CHIHUAHUA.......	195,000	*Chihuahua*, Santa-Rosa-de-Cosiquiraqui.
ÉTAT DE COAHUILA ET TEXAS.	70,000	*Monclova*, Sant-Antonio de Bejar, Nacodoches, Saltillo, Santa-Rosa.
ÉTAT DE DURANGO.........	130,000	*Durango*†, Nombre-de-Dios, Parras, San-Jose-del-Parral, San-Juan-del-Rio, San-Pedro-de-Batopilas, San-Dimas.

RÉGION ORIENTALE.

ÉTAT DE TAMAULIPAS.......	50,000	*Aguayo*, Altamira, El-Refugio, Nuevo-Santander, Padilla, San-Carlos, Sotto-la-Marina, Tampico-de-Tamaulipas.
ÉTAT DU NOUVEAU-LÉON.....	30,000	*Monterey*†, Cadereita, Pilon.
ÉTAT DE SAN-LUIS-POTOSI...	340,000	*San-Luis-Potosi*, Charcas, Catorce, Guadalcazar, Ramos, Rio-Verde, Valle-del-Mais.

RÉGION OCCIDENTALE.

ÉTAT DE SONORA ET SINALOA.	345,000	*Villa-del-Fuerte*, Alamos, Arispe, Cosala, Culiacan, El-Rosario, Guaymas, Pitit, Cinaloa, Sonora†.
TERRITOIRE DES CALIFORNIES.	20,000	*San-Carlos de Monterey*, San-Diego, San-Francisco, Loreto.

RÉGION SEPTENTRIONALE.

TERRITOIRE DU NOUVEAU-MEXIQUE............	50,000	*Santa-Fé*, Albuquerque, Passo-del-Norte, Taos.

Revenus en francs.   Dettes en francs.   Dépenses en francs.
94,500,000.   400,000,000.   92,000,000.

FORCES DE TERRE.

Effectif sous les drapeaux..... 32,000 } 59,000
Milice et réserve............. 27,000 }

MARINE.

1 Vaisseau de ligne, 2 frégates, 1 corvette, 11 bâtimens inférieurs.

LIVRE CENT QUATRE-VINGT-QUATRIÈME.

Nombre de villes, de villages, de mines, de couvens de religieux, et de prêtres.

Cités	30
Villes	95
Villages	4,682
Mines d'argent	205
Couvens	264
Religieux et moines	3,210
Prêtres	3,470
Capitaux appartenant au clergé, en francs	37,500,000

Aperçu des recettes et des dépenses dans les États-Unis mexicains.

RECETTES.

Douanes	8,050,000 piastres.
Tabacs	2,100,000
Poudres	200,000
Postes	500,000
Loteries	150,000
Salines	80,000
Domaines et biens nationaux	80,000
Revenus de la dîme	400,000
Monts de Piété	70,000
Contingens des États	3,200,000
Crédit actif	2,500,000
Recettes diverses, telles que les droits de timbre, d'essayage sur les matières d'or et d'argent, etc.	370,000
Total des recettes	17,700,000
Total en francs	94,518,000

DÉPENSES.

Ministère des relations extérieures. { Légation de Londres	20,000	
Id. des États-Unis	14,700	
Id. de la Colombie	12,000	235,000
Id. de Rome	15,000	
Traitement du ministre, etc.	173,300	
Idem de la justice et des cultes		230,000
Id. des finances		5,100,000
Id. de la guerre		7,700,000
Id. de la marine		1,500,000
À reporter		14,765,000

TABLEAUX. 463

		Report.....	14,765,000
Ministère de l'intérieur.	Dépenses des deux chambres..... 400,000 Traitemens du président et du vice-président.................. 46,000 Autres dépenses............... 100,000		546,000

Paiement des rentes et amortissement.................. 1,700,000
Dépenses extraordinaires............................ 189,000

$$\text{Total des dépenses..... } 17,200,000$$
$$\text{Total en francs..... } 91,848,000$$

Différence entre les recettes et les dépenses.

Recettes..................	17,700,000 piastres.	94,518,000 francs.
Dépenses..................	17,200,000 »	91,848,000 »
Excédant.....	500,000 »	2,670,000 »

LIVRE CENT QUATRE-VINGT-CINQUIÈME

Suite de la Description de l'Amérique. — Description du Guatemala ou des États de la confédération de l'Amérique centrale.

« Le nom de *Guatimala*, ou *Guatemala*, ou, plus exactement, *Quauhitemallan*, c'est-à-dire *lieu plein d'arbres*, appartenait d'abord à un seul district. Les Espagnols l'ont appliqué à une capitainerie générale, qui porta le titre de royaume, et à une province renfermée dans ce royaume. »

En 1821, la Capitainerie générale de Guatemala fut incorporée au Mexique; mais, à la chute de l'usurpateur Iturbide, elle s'en sépara, et, en 1824, elle se constitua en république fédérative sous le nom de *Republica federal de Centro-America*. Sa constitution, décrétée par une assemblée nationale le 22 novembre de la même année, est modelée, comme celle du Mexique, sur celle des États-Unis; le pays est divisé en 5 États, plus un district fédéral. Depuis sa publication, l'esclavage a été aboli sur cette terre nouvellement affranchie, et tous les esclaves ont été mis en liberté. Le gouvernement s'engagea à rembourser aux propriétaires le prix d'achat de chacun d'eux; mais les riches citoyens, se faisant un devoir d'adopter franchement les principes de morale et de justice qui servaient de base à ce nouvel état social, refusèrent l'indemnité proposée.

Le territoire de la république de Guatemala, qui paraît petit si on le compare à ceux des États mexicains et colombiens, a cependant 360 lieues de longueur, et 130 dans sa plus grande largeur; ses côtes ont une étendue d'environ 500 lieues; une grande quantité d'îles répandues près

e celles que baigne la mer des Antilles, depuis le golfe
e Honduras jusqu'à la baie de Mosquitos, appartiennent
cette république. Une chaîne de montagnes dans laquelle
n compte plus de 35 volcans, dont plusieurs sont encore
n activité, et qui ont fait, à diverses époques, éprouver
u Guatemala de violentes commotions, le traverse dans
ute sa longueur, et projette vers le nord-est et l'est plu-
ieurs rameaux importans. Après le *Nuevo-Segovia*, que
s Anglais ont appelé *Blewfield*, la plus grande rivière
ui descende de ces montagnes est le *San-Juan*, dont le
ours, gêné par des cataractes, a plus de 40 lieues de lon-
ueur. Son importance doit devenir un jour beaucoup
lus grande si l'on exécute le projet de se servir de son lit
t du lac Nicaragua dont il sort, pour former la jonction
e la mer des Antilles avec le grand Océan. C'est entre
eux chaînes de montagnes que se trouve le grand lac de
Nicaragua, dont nous avons déjà parlé. Il en est de même
e celui de *Izaval*, autrement appelé *Dulce*, qui reçoit
n grand nombre de rivières, et dont les eaux s'écoulent
ar le *Rio-Dulce* dans le golfe de Honduras. Le Guate-
ala est un des pays les plus arrosés de tous ceux qui
ont situés entre les tropiques ; la surabondance de ses
aux se fait surtout sentir pendant la saison des pluies,
ui règne depuis le mois de juin jusqu'à celui d'octobre.
urant cet intervalle, les plus petites rivières se changent
n torrens impétueux, et l'humidité qui se répand ensuite
ans l'air rend alors pernicieux un climat naturellement
rès-chaud. Ces effets ne se produisent cependant que sur
es terrains peu élevés qui s'inclinent vers la mer : entre les
montagnes et sur les plateaux on jouit constamment d'une
empérature plus ou moins douce. C'est à la diversité de climats que le Guatemala doit l'avantage d'être riche en produc-
ions végétales de toutes les contrées. Ainsi, pour n'en citer
'un exemple, la vigne, que l'on y a transplantée depuis

peu d'années, promet déjà de donner un vin excellent.

« Le climat est en général chaud et humide; les plaines sont fertiles en fruits d'un excellent goût, tant d'Amérique que d'Europe. Le maïs y produit 300 pour 1, ainsi que le cacao, dont on fournit tous les États de la Nouvelle-Espagne. L'indigo y est d'une qualité supérieure. On y cultive le rocou. Les forêts qui couvrent les montagnes nourrissent des animaux encore mal connus; on y distingue aussi plusieurs arbustes non décrits, d'où il découle des baumes exquis. Plusieurs ports sur la mer du Sud facilitent à cette république un commerce avantageux avec le Pérou, la Terre-Ferme et la Nouvelle-Espagne. Les côtes abondent en poissons, mais la pêche est suivie avec peu d'ardeur. On néglige aussi les mines d'argent, qu'on dit abondantes, mais on recueille le soufre qui flotte à la surface de plusieurs lacs. »

Guatemala-la-Vieja ou *Santiago-de-los-Caballeros-de-Guatemala*, aujourd'hui chef-lieu de l'*État de Guatemala*, offre à elle seule un exemple des catastrophes auxquelles la nature semble réserver l'Amérique centrale. Située au pied du mont d'*Agua*, à 10 lieues du grand Océan, elle remplaça, en 1524, la ville antique d'*Almalonga*, qui avait servi de résidence aux rois Rachiquèles, et que les feux souterrains avaient renversée. La nouvelle ville ayant été fondée le jour de saint Jacques, reçut le surnom de *Santiago*; mais, placée entre deux volcans, elle fut détruite au bout de 20 ans par les torrens de laves de l'un et les torrens d'eau bouillante de l'autre. Une partie de ses habitans fut même ensevelie sous ses ruines; ceux qui échappèrent à ce désastre la rebâtirent un peu plus loin. Ils se croyaient à l'abri des ravages des deux monts ignivomes, lorsqu'en 1775 un tremblement de terre renversa la nouvelle ville. Avant cette terrible catastrophe, Santiago-de-Guatemala était une des plus belles cités du Nouveau-Monde : de ses

AMÉRIQUE : *Description du Guatemala.* 467

18 églises il ne reste plus que sa cathédrale; de ses 34,000 habitans 5000 seulement persévérèrent à rester au milieu de ses ruines; les autres allèrent fonder à 10 lieues au sud une nouvelle ville sous le même nom. Guatemala-la-Vieja est cependant repeuplée au point qu'elle compte aujourd'hui près de 18,000 individus.

Guatemala, surnommée *la Nueva*, capitale de la république, forme avec son territoire le *district fédéral*. Elle est située dans une vallée belle et fertile, dont la pente est dirigée vers la mer. Assise sur une hauteur de 5000 pieds au-dessus du niveau de l'Océan, cette ville jouit, ainsi que ses environs, d'un climat délicieux; la température y rappelle sans cesse les plus beaux jours du mois de mai. Il suffit cependant de parcourir ses environs dans un rayon de 20 lieues, pour y éprouver l'influence des climats les plus variés. Le volcan d'Agua, élevé de 14 à 15,000 pieds, fournit à cette capitale la quantité de glace nécessaire à ses besoins. A quelques lieues de là, sur la côte du grand Océan, l'atmosphère est aussi brûlante que sous l'équateur. C'est à cette diversité de climats, dit un voyageur, que le pays doit la variété de ses productions naturelles : aussi les marchés de la ville sont-ils abondamment fournis de toutes les plantes potagères et des fruits les plus délicieux. A la distance de 8 lieues se trouvent plusieurs coteaux volcaniques appelés *Mastratons*, aux environs desquels la terre est dans une agitation continuelle. Cette contrée est cependant très-fréquentée, parce qu'elle renferme d'excellentes sources d'eau minérale. La population de Guatemala est d'environ 50,000 âmes. Ses rues, bien pavées, tirées au cordeau, et larges de 36 pieds, sont toutes arrosées par un ruisseau d'eau vive. La fréquence des tremblemens de terre a fait adopter l'usage de ne donner qu'un étage aux maisons. Chaque habitation possède un ou plusieurs jardins, des cours et des plates-formes avec des fontaines d'une eau fraîche et limpide. Ces cours et ces jardins sont ornés de fleurs, de citronniers, d'orangers et de diverses plantes tropicales. La place du marché rafraîchie par un jet d'eau s'élevant au milieu d'un bassin magnifique, est un carré régulier de 450 pieds, bien pavé et entouré de portiques; l'un de ses côtés est occupé par la *cathédrale*, édifice majestueux, construit par un architecte italien. En face de ce temple se présente le *palais de la régence*, et un peu plus loin, le *palais de justice*. L'*hôtel de la monnaie* est d'une belle construction. Toutes les églises sont remarquables par leur architecture. Elles sont au nombre de 40. Mais ce qui fixe surtout l'attention de l'étranger, c'est un bel amphithéâtre en pierres, destiné aux combats de taureaux. Guatemala renferme environ 500 prêtres; elle possède une université où l'on enseigne la jurisprudence, la théologie, la médecine, les mathématiques et les sciences naturelles. Les bâtimens qui lui sont réservés répondent, sous tous les rapports, à leur destination; ils renferment, outre une petite bibliothèque, un musée d'anatomie avec de précieux modèles en cire. Il existe dans cette ville une académie des beaux-arts.

« On doit remarquer *Amatitlan*, ou la ville des lettres, ainsi nommée à cause de l'habileté que les Indiens, ses habitans, montraient à graver des hiéroglyphes sur l'écorce des arbres. Le district de *Soconusco*, dont le chef-lieu est *Guaguetlan*, produit le meilleur cacao de l'Amérique. Il en vient très-peu de véritable dans le commerce (1). Dans le district de *Quesaltenango* on trouve de l'alun et du soufre très-fins. *Solola* produit les meilleures figues de toute la république; il y a beaucoup de filatures de coton. On y trouve deux volcans, l'un appelé Atitan, et l'autre Solola (2).

---

(1) *Alcedo*, *Diccionario*. — (2) *Idem*, *ibid*.

le district de *Suchitepeque*, fertile en rocou, éprouve des pluies excessives. »

L'ancienne province de *Vera-Paz* fait partie de l'État de Guatemala.

« Un dictionnaire géographique espagnol donne des détails curieux sur le pays de *Vera-Paz*, dont la capitale était *Coban*, et qui confine au nord avec l'État mexicain d'Yucatan, et à l'ouest avec celui de Chiapa (1). Il y pleut neuf mois de l'année. Le pays abonde en fruits et en troupeaux. Dans les forêts on rencontre des arbres très-gros, qui jettent une odeur agréable, et d'où il coule une résine odoriférante qui ressemble à l'ambre. On y recueille encore différentes espèces de baume, de gomme, d'encens et du sang-dragon. Il y a des cannes de *cent* pieds de long, et si grosses que, d'un nœud à l'autre, on y trouve 25 livres d'eau. Les abeilles y font un miel très-liquide, et qui, s'étant aigri, sert, dit-on, au lieu de jus d'orange. Les forêts sont peuplées d'animaux sauvages, parmi lesquels Alcedo distingue le *tapir* ou *danta*. Lorsqu'il est furieux il montre les dents comme le sanglier, et coupe, dit-on, l'arbre le plus fort. Sa peau a six doigts d'épaisseur, et, séchée, elle résiste à toutes sortes d'armes. Il s'y trouve aussi des ours très-gros. »

Coban ou *Vera-Paz*, à 40 lieues au nord-est de Guatemala, est une petite ville de 12,000 habitans, la plupart indiens, dans laquelle on fabrique beaucoup de toile. *Chiquimula* passe pour avoir 30 à 40,000 âmes; *Quesaltenango-del-Espiritu-Santo* est commerçante, presque aussi peuplée que Vera-Paz, et renferme de belles églises. *Totonicapan*, un peu moins peuplée, est connue par son ébénisterie et ses sources thermales. *Mixco*, *Quiché*, *Peten* ou *Remedios*, sont des lieux intéressans par les ruines qui

(1) Dictionnaire d'*Alcedo*, au mot *Vera-Paz*.

s'élèvent aux environs; la dernière ville est l'une des plus importantes forteresses de la république.

« L'État de *Honduras* est formé de l'ancienne province de ce nom. Les premiers navigateurs espagnols voyant des citrouilles flotter en grand nombre sur le bord des rivières, lui donnèrent le nom de la côte des *Hibueras* c'est-à-dire des Citrouilles. La partie la plus occidentale renferme *Comayagua* et *Truxillo :* la première est la capitale, ville épiscopale avec une population de 18,000 âmes; la seconde, qui est fortifiée, a été bâtie près d'un lac où des îles flottantes, couvertes de gros arbres, changent de place au gré des vents qui les entraînent (2). Près de la rivière de *Sibun*, on a découvert des cavernes ou plutôt des galeries souterraines immenses qui ouvrent un passage sous plusieurs montagnes, et qui paraissent avoir été creusées par d'anciens courans (1).

A une centaine de lieues de la capitale, le bourg d'*Omoa*, sur la côte méridionale du golfe de Honduras, possède le principal port de la république. La contrée qu'il faut traverser pour y arriver offre une suite continuelle de montagnes nues et de vallées fertiles. Les Andes y atteignant une hauteur considérable, on ne peut se servir que de mulets pour voyager; ces animaux et les indigènes sont employés au transport des marchandises expédiées du port d'Omoa au bourg d'Izaval pour la capitale. *Copan*, simple bourgade, est intéressant par les antiquités découvertes dans son voisinage : elles consistent principalement en un grand cirque entouré de pyramides, en un portique soutenu par des colonnes, et en une caverne qui paraît avoir été un temple, à en juger par les colonnes qui y sont sculptées. Ce qu'il y a de plus remarquable, c'est que ces monu-

---

(1) *Gomara :* Hist. de las Indias, ch. LV.
(2) *Henderson*, account of Honduras.

mens qui ont été construits évidemment avant la conquête, sont ornés de figures d'hommes et de femmes parfaitement sculptées, et qui sont représentées avec le costume castillan. Ces bas-reliefs sont favorables à l'opinion qu'avant la conquête une partie du sol de l'Amérique avait déjà été visitée par des Européens. La ville de *Xerez*, près du golfe de Fonseca, rempli d'îles bien boisées, est la plus méridionale de l'État de Honduras.

L'*État de San-Salvador* tire son nom d'une ville qui en est la capitale. Il est borné par les États de Guatemala et de Honduras, et baigné au sud par le grand Océan. Il comprend le pays que les naturels nomment encore *Cuscatlan*, c'est-à-dire *pays de richesses*, dénomination que justifient ses mines d'argent, de plomb et de fer, et ses produits en indigo. Dans une jolie vallée, au milieu de belles plantations de tabac et d'indigo, sur le bord du Bermenillo, et au pied d'un volcan auquel elle donne son nom, s'élève la ville de *San-Salvador*. Quelques beaux édifices, plusieurs manufactures, un commerce actif et une population de 30 à 40,000 âmes, la placent au rang des principales cités de la république. *Sonsonate* ou *Zonzonate*, appelée aussi *Trinidad*, est importante plutôt par sa position avantageuse au fond d'une baie de l'Océan, à l'embouchure de la rivière de Zonzonate, que par sa population : elle n'a que 3 à 4000 âmes, mais elle fait un bon commerce. Le nom de la rivière vient du mot indien *Zezontlatl*, qui signifie *quatre cents sources*, puisqu'en effet elle est formée d'un grand nombre de petites rivières. *San-Miguel*, où l'on voit une belle église, est célèbre par l'air malsain qui y règne ; elle renferme 6000 habitans, parmi lesquels on ne compte qu'un dixième de blancs. Près du lac *Guija*, le bourg de *Matapos*, entouré de mines de fer et d'usines, pourrait passer pour une ville : sa population est de plus de 4000 âmes.

L'*État de Nicaragua*, pays très-chaud, mais humide et fiévreux, surtout en septembre et en novembre; pays boisé, fertile et riche en mille espèces de productions végétales; pays enfin où les orages et les tremblemens de terre sont fréquens, principalement en hiver, comprend les deux lacs de Nicaragua et de Léon, qui occupent presque le dixième de sa superficie. Celle-ci est évaluée à environ 6000 lieues carrées; celle des deux grands lacs à 550 lieues.

« D'après le témoignage respectable de *Gomara* (1), et la presque totalité des relations et des cartes, le grand lac de Nicaragua, rempli d'îles riantes et peuplées, parmi lesquelles une seule, appelée *Omelepec*, renferme le volcan toujours enflammé d'*Omo*, n'a aucun écoulement vers le grand Océan; toutes ses eaux descendent par la rivière Saint-Jean vers la mer des Antilles. Cette rivière, qui vit les premiers exploits de l'amiral Nelson, forme une trentaine de chutes peu considérables avant d'arriver aux côtes marécageuses de la mer, où un air pestilentiel et des Indiens aussi perfides que féroces épouvantent les navigateurs les plus hardis (2). Le lac est donc situé sur un plateau. L'ingénieur don Manuel Galisteo a reconnu qu'il est à 134 pieds 7 pouces au-dessus du niveau de l'océan Pacifique. « La côte de Nicoya, dit *Dampier* (3), est basse « et couverte d'arbrisseaux..... Pour arriver à Saint-Léon « de Nicaragua, on marche 20 milles à travers un pays « plat, couvert de manghers, de pâturages et de sucre-« ries. » Ces remarques d'un observateur judicieux semblent indiquer qu'il n'y a aucune chaîne de montagnes considérable entre le lac de Nicaragua et la mer Pacifique, aussi a-t-on conçu le projet de le faire servir à la communication entre les deux mers. »

---

(1) *Gomara*, Historia de las Indias, chap. ccii. — (2) Notes manuscrites de M. *Dubécé*. — (3) *Dampier*, Voyage, I, p. 231-233.

Ce lac a 60 lieues de longueur, 25 de largeur, et 38 pieds de profondeur moyenne. Il n'est séparé de l'Océan que par une langue de terre de 5 lieues de largeur dans sa partie la plus étroite; il communique vers le nord-ouest avec le lac de *Léon*, appelé aussi *Managua*, long de 15 lieues et large de 7. Un canal nouvellement construit l'unit au grand Océan.

« Parmi les nombreux volcans de ce pays, celui de *Masaya*, à 3 lieues (castillanes) de Granada, et à 10 de Léon, paraît le plus considérable; son cratère, qui a une demi-lieue de circonférence et 250 brasses de profondeur, ne rejette ni cendres ni fumée; la matière enflammée qui y bouillonne, répand une clarté visible à plus de 20 lieues; elle ressemble tellement à de l'or en fusion, que les premiers Espagnols la prirent réellement pour ce métal, objet de leurs vœux, et que même leur téméraire avidité essaya, mais en vain, de saisir avec des crochets de fer une partie de cette lave singulière (1).

« L'État de Nicaragua ne renferme aucune mine connue; mais il est fertile en toutes sortes de fruits, et abonde en gros et menu bétail; surtout en mules et en chevaux; on en fait un grand commerce, ainsi que de coton, miel, cire, anis, sucre, cochenille, cacao, sel, poissons, ambre, térébenthine, huile de pétrole, différens baumes et drogues médicinales. Les palmiers parviennent à des dimensions colossales. »

Léon, la capitale, est située aux bords du lac qui porte son nom, et près d'un volcan dont les éruptions lui ont été souvent fatales. Cette cité doit son importance à la population de ses faubourgs : on lui donne 38,000 habitans. Son collége a été érigé en université dans le courant de 1822. Sa cathédrale est le plus beau de ses édifices;

(1) *Gomara*, chap. ceu.

mais aussi nous devons dire que l'élégance et la régularité de son architecture pourraient la faire remarquer dans une ville plus importante. Le commerce de
Léon est florissant; il s'y tient des marchés très-considérables. Ses habitans, riches, voluptueux et indolens, ne
tirent que faiblement parti de l'excellent port de *Realejo*
formé par une baie de la mer du Sud, et qui passe pour
l'un des meilleurs de l'Amérique espagnole. La ville de
Nicaragua ou *Villa de la Purissima Concepcion de
Rivas*, située sur le lac qui porte son nom, non loin du
golfe de *Papagaio*, est le siége d'un évêché. Sa population est de 13,000 habitans, et de 22,000 en y
comprenant plusieurs petits villages qui forment ses faubourgs. *Granada* et *Massaya*, remarquables par leurs volcans, passent pour des villes considérables.

« Les indigènes de Nicaragua parlent cinq langues différentes. La *chorotèque* paraît être celle de la principale
tribu. Elle n'a aucune ressemblance avec l'aztèque ou la
mexicaine, qui y avait été rendue commune avant l'arrivée des Espagnols, par l'invasion d'une colonie aztèque.
Ces nouveau-venus avaient seuls des livres en papier
et en parchemin, dans lesquels ils peignaient, avec des
figures hiéroglyphiques, leurs rites sacrés et leurs événemens politiques. Il paraît que les Chorotèques ne connaissaient pas l'écriture; ils comptaient 18 mois et autant
de grandes fêtes; leurs idoles, différentes de celles des
Aztèques, étaient honorées par un culte aussi sanguinaire
que celui de Mexico, et les hommes mangeaient de même
une partie de la chair des femmes, des enfans et des esclaves immolés par les prêtres. Quoique sujettes à être of-
fertes en sacrifice, les femmes exerçaient un grand pouvoir (1). Les Espagnols trouvèrent des palais et des tem-

---

(1) *Gomara*: Historia de las Indias, ch. ccvi.

ples spacieux, environnés de maisons commodes pour les nobles; mais la multitude vivait misérablement, et n'avait, dans plusieurs endroits, d'autre asile que des espèces de nids placés sur les arbres. Des lois ou coutumes non écrites réglaient la peine du vol et de l'adultère, ainsi que la vente des terres. Les guerriers se rasaient la tête, à l'exception d'une touffe de cheveux laissée sur le sommet. Les orfèvres travaillaient habilement en or moulu. Les vieilles femmes exerçaient la médecine; elles prenaient dans leur bouche la décoction de certaines herbes, et la soufflaient à travers un bout de canne à sucre dans la bouche du malade. Les jeunes mariées étaient souvent livrées aux seigneurs ou caciques avant la consommation du mariage, et l'époux se trouvait honoré par ce sacrifice servile (1).

« La province de *Costa-Rica* n'a point de mines, ce qui a fait dire qu'elle ne devait son nom qu'à une ironie; mais ses superbes bois de construction, ses riches pâturages, ses paysages pittoresques expliquent assez l'intention de ceux qui lui donnèrent ce nom; le bétail et surtout les cochons fourmillent ici d'une manière extraordinaire. Dans le *Golfe-de-los-Salinas* ou de *Ricoya*, on pêche le mollusque qui fournit la pourpre. »

Toute cette province est comprise dans l'*État de Costa-Rica*, dont la capitale porte les noms de *San-Jose-de-Costa-Rica* ou de *Villa-Nueva-de-San-Jose*. Cette ville, percée de belles rues arrosées par des canaux et des fontaines, est la résidence d'un évêque, et renferme environ 15 à 20,000 habitans. *Cartago*, qui fut jadis plus florissante, passe pour en avoir 26,000.

« On trouve à quelques lieues du golfe, à laquelle elle donne son nom, la petite ville de *Nicoya*, peuplée de char-

(1) *Gomara*: Hist. de las Indias, ch. ccvi.

pentiers; l'on y construit et l'on y radoube des vaisseaux. On y fabrique des draps dits de Ségovie. »

« A l'est de l'État de Honduras et au nord de celui de Nicaraguya s'étend, entre le golfe de Honduras et celui des Mosquitos, une contrée vaste et peu connue. L'intérieur du pays est occupé par la nation sauvage et indomptable des *Mosquitos-Sombos*. Les côtes, surtout près le *cap Gracias à Dios*, sont habitées par une autre tribu d'Indiens que les navigateurs anglais ont appelés *Mosquitos de la côte*. Ce nom vient de la foule insupportable de mosquites ou mouches à dard qui tourmentent ici les malheureux habitans, et les obligent à passer une partie de l'année en bateau sur la rivière. Les Mosquitos de la côte ne comptent que 1500 guerriers; ils vivent sous des chefs aristocrates. On ne connaît pas leurs idées religieuses; mais, selon les anciens voyageurs, ils divisaient l'année en 18 mois de 20 jours, et ils appelaient les mois *Ioalar*, c'est-à-dire chose mobile; dénomination très-remarquable, puisqu'elle se rapproche évidemment du mot *Iol*, par lequel les anciens Scandinaves désignaient la fête qui terminait l'année, mot qui paraît aussi avoir signifié *roue* et *cycle*. Les Anglais conservèrent long-temps ici des établissemens fixes qui les rendaient maîtres du pays. C'est à l'infortuné colonel *Despard* et au grand amiral *Nelson* que l'Angleterre dut l'ordre établi dans ces petites colonies. En 1769 on en exporta 800,000 pieds d'acajou, 200,000 pesant de salsepareille, et 10,000 d'écailles de tortue. On exporte aussi des peaux de jaguar et de chevreuil. » Depuis le commencement de ce siècle, les Anglais ont abandonné les établissemens qu'ils avaient fondés sur cette côte.

TABLEAU *des divisions administratives de la république fédérale de l'Amérique centrale.*

SUPERFICIE en lieues carrées, 26,650.	POPULATION ABSOLUE. 1,700,000 habitans.	POPULATION PAR LIEUE CARRÉE, 63.

NOMS DES DIVISIONS.	VILLES.
DISTRICT FÉDÉRAL......	GUATEMALA-LA-NUEVA.
ÉTAT DE GUATEMALA...	GUATEMALA-LA-VIEJA, Acasaguastlan, Chiquimula, Coban ou Ciudade-de-Coban, Estipa, Gualan, Izaval, Mixco, Peten ou Remedios, Quesaltenango, Quiché ou Santa-Cruz-del-Quiché, Solola, Santa-Cruz, Soconusco.
ÉTAT DE SAN-SALVADOR.	*San-Salvador*, Isalco, Matapas, Sousonate, San-Vincente, San-Miguel.
ÉTAT DE HONDURAS....	*Comayagua†*, Ciudad-de-Gracias, Copan, Nueva-Segovia, Omoa, Tegucigalpa.
ÉTAT DE NICARAGUA...	*Leon*, Chinandega, Granada, Managua, Masaga, Nicaragua†, Nicoya, San-Carlos, Sutzaba.
ÉTAT DE COSTA-RICA...	*San-José-de-Costa-Rica†*, Boruca, Cartago.

Revenus en francs.   Dette publique en francs.
10,000,000.   9,500,000.

ARMÉE.

Troupes réglées.................................. 1,500 hommes.
Milices.. 80,000.

LIVRE CENT QUATRE-VINGT-SIXIÈME

Suite de la Description de l'Amérique. — Description physique générale de l'Amérique méridionale espagnole.

———

« Nous entrons dans la plus riche, la plus fertile, la plus salubre, la plus pittoresque de toutes les péninsules du Monde, et dans celle qui, sans l'Afrique, serait aussi la plus étendue. C'est désigner l'*Amérique méridionale*, qui serait plus convenablement et plus légitimement nommée tout court *Amérique*, tandis que la reconnaissance attacherait à la partie septentrionale le nom de *Colombie*. Les estimations des géographes portent l'étendue de cette grande péninsule à 895,000 lieues carrées de 25 au degré équatorial. Près des trois quarts de cette étendue se trouvent dans la zone torride. La plus grande largeur entre le cap *Saint-Augustin*, au Brésil, et le cap *Blanc*, au Pérou, est de 1600 lieues. La longueur de la péninsule doit être prise depuis la pointe *Gallianas*, voisine du cap Vela, en Terre-Ferme, à 12 deg. latit. nord, jusqu'au cap Froward en Patagonie, à 54 degré latit. sud; elle sera alors de 1650 lieues; mais l'on ne peut guère se refuser de l'étendre cinquante lieues plus au sud, jusqu'au cap Horn, dans la terre de Feu, à 56 deg. de latit., car les îles qui composent la terre de Feu sont pour ainsi dire adhérentes à l'Amérique, et l'œil les en distingue à peine en les considérant sur le globe terrestre.

« La géographie physique de cette grande péninsule présente un ensemble dont les traits sont faciles à saisir. Un plateau généralement élevé de 2000 toises, couronné par des chaînes et des pics isolés, forme toute la partie occi-

AMÉRIQUE : *Amérique mérid. espagnole.* 479

lentale de l'Amérique méridionale ; à l'est de cette *terre haute*, une étendue deux ou trois fois plus large de plaines ou marécageuses ou sablonneuses, sillonnées par trois fleuves immenses et par de nombreuses rivières ; enfin à l'est une autre *terre haute* de moins d'élévation et de moins d'étendue que le plateau occidental, voile toute la péninsule. Les Espagnols occupent ou réclament tout le plateau occidental et la plus grande partie des plaines ; les Portugais possèdent le plateau oriental. A l'exception de la description des grands fleuves qui traversent plusieurs territoires, le tableau physique général de l'Amérique méridionale peut se coordonner avec les deux grandes divisions politiques.

« Les majestueux fleuves de l'Amérique méridionale effacent, par la longueur de leur cours et la largeur de leur lit, tous ceux de l'ancien Monde. La superbe *Amazone* revendique le premier rang. »

Ce fleuve, que les Espagnols nomment *Marañon* et les indigènes *Guièna*, ne prend le nom d'Amazone qu'au confluent de deux grandes rivières, le *Tunguragua* et l'*Ucayale*, qui ont leurs sources dans les Andes. La première sort du lac *Lauricocha*, et la seconde des monts *Cailloma*, sous le nom d'Apurimac, qui prend celui d'Ucayale après s'être réuni au *Beni*. Ses principaux affluens sont, sur sa rive gauche, l'*Ica*, le *Yupura* et le *Rio-Negro* ; sur la rive opposée, le *Yavari*, le *Yutay* et le *Yurna*. L'Ucayale n'a pas moins de 200 lieues de cours ; il reçoit la *Mugua* et le *Rio-de-los-Capanachuas* à droite, et la *Pachica* à gauche. Il traverse des gorges de montagnes d'un difficile accès, des forêts désertes et de vastes solitudes, où sans doute son cours étale des beautés pittoresques.

« Depuis San-Joaquin-d'Omaguas, l'Ucayale et le Tunguragua roulent leurs ondes réunies à travers une immense plaine, où, de toutes parts, les rivières tributaires apportent leurs eaux. Le Napo, le Yupura, le Parana, le Cuchivara, le Yutay, le Puruz seraient partout ailleurs des rivières considérables; ici elles ne sont qu'au troisième et au quatrième rang. Le *Rio-Negro*, qui vient de la Terre-Ferme, et qui mérite le nom de grand fleuve, est englouti dans le vaste courant de l'Amazone.

« Jusqu'au confluent du *Rio-Negro* et de l'Amazone, les Portugais appellent cette dernière *Rio des Solimoens*, ou rivière des Poissons; elle ne prend qu'ensuite le nom de rivière des Amazones, auquel plusieurs auteurs, à l'exemple des Espagnols, substituent la dénomination de Marañon ou d'*Orellana*; mais le nom poétique de l'Amazone nous paraît à la fois plus harmonieux et plus exempt de discussion. Il s'entend de soi-même qu'en l'adoptant nous n'admettons pas la vérité historique de quelques relations exagérées, où la bravoure d'une bande de femmes a servi de texte pour renouveler les récits également exagérés des Grecs sur l'existence d'une nation d'amazones.

« La rivière *Madera* ou des bois est le plus grand de tous les affluens de l'Amazone; elle en est en quelque sorte une branche principale; elle vient d'aussi loin que l'Ucayale, étant formée par le concours de la Mamore, dont le principal bras, nommé *Guapihi*, vient de *Cochabamba*, et de la rivière des Chiquitos, nommée rivière de *Santa-Madalena*, ou *Guaporé*.

« Les grandes rivières de *Topayos* et de *Xingu* viennent du même côté que la Madera; elles se jettent dans l'Amazone; mais quant à la rivière de *Tocantins* ou de *Para*, qui se grossit de l'*Araguay*, on doit regarder son embouchure comme indépendante, quoique réunie à l'Amazone par un bras de communication. »

Depuis son confluent avec le Rio-Negro jusqu'à l'Océan, l'Amazone a 315 lieues de cours; depuis la source du Tunguragua, il en a 1035, y compris ses grandes sinuosités.

« La largeur de ce fleuve varie d'une demi-lieue à une lieue dans la partie inférieure de son cours ; sa profondeur surpasse cent brasses ; mais depuis son confluent avec le Xingu, et près de son embouchure, elle devient semblable à une mer; l'œil peut à peine découvrir ses deux rivages à la fois. La marée s'y fait sentir à une distance de 250 lieues de la mer. La Condamine pense que le gonflement est occasioné par la marée de la veille, qui se propage dans la rivière (1). Près de l'embouchure on voit un combat terrible entre les eaux du fleuve, qui tendent à se décharger, et les flots de l'Océan, qui se pressent pour entrer dans le lit de la rivière. Nous en avons déjà tracé la peinture (2).

« Le second rang appartient, sans contredit, au fleuve que les Espagnols nomment *Rio-de-la-Plata*, ou rivière d'argent. Il est formé par le concours de plusieurs grands courans, parmi lesquels *la Parana* est regardée comme le bras principal; aussi les naturels donnent-ils ce nom à tout le fleuve : le nom de la Plata vient des Espagnols. La Parana part des environs de Villa-del-Carmen, au nord de Rio-de-Janeiro; grossie d'une foule de rivières, elle coule à travers une contrée montagneuse. Ce qu'on appelle la grande cataracte de la Parana, non loin de la ville de Guayra, est un long *rapide* où le fleuve, pendant l'espace de 12 lieues, se presse à travers des rochers taillés à pic, et déchirés par des crevasses effroyables (3). Arrivée dans les grandes plaines, la Parana reçoit du nord le *Paraguay*, rivière très-considérable, qui prend sa source sur le plateau dit *Campos Paresis*, et qui, dans la saison pluvieuse, forme, par ses débordemens, le grand lac de *Xarayes*, lequel par conséquent n'a qu'une existence temporaire. Le Paraguay, avant

---

(1) *La Condamine*, Relation, etc., p. 173. — (2) Volume II, p. 227.
(3) *Dobrizhofer*, de Abiponibus, 206.

de se jeter dans la Parana, reçoit le Pilcomayo, grande rivière qui vient des environs de Potosi, et qui sert à la navigation intérieure et au transport des minerais. La rivière de la Plata reçoit encore le Vermejo et le Salado du côté des Andes, et l'Uraguay du côté du Brésil. Son cours majestueux égale en largeur celui de l'Amazone; son immense embouchure pourrait même être considérée comme un golfe, puisqu'elle approche de la Manche en largeur.

« On compte pour le troisième grand fleuve de l'Amérique méridionale, l'*Orinoco* ou l'*Orénoque*; mais il est loin d'égaler les deux autres, soit par la longueur, soit par la largeur de son cours. Suivant *la Cruz d'Olmedilla*, il prend sa source dans le petit lac d'Ypava, latitude nord 5 deg. 5 min.; de là, par un détour en forme de spirale, il entre dans le lac *Parima*, dont l'existence a été reconnue par don *Solano*, gouverneur de Caracas, mais qui peutêtre doit son origine à des débordemens plus ou moins temporaires. Si le pays était en plaine, nous comparerions le lac de Parima à celui de Xarayes; mais comme c'est au moins un pays de collines, nous pensons que ce fameux lac ressemble à la grande inondation presque permanente que forme la rivière Rouge dans la Louisiane (1). Après être sorti de ce lac par deux débouchés, à ce qu'on prétend, il reçoit le Guyavari et plusieurs autres rivières, et entre dans l'Océan à travers un large delta, après un cours de 270 ou tout au plus 300 lieues. A son embouchure il paraît néanmoins comme un lac sans bords, et ses eaux douces couvrent au loin l'Océan. « Ses ondes verdâtres, » ses vagues d'un blanc de lait au-dessus des écueils, con» trastent avec le bleu foncé de la mer, qui les coupe par » une ligne bien tranchée (2). »

(1) Voyez la *Carte de la Louisiane*, par *W. Darby*, Philadelphie, 1816.
(2) M. *de Humboldt* : Tableaux de la Nature, II, p. 176.

« Le courant formé par l'Orinoco ou l'Orenoco, entre le continent de l'Amérique du sud et l'île de la Trinité, est d'une telle force que les navires, favorisés par un vent frais de l'ouest, peuvent à peine le refouler. Cet endroit, solitaire et redouté, s'appelle le *golfe Triste*. L'entrée en est formée par la *Bouche du Dragon*. C'est là que, du milieu des flots furieux, s'élèvent d'énormes rochers isolés, « restes, dit M. de Humboldt, de la digue antique renversée par le courant, qui joignit jadis l'île de la Trinité à la côte de Paria. » Ce fut à l'aspect de ces lieux que Colomb fut convaincu, pour la première fois, de l'existence du continent de l'Amérique. « Une quantité si prodigieuse d'eau douce », ainsi raisonnait cet excellent observateur de la nature, « n'a pu être rassemblée que par un fleuve d'un cours très-prolongé. La terre qui donne cette eau doit être un continent, et non pas une île. » Mais ignorant la ressemblance de physionomie qu'ont entre elles toutes les productions du climat des palmes, Colomb pensa que le nouveau continent était la prolongation de la côte orientale de l'Asie. La douce fraîcheur de l'air du soir, la pureté éthérée du firmament, les émanations balsamiques des fleurs que la brise de terre lui apportait, tout lui fit conjecturer qu'il ne devait pas être éloigné du jardin d'Eden, ce séjour sacré des premiers humains. L'Orinoco lui parut un des quatre fleuves qui, selon les traditions respectables du monde primitif, sortaient du paradis terrestre pour arroser et partager la terre nouvellement décorée de plantes (1).

« L'Orinoco a plusieurs cataractes, parmi lesquelles M. de Humboldt a distingué celles de *Maypures* et d'*Astures*. L'une et l'autre sont de peu d'élévation, et doivent leur naissance à un archipel d'îlots et de rochers. Ces rapides

---

(1) *Herrera*: Historia de las Indias occidentales. Dec. I, lib. III, c. XII, ed. 1601. — *Juan-Baptista Munos*: Hist. du Nouveau-Monde, s. p. 376.

ou *raudals*, comme les Espagnols les appellent, présentent des aspects très-pittoresques. « Lorsque du village d[e]
« Maypures on descend au bord du fleuve, en franchissan[t]
« le rocher de Manimi, on jouit d'un aspect tout-à-fa[it]
« merveilleux. Les yeux mesurent soudainement une napp[e]
« écumeuse d'un mille d'étendue. Des masses de roche[rs]
« d'un noir de fer sortent de son sein comme de haute[s]
« tours; chaque îlot, chaque roche se pare d'arbres vigou[-]
« reux et pressés en groupe; au-dessus de l'eau est san[s]
« cesse suspendue une fumée épaisse; à travers ce broui[l-]
« lard vaporeux où se résout l'écume, s'élance la cime de[s]
« hauts palmiers. Dès que le rayon brûlant du soleil d[u]
« soir vient se briser dans le nuage humide, les phénomèn[es]
« de l'optique présentent un véritable enchantement. L[es]
« arcs colorés disparaissent et renaissent tour à tour: et[,]
« jouet léger de l'air, leur image se balance sans cesse[.]
« Autour des rocs pelés, les eaux murmurantes ont, dan[s]
« les longues saisons des pluies, entassé des îles de ter[re]
« végétale. Parées de *drosera*, de *mimosa*, au feuillage d'u[n]
« blanc argenté, et d'une multitude de plantes, elles for[-]
« ment des lits de fleurs au milieu des roches nues. »

« Les communications qui existent entre l'Orinoco e[t]
l'Amazone sont un des phénomènes les plus remarquable[s]
de la géographie physique. Les Portugais annoncèrent c[e]
fait il y a plus d'un demi-siècle, mais les géographes [à]
système se liguèrent pour prouver que de telles conjonc[-]
tions des fleuves étaient impossibles. Aujourd'hui l'on n'[a]
plus besoin ni d'analogies ni de raisonnemens critiques[.]
M. de Humboldt a navigué sur ces rivières, il a examin[é]
cette singulière disposition du terrain. Il est certain qu[e]
l'Orinoco et le Rio-Negro errent sur un plateau qui, dan[s]
cette partie, n'a aucune pente décidée; aucune chaîne d[e]
montagnes ne sépare leurs bassins; une vallée se présente[,]
leurs eaux s'y écoulent et s'y réunissent: voilà le fameu[x]

bras de Casiquiare, au moyen duquel MM. de Humboldt et Bonpland ont passé du Rio-Negro dans l'Orénoque. On croit qu'il existe encore plusieurs autres communications entre le Rio-Negro et divers affluens de l'Amazone.

« Quoique médiocrement large, l'Amérique méridionale renferme plusieurs rivières et fleuves sans écoulement. Tel est, sur un plateau formé par les Cordillères, le *lac Titicaca*, qui se décharge, à la vérité, dans le lac dit *das Aulagas*; mais ni l'un ni l'autre de ces lacs ne s'écoule dans la mer. Dans le Tucuman et au sud-ouest de Buénos-Ayres, une immense plaine tout-à-fait horizontale est sillonnée par des cours d'eau et des chaînes de petits lacs qui se perdent dans les sables ou dans des lagunes.

« Tels sont les grands détails de l'hydrographie de l'Amérique méridionale, naguère soumise à l'Espagne. Passons à la description de la chaîne des Andes, tout entière comprise dans la partie espagnole.

« Les *Andes*, qui tirent leur nom du mot péruvien *Anti*, signifiant *cuivre*, et donné primitivement à une chaîne voisine de Cuzco, forment comme un long rempart dirigé du nord au sud et couronné de chaînes de montagnes, tantôt placées dans le sens de la grande chaîne, tantôt dans une direction transversale ou oblique, renfermant des vallées ou s'étendant en plateaux.

« Cette terre haute suit les côtes de l'océan Pacifique, à travers le Chili et le Pérou; rarement elle s'en éloigne de plus de 10 à 12 lieues. Étroite vers l'extrémité méridionale, elle s'élargit tout à coup au nord du Chili. Près de Potosi et du lac Titicaca, elle a sa plus grande largeur, qui est de 60 lieues. Près Quito, sous l'équateur, se trouvent les plus hauts sommets de cette chaîne, qui sont au nombre des montagnes les plus élevées qu'on ait encore mesurées sur le globe terrestre. A Popayan, la grande digue ou terre haute se termine et se divise en plusieurs chaînes; deux en sont les plus remarquables ; l'une, extrêmement basse, court vers l'isthme, dont elle forme le dos ; l'autre s'approche de la mer des Caraïbes ; elle en suit les côtes, et paraît même, par un chaînon sous-marin, se continuer jusque dans l'île de la Trinité.

« Considérons les diverses parties de ce vaste système. Dans l'impossibilité de tracer une description méthodique complète, nous voyagerons avec A. de Humboldt, La Condamine, Bouguer et Helm.

« La chaîne qui borde les côtes septentrionales de la Terre-Ferme a, généralement parlant, 600 à 800 toises au-dessus de la mer ; les plaines qui s'étendent à la base sont élevées de 100 à 260 toises ; mais il y a des sommets isolés qui s'élancent à une hauteur très-grande ; la *Sierra-Nevada-de-Merida* atteint 2350 toises, et le *Silla-de-Caracas* 2316 toises. Ces cimes sont couvertes de neiges éternelles ; il en sort souvent des torrens de matières bouillantes ; les tremblemens de terre n'y sont pas rares. La chaîne est plus escarpée au nord qu'au midi ; il y a dans le Silla-de-Caracas un précipice effroyable de plus de 1300 toises. La substance des rochers de cette chaîne est de *gneiss* et de *schiste micacé* (comme dans les branches inférieures des Andes) ; ces substances sont quelquefois en lits de 2 ou 3 pieds d'épaisseur, et renferment de grands cristaux de feldspath ; le schiste micacé présente souvent des grenats rouges et des disthènes ; dans le gneiss de la montagne d'Avila on trouve des grenats verts ; on y rencontre aussi des nœuds de granite. Au sud, la chaîne est accompagnée par des montagnes calcaires, qui s'élèvent quelquefois à un plus haut niveau que les montagnes primitives, et qui renferment quelques rochers de serpentine veinée et de stéatite bleuâtre. On peut donner à ce système de montagnes le nom de *chaîne de Caracas*.

« La chaîne granitique qui se dirige à travers l'isthme

le Panama, mais qui en mérite à peine le nom, n'a que 50 à 150 toises d'élévation, et semble même être tout-à-fait interrompue entre les sources du Rio-Atrato et du Rio-San-Juan.

« Dans le ci-devant royaume de la Nouvelle-Grenade, aujourd'hui la république de Colombie, depuis les 2° 30′ jusqu'au 5° 15′ de latitude boréale, la Cordillère des Andes est divisée en trois chaînes parallèles, dont les deux latérales seulement, à de très-grandes hauteurs, sont couvertes de grès et d'autres formations secondaires. La *chaîne orientale* sépare la vallée de la rivière de la Magdalena des plaines de Rio-Meta. Ses plus hautes cimes sont le *Paramo* de la *Summa-Paz*, celui de *Cingaza*, et les *Cerro's* de *San-Fernando* et de *Tuquillo*. Aucune d'elles ne s'élève jusqu'à la région des neiges éternelles. Leur hauteur moyenne est de 2000 toises, par conséquent de 280 toises plus grande que la montagne la plus élevée des Pyrénées. La *chaîne centrale* partage les eaux entre le bassin de la rivière de la Magdalena et celui du Rio-Cauca; elle atteint souvent la limite des neiges perpétuelles; elle la dépasse de beaucoup dans les cimes colossales du *Guanacas*, du *Buragan* et du *Quindiu*, qui sont toutes élevées de 2500 à 2800 toises au-dessus du niveau de l'Océan. Au lever et au coucher du soleil, cette chaîne centrale présente un spectacle magnifique aux habitans de Santa-Fé, et elle rappelle, avec des dimensions plus imposantes, la vue des Alpes de la Suisse. La *chaîne occidentale* des Andes sépare la vallée de Cauca de la province de Choco et des côtes de la mer du Sud. Son élévation est à peine de 750 toises (1).

« Ces trois chaînes de montagnes se confondent de nouveau vers le nord, sous le parallèle de Menzo et d'Antioquia, par les 6° et 7° de latitude boréale. Elles forment aussi

---

(1) M. *de Humboldt*, Vues et Monumens.

un seul groupe, une seule masse au sud de Popayan, dans la province de Pasto. Il faut bien distinguer ces ramifications d'avec la division des Cordillères, observée par Bouguer et La Condamine, dans le royaume de Quito, depuis l'équateur jusqu'au 2ᵉ degré de latitude australe. Cette division n'est formée que par des plateaux qui séparent des montagnes placées sur le dos même des Andes ; le fond de ces plateaux est encore à 1400 toises au-dessus du niveau de l'Océan. Les trois chaînes dont nous venons de parler sont au contraire séparées par de grandes et profondes vallées, bassins des grandes rivières, dont le fond est encore moins élevé au-dessus du niveau de l'Océan, que le lit du Rhône ne l'est dans la vallée de Sion.

« Les passages par lesquels on traverse ces chaînes méritent notre attention. MM. Bouguer et de Humboldt nous en donnent une idée. La ville de Santa-Fé de Bogota, capitale de l'ancien royaume de la Nouvelle-Grenade, est située à l'ouest du *Paramo de Chingaza*, sur un plateau qui a 1357 toises de hauteur absolue, et qui se prolonge sur le dos de la *Cordillère orientale*. Pour parvenir de cette ville à Popayan et aux rives du Cauca, il faut descendre la *chaîne orientale*, traverser la vallée de la Magdalena, et passer la *chaîne centrale*. Le passage le plus fréquenté est celui du *Paramo de Guanacas*, décrit par Bouguer, lors de son retour de Quito à Carthagène des Indes. M. de Humboldt a préféré le passage de la *montagne de Quindiu* ou *Quindio*, entre les villes d'Ibagua et de Cartago. C'est le plus pénible que présente la Cordillère des Andes. On s'enfonce dans une forêt épaisse, que, dans la plus belle saison, on ne traverse qu'en 10 ou 12 jours, et où l'on ne trouve aucune cabane, aucun moyen de subsistance. Le sentier par lequel on passe la Cordillère, le plus souvent réduit à la largeur d'un ou de deux pieds, ressemble en grande partie à une galerie creusée à ciel uvert. Dans cette partie des Andes, comme presque partout ailleurs, le roc est couvert d'une croûte épaisse d'argile. Les filets d'eau qui descendent de la montagne y ont creusé des ravins. On marche en frémissant dans ces crevasses, qui sont remplies de boue, et dont l'obscurité est augmentée par la végétation épaisse qui en couvre l'ouverture.

« Les *Quebrada's* sont tracées sur une échelle bien plus grande ; ce sont d'immenses fentes qui, partageant la masse des Andes, produisent une solution de continuité dans la chaîne qu'elles traversent. Des montagnes comme le Puy-de-Dôme seraient absorbées dans la profondeur de ces ravins qui isolent les diverses régions des Andes, comme autant de presqu'îles au sein d'un Océan aérien. C'est dans les *Quebrada's* que l'œil du voyageur épouvanté saisit le mieux la grandeur gigantesque de la Cordillère. C'est à travers ces portes naturelles que les grandes rivières descendent vers l'Océan.

« En avançant de Popayan vers le sud, on voit, sur le plateau aride de la province de *los Pastos*, les trois chaînons des Andes se confondre dans un même groupe, qui se prolonge bien au-delà de l'équateur. Ce groupe, dans l'ancien royaume de Quito, offre un aspect particulier depuis la rivière de Chota, qui serpente dans des montagnes de roche basaltique, jusqu'au *Paramo de l'Ossuay*, sur lequel on observe de mémorables restes de l'architecture péruvienne. Les sommets les plus élevés sont rangés en deux files, qui forment comme une double crête de la Cordillère : ces cimes colossales et couvertes de glaces éternelles ont servi de signaux dans les opérations des académiciens français, lors de la mesure du degré équatorial. Leur disposition symétrique sur deux lignes dirigées du nord au sud, les a fait considérer par Bouguer comme deux chaînons de montagnes séparées par une vallée longitudinale :

mais ce que cet astronome célèbre nomme le fond d'une vallée, est le dos même des Andes; c'est un plateau dont la hauteur absolue est de 2700 à 2900 mètres. Il ne faut pas confondre une double crête avec une véritable ramification des Cordillères. C'est sur ces plateaux que se trouve concentrée la population de ce pays merveilleux; c'est là que sont placées des villes qui comptent 30 à 50,000 habitans. « Lorsqu'on a vécu pendant quelques mois sur ce
« plateau élevé, où le baromètre se soutient à $0^m,54$, ou
« à 20 pouces de hauteur, on éprouve, dit M. de Hum-
« boldt, irrésistiblement une illusion extraordinaire : on
« oublie peu à peu que tout ce qui environne l'observa-
« teur, ces villages annonçant l'industrie d'un peuple mon-
« tagnard, ces pâturages couverts à la fois de troupeaux
« de lamas et des brebis d'Europe; ces vergers bordés de
« haies vives de duranta et de barnadesia; ces champs la-
« bourés avec soin, et promettant de riches moissons de
« céréales, se trouvent comme suspendus dans les hautes
« régions de l'atmosphère; on se rappelle à peine que le
« sol que l'on habite est plus élevé au-dessus des côtes
« voisines de l'océan Pacifique, que ne l'est le sommet
« du Canigou, au-dessus du bassin de la Méditerranée. »

« En regardant le dos des Cordillères comme une vaste plaine bornée par des rideaux de montagnes éloignées, on s'accoutume à considérer les inégalités de leur crête comme autant de cimes isolées. Le Pichincha, le Cayambé, le Cotopaxi, tous ces pics volcaniques que l'on désigne par des noms particuliers, quoiqu'à plus de la moitié de leur hauteur totale ils ne constituent qu'une seule masse, paraissent aux yeux de l'habitant de Quito autant de montagnes distinctes qui s'élèvent au milieu d'une plaine dénuée de forêts. Cette illusion est d'autant plus complète, que les dentelures de la double crête des Cordillères vont jusqu'au niveau des hautes plaines habitées; aussi les Andes

« présentent-elles l'aspect d'une chaîne que lorsqu'on les voit de loin, soit des côtes du grand Océan, soit des savanes qui s'étendent jusqu'au pied de leur pente orientale.

« Les Andes de Quito forment la partie la plus élevée de tout le système, particulièrement entre l'équateur et le premier degré 45 minutes de latitude australe. Ce n'est que dans ce petit espace du globe que l'on a mesuré exactement des montagnes qui surpassent la hauteur de 3000 toises. Aussi n'y en a-t-il que trois cimes : le Chimborazo, qui excéderait la hauteur de l'Etna placé sur le sommet du Canigou, ou celle du Saint-Gothard placé sur la cime du pic de Ténériffe ; le Cayambé et l'Antisana. Les traditions des Indiens de Lican nous apprennent avec quelque certitude que la montagne de l'Autel, appelée par les indigènes Capa-Urcu, était jadis plus élevée que le Chimborazo, mais qu'après une éruption continuelle de 8 ans, ce volcan s'affaissa. Aussi son sommet ne présente-t-il plus, dans ses pics inclinés, que les traces de la destruction.

« La structure géologique de cette partie des Andes ne diffère pas essentiellement de celle des grandes chaînes de l'Europe. Le granite constitue la base sur laquelle reposent les formations moins anciennes ; il est à découvert au pied des Andes, sur les bords de l'océan Pacifique, comme sur les bords de l'océan Atlantique, près les bouches de l'Orénoque. Tantôt en masses, tantôt en bancs régulièrement inclinés et parallèles, enchâssant des masses rondes où le mica domine seul, le granite du Pérou ressemble à celui des Hautes-Alpes et de Madagascar. Sur cette roche, et quelquefois alternativement avec elle, se trouve le *gneiss* ou granite feuilleté. Il fait passage au schiste micacé, et celui-ci au schiste primitif. La roche calcaire grenue, le trapp primitif et le schiste chloritique forment des couches subordonnées dans le gneiss et le schiste micacé ; ce dernier, extrêmement répandu dans les Andes, renferme souvent des couches de graphite, et sert de base à des formations de serpentine qui alternent quelquefois avec la syénite. La crête des Andes est partout couverte de porphyres, de basaltes, de phonolithes et de roches vertes; divisées en colonnes, toutes ces roches présentent de loin l'aspect d'une immense suite de tours écroulées. L'épaisseur et l'étendue des roches schisteuses et porphyriques est le seul grand phénomène par lequel les Andes diffèrent des montagnes de l'Europe; les porphyres du Chimborazo ont 1900 toises d'épaisseur, sans mélange d'aucune autre roche; le quarz pur, à l'ouest de Caxamarca, 1500, et le grès des environs de Cuenca, 800. Ces roches forment toute l'élévation centrale des Andes, tandis qu'en Europe le granite ou l'ancien calcaire constitue la cime des chaînes. Les volcans se sont fait jour à travers ces bancs immenses, et en ont couvert les flancs de pierres obsidiennes et d'amygdaloïdes poreuses. Les volcans les plus bas jettent quelquefois des laves, mais ceux de la Cordillère proprement dite, ne lancent que de l'eau, des roches scorifiées, et surtout de l'argile mêlée de soufre et de carbone (1).

« En pénétrant dans le Pérou, nous voyons les chaînes des Andes se multiplier, s'étendre en largeur, et en même temps perdre leur élévation.

« Le Chimborazo, comme le Mont-Blanc, forme l'extrémité d'un groupe colossal. Depuis le Chimborazo jusqu'à 120 lieues au sud, aucune cime, suivant M. de Humboldt, n'entre dans la neige perpétuelle. La crête des Andes n'y a que 3100 à 3500 mètres (16 à 1800 toises) d'élévation. Depuis le 8ᵉ degré de latitude australe, les cimes neigeuses deviennent plus fréquentes, surtout vers Cuzco et la Paz, où s'élancent les pics d'*Ilimani* et de *Cururana*. »

(1) *A. de Humboldt*: Tableau des régions équatoriales, p. 122-130.

Depuis le voyage de M. de Humboldt, on considérait le Chimborazo comme le sommet le plus élevé de toute l'Amérique : sa hauteur est de 6530 mètres. Mais dans ces dernières années un voyageur anglais, M. Pentland, a reconnu que le point culminant des Andes est le *Nevado-de-Sorata*, situé dans la Cordillère orientale, vers le 15ᵉ degré 50 minutes de latitude méridionale : il a 7696 mètres de hauteur.

« Partout, dans cette région, les Andes proprement dites sont bordées à l'orient par plusieurs chaînes inférieures. Les missionnaires qui ont parcouru les montagnes de Chachapoya, celles qui bordent la *Pampa-del Sacramento*, celles qui forment la *Sierra-de-San-Carlos* ou le *Grand-Pajonal*, et les *Andes de Cuzco*, nous les présentent comme couvertes de grands arbres et de prairies verdoyantes; par conséquent comme considérablement inférieures à la Cordillère proprement dite. A l'égard de celle-ci, M. Helm, directeur des mines d'Espagne, a donné quelques notions sur la partie la plus centrale, où l'on aperçoit encore très-visiblement ce partage en deux crêtes parallèles que Bouguer avait observé plus au nord. Selon lui, les flancs orientaux des Andes présentent quelquefois du granite rouge et vert, et du gneiss; entre autres, vers Cordova et Tucuman; mais la grande chaîne consiste principalement en schiste argileux, ou en différentes espèces d'ardoise épaisse, bleuâtre, d'un rouge obscur, grise ou jaunâtre; on y trouve aussi, de temps en temps, des lits de pierre à chaux et de larges masses de grès ferrugineux. Une belle masse de porphyre couronne la montagne de Potosi. Depuis cette ville jusqu'à Lima, le schiste argileux dominait aux yeux de cet observateur; le granite y paraissait quelquefois en longues couches ou en forme de boules; souvent la base du schiste argileux était couverte de lits de marne, de gypse, de pierre à chaux, de sable, de fragmens de porphyre, et même de sel gemme.

« Les observations accidentelles de M. Helm ne fournissent pas un coup d'œil géologique complet ; mais elles coïncident avec le tableau que nous avons tracé, d'après M. de Humboldt, des Andes de Quito.

« Les Andes du Chili ne paraissent pas le céder en hauteur à celles du Pérou ; mais leur nature est moins connue. Les volcans y semblent encore plus fréquens. Les chaînes latérales disparaissent, et la Cordillère elle-même paraît n'offrir qu'une seule crête. Plus au sud, dans le Nouveau Chili, la Cordillère se rapproche si fort de l'Océan, que les îlots escarpés de l'archipel des Huayatecas peuvent être regardés comme un fragment détaché de la chaîne des Andes. Ce sont autant de Chimborazo et de Cotopaxi, mais noyés aux deux tiers dans les abîmes de l'Océan. Sur le continent, le cône neigé de Cuptana s'y élève environ à 2900 mètres (1500 toises) ; mais plus au sud, vers le cap Pilar, les montagnes granitiques s'abaissent jusqu'à 400 mètres (200 toises), et même jusqu'à de moindres hauteurs. »

Ainsi que nous l'avons dit ailleurs, les Andes du Chili sont composées en grande partie de roches granitiques. Sur le revers oriental, on observe de vastes dépôts de terrains diluvien et alluvien. Sur les granites et les gneiss reposent des calcaires, parmi lesquels on voit des marbres de différentes couleurs ; des dépôts salifères, des porphyres et des basaltes se font remarquer dans plusieurs localités. Ces montagnes étaient autrefois extrêmement riches en métaux précieux ; au commencement de ce siècle, M. de Humboldt évaluait leurs produits à 2800 kilogrammes d'or et à 6800 d'argent. On y trouve des dépôts diluviens aurifères, dont l'exploitation se fait par le lavage. L'argent est fréquemment en veines dans le schiste ; le cuivre est le métal le plus abondant : on en a trouvé des masses métalliques de 50 à 100 quintaux. Mais on peut

AMÉRIQUE : *Amérique mérid. espagnole.* 495

dire qu'en général tous ces métaux sont mal exploités.

« D'après les récits des navigateurs, on est tenté de regarder la plupart des extrémités méridionales des Andes, sur le détroit de Magellan, comme des masses de basalte qui s'élèvent en colonnes.

« Les richesses métalliques de la chaîne des Andes paraissent surpasser celles de la Cordillère mexicaine; mais, placées à une élévation plus grande dans la région des neiges, loin des forêts et des terrains cultivés, les mines jusqu'ici découvertes ne sont pas d'un aussi grand produit. Toutefois cette observation, importante pour la politique, n'est rien moins que concluante sous le rapport de la géographie physique; car, en supposant même que, dans les Andes, on ne découvre point de mines à un plus bas niveau, elles pourraient néanmoins y exister, et n'être dérobées à la vue et à l'approche que par quelques formations de roches superposées au schiste métallifère en plus grande masse qu'au Mexique.

« Les Andes, peu abondantes en roches calcaires, offrent très-peu de pétrifications; les bélemnites et les ammonites, si communes en Europe, semblent inconnues. Dans la chaîne de côtes de Caracas, M. de Humboldt trouva une grande quantité de coquillages pétrifiés, qui ressemblaient à ceux de la mer voisine. Dans la plaine de l'Orinoco l'on trouve des arbres pétrifiés et convertis en brèche très-dure.

« Il existe aussi des coquillages pétrifiés à Micuipampa et à Huancavelica, à 2000 et 2200 toises d'élévation. D'autres monumens d'un ancien monde se montrent à un niveau inférieur. Près de Santa-Fé se trouve, dans le Campo-de-Giguante, à 1370 toises de hauteur, une immensité d'os fossiles de grands pachydermes, tels que des éléphans et des mastodontes. On en a aussi découvert au sud de Quito et dans le Chili; de manière qu'on peut prouver l'existence et la destruction de ces animaux gigantesques depuis l'Ohio jusqu'aux Patagons.

« La température, déterminée autant par le niveau que par la latitude, offre ici des contrastes semblables à ceux que nous avons observés dans le Mexique. La limite inférieure des neiges perpétuelles, sous l'équateur, est à 2460 toises d'élévation; invariable et tranchée, cette limite frappe l'œil le moins attentif. Les autres divisions climatiques se confondent davantage. Cependant elles peuvent être définies d'une manière plus précise qu'elles ne l'ont été jusqu'ici.

« Les trois zones de température qui naissent en Amérique de l'énorme différence de niveau entre les divers sols, ne sauraient nullement être comparées aux zones qui résultent d'une différence de latitude. L'agréable, la salutaire variété des saisons manque aux régions qu'on distingue ici sous les dénominations de *froide*, de *tempérée* et de *chaude*. Dans la zone froide, ce n'est pas l'intensité, mais la continuité du froid, l'absence de toute chaleur un peu vive, la constante humidité d'un air brumeux qui arrête la croissance des grands végétaux, et qui, chez l'homme, perpétue les maladies nées de la transpiration interceptée et de l'épaississement des humeurs. La zone chaude n'éprouve pas des ardeurs excessives; mais c'est ici la perpétuité de la chaleur qui, jointe aux exhalaisons d'un sol marécageux, aux miasmes d'un immense amas de pourriture végétale, et aux effets d'une extrême humidité, fait naître des fièvres plus ou moins pernicieuses, et répand, dans tout le règne animal et végétal, l'agitation d'une vie surabondante et désordonnée. La zone tempérée, en offrant une chaleur modérée et constante comme celle d'une serre chaude, exclut de ses limites et les animaux et les végétaux qui aiment les extrêmes, soit de froid, soit du chaud; elle nourrit ses plantes particulières, qui ne peuvent ni s'élever au-dessus de ses bornes, ni descendre au-dessous. Sa température, qui ne saurait pas endurcir la constitution de ses habitans constans, agit comme le printemps sur les maladies de la région chaude, et comme l'été sur celles de la zone froide. Aussi, un simple voyage du sommet des Andes jusqu'au niveau de la mer ou dans le sens inverse, est une véritable cure médicale qui suffit pour opérer les changemens les plus étonnans dans le corps humain. Mais l'habitation constante dans l'une ou l'autre de ces zones doit énerver les sens et l'âme par l'effet d'une tranquillité monotone. L'été, le printemps et l'hiver sont ici assis sur trois trônes distincts qu'ils ne quittent jamais, et qui restent constamment environnés des attributs de leur puissance (1).

« La végétation offre un plus grand nombre d'échelles, dont il convient de marquer les principales. Depuis les bords de l'Océan jusqu'à la hauteur de 1000 mètres (513 toises), végètent les magnifiques palmiers, les *musa*, les *heliconia*, les *theophrasta*, les liliacées les plus odoriférantes, le baume de Tolu, le quinquina de Carony. Le jasmin à large fleur, et le datura en arbre, exhalent le soir leurs doux parfums à l'entour de Lima, et, tressés dans les cheveux des dames, reçoivent un nouveau charme en relevant leurs attraits. Sur les bords arides de l'Océan, à l'ombre des cocotiers, se nourrissent les mangliers, les cactus, et diverses plantes salines; entre autres, le *sesuvium portulacastrum* (2). Un seul palmier, le *ceroxylon andicola*, fait divorce avec le reste de la famille, et habite les hauteurs de la Cordillère, depuis 900 jusqu'à 1450 toises d'élévation.

(1) *Lefebvre*: Traité de la fièvre jaune, ch. I. — *A. de Humboldt*: Tableau des régions équatoriales. — (2) *Idem*, *ibid.*, p. 59.

« Au-dessus de la région des palmiers commence celle des fougères arborescentes, et du *chinchona* ou quinquina. Les premières cessent à 800 toises, tandis que les secondes ne s'arrêtent qu'à 1450. La substance fébrifuge qui rend si précieuse l'écorce du quinquina se rencontre dans plusieurs arbres d'espèce différente, et dont quelques-uns végètent à un niveau très-bas, même sur les bords de la mer; mais le vrai *chinchona* ne croissant pas au-dessous de 353 toises, n'a pu dépasser l'isthme de Panama. Dans la région tempérée des Chinchona, croissent quelques liliacées; par exemple, le *cypura* et le *sisyrinchium*, les *melastoma* à grandes fleurs violettes, des *passiflores* et arbres, hautes comme nos chênes du Nord; le *thibaudia*, le *fuchsia*, et des *alstrœmeria* d'une rare beauté. C'est là que s'élèvent majestueusement les *macrocnemum*, les *hysianthus*, et les diverses *cucullaires*. Le sol y est couvert dans les endroits humides, de mousses toujours vertes qui forment quelquefois des pelouses aussi éclatantes que celles de la Scandinavie ou de l'Angleterre. Les ravins cachent le *gunnera*, le *dorstenia*, des *oxalis*, et une multitude d'*arum* inconnus. Vers les 872 toises d'élévation se trouvent le *porliera*, qui marque l'état hygrométrique de l'air; les *citrosma* à feuilles et fruits odoriférans, et de nombreuses espèces de *symplocos*. Au-delà de 2200 mètres (1129 toises), la fraîcheur de l'air rend les *mimosa* moins sensibles, et leurs feuilles irritables ne se ferment plus au contact. Depuis la hauteur de 1334, et surtout de 1539 toises, les *acœna*, le *dichondra*, les *hydrocotyles*, le *nerteria* et l'*alchemilla*, forment un véritable gazon très-épais et très-verdoyant. Le *mutisia* y grimpe sur les arbres les plus élevés. Les chênes ne commencent dans les régions équatoriales qu'au-dessus de 1700 mètres (872 toises) d'élévation. Ces arbres seuls présentent quelquefois, sous l'équateur, le tableau du réveil de la nature au printemps : ils perdent toutes leurs feuilles, et on les voit alors en pousser d'autres, dont la jeune verdure se mêle à celle des *epidendrum* qui croissent sur leurs branches. Dans la région équatoriale les grands arbres, ceux dont le tronc excède 10 à 15 toises, ne s'élèvent pas au-delà du niveau de 2700 mètres (1385 toises). Depuis le niveau de la ville de Quito, les arbres sont moins grands, et leur élévation n'est pas comparable à celle que les mêmes espèces atteignent dans les climats les plus tempérés. A 3500 mètres (1796 toises) de hauteur cesse presque toute végétation en arbres, mais à cette élévation les arbustes deviennent d'autant plus communs. C'est la région des *berberis*, des *duranta* et des *barnadesia*. Ces plantes caractérisent la végétation des plateaux de Pasto et de Quito, comme celle de Santa-Fé est caractérisée par les *polymnia* et les *datura* en arbres. Le sol y est couvert d'une multitude de calcéolaires, dont la corolle à couleur dorée émaille agréablement la verdure des pelouses. Plus haut, sur le sommet de la Cordillère, depuis 1440 à 1700 toises d'élévation, se trouve la région des *wintera* et des *escallonia*. Le climat froid, mais constamment humide, de ces hauteurs que les indigènes nomment *Paramos*, produit des arbrisseaux dont le tronc, court et carbonisé, se divise en une infinité de branches couvertes de feuilles coriaces et d'une verdure luisante. Quelques arbres de quinquina orangé, des *embothrium* et des *melastoma* à fleurs violettes presque pourprées, s'élèvent à ces hauteurs. L'*alstonia*, dont la feuille séchée est un thé salutaire, la *wintera* grenadienne et l'*escallonia tubar*, qui étend ses branches en forme de parasol, y forment des groupes épars.

« Une large zone de 1030 à 2100 toises, nous présente la région des plantes alpines : c'est celle des *stæhelina*, des gentianes, et de l'*espeletia frailexon*, dont les feuilles velues servent souvent d'abri aux malheureux Indiens que la nuit surprend dans ces régions. La pelouse y est ornée du *lobelia* nain, du *sida* de Pichincha, de la renoncule de Gusman, de la gentiane de Quito, et de beaucoup d'autres espèces nouvelles. A la hauteur de 2100 toises, les plantes alpines font place aux graminées, dont la région s'étend 3 à 400 toises plus haut. Les *jarava*, les *stipa*, une multitude de nouvelles espèces de *panicum*, d'*agrostis*, d'*avena* et de *dactylis*, y couvrent le sol. Il présente de loin un tapis doré, que les habitans du pays nomment *Pajonal*. La neige tombe de temps en temps sur cette région des graminées. C'est à 4600 mètres (2360 toises) que disparaissent entièrement les plantes phanérogames. Depuis cette limite jusqu'à la neige perpétuelle, les plantes licheneuses seules couvrent des rochers; quelques unes paraissent même se cacher sous des glaces éternelles.

« Les plantes cultivées ont des zones moins étroites et moins rigoureusement limitées. Dans la région des palmiers, les indigènes cultivent le bananier, le jatropha, le maïs et le cacaoyer. Les Européens y ont introduit la culture du sucre et de l'indigo. Dès qu'on passe le niveau de 1000 mètres ou 500 toises, toutes ces plantes deviennent rares, et ne prospèrent que dans des localités particulières; c'est ainsi que le sucre réussit même à 1250 toises. Le café et le coton s'étendent à travers l'une et l'autre région. La culture du blé commence à 500 toises; mais elle n'est assurée qu'à 250 toises plus haut. Le froment croît le plus vigoureusement depuis 800 jusqu'à 1000 toises d'élévation. Il y produit, année commune, plus de 25 à 30 graines pour une. Au-dessus de 900 toises, le bananier donne difficilement des fruits mûrs; mais la plante se traîne languissante encore à 400 toises plus haut. La région comprise entre les 820 et 960 toises est aussi celle dans laquelle abonde le *cocea* ou l'*erythroxylum peruvianum*, dont quelques feuilles, mêlées à de la chaux caustique, nourrissent l'Indien péruvien dans ses courses les plus longues dans la Cordillère. C'est de 1000 à 1500 que règne principalement la culture des divers blés de l'Europe et du *chenopodium quinoa*, culture favorisée par les grands plateaux que présente la Cordillère des Andes, et dont le sol uni et facile à labourer ressemble à des fonds d'anciens lacs. A 1600 ou 1700 toises de hauteur, les gelées et la grêle font souvent manquer les récoltes du blé. Le maïs ne se cultive presque plus au-delà de 1200 toises. Passez à 300 toises plus haut, et vous verrez la culture de la pomme de terre; elle cesse à 2100 toises. Vers les 1700 toises le froment ne vient plus; on n'y sème que de l'orge, et même elle y souffre beaucoup du manque de chaleur. Au-dessus de 1840 toises cessent toute culture et tout jardinage. Les hommes y vivent au milieu de nombreux troupeaux de *lamas*, de brebis et de bœufs, qui, en s'égarant, se perdent quelquefois dans la région des neiges perpétuelles (1).

« Pour compléter ce tableau physique de l'Amérique méridionale, nous allons considérer la diversité des animaux qui vivent à différentes hauteurs dans la Cordillère des Andes ou aux pieds de ces montagnes. Depuis le niveau de la mer jusqu'à 1000 mètres (513 toises), dans la région des palmiers et des scitaminées, on découvre le paresseux, qui vit sur les *cecropia peltata*; les boa et les crocodiles, qui dorment, ou traînent leur masse affreuse au pied du *conocarpus* et de l'*anacardium caracoli*. C'est là que le *cavia capybara* se cache dans des marais couverts d'*heliconia* et de *bambusa*, pour se dérober à la poursuite des animaux carnassiers; le *tanayra*, le *crax*, et les perroquets perchés sur le *caryocar* et le *lecythis*, confondent l'éclat de leur plumage avec l'éclat des fleurs et des feuilles;

(1) *A. de Humboldt*: Tableau des régions équatoriales, p. 141-144.

c'est là que l'on voit reluire l'*elater noctilucus*, qui s[e] nourrit de la canne à sucre ; c'est là que le *curculio pa*[l]*marum* vit dans la moelle du cocotier. Les forêts de ce[s] régions brûlantes retentissent des hurlemens des alouate[s] et d'autres singes sapajoux. Le *jaguar*, le *felis concolor* et le tigre noir de l'Orénoque, plus sanguinaire encor[e] que le *jaguar*, y chassent le petit cerf (c. *mexicanus*), le *cavia* et les fourmillers, dont la langue est fixée au bou[t] du sternum. L'air de ces basses régions, surtout dans le[s] bois, et sur les bords du fleuve, est rempli de cette in[]nombrable quantité de maringouins (*mosquitos*), qui ren[]dent presque inhabitable une grande et belle partie du globe. Aux *mosquitos* se joignent l'*œstrus humanus*, qu[i] dépose ses œufs dans la peau de l'homme, et y cause de[s] enflures douloureuses; les *acarides*, qui sillonnent la peau, les araignées venimeuses, les fourmis et les *termès*, dont la redoutable industrie détruit les travaux des habitans. Plus haut, de 1000 à 2000 mètres (513 à 1026 toises), dans les régions des fougères arborescentes, presque plus de *jaguars*, plus de boas, plus de crocodiles ni de lamentins, peu de singes; mais abondance de tapirs, de *pecaris* et de *felis pardalis*. L'homme, le singe et le chien y sont incommodés par une infinité de chiques (*pulex pe*[]*netrans*), qui sont moins abondantes dans les plaines. Depuis 2 jusqu'à 3000 mètres (1026 à 1539 toises), dans la région supérieure des quinquina, plus de singes, plus de cerfs mexicains; mais on voit paraître le chat-tigre, les ours et le grand cerf des Andes. Les poux abondent dans la Cordillère à cette hauteur, qui est celle de la cime du Canigou. Depuis 3 jusqu'à 4000 mètres (1539 à 2052 toises), se trouve la petite espèce de lion que l'on désigne par le nom de *pouma* dans la langue quichoa, le petit ours à front blanc, et quelques espèces peu connues que l'on range d'abord parmi les viverres. M. de Humboldt a vu

AMÉRIQUE : *Amérique mérid. espagnole.* 503

souvent avec étonnement des colibris à la hauteur du pic de Ténériffe. La région des graminées, depuis 4 jusqu'à 5000 mètres (2052 à 2565 toises) de hauteur, est habitée par des bandes de vigognes, de *guanaco* et d'*alpaca* dans le Pérou, et de *chilihuèque* dans le Chili. Ces quadrupèdes, qui représentent ici le genre chameau de l'ancien continent, n'ont pu se répandre ni au Brésil ni au Mexique, parce que, sur la route, ils auraient dû descendre dans des régions trop chaudes. Les *lamas* ne se trouvent qu'en état de domesticité; car ceux qui vivent à la pente occidentale du Chimborazo sont devenus sauvages lors de la destruction de Lican par l'inca Tupayupangi. La vigogne préfère surtout les endroits où la neige tombe de temps en temps. Malgré la persécution qu'elle éprouve, on en voit encore des bandes de 3 à 400, surtout dans les provinces de Pasco, aux sources de la rivière des Amazones, dans celles de Guailas et de Caxatambo près de Gorgor. Cet animal abonde aussi près de Huancavelica, aux environs de Cusco, et dans la province de Cochabamba, vers la vallée de Rio-Cocatages. On l'y trouve partout où le sommet des Andes s'élève au-dessus de la hauteur du Mont-Blanc. La limite inférieure de la neige perpétuelle est, pour ainsi dire, la limite supérieure des êtres organisés. Quelques plantes licheneuses végètent encore sous les neiges; mais le condor (*vultur gryphus*) est le seul animal qui habite ces vastes solitudes. M. de Humboldt l'a vu planer à plus de 6500 mètres (3335 toises) de hauteur. Quelques sphinx et des mouches, observés à 5900 mètres (3027 toises), lui ont paru portés involontairement dans ces régions par des courans d'air ascendans (1).

« A cette distribution du règne animal, d'après l'éléva-

(1) *A. de Humboldt :* Tableau des régions équatoriales.

tion du sol, on pourrait joindre un aperçu des limites purement géographiques que certains animaux ne franchissent pas. C'est un phénomène très-frappant que celui de voir les *alpaca*, les *vigognes* et les *guanaco* suivre toute la chaîne des Andes, depuis le Chili jusqu'au 9ᵉ degré de latitude australe, et de ne plus en observer depuis ce point au nord, ni dans l'ancien royaume de Quito ni dans les Andes de la Nouvelle-Grenade. Les écrivains du pays attribuent ce fait à l'herbe *ichos*, que ces animaux préfèrent à toute autre nourriture, et qu'ils ne trouvent pas hors les limites marquées. L'autruche de Buénos-Ayres, ou plutôt le *nandu* (*rhea americana*), présente un phénomène analogue. Ce grand oiseau ne se trouve pas dans les vastes plaines des Parexis, où cependant la végétation paraît devoir ressembler à celle des Pampas; mais peut-être les plantes salines y manquent-elles. D'autres différences seront indiquées dans les descriptions particulières.

LIVRE CENT QUATRE-VINGT-SEPTIÈME.

Suite de la Description de l'Amérique.— Description particulière du Caracas, de la Nouvelle-Grenade et du pays de Quito, qui forment aujourd'hui les trois républiques de la Colombie.

« Les premiers Espagnols qui visitèrent les côtes depuis l'Orénoque jusqu'à l'isthme, les désignèrent habituellement sous le nom général de *Terre-Ferme* (1). Le roi Ferdinand imposa à la partie occidentale le nom de *Castille-d'Or* (2). Cette dernière dénomination se perdit, et, à mesure que le reste du continent fut découvert, la première dut paraître impropre; elle est restée long-temps, mais restreinte à un petit gouvernement qui comprenait les provinces de Veraguas, de Panama et de Darien, gouvernement qui paraît ne pas même répondre complètement à l'étendue de la Castille-d'Or (3). L'usage vicieux des géographes maintint la Terre-Ferme dans son extension primitive, et comprit, sous cette division imaginaire, la capitainerie générale de *Caracas* ou de *Venezuela*, dont la Guyane espagnole dépend, et le *nouveau royaume de Grenade*, qui embrassa le royaume de *Quito*. »

Le vaste territoire de la Colombie se compose de l'ancienne vice-royauté de la Nouvelle-Grenade et de la capitainerie générale de Caracas ou de Venezuela, qui, réunis en une seule république vers la fin de l'année 1819, ont été divisés d'abord en 7, puis en 10, et enfin en 12 départemens, qui se subdivisent en provinces, en districts et en

---

(1) *Oviedo :* Historia de las Indias, I, p. 9-10, etc.; dans *Barcia*, Historiadores, t. I.— (2) *Idem*, c. II, p. 22. *Gomara*, c. LXV, p. 58.
(3) *Alcedo*, Dictionnaire, au mot *Tierra-Firma*.

paroisses. Suivant la constitution colombienne, le pouvoir exécutif est confié à un président, et le pouvoir législatif à un congrès composé d'un sénat et d'une chambre de représentans. Les membres du congrès sont élus par des électeurs de cantons, nommés eux-mêmes par des électeurs de paroisses, dont les droits consistent à avoir 25 ans, à savoir lire et écrire, et à posséder 100 piastres.

Déplorable théâtre de la guerre civile, cette république a subi tant de bouleversemens politiques, que sa description topographique offre encore une grande incertitude. Ainsi l'organisation de 1819 n'a pu tenir contre la versatilité des partis et les efforts de quelques chefs ambitieux. Les services de Bolivar méconnus, son désintéressement mal récompensé, peut-être même calomnié, annonçaient, dès 1827, le retour de l'anarchie. En 1829, deux partis se forment sur les débris de la constitution renversée : les *unitaires* qui demandent l'indivisibilité de la république colombienne, les *fédéralistes* qui réclament sa séparation en trois *États* indépendans. Ce dernier parti l'emporte au sein du congrès assemblé à Santa-Fé de Bogota; et Bolivar, qui venait à la suite de quelques revers militaires de déposer au sein de l'assemblée les pouvoirs qu'elle lui avait confiés, Bolivar, que les nouvelles plaies de la patrie affectaient profondément, succombe à ses chagrins le 17 décembre 1830, après avoir vu proclamer l'indépendance des trois nouveaux États du *Venezuela*, de la *Nouvelle-Grenade* et de l'*Équateur*.

« L'île de *Sainte-Marguerite* forme une petite province dépendant du département de *Maturin*. Les premiers conquérans ayant remarqué des villages indiens bâtis sur pilotis dans les îles du lac Maracaïbo, donnèrent à tout le pays le nom de Venezuela ou Petite-Venise.

« La chaîne de montagnes qui bordent la mer des Caraïbes et forme le bassin de l'Orénoque étant peu élevée, admet presque partout l'industrie du cultivateur. D'après la différence du niveau, on y jouit, dans quelques endroits, de la fraîcheur d'un printemps continuel ; et, dans d'autres, l'influence de la latitude se fait pleinement sentir. L'hiver et l'été, c'est-à-dire les pluies et la sécheresse, se partagent l'année entière; les premières commencent en novembre, et finissent en avril. Pendant les six autres mois, les pluies sont moins fréquentes, quelquefois même rares. Les orages se font moins souvent sentir depuis 1792 qu'avant cette époque ; mais les tremblemens de terre ont fait des ravages terribles; la ville même de Caracas a été détruite en 1812. On avait découvert quelques mines d'or, mais les révoltes des Indiens en ont fait abandonner l'exploitation (1). On a trouvé, dans la juridiction de San-Felipe, une mine de cuivre qui fournit aux besoins du pays, et même à l'exportation. La pêche des perles le long des côtes, jadis importante, est aujourd'hui presque abandonnée. La côte septentrionale du département de Venezuela produit beaucoup de sel très-blanc. Les eaux minérales et thermales, assez abondantes, sont peu fréquentées. Les forêts qui couvrent les montagnes de Caracas fourniraient, pendant des siècles, aux chantiers les plus considérables ; mais la nature du terrain rend trop difficile l'exploitation des bois, que d'ailleurs la navigation, peu active, ne réclame pas encore. Les forêts produisent aussi beaucoup de bois de marqueterie et de teinture. On y recueille des drogues médicinales, telles que la salsepareille et le quinquina. Le lac de *Maracaïbo* fournit de la poix minérale ou du pisasphalte, qui, mêlé avec du suif, sert à goudronner les bâtimens. Les vapeurs bitumineuses qui planent sur le lac s'enflamment souvent spontanément, surtout dans les grandes chaleurs. Les bords de ce lac sont si stériles et si malsains que les Indiens, au lieu d'y fixer

(1) *Da Pons*. Voyage à la Terre-Ferme, t. I, p. 116.

leur demeure, aiment mieux habiter sur le lac même. Les Espagnols y trouvèrent beaucoup de villages construits sans ordre, sans alignement, mais sur des pilotis solides. Ce lac, qui a 50 lieues de long et 30 de large, communique avec la mer; mais ses eaux sont habituellement douces. La navigation y est facile, même pour des bâtimens d'une grande capacité. La marée s'y fait sentir plus fortement que sur les côtes voisines. Le lac de *Valencia*, que les Indiens appelaient *Tacarigua*, offre un coup d'œil bien plus attrayant. Ses bords, ornés d'une végétation féconde, jouissent d'une température agréable : long de 13 lieues et demie sur une largeur de 4, il reçoit une vingtaine de rivières, et n'a lui-même aucune issue, étant séparé de la mer par un espace de 6 lieues, rempli d'âpres montagnes. Les provinces de l'État de Venezuela sont très-riches en rivières, ce qui procure beaucoup de facilité pour l'arrosement; celles qui serpentent dans la chaîne des montagnes se déchargent dans la mer, et courent du sud au nord, tandis que celles qui prennent leur source dans le revers méridional de la montagne parcourent toute la plaine et vont se perdre dans l'Orénoque. Les premières sont en général assez encaissées par la nature, et ont une pente suffisante pour ne déborder que rarement, et pour que ces débordemens ne soient ni longs ni nuisibles; les secondes, qui ont leur cours dans des lits moins profonds et sur un terrain plus uni, confondent leurs eaux une grande partie de l'année, et ressemblent alors plutôt à une mer qu'à des rivières débordées. Les marées, peu sensibles sur toute la côte du nord, depuis le cap de la Vela jusqu'au cap Paria, deviennent très-fortes depuis ce dernier cap jusqu'à la Guyane hollandaise. Un grand inconvénient, commun à tous les ports du Venezuela, est d'être continuellement exposés aux ras de marées, à ces lames houleuses qui ne paraissent nullement occasionées par les ents, mais qui ne sont pas moins incommodes, ni souvent moins dangereuses.

« Les vallées septentrionales sont les parties les plus productives de cet État, parce que c'est là que la chaleur et l'humidité sont plus également combinées qu'ailleurs. Les plaines méridionales, trop exposées à l'ardeur du soleil, ne donnent que des pâturages où l'on élève des bœufs, des mulets, des chevaux. La culture devrait être très-florissante dans ces provinces, où il n'existe pas de mines; mais ses progrès sont retardés par l'indolence et le défaut de lumières. Le cacao qu'elles produisent est, après celui de Soconusco, dans le Guatemala, le plus estimé dans le commerce. On l'exporte en grande partie pour le Mexique. Les plantations de cacaoyers se trouvent toutes au nord de la chaîne de montagnes qui côtoie la mer. Dans l'intérieur on ne cultive que depuis 1774 l'indigo, qui est de très-bonne qualité. Ce fut à la même époque que commença la culture du coton. En 1734, on songea à cultiver le café comme objet de commerce, mais jusqu'à présent les plantations, tenues avec négligence, ont donné des fruits médiocres. Les sucreries ne jouent encore qu'un rôle secondaire; elles sont cependant en assez grand nombre, mais tous leurs produits se consomment dans le pays; car les Espagnols aiment passionnément les confitures et tous les alimens qui admettent du sucre. Le tabac est excellent, et les lois n'en gênent plus la culture.

« Le commerce de Caracas a subi les mêmes variations que celui des autres États. On estime les exportations de Caracas à la valeur de 5 à 6 millions de piastres, en y comprenant la contrebande, favorisée par le grand nombre de ports (1).

« Le chef-lieu de la province est *Caracas*, ou *Léon* de

(1) *Dauxion-Lavaysse*: Voyage de Venezuela, t. II, p. 461. *Humboldt*: Nouvelle-Espagne, t. IV, p. 472.

Caracas, résidence du gouverneur général et de l'archevêque de Venezuela. Avant le dernier tremblement de terre elle comptait 45,000 habitans. Bâtie dans une vallée et sur un terrain très-inégal, baignée par quatre petites rivières, elle avait cependant des rues bien alignées et des maisons très-belles. Son université rivalise avec celles de Bogota et de Quito. La température de cette ville ne répond pas du tout à sa latitude ; on y jouit d'un printemps presque continuel ; elle doit cet avantage à son élévation, qui est de 460 toises au-dessus du niveau de la mer. Caracas a pour port *la Goayre*, qui en est à 5 lieues. La mer n'y est pas moins houleuse que l'air n'est chaud et insalubre. »

On distingue encore *Puerto-Cabello*, située dans une île qui communique au continent par un pont ; elle offre un port commode, qui peut mettre à l'abri de tous les vents une flotte considérable. On y fait un commerce important, et ses 8000 habitans emploient plus de 60 bâtimens au cabotage. Un marais fangeux qui l'avoisine rend malsain le séjour de cette ville.

« *Valencia*, cité florissante, à une demi-lieue du lac du même nom, qui porte aussi celui de *Tacarigua*, et au milieu d'une plaine fertile et salubre, est commerçante, et renferme 15,000 habitans. *Coro*, ancienne capitale, près de la mer, est dans une plaine aride et sablonneuse. »

Cumana est destinée à devenir un jour l'une des plus importantes places maritimes de l'Amérique méridionale ; sa rade pourrait recevoir toutes les escadres de l'Europe. Elle est située sur la côte méridionale du golfe de Cariaco, à l'embouchure du Manzanarès. Dans la crainte des tremblemens de terre, on n'y a construit aucun édifice en pierres. Sa population est d'environ 24,000 âmes.

« *Nouvelle-Barcelonne* est une ville malpropre, au milieu d'un pays inculte, mais dont le sol est excellent. Nous remarquerons encore *Maracaïbo*, chef-lieu de province, bâti dans un terrain sablonneux, sur la rive gauche du lac de même nom, à 6 lieues de la mer. Elle est défendue par trois forts. L'air y est excessivement chaud; le séjour n'en est cependant pas malsain. Ses habitans, au nombre de 20,000, sont en général bons marins et bons soldats; ceux qui ne suivent pas la carrière de la mer s'occupent de l'éducation des bestiaux, dont son territoire est couvert; ils ont leurs maisons de campagne à *Gibraltar*, de l'autre côté du lac (1). »

La rivière de la *Sulia*, qui donne son nom au département dont Maracaïbo est le chef-lieu, se jette dans le lac à son extrémité méridionale. C'est vers cette partie de ses bords que se manifeste la nuit un phénomène utile aux navigateurs. Près d'un endroit nommé *Mena* se trouve un dépôt considérable de poix minérale: les vapeurs bitumineuses qui s'en exhalent planent à la surface du lac et s'enflamment fréquemment pendant les grandes chaleurs. Ces feux, qui aident le pilote à reconnaître la côte, ont reçu dans le pays le surnom de *lanternes du Maracaïbo*. On trouve, au-dessus de ce lac, *Merida*, petite ville de 5000 âmes, dont les habitans, très-actifs et très-industrieux, possèdent le territoire le mieux cultivé et le plus productif de la province dont elle est le chef-lieu. Elle possède un collège et une université. *Truxillo*, ville magnifique avant qu'elle eût été ravagée, en 1678, par les flibustiers, possède encore une population au moins égale à celle de Merida. Elle est bâtie dans une vallée étroite qui ne lui laisse que l'espace nécessaire à deux rues. *Varinas*, chef-lieu du *département de l'Orénoco*, est une ville de 6000 âmes, où l'on récolte le tabac le plus renommé.

L'île *Marguerite*, aride, mais salubre, que Christophe Colomb découvrit en 1498, et qui est séparée du continent par un canal de 6 lieues de large, forme une province de

(1) Histoire des Flibustiers, t. I, p. 278.

15,000 âmes, qui fait partie du département de Maturin, et qui renferme la ville d'*Assumpcion* et le port *Pampata*, déclaré franc par la république. Au lieu de perles, on pêche aujourd'hui dans ses eaux une immense quantité de poissons.

La population de Caracas, avant les dernières révolutions, était évaluée à près d'un million d'individus, dont 200,000 Espagnols, 450,000 gens de couleur libres, 60,000 esclaves, et 28,000 Indiens. Aujourd'hui cette partie de Colombie forme les trois départemens de l'Orénoque, de Venezuela et de Sulia, dont la population, par suite des discordes civiles, a été réduite à 557,000 âmes.

« La force armée consistait en 6558 hommes de troupes, y compris l'artillerie et les milices. La totalité des impôts et des droits s'élevait à peu près à 1,200,000 piastres.

« Nous avons réservé la description de la partie de la *Guyane* qui appartient à la Colombie et dépend du département de Maturin. Elle a plus de 250 lieues de long, depuis les bouches de l'Orénoque jusqu'aux limites du Brésil. Sa largeur va, en plusieurs endroits, jusqu'à 15 lieues. Sa superficie est de 29,000 lieues carrées. Sur cette surface immense, on ne compte qu'environ 40,000 habitans connus et soumis, dont 20 à 30,000 Indiens, sous la conduite des missionnaires. Les *capucins catalans* en avaient réuni 17,000 sur les bords du Carony, lors du voyage de M. de Humboldt[1]. Ils leur faisaient cultiver l'arbre qui donne le *cortex Angosturæ*. Mais les insurgés, sous les ordres de Bolivar, ont ruiné cet établissement. La seule ville est *San Thomé de la Nueva-Guyana*, communément nommée *Angostura*, c'est-à-dire le détroit, parce qu'elle est située près d'un resserrement du lit de l'Orénoque. Un fort construit sur une colline à la droite du fleuve en défend le passage

---

[1] *A. de Humboldt*: Relation historique, t. II, p. 638.

cette ville a changé de place trois fois. Dans son deuxième emplacement il reste quelques fortifications qui conservent encore le nom de *San-Thomé de la Vieja-Guyana*. La nouvelle ville jouit d'un climat sain, tandis que, dans l'ancienne, les ophthalmies et la fièvre jaune étaient endémiques (1). La nouvelle ville compte 5 à 6000 habitans.

« Les terres de la Guyane, excellentes surtout pour la culture du tabac, ne présentent qu'un petit nombre d'habitations mal travaillées, où les propriétaires font un peu de coton, de sucre et de vivres du pays. On exporte une assez grande quantité de bétail. Cette province, destinée par sa fertilité et par sa position à acquérir une grande importance, la devra surtout à l'Orénoque. Les rivières que ce fleuve reçoit, et dont le nombre passe 300, sont autant de canaux qui porteraient à la Guyane toutes les richesses que l'intérieur pourrait produire. Sa communication avec le fleuve des Amazones ajoute aux avantages qu'il peut procurer à la Guyane, en facilitant les relations avec le Brésil et les parties intérieures du nouveau continent. Les Anglais, toujours poussés par une activité éclairée, sentent l'importance de cette rivière; ils ont établi des postes militaires dans quelques îles, à son embouchure, d'où ils protégent la coupe des bois de teinture, et d'où ils communiquent avec les Indiens *Guaranos*, tribu paisible, qui, dans ses marais boisés, a bravé la domination espagnole. Une autre nation indépendante et belliqueuse, celle des *Arouakas*, qui occupe la côte maritime au sud de l'Orénoque, recevait des armes et des boissons spiritueuses de la colonie hollandaise d'Essequébo et de Démérary, aujourd'hui soumise aux Anglais. Ainsi, la souveraineté des Espagnols sur l'embouchure de ce fleuve important n'est rien moins que solidement garantie.

(1) *Leblond:* Traité de la fièvre jaune, p. 141.

« Dans la partie supérieure du domaine de ce fleuve entre le 3ᵉ et le 4ᵉ parallèles nord, la nature a plusieurs fois répété le phénomène singulier de ce qu'on appelle les eaux noires. L'*Atabapo*, le *Temi*, le *Tuamini* et le *Guainia*, ont des eaux d'une teinte couleur de café. A l'ombre des massifs de palmiers, leur couleur passe au noir foncé; mais, dans des vaisseaux transparens, elles sont d'un jaune doré. L'image des constellations australes s'y reflète avec un éclat singulier. L'absence de crocodiles et de poissons, une fraîcheur plus grande, un moindre nombre de mosquites, et un air plus salubre, distinguent la région des fleuves noirs. Ils doivent probablement leur couleur à une dissolution de carbure d'hydrogène, résultat de la multitude de plantes dont est couvert le sol qu'ils traversent (1).

« La Guyane colombienne comprend une partie de ces déserts arides connus sous le nom de *Llanos* (2), dont le reste appartient à la ci-devant province de *San-Juan de Llanos*, et qui font partie de la Nouvelle-Grenade. On ne saurait en séparer la description, que nous devons tirer presqu'en entier des écrits de M. de Humboldt.

« En quittant les humides bords de l'Orénoque et les vallées de Caracas, lieux où la nature prodigue la vie organique, le voyageur, frappé d'étonnement, entre dans un désert dénué de végétation. Pas une colline, pas un rocher ne s'élève au milieu de ce vide immense. Le sol brûlant, sur une surface de plus de 2000 lieues carrées, n'offre que quelques pouces de différence de niveau. Le sable, semblable à une vaste mer, offre de curieux phénomènes de réfraction et de soulèvement, ou mirage. Les voyageurs s'y dirigent par le cours des astres, ou par quelques troncs épars du palmier-mauritia et d'*embothrium*, que

---

(1) *A. de Humboldt* : Tableau de la Nature, II, 192.
(2) Prononcez *Lianos* ou *Yanos*.

l'on découvre à de grandes distances. La terre présente seulement çà et là des couches horizontales fracturées qui couvrent souvent un espace de 200 milles carrés, et sont sensiblement plus élevées que tout ce qui les entoure. Deux fois chaque année l'aspect de ces plaines change totalement; tantôt elles sont nues comme la mer de sable de Libye, tantôt couvertes d'un tapis de verdure, comme les *steppes* élevées de l'Asie moyenne. A l'arrivée des premiers colons on les trouva presque inhabitées. Pour faciliter les relations entre la côte et la Guyane, on a formé quelques établissemens sur le bord des rivières, et on a commencé à élever des bestiaux dans les parties encore plus reculées de cet espace immense. Ils s'y sont prodigieusement multipliés, malgré les nombreux dangers auxquels ils sont exposés dans la saison de la sécheresse et dans celle des pluies qui est suivie de l'inondation. Au sud, la plaine est entourée par une solitude sauvage et effrayante. Des forêts d'une épaisseur impénétrable remplissent la contrée humide située entre l'Orénoque et le fleuve des Amazones; des masses immenses de granite rétrécissent le lit des fleuves; les montagnes et les forêts retentissent sans cesse du fracas des cataractes, du rugissement des bêtes féroces et des hurlemens sourds du singe barbu qui annoncent la pluie. Le crocodile, étendu sur un banc de sable, et le boa, cachant dans la vase ses énormes replis, attendent leur proie ou se reposent du carnage.

« Dans les forêts, dans les plaines, vivent des peuples de races et de civilisation diverses. Quelques uns, séparés par des langages dont la dissemblance est étonnante, sont nomades, entièrement étrangers à l'agriculture, se nourrissent de fourmis, de gomme et de terre, et sont le rebut de l'espèce humaine; tels sont les *Otomaques* et les *Jarures*. La terre que les Otomaques mangent est une glaise grasse et onctueuse, une véritable argile de potier, d'une teinte jaune-grisâtre, colorée par un peu d'oxide d[e] fer. Ils la choisissent avec beaucoup de soin, et la recueil[]lent dans des bancs particuliers, sur les rives de l'Oréno[]que et du Meta. Ils distinguent au goût une espèce de terr[e] d'une autre; car toutes les espèces de glaises n'ont pas l[e] même agrément pour leur palais. Ils pétrissent cett[e] terre en boulettes de 4 à 6 pouces de diamètre, et l[es] font cuire à un petit feu, jusqu'à ce que la surface anté[]rieure devienne rougeâtre. Lorsqu'on veut manger cett[e] boulette, on l'humecte de nouveau. Ces hommes, féroce[s] et sauvages, se nourrissent de poissons, de lézards ou d[e] racines de fougère, lorsqu'ils peuvent s'en procurer; mai[s] ils sont si friands de terre glaise, qu'ils en mangent tou[s] les jours un peu après le repas pour se régaler, dan[s] la saison où ils ont d'autres alimens à leur disposi[]tion (1).

« Les missionnaires, qui, parmi les tribus à l'ouest d[e] l'Orénoque, ont converti les *Betoys* et les *Maïpoures* ont reconnu dans leur langue, ainsi que dans celle de[s] *Yaruras*, une syntaxe régulière et même très-artificielle. Les *Achaguas* parlent un dialecte du Maïpoure (2). A l'est la mission d'*Esmeralda* est le poste le plus reculé. Les In[]diens *Guaicas*, race d'hommes très-blanche, très-petite presque pygmée, mais très-belliqueuse, habitent le pays [à] l'est de Passimoni. Les *Guajaribes*, très-cuivrés, et extrê[]mement féroces, anthropophages même, à ce qu'on croit empêchent les voyageurs de pénétrer jusqu'aux sources d[e] l'Orénoque. Les mosquitos, et mille autres insectes piquan[s] et venimeux, peuplent ici les forêts solitaires. Les rivière[s] sont remplies de crocodiles et de petits poissons *caribes*, dont la férocité est également à redouter. D'autres tribu[s]

---

(1) Tableaux de la Nature, I, 191-197.
(2) *Hervas*, Catalogo delle lingue, p. 51-53.

de la partie orientale, comme les *Maquiritains* et les *Makos*, ont des demeures fixes, vivent des fruits qu'ils ont cultivés, ont de l'intelligence et des mœurs plus douces. La nation dominante le long de la côte, depuis Surinam jusqu'au cap de la Vela, était jadis celle des *Caraïbes*, en partie exterminée par les Européens. On ne saurait dire si cette race est venue des Antilles, ou si elle s'y est répandue. Parmi toutes les nations indiennes, les Caraïbes se distinguent par leur activité et leur bravoure. Ils habitent des villages gouvernés par un chef électif, que les Européens ont nommé *capitaine*. Pour aller au combat, ils se rassemblent au son d'une conque ou coquille de mer. Les Caraïbes sont peut-être les hommes les plus robustes après les Patagons. Selon les anciens voyageurs, ils sont cannibales ou anthropophages. Il paraît certain du moins qu'ils mangent leurs ennemis, dont ils dévorent la chair avec l'avidité du vautour. La langue caraïbe, une des plus sonores et des plus douces du monde, compte près de trente dialectes. Elle paraît même poétique, à en juger seulement d'après les noms de quelques tribus; une d'elles s'appelle *la Fille du Palmier*; l'autre, *la Sœur de l'Ours* (1). Les langues des tribus de l'intérieur paraissent bien plus rudes à l'oreille; les *Salivas* ont la prononciation tout-à-fait nasale; les *Situfas* l'ont entièrement gutturale; les *Betoys* font toujours retentir la lettre canine; les *Quaivas* et les *Kirikoas*, de même que les Otomaques et les Guaranes, émettent, avec une volubilité incroyable, des sons qu'il est presque impossible de saisir. La langue des *Achaguas* est la seule dans l'intérieur qui soit harmonieuse (2).

« De vastes espaces, entre le Cassiquiare et l'Atabapo, ne sont habités que par des singes réunis en société, et par

(1) *Hervas*, p. 54. — (2) Viagero universal, XXII, 89.

des tapirs. Des figures gravées sur des rochers prouvent que jadis cette solitude a été le séjour d'un peuple parvenu à un certain degré de civilisation ; c'est entre les 2e et 4e parallèles, dans une plaine boisée, entourée par les quatre rivières de l'Orénoque, de l'Atabapo, du Rio-Negro et du Cassiquiare, que l'on observe des rochers de syénite et de granite, couverts de figures symboliques colossales, représentant des crocodiles, des tigres, des ustensiles de ménage, et les images du soleil et de la lune. Aujourd'hui ce coin de la terre, dans une étendue de plus de 500 milles carrés, n'offre aucune habitation. Les peuplades voisines se composent de sauvages, ravalés au degré le plus bas de la civilisation, menant une vie errante, et bien éloignés de pouvoir graver le moindre hiéroglyphe sur les rochers. Des monumens semblables existent près de Caïcara et d'Urnana. Peut-être y reconnaîtra-t-on un jour l'ouvrage des Indiens Muyscas, dont nous allons parler en décrivant les départemens qui ont été formés du *nouveau royaume de Grenade*.

« La Nouvelle-Grenade offre une extrême diversité de climats. Tempéré, froid même et glacé, mais très-sain sur les plateaux élevés, l'air est brûlant, étouffé, pestilentiel sur les bords de la mer et dans quelques vallées profondes de l'intérieur. A Carthagène et à Guayaquil, la fièvre jaune est endémique (1). La ville de *Honda*, quoique élevée de 150 toises au-dessus du niveau de la mer, éprouve, par la réverbération des roches, une telle chaleur que l'on n'oserait poser la main sur une pierre, et que les eaux du fleuve de la Magdalena acquièrent la température d'un bain tiède. Les pluies y sont continuelles pendant l'hiver, qui est déterminé, par la position des lieux, au nord et au sud de l'équateur. Quelques endroits

---

(1) *Leblond :* Traité de la fièvre jaune, p. 175 et 183.

y jouissent d'un printemps perpétuel. La crête des Andes s'enveloppe souvent de brouillards épais, la baie de Choco est tourmentée par de continuels orages. Les deux rivières de la Magdalena et du Cauca, dont le cours se dirige droit du sud au nord, ont leur source et leur embouchure dans la Nouvelle-Grenade: elles coulent chacune au fond d'une vallée profonde des Andes, et se réunissent sous le 9ᵉ degré de latitude boréale. Le cours du Cauca est embarrassé par des rochers et des rapides; mais les Indiens les franchissent en canots. La Magdalena est navigable jusqu'à Honda, d'où l'on ne parvient à Santa-Fé que par des chemins affreux, à travers des forêts de chênes, de mélastomes et de quinquinas. La fixité de la température dans chaque zone, l'absence de l'agréable succession des saisons, peut-être aussi les grandes catastrophes volcaniques auxquelles le haut pays est fréquemment exposé, y ont diminué le nombre des espèces. A Quito, à Santa-Fé, la végétation est moins variée que dans d'autres régions également élevées au-dessus de l'Océan. On trouve dans les Andes de Quindiu, et dans les forêts tempérées de Loxa, des cyprès, des sapins et des genévriers: les pyramides neigées s'y élèvent au milieu de styrax, de passiflores en arbres, de bambosas et de palmiers à cire. Le cacao de Guayaquil est très-estimé; on a même essayé, dans les environs de cette ville, des plantations de cafier, qui ont très-bien réussi. Le coton et le tabac sont excellens. On y récolte beaucoup de sucre; et ce qui paraît surprenant, c'est que la plus grande quantité est produite, non dans les plaines, sur les bords de la rivière de la Magdalena, mais sur la pente des Cordillères, dans une vallée sur le chemin de Santa-Fé à Honda, où, suivant les mesures barométriques de M. de Humboldt, le terrain a depuis 600 jusqu'à 1050 toises au-dessus du niveau de la mer. On y fait de l'encre avec le suc exprimé du fruit de l'uvilla (*cestrum tincta-*

rium); un ordre du gouvernement espagnol enjoignait aux vice-rois de n'employer, pour les pièces officielles, que le bleu d'uvilla, parce qu'il est plus indestructible que la meilleure encre de l'Europe.

« Les productions minérales sont riches et variées. On voit, dans la vallée de Bogota, des couches de charbon de terre à 1280 toises de hauteur au-dessus du niveau de l'Océan. Il est très-remarquable que le platine ne se trouve pas dans la vallée du Cauca, ou à l'est de la branche occidentale des Andes, mais uniquement dans le Choco et à Barbacoas, à l'ouest des montagnes de grès qui s'élèvent sur la rive occidentale du Cauca.

« Sous le gouvernement espagnol le royaume de la Nouvelle-Grenade produisait annuellement 22,000 marcs d'or, et une quantité peu considérable d'argent. On frappait, dans les monnaies de Santa-Fé et de Popayan, pour 2,100,000 piastres d'or, ou 18,300 marcs. L'exportation de ce métal en lingots et en objets d'orfévrerie, se montait à 400,000 piastres.

« Tout l'or que fournit la contrée est le produit des lavages établis dans des terrains de transport. On connaît des filons d'or dans les montagnes de Guamoer et d'Antioquia; mais leur exploitation est presque entièrement négligée. Les plus grandes richesses en or de lavage sont déposées à l'ouest de la Cordillère centrale, dans les provinces d'Antioquia et du Choco, dans la vallée de Rio-Cauca, et sur les côtes du grand Océan, dans le district de Barbacoas.

« La province d'Antioquia, où l'on ne peut entrer qu'à pied ou porté à dos d'homme, présente des filons d'or qui ne sont pas travaillés, faute de bras. Le morceau d'or le plus grand qui ait été trouvé au Choco pesait 25 livres. Tout l'or est ramassé par des nègres esclaves. Le Choco seul pourrait produire plus de 20,000 marcs d'or de lavage, si, en assainissant cette région, une des plus fertiles du nouveau continent, le gouvernement y fixait une population agricole. Le pays le plus riche en or est celui où la disette se fait continuellement sentir. Habité par de malheureux esclaves africains, ou par des Indiens qui gémissent sous le despotisme des corrégidors, le Choco est resté ce qu'il était il y a trois siècles, une forêt épaisse, sans trace de culture, sans pâturages, sans chemins. Le prix des denrées y est si exorbitant, qu'un baril de farine des États-Unis y vaut 64 à 90 piastres. La nourriture d'un muletier coûte une piastre ou une piastre et demie par jour; le prix d'un quintal de fer s'élève, en temps de paix, à 40 piastres. Cette cherté ne doit pas être attribuée à l'accumulation des signes représentatifs, qui est très-petite, mais à l'énorme difficulté du transport, et à cet état malheureux de choses dans lequel la population entière consomme sans produire.

« La Nouvelle-Grenade a des filons d'argent extrêmement riches. Ceux de Marquetones surpasseraient le Potosi, mais ils ne sont pas exploités (1). On dédaigne le cuivre et le plomb. La rivière des Émeraudes coule depuis les Andes jusqu'au nord de Quito. C'est à Muzo, dans la vallée de *Tunca*, près de Santa-Fé de Bogota, que sont les principales exploitations des émeraudes dites du Pérou, et que l'on préfère avec raison à toutes les autres, depuis qu'on a négligé celles d'Égypte. Ces émeraudes occupent tantôt des filons stériles qui traversent les roches composées ou les schistes argileux, et tantôt des cavités accidentelles qui interrompent les masses de quelques granites. Elles sont quelquefois groupées avec des cristaux de quarz, de feldspath et de mica. Plusieurs ont leur surface parsemée de cristaux, de fer sulfuré. On

(1) Viagero universal, vol. XXII, p. 277.

en voit qui sont enveloppées de chaux carbonatée et de chaux sulfatée (1). Celles qu'on trouve dans les sépulcres indiens sont façonnées en rond, en cylindres, en cônes et autres figures, et percées avec beaucoup de précision; mais on ignore les procédés que l'on a employés. Les mines d'or d'Antioquia et de Guainoco contiennent des petits diamans (2). On connaît aussi du mercure sulfuré, ou cinabre, dans la province d'Antioquia, à l'est du Rio-Cauca, dans la montagne de Quindiu, au passage de la Cordillère australe; enfin, près de Cuenca, dans le département de l'Assuay. Ce mercure se trouve ici dans une formation de grès quarzeux, qui a 720 toises d'épaisseur, et qui renferme du bois fossile et de l'asphalte. »

Nous allons visiter les lieux remarquables de cette partie de la Colombie. *Santa-Fé de Bogota*, capitale de la Nouvelle-Grenade, siége du gouvernement, d'un archevêché et d'une université, renferme environ 40,000 habitans, des églises, des maisons magnifiques, ainsi que 5 ponts superbes (3). Fondée en 1538, elle est située près de la rive gauche de la Bogota, dans une des plus belles et des plus fertiles vallées de l'Amérique méridionale, près d'une des branches de la Cordillère, à plus de 8000 pieds d'élévation au-dessus du niveau de l'Océan. Deux montagnes la dominent et l'abritent des violens ouragans de l'est. Elle est arrosée par des eaux toujours fraîches et pures; sa position élevée la rend facile à défendre contre les attaques d'un ennemi. Son climat est un des plus humides que l'on connaisse, sans cependant être très-malsain. Les fréquens tremblemens de terre qu'elle a éprouvés ont influé sur la construction de ses édifices, en général très-simples. Les maisons, construites en briques séchées au soleil, ont des murailles

---

(1) Viagero universal, vol. XXII, p. 277.
(2) *Dolomieu*: Magasin encyclopédique, II, n° 6, p. 149.
(3) Viagero universal, *ibid.*, l. c.

une grande épaisseur. Ce n'est que dans ces dernières années que l'on a commencé à y faire usage de vitres. La cathédrale, bâtie en 1814, est le plus beau de ses édifices, bien qu'il ne soit pas sans défauts. Elle est principalement remarquable par les trésors qu'elle renferme : une seule des statues de la Vierge y est ornée de 1358 diamans. La ville renferme 26 autres églises, 3 couvens de femmes, 4 d'hommes et 3 colléges. Les places, toutes ornées de fontaines, sont spacieuses : la plus vaste est celle de la cathédrale; le marché s'y tient le vendredi et y attire une foule immense. Les trois principales rues, bien alignées et garnies de trottoirs, sont mal pavées. Le gouvernement a fondé une bibliothèque qui renferme 12,000 volumes. Les environs de la ville offrent de jolies promenades, entourées de saules et de rosiers autour desquels grimpent des capucines. Les habitans de Bogota sont doux, gais et honnêtes; les femmes jolies et bien faites. Il s'est formé en 1834, dans cette ville, une société pour l'instruction populaire.

« Aux environs de Bogota, l'air est constamment tempéré. Le froment d'Europe et le sésame d'Asie y donnent des récoltes continuelles. Le plateau sur lequel est située la ville offre plusieurs traits de ressemblance avec celui qui renferme les lacs mexicains : l'un et l'autre sont plus élevés que le couvent du Saint-Bernard; le premier a 1365 toises, le second 1168, au-dessus du niveau de la mer. La vallée de Mexico, entourée d'un mur circulaire de montagnes porphyriques, est encore couverte d'eau dans son centre. Le plateau de Bogota est également entouré de montagnes élevées : le niveau parfait de son sol, sa constitution géologique, la forme des rochers de Suba et de Facatativa, qui s'élèvent comme des îlots au milieu des savanes, tout y semble indiquer l'existence d'un ancien lac. La rivière de Funzha, communément appelée *Rio de Bogota*, après avoir réuni les eaux de la vallée, se précipite, par une ouverture étroite, dans une crevasse de 600 pieds de profondeur qui descend vers le bassin de la rivière de la Magdalena. Les Indiens attribuent à Bochica, fondateur de l'empire de Bogota ou de Condinamarca, l'ouverture de ces rochers et la création de la cataracte de *Téquendama*. Il n'est pas étonnant que des peuples religieux aient attribué une origine miraculeuse à ces rochers, qui paraissent avoir été taillés par la main de l'homme; à ce gouffre étroit dans lequel se précipite une rivière qui réunit toutes les eaux de la vallée de Bogota; à ces arcs-en-ciel qui brillent des plus vives couleurs, et qui changent de forme à chaque instant; à cette colonne de vapeurs qui s'élève comme un nuage épais, et que l'on reconnaît à 5 lieues de distance, en se promenant autour de la ville de Santa-Fé. Il existe à peine une seconde cascade qui, à une hauteur aussi considérable, réunisse une telle masse d'eau. Le Rio de Bogota conserve encore, un peu au-dessus du *Salto*, une largeur de 270 pieds. La rivière se rétrécit beaucoup près de la cascade même où la crevasse, qui paraît formée par un tremblement de terre, n'a que 30 à 40 pieds d'ouverture. A l'époque des grandes sécheresses, le volume d'eau qui, en deux bonds, se précipite à une profondeur de 530 pieds, présente encore un profil de 21 toises carrées. L'énorme masse de vapeurs qui s'élève journellement de la cascade, et qui est précipitée par le contact de l'air froid, contribue beaucoup à la grande fertilité de cette partie du plateau de Bogota. A une petite distance de Canoas, sur la hauteur de Chipa, on jouit d'une vue magnifique, et qui étonne le voyageur par les contrastes qu'elle présente. On vient de quitter des champs cultivés en froment et en orge: outre les *azaléa*, les *alstonia theiformis*, les *begonia* et le quinquina jaune, on voit autour de soi des chênes, des aunes, et des plantes dont le port rappelle la végétaion de l'Europe; et tout à coup on découvre, comme du haut d'une terrasse, et pour ainsi dire à ses pieds, un pays où croissent les palmiers, les bananiers et la canne à sucre. Comme la crevasse dans laquelle se jette le Rio de Bogota communique aux plaines de la région chaude (*tierra caliente*), quelques palmiers se sont avancés jusqu'au pied de la cascade. Cette circonstance particulière fait dire aux habitans de Santa-Fé que la chute du Tequendama est si haute, que l'eau tombe, d'un saut, du pays froid (*tierra fria*) dans le pays chaud. On sent qu'une différence de hauteur de 100 toises n'est pas assez considérable pour influer sensiblement sur la température de l'air. C'est la coupe perpendiculaire du rocher qui sépare les deux végétations d'une manière si tranchante.

« Voici un autre phénomène naturel. La vallée d'Icononzo ou de Pandi, est bordée de rochers de forme extraordinaire, et qui paraissent comme taillés de main d'homme. Leurs sommets nus et arides offrent le contraste le plus pittoresque avec les touffes d'arbres et de plantes herbacées qui couvrent les bords de la crevasse. Le petit torrent qui s'est frayé un passage à travers la vallée d'Icononzo porte le nom de *Rio de la Summa-Paz*. Ce torrent, encaissé dans un lit presque inaccessible, ne pourrait être franchi qu'avec beaucoup de difficulté, si la nature même n'y avait formé deux ponts de rochers, objet bien digne de fixer notre attention. La crevasse profonde à travers laquelle se précipite le torrent de la Summa-Paz, occupe le centre de la vallée; près du pont, elle conserve, sur plus de 2000 toises de longueur, la direction de l'est à l'ouest. La rivière forme deux belles cascades au point où elle entre dans la crevasse et au point où elle en sort. Il est très-probable que cette crevasse a été formée par un tremblement de terre. Les montagnes environnantes sont de grès à ciment d'argile. Cette formation, qui repose sur les schistes primitifs de Villeta, s'étend depuis la montagne de sel gemme de Zipaquira jusqu'au bassin de la rivière de la Magdalena. Dans la vallée d'Icononzo, le grès est composé de deux roches distinctes. Un grès très-compacte et quarzeux, à ciment peu abondant et ne présentant presque aucune fissure de stratification repose sur un grès schisteux à grain très-fin, et divisé en une infinité de petites couches très-minces et presque horizontales. M. de Humboldt croit que le banc compacte et quarzeux, lors de la formation de la crevasse, a résisté à la force qui déchira ces montagnes, et que c'est la continuation non interrompue de ce banc qui sert de pont pour traverser d'une partie de la vallée à l'autre. Cette arche naturelle a 44 pieds et demi de longueur sur 36 pieds 11 pouces de largeur; son épaisseur, au centre, est de 6 pieds 3 pouces; les expériences de M. de Humboldt ont donné 298 pieds pour la hauteur du pont supérieur au-dessus du niveau des eaux du torrent. A dix toises au-dessous de ce premier pont naturel, il s'en trouve un autre auquel on est conduit par un sentier étroit qui descend sur le bord de la crevasse. Trois énormes masses de rocher sont tombées de manière à se soutenir mutuellement. Celle du milieu forme la clef de la voûte, accident qui aurait pu faire naître aux indigènes l'idée de la maçonnerie en arc, inconnue aux peuples du Nouveau-Monde, comme aux anciens habitans de l'Egypte.

» Au milieu du second pont d'Icononzo se trouve un trou de 300 pieds carrés, par lequel on voit le fond de l'abîme; c'est là que notre voyageur a fait les expériences sur la chute des corps. Le torrent paraît couler dans une caverne obscure. Le bruit lugubre que l'on entend est dû à une infinité d'oiseaux nocturnes qui habitent la crevasse. Les Indiens assurent que ces oiseaux sont de la grosseur d'une poule, et qu'ils ont des yeux de hibou et le bec recourbé.

est impossible de s'en procurer à cause de la profondeur de la vallée. L'élévation du pont naturel d'Icononzo est de 458 toises au-dessus du niveau de l'Océan. »

Cette merveille de la nature est sur la route de Bogota à *Ibaque*, petite ville dont le commerce était florissant vers la fin du XVIe siècle, mais qui, après avoir été saccagée par les Indiens, n'est plus aujourd'hui qu'un simple village.

La province d'Antioquia, que nous allons traverser, n'est pour ainsi dire qu'une vaste forêt ; mais c'est dans les entrailles de la terre que gisent ses principales richesses. Plusieurs de ses rivières coulent sur du sable d'or ; plusieurs mines de ce métal sont exploitées, ainsi que l'argent, le cuivre, le mercure et le sel. Le produit de ces exploitations s'élève annuellement à 1,200,000 piastres. La ville d'*Antioquia*, ou *Santa-Fé-de-Antioquia*, sur les bords du Tomizco, dans une vallée profonde et au milieu de champs couverts de maïs, de cannes à sucre et de bananiers, est renommée par son industrie : ses charpentiers, ses serruriers et ses orfèvres passent pour être fort habiles. Sa population est de 18 à 20,000 âmes. A 12 lieues au sud, *Medellin*, avec 15,000 habitans, est bâtie avec régularité et dans une situation pittoresque. La douceur de son climat lui donne une grande supériorité sur la capitale.

« Le ci-devant *royaume de Terre-Ferme* est aujourd'hui une solitude champêtre. Les villes de Panama sur la mer du Nord, et de Porto-Bello sur l'océan Pacifique, florissaient autrefois par le commerce des métaux précieux qui, du Pérou, passaient par l'isthme de Panama pour être envoyés en Europe. Aujourd'hui Buénos-Ayres en est l'entrepôt. L'isthme de Panama, ainsi que l'ancienne province de Darien, produisent du cacao, du tabac, du coton ; mais l'air, à la fois trop humide et trop chaud, les rend presque inhabitables. Le sol y est montueux, mais on y trouve des plaines fertiles. La végétation y est partout d'une force surprenante. Les rivières y sont nombreuses, et quelques-unes charrient de l'or. L'isthme de Panama n'a que 8 lieues de large dans l'endroit le plus étroit ; mais la nature rocailleuse du sol y oppose des obstacles, probablement invincibles, à l'ouverture d'un canal navigable pour de grands bâtimens. »

Panama, chef-lieu du *département de l'Isthme*, se divise en haute et basse ville. Cette dernière, appelée *El-varal*, est la plus peuplée. La plupart des rues de ses deux quartiers sont étroites, obscures et malpropres. La plupart des maisons sont en bois et couvertes en chaume. La rade qui s'étend devant Panama est large, mais dangereuse ; les gros navires s'arrêtent aux îles *Perico* et *Flaminco* ; les seuls bateaux plats peuvent aborder dans le port. Cette ville, dont la population est de 12,000 âmes, fait un commerce assez considérable ; elle exporte par an pour 40,000 piastres de perles que fournissent les pêcheries établies dans la baie et sur les parages du petit archipel de *Las-Perlas*.

La petite ville de *Santiago de Veragua*, à 60 lieues au sud-ouest de Panama, est dans une contrée fertile, qui nourrit de nombreux bestiaux. Au sud de la province dont elle est le chef-lieu s'élève, à 6 lieues de la côte, l'île de *Quibo*, qui n'est peuplée que d'animaux sauvages.

Sur la côte septentrionale de l'isthme, *Porto-Bello*, ou *Puerto-Vello*, occupe le penchant d'une montagne assez élevée, qui embrasse son port et l'abrite contre les vents. Située à 17 lieues au nord-ouest de Panama, elle éprouve, comme celle-ci, des chaleurs très-fortes et la pernicieuse influence d'une atmosphère humide, entretenue par les vastes forêts voisines. Cependant la sagesse du gouvernement, en hâtant la destruction d'une partie des bois qui s'étendaient jusqu'aux portes de cette ville, a contribué à rendre plus sain l'air qu'on y respire. Sous le gouvernement espagnol elle avait une population de 8 à 9000 âmes, qui, dans ces derniers temps, était réduite à 1200; mais un chemin de fer qui doit la mettre en communication avec Panama, lui rendra sa prospérité passée.

Carthagène, ou *Cartagena-de-las-Indias*, est située sur une île sablonneuse, dans le détroit formé à l'embouchure de la Magdalena. Son port, défendu par la forteresse de Bocachica, et l'un des plus beaux de l'Amérique, est la station ordinaire d'une partie de la marine militaire de la Nouvelle-Grenade; ses fortifications, dont quelques parties ont besoin d'être réparées, la mettent au premier rang parmi les places de guerre de cette république. Quelques églises, plusieurs couvens, qui passent pour de beaux édifices, sont, ainsi que ses immenses citernes, les principales constructions de cette ville. Ses rues sont droites, larges et bien pavées; ses maisons, la plupart en pierres, sont régulières et élevées d'un seul étage au-dessus du rez-de-chaussée. Cependant l'aspect de cette ville est généralement triste, ce qu'elle doit surtout à ses longues galeries soutenues par des colonnes basses et lourdes, et à ses terrasses en saillie qui dérobent la moitié du jour. Malgré ce qu'elle a souffert pendant les guerres de l'indépendance, elle renferme encore 18,000 habitans, en y comprenant ses faubourgs. Le 22 mai 1834, elle fut ravagée par un tremblement de terre qui renversa les murailles de plusieurs églises.

« Pour éviter les chaleurs excessives et les maladies qui règnent pendant l'été à Carthagène des Indes, les Européens non acclimatés se réfugient dans l'intérieur des terres, au village de *Turbaco*, bâti sur une colline, à l'entrée d'une forêt majestueuse qui s'étend jusqu'à la rivière de la Magdalena. Les maisons sont en grande partie construites de bambous et couvertes de feuilles de palmiers. Des sources limpides jaillissent d'un roc calcaire qui renferme de nombreux débris de polypiers fossiles; elles sont ombragées par le feuillage lustré de l'*anacardium caracoli*, arbre de grandeur colossale, auquel les indigènes attribuent la propriété d'attirer de très-loin les vapeurs répandues dans l'atmosphère. Le terrain de Turbaco étant élevé de plus de 150 toises au-dessus du niveau de l'Océan, on y jouit, surtout pendant la nuit, d'une fraîcheur délicieuse. Les environs présentent un phénomène très-curieux. Les *Volcancitos* sont situés à 3000 toises à l'est du village de Turbaco, dans une forêt épaisse qui abonde en *baumiers de tolu*, en *gustavia* à fleurs de nymphea, et en *cavanillesia mocundo*, dont les fruits nombreux et transparens ressemblent à des lanternes suspendues à l'extrémité des branches. Le terrain s'élève graduellement à 20 ou 25 toises de hauteur au-dessus du village de Turbaco ; mais le sol étant partout couvert de végétation, on ne peut distinguer la nature des roches superposées au calcaire coquillier. Au centre d'une vaste plaine bordée de bromelia karatas, s'élèvent 18 à 20 petits cônes, dont la hauteur n'est que de 20 à 25 pieds. Ces cônes sont formés d'une argile gris-noirâtre ; à leur sommet se trouve une ouverture remplie d'eau. Lorsqu'on s'approche de ces petits cratères, on entend par intervalle un bruit sourd et assez fort qui précède, de 15 à 18 secondes, le dégagement d'une grande quantité d'air. La force avec laquelle cet air s'élève au-dessus de la surface de l'eau peut faire supposer que, dans l'intérieur de la terre, il éprouve une grande pression. M. de Humboldt a compté généralement cinq explosions en deux minutes. Souvent ce phénomène est accompagné d'une éjection boueuse. On assure que les cônes ne changent pas sensiblement de forme dans l'espace d'un grand nombre d'années, mais la force d'ascension du gaz et la fréquence des explosions paraissent varier selon les saisons. Les analyses de M. de Humboldt ont prouvé que l'air dégagé ne contient pas un demi-centième d'oxygène. C'est un gaz azote plus pur que nous ne le préparons généralement dans nos laboratoires. »

Santa-Marta, dans une situation salubre, a un port sûr, spacieux et bien défendu. La plupart de ses édifices publics et particuliers ont considérablement souffert du tremblement de terre du 22 mai 1834, qui n'épargna pas Mompox et plusieurs autres villes. La province de Santa-Marta est très-fertile ; elle a des mines d'or et d'argent, des salines abondantes, ainsi que des fabriques de coton et de vaisselle de terre. *Rio-de-la-Hacha*, sur le bord de la mer, dans un terrain productif, s'enrichissait autrefois par la pêche des perles. »

En remontant la Magdalena jusqu'à 37 lieues de son embouchure, on arrive à *Mompox*, cité de 10 à 12,000 habitans, presque tous affligés de goîtres depuis l'âge de 30 à 40 ans. Cette ville est un entrepôt important ; elle reçoit d'*Ocaña* du tabac, du sucre et du cacao; de Pamplona et de *Cucuta*, des farines ; d'Antioquia, de l'or; enfin les divers produits que l'on transporte par la Magdalena.

« Au sud-est de Santa-Fé-de-Bogota, et dans l'intérieur du pays, se trouve la province de Popayan, autrefois de San-Juan-de-los-Llanos, dont nous avons déjà décrit les plaines brûlantes et stériles. Mais, vers le sud, nous trouvons des provinces plus heureuses et quelques villes considérables. »

En remontant la Magdalena jusqu'à 45 lieues au-dessus de Santa-Fé, on trouve une petite ville appelée *Neyba*, nom que les habitans prononcent *Neyva*, sur une rivière de ce nom. Elle a beaucoup souffert d'un tremblement de terre en 1827, mais elle se soutient par la vente du cacao, qui abonde dans ses environs. Le même fléau, accompagné d'une terrible inondation du Rio-Cauca et d'une éruption du Puracé, détruisit en grande partie Popayan, qui, depuis, a réparé ces désastres.

Popayan florissait autrefois par son commerce d'entrepôt

avec Quito et Carthagène. Sa population était de plus de 20,000 âmes, mais les dernières guerres l'ont réduite des deux tiers. Elle a conservé son évêché, son université et son hôtel des monnaies. Ses rues sont bordées de trottoirs en pierres, et lavées par les eaux rapides de la petite rivière de Malina, qui y entretiennent une grande propreté. *Cartago*, que l'on traverse en descendant la riante vallée du Cauca, se présente avec une belle apparence au bord du *Rio-Labeixa*. Ses rues sont larges et droites, et ses 6000 habitans font un commerce assez considérable en fruits, en café, en tabac et en cacao.

Si de Popayan nous nous dirigeons vers le sud en suivant la double chaîne des Andes, nous trouvons *Pasto*, ville de 7 à 8000 âmes, qui se montra long-temps opposée à la cause de l'indépendance, et qui, après avoir été forcée de se rendre à Bolivar en 1822, fut, en 1827, ravagée par le tremblement de terre dont nous avons précédemment parlé. Elle est placée dans une situation pittoresque, sur la rivière du Cauca.

« Cette ville est située au pied du terrible volcan du Puracé, et entourée de forêts épaisses, placées entre des marais où les mules enfoncent à mi-corps. On n'y arrive qu'à travers des ravins profonds et étroits comme les galeries d'une mine. Toute la province de Pasto est un plateau gelé presque au-dessus du point où la végétation peut durer, et entouré de volcans et de soufrières qui dégagent continuellement des tourbillons de fumée. Les malheureux habitans de ces déserts n'ont d'autres alimens que les patates, et si elles leur manquent, ils vont dans les montagnes manger le tronc d'un petit arbre nommé *achupalla*; mais ce même arbre étant l'aliment de l'ours des Andes, celui-ci leur dispute souvent la seule nourriture que leur présentent ces régions élevées.

« La province de *Choco*, que baigne le grand Océan,

serait moins riche par ses mines que par la fertilité de ses coteaux et l'excellente qualité de son cacao, si malheureusement un climat à la fois nébuleux et brûlant n'en éloignait l'industrie humaine. Marmontel a peint cette côte avec des couleurs aussi justes que vives : « Un ciel chargé d'é-
« pais nuages, où mugissent les vents, où les tonnerres
« grondent, où tombent presque sans relâche des pluies
« orageuses ; des grêles meurtrières parmi les foudres et les
« éclairs ; des montagnes couvertes de forêts ténébreuses,
« dont les débris cachent la terre, et dont les branches entre-
« lacées ne forment qu'un épais tissu, impénétrable à la
« clarté du jour ; des vallons fangeux où sans cesse roulent
« d'impétueux torrens ; des bords hérissés de rochers, où se
« brisent en gémissant les flots émus par les tempêtes ; le
« bruit des vents dans les forêts, semblable aux hurlemens
« des loups et au glapissement des tigres ; d'énormes cou-
« leuvres qui rampent sous l'herbe humide des marais, et
« qui, de leurs vastes replis, embrassent la tige des
« arbres ; une multitude d'insectes qu'engendre un air
« croupissant, et dont l'avidité ne cherche qu'une proie. »
Mais l'auteur des *Incas* a tort d'appliquer en totalité ce portrait de la côte de Choco à *l'île de Gorgone*, où Pizarre vint se réfugier avec les douze compagnons qui lui restèrent fidèles. Gorgone, dans la *baie de Choco*, de même que l'archipel des *Iles aux Perles*, dans la *baie de Panama*, sont plus habitables que le continent voisin. Dans l'intérieur de la province de Choco, le ravin de Raspadura unit les sources voisines du Rio-Noanama, appelé aussi *Rio-San-Juan*, et de la petite rivière de Guito. Cette dernière, réunie aux deux autres, forme le Rio Atrato, qui se jette dans la mer des Antilles, tandis que le Rio San-Juan tombe dans le grand Océan. Un moine très-actif, curé du village de *Novita*, a fait creuser par ses paroissiens un petit canal dans le ravin de la Raspadura. Au moyen de ce canal, navigable

lorsque les pluies sont abondantes, des canots chargés de cacao sont venus d'une mer à l'autre. Ce petit canal, qui existe depuis 1788, réunit, sur les côtes des deux Océans, deux points éloignés l'un de l'autre de 75 lieues.

« Remontons sur les Andes, où nous respirerons un air plus doux et plus salubre. C'est là que s'élève la fameuse ville de *Quito*, ancienne capitale de la seconde monarchie péruvienne. Les habitans excellent dans la plupart des arts et métiers. Ils fabriquent surtout des draps et des cotons, qu'ils teignent en bleu; ils en fournissent tout le Pérou. Le commerce de la ville est aussi très-actif. Elle est le siége d'un tribunal suprême et d'un évêché. Les rues sont d'un niveau trop inégal pour qu'on puisse s'y servir de voitures. Située à 1480 toises au-dessus du niveau de l'Océan, cette ville ne jouit plus du printemps perpétuel que ses localités paraissaient lui garantir. Le ciel est devenu triste et nébuleux, et le froid assez âpre, depuis le 4 février 1797, époque où un affreux tremblement de terre bouleversa la province entière de Quito, et fit périr, dans un seul instant, 40,000 individus. Tel a été le changement de la température, que le thermomètre y est ordinairement à 4 degrés au-dessus de zéro, et ne s'y élève que rarement à 16 ou 17, tandis que Bouguer le voyait constamment à 15 ou 16. Depuis ce temps, les tremblémens de terre y sont presque continuels. Malgré les horreurs et les dangers dont la nature les a environnés, les habitans de Quito, gais, vifs, aimables, ne respirent que la volupté, le luxe; nulle part peut-être il ne règne un goût plus décidé et plus général pour les plaisirs. La population de cette ville est de 70,000 âmes. »

Les édifices de cette ville ne répondent pas à son importance: le *palais de justice*, la *cathédrale*, l'*hôtel-de-ville* et le *palais épiscopal* occupent les quatre côtés de la *Plaza-Mayor*, au centre de laquelle s'élève une belle fontaine en bronze. L'église la plus remarquable par son architecture et ses sculptures est celle du ci-devant collége des jésuites. On lit sur un de ses murs l'inscription en marbre laissée par les académiciens français envoyés en 1736 pour mesurer un degré du méridien. Cette ville est à 13' au sud de l'équateur. Son université est depuis long-temps célèbre dans l'Amérique méridionale.

Sur le versant occidental des Andes nous apercevons *Guayaquil*, ville qui donne son nom au fleuve qui la traverse et au golfe dans lequel celui-ci va se jeter. Cette cité commerçante, dont le port est l'un des plus importans du grand Océan, est formée de deux villes, la vieille et la nouvelle, et ne renferme aucun édifice qui soit digne d'attirer l'attention du voyageur; mais ce qui frappe celui-ci, c'est la beauté de la plupart des femmes. Les maisons et les églises sont construites en bois.

« Peuplée de 20 à 22,000 âmes, Guayaquil est un port de mer et un atelier de construction très-commode, à cause des forêts qui en sont rapprochées. Il s'y fait un grand commerce d'échange entre les ports du Mexique et ceux du Pérou et du Chili. La végétation des environs, dit M. de Humboldt, est d'une majesté au-dessus de toute description ; les palmiers, les scitaminées, les *plumeria*, les *taberna montana* y abondent. Don *Alcedo* dit que l'on trouve dans la province de Guayaquil une espèce de bois fort et solide, qu'on préfère pour la construction des petits vaisseaux, spécialement pour la quille et les courbes, parce qu'il est incorruptible, et qu'il résiste aux vers plus que tout autre ; il est très-facile à travailler. Sa couleur est foncée; on le nomme *guachapeli* et *guarango*. »

En suivant toujours une direction méridionale, nous trouvons *Cuença*, ville d'environ 20,000 âmes, où l'on compte plusieurs raffineries de sucre, et dont les confitures et une sorte de fromage qui ressemble au parmesan, sont les plus importantes branches d'industrie. *Loxa* ou *Loja*, peuplée de 12,000 âmes, quoiqu'elle ait souvent été abandonnée par ses habitants à la suite des violens tremblemens de terre qu'elle a éprouvés, fait un commerce considérable de quinquina et de cochenille. Sur la rive gauche du *Chinchipe*, affluent du Tunguragua, l'un des principaux affluens du Marañon ou de l'Amazone, *Jaen-de-Bracamoros* renferme 4000 habitants, la plupart hommes de couleur.

« L'ancienne province de *Quixos* et *Macas*, qui forme en grande partie le département de l'Équateur, doit à sa position sur la pente orientale des Andes les singularités de sa température. Quoique le pays ne soit éloigné que de 2 degrés au sud de l'équateur, l'hiver y commence en avril et y dure jusqu'en septembre, époque du printemps sur le plateau. Le climat est chaud et humide. La principale production est le tabac.

« L'ancienne et vaste province de *Maynas*, comprise aujourd'hui dans le département de l'Assuay, s'étend sur la rivière des Amazones. Il n'y a que peu d'établissemens européens. Le plus considérable est *San-Joaquin-de-Omaguas*. Les *Maynas* et les *Omaguas* sont les principales nations indigènes. Un petit nombre s'est fixé près des missions. La plus grande partie erre dans les forêts, vivant de la chasse et de la pêche. Le pays produit de la cire blanche et noire, ainsi que du cacao.

« Ce ne serait pas avoir décrit l'ancien royaume de Quito que de passer sous silence les redoutables volcans qui tant de fois en ont bouleversé le sol et englouti les cités. Le majestueux *Chimborazo* n'est probablement qu'un volcan éteint; la neige séculaire qui couvre sa cime colossale foudra peut-être un jour, et les feux, enchaînés dans ses flancs, reprendront leur activité destructive.

« Le *Pichincha* est un des volcans les plus grands de la terre ; son cratère, creusé dans des porphyres basaltiques, a été comparé par La Condamine au chaos des poètes. Cette bouche immense était alors remplie de neige ; mais M. de Humboldt la trouva embrasée : « La bouche du « volcan forme un trou circulaire de près d'une lieue de « circonférence, dont les bords, taillés à pic, sont cou- « verts de neige par en haut; l'intérieur est d'un noir foncé, « mais le gouffre est si immense que l'on distingue la cime « de plusieurs montagnes qui y sont placées ; leur sommet « semblait être à 2 ou 300 toises au-dessous de nous ; « jugez donc où doit se trouver leur base. Je ne doute pas « que le fond du cratère ne soit de niveau avec la ville de « Quito. »

« Le *Cotopaxi* est le plus élevé de ces volcans des Andes, qui, à des époques récentes, ont eu des éruptions. Sa hauteur absolue est de 2052 toises. Elle surpasserait par conséquent de plus de 400 toises la hauteur du Vésuve, placé sur le sommet du pic de Ténériffe. Le Cotopaxi est aussi le plus redouté de tous les volcans du royaume de Quito ; c'est celui dont les explosions ont été les plus fréquentes et les plus dévastatrices. Les scories et les quartiers de rochers lancés par ce volcan couvrent les vallées environnantes sur une étendue de plusieurs lieues carrées. En 1758, les flammes du Cotopaxi s'élevèrent au-dessus des bords du cratère à la hauteur de 450 toises. En 1744, le mugissement du volcan fut entendu jusqu'à Honda, ville située sur les bords de la rivière de la Magdalena, à une distance de 200 lieues communes. Le 4 avril 1768, la quantité de cendres vomies par la bouche du Cotopaxi fut si grande, que, dans les villes d'Hambato et de Tacunga, la nuit se prolongea jusqu'à trois heures de l'après-midi. L'explosion qui arriva au mois de janvier 1803 fut précédée d'un phénomène effrayant, celui de la fonte subite des neiges qui couvraient la montagne. Depuis plus de 20 ans aucune fumée, aucune vapeur visible n'était sortie du cratère, et, dans une seule nuit, le feu souterrain devint si actif, qu'au soleil levant les parois extérieures du cône, fortement échauffées, se montrèrent à nu et sous la couleur noire qui est propre aux laves boueuses des volcans américains. Au port de Guayaquil, dans un éloignement de 52 lieues en ligne droite du bord du cratère, M. de Humboldt entendit jour et nuit les mugissemens du volcan, comme des décharges répétées d'une batterie (1).

« S'il était décidé que la proximité de l'Océan contribue à entretenir le feu volcanique, nous serions étonnés de voir que les volcans les plus actifs du royaume de Quito, le Cotopaxi, le *Tunguragua* et le *Sangay*, appartiennent au chaînon oriental des Andes, et par conséquent à celui qui est le plus éloigné des côtes. Le Cotopaxi est à plus de cinquante lieues de la côte la plus voisine.

« La Colombie renferme encore un nombre très-considérable de tribus indiennes, dont plusieurs jouissent de leur indépendance, et qui presque toutes ont conservé leur langage et leur manière de vivre. Avant de nous occuper des *Moscas* ou *Muyscas*, peuple dominant dans ces contrées, nommons les tribus inférieures. Les *Guaïras* ou *Guagniros*, qui occupent une partie des provinces de Maracaïbo, de Rio-de-la-Hacha et de Santa-Marta, donnent la main aux *Motilones*, qui possèdent les terres baignées par le Muchuchies et le Saint-Faustin, jusqu'à la vallée de Cucuta : ils interceptent les routes des montagnes; le pillage, l'incendie et le meurtre signalent leurs incursions dans les plaines. Les *Chilimes*, et une autre bande de Guaïras, infestent les bords de la Magdalena (2). Dans la province de Panama, les *Urabas*, les *Zitaras* et les *Oromisas* forment trois petits États indépendans, l'un sous

---

(1) *A. de Humboldt*: Vues et Monumens, pl. X.
(2) Viagero universal; XXII, p. 298.

un prince nommé *le Playon*, et les deux autres sous un gouvernement républicain (1). On remarque encore à l'ouest du golfe de Darien *les Indiens Mestizos*, qui comptent 30,000 individus, dont 8000 guerriers, parmi lesquels 3000 armés de fusils; c'est un ramas de sauvages, de pirates et de contrebandiers. Les *Cunacunas*, qui habitent les montagnes de Choco et de Novita, exercent leurs ravages jusqu'à Panama, et attaquent même sur mer les barques chargées de vivres (2).

« Les nations anciennes de Quito paraissent avoir eu comme les tribus sauvages de l'Afrique un nombre infini d'idiomes; les missionnaires en ont spécifié jusqu'à 117 : mais la langue des *Quitos* peut avoir dominé sur le plateau, et celle des *Scires* sur la côte. Les *Scires*, qu'on est étonné de trouver homonymes avec une ancienne horde de l'Europe, fameuse par ses courses guerrières (3), firent, en l'an 1000, la conquête du haut pays, et y introduisirent leur idiome. Les Espagnols y trouvèrent établies la langue et la domination péruviennes. Mais peut-on en conclure, avec Hervas, que les Scires parlaient un dialecte péruvien? Les *Cofanes*, une des 117 tribus de Quito, étaient encore, en 1600, au nombre de plus de 15,000; ils parlaient une langue particulière, usitée également dans le pays d'*Anga-Marca*, et dans laquelle un jésuite a écrit un abrégé des doctrines chrétiennes (4).

« L'histoire doit recueillir le souvenir de deux tribus remarquables. Les *Muzos*, anciens ennemis des Muyscas, habitaient au nord-ouest de Santa-Fé; ils croyaient qu'une *ombre d'homme*, nommée *Are*, avait créé et instruit leur nation; ils n'adoraient aucune divinité, et se prétendaient plus anciens que le soleil et la lune (5). Les *Sutagos*, qui

---

(1) *Hervas* : Catalogo delle lingue. — (2) Viagero universal, XXII, p. 297.
(3) Les *Sciri*, *Seyri* ou *Skyri*; voyez notre vol. I, p. 398.
(4) *Hervas* : Catalogo, p. 68. — (5) Viagero universal, XXIII, p. 55.

habitaient vers Summa-Paz, se distinguaient par leur idiome extrêmement doux et efféminé comme leur caractère. Parmi les 52 tribus de Popayan, celle de *Guasinca*, celle de *Cocanuca*, et celle des *Paos*, avaient trois langues distinctes, conservées par les écrits des missionnaires. Les *Xibaros*, les *Macas* et les *Quixos*, tribus puissantes, occupaient les pentes orientales des Andes de Quito. Plus bas, le vaste pays de Maynas renferme les restes d'innombrables tribus dont les missionnaires ont classé les idiomes dans l'ordre suivant : 1° seize langues-mères, parmi lesquelles l'*andoa* a neuf, le *campa* sept, et le *mayna* quatre dialectes ; 2° seize dialectes épars, qui ne se rapportent à aucune langue-mère connue ; 3° vingt-deux tribus dont la langue est éteinte, quoique plusieurs de ces tribus subsistent encore ; 4° dix langues inconnues. Dans ce nombre n'est pas comprise la grande nation des *Omaguas*, répandue sur tout le cours du Marañon ou de l'Amazone, et dont l'idiome est un dialecte de la langue *guarani* du Brésil, mais plus simple dans ses formes grammaticales, et plus riche en mots ; circonstances qui indiquent une plus longue civilisation chez les Omaguas. Les migrations de ce peuple navigateur ne sont pas suffisamment connues ; l'opinion la plus probable les a fait arriver du Brésil.

« Un ancien centre de civilisation au milieu de ces nations nomades ou sauvages, est un phénomène digne de toute notre attention. Le plateau de Santa-Fé-de-Bogota rivalise avec Cuzco, la ville du soleil, comme foyer des institutions et des idées religieuses et politiques (1). Nous allons nous arrêter à cet intéressant problème ethnographique.

---

(1) *Lucas-Fernandez Piedrahita*, évêque de Panama, dans son *Historia general del Nuevo-Reyno-de-Granada*; ouvrage composé d'après les manuscrits de Quesada.

AMÉRIQUE : *Colombie.* 541

« Dans les temps les plus reculés, avant que la lune accompagnât la terre, dit la mythologie des Indiens *Muyscas* ou *Mozcas*, les habitans de *Condinamarca*, ou du plateau de Bogota, vivaient comme des barbares, sans agriculture, sans lois et sans culte. Tout à coup parut chez eux un vieillard qui venait des plaines situées à l'est de la Cordillère de Chingaza : il paraissait d'une race différente de celle des indigènes, car il avait la barbe longue et touffue. Il était connu sous trois noms différens; sous ceux de *Bochica*, *Nemquetheba* et *Zuhé*. Ce vieillard, semblable à Manco-Capac, apprit aux hommes à se vêtir, à construire des cabanes, à labourer la terre, et à se réunir en société. Il amena avec lui une femme à laquelle la tradition donne encore trois noms; savoir, ceux de *Chia*, *Yubecayguaya* et *Huythaca*. Cette femme, d'une rare beauté, mais d'une méchanceté excessive, contrariait son époux dans tout ce qu'il entreprenait pour le bonheur des hommes. Par son art magique, elle fit enfler la rivière de Funzha, dont les eaux inondèrent toute la vallée de Bogota. Ce déluge fit périr la plupart des habitans, et quelques uns seulement s'échappèrent sur la cime des montagnes voisines. Le vieillard irrité chassa la belle Huythaca loin de la terre ; elle devint la lune, qui, depuis cette époque, commença à éclairer notre planète pendant la nuit. Ensuite Bochica, ayant pitié des hommes dispersés sur les montagnes, brisa d'une main puissante les rochers qui ferment la vallée du côté de Canoas et de Tequendama. Il fit écouler par cette ouverture les eaux du lac Funzha, réunit de nouveau les peuples dans la vallée de Bogota, construisit des villes, introduisit le culte du soleil, nomma deux chefs, entre lesquels il partagea les pouvoirs séculier et ecclésiastique, et se retira sur le mont d'*Idacanzas*, dans la sainte vallée d'Iraca, près de Tunja, où il vécut dans les exercices de la pénitence la plus austère, pendant l'espace de 2000 ans, ou de cent cycles muyscas, au bout desquels il disparu d'une manière mystérieuse.

« Cette fable réunit un grand nombre de traits que l'on trouve épars dans les traditions religieuses de plusieurs peuples de l'ancien continent. On croit reconnaître le bon et le mauvais principe personnifiés dans le vieillard Bochica et dans sa femme Huythaca. Les rochers brisés et l'écoulement des eaux font penser à *Yao*, fondateur de l'empire chinois. Le temps reculé où la lune n'existait point encore rappelle la prétention des Arcadiens sur l'antiquité de leur origine. L'astre de la nuit est peint comme un astre malfaisant qui augmente l'humidité sur la terre, tandis que Bochica, fils du soleil, sèche le sol, protége l'agriculture, et devient le bienfaiteur des Muyscas, comme le premier Inca fut celui des Péruviens.

« Ces mêmes traditions portent que Bochica, voyant les chefs des différentes tribus indiennes se disputer l'autorité suprême, leur conseilla de choisir pour *zaque* ou souverain un d'entre eux appelé Huncahua, et révéré à cause de sa justice et de sa haute sagesse. Le conseil du grand-prêtre fut universellement adopté; et Huncahua, qui régna pendant 250 ans, parvint à se soumettre tout le pays qui s'étend depuis les savanes de San-Juan de los Llanos jusqu'aux montagnes d'Opon. La forme du gouvernement que Bochica donna aux habitans de Bogota, est très-remarquable par l'analogie qu'elle présente avec les gouvernemens du Japon et du Tibet. Au Pérou, les Incas réunissaient dans leurs personnes le pouvoir séculier et l'ecclésiastique. Les fils du soleil étaient, pour ainsi dire, souverains et prêtres à la fois. A Condinamarca, dans un temps probablement antérieur à Manco-Capac, Bochica avait constitué électeurs les quatre chefs des tribus, *Gameza*, *Busbanca*, *Pesca* et *Toca*. Il avait ordonné qu'après sa mort ces électeurs et leurs descendans eussent le droit de choisir le grand-prêtre d'Iraca. Les pontifes ou lamas, successeurs de Bochica, étaient censés héritiers de ses vertus et de sa sainteté. Le peuple se portait en foule à Iraca, pour offrir des présens au grand-prêtre. On visitait les lieux devenus célèbres par les miracles de Bochica; et, au milieu des guerres les plus sanglantes, les pèlerins jouissaient de la protection des princes par le territoire desquels ils devaient passer pour se rendre au sanctuaire (*chunsua*) et aux pieds du lama qui y résidait. Le chef séculier, appelé *zaque* de Tunja, auquel les *zippa* ou princes de Bogota payaient un tribut annuel, et les pontifes d'Iraca, étaient par conséquent deux puissances distinctes, comme le sont au Japon le daïri et l'empereur séculier.

« Bochica n'était pas seulement regardé comme le fondateur du nouveau culte et comme le législateur des Muyscas; symbole du soleil, il réglait aussi le temps, et on lui attribuait l'invention du calendrier (1). Il avait prescrit de même l'ordre des sacrifices qui devaient être célébrés à la fin des petits cycles, à l'occasion de la cinquième intercalation lunaire. Dans l'empire du zaque, le jour (*sua*) et la nuit (*za*) étaient divisés en quatre parties; savoir : *sua-mena*, depuis le lever du soleil jusqu'à midi; *sua-meca*, de midi au coucher du soleil; *zasca*, du coucher du soleil à minuit; et *cagui*, de minuit au lever du soleil. Le mot *sua* ou *zuhe* désigne à la fois, dans la langue muysca, le jour et le soleil. De *Sua*, qui est un des surnoms de Bochica, dérive *sue*, *Européen* ou *homme blanc*; dénomination bizarre, qui tire son origine de la circonstance que le peuple, lors de l'arrivée de Quesada, regardait les Espagnols comme fils du soleil, *sua*. La plus petite division du temps, chez les Muyscas, était une période de trois jours.

(1) *A. de Humboldt* : Vues et Monumens, p. 128, 244, etc.

La semaine de sept jours était inconnue en Amérique comme dans une partie de l'Asie orientale. Le premier jour de la petite période était destiné à un grand marché tenu à Turmèque. L'année (*zocam*) était divisée par lunes; vingt lunes composaient *l'année civile*, celle dont on se servait dans la vie commune. *L'année des prêtres* renfermait trente-sept lunes, et vingt de ces grandes années formaient un *cycle muysca*. Pour distinguer les jours lunaires, les lunes et les années, on se servait de séries périodiques, dont les dix termes étaient des nombres.

« La langue de Bogota, dont l'usage s'est presque entièrement perdu depuis la fin du dernier siècle, était devenue dominante par les victoires du zaque Huncahua, par celles des Zippas, et par l'influence du grand lama d'Iraca, sur une vaste étendue de pays, depuis les plaines de l'Ariari et du Rio-Meta, jusqu'au nord de Sogamozo. De même que la langue de l'Inca est appelée au Pérou *quichua*, celle des Mozcas ou Muyscas est connue dans le pays sous la dénomination de *chibcha*. Le mot *muysca*, dont *mozca* paraît une corruption, signifie *homme* ou *personne*; mais les naturels ne l'appliquent généralement qu'à eux-mêmes. »

Nous terminerons ce livre par quelques mots sur les Colombiens en général. Ceux qui habitent les terres chaudes, dit un voyageur français (1), sont maigres, ont le teint jaune et sont petits de taille. « Lorsqu'on s'élève vers des régions plus froides, la couleur des blancs est moins jaune; pâle encore jusqu'à 600 toises, elle se colore à 1000 toises, et brille d'un éclat charmant à la hauteur où se trouve Santa-Fé de Bogota. » Le même peuple peut donc se partager en deux classes dans la Colombie : dans les terres chaudes

---

(1) M. G. *Mollien* : Voyage dans la république de Colombia, t. II, p. 211. — 2ᵉ édit.

règne l'indolence; on voit des hommes rester tout le jour couchés dans un hamac et se balancer lentement en fumant un cigare; il est vrai que la haute température y invite au repos, énerve le corps et nuit même aux applications de l'esprit. Les arts et les sciences languissent dans ces régions. L'habitant des Andes, au contraire, jouit de la douce influence d'un climat tempéré; livré aux charmes d'une mélancolie pensive, il apprécie les arts, les sciences et la littérature.

Exagéré dans ses prévenances et ses démonstrations d'amitié; exerçant avec ostentation les vertus hospitalières; admirateur aveugle de sa patrie et de ses compatriotes, le mensonge, la jalousie et l'ingratitude paraissent être les vices dominans du Colombien; on pourrait même y joindre l'esprit de vengeance, si l'on s'en rapportait à ce dicton populaire: C'est à Dieu de pardonner; quant aux hommes, jamais.

« On fera des affaires avec l'Américain du nord, dit « M. Mollien, mais on vivra avec l'Américain espagnol, « parce que s'il a des formes moins franches, elles sont « au moins plus douces. Les travers et les vices des Colom- « biens appartiennent à toutes les nations qui ne sont pas « parvenues au degré de civilisation que nous avons « atteint. Si on en excepte les forfaits politiques qu'ils ont « commis par représailles, on n'en a pas encore à leur « reprocher. »

« Nous devons rattacher à la description de la Colombie celle des *îles Gallapagos*. Cet archipel, situé sous l'équateur, à 220 lieues à l'ouest du continent américain, renferme des pics volcaniques dans les îles les plus orientales. Les cactus et les aloès y couvrent les flancs des rochers. Dans les îles occidentales, une terre noire et profonde nourrit de gros arbres. Les flamingos et les tourterelles peuplent les airs; la plage est couverte de tortues énormes. Aucune trace ne marque le séjour de l'homme; ni les Malais du grand Océan, ni les tribus américaines n'ont jamais abordé dans ces terres isolées. Dampier et Cowley ont vu des sources et même des rivières dans quelques-unes de ces îles dont les noms particuliers espagnols ont cédé la place à des noms anglais, du moins sur toutes les cartes modernes. *Santa-Maria-de-l'Aguada* paraît identique avec l'île *York*. Les plus grandes parmi les vingt-deux connues, sont celles d'*Albemarle* et de *Narborough*. Cowley décrit l'*île Enchantée* comme s'offrant sous les aspects variés d'une ville murée et d'un château-fort en ruine. Plusieurs ports et mouillages invitent les Européens à y former des établissemens. »

TABLEAUX statistiques *de la Colombie*, divisée en 5 *États ou républiques*, 12 *départemens*, 38 *provinces*, et 326 *districts; renfermant* 95 *villes*, 154 *bourgs*, 1340 *villages et* 846 *hameaux*.

SUPERFICIE en lieues carrées, d'après M. de Humboldt.	POPULATION absolue en 1828.	POPULATION PAR LIEUE CARRÉE
91,952.	3,000,000.	32.

RÉPUBLIQUE DE VENEZUELA.
Population en 1830..... 684,100 habitans libres.

DÉPARTEMENT DE MATURIN, 126,400 h.

NOMS DES PROVINCES.	POPULATION.	VILLES ET BOURGS.
PROVINCE DE MARGARITA...	15,000	*Asuncion*, Pampatar.
PROVINCE DE CUMANA.....	35,200	*Cumana*, Cariaco, Guiria, Carupano, Cumanacoa, Maturin, Aragna.
PROVINCE DE BARCELONA...	36,200	*Barcelona*, San-Diego, El Pao, Piritu.
PROVINCE DE GUYANA.....	40,000	*San-Thomé-de-la-Guyana* †(1) ou Angostura, Guyana-Vieja, Upata, Caycara, Esmeralda.

DÉPARTEMENT DE L'ORINOCO ou L'ORÉNOQUE, 109,600 h.

PROVINCE DE VARINAS.....	87,200	*Varinas* ou *Barinas*, Guanare, Obispos, Ospino, Nutrias.
PROVINCE D'APURE.......	22,400	*Achagua*, San-Fernando.

DÉPARTEMENT DE VENEZUELA, 327,000 h.

PROVINCE DE CARABOBO...	160,000	*Valencia*, Puerto-Cabello, Barquicimeto, Carabobo, Carora, San-Carlos, San-Felipe, Tocuyo, Aroa.
PROVINCE DE CARACAS....	167,000	*Caracas* ††, Calabozo, La Guayra, Maracay, San-Sebastian de los Reyes, Victoria.

DÉPARTEMENT DE ZULIA, 121,100 h.

PROVINCE DE CORO.......	21,700	*Coro*, Carigua, Paraguana.
PROVINCE DE MARACAIBO...	25,100	*Maracaibo*, Alta-Gracia, Gibraltar, Perija.
PROVINCE DE TRUXILLO....	32,600	*Truxillo*, Caruche, Escuque.
PROVINCE DE MERIDA.....	41,700	*Merida*, Bayladores, La Grita, Muchuchies, Egido, San-Cristoval.

Les quatre départemens ci-dessus formaient la *Capitainerie générale de Caracas*.

(1) Le signe † indique les évêchés, et le signe †† les archevêchés.

RÉPUBLIQUE DE LA NOUVELLE-GRENADE.

Population en 1830.....1,294,300 habitans libres.

DÉPARTEMENT DE BOYACA, 410,200 h.

NOMS DES PROVINCES.	POPULATION.	VILLES ET BOURGS.
PROVINCE DE PAMPLONA...	66,000	*Pamplona*, San-José-de-Cucuta, Rosario de Cucuta, Malaga, Bucaramanga, Giron, Ocaña.
PROVINCE DE SOCORRO....	135,100	*Socorro*, San-Gil, Velez.
PROVINCE DE TUNJA......	190,000	*Tunja*, Santa-Rosa, Cocuy, Sogamoso, Tensa, Boyaca.
PROVINCE DE CASANARE...	19,100	*Pore*, Tamara, Morcoti, Tame, Casanare.

DÉPARTEMENT DE CUNDINAMARCA, 393,600 h.

PROVINCE DE BOGOTA.....	188,700	*Santa-Fé-de-Bogota* ††, Coquera, Guaduas, Ubate, Zipaquira.
PROVINCE DE NEIVA.......	47,200	*Neiva* ou Neiba, Timana, Gigante, La Purificacion.
PROVINCE DE MARIQUITA..	51,400	*Honda*, Ibague, Mariquita, la Palma.
PROVINCE D'ANTIOQUIA....	106,300	*Medellin* †, Antioquia, Santa-Rosa-de-Osos, Rio-Negro.

DÉPARTEMENT DE LA MAGDALENA, 240,300 h.

PROVINCE DE MOMPOX.....	40,300	*Mompox*, Ocaña, Simiti.
PROVINCE DE CARTAGENA...	143,500	*Cartagena* †, Turbaco, Soledad, Tolu, El-Carmen.
PROVINCE DE SANTA-MARTA.	44,500	*Santa-Marta* †, Plato.
PROVINCE DE RIO-HACHA..	12,000	*Rio-Hacha*.

DÉPARTEMENT DE L'ISTHME (Istmo), 100,200 h.

PROVINCE DE PANAMA.....	66,200	*Panama*, Chagres, Cruces, Chorrera, Porto-Bello.
PROVINCE DE VERAGUA....	34,000	Santiago-de-Veragua, Alange.

DÉPARTEMENT DE CAUCA, 150,000 h.

PROVINCE DE CHOCO......	17,300	*Zitara* ou Quibdo, Novita.
PROVINCE DE POPAYAN....	87,600	*Popayan*†, Buga, Cali, Cartago.
PROVINCE DE BUENAVENTURA (Bonne-Aventure)....	17,700	*Iscuande*, San-Buenaventura.
PROVINCE DE PASTO......	27,400	*Pasto*, Barbacoas.

Les départemens de Boyaca, Cundinamarca, Magdalena, Istmo et Cauca, formaient l'ancienne *Audience de Santa-Fé*, c'est-à-dire la Nouvelle-Grenade, sous la Présidence de Quito.

TABLEAUX.

RÉPUBLIQUE DE L'ÉQUATEUR.

Population en 1830..... 512,400 habitans libres.

DÉPARTEMENT DE L'ÉQUATEUR (Ecuador), 307,800 h.

NOMS DES PROVINCES.	POPULATION.	VILLES ET BOURGS.
PROVINCE DE CHIMBORAZO..	115,500	*Rio-Bamba*, Ambato, Alausi, Guaranda.
PROVINCE DE PICHINCHA...	133,200	*Quito* †, Antisana, Esmeraldas, Latacunga, Machachi.
PROVINCE D'IMBABURA.....	59,100	*Ibarra*, Otavalo, Cayamba.

DÉPARTEMENT DE L'ASSUAY, 131,000 h.

PROVINCE DE CUENCA.....	76,500	*Cuenca* †, Cañar, Giron.
PROVINCE DE LOJA OU LOXA.	34,500	*Loja* ou Loxa, Zaruma.
PROVINCE DE JAEN DE BRACAMOROS.............	20,000	*Jaen de Bracamoros*, San-Francisco-de-Borja.

DÉPARTEMENT DE GUAYAQUIL, 73,600 h.

PROVINCE DE MANABI.....	17,500	*Puerto-Viejo*, Monte-Christi.
PROVINCE DE GUAYAQUIL..	56,100	*Guayaquil*, Baba.

Les départemens de l'Équateur, de l'Assuay et de Guayaquil formaient l'ancienne *Présidence de Quito*.

POPULATION PAR CLASSES.

Hommes libres (suivant le détail ci-dessus).	2,490,800
Indiens indépendans..................	204,000
Esclaves...........................	103,800
Total de la population en 1827.....	2,798,600

Suivant un rapport fait à cette époque par le ministre de l'intérieur au congrès, les recensemens étaient au-dessous de la réalité. On devait donc, dès 1828, évaluer la population totale à près de... 3,000,000

ARMÉE DE TERRE.

Infanterie.	25,800
Artillerie................................	2,500
Cavalerie................................	4,200
Total de l'armée de terre sans la milice.	32,500

MARINE.

6 corvettes, 7 bricks, 6 goëlettes.

Revenus en francs.	Dette publique en francs.
43,000,000.	254,000,000.

TABLEAU *du mouvement commercial de la Colombie en* 1829.

IMPORTATIONS.			EXPORTATIONS.		
PAYS.	NOMBRE de Navires.	VALEUR des Cargaisons.	PAYS.	NOMBRE de Navires.	VALEUR des Cargaisons.
		Piastres.			Piastres.
FRANCE.....	11	154,230	FRANCE.....	13	203,290
ANGLETERRE.	11	516,267	ANGLETERRE.	5	179,161
ÉTATS-UNIS..	35	409,996	ÉTATS-UNIS..	25	448,136
ALLEMAGNE..	9	468,699	ALLEMAGNE..	9	144,384
AUTRES	30	170,090	AUTRES	27	131,616
Totaux...	96	1,719,282	Totaux...	79	1,106,587

LIVRE CENT QUATRE-VINGT-HUITIÈME.

Suite de la Description de l'Amérique. — Description particulière du Pérou dans ses anciennes limites, ou des nouvelles républiques du Pérou et de Bolivia.

« Les Andes, qui traversent le Pérou du sud au nord, forment généralement deux chaînes à peu près parallèles; l'une, la grande Cordillère des Andes, constitue le noyau central du Pérou; l'autre, beaucoup plus basse, est appelée Cordillère de la côte. Entre celle-ci et la mer, se prolonge le *Bas-Pérou*, formant un plan incliné, large de dix à vingt lieues, et connu dans le pays sous le nom de *Valles*. Il est composé en partie de déserts sablonneux, dépourvus de végétation et d'habitans. Cette stérilité provient de l'aridité naturelle du sol et du manque absolu de pluies; car jamais, en aucune saison, il ne pleut ni ne tonne dans cette partie du Pérou; il n'y a de fertile que les bords des rivières et les terrains susceptibles d'être arrosés artificiellement; ou bien les endroits humectés par des eaux souterraines, résultat des brouillards et des fortes rosées (1). Dans ces lieux privilégiés, la terre ne cesse de se revêtir de la parure réunie du printemps et de l'automne. Le climat se fait encore remarquer par la douceur constante de la température; jamais, à Lima, on n'a observé le thermomètre de Fahrenheit, à midi, au-dessous de 60°, et rarement il s'élève, dans l'été, au-dessus de 86°. La plus grande chaleur qu'on ait jamais éprouvée à Lima, fit monter le thermomètre à 96 degrés. La fraîcheur qui règne presque toute l'année le long de la côte du Pérou sous le

---

(1) Viagero universal, XIV, 106.

tropique, n'est nullement un effet du voisinage des montagnes couvertes de neige; elle est due plutôt à ce brouillard (*garua*) qui voile le disque du soleil, et à ce courant très-froid d'eau de mer qui porte avec impétuosité vers le nord depuis le détroit de Magellan jusqu'au cap de Parinna. Sur la côte de Lima, la température du grand Océan est à 12°,5; tandis que, sous le même parallèle, mais hors du courant, elle est à 21° (1).

« Le pays compris entre les deux Cordillères est appelé *la Sierra*. Ce ne sont que des montagnes et des rochers nus, entrecoupés de quelques vallées fertiles et cultivées. Mais ces montagnes renferment les plus riches mines d'argent que l'on connaisse, et les veines les plus abondantes se trouvent ordinairement dans les montagnes les plus arides. Le climat de la Sierra est l'un des plus salubres qui existent, si l'on peut en juger par la longévité de ses habitans. Quelques écrivains distinguent de la Sierra la plus haute chaîne des Andes, ou la région des neiges éternelles; nous pensons qu'il vaut mieux les comprendre l'une et l'autre sous le nom de *Haut-Pérou*.

« Derrière la chaîne principale des Andes s'étend, vers les bords de l'Ucayale et du Marañon, une immense plaine inclinée à l'est, traversée par plusieurs chaînes de montagnes détachées, qu'on appelle au Pérou *la Montaña-Real*. Sous un ciel pluvieux, souvent sillonné d'éclairs, l'éternelle verdure des forêts primordiales charme les yeux du voyageur, tandis que les inondations, les marais, les serpens énormes et d'innombrables insectes arrêtent sa marche. Cette région peut s'appeler le *Pérou-Intérieur* (2). Les communications avec la région intérieure sont plus difficiles qu'avec le Bas-Pérou.

---

(1) *A. de Humboldt*: Tableaux de la Nature, I, 126.
(2) Viagero universal, XX, p. 193-194.

« On voit, par cet aperçu, qu'une grande partie du Pérou n'est pas propre à la culture, et que ce pays pourrait difficilement devenir important et riche par ses productions végétales. La population, peu nombreuse, est dispersée sur une grande étendue de terrain ; le défaut de routes, de ponts et de canaux rend très-difficile le transport d'articles pesans à quelque distance de la place où ils ont été produits. Il n'y a ni chariots, ni voitures, ni autres facilités pour le commerce : toutes les denrées, toutes les marchandises doivent être transportées à dos de mulets.

« Une circonstance surtout comprime l'industrie et la culture au Pérou. Par quel chemin exporter les productions précieuses que le sol donnerait en abondance, si elles étaient réclamées par un commerce actif? La route de l'isthme, par Porto-Bello et Panama, est abandonnée, parce que les frais de décharge, de transport et de recharge absorbaient les bénéfices. Celle du cap Horn n'est pas exempte de périls, et les tempêtes la rendent trop incertaine. Le Rio-de-la-Plata et Buenos-Ayres présentent le seul débouché possible ; mais le défaut de grandes routes ou de rivières constamment navigables, sépare encore le Haut-Pérou du bassin de la Parana. Enfin, la nature elle-même a tracé la grande route du commerce du Pérou ; le grand fleuve des Amazones pourrait recevoir les étoffes de Quito par la Pastara ; le quinquina de Caxamarca, par le Marañon ; les huiles de Lima, par le Huallaga ou l'Ucayale ; le sucre de Cuzco et l'or de Carabaya, par l'Apurimac ; les toiles de Moxos, par le Beni. Le port de San-Joaquin-d'Omaguas deviendrait le Tyr et l'Alexandrie du Pérou. De ce port, un vaisseau arriverait à Cadiz en moins de deux mois et demi. La politique avait fermé aux Espagnols cette route magnifique. Le jaloux Portugais ne souffrait pas qu'un pavillon espagnol flottât sur les eaux de l'Amazone ; mais cet obstacle n'existe plus depuis la fondation des républiques péruviennes. Aujourd'hui, l'Espagne et le Portugal peuvent, par des traités de commerce avec les nouveaux États, trouver un avantage mutuel à se partager également la navigation de la Parana et de l'Amazone.

« En attendant cette révolution commerciale, ni les gommes odoriférantes, les résines médicinales, les bois précieux que renferment les forêts du Pérou ; ni la noix-muscade et la cannelle qui croissent, dit-on, dans la *Montaña-Real*; ni les huiles très-fines que produit le Bas-Pérou ; le café et le sucre plantés avec succès dans les endroits tempérés de la Sierra ; le cacao excellent des plaines de l'intérieur ; le coton de Chillaos; la soie longue et fine de Mojobamba (1); le lin et le chanvre de Moxos, ni une foule d'autres productions intéressantes, ne récompenseraient de leurs peines ceux qui voudraient les cultiver en grandes quantités pour les marchés d'Europe, puisque les frais de transport jusqu'à la côte, et ceux du fret par mer, sont si considérables qu'on ne pourrait vendre qu'à perte. La vigogne seule, à cause de sa rareté et de sa finesse supérieure, comporte les frais de transport jusqu'en Europe; mais une chasse trop vive a presque exterminé l'animal qui la donne (2). La laine d'alpaca est aussi exportée avec profit. Le quinquina est encore une exploitation de prix. Pour le présent, l'agriculture languit dans le Pérou, au point que Lima, et plusieurs autres villes à la côte, tirent leurs provisions du Chili. Le tremblement de terre de 1693 fut suivi d'une telle stérilité dans les vallées du Bas-Pérou, qu'en plusieurs endroits le peuple cessa de les cultiver; et quoique depuis ce temps le pays ait recouvré en grande partie son ancienne fertilité, la culture n'a pas repris (3).

---

(1) Viagero universal, XXII, p. 243. — (2) *Idem, ibid.*, p. 433.
(3) Mercurio peruviano, I, 213; III, 4; VIII, 58; X, 239.

« Le sol du Pérou est comme imprégné de métaux précieux. L'or n'est pas le plus recherché; il abonde, mais dans des lieux peu accessibles, ou dans une *gangue* trop dure et trop dispendieuse à fondre. Près de *la Paz* il s'écroula une partie saillante de la montagne d'*Ilimani*; on y trouva des morceaux d'or de 2 jusqu'à 50 livres pesant; après un laps de 100 ans on y trouve encore des morceaux du poids d'une once. Près Mojos ou Moxos, le lavage donne des morceaux grands comme un quart de ducat. Selon M. *Helm* (1), le schiste argileux est presque partout parsemé de veines de quarz qui servent de gangue à l'or. La plupart des fleuves et rivières roulent de l'or. La mine d'or la plus productive est celle de Santiago-de-Catagoita, distante d'environ 30 milles au sud de Potosi. Les mines d'argent, beaucoup plus nombreuses, et d'une exploitation bien plus facile, ont absorbé la principale attention des colons. La célèbre montagne du Potosi a offert, pendant deux siècles et demi, des trésors d'argent inépuisables : cette montagne, de forme conique, a environ 17 milles de circonférence, et est percée de plus de 300 puits à travers un schiste argileux, jaune et dur; il y a des veines de quarz ferrugineux, entremêlées de ce qu'on appelle mine découpée et mine vitreuse. Dans la province de Carangas, on trouve, en creusant le sable, des masses d'argent détachées, qu'on appelle des *papas* ou pommes de terre, à cause de leur forme. Dans une autre mine près de Puno, on découpait l'argent pur avec un ciseau, tant l'abondance du métal rendait toute industrie superflue (2).

« Mais aujourd'hui les mines les plus intéressantes, selon MM. de Humboldt et Helm, sont celles de Gualgavos ou *Hualgayos*, dans la province de Truxillo, au nord

---

(1) *Helm* : Journal d'un voyage de Buenos-Ayres à Potosi.
(2) *Ulloa* : Notices, liv. VII, chap. XIII et XIV.

du Pérou, et celle de Yauricocha, près de la petite ville de Pasco, dans la province de Tarma. Dans le premier endroit, l'argent se trouve en grandes masses à 2000 toises de hauteur au-dessus de la mer. Quelques filons métallifères contiennent des coquilles pétrifiées. La montagne de Yauricocha est, selon Helm, entièrement remplie de veines et filons argentifères. Il y a une galerie composée d'hématite fine et poreuse, l'argent y est semé partout en petites parcelles; cependant 5o quintaux ne donnent que 9 marcs de métal. Mais une argile blanche, dont le filon est large d'un quart d'aune, donne de 200 jusqu'à 1000 marcs d'argent sur 5o quintaux de minerai.

« Tandis que le Mexique se procure du mercure de l'Europe, le Pérou en produit naturellement à Guanca-Velica, district à peu de distance au sud-ouest de Lima. Le cinabre a été employé par les Péruviens pour la peinture. Le vif-argent fut découvert par les Espagnols, pour la première fois, en 1567. Le minerai semble être un schiste argileux d'un rouge pâle. L'étain, suivant Helm, se trouve à Chayanza et à Paryas; il y a aussi plusieurs mines de cuivre et de plomb. La principale mine de cuivre est à Aroa, mais les colonies s'approvisionnent généralement par les mines du Chili. Parmi les autres minéraux on peut citer la pierre de *galinazo*, ainsi appelée par sa couleur noire; c'est un verre volcanique, que l'on confond quelquefois avec la pierre dite le *miroir des Incas*, parce que l'on se sert de l'un ou de l'autre au lieu de miroirs.

« Du temps des Incas, les émeraudes étaient aussi très communes, surtout sur la côte de Manta et dans le gouvernement d'Atacama, où l'on dit qu'il y a des mines que les Indiens ne veulent pas révéler, dans la crainte d'y être immolés à des travaux meurtriers; car l'expérience a prouvé que ni les nègres ni les Européens ne peuvent supporter l'air froid et humide des mines péruviennes, ni conserver leurs forces en se nourrissant de racines et de pommes de terre, seules denrées qu'on trouve dans les déserts où la nature cacha en vain les minéraux, objets de nos vœux avides. »

Les mines sont exploitées par deux classes d'individus : la première se compose des propriétaires, et la seconde, des petits entrepreneurs (*bolicheros*) qui traitent le minerai que les ouvriers reçoivent pour salaire de leurs travaux ou qu'ils exploitent frauduleusement. Il y a, dit M. de Rivero, beaucoup de démoralisation parmi les diverses classes d'individus qui vivent ou spéculent sur le produit des mines; et souvent le peu de succès des entreprises peut être attribué avec plus de raison à la conduite des entrepreneurs ou de leurs subordonnés, qu'à un appauvrissement réel des gîtes de minerais (1).

« Les exportations du Pérou consistent en or, argent, vin, eau-de-vie, sucre, piment, quinquina, sel, laine de vigogne, gros lainages, et quelques objets manufacturés de peu de valeur. On importe en échange des marchandises et des denrées européennes, du suif, du cacao, des feuilles de maté ou thé du Paraguay, de l'indigo, du bois de charpente, des cordages, du goudron et du cuivre du Chili. »

Ce fut en 1532 que François Pizarre et Diego Almagro, à la tête d'un petit corps de troupes espagnoles, firent la conquête de l'empire péruvien. Après sa soumission ce pays continua d'être le théâtre de toutes les cruautés que le fanatisme et la cupidité purent exercer envers une nation que les vainqueurs convertissaient le glaive à la main, envers un peuple qui comprenait à peine tout le prix que les Européens attachaient à la possession de l'or, dont la

---

(1) M. *de Rivero*, directeur général des mines de la république du Pérou. — Mémoire sur les mines d'argent de Pasco.

nature avait enrichi ses montagnes. Le Pérou, érigé en vice-royauté, resta soumis aux Espagnols jusqu'à l'époque où Napoléon envahit l'Espagne. Alors des cris d'indépendance et de liberté retentirent au sein de cette colonie; mais le parti royaliste comprima long-temps cet élan redoutable, et ce ne fut qu'en 1821 que le Pérou secoua le joug de la métropole. Les dissensions intestines enfantèrent par la suite une nouvelle révolution : en 1825 il se divisa en deux républiques, celle du *Pérou* proprement dit, et celle du *Haut-Pérou*, qui prit le nom de *Bolivia* par reconnaissance pour les talens et les vertus de Bolivar son libérateur. Nous allons décrire la république du Pérou.

Borné à l'ouest par le grand Océan, au nord par le golfe de Guayaquil et la Colombie, à l'est et au sud par le Brésil et la république de Bolivia, ce pays a 520 lieues de longueur du nord-ouest au sud-est, 370 dans sa plus grande largeur, et 700 lieues de côtes sans aucune échancrure ou golfe remarquable.

C'est dans la belle vallée de la *Rimac*, l'une des principales des Andes, à 2 lieues de l'embouchure de cette rivière dans le grand Océan, que s'élève, à 600 pieds au-dessus des eaux de celui-ci, *Lima*, la capitale de la république du Pérou. Cette grande cité, dont on estime aujourd'hui la population à 80,000 âmes, est bâtie en forme de triangle, dont la base, qui se prolonge sur la rive gauche de la rivière, est de 1920 toises, et dont la hauteur est de 1080. Entourée d'une muraille en briques flanquée de 34 bastions et percée de 7 portes, on y entre du côté de la rive droite de la Rimac en traversant le faubourg de San-Lazaro et un pont élégant en pierres. Du côté de la mer, elle présente un aspect enchanteur : on y arrive par une avenue bordée d'une double rangée d'arbres magnifiques, près de laquelle sont les promenades publiques. De ce point on aperçoit les tours de la *cathédrale*, qui, ainsi que le *palais de l'archevêque*, ornent la grande place; les autres édifices publics se groupent avec majesté: les principaux sont l'*hôtel des monnaies*, le ci-devant *palais de l'inquisition*, l'ancien *collège des jésuites*, transformé en hospice d'enfans trouvés, et l'*université*, dont la bibliothèque possède une intéressante collection de manuscrits. Le *théâtre* ne répond pas, par ses dimensions, à l'importance de la ville. L'intérieur de la capitale présente l'aspect le plus régulier; ses rues, comme celles de son faubourg, sont parallèles, coupées à angles droits, pavées en petites pierres rondes, ornées de trottoirs, et arrosées par des ruisseaux qui y entretiendraient la propreté si elles n'étaient obstruées par des immondices. Les maisons, proprement construites en briques ou en bois, et peintes à l'extérieur, n'ont en général qu'un seul étage; il n'y a que celles des riches propriétaires qui en aient deux. Les grands édifices, éclatans et majestueux de loin, perdent beaucoup à être examinés de près. Ils pèchent généralement sous le rapport du goût et du style; ils auraient plus de noblesse s'ils étaient moins surchargés de sculptures et de détails. Les murailles des églises sont en pierre, tandis que les clochers et les dômes sont en bois revêtu de plâtre, précaution qui a été nécessitée par la fréquence des tremblemens de terre. Mais les diamans, l'or et l'argent éclatent de toutes parts dans les temples; plusieurs sont ornés d'énormes candélabres, de statues de grandeur naturelle, et de vases sacrés en argent, en vermeil, et même en or massif. Ce qui a lieu d'étonner un Européen, c'est de voir suspendues dans le chœur des cages en argent, remplies d'oiseaux, qui mêlent leur ramage aux chants des fidèles et aux accords de l'orgue. Le milieu de la grande place est occupé par une superbe fontaine en bronze, ornée d'une renommée qui jette de l'eau par sa trompette, et de huit lions qui la font jaillir par leurs gueules. Par une singulière bizarrerie, l'hôtel-de-ville est bâti dans le goût chinois. Dans cette ville, on compte plus de 1700 moines et religieuses, et près de 300 ecclésiastiques.

« En général la vivacité d'esprit et la pénétration des habitans du Pérou, ainsi que leur goût pour l'étude, leur assignent un rang distingué parmi les nations civilisées. Les établissemens scientifiques de Lima forment un centre de lumières qui se répandent sur tout le pays. Les sciences généralement cultivées, y ont fait depuis peu de grands progrès. On y connaît et l'on y suit toutes les découvertes faites en Europe. Le bon goût, l'urbanité, beaucoup de qualités sociales semblent héréditaires aux Péruviens. On admire l'imagination et la sensibilité des femmes. Elles aiment avec une sorte de fureur le luxe innocent des fleurs et des parfums (1). Il est cependant à désirer qu'on améliore le système d'éducation.

« Mais chaque instant peut devenir le dernier pour les riches habitans de cette superbe capitale. En 1746, un terrible tremblement de terre détruisit les trois quarts de la ville, après avoir démoli entièrement le port de Callao. Jamais il n'y eut de destruction plus complète, puisque, de 3000 habitans, il n'en resta qu'un seul pour porter la nouvelle de cet événement désastreux, et il échappa par le hasard le plus extraordinaire. Cet homme était dans un bastion qui a vue sur tout le port; il aperçut, en moins d'une minute, tous les habitans sortir de leurs maisons dans la plus grande terreur et la plus grande confusion : la mer, après s'être retirée à une distance considérable, revint en montagnes écumantes par la violence de l'agitation, et ensevelit les habitans dans son sein.

Lima fut fondée en 1535 par Pizarre. Depuis l'an 1582,

(1) Viagero universal, XIV, 88.

elle a été dévastée par plus de vingt tremblemens de terre : celui du 30 mars 1828 renversa la plupart des édifices publics, un grand nombre de maisons, et fit périr un millier d'habitans. Ses environs sont couverts de jolies maisons de campagne, de jardins et de vergers dont la fraîcheur doit tout aux irrigations et à l'art sous un climat où les chaleurs sont très-fortes et les pluies excessivement rares.

L'un des lieux les plus remarquables des environs de Lima par ses souvenirs, est le village de *Pachacamac*. On y voit encore les débris des murs du magnifique temple élevé par le dixième inca Pachacutec à Pachacamac, le créateur de l'univers. C'est dans ce temple que Pizarre, en 1533, s'empara d'une immense quantité d'or, et qu'il livra à toute la brutalité de ses soldats les vierges consacrées au service de la divinité.

Callao est le port de mer de Lima ; c'était autrefois une ville de 4000 âmes ; mais depuis le tremblement de terre de 1746, ce n'est plus qu'un village de 200 à 300 maisons en bois, remarquable cependant par ses 3 forts garnis de 190 canons qui défendent l'approche de Lima du côté de la mer. Le petit port de *Cañete* fait avec la capitale un grand commerce de grains, de légumes, d'oiseaux domestiques, de poissons et de fruits. On trouve beaucoup de salpêtre près d'un village des environs. A 35 lieues plus loin, *San-Geronimo-de-Ica*, peuplée de 6,000 âmes, et bâtie sur une petite rivière près de la mer, possède plusieurs verreries.

« Les tremblemens de terre et les volcans appelés *Guagua-Putina* et *Uvinas* ont engagé les habitans d'*Arequipa* à changer l'emplacement de leur cité. Cette ville, fondée par Pizarre, résidence d'un intendant et d'un évêque, est aujourd'hui sur un terrain uni, à 20 lieues de la mer. Les maisons y sont en pierre ; le climat y est très-doux et l'air très-sain. Le nom d'Arequipa signifie : *Eh bien ! restez-y*. En voici l'origine. Les troupes victorieuses de l'Inca venaient de conquérir cette contrée; charmés de la beauté du pays, les soldats témoignèrent quelques regrets de retourner chez eux; l'Inca, qui s'en aperçut, leur dit: « Eh bien! restez-y»; et ils y restèrent. »

C'est l'immense volcan d'Uvinas qui lança, dans le courant du XVIe siècle, les masses de cendres qui engloutirent Arequipa. Cette ville est l'une des plus importantes du Pérou occidental. L'état florissant de son commerce, l'importance de ses manufactures de laine et de coton, de tissus d'or et d'argent, ont porté sa population à environ 40,000 âmes. Elle renferme quatre colléges, ainsi que plusieurs écoles de filles, et publie deux journaux. Sa cathédrale, un pont sur le Chile qui arrose la ville, et une fontaine en bronze sur la grande place, sont les principales constructions qu'on y remarque.

Dans la partie méridionale du département d'Arequipa, *Arica*, avec un bon port, était naguère une jolie petite ville; mais le tremblement de terre du 18 septembre 1833 l'a presque entièrement détruite; 13 ou 14 maisons ont seules été épargnées, et l'on évalue à environ 700 le nombre de personnes qui ont perdu la vie dans cette terrible catastrophe. Il en est de même de *Tacna*, qui était une ville importante, à quelques lieues au nord-est de la précédente, et qui, par suite du même événement, n'est plus qu'un monceau de ruines. La délicieuse vallée de Zapa a été entièrement ravagée, disent les relations publiées dans les journaux de Lima; et le fameux morne connu sous le nom de *White-Bluff*, qui s'élevait à l'entrée du port d'Arica, à 200 pieds au-dessus des terres environnantes, est descendu presqu'à la surface de l'Océan; enfin, deux petites îles, situées à peu de distance, sont englouties au point qu'une frégate pourrait passer dessus sans danger.

« Dans les environs d'Arica et de Tacna l'air est chaud et malsain. Quelques cantons produisent d'excellentes

AMÉRIQUE : *Pérou.* 563

olives, qui sont remarquables par leur grosseur. Il y a dans la province d'Arica un volcan qui lance des jets d'une eau infecte et chaude. Cette province est remplie de déserts sablonneux, entremêlés de lisières extrêmement fertiles. On y cultive la vigne avec beaucoup de soin et d'intelligence. On y exploite quelques mines d'or et de cuivre, et des mines d'argent très-riches. »

Dans la partie du Pérou située le long de la côte du grand Océan, au nord du département de Lima, nous trouvons celui de *Livertad. Piura* se distingue comme étant la plus ancienne ville du Pérou. Bâtie par les Espagnols, elle est sur une petite rivière qui fertilise le terrain, mais qui disparaît entièrement dans la saison sèche. Ses habitans, au nombre de 15,000, commercent en cire, en salpêtre, fil d'aloès, cascarille et autres objets (1); ils s'occupent aussi du transport des marchandises, à dos de mulet, de Quito à Lima. *Truxillo*, ville épiscopale, peuplée de 13 à 14,000 âmes, fut bâtie en 1535 par François Pizarre, qui lui donna le nom de sa ville natale. Elle est à une demi-lieue de la mer, dans une contrée agréable et fertile. On voit à quelque distance les ruines d'anciens monumens péruviens, où l'on a trouvé des trésors considérables. Le département dont elle est le chef-lieu produit des vins que l'on transporte dans l'intérieur du Pérou, à Guayaquil et à Panama. On y voit aussi beaucoup d'oliviers dont le fruit donne une excellente huile (2).

« La ville de *Caxamarca* renferme des restes du palais de l'inca Atahualpa, habités par un de ses descendans. On y voit encore la chambre où il fut retenu prisonnier pendant trois mois; une longue pierre servant de base à l'autel de la chapelle de la prison, est celle sur laquelle ce dernier empereur du Pérou fut étranglé par les Espagnols.

(1) Viagero universal, XXI, p. 33. — (2) *Idem*, XIV, 137.

Cette ville, peuplée de 8000 âmes, est dans un climat tempéré, au milieu d'une plaine fertile qui donne le soixantième grain. A une lieue sont des sources d'eau chaude, appelées les *bains des Incas*, près desquels Atahualpa possédait une maison de plaisance. » Caxamarca, située dans une charmante vallée, doit son nom à la petite rivière qui l'arrose. Elle est bien bâtie ; ses rues sont tirées au cordeau ; ses églises et ses maisons sont bien construites ; enfin, la place publique, placée au centre de la ville, est belle et d'une grande étendue. Les habitans industrieux fabriquent toutes sortes d'étoffes grossières de laine, ainsi que des toiles de lin et de coton. La matière première de ces articles se trouve dans le district, dont le sol, en partie inégal et montueux, réunit, dans un espace peu étendu, les températures et les productions les plus différentes. Caxamarca est à 1464 toises au-dessus du niveau de la mer.

A 5 ou 6 lieues de la ville on trouve, sur la Caxamarca, un village appelé *Jesus*, remarquable par les restes d'une ville péruvienne qui paraît avoir été peuplée de plus de 30,000 âmes, et qui renferme encore plusieurs maisons entières, dont la construction annonce un peuple assez avancé dans les arts mécaniques, puisqu'on y voit des pierres de 12 pieds de longueur sur 7 de hauteur.

Malgré sa position avantageuse au bord du *Chacapoyas*, dans une contrée délicieuse, malgré son rang d'ancien chef-lieu de province, *San-Juan-de-la-Frontera*, que l'on appelle aussi *Chacapoyas*, est petite et peu peuplée.

Huanuco, ou *Guanuco*, qui ne renferme guère que de grandes maisons, aujourd'hui en partie abandonnées, est le chef-lieu du *département de Junin*. Ce n'est plus que l'ombre de cette belle cité péruvienne qui renfermait le palais des Incas et le temple du Soleil, dont on voit encore les ruines. *Tarma*, habitée par des créoles, des métis et des indigènes, au nombre de 8 à 10,000 est dans une petite vallée profonde où l'air circule difficilement. Ce département, qui doit son nom au village de *Junin*, célèbre par une victoire que les républicains remportèrent sur les royalistes, contient la ville de *Pasco*, dans un pays âpre et sauvage, appelé plaines de Bombon, où il ne croît aucune espèce de blé. Malgré ces désavantages, la ville est une des plus peuplées, des plus commerçantes et des plus importantes de la république, par le voisinage des riches mines d'argent de Yauricocha. *Baños* est un village remarquable par ses eaux thermales, où les Incas avaient un vaste palais dont on voit encore les ruines.

L'une des vallées les plus belles et les plus peuplées des Andes est celle qui donne naissance à plusieurs cours d'eau dont la réunion forme la *Jauja*, située dans le *département d'Ayacucho*. Cette vallée, fort élevée et d'une température toujours froide, présente une vaste plaine où nous voyons *Huanca-Belica*, ville de 6000 habitans, devenue célèbre par ses riches mines d'or, d'argent et de mercure, situées à 2150 toises au-dessus du niveau de l'Océan. « Les sources chaudes de Huanca-Belica sont chargées de carbonate calcaire. » On peut dire que les habitans de ce canton construi-
« sent leurs maisons avec de l'*eau*, car ils laissent refroidir les
« eaux imprégnées de matières calcaires; le sédiment qu'elles
« déposent est reçu dans des vases, et y prend la figure et
« la consistance d'une pierre. » *Guamanga* ou *Huamanga*, fondée par Pizarre, et bâtie en pierres avec régularité, renferme de belles places publiques, une cathédrale, plusieurs églises et une université. Cette cité, de 26,000 âmes, est quelquefois nommée *San-Juan-de-la-Victoria*, en mémoire d'une victoire remportée sur l'inca Manco, qui avait défait les Espagnols en plusieurs rencontres. Les habitans, polis, intelligens et adonnés aux sciences, font aussi un grand commerce en cuirs, en grains et en fruits. Plus

loin, *Jauja* ou *Xauxa*, peuplée de 10,000 âmes, se soutient par le produit de ses mines d'argent, la vente de ses grains et de ses pâturages. *Ayacucho*, où le général Sucre remporta, en 1824, une victoire décisive sur les royalistes a donné son nom au département.

Puno est le chef-lieu d'un département de ce nom, dont elle est la ville la plus importante; on lui accorde environ 16,000 âmes; elle possède un assez bon collége.

Le département de Cuzco renferme beaucoup de petites villes. Visitons d'abord son chef-lieu.

« *Cuzco*, autrefois capitale de l'empire des Incas, est aujourd'hui le siége d'un évêché. Cette ville, éloignée de 180 lieues de Lima, compte plus de 40,000 habitans. Presque aussi étendue que cette dernière, elle conserve encore beaucoup de monumens de son ancienne grandeur, parmi lesquels se trouve la forteresse des Incas. Les pierres qui y ont été employées sont si énormes, si irrégulièrement taillées, et cependant si bien jointes, qu'il n'est pas facile de comprendre comment on les y a placées, le fer, l'acier et les machines étant alors inconnus. Il s'y trouve des bains fournis par deux fontaines, l'une d'eau chaude et l'autre d'eau froide. Un couvent y a pour murs ceux mêmes du temple du Soleil, et le saint-sacrement est placé à l'endroit où se trouvait la figure en or de cet astre. Un couvent de religieuses occupe le même emplacement où demeuraient les vierges du Soleil. Le principal commerce est en sucre, étoffes, draps communs, toiles ordinaires, galons d'or et d'argent, cuirs, maroquins et parchemins. Ses habitans, très-ingénieux, se distinguent particulièrement dans l'art de broder et de peindre.

« Le district de *Calca-y-Lares* produit le meilleur sucre de tout le Pérou; les cannes subsistent sans aucun soin pendant plusieurs années; elles sont très-riches en sucre, et mûrissent au bout de *quatorze mois*, circonstance curieuse si l'on pouvait l'admettre sur le témoignage d'un auteur peu judicieux (1). Le sucre se cristallise avec une extrême rapidité. Le district de *Canes et Canches* tire son nom de deux tribus dont les restes y demeurent encore; les premiers, robustes, taciturnes et orgueilleux, s'habillent de noir, et vont à cheval; les autres, d'une taille moindre, inconstans et gais, n'ont pour vêtement que des peaux. Leur langue diffère autant que leurs mœurs; ils vivaient sous deux princes ou *curacas* indépendans jusqu'à ce que les Incas les soumirent (2). « Dans leur pays, aux « environs de Condoroma, on éprouve, disent des auteurs « espagnols, dans les temps de tempête, de tonnerre et « d'éclairs, des piqûres aux mains, au visage et partout « ailleurs; on désigne ces sensations sous le nom de mou- « ches; mais on doit attribuer ces piqûres à l'air électrisé, « car on ne les ressent plus aussitôt que la tempête a « cessé (3). » Cet effet de l'électricité mérite de fixer l'attention d'un voyageur futur.

Dans le département de Cuzco, la géographie physique s'arrête avec intérêt au bord du lac *Titicaca* ou *Chucuyto*, si fameux dans l'histoire des Incas. Le bassin, dont ce lac occupe le fond, a 130 lieues de long, sur une largeur de 50 à 60. Entouré de montagnes il ne montre aucun écoulement visible de ses eaux abondantes. Le lac de Titicaca, long de 62 lieues, mais d'une largeur qui varie beaucoup, puisqu'elle est de 6 lieues dans sa plus petite largeur et de 24 dans sa plus grande, a les eaux légèrement saumâtres et très-amères; sa profondeur est de 70 à 80 brasses; sa superficie est de 2070 lieues carrées. Il est à 1995 toises au-dessus du niveau de l'Océan, c'est-à-dire plus élevé que

---

(1) *Alcedo*, Dictionnaire, au mot *Calcas y Lares*.
(2) Viagero universal, XXI, p. 80-99. — (3) *Alcedo*, au mot *Canes y Canches*. Dans le *Viagero universal*, XIV, p. 185, on trouve le même récit; mais tome XXI, p. 89-99, il n'en est plus question.

le sommet du pic de Ténériffe. Sa forme irrégulière, qui présente quatre golfes communiquant chacun par un détroit à la masse principale, a fait considérer ces golfes comme autant de lacs, auxquels on a donné les noms d'*Azangaro*, de *Chucuyto* et de *Vinamarca*. Douze ou treize rivières, dont les deux plus importantes sont le *Hilaye* et le *Desaguadero*, se jettent dans ce lac, dont les eaux toujours troubles et d'un goût désagréable, nourrissent en abondance d'excellens poissons. On y remarque plusieurs îles, entre autres celle de Titicaca et celle de *Coata*. Ce fut dans la célèbre île de *Titicaca* que Manco-Capac prétendit avoir reçu sa vocation divine pour être le législateur du Pérou. Un temple couvert d'or ornait cette place consacrée. Ce fut encore dans ce lac que, selon la tradition, les Indiens jetèrent la plupart de leurs trésors, et surtout la grande chaîne d'or de l'inca Huaina-Capac, qui avait 233 aunes de longueur.

Le Haut-Pérou forme un État borné à l'ouest par le grand Océan et la république du Pérou, au nord par celle-ci et le Brésil qui le borde aussi à l'est; au sud par le Paraguay, les États-Unis du Rio-de-la-Plata, et la république du Chili. Il a 370 lieues de longueur et 300 de largeur.

L'indépendance du Haut-Pérou date de 1825; elle fut le résultat de la victoire décisive remportée le 1er avril de cette même année par les indépendans sur le général espagnol Olaneta. Les États-Unis du Rio-de-la-Plata et la république du Pérou ayant déclaré qu'elles n'élevaient aucune prétention sur les provinces du Haut-Pérou, le général Bolivar rendit un décret par lequel il invitait ces provinces à réunir leurs députés en congrès, dans le but d'adopter librement la forme de gouvernement qui paraîtrait la plus convenable aux intérêts du pays. Ce congrès, assemblé à Potosi, déclara, le 6 août, que, dès ce jour, le Haut-Pérou formait une république indépendante ; et afin de donner au libérateur de l'Amérique méridionale et au vainqueur d'Ayacucho son lieutenant, le général Sucre, un témoignage de l'éternelle reconnaissance de la nouvelle république, le congrès décréta que celle-ci porterait le nom de *Bolivia*, et sa capitale future celui de *Sucre*.

La souveraineté de cette république réside dans le peuple et est exercée par un corps électoral, un corps législatif, un corps exécutif, et un corps judiciaire. Le pouvoir exécutif est confié à un président à vie, à un vice-président, et à trois secrétaires d'État. Le corps législatif, élu par des colléges électoraux nommés par le peuple, se compose de trois chambres : celle des tribuns, celle des sénateurs, et celle des censeurs. Chaque chambre est composée de trente membres ; chaque législature dure quatre ans, et chaque session annuelle, deux mois. La constitution garantit à tout citoyen la liberté civile, l'inviolabilité des personnes et des propriétés, l'égalité devant la loi, et le droit de publier librement ses pensées ; mais chacun est responsable des abus de la liberté de la presse.

La Plata ou *Charcas*, chez les Péruviens *Chuquisaca*, a reçu le premier de ces noms d'une fameuse mine d'argent située dans la montagne de Porco, d'où les Incas tiraient d'immenses richesses. Cette ville, peuplée de 15,000 âmes, et bâtie sur une branche du Pilcomayo, est la résidence d'un archevêque, le chef-lieu du *département de Chuquisaca* et la capitale de la république. Son université est depuis long-temps célèbre dans le Pérou ; la bibliothèque de cet établissement est une des plus considérables de l'Amérique méridionale. La plupart de ses maisons sont bien bâties, et ont de jolis jardins où l'on cultive presque tous des arbres fruitiers de l'Europe.

« *La Paz*, ville épiscopale, grande, bien bâtie, ornée de fontaines et d'édifices publics, est assise sur un terrain très-égal quoique environnée de collines de toutes parts. Quand les eaux du Choqueapo, qui arrose cette vallée, s'enflent, soit par les pluies, soit par les fortes neiges, elles entraînent des rochers prodigieux, et roulent des paillettes d'or que l'on recueille dès qu'elles sont retirées. Le principal commerce de cette ville, peuplée de 30 à 40,000 âmes (1), consiste en *matté* ou thé du Paraguay, que l'on fait passer en grande partie dans le Pérou. La température des environs est froide, mais, dans les vallées, le sol est fertile, et l'on y cultive même la canne à sucre, dont les plantations, à *Tomina*, durent 30 ans.

« *Potosi*, ville la plus considérable du département qui porte son nom, est située sur la pente méridionale d'une montagne, dans un pays froid et stérile, où il y a plusieurs sources thermales. Sa hauteur au-dessus du niveau de l'Océan est de 4166 mètres. Elle doit sa gloire à la montagne ou *Cerro de Potosi*, qui, depuis sa découverte, en 1545 jusqu'à nos jours, a fourni une énorme quantité d'argent dont le poids peut être estimé à environ 93 millions de marcs. La couche de porphyre qui la couronne lui donne la forme d'un pain de sucre ou d'une colline basaltique, élevée de 697 toises au-dessus du plateau voisin. Siège de l'administration des mines et des divers établissemens qui y sont relatifs, la ville de Potosi jouit encore de l'avantage d'être voisine d'une branche de la rivière de Pilcomayo, qui se jette dans le Paraguay; ce qui la rend le centre d'un grand commerce, et facilite ses communications avec Buenos-Ayres. Il est difficile de mettre les auteurs d'ac-

---

(1) *Helm* (Journal d'un voyage) lui en donne 20, et M. *Pentland* 40,000.

cord sur la population de Potosi. Les uns ne donnent à cette ville que 30,000 habitans. M. *Helm*, le savant minéralogiste allemand, qui y a séjourné plusieurs années, assure qu'elle contient 100,000 âmes. »

Nous ajouterons que tant que cette ville fut le centre des grandes exploitations de mines, sa population paraît s'être élevée jusqu'à 130,000 âmes; qu'en 1808 elle n'en renfermait plus que 40,000, et qu'aujourd'hui, que les travaux des mines y sont beaucoup moins considérables, les voyageurs les plus récens s'accordent à ne lui donner que 9 à 10,000 âmes. Du reste, la nature du terrain sur lequel elle est construite fait que ses rues sont fort inclinées. Son aspect est d'autant plus triste qu'elle ne possède point de promenades. On y voit cependant une belle place et quelques grands édifices, dont l'un des plus importans est l'hôtel de la monnaie. Ce qui rend surtout incommode le séjour de Potosi, c'est son climat froid et variable qui, dans un seul jour, présente quelquefois les quatre saisons de l'année; c'est aussi la rareté et la subtilité de l'air, qui y sont telles qu'à la moindre marche on éprouve de la difficulté à respirer.

Tiahuanacu, village situé près du lac de Titicaca, est célèbre par les ruines antiques que l'on y remarque, et que Garcilasso prétendait être antérieures à la domination des Incas. Ce sont d'immenses constructions présentant des quadrilatères de 60 toises de côté, et moins remarquables encore par leur étendue que par les dimensions des pierres dont elles sont formées; quelques unes sont du poids de 800 quintaux métriques. Ces pierres sont d'énormes blocs de trachyte et de grès rouge taillés. Ce sont aussi de grandes portes formées d'un seul morceau de ces mêmes roches. M. Pentland, l'un des derniers voyageurs qui a visité ces ruines, y a reconnu des frises et d'autres ornemens, ainsi que diverses sculptures, en général fort grossières, représentant un Inca, sa femme et le soleil, sous plusieurs formes.

Au sud-ouest de Potosi, *San-Francisco de Atacama*, dans le même département qui confine au sud avec le Chili, est une très-petite ville située sur un territoire maritime qui n'offre entre la Cordillère et l'Océan qu'un désert aride, parsemé de quelques terrains fertiles, ainsi que des mines de cuivre et des eaux thermales.

C'est sur la rive droite du Desaguadero que l'on voit, dans le *département d'Oruro*, *Paria*, un peu au-dessus d'un lac qui porte le nom de cette ville. Dans ses environs on exploite des mines d'argent, d'étain et de plomb; on élève un grand nombre de bestiaux et l'on connaît plusieurs sources thermales. *Oruro*, ville de 5,000 âmes, chef-lieu du département, se trouve dans une vallée voisine, à 3792 mètres de hauteur au-dessus de l'Océan. On y voit 4 églises et 5 couvens.

« On remarque encore dans le Pérou méridional les villes suivantes : *Oropesa*, dans le département de *Cochabamba*, que l'on appelle le grenier du Pérou; *Cochabamba*, dont quelques voyageurs portent la population à 30,000 âmes; *Tarija*, capitale de la province de *Chicas*, qui abonde en blé, en fruits et en bons vins. »

San-Lorenzo-de-la-Frontera ou *Santa-Cruz-de-la-Sierra Nueva*, occupe une plaine immense où s'élèvent à quelque distance d'assez belles maisons de campagne. Elle est mal bâtie, quoique ses maisons soient en pierre. Sa population est estimée à 6000 âmes. C'est une ville qui fut plus considérable et qui doit en partie sa décadence à l'air impur qu'on y respire. En 1605 on l'érigea en évêché, mais l'évêque réside à *Mizque*, sur la rive gauche du Guapey, dans le département de Cochabamba. Cette ville de Santa-Cruz de la Sierra est le chef-lieu d'un département auquel elle donne son nom.

Au-delà du Guapey on ne trouve plus que de petits villages épars au milieu d'une contrée légèrement ondulée par de petites montagnes. Plus loin s'étendent les immenses plaines sablonneuses du pays des *Chiquitos*, qui joint au nord les plaines boisées de celui des *Moxos*, qui dépendent de la province de *Santa-Cruz-de-la-Sierra*.

« Les nations indigènes du Pérou appellent maintenant notre attention; mais vaguement conservée par des traditions orales, ou par ces nœuds symboliques appelés *quipous*, l'histoire des Péruviens est infiniment plus obscure que celle des Mexicains. Elle remonte à deux ou trois siècles avant la découverte de l'Amérique par Colomb; car les règnes de douze Incas n'ont guère pu avoir une durée commune de plus de vingt ans.

« Les tribus du Pérou vivaient dans une barbarie complète. Nomades, elles se nourrissaient des produits de la chasse et de la pêche. Les vainqueurs déchiraient tout vivans les prisonniers de guerre (1). Quelques uns d'entre eux, par l'instinct de la reconnaissance, adoraient la bienfaisante nature; les montagnes, mères des fleuves; les fleuves mêmes et les fontaines, qui arrosaient la terre et la fertilisaient; les arbres, qui donnaient du bois à leurs foyers; les animaux doux et timides, dont la chair était leur pâture; la mer abondante en poissons, et qu'ils appelaient leur nourrice (2) : un temple très-ancien était même consacré à un dieu inconnu et suprême. Mais le culte de la terreur était celui du plus grand nombre. Ils s'étaient fait des dieux de tout ce qu'il y avait de plus hideux, de plus horrible; ils vouaient un respect superstitieux au couguar, au jaguar, au condor, aux grandes couleuvres; ils adoraient les orages, les vents, la foudre, les cavernes, les

---

(1) *Garcilasso de la Vega*, liv. I, ch. xii.
(2) *Mama Cocha*, mère mer.

précipices; ils se prosternaient devant les torrens, devant les forêts ténébreuses, aux pieds de ces volcans terribles qui bouleversaient les entrailles de la terre. A peine rendaient-ils une ombre de culte à ces affreuses divinités; ils paraissent les avoir considérées sous le même jour que l'Africain voit ses fétiches. Cependant l'un se perçait le sein, en se déchirant les entrailles; l'autre, plus forcené, arrachait ses enfans de la mamelle de leur mère, pour les égorger sur l'autel. L'orgueil national s'était allié à la superstition. Les uns, comme ceux de Cuba, de Quinvala et de Tacna, fiers de se croire issus du lion, qu'adoraient leurs pères, se présentaient, vêtus de la dépouille de leur dieu, le front couvert de sa crinière, et portant dans les yeux sa férocité menaçante. D'autres, comme ceux de Sulla, de Vilca, d'Hanco, d'Urimarca, se vantaient d'être nés, ceux-là d'une montagne, ceux-ci d'une caverne, ou d'un lac, ou d'un fleuve, à qui leurs pères immolaient les premiers nés de leurs enfans (1).

« La providence divine eut pitié de ce monde livré au génie malfaisant. Elle y envoya le sage et vertueux Manco et la belle Oello, sa sœur et son épouse (2). D'où était venu ce couple vertueux et bienfaisant? On les crut descendus du ciel. Les sauvages répandus dans les forêts d'alentour, se rassemblèrent à leur voix. Manco apprit aux hommes à labourer la terre, à la semer, à diriger le cours des eaux pour l'arroser; Oello instruisit les femmes à filer, à ourdir la laine, à se vêtir de ses tissus, à bien élever leurs enfans, à servir leurs époux avec un tendre zèle. Aux dons des arts ces fondateurs ajoutèrent le don des lois. Le culte du Soleil, leur père, ce culte fondé sur la reconnaissance, fut la première de ces lois et l'âme de toutes les institutions. La voix d'une religion bienfaisante rassemble de toutes

---

(1) *Garcilasso*, liv. I, chap. 11. — (2) *Idem, ibid.*, chap. xv.

arts ces peuplades barbares. Ils apprennent à s'aimer, à s'entr'aider; ils renversent les autels sanglans élevés aux lions et aux tigres; ils quittent la vie errante. La terre, labourée par ses habitans, ouvre son sein fécond, et se revêt de riches moissons. Mais les douces lois qui établissaient le partage des terres, le travail en commun, l'amour fraternel entre toutes les familles, ordonnaient aussi le dévouement absolu aux volontés de l'Inca; elles enchaînaient l'essor de l'industrie, en retenant constamment le fils dans la carrière du père; elles empêchaient le développement des facultés intellectuelles. L'autorité des Incas n'était, après tout, qu'un « despotisme paternel. » On avoue qu'ils avaient un nombreux sérail. Leurs sujets ne les approchaient que les tributs à la main, et n'osaient jamais regarder leur visage. A un seul signe de l'Inca, la population d'une province entière se laissait mettre à mort (1) : enfin, le peuple, mal vêtu, mal logé, mangeait les viandes crues, et mêlait de la terre glaise à ses alimens. Garcilasso ne déguise pas les traits les plus évidens d'une tyrannie superstitieuse. Des milliers de victimes humaines étaient immolées sur le tombeau du monarque. On voyait encore un remarquable exemple de fanatisme dans cette loi terrible qui regardait la violation du vœu des vierges du Soleil : pour expier un amour sacrilége, pour apaiser un dieu jaloux, non seulement l'infidèle prêtresse était ensevelie vivante, et le séducteur dévoué aux supplices les plus affreux; mais la loi enveloppait dans le crime la famille des criminels; pères, mères, frères et sœurs, jusqu'aux enfans à la mamelle, tout devait périr dans les flammes: le lieu même de la naissance des deux impies devait être à jamais désert. Les conquêtes des Incas n'étaient pas aussi pacifiques qu'on a voulu les représenter; on coupait le nez, on arrachait les

(1) Zarate: Historia del Peru, lib. I, cap. x et xi.

dents à tous les individus d'une tribu insurgée (1). La férocité japonaise et la servilité chinoise percent à travers les excellentes qualités qu'on attribue au gouvernement des Incas. Les *amaudas*, ou instituteurs, ont beaucoup de rapport avec les mandarins chinois.

« Quoi qu'il en soit, depuis la ville de Quito le voyageur retrouve les vestiges de l'ancienne civilisation péruvienne.

« La route de Quito à Cuzco, et par-delà, avait 500 lieues. Une autre, de la même étendue, régnait dans le plat pays, et plusieurs autres traversaient l'empire du centre aux extrémités. C'étaient des levées de terre de quarante pieds de largeur, qui comblaient les vallées jusqu'au niveau des collines. Le long de cette route on voyait se succéder les arsenaux distribués par intervalles, les hospices sans cesse ouverts aux voyageurs, les forteresses et les temples, les canaux qui, dans les campagnes, faisaient circuler l'eau des fleuves; mais les routes des Incas n'avaient pas, dans toutes leurs parties, une grande solidité. Les canaux étaient faits sans art; les murs des palais et des forteresses surpassaient rarement la hauteur de douze pieds. L'or était très-commun chez les Péruviens. On a trouvé de temps en temps pour des millions de piastres dans les anciens monuments. Quelques arbres et arbustes d'or pur ont pu orner les jardins impériaux de Cuzco, mais les historiens ont poussé jusqu'à l'extravagance l'énumération de ces richesses. Il y avait, dit Garcilasso, des bûchers de lingots d'or en forme de bûches, et des greniers remplis de grains d'or. Nous dirons pourtant que les fameux jardins d'or ne nous paraissent pas surpasser les bornes de la vraisemblance historique.

« Les Péruviens indigènes actuels sont loin de ressembler

---

(1) *Zarate*: Historia del Peru, lib. I, cap. vi.

à ceux dont Marmontel s'est plu à nous tracer le séduisant tableau. Ils n'ont que des facultés très-bornées, un caractère mélancolique, timide, abattu par l'oppression, pusillanime au moment du danger, féroce et cruel après la victoire; hautain, dur, implacable dans l'exercice du pouvoir. Craignant beaucoup les Espagnols, ils se montrent dociles et soumis à leurs ordres; mais ils les détestent en secret, évitent leur société, et les haïssent seulement un peu moins que les nègres et les mulâtres. Ils sont d'un naturel méfiant, ils croient qu'on ne peut leur faire aucune honnêteté sans avoir l'intention de les tromper. Trapus, robustes, et capables d'endurer le travail, ils croupissent dans l'indolence et la malpropreté: ils vivent sans aucune prévoyance. Leurs habitations ne sont que de méchantes huttes mal construites, incommodes, et d'une malpropreté dégoûtante. Leur habillement est pauvre et mesquin, leur nourriture misérable; mais ils sont très-portés aux liqueurs fortes, et ils sacrifient tout pour s'en procurer la jouissance. Quoique leur religion soit fortement entachée de la superstition de leurs ancêtres, ils sont grands observateurs des rites et des cérémonies de l'Église, et ils font des dépenses considérables en processions et en messes [1].

« Le système d'administration actuellement adopté à l'égard des Indiens, est favorable au libre développement de leurs facultés. Ils ne se trouvent plus soumis à la direction des corrégidors espagnols. Si l'indolence et la mollesse de leur caractère, dans quelques provinces, se sont accrues sous le régime de leurs magistrats indigènes, dans d'autres l'industrie s'est élevée à un bien plus haut degré de splendeur. A *Lambayèque*, entre autres, ils se sont appliqués à la culture des champs, aux manufactures et au com-

---

[1] Mercurio peruviano, VIII, 48; IX, 56; X, 276.

merce, avec tant d'assiduité, qu'ils y surpassent de beaucoup les Espagnols ; et comme le produit de leurs fermes et de leur industrie en général n'est point sujet à l'*alcabala* ni à d'autres taxes, ils ont même un grand avantage sur les autres castes. Les Indiens ne paient qu'un impôt personnel si modéré, qu'on peut bien plutôt le regarder comme une simple marque de servitude que comme une véritable charge. Ceux qui appartiennent aux familles nobles, dont on tire les caciques, sont exempts de l'impôt, et admis, avec les Espagnols, à remplir des fonctions dans le gouvernement. Aux endroits habités exclusivement par des Indiens, aucune des autres castes n'a la permission de s'établir parmi eux sans leur consentement (1).

« Un fardeau particulier pesait encore récemment sur la race indienne; c'est le *mita*, ou le travail forcé dans les mines : tous les Indiens mâles, depuis 18 jusqu'à 50 ans, y sont requis. A cet effet, ils sont inscrits sur des listes faites exprès, et répartis en sept divisions, dont chacune sert à tour de rôle l'espace de six mois, en sorte que leur tour revient chaque fois au bout de trois ans et demi. Alors le *mitayer* est obligé de quitter sa femme, sa maison, ses occupations, et de se rendre à la mine, éloignée souvent de deux à trois cents lieues. Plusieurs d'entre eux y amènent leur famille. Ils touchent une faible indemnité pour les frais de route, et, durant le travail, au moins une demi-piastre par jour, mais ordinairement davantage (2). Outre les mitayers, il y a des Indiens qui servent volontairement dans les mines, et s'y engagent pour un salaire déterminé ; ils composent même la majeure partie des ouvriers.

« Le nombre des Indiens a diminué depuis la conquête, et comme les autres castes n'ont pas augmenté à propor-

---

(1) Mercurio peruviano, X, 275. — (2) *Idem, ibid.*, VII, 37.

tion, la population totale du pays est inférieure à ce qu'elle avait été lors de l'arrivée des Espagnols; mais on a singulièrement exagéré cette diminution.

« Parmi les causes qui ont contribué à diminuer le nombre des Indiens, Ulloa remarque avec raison l'abus des liqueurs fortes; il fait plus de ravages en une année que les mines n'en font dans l'espace d'un demi-siècle. Les Indiens du pays haut (*la Sierra*) se livrent à cette boisson avec tant de fureur, que souvent on les trouve morts le matin dans les champs, par suite de l'ivresse du soir. En 1759, le gouvernement fut obligé de défendre absolument la vente et la fabrication des eaux spiritueuses, à cause d'une fièvre épidémique qui provenait en grande partie du penchant des Indiens à l'ivrognerie. L'accroissement des autres castes est encore une circonstance qui influe continuellement sur la diminution des Indiens, et doit finir par en faire disparaître la race. Il a été observé que partout où les Européens s'établissent parmi les naturels, le nombre de ceux-ci va en diminuant; mais ils sont remplacés par des Métis et des Zambos. On peut présager avec assurance une époque où toutes les races pures, fondues ensemble, ne formeront plus qu'une seule masse, et constitueront une nation nouvelle.

« Les Indiens, aussi bien que les Créoles, parviennent généralement à un âge fort avancé, et conservent leurs facultés jusqu'à la fin de leur carrière. Dans la province de Caxamarca, on comptait, en 1792, 8 personnes âgées depuis 114 jusqu'à 147 ans; et dans la même province il mourut, en 1765, un Espagnol âgé de 144 ans 7 mois et 5 jours, laissant une descendance directe de 800 personnes (1).

« Les *Métis* ont rang immédiatement après les Espagnols, et ils forment la classe la plus nombreuse après les

(1) Mercurio peruviano, V, 164.

Indiens. Ils ne jouissent pas des priviléges accordés à ceux-ci, mais ils ne sont pas sujets non plus aux mêmes charges. Cordialement attachés aux Espagnols, ils vivent dans une mésintelligence perpétuelle avec les Indiens. Les *Quarterons*, qui descendent du mariage d'un Espagnol avec une Métisse, se distinguent difficilement de leurs pères. Les *Cholos*, au contraire, issus d'Indiens et de Métis, rentrent dans la classe des Indiens, et sont soumis au tribut (1).

« Les *Nègres* esclaves sont destinés au service des maisons ou au travail dans les sucreries et les autres plantations de leurs maîtres. Leur importation annuelle se monte à 500 environ. Les Nègres libres passent en général pour fainéans, dissolus, et auteurs de la plupart des meurtres et des brigandages commis dans le Pérou (2). Les *Mulâtres* s'adonnent communément au petit commerce, et exercent presque seuls plusieurs métiers mécaniques. Les femmes mulâtres, recherchées comme nourrices, savent souvent gagner toute la confiance de leurs maîtresses créoles (3).

« La langue *quichua* était celle des Incas et de la nation quichua, voisine de l'ancienne capitale Cuzco; elle s'est étendue avec la domination des monarques péruviens depuis la ville de *Pasto* dans le Quito jusqu'à la rivière *Maule* dans le Chili (4). Elle a survécu à l'empire péruvien; elle est encore généralement parlée dans toute l'étendue de l'ancien Pérou, non seulement par les Indiens, mais encore par les Espagnols, et surtout par les Espagnoles; c'est à Lima et à Quito l'idiome de la galanterie et de la bonne société. Les Jésuites ont répandu dans les missions à l'est des Cordillères cette langue douce et très-

---

(1) Mercurio peruviano, VIII, 50. — (2) *Idem, ibid., ibid.*
(3) *Idem, ibid.*, X, 116. — (4) *Hervas :* Catalogue des langues, ch. I, art. IV.

ultivée. On la dit très-propre aux peintures gracieuses de l'idylle et aux mouvemens passionnés de l'élégie. A côté d'elle il existe dans plusieurs cantons du Pérou quelques langues-mères qui en diffèrent radicalement : l'*aimare* est parlé dans les environs de la Paz, dans les îles du lac de Titicaca. Les *Pouquines*, quoique peu nombreux, conservent avec une obstination respectable leur idiome maternel.

« Nous nous sommes occupés du Haut et du Bas-Pérou ; les contrées que l'on pourrait désigner sous le nom du *Pérou intérieur* en diffèrent sous plusieurs rapports physiques, et sont peuplées de nations qui ne paraissent pas avoir subi en totalité le joug des Incas, ni descendre de la même souche que les Péruviens. Les Espagnols distinguent plusieurs districts sous des dénominations spéciales, la *Pampa-del-Sacramento*, entre le Huallaga et l'Ucayale ; le *Grand-Pajonal*, contrée montueuse entre le Pachitea, l'Enne et l'Ucayale ; le pays de Moxos, entre le Beni et le Madera ; celui de Chiquitos, qui s'étend vers les bords du Paraguay. Mais comme les régions et les tribus se ressemblent dans les principaux traits, nous les grouperons dans un seul et même tableau.

« Les Indiens de l'Ucayale, de Huallaga et de la *Pampa-del-Sacramento*, ont le teint plus blanc, la taille plus forte et les traits plus expressifs que les Péruviens. Quelques tribus, par exemple les *Conibos*, ne le céderaient guère en blancheur aux Espagnols, si ce n'étaient les huiles dont ils s'enduisent tout le corps, et les piqûres de moustiques, auxquelles ce moyen même ne saurait les soustraire (1). Les *Carapachos*, sur la rivière Pachitea, ont presque la blancheur des Flamands ; ils ont de plus une barbe touffue. Le P. Girbal compare leurs femmes, pour la beauté, aux

(1) Viagero universal, XXI, p. 152.

Circassiennes et aux Géorgiennes (1). Il n'est pas étonnant que parmi ces peuples les difformités soient presque inconnues : ils prennent des précautions cruelles contre les erreurs de la nature; tout enfant qui, aux yeux de ses parens insensibles, paraît d'une constitution faible ou d'une mauvaise conformation, est sur-le-champ voué à la mort, comme un être né sous de sinistres augures. Pendant l'adolescence, ils emploient un moyen plus innocent pour conserver la beauté de la race; il consiste à serrer par des ficelles de chanvre toutes les parties du corps, de manière à leur donner une forme convenue. Les *Omaguas*, qui demeuraient anciennement dans la Pampa, avaient la coutume de serrer la tête de leurs enfans entre deux planches de bois, qui, en aplatissant le front et l'occiput, rendaient la face plus large, et, pour emprunter leurs termes, lui donnaient de la ressemblance avec la pleine lune. Il semble que cet usage n'est pas tout-à-fait aboli parmi les habitans actuels de ces contrées. Les missionnaires attribuent à cette opération violente la faiblesse d'entendement et de jugement qui, selon eux, est générale parmi ces peuples. Les *Panos* font circoncire les jeunes filles, usage inconnu parmi les autres tribus. La petite-vérole et diverses autres causes ont singulièrement diminué la force de ces tribus, autrefois très-populeuses. Il y en a qui ne comptent que 500 âmes.

« Les idiomes de ces Indiens semblent varier de village à village, tant chaque tribu met de soin à conserver certaines inflexions de voix, certains sifflemens et hurlemens qui probablement tiennent lieu de mots d'ordre en temps de guerre. Il est vraisemblable que ces idiomes se réduisent à un très-petit nombre de langues-mères. Cependant il y a des différences primitives; les *Cocamas*, par exemple, en parlent

(1) Viagero universal, XX, 187.

une qui n'a aucun rapport avec celle de leurs voisins, les *Yurimaguas*, qui habitent sur le Huallaga. La langue des *Moxos* et celle de *Chiquitos* sont très-répandues, et la dernière se distingue par une syntaxe remplie d'artifices qu'on ne chercherait pas parmi des sauvages. Les *Panos* cachent aux yeux des étrangers quelques livres écrits en hiéroglyphes (1).

« Toutes ces peuplades vivent sous des *caciques* ou princes; il y en a qui ont deux caciques à la fois. S'il faut en croire les missionnaires, la polygamie est en horreur parmi ces peuples. Il n'est permis qu'aux caciques d'avoir deux épouses. Dans la plupart de ces tribus, les mariages sont conclus entre les chefs des deux familles et les jeunes gens élevés ensemble depuis la plus tendre enfance. Il n'est pas rare de voir des couples qui s'aiment jusqu'à la mort; plus d'une *Artémise* sauvage a donné aux cendres de son mari ses propres entrailles pour tombeau. Mais d'un autre côté, les mariages ne sont point indissolubles de droit : les époux peuvent se séparer dès le moment qu'un mutuel consentement a rendu à chaque partie sa liberté.

« La croyance de ces peuples est conforme à leur civilisation imparfaite. Ils se représentent l'Être suprême sous la figure d'un vieillard qui, après avoir construit les montagnes et les plaines de notre terre, a choisi le ciel pour sa demeure constante. Ils l'appellent notre père, notre aïeul ; mais ils ne lui consacrent ni temples ni autels. Les tremblemens de terre viennent, selon eux, de sa présence sur notre globe; ce sont les pas de Dieu irrité qui font tressaillir les montagnes; pour lui montrer leur respect, aussitôt qu'ils sentent une secousse de tremblement de terre, ils sortent tous de leurs cabanes; ils dansent, sautent, trépignent et s'écrient : *Nous voici ! nous voici !* Plusieurs tri-

(1) *A. de Humboldt : Vues et Monumens.*

bus adorent la lune. Tous ces Indiens croient à un mauvais principe, à une espèce de diable qui, selon eux, réside sous la terre, et cherche à faire du mal à tous les êtres vivans. Des individus, nommés Mohanes, passent pour avoir des communications avec le diable, et pour savoir détourner sa maligne influence. Ce sont là les seuls prêtres qu'aient ces peuples; on les consulte sur la guerre et sur la paix, sur les moissons, sur la santé publique et sur les affaires d'amour. Le métier de ces prêtres, ou plutôt de ces sorciers, est très-périlleux; si leurs artifices magiques ne sont pas suivis du succès qu'ils promettent, la vengeance de leurs dupes ne s'assouvit que dans leur sang. Les *piripiris* sont des talismans composés de diverses plantes; il y en a qu'on porte sur les bras, les pieds, et sur les armes; il y en a d'autres qu'on mâche et qu'on jette ensuite dans l'air; il y en a dont on boit l'infusion; quelques uns doivent inspirer de l'amour, d'autres doivent faire réussir la chasse, assurer les moissons, donner naissance à la pluie et disperser des armées ennemies.

« De tous les prodiges qu'opèrent les Mohanes au moyen de leurs talismans, les plus brillans, mais aussi les plus périlleux, sont les guérisons des malades. Comme toutes les maladies sont attribuées à leurs artifices ou à l'influence de leur maître, le diable, le premier soin qu'une famille croit devoir à un malade, c'est de découvrir quel est le Mohane qui l'a ensorcelé. A cette fin, le plus proche parent boit un extrait de *datura arborea L.*; enivré par cette espèce de poison végétal, il tombe à terre, et reste souvent pendant deux ou trois jours dans un état voisin de la mort. Revenu à ses sens, il annonce avoir vu en songe tel ou tel sorcier dont il donne le signalement : on cherche le Mohane auquel ce portrait convient, et on l'oblige de se charger de guérir le malade. Si, par malheur, celui-ci était mort pendant cette opération préliminaire, la famille cherche à tuer le Mohane désigné. Souvent les visions n'ayant donné aucun résultat positif, on force le premier Mohane qu'on rencontre à faire l'office de médecin.

« Il est probable que, grâce à des traditions ou à une longue expérience, ces sorciers possèdent des secrets qui les aident à guérir quelques malades et à en tuer d'autres. Les poisons que, dans ces climats, le règne végétal offre en si grand nombre et d'une force si terrible, peuvent, avec certaines modifications, fournir des remèdes violens à la vérité, mais souvent précieux. Cependant, la médecine ostensible de ces peuples ne consiste qu'en pratiques superstitieuses.

« Quand tous les remèdes ont été employés en vain, et que la mort prochaine s'annonce par des signes certains, le Mohane saute brusquement du lit, et sauve sa vie par une fuite précipitée, sans pouvoir cependant éviter les coups de bâton et de pierres qui pleuvent sur lui.

« Les tribus établies sur la rivière des Amazones, du côté de Maynas, croient que l'âme continue à exister dans un autre monde, sous la forme humaine. Ces Indiens disaient aux missionnaires : « Nous ne craignons nullement la mort;
« nos ancêtres et nos amis nous attendent dans l'autre
« monde ; ils tiennent du pisang cuit et du pain de cassave
« tout prêt pour nous recevoir : nous avons soin de recom-
« mander qu'on mette dans notre tombe une hache de cui-
« vre, un arc et une armure complète, afin de pouvoir
« sur-le-champ faire notre entrée victorieuse dans le ciel,
« en passant par la voie lactée, ce jardin lumineux où nos
« ancêtres s'amusent à des danses et des festins. Cependant
« nos neveux nous verront quelquefois combattre les morts
« des tribus ennemies : c'est alors qu'on verra les sombres
« nuages s'amasser et annoncer un orage violent ; la foudre
« brillera dans nos mains, et le fracas de la chute de nos
« ennemis, précipités du haut du ciel et changés en bêtes

« féroces, retentira dans les airs comme un tonnerre épou-
« vantable. »

« Quoique plusieurs de ces idées soient communes à tous
les Indiens, il paraît que les habitans des bords de l'Ucayale
y joignent la croyance de la *métempsycose*. « Pourquoi,
« disait l'un d'eux à un jésuite, pourquoi me parler tant de
« mes péchés? Tout ce que tu dis sur les peines de l'enfer
« n'est qu'un tissu de fables. Je sais bien que mes péchés
« ne me feront pas brûler ; je vois tout autour de moi ce
« que mes aïeux sont devenus après leur mort. Les caci-
« ques justes et sages, les braves guerriers, les femmes
« fidèles, vivent, après la mort, dans les corps des animaux,
« distingués par leur force, leur agilité ou leurs grâces.
« Nous respectons surtout les grands singes, nous les sa-
« luons, nous leur rendons toute sorte d'honneurs, parce
« que les âmes de nos pères habitent dans leur corps. Quant
« aux âmes des méchans et des traîtres, ou elles errent dans
« les nuages et la terre, ou elles languissent enchaînées au
« fond des rivières. Mais personne parmi nous n'est brûlé
« dans l'autre monde...... »

« Les complaintes et lamentations de ces peuples ne se
distinguent que par l'extrême variété qu'ils affectent d'y
mettre quant au son de la voix. Les uns imitent le hurle-
ment du jaguar, les autres le cri nasal des singes; ceux-ci
sifflent comme les grenouilles. Sans doute ils veulent dire,
par ce charivari, que tous les élémens pleurent la mort de
l'homme qu'on vient de perdre.

« La complainte finie, on détruit tout ce qui appartenait au défunt, et on brûle sa cabane. Le corps est mis
dans un grand vase de terre, qui sert de bière ; il est in-
humé dans quelque endroit isolé ; et tandis que les autres
races humaines cherchent à éterniser leur dernière demeure, ces Indiens ont grand soin d'aplanir le terrain où
ils ont creusé une fosse, afin qu'on n'en retrouve pas la

place : tout le monde évite les endroits qui servent de cimetière ; et chez la plupart de ces peuplades il est défendu de faire la moindre mention du défunt, et même d'en rappeler indirectement la mémoire.

« Les *Roa-Mainas* pourtant ont une coutume un peu différente, et très-remarquable. Ils déterrent les cadavres après un certain laps de temps ; et lorsqu'ils croient que les chairs se sont dissoutes, ils nettoient le corps, le placent dans une bière d'argile, chargée d'hiéroglyphes semblables à ceux d'Egypte, l'exposent dans leurs cabanes à la vénération des survivans, et lui font à la fin de secondes funérailles. Les *Capanaguas*, sur les bords de la rivière Magni, dévorent les chairs rôties des morts, sous prétexte de les honorer (1).

« Plusieurs tribus ont la réputation de manger leurs prisonniers de guerre. Les *Guagas*, qu'on cite dans ce nombre, ont toute la férocité des Giagas d'Afrique, dont ils sont peut-être une branche. Ils se serrent le milieu du corps, de manière à se donner une taille extraordinairement svelte.

« Si les Indiens de l'Ucayale et du Huallaga cultivent la terre, ce n'est pas précisément pour se procurer des alimens ; la nature leur en offre en abondance dans les quadrupèdes et les poissons qui peuplent leurs forêts et leurs rivières. Ce qui rend ces Indiens cultivateurs, c'est principalement le besoin d'une boisson plus saine que celle que leur offrent les eaux souvent bourbeuses ou marécageuses de leur pays. Rarement ils boivent de l'eau ; et quand ils négligent cette règle, ce n'est pas sans mauvaises suites pour leur santé. Leur boisson favorite s'appelle *masato* ; on la tire de la racine d'*yucca*, au moyen d'une opération dégoûtante : on réduit la racine en bouillie, on y mêle de

---

(1) Viagero universal, X, 187.

la salive, on laisse fermenter cette masse pendant trois jours, on la délaie ensuite dans de l'eau. Cette boisson est amère et enivrante.

« Ils reçoivent des peuplades qui habitent les Cordillères, de petites haches de cuivre qu'ils nomment *chambo*. Au moyen de ce faible instrument et des pierres les plus dures, ils façonnent, en forme de hache, des pierres plates qu'ils trouvent parmi les galets de leurs rivières. Ils leur donnent du tranchant au moyen d'un long et pénible remoulage. Voici une anecdote qui montre combien une hache de fer est précieuse aux yeux de ces Indiens. L'un d'eux vint un jour proposer au P. Richter, jésuite, de lui donner son fils aîné en échange d'une hache. Le jésuite lui fit des remontrances sur son défaut d'amour paternel. « J'aime mes « enfans, répondit le sauvage; mais je peux en procréer « autant que j'en veux, tandis qu'il m'est impossible de « procréer une hache. D'ailleurs, mon fils ne m'appartien- « dra que pour un temps limité; la hache fera le bonheur « de toute ma vie. »

« Les occupations tumultueuses de la guerre, de la chasse et de la pêche, ont des attraits irrésistibles pour ces peuples. Pleins de confiance en leurs lances et leurs flèches empoisonnées, ils attaquent même le féroce *jaguar* ou tigre d'Amérique; à peine l'arme teinte du suc des herbes vénéneuses a-t-elle effleuré la peau de l'animal, que celui-ci tombe à terre et expire. Les poissons peuvent échapper aux filets grossiers de ces Indiens, et à leurs hameçons d'os; mais s'ils lèvent la tête au-dessus de l'eau, un trait rapide leur donne aussitôt la mort. Les villages sont construits de manière à ressembler à de petites redoutes demi-circulaires, appuyées aux bois par le côté convexe, et ayant deux issues, l'une qui conduit dans la plaine, l'autre qui s'ouvre du côté des montagnes; c'est par cette dernière porte que les Indiens se sauvent, lorsqu'ils ne peuvent plus défendre leurs habiations contre l'ennemi. Ils se rassemblent alors dans les montagnes, et reviennent fondre sur les vainqueurs, qui souvent deviennent à leur tour les victimes.

« Deux traits d'humanité distinguent avantageusement les Américains; ils ne font jamais usage des flèches empoisonnées contre les hommes; ils ne massacrent point leurs prisonniers, mais les traitent au contraire en compatriotes et en frères.

« Les missionnaires qui soumirent aux Espagnols le vaste pays de Maynas, limitrophe de la Pampa-del-Sacramento, et situé aujourd'hui dans la Colombie, trouvèrent plus d'obstacles à mesure qu'ils pénétrèrent vers l'Ucayale, et surtout lorsqu'ils voulurent passer au-delà de cette rivière. Il y a eu, dans le XVIIe siècle et au commencement du XVIIIe, des missions florissantes établies sur les bords de la rivière Manoa. Elles ont été détruites, et la perte de cette position qui domine le cours de l'Ucayale a contribué au succès de la révolte des peuplades du Grand-Pajonal, qui paraissent s'être maintenues indépendantes; mais les voyages modernes des missionnaires du séminaire d'*Ocapa*, surtout ceux des PP. Girbal et Sobreviela, ont rétabli des communications pacifiques avec plusieurs de ces peuplades, entre autres avec les Panos. Il est probable, dans l'état actuel du Pérou, que des négocians, ou des cultivateurs éclairés ou entreprenans, suivront l'exemple de don Juan Bezarès, qui a reconquis, repeuplé et remis en culture plusieurs cantons abandonnés entre les Andes et le cours du Huallaga.

« Les florissantes missions des Chiquitos et des Moxos languissent depuis la destruction de leurs fondateurs, les jésuites.

« Les contrées à l'est des Andes ont deux saisons : l'une sèche, qui dure de juin en décembre; l'autre pluvieuse. Pendant la saison des pluies, toutes les plaines se transforment en un lac immense; les forêts, les arbustes, les lianes, semblent flotter dans l'eau; les quadrupèdes se réfugient vers les sommets, tandis que les crabes et les huîtres s'attachent aux branches inférieures. Le froid vent d'est vient-il dessécher l'atmosphère, aussitôt les eaux commencent à diminuer; les coteaux qui bordent les rivières se montrent de nouveau; les îles et les bancs mêmes reparaissent au milieu des fleuves. L'humidité extrême de ce climat, et la chaleur, quoique tempérée, qui y règne, exigeraient, de la part des Européens, quelque mesure de prudence pour y conserver leur vigueur. Quant aux moyens de communication, ils sont aussi multipliés du côté de l'océan Atlantique, qu'ils sont en petit nombre pour aller au Haut-Pérou. D'un côté, c'est une navigation facile sur de beaux et nombreux fleuves; de l'autre côté, ce ne sont que torrens, cataractes, précipices. Voyage-t-on par eau, il faut souvent quitter le canot pour les *balsas* ou radeaux, faits de roseaux. Se fait-on porter à dos d'homme à travers les bois, on risque d'être blessé par des branches d'arbres, ou déchiré par des arbustes épineux.

« Les collines à l'est des Andes renferment des mines d'or, on y trouve aussi des filons de sel gemme. La plaine, tous les ans inondée par le débordement des fleuves, promet une grande fertilité. Dans leur état sauvage, toutes les contrées à l'est de la Cordillère des Andes sont couvertes de forêts. Sur les montagnes on trouve beaucoup de bois incorruptibles; dans les plaines, on erre parmi des taillis de cacaoyers et de palmiers. Les espèces les plus recherchées de *cinchona*, ou l'arbre à quinquina, se trouvent dans les vallées de Huallaga, du côté de Chicoplaya, et probablement en beaucoup d'autres endroits. Le cirier des Andes croît le long de la partie inférieure du Huallaga, circonstance qui prouve une élévation considérable. Plusieurs arbres fournissent des gommes et des

AMÉRIQUE : *Pérou*.

aumes ; il y en a beaucoup d'autres qui, par l'éclat et le parfum de leurs fleurs, réjouissent à la fois l'odorat et la vue.

« Parmi les productions les plus singulières de ces contrées peu connues, nous distinguerons l'insecte qui produit du papier. Voici ce qu'en disent les missionnaires :

« Non loin de la ville champêtre de Huanaco et des bords romantiques du Huallaga supérieur, on trouve dans la vallée de Pampantico, et probablement dans beaucoup d'autres vallées de la Cordillère, un insecte que les Espagnols nomment *sustillo*, et qui ressemble beaucoup à notre ver à soie. Il vit exclusivement sur l'arbre *pacaé*, décrit sous le nom de *mimosa inga*, dans la *Flora peruviana*. Les Indiens, qui regardent ces insectes comme un manger délicieux, en détruisent tous les ans une grande quantité, sans que cependant le nombre en diminue sensiblement. Les plus beaux arbres en sont entièrement couverts. Lorsque les sustillos, dans leur état de larve, se sont rassasiés de nourriture, ils se réunissent tous sur la partie inférieure du tronc de l'arbre, et y choisissent un endroit propre à suspendre le tissu merveilleux que l'instinct les engage à fabriquer. Le meilleur ordre préside à leurs travaux ; ils observent exactement les lois de la symétrie ; et quoique l'étendue, la finesse, la souplesse de leurs tissus varient selon le nombre des insectes qui y prennent part, et selon la qualité des feuilles qui leur ont servi de nourriture, cependant l'éclat, la consistance et la solidité en font toujours une espèce de papier qui ressemble au papier chinois, mais qui est beaucoup plus durable. Le dessous de cette tente aérienne sert d'asile aux sustillos pendant leur métamorphose ; ils s'attachent au côté inférieur en lignes horizontales et verticales, de manière à former un cube parfait ; dans cette position, ils s'enveloppent chacun dans leur coque de soie gros-

« sière, et attendent l'époque de leur transformation en
« nymphe ou chrysalide, et ensuite en papillon. Sortis de
« leur prison, ils détachent eux-mêmes, en grande partie
« les fils par lesquels était suspendu le tissu qui les cou-
« vrait; cependant ce tissu reste presque toujours accro-
« ché aux branches de l'arbre; et, blanchi par l'air, il
« flotte au gré des vents, semblable à un drapeau déchiré.
« Le naturaliste D. *Antonio Pineda* a envoyé à Madrid un
« morceau de ce papier naturel, long d'une aune et demie.
« On possède également à Madrid un nid entier de sus-
« tillos. Ces nids, ou plutôt ces niches aériennes, ont con-
« stamment une forme elliptique. Le P. *Calancha*, jésuite,
« avait parlé de cet insecte curieux; il possédait un mor-
« ceau de papier de sustillo, sur lequel on avait écrit une
« lettre (1). »

« La Relation encore inédite du P. *Thaddée Hænke*
va nous faire connaître d'autres curiosités du Pérou intérieur. Ce voyageur a trouvé dans la province des Chiquitos une immense plaine couverte d'étangs salans, dont la
surface cristallisée et immobile présentait l'image de l'hiver.
Les arbres mêmes, à une grande distance, étaient couverts de petits cristaux de sel, qui produisaient à l'œil l'effet
d'une gelée blanche. »

(1) Histoire du Pérou, I, p. 66.

TABLEAU statistique de la république du Pérou.

SUPERFICIE par lieues carrées. 64,718.	POPULATION absolue. 1,700,000.	POPULATION par lieue carrée. 23.

DÉPARTEMENS.	CHEFS-LIEUX.	VILLES ET BOURGS.
LIMA	Lima	Callao, Cañete, Chancay, Huacho, Huaura, Ica, Pisco, Patibilca.
AREQUIPA	Arequipa	Arica, Camana, Huantajaya, Moquegua, Tacna.
PUNO	Puno	Chiquito, Caillomas, Lampa.
CUZCO	Cuzco	Abancay, Tinta, Urubamba.
AYACUCHO	Huamanga	Ayacucho, Huancabelica, Jauja, Lucañas, Ocupa.
......	Huanuco	Baños, Huaras, Junin, Pasco.
LIBERTAD OU LIBERTÉ	Truxillo	Caxamarca, Casabamba, Chachapoyas, Eten, Lambayeque, Mayobamba, Micuipampa, Payta, Piora, Sechura.

FORCE ARMÉE.
Troupe soldée.................. 7,500 hommes.

MARINE.
1 vaisseau, 1 frégate, 5 petits navires.

Revenus en francs.	Dépenses en francs.	Dette publique en francs.
39,000,000.	37,000,000.	147,500,000.

TABLEAU de la population des principales divisions administratives de la république de Bolivia.

SUPERFICIE en lieues. 54,400.	POPULATION absolue. 1,400,000.	POPULATION par lieue carrée. 25.

DÉPARTEMENS (1).	POPULATION.	CHEFS-LIEUX.
LA PAZ	690,000?	La Paz d'Ayacucho.
ORURO		Oruro.
POTOSI	430,000?	Potosi.
CHUQUISACA OU CHARCAS	150,000?	Chuquisaca ou La Plata.
COCHABAMBA	90,000?	Cochabamba.
SANTA-CRUZ	30,000?	Santa-Cruz de la Sierra.
PROVINCE DE TARIJA	10,000?	Tarija.

ARMÉE ACTIVE : 12,000 hommes.

Revenus en francs.	Dette publique en francs.
11,000,000.	16,000,000.

(1) Chaque département se divise en province, et chaque province en cantons.

LIVRE CENT QUATRE-VINGT-NEUVIÈME.

Suite de la Description de l'Amérique. — Description particulière du Chili, de la république Argentine, de l'Uruguay, du Paraguay et des Terres Magellaniques.

C'est à travers des montagnes stériles, des neiges éternelles et d'affreux précipices, que l'on pénètre du Pérou dans le *Chili*. La nature avait isolé du monde entier cette pittoresque, fertile et salubre contrée. La puissance des Incas y avait cependant pénétré avant les armes espagnoles; mais ni l'une ni les autres n'ont pu entièrement soumettre cette terre de liberté. La température fraîche et les saisons régulières y entretiennent, dans la nature animale, la vigueur et la santé. Le printemps règne de septembre en décembre; alors commence l'été de l'hémisphère austral. Les vents soufflent du nord depuis le milieu de mai jusqu'à la fin de septembre; c'est la saison pluvieuse. Le reste de l'année les vents viennent du sud, ils sont secs. Ils se font sentir à 60 ou 80 lieues de la côte (1). Quant au sol de ce pays, il paraît que la côte ne présente qu'une plage étroite, derrière laquelle s'élèvent brusquement plusieurs rangs de montagnes : le dos de ces montagnes offre une plaine fertile, arrosée de petites rivières, et, dans les endroits cultivés, couverte de vergers, de vignobles et de pâturages. Les sommets des Andes, où brûlent, parmi la neige, 20 grands volcans, couronnent cette intéressante perspective. L'or, le cuivre et le fer abondent dans la Cordillère; il y existe des montagnes entières d'aimant; les rivages sont couverts d'un sable

(1) *Vancouver*, t. V, p. 406.

AMÉRIQUE : *Description du Chili.* 595

rrugineux ; malgré cette nature métallique du sol, la
végétation montre la plus étonnante énergie. Les forêts
nourrissent des arbres énormes, les uns précieux à cause
de leur bois incorruptible, les autres utiles par leurs résines et leurs gommes ; la plaine, ornée d'arbustes aromatiques et salins, se prête à toutes les cultures europée-
nes ; c'est le seul pays du Nouveau-Monde, où l'on ait
réussi à faire du vin. Les lamas, les vigognes, les visca-
ches se multiplient en liberté. Les cygnes du Chili ont la
tête noire ; trait qui les rapproche de ceux de la Nouvelle-
Hollande (1).

« Les règnes animal et végétal de cette contrée ne sont
connus que par les descriptions peu exactes de Molina ;
mais on entrevoit qu'ils offrent à la science bien des nou-
veautés, et à l'industrie bien des objets utiles. Nous ne saurions déterminer toutes les espèces de bois odoriférans,
résineux et autres qu'indique Molina ; nous ne saurions dire
si le pin du Chili doit être rangé avec nos arbres conifères,
dont il a le port, ou si les cèdres des Andes ressemblent à
ceux du Liban. Tout ce que nous savons, c'est que les Andes
nourrissent des forêts immenses, des arbres d'une grandeur démesurée. Un missionnaire fit avec le bois d'un seul
arbre une église de plus de soixante pieds ; il lui fournit
les poutres, la charpente, les lattes, tout le bois nécessaire
pour les portes et fenêtres, les autels, et pour deux con-
fessionnaux. Deux arbres semblables au myrte (*myrtus luma*
et *maxima*) parviennent ici à une élévation de 40 pieds.
Les oliviers ont jusqu'à 3 pieds de diamètre. Les herbes
cachent le bétail dans les prairies. On voit des pommes de
la grosseur d'une tête, et des pêches qui pèsent 16 onces.
Plusieurs arbrisseaux et plantes abondent en matière colo-
rante d'un noir très-foncé. Le *puya*, arbre peu élevé, mais

(1) *Molina* : Histoire naturelle du Chili, *passim.*

très-épais, se couvre d'une espèce d'écailles. Bien des quadrupèdes du Chili, quoique classés dans les systèmes des naturalistes, ne sont qu'imparfaitement connus. Il faut les nommer ici, ne fût-ce que pour provoquer de nouvelles recherches à leur égard : tel est le castor du Chili (1), qui habite le bord des lacs et des rivières, mais qui ne bâtit pas comme le castor commun, et produit une fourrure très-estimée ; tels sont encore la loutre ou rat aquatique à queue comprimée au sommet, le mulet bleu (2), le rat laineux, dont les poils très-longs, fins comme de la toile d'araignée, étaient employés par les Péruviens au lieu de la meilleure laine ; le *mus maulinus*, l'écureuil du Chili (3), qui se rapproche du loir, et vit dans des trous qui s'avoisinent et se communiquent au milieu des broussailles.

Une longue contrée bornée au nord par les plages sablonneuses d'Atacama, possession de la république de Bolivia, et se terminant au sud par l'archipel de *Chiloé*, un terrain en pente vers le grand Océan, et qui est borné à l'est par plusieurs rangs de hautes montagnes limitrophes des États du Rio-de-la-Plata : tel est le territoire de la république que nous allons décrire. Une fraîche température et des saisons régulières y entretiennent parmi les êtres animés la vigueur et la santé. Le printemps règne depuis septembre jusqu'en décembre ; c'est alors que commence l'été, dont la chaleur est tempérée par la brise de mer. D'abondantes rosées humectent la terre et rafraîchissent les plantes ; les vents du nord soufflent depuis le milieu de mai jusqu'à la fin de septembre : c'est la saison de l'automne. Les pluies ne tombent qu'en avril et août, encore sont-elles de courte durée. Ainsi, l'automne du Chili répond à notre printemps, et son été à notre hiver.

---

(1) Castor huidobrius. — (2) Mus cyaneus.
(3) *Feuillée*, Observat., t. I, p. 385.

Des plaines qui se prêtent à toutes les cultures européennes; des coteaux où la vigne réussit beaucoup mieux que dans toutes les autres parties du nouveau continent : tels sont les principaux caractères physiques qui distinguent le Chili des autres contrées de l'Amérique.

L'époque de l'occupation de l'Espagne par l'armée française fut, comme pour les autres colonies espagnoles, le signal des premières tentatives que fit le Chili pour s'affranchir du joug de la métropole; mais, en 1814, une armée royaliste venue du Pérou comprima l'élan des patriotes et leur ôta tout espoir d'obtenir l'indépendance de leur pays. Cependant, en 1817, le général San-Martin, à la tête d'un corps de troupes buenosayriennes, pénétra dans le Chili; la plus grande partie de la population se joignit à lui; les royalistes furent battus dans plusieurs rencontres. Enfin, la bataille de Maypa, en 1818, assura l'indépendance de cette belle contrée, que la liberté placera un jour au rang des plus florissantes de l'Amérique.

Dans cette république le pouvoir exécutif est confié à un président élu pour 4 ans, et le pouvoir législatif à un sénat de 9 membres nommés pour 6 ans, et à une chambre nationale composée de 50 membres au moins et de 200 au plus, élus pour 8 ans et renouvelés par huitième chaque année. Un conseil d'État permanent est chargé de tous les projets de lois, de toutes les affaires importantes et de la nomination des ministres. Pour être électeur, il faut être citoyen, être âgé de 21 ans, posséder un immeuble de la valeur de 1000 francs, ou exercer une industrie exigeant un capital de 2500 francs, ou bien être à la tête d'une fabrique, ou enfin avoir importé dans le pays une invention ou une industrie dont le gouvernement ait approuvé l'utilité.

En venant du nord, nous passons près de la ville de *Copiapo*, d'où l'on exporte du soufre, du nitre et du cuivre :

l'île *Grande* ou *del Morro*, ainsi qu'une longue chaîne de rochers, rendent l'entrée de son port difficile. Cette ville fut détruite en grande partie par le tremblement de terre de 1819. Elle commençait à se relever de ses ruines lorsqu'en 1822 un nouveau tremblement de terre la renversa entièrement. *Huasco* ou *Guasco*, très-petite ville, avec un vaste port, est célèbre par la beauté des femmes et par leur teint beaucoup plus blanc que celui des autres Américaines du sud. On exploite dans ses environs une importante mine d'argent. Une partie de cette ville a été renversée par un tremblement de terre le 25 avril 1833.

Coquimbo ou *la Serena*, ville ombragée de myrtes et décorée de belles maisons, possède un port d'où l'on exporte du cuivre, de la viande salée, de l'huile excellente et des chevaux. Elle fut presque entièrement détruite en 1820 par un tremblement de terre, et souffrit beaucoup de celui de 1822. Sa population, qui fut réduite alors à 5 ou 600 familles, se compose aujourd'hui de 10 à 12,000 âmes. *Quillota* ou *Saint-Martin-de-la-Caucha*, bien qu'éloignée de 150 lieues de Copiapo, n'en éprouva pas moins, d'une manière terrible, les effets du tremblement de terre de 1822. Elle est située dans une belle et fertile vallée, célèbre par les plus riches mines de cuivre que possède le Chili. Près de Guasco, de Coquimbo et de Quillota, la terre semble imprégnée de substances métalliques; le cuivre y est d'excellente qualité; on en exporte annuellement plus de 40 à 50,000 quintaux. Le district de Quillota donne son nom à des pommes remarquables par leur grosseur (1). *San-Felipe-el-Real*, chef-lieu de province, avec 6 à 8000 habitans, est régulièrement bâti, dans une vallée fertile entourée de mines d'argent et de cuivre, dont l'exploitation a cessé.

Le principal port de commerce du Chili est celui de

(1) *Vancouver*: Voyage, t. V, p. 410-412.

Valparaiso, que Vancouver cependant trouvait trop exposé aux vents du nord. Cette jolie ville, dont le nom signifie *vallée du paradis*, et dont la population n'était que de 5000 âmes avant la révolution, est aujourd'hui plus que quadruplée. Plus de 3000 étrangers y sont établis; de vastes chantiers de construction y ont été élevés aux frais du gouvernement et des particuliers. En 1826, environ 60 vaisseaux marchands, appartenant à ses négocians, sortaient de son port pour diverses destinations. Vers cette époque elle possédait plusieurs écoles et d'autres établissemens d'instruction; elle publiait 12 journaux, et tout y annonçait l'aurore d'une longue prospérité. Elle se compose de deux quartiers, celui du port et celui de l'*Almendral*, ainsi appelé parce qu'on y cultivait un grand nombre d'amandiers. Pendant les troubles de la république, elle fut le siége du gouvernement central. Une belle route communique de cette ville à Santiago, la capitale. On y a commencé, sur une vaste place, une forteresse destinée à la défendre.

« *Santiago*, capitale du Chili, a plus d'une lieue de circonférence. La grande place est ornée d'une belle fontaine; la rivière de *Mapacho*, qui traverse la ville, et qui autrefois l'inondait assez souvent, est maintenant contenue par une superbe digue. Quelques édifices méritent d'être cités à cause de leur magnificence, quoique les règles de l'architecture n'y aient pas toujours été assez exactement observées. On distingue l'*hôtel de la monnaie*, la nouvelle *cathédrale*, et d'autres églises : il y a de très-belles maisons particulières, composées d'un rez-de-chaussée vaste et très-élevé. »

Pour se faire une idée exacte de Santiago, il faut se la représenter comme une réunion de 150 places carrées, qui ne sont pas encore toutes bordées de maisons, et qui communiquent par des rues à angles droits. C'est au centre qu'est située la grande place. Un beau pont traverse le Mapucho. Lorsque cette ville, qui, par ses établissemens scientifiques et littéraires, tels que son lycée et son institut ou université, s'est déjà placée au rang des principales cités du monde civilisé, sera entièrement achevée, elle sera l'une des plus belles de l'Amérique; mais il est triste de penser qu'un tremblement de terre comme ceux de 1822 et de 1829 pourrait renverser en un jour des édifices qui ont coûté tant de dépenses et de si longs travaux. On ne connaît pas au juste sa population, mais il est probable qu'elle n'est guère moindre de 60,000 âmes.

« Dans cette ville, où réside le gouvernement, la manière de vivre porte une empreinte de gaieté, d'hospitalité, d'amabilité, qualités qui distinguent avantageusement les Espagnols du Nouveau-Monde de leurs compatriotes d'Europe. Le sang y est très-beau; les femmes sont des brunes piquantes, mais un habillement gothique défigure un peu leurs charmes. La conversation, dans les premiers cercles de la ville, paraît porter ce caractère de liberté et de naïveté qui règne dans nos campagnes. La danse et la musique sont ici, comme dans toute l'Amérique, des occupations favorites. Le luxe des habits et des équipages est porté trop loin.

« Les principales mines d'or sont à l'est de Santiago, à Petorca (1). Comme celles du Pérou, elles sont reléguées dans la région des neiges. La montagne d'Upsallata offre des minerais si riches, qu'ils donnent jusqu'à 60 marcs par quintal. »

Curico, capitale de la province de *Colchagua*, est une petite ville peuplée en grande partie d'hommes de couleur. Il existe dans ses environs une riche mine d'or. *Talca* ou *Saint-Augustin*, autre petite ville, chef-lieu de district,

---

(1) Ulloa, Observations, liv. VIII, ch. ix.

est située sur la droite de la rivière de ce nom. Il y a dans ce district une colline qui paraît être presque entièrement formée d'améthystes. Du reste, il abonde en vin, en tabac, en grains et en troupeaux de chèvres. *Cauquenes* ne mérite d'être nommée que parce qu'elle est le chef-lieu de la *province de Maule.*

« Dans la *province de la Concepcion*, un riche sol et un climat régulier permettent au blé de donner 60 pour 1 ; la vigne y croît dans la même abondance ; les campagnes sont couvertes de troupeaux. En 1787, le prix d'un gros bœuf y était de 8 piastres ; celui d'un mouton, de trois quarts de piastre [1].

« La ville de la *Concepcion* ayant été engloutie, en 1751, par la mer, dans un tremblement de terre, on a bâti une nouvelle ville à quelque distance du rivage ; elle s'appelle indistinctement *la Mocha* ou *la Nouvelle-Conception*. Les habitans y sont au nombre de 10,000. En 1823, les *Araucans* à la faveur des troubles qui agitaient le Chili, pénétrèrent dans cette ville et en ravagèrent plusieurs quartiers. *Talcahuano*, petite ville située sur la *baie de la Conception*, possède un des ports de relâche les plus commodes de tous ceux de la côte du Chili. »

Valdivia, à 2 lieues de la mer, sur la rive gauche d'une rivière du même nom, dans une province qui fournit d'excellens bois de construction, possède un port placé dans une superbe baie, et le plus vaste de tous ceux de la côte occidentale. Cette ville, de 5 à 6000 âmes, fut fondée en 1551 par Pierre Valdivia.

« Les forteresses d'*Araucos*, de *Tucapel* et autres, ont été destinées à former une barrière contre les incursions des Indiens.

[1] Voyage de La Pérouse, t. II, p. 60. Comparez *Feuillée*, Observ., t. I, p. 312, et t. II, p. 545.

« La grande île de *Chiloé* est la principale de l'archipel de Chonos, composé de 47 îles, dont 25 sont peuplées et cultivées. Elle produit du blé, de l'orge, du lin, de superbes bois de construction, et nourrit des sangliers dont on fait d'excellens jambons. Peuplée de 25,000 habitans, Espagnols et indigènes, elle possède le beau port de *San-Carlos-de-Charcao*, et la ville de *San-Juan-de-Castro*. Les indigènes parlent une langue particulière, appelée *véliche*. Le climat est sain, mais froid et pluvieux. Un énorme globe de feu éclata, en l'an 1737, sur les îles Guaytecas, et y réduisit tous les végétaux en cendres (1).

« A une distance de 160 lieues dans la mer s'élèvent les deux îles de *Juan-Fernandez*, devenues célèbres par le mouillage que la plus grande offre aux navigateurs. Elle est, depuis un demi-siècle, occupée par une petite colonie d'Espagnols, qui y ont construit un fort et une bourgade. Les habitans y vivent en paix à l'ombre de leurs figuiers et de leurs vignes (2). La grande île est surnommée *Mas-à-tierra*, c'est-à-dire la plus rapprochée du continent; la petite est appelée *Mas-à-fuero*, c'est-à-dire la plus au dehors. Les rochers et les bois pittoresques de celle-ci n'ont pour habitans que des chèvres sauvages. Il croît, dans ces îles, des cèdres, du bois de santal, et des poivriers semblables à ceux de Chiapa, au Mexique.

« L'un des plus vastes territoires de l'Amérique méridionale est celui sur lequel nous allons entrer. Il confine au sud à l'océan Atlantique et à la Patagonie; à l'ouest la Cordillère des Andes le sépare du Chili; au nord il a pour limite la république de Bolivia, et à l'est celle de l'Urugay et le Paraguay. Découvert en 1515 par Jean-Dias-de-Solis, il dépendit d'abord du Pérou; mais en

---

(1) Viagero universal, XV, p. 366 (d'après *Fray Pedro Gonzales des Aguinos*, de la provincia de Chiloë, in-4°, 1791).

(2) Relation de M. *Moss*, Annales des Voyages, XVI, p. 169.

1778 il fut érigé en vice-royauté par l'Espagne. A l'époque où toutes les colonies espagnoles se levèrent pour conquérir leur indépendance, celle de *Buenos-Ayres* fut affranchie l'une des premières. Ce fut en 1810 qu'elle se proclama libre; mais le gouvernement de ce pays n'a pu acquérir cette stabilité salutaire si nécessaire à la prospérité des États. En 1815 il parut se constituer définitivement: le Buenos-Ayres prit le titre de *Provinces-Unies du Rio-de-la-Plata*, puis celui de *République Argentine*; enfin, il s'est depuis peu organisé en une confédération de 14 États, dont le nombre et les limites ne sont peut-être encore que provisoires. Pendant ces divers changemens, la forme du gouvernement a constamment été mise en question, et si, ce qui n'est pas impossible, le Monte-Video et le Paraguay se réunissaient au Buenos-Ayres, de nouvelles modifications s'introduiraient dans la constitution de cette grande confédération. »

Presque tous les grands cours d'eau qui arrosent le territoire de Buenos-Ayres se rendent dans l'océan Atlantique. Les principaux sont : le *Rio-de-la-Plata*, le *Rio-Mendoza* ou *Colorado*, et le *Rio-Negro* nommé *Rio-del-Diamante* dans la partie supérieure de son cours, fleuve qui sépare le Buenos-Ayres de la Patagonie.

« Si de la capitale du Chili nous voulons diriger notre course vers les rives du Paraguay, il faut traverser les Andes, où souvent le voyageur est assailli par d'effroyables orages. On passe par Mendoza, chef-lieu de province. Cette contrée, qu'on nomme aussi *Trasmontano*, par rapport au Chili, est fertile en fruits et en blé. Le vin est transporté à Buenos-Ayres et à Monte-Video. Ce vin a la couleur d'une potion de rhubarbe et de séné; son goût en approche assez. Il prend peut-être ce goût des peaux de bouc goudronnées dans lesquelles on le transporte. On n'en boit guère d'autre dans tout le Paraguay (1). »

(1) *Pernetty* : Voyage aux îles Malouines, t. I. p. 291.

Dans une vaste plaine, et près des bords de la *Ciénega-de-Mendoza*, lac marécageux de 13 lieues de longueur, sur 5 à 6 de largeur, s'élève à 4400 pieds au-dessus de l'Océan, une des plus importantes villes de la confédération; nous venons de la nommer, c'est *Mendoza*. Elle est grande, bien bâtie, ornée de beaux édifices, d'une vaste place carrée et d'une belle promenade publique, appelée Alameda, d'où l'on jouit d'une vue magnifique sur les Andes. Elle est l'entrepôt du commerce du Buenos-Ayres avec le Chili; elle exporte avec les vins, les eaux-de-vie, les grains et les fruits de son territoire, les productions des divers États de la confédération, et reçoit en échange le thé du Paraguay, et les divers produits des manufactures étrangères. Sa population est de 15,000 à 20,000 âmes. Elle a même le mouvement d'une ville plus importante encore. Après l'heure de la sieste, une multitude de cavaliers circule dans les rues : il est vrai que le plus chétif habitant possède une monture. La petite ville d'*Upsallata*, dans une vallée à laquelle elle donne son nom, possède de riches mines d'argent. On remarque dans ses environs des restes de grandes routes construites par les Incas, et qui par leur solidité annonce le haut degré de civilisation auquel était parvenu le peuple auquel elles sont dues (1).

A 54 lieues au nord de Mendoza, nous traverserons *San-Juan-de-la-Frontera*, plus peuplée que sa petitesse ne semblerait l'annoncer : les uns lui donnent 10,000 et les autres 16,000 habitans. C'est la capitale d'une province. *Rioja*, autre capitale, n'a que 3 à 4000 âmes. On remarque sur son territoire la montagne de *Famatina*, où l'on exploite des métaux précieux, mais surtout de l'argent. *Catamarca*, ou *San-Fernando-de-Catamarca*, est célèbre par la quantité de coton que l'on récolte sur son territoire.

(1) *John Gillies* : Observations sur les anciennes routes des Péruviens. — Édinbourg, *New phil. Journ.* 1830.

« Au nord-est de la province s'étend le *Tucuman*. Les Andes qui prolongent leurs branches à travers la partie septentrionale, y rendent le climat très-froid. Le reste n'est qu'une vaste plaine. Il paraît même que tout le Tucuman est rempli de véritables *plateaux*, car plusieurs rivières n'y trouvant point de débouchés, y forment des lacs sans écoulement. Les deux principaux fleuves du Tucuman sont le *Rio-Salado*, qui se réunit à la rivière de la Plata, et le *Rio-Dolce*, qui se perd dans la lagune de Porongas. La vallée de Palcipas, qui s'étend entre deux branches des Andes, renferme une rivière considérable qui s'écoule dans un lac. Toutes les rivières de la province de Cordova, excepté une, se perdent dans des sables.

« Avec un hiver sec et des chaleurs d'été aussi fortes que subites, le Tucuman passe pour une contrée extrêmement salubre. Dans les endroits où les rivières fertilisent les campagnes, le pays est rempli de pâturages excellens; les bœufs, les moutons, les cerfs, les pigeons et les perdrix s'y multiplient prodigieusement. Le maïs, le vin, le coton et l'indigo y sont cultivés avec succès. Les forêts situées entre le Rio-Dolce et le Rio-Salado sont peuplées d'une immense quantité d'abeilles. Une espèce d'insectes y étend, sur les arbres appelés *aromos*, de vastes réseaux de fils soyeux et de couleur d'argent. La cochenille sauvage est d'assez bonne qualité [1]. D'après *Helm*, on exploite dans le Tucuman deux mines d'or, une d'argent, deux de cuivre et deux de plomb. On y fabrique beaucoup d'étoffes de laine et de coton, et l'on y a découvert une fort belle mine de sel cristallin. »

Tucuman ou *San-Miguel-de-Tucuman*, dans une position agréable, près du confluent du Rio-Dolce et du Tucuman, est une jolie ville de 10 à 12,000 âmes, bâtie au milieu de bosquets d'orangers, de figuiers et de grenadiers.

« *San-Felipe* ou *Salta de Tucuman*, est située près du *Rio Baqueros*, dans la fertile vallée de Lerrica ; le bas

---

[1] Viagero universal, XX, 126-129.

peuple y est sujet à une espèce de lèpre; les femmes, d'ailleurs très-belles, ont communément des goîtres vers l'âge de 25 ans. Cette ville est peuplée de 9 à 10,000 âmes. Il s'y tient tous les ans, aux mois de février et de mars, un marché considérable de peaux, de viandes salées et de mules, qui y attire un grand nombre d'étrangers. » *Jujuy*, près d'un volcan qui lance des torrens d'air et de poussière (1), est à environ 25 lieues au nord de Balta, sur la rivière du Jujuy. C'est une jolie cité, capitale de province, dont les environs sont couverts de pâturages qui nourrissent un grand nombre de vigognes et de chevaux, et dont les habitans font un commerce considérable avec la république de Bolivia. Ses environs sont riches en métaux précieux. »

Sur le Rio-Dolce, *Satiago-del-Estero*, capitale d'une province de ce nom, est petite, peu peuplée, et renferme cependant trois couvens. On donne 6,000 âmes à *Santa-Fé*, petite ville avantageusement située sur la rive droite du Parana. *Baxada*, capitale de la *province d'Entre-Rios*, est une petite ville qui n'offre rien d'intéressant.

Cordova ou *Cordoue*, résidence d'un évêque, est une des principales villes de la confédération. Les jésuites y avaient une université qui a perdu sa célébrité. Mais ses fabriques de tissus de laine et de coton lui assurent une importance qu'elle n'avait pas du temps de ces pères. On porte sa population à 10 ou 12,000 âmes.

« Les habitans du Tucuman, riches de leurs troupeaux, sans ambition, sans souci, finissent leurs journées par des réunions champêtres, où, à l'ombre des beaux arbres, sous la présidence d'un respectable patriarche des hameaux, les jeunes bergers et bergères improvisent, au son d'une guitare rustique, des chants alternatifs dans le genre

---

(1) Viagero universal, XX, p. 139.

de ceux que Virgile et Théocrite ont embellis. Tout, jusqu'aux prénoms grecs, choisis sur un calendrier particulier (1), rappelle au voyageur étonné l'antique Arcadie.

« Les contrées sur les bords du grand fleuve de la Plata sont quelquefois encore désignées sous le nom de *Paraguay*, quoique, à proprement parler, ce nom appartienne à un État indépendant.

« L'ancienne province de *Chaco*, qui s'étend entre le Rio-Grande et le Paraguay, n'est qu'une plaine imprégnée de sel et de nitre, souvent inondée de sables mouvans ou infectée par des marais dans lesquels les rivières s'écoulent, faute d'une pente qui suffise à les conduire dans la mer.

« Ce pays est presque entièrement occupé par des tribus indigènes, plus ou moins sauvages. Il y en a qui s'éteignent ou qui changent de nom, de manière qu'on ne sait plus les retrouver avec certitude; telle est la tribu des *Lule*, dont la langue, en opposition avec la plupart des idiomes d'Amérique, a une grammaire extrêmement simple (2). Les *Zamucas* parlent une langue-mère très-remarquable, selon les missionnaires, et ne sont pas seulement mentionnés par M. d'Azara. Ce voyageur dit que les *Guaycurus* ou *Guaïcouros*, les plus féroces de tous les Indiens, se sont éteints, à quelques individus près, à la suite de leurs barbares coutumes de faire avorter les femmes, et de n'élever en tout cas qu'un seul enfant (3). Un semblable sort attend les *Lenguas*, hommes féroces, mais qui ont des formes élégantes, à l'exception des oreilles, qui leur tombent jusque sur les épaules. Lorsqu'un d'eux vient à mourir, ils changent tous de nom, afin que la mort ne se ressouvienne pas d'eux sitôt. Les *Guanas* sont les plus civilisés de ces Indiens; cependant ils n'ont aucune idée positive de reli-

(1) Par exemple, *Nemesio*, *Gorgonio*, *Spiridion*, *Nazaria*, *Rudezinda*, etc. — (2) *Hervas* : Catalogo, p. 33.
(3) *D'Azara* : Voyage au Paraguay, II, 146-147.

gion ni de morale; leurs femmes enterrent tout vivans la plupart des enfans de leur propre sexe (1). Les deux tribus des *Enimagas* et de *Guentusé*, liées d'une amitié fraternelle, s'accompagnent toujours dans leurs émigrations. Les *Moyas* font la guerre à tout le monde; ils s'arrachent le poil des sourcils et des paupières; ils subsistent de l'agriculture exercée par leurs esclaves. Très-libres dans leurs mœurs, les femmes de cette tribu se font une habitude de l'avortement. Les *Mocobis*, fainéans, orgueilleux et voleurs, ont eu des succès dans la guerre; ils ont jusqu'à mille hommes en état de porter les armes. La plus célèbre de toutes ces peuplades est celle des *Abipons*. Cette tribu guerrière, composée de 6000 âmes, habitait une partie de la contrée dite *Yapizlaga*, entre le 28° et le 30° degré de latitude, sur les bords de la rivière du Parana (2). Ils élevaient et dressaient des chevaux sauvages. Leurs armes étaient des lances de cinq à six aunes de long, et des flèches quelquefois garnies de pointes de fer. Leur esprit guerrier les avait rendus formidables aux Espagnols. Les missionnaires ont eu peu de succès parmi eux. Une guerre malheureuse les obligea à demander un asile parmi les Espagnols, où ils se sont presque éteints. Le sang de cette nation est assez beau; les femmes ne sont pas beaucoup plus basanées que les Espagnoles. Les traits des hommes sont réguliers; ils ont souvent le nez aquilin. Ils ont l'habitude de s'arracher les cheveux de dessus le front, au point de paraître chauves. La mythologie et le régime politique des *Manacicas* offrent plusieurs traits de ressemblance avec les idées des Taïtiens. »

La *province de Corrientes*, qui comprend aujourd'hui une partie du célèbre *territoire des Missions*, s'étend entre le Parana et l'Uruguay. La capitale, appelée aussi *Corrientes*, ville

(1) *D'Azara*: Voyage au Paraguay, II, 93.
(2) *Dobritzhofer*, de Abiponibus.

de 4 à 5000 âmes, est située un peu au-dessous du confluent du Paraguay et du Parana. Sa position, favorable pour le commerce, doit lui donner un jour une plus grande importance. Les anciens villages de *Santa-Anna* et de *Candelaria*, bâtis par les jésuites, sont aujourd'hui ruinés.

« Cette contrée était le principal siége des fameuses *missions des jésuites*, dans lesquelles on a prétendu voir le germe d'un empire. L'envie a tour à tour trop embelli et trop noirci le tableau de ces établissemens, que regretteront à jamais la religion, l'histoire et la géographie. Ces religieux instruits et habiles ne se bornèrent pas à la persuasion et à la prédication apostolique pour réduire les Indiens; ils surent employer les moyens temporels, mais ils les manièrent avec beaucoup de modération et de prudence. La formation des peuplades des jésuites le long du Parana et de l'Uruguay, fut aussi due en grande partie à la terreur que la féroce tyrannie des Portugais inspirait aux Indiens. Chaque peuplade était gouvernée par deux jésuites : l'un, appelé curé, uniquement chargé de l'administration du temporel, ne savait souvent pas parler le langage des Indiens; l'autre, que l'on appelait compagnon, ou vice-curé, était subordonné au premier, et remplissait les fonctions spirituelles. L'unique loi était l'Évangile et la volonté des jésuites. Les magistrats choisis parmi les Indiens n'exerçaient aucune espèce de juridiction, et n'étaient qu'un instrument entre les mains du curé, même pour la partie criminelle. Jamais un accusé ne fut cité devant les tribunaux du roi. Les Indiens de tout âge et de tout sexe étaient obligés de travailler pour la communauté de la peuplade; aucun ne pouvait s'occuper pour son propre compte. Le curé faisait emmagasiner le produit du travail, et se chargeait de nourrir et d'habiller tout le monde. Tous les Indiens étaient égaux et ne pouvaient posséder aucune propriété particulière. Ce régime offrait la seule transition

possible de l'état barbare où étaient les Indiens, à une civilisation plus parfaite. Il est vrai que, sous ce régime, nul motif d'émulation ne pouvait porter les Indiens à perfectionner leurs talens, puisque le plus vertueux et le plus actif n'était ni mieux nourri, ni mieux vêtu que les autres, et qu'il n'avait pas d'autres jouissances. Mais cette espèce de gouvernement était la seule convenable au milieu de hordes aussi abruties, aussi féroces; elle faisait le bonheur de ces Indiens, qui, semblables à des enfans, étaient incapables de se gouverner eux-mêmes. C'était un changement bien heureux pour ces sauvages, accoutumés à s'égorger les uns les autres, ou à servir les Espagnols comme esclaves. Les particuliers et les commandans espagnols se permettaient auparavant de réduire en esclavage tous les Indiens qui tombaient dans leurs mains. De là les premiers germes de haines contre les jésuites. « Les plaintes des com-
« mandans militaires viennent, comme le P. Aguilar le dit
« dans son mémoire justificatif, de ce qu'ils voudraient
« que ces Indiens fussent soumis non seulement à votre
« majesté, mais encore à chaque Espagnol en particulier, et
« même aux valets et aux esclaves des Espagnols. Dès qu'un
« Espagnol, un Métis, ou même un Nègre voit un Indien
« qui ne s'humilie pas devant lui, ou qui ne sert pas aveu-
« glément ses caprices, il se déchaîne contre le pauvre
« Indien, il l'appelle un barbare, un rustre qui pousse
« l'insolence jusqu'à manquer de respect aux Espagnols. »
Les Indiens étaient baptisés, et savaient les commandemens de Dieu et quelques prières; c'était un commencement d'instruction morale auquel les jésuites bornèrent sagement leurs premiers efforts. Ces peuples n'apprenaient aucune science; mais ils fabriquaient des toiles dont ils s'habillaient : les arts mécaniques leur étaient enseignés par des jésuites envoyés d'Europe à cet effet. Aucun de ces Indiens n'avait de chaussure, et les femmes, sans excep-

AMÉRIQUE : *République Argentine.*

...ion, ne portaient d'autre vêtement qu'une chemise sans manche. Le climat rendait superflu un vêtement plus compliqué. Il fallait employer les médiocres profits d'une culture naissante à se procurer des instrumens, des ustensiles et des armes. Les Indiens néophytes portaient dans les villes espagnoles tout ce qui leur restait de toiles, de tabac, d'herbe du Paraguay, de peaux. Ces effets étaient remis entre les mains du procureur général des missionnaires jésuites, qui les vendait ou les échangeait le plus avantageusement possible. Il rendait ensuite un compte exact du tout, et après avoir pris sur le produit des marchandises le paiement du tribut, il employait le restant à l'achat des choses utiles ou nécessaires aux Indiens, sans rien retenir pour lui-même.

« Les Indiens des missions étaient des peuples libres qui s'étaient mis sous la protection du roi d'Espagne. Ils étaient convenus de payer un tribut annuel d'une piastre par tête. Ils étaient obligés de joindre les armées espagnoles en cas de guerre, de s'armer à leurs propres frais, et de travailler aux fortifications. Ils ont rendu de grands services à l'Espagne dans la guerre contre les Portugais. En dépit de conventions aussi sacrées, les despotes *libéraux* de l'Europe ne se firent aucun scrupule de traiter ces peuples chrétiens comme un troupeau de bestiaux. En 1757, une partie du territoire des Missions fut cédée par l'Espagne à la cour de Portugal, en échange pour Santo-Sacramento. On a prétendu que les jésuites refusèrent de se soumettre à cette cession, ou de se laisser transférer d'un maître à un autre sans leur consentement. Les Indiens prirent effectivement les armes, mais ils furent aisément défaits, et avec un grand carnage, par les troupes européennes envoyées pour les soumettre. La promptitude de cette défaite prouve qu'il n'y avait parmi eux ni union ni chefs. En 1767, ces Pères furent chassés de l'Amérique par l'autorité du roi, et leurs malheureux néophytes mis sur le pied des autres habitans indigènes de ce pays. Depuis l'expulsion des jésuites, les moines qui furent chargés du soin de leurs peuplades ne nourrirent ni n'habillèrent les Indiens aussi bien qu'autrefois, et les fatiguèrent de travail. Les marchands et les commandans militaires purent recommencer leurs exactions. Enfin, un rapport ministériel inédit, adressé au roi d'Espagne par un ennemi des jésuites, avoue « que la population « des 30 villages des Guapanis, établis par ces religieux, s'élevait, en 1774, à 82,066 individus, et que, lors « de l'expulsion des jésuites, elle était au moins de 92,000; « qu'elle a été réduite, en 20 années, à 42,250 âmes, c'est-« à-dire de plus de la moitié; que les Portugais, autrefois « contenus, ont envahi sept villages, et que, pour arrêter « l'invasion de ces étrangers, il faut rétablir l'excellent règlement militaire des jésuites (1). » Voilà des faits qui parlent. Si depuis cette époque les Indiens ont continué à se civiliser, s'ils jouissent de quelque aisance, si quelques uns s'habillent à l'espagnole, et si dans quelques endroits ils acquièrent de petites propriétés, que faut-il voir dans ces faits isolés, sinon les rejetons du magnifique arbre qu'une politique aveugle arracha, mais ne put entièrement déraciner? »

Il nous reste à parler des principales villes de la *province de Buenos-Ayres*. *Barragan*, sur le bord de la mer, est importante par sa baie, où s'arrêtent les gros navires qui ne peuvent remonter la Plata jusqu'à la capitale; le fort *Independencia*, *El-Carmen* et *Bahia-Blama* sont des colonies naissantes fondées dans la partie méridionale de la province, sur le territoire même des naturels que l'on nomme *Aucaes*. Mais entrons dans la capitale de toute la république.

(1) Reorganisacion de las Indias, etc. MS.

AMÉRIQUE : *République Argentine.* 613

Buenos-Ayres est la plus peuplée, la plus riche et la plus commerçante cité de la confédération. C'est là que se réunissent le congrès, les ministres et toutes les autorités. Elle est aussi le siége d'un évêché. La cathédrale, la banque, le *cabildo* ou l'ancienne maison-de-ville, l'hôtel des monnaies et le palais de la chambre des députés sont ses principaux édifices. Ses maisons, à un seul étage et bâties en briques, que dominent les grands édifices et les nombreuses églises avec leurs coupoles et leurs clochers, lui donnent un aspect un peu triste; ses rues droites et garnies de trottoirs, mais un peu trop en pente, ont le désagrément d'être sales, ce qui dément un peu la réputation de salubrité qui lui a valu son nom, dont la signification est *bon air*. Elle a été fondée en 1635 au milieu d'une plaine, sur la grève du Rio-de-la-Plata, à 70 lieues de son embouchure. Malgré les scènes d'anarchie dont elle a été le théâtre depuis 1806, elle renferme 81,000 habitans, parmi lesquels on compte environ 4000 Français et autant d'Anglais. Depuis la révolution il s'y est établi plusieurs fabriques, dont les plus importantes sont celles de chapeaux et de taillanderie. Quoique située sur la rive droite du Rio-de-la-Plata qui, sous ses murs, a dix lieues de largeur, elle n'a pas de port pour les gros navires, mais le gouvernement a assigné des fonds pour en creuser un le plus tôt possible. Son entrée par le fleuve est mieux défendue par les rochers, les bancs de sable et les *pamperos* ou vents de sud-ouest, ainsi appelés de ce qu'ils traversent les Pampas, qu'elle ne le serait par des travaux de fortification.

« Si vous voulez, dit un voyageur récent, vous former
« une idée exacte du plan de Buenos-Ayres, prenez plu-
« sieurs damiers, réunissez-les et figurez-vous que la ligne
« séparant chacune des cases est une rue; vous aurez
« ainsi un certain nombre de rues, toutes égales en
« longueur et en largeur, laissant entre elles un carré

« de maisons ou une place publique : ce sera Buenos-
« Ayres (1). »

Cette réunion de rues coupées à angles droits forme 29 quartiers. Il y a 10 places publiques dont la principale se nomme *Plaza de la Victoria*. « La forteresse ou *el Fuerte* « est un assemblage de plusieurs grands bâtimens entourés « d'une épaisse muraille, dominée par un rempart garni « de canons, et protégée par un fossé qu'on traverse sur un « pont-levis. Toutes les administrations relevant du pouvoir « exécutif s'y trouvent réunies, mais le gouverneur n'y « réside pas. Cette forteresse, assez respectable, domine la « petite rade et le centre de la ville. » La *Recoba* est un édifice de construction mauresque, formant un arc de triomphe en face du fort, et déployant de chaque côté une galerie ouverte en arcades, et garnie de boutiques. Au-delà de cet édifice s'étend la place de la Victoria, dont le centre est occupé par un obélisque au pied duquel les jeunes gens se réunissent le jour de l'anniversaire de l'indépendance, pour y chanter des hymnes patriotiques. Sur la même place s'élève en face de la Recoba le *Cabildo* qui est aussi dans le style mauresque. C'est dans cet édifice que sont réunis aujourd'hui tous les tribunaux. A gauche et à l'angle d'une rue se trouve la *cathédrale* qui serait remarquable si elle était achevée.

Buenos-Ayres tient un rang distingué parmi les grandes cités de l'Amérique méridionale par ses établissemens littéraires : *l'université*, *l'école normale*, *l'observatoire*, *l'académie de jurisprudence*, et les collections d'histoire naturelle jouissent de quelque célébrité. On y publiait, en 1826, plus de 17 journaux, mais aujourd'hui ce nombre est réduit à 5 ou 6; on y a fondé un collége pour les sciences morales,

(1) M. *Arsène Isabelle* : Voyage à Buenos-Ayres et à Porto-Alègre, par la Banda-Oriental, les missions d'Uruguay et la province de Rio-Grande-do-sul, de 1830 à 1834. — Havre, 1835.

AMÉRIQUE : *République Argentine.* 615

un pour les sciences naturelles, et un autre pour la théologie. Enfin la bibliothèque publique, enrichie d'un grand nombre d'ouvrages, est aujourd'hui l'une des plus considérables de l'Amérique méridionale. Cependant les hommes sont en général élevés avec beaucoup de négligence; ils ont un physique agréable et de belles manières : on vante généralement la beauté, la grâce et l'amabilité des femmes.

L'île granitique appelée *Martin-Garcia*, que l'on voit en remontant la Plata, est une forteresse qui appartient à la République Argentine. Elle défend l'entrée de l'Uruguay et du Parana.

« Les végétaux et les animaux des plaines immenses qui environnent Buenos-Ayres diffèrent considérablement de ceux du Paraguay. Le *durasno*, arbre semblable au pêcher, et qui paraît n'être qu'une variété transplantée de l'Europe, fournit d'abondantes récoltes. Les blés de l'Europe réussissent. Les jaguars s'y montrent encore, et ils y sont même très-gros; mais les singes, les tapirs, les caïmans disparaissent ou deviennent extrêmement rares depuis les 32e et 33e degrés de latitude. Le chat des Pampas, le *quouya* (1), espèce nouvelle de rongeur, connu aussi dans le Tucuman; le lièvre-vizcacha, qui habite par nombreuses familles dans des terriers; le lièvre des Pampas, dont le poil sert à fabriquer des tapis moelleux; l'autruche magellanique (nandu), amie des plantes salines et des plaines battues du vent; voilà les principaux animaux de la région de Buenos-Ayres. On y trouve, outre les chevaux et les

(1) *Potamys coypu.* C'est le *myopotamus bonariensis* de Commerson, l'*hydromys coypus* de Geoffroy et de Desmarest, et le *coypou* de Molina. Il ressemble, dit Lesson, au castor par sa forme générale; son pelage est d'un brun-marron sur le dos, roux sur les flancs, et brun-clair sous le ventre. Son feutre, nommé *roconda* dans le commerce, sert à faire des chapeaux fins. Il se creuse des terriers dans le voisinage des eaux, et nage parfaitement. J. H.

bœufs, des chiens d'Europe devenus sauvages, et dont les troupes innombrables sont redoutées des habitans de la campagne.

Près de Buenos-Ayres le bois manque, mais en revanche le terrain est très-propre à l'agriculture. Le sol est sablonneux, mêlé d'un terreau noir. Au sud de Buenos-Ayres s'étendent à perte de vue les immenses plaines appelées les *Pampas*, où règnent des vents très-impétueux, et où l'œil ne fait qu'errer tristement d'un arbuste rabougri à une touffe de plantes salines.

« Presque tous les Indiens convertis, surtout ceux des bords de la rivière de la Plata et des villes, s'occupent de la culture; mais comme cet état est fatigant, il n'est embrassé que par ceux qui n'ont pas le moyen de se faire négocians ou d'acquérir des terres et des troupeaux pour devenir bergers, et enfin par les journaliers qui ne peuvent pas se louer pour la conduite des troupeaux. Les habitations des agriculteurs espagnols, situées au milieu des terres en exploitation, et assez éloignées les unes des autres, sont en général des baraques ou des chaumières petites et basses, couvertes en paille. Les murs sont formés par des pieux fichés en terre verticalement les uns à côté des autres, et les intervalles sont remplis de mortier de terre.

« Les agriculteurs l'emportent beaucoup sur les bergers par leur caractère moral, par leur civilisation et par leur manière de se vêtir. Ce genre de vie a presque réduit à l'état sauvage les Espagnols qui l'ont embrassé. Les bergers sont occupés à garder 12 millions de vaches, 3 millions de chevaux, avec un nombre considérable de brebis. On ne comprend pas dans cette énumération les animaux devenus sauvages. Tous les troupeaux domestiques sont divisés en autant de troupeaux particuliers qu'il y a de propriétaires : un pâturage qui n'a que 4 ou 5 lieues carrées de surface est

AMÉRIQUE : *République Argentine.*

regardé comme peu considérable; à Buenos-Ayres il passe pour ordinaire. C'est dans l'intérieur de ces possessions qu'on établit les habitations des bergers. Accoutumé dès l'enfance à l'oisiveté et à l'indépendance, le berger ne connaît en rien ni mesures ni règles. L'amour de la patrie, la pudeur, la bienséance sont pour lui des sentimens inconnus. Habitué à égorger des animaux, il répand tout aussi facilement le sang de son semblable, mais toujours de sang-froid et sans colère. Le calme du désert semble avoir donné à ces hommes une profonde insensibilité; ils sont enclins à la défiance et à la ruse. Lorsqu'ils jouent aux cartes, objet de leur plus violente passion, ils s'asseyent à leur ordinaire sur leurs talons, tenant sous leurs pieds la bride de leur cheval, de peur qu'il ne leur soit volé, et souvent ils ont à côté d'eux leur poignard ou leur couteau fiché en terre, prêts à percer celui qui oserait manquer de loyauté au jeu. Ils jouent dans un instant tout ce qu'ils possèdent, et toujours de sang-froid. Ils ont d'ailleurs la vertu des sauvages, le goût hospitalier; et si quelque passant se présente chez eux ils le logent et le nourrissent, souvent sans lui demander qui il est ni où il va, quand bien même il resterait pendant plusieurs mois. Sans morale, ils sont naturellement portés à voler des chevaux ou d'autres moindres objets; mais étant aussi sans désirs, ils ne commettent jamais de vol d'argent. Ces Tatares d'Amérique ont beaucoup de répugnance pour toutes les occupations auxquelles ils ne peuvent pas se livrer à cheval. Très-robustes et peu sujets aux maladies, ils font peu de cas de la vie, et bravent pour un rien la mort, qui ordinairement ne les atteint que dans une vieillesse avancée.

« Outre les bergers, il vit dans les plaines beaucoup d'hommes qui ne veulent absolument ni travailler ni servir les autres, à quelque titre et à quelque prix que ce soit. Ces vagabonds, presque tous voleurs, enlèvent même des femmes de Buenos-Ayres : ils vivent souvent avec elles dans l'union la plus tendre, et quand le ménage éprouve quelque besoin urgent, l'homme part seul, vole des chevaux dans les pâturages espagnols, va les vendre au Brésil, et en rapporte ce qui lui est nécessaire.

Les vastes espaces que nous avons parcourus pour visiter les principales villes de la République Argentine annoncent combien la population y est peu considérable relativement à leur étendue. Qu'est-ce en effet qu'une population de 2 millions d'individus sur une superficie de plus de 118,000 lieues carrées? Le territoire de cette république comprend, malgré de grands espaces stériles, tant de terrains fertiles, qu'il n'y manque que des bras pour en obtenir toutes les richesses agricoles et pour donner au commerce une activité que la civilisation réclame. La paix intérieure, une sage administration, de bonnes lois, augmenteront tôt ou tard l'industrie avec la population. C'est alors que la culture s'étendra non seulement sur les terrains qui y sont le plus favorables, mais encore sur ces pampas ou plaines salées qui occupent entre l'Atlantique, le Rio-Dulce et le Colorado, une longueur de 300 lieues et une largeur de 180. Nul doute que leurs herbes longues et épaisses ne fassent un jour place aux peupliers, aux saules et aux arbres fruitiers, et que le bétail sauvage qu'elles nourrissent ne soit remplacé par une population active. Les bras en se multipliant donneraient de la valeur aux forêts qui bordent le Parana et d'autres importans cours d'eau; des routes tracées dans l'intérieur se joindraient aux canaux et aux fleuves rendus navigables pour faciliter les relations commerciales et porter la civilisation chez les tribus indigènes.

Déjà, par les soins du gouvernement, le système des postes a éprouvé des améliorations importantes, le bienfait de la vaccine a été répandu; le clergé a été nationalisé, et

d'instruction publique a reçu des accroissemens considérables. On a établi dans chaque district rural, composé de 40,000 âmes, une école élémentaire entretenue aux frais du trésor public; et dans la capitale on en a fondé vingt pour les jeunes gens des deux sexes.

Une province appelée *Banda-Oriental*, qui avait fait partie de l'ancienne vice-royauté de *Buenos-Ayres*, et qui fut ensuite réunie au Brésil sous le nom de *Provincia-Cisplatina*, fut depuis 1814 jusqu'en 1826 le sujet de contestations sérieuses entre la confédération du Rio-de-la-Plata et le Brésil. La première s'en était emparée; le second la reprit; et dans la crainte de la voir retomber au pouvoir des républicains, il se l'attacha fédérativement en la constituant en république appelée *Cisplatine*. Après plusieurs combats la voix de la raison se fit entendre; la possession de cette province fut abandonnée de part et d'autre, et, par un traité de paix du 27 août 1828, le Banda-Oriental fut déclaré indépendant. Ce pays, organisé définitivement et librement en république, a pris le titre de *République de l'Uruguay*.

Le gouvernement se compose d'un président et de deux chambres : celle des représentans, qui est de 29 membres, et celle des sénateurs, qui n'en a que 9.

Les divisions administratives et la population de ce nouvel État sont encore trop imparfaitement connues pour que nous puissions en donner le détail; nous nous bornerons donc à dire qu'il est divisé en neuf départemens; que sa superficie est d'environ 1500 lieues, et que sa population, qui a dû prendre de l'accroissement, n'était en 1826 que d'environ 70,000 habitans. On y compte trois villes, huit villages ou hameaux, et quinze bourgades ou *villas*.

Les limites de cet État sont, au nord, le Brésil, dont

la frontière méridionale est depuis 1804 fixée par une ligne tracée du nord-ouest au sud-est, depuis le *Rio-Cuarey* jusqu'au *Rio-Yaguaron*; à l'est, le petit territoire neutre compris entre la lagune de Mirim et l'océan Atlantique; au sud, cet océan et le Rio-de-la-Plata; à l'ouest, le cours de l'Uraguay ou Uruguay (1). Il a environ 150 lieues de longueur sur 120 dans sa plus grande largeur. De vastes solitudes y attendent, comme dans la confédération du Rio-de-la-Plata, une population active et industrieuse.

« Des collines s'élèvent entre le Rio-de-la-Plata et l'Uruguay, et entre cette dernière rivière et l'Océan. Ici tout le terrain paraît primitif, tandis que de l'autre côté tout est d'alluvion (2). D'épaisses forêts bordent le rapide Uruguay, rivière qui surpasse le Rhin et l'Elbe. A son embouchure, l'œil ne peut qu'avec peine découvrir ses deux rives à la fois; à 200 lieues plus haut, il faut encore une heure pour le traverser. Il est poissonneux; les loups marins y entrent; son lit est parsemé de rochers, et son cours est interrompu par beaucoup de rapides. Il est navigable jusqu'au *Salto-Chico*, à 70 lieues de son embouchure. »

« Entre le Paraguay et le Parana s'étend, du nord au sud, une chaîne considérable de montagnes appelée *Amarbay*, et terminée au sud de la rivière Igoatimy par un revers qui court est et ouest, et qu'on nomme *Maracayer*. De ces montagnes naissent toutes les rivières qui coulent dans le Paraguay au sud du Taquari, ainsi que beaucoup d'autres qui, prenant une direction opposée, débouchent dans le Parana, et dont la plus méridionale est l'Igoatimy; elle a

---

(1) Suivant M. Alc. d'Orbigny, on doit dire *Urugay*. Ce nom se compose, dit-il, de deux mots guaranis : *Urugua* (Ampullaire), et *Y* (rivière). Ainsi Uruguay signifie *rivière des Ampullaires*, et en effet ces mollusques à coquilles y sont en grand nombre.   J. H.

(2) Reorganisacion de las colonias orientales de la Plata, etc. (Rapport ministériel MS. adressé au roi d'Espagne Charles IV.)

son embouchure un peu au-dessus des *Sept-Chutes*. Cette merveilleuse cataracte offre à l'œil un spectacle des plus sublimes. Six arcs-en-ciel y brillent, l'un au-dessus de l'autre, dans les nuages vaporeux qui, s'élevant constamment de l'eau réduite en brouillards par la violence du choc, enveloppent toute l'étendue de l'horizon. »

Le climat est partout tempéré; l'humidité produite par les nombreuses rivières qui sillonnent le territoire de la République, est tempérée par l'action des vents sur un *Pamperos*, et par le voisinage de l'Océan. Le peu d'accroissement qu'a pris la population, n'est donc dû ni à l'insalubrité de l'air, ni aux maladies, mais aux dissensions politiques (1).

La capitale de l'Uruguay est *Monte-Video* ou *San-Felipe*. Cette ville est bâtie en amphithéâtre sur une petite péninsule appartenant à la rive gauche du Rio-de-la-Plata, à l'entrée de ce fleuve; en sorte qu'elle est presque entourée d'eau de tous côtés. Son port, bien qu'il soit exposé à toute la violence des vents d'ouest appelés *pamperos*, est cependant plus commode que celui de Buenos-Ayres. Il peut contenir 200 voiles, mais il n'a que 12 à 15 pieds de profondeur. Plusieurs ouvrages de fortifications défendent la ville, sans pouvoir cependant la mettre à l'abri d'un siége fait en règle. Elle est bâtie sur un plan régulier, c'est-à-dire qu'elle est formée, comme presque toutes les villes de l'Amérique méridionale, de rues larges et droites, garnies de trottoirs et de maisons à un seul étage et à toits plats, et qu'elle a une grande place ornée des principaux édifices, dont le plus beau est la cathédrale. Peu de villes américaines ont plus souffert des guerres intestines que Monte-Video. Son commerce, jadis si florissant, est réduit au quart de ce qu'il était, et sa population, qu'on portait à 26,000 habi-

(1) M. *Arsène Isabelle* : Voyage à Buenos-Ayres, etc.

tans, ne s'élève plus qu'à 15,000, suivant un navigateur (1).

Sacramento ou *Colonia-del-Sacramento*, à 35 lieues au nord-ouest de la précédente, vis-à-vis de Buenos-Ayres, possède un port sur le Rio-de-la-Plata : c'est une ville petite et mal bâtie. *Maldonado*, cité peu importante, avec un port peu spacieux sur la rivière du même nom, près de l'Océan et de l'embouchure de la Plata, n'offre qu'un mauvais mouillage, mal abrité contre les vents dangereux du sud-ouest et du sud-est. Elle a reçu le nom d'un des respectables missionnaires qui allèrent prêcher la foi chrétienne sur cette côte. Elle ne compte que 1000 à 1200 habitans. *Florida*, *Paysanda*, et les autres chefs-lieux de départemens ne sont que des bourgades.

La République entretient dans chaque ville, village ou bourgade, une école primaire d'enseignement mutuel.

L'esprit d'indépendance et de liberté qui se répandait dans toutes les colonies espagnoles de l'Amérique, pénétra en 1811 dans le *Paraguay*, considéré depuis long-temps comme une des grandes provinces de la vice-royauté de la Plata. Les créoles déposèrent le gouverneur, établirent une junte, et proclamèrent en 1813 l'établissement d'un gouvernement républicain, à la tête duquel ils placèrent deux consuls nommés pour un an. A l'expiration de cette magistrature, l'un d'eux, le docteur Francia, eut assez d'influence et d'adresse pour se faire nommer dictateur pour 3 ans, au bout desquels un congrès qu'il avait su gagner le proclama dictateur à vie. Cet homme extraordinaire, auquel l'histoire réserve une page, ne sera pas placé à côté du vertueux Bolivar; mais on lui rendra

---

(1) M. *Barral*, lieutenant de vaisseau : Renseignemens sur le Rio-de-la-Plata et le Chili. — 1829.

toutefois la justice de dire qu'après avoir fait peser pendant plusieurs années un joug de fer sur le Paraguay, il est parvenu à répandre dans ce pays le goût du travail, des arts et du bon ordre; que son gouvernement est devenu plus doux, et que des intentions louables ont percé plus d'une fois à travers son despotisme.

Le Paraguay est borné au nord et à l'est par le Brésil, au sud et à l'ouest par le territoire de la République Argentine. Le pays est divisé en 8 départemens et en 28 municipalités; mais la partie du territoire des Missions, qui lui appartient, à la droite du Parana, est divisée en districts administrés d'une manière particulière. Cette contrée est entrecoupée de lacs, de marais, de grandes plaines et de vastes forêts; elle a environ 120 lieues de longueur sur 65 de largeur. Une chaîne de montagnes appelée la *Sierra-Amambahy*, pénètre jusqu'au centre, où elle se divise en deux grands rameaux, dont l'un va se terminer vers l'ouest près des bords du Paraguay, et l'autre se joindre aux montagnes qui, sur le territoire du Buenos-Ayres, s'avancent en séparant le bassin du Parana de celui de l'Uruguay. Pendant la saison des pluies les rivières sortent de leur lit et répandent sur le terrain qu'elles envahissent un limon gras et fertile. Le Paraguay n'est pas moins riche que les contrées environnantes en coton, en tabac et en arbres utiles par les différens usages auxquels on peut les employer ou par les gommes précieuses qu'ils fournissent; mais l'une des plantes les plus dignes d'intérêt est le thé qui porte le nom du pays, et qui n'est que la feuille d'une espèce d'*ilex* appelée *maté* ou *I. paraguariensis*: infusée comme le thé de la Chine, elle fournit une boisson fort agréable. On évalue à 3,000,000 de francs le seul revenu annuel de la vente de ce thé et du tabac.

« Le *Paraguay* propre doit son nom à la tribu des *Payaguas*, qui vit de la pêche, et qui se distingue par son caractère rusé. On prétend qu'ils adorent la lune; mais M. d'Azara a grand soin de leur refuser tout sentiment religieux. Leurs femmes fabriquent des couvertures de laine. Ils conservent, contre la coutume des autres Indiens, les objets laissés par un mort. Ils élèvent de petites huttes au-dessus des tombeaux (1).

« Quoique, en remontant vers les sources du grand fleuve, on rencontre des collines, rien ne prouve que les mines du Brésil s'étendent jusque dans le Paraguay. Le même rapport manuscrit adressé au roi d'Espagne, et que nous avons déjà cité, n'indique qu'une pauvre mine d'or sur l'Uruguay, et n'en marque absolument aucune dans le Paraguay; il justifie ainsi les rapports des jésuites (2).

« Le *Paraguay* produit, selon les missionnaires, le fameux arbre du Brésil, quoiqu'il soit beaucoup plus commun dans le beau pays dont il porte le nom. On y voit presque partout un très-grand nombre de cotonniers-arbustes. Les cannes à sucre y naissent sans culture dans les lieux humides. Un arbre qui abonde dans le Paraguay, c'est celui d'où l'on tire la liqueur nommée *sang de dragon*. Il y a diverses autres résines utiles. Il n'est pas rare de trouver dans les bois, de la cannelle sauvage, qui se vend quelquefois en Europe pour de la cannelle de Ceylan. La rhubarbe, la vanille, la cochenille figurent au nombre des productions naturelles. La grande récolte du maté se fait près la nouvelle *Villarica*, qui est voisine des montagnes de Maracayu, situées à l'orient du Paraguay, vers les 25 deg. 25 min. de lat. australe.

« M. d'Azara compte au Paraguay trois espèces de singes, le *miriqouina*, le *cay* et le *caraya*. Ce dernier, qui est le plus commun, remplit, à l'aurore et à la fin du jour,

---

(1) *D'Azara* : Voyage au Paraguay, p. 119-144.
(2) *Muratori* : Missions du Paraguay, p. 275, trad. franç.

les forêts épaisses de ses cris rauques et tristes, semblables au craquement d'un nombre immense de roues de bois non graissées. Le grand tatou creuse ses terriers dans les forêts; quelques autres espèces vivent dans les champs et sur les lisières des bois. Le tapir est nommé *mborebi* par les Guaranis; le même peuple comprend sous le nom de *guazou*, assez semblable à celui de gazelle, quatre espèces de cerf différentes de celles de l'ancien continent. Outre les jaguars et les couguars, on rencontre ici le *chibigouazou*, ou le *felis pardalis*, l'*yagouaroundi* et l'*evra*, espèces de chat-tigre inconnues à l'ancien continent. »

Le Paraguay ne renferme que de petites cités, mais le nombre des villages est considérable. Chacun d'eux est gouverné par un magistrat choisi parmi les habitans; ils ont tous à peu près le même aspect; tous ont une grande place, une église et des maisons proprement construites et couvertes en tuiles. Le dixième de la population est formé d'indigènes, les mulâtres et les noirs composent deux autres dixièmes, le reste comprend les blancs.

Des 6 ou 7 villes que l'on compte au Paraguay, la seule remarquable est la capitale, appelée *Assomption* (*Asuncion*). Cette cité s'élève sur la rive gauche du Paraguay. Elle est bâtie sans régularité, et sa population est tout au plus de 12,000 âmes. Elle est la résidence d'un évêque et celle du chef de l'État, mais elle ne renferme aucun édifice digne de quelque attention. Le palais du dictateur n'est qu'une grande maison construite par les jésuites peu de temps avant leur expulsion. *Tevego* a été fondée au milieu d'un désert, pour servir de lieu d'exil aux personnes qui déplaisent au dictateur. *Villa-Rica*, *Ytapua*, *Villa-Real-de-Concepcion*, *Caruguaty*, et quelques autres villes, sont si peu importantes, que Villa-Rica, la plus considérable, renferme à peine 4000 habitans. Ytapua n'a pris rang parmi les villes que depuis qu'une douane y a été établie.

Tel est ce que l'on connaît de plus intéressant sur ce pays, dont l'entrée est fermée à tous les étrangers, sous peine d'être retenus prisonniers par le dictateur. Tout ce que l'on sait du gouvernement de celui-ci, c'est que les Indiens ne peuvent parvenir à aucun emploi, si ce n'est dans leurs peuplades; que le chef de l'État perçoit les impôts, recrute l'armée, rend la justice, et qu'il a cependant eu la sagesse d'abolir la peine de mort : le plus grand châtiment réservé aux coupables est la prison perpétuelle.

« Les *Guaranis* étendent dans cette contrée plusieurs de leurs nombreuses ramifications. Les *Guayana*, nommés aussi *Guayaques*, s'y distinguent par leur blancheur; ils vivent à l'ombre de forêts épaisses, et dès qu'on les en fait sortir, ils languissent et meurent (1). Les *Charruas* sont la nation la plus belliqueuse; elle défendit opiniâtrement les rives de la Plata contre les conquérans européens. Leur langage est rempli de sons gutturaux, si difficiles que notre alphabet ne saurait les rendre. Graves et taciturnes, ils ne connaissent ni le jeu ni la danse (2).

« La propagation étonnante des chevaux et des bœufs européens soit domestiques, soit devenus sauvages, est un grand trait commun de l'histoire naturelle de ces contrées. C'est M. d'Azara qui nous a fait connaître dans tous ses détails l'histoire de ces animaux (3). C'est de 1530 à 1552 qu'on a importé des chevaux et des bœufs d'Europe en grand nombre. Les chevaux, devenus sauvages, vont par troupes composées de plus de 10,000; presque tous sont

---

(1) *Hervas* : Catalogo, p. 46.
(2) *D'Azara*, II, 6 et suiv. — (3) Apuntamientos para la historia natural de los quadrupes del Paraguay y Rio-de-la-Plata, par D. *Felix de Azara*, 2 vol., Madrid, 1802. Traduit en français par *Moreau de Saint-Méry*.

ais-châtains; ils diffèrent très-peu des domestiques: on les compte facilement; et, comme les pâturages ne manquent pas, le plus pauvre journalier a son cheval. Il y a aussi beaucoup d'ânes sauvages qui proviennent de la même source. Les bœufs abondent surtout dans le pays des Chiquitos et dans les champs de Monte-Video; ces animaux sont, pour les habitans, ce que les rennes et les chameaux sont pour les Lapons et les Arabes; leur chair est la base de la nourriture; on exporte leurs peaux, et cette exportation s'éleva à plus de 1,000,000 de pièces en 1794; on fait avec leurs cornes des vases, des cuillers, des peignes, des pots, des cruches; avec leurs cuirs, des cordes, des liens, des matelas, des cabanes; la graisse supplée l'huile, même pendant le carême; de leur suif, on fait du savon, de la chandelle; les os servent au lieu de bois à brûler dans beaucoup d'endroits où il manque, et on les fait flamber par le moyen du suif; les crânes servent de chaises dans les *estancias* (ou maisons de campagne); on fait avec du lait une quantité de ragoûts, de fromages. La couleur de ces précieux animaux est sombre et rougeâtre dans les parties supérieures, et noirâtre dans le reste. Le bétail de Monte-Video est plus grand que celui de Salamanque, qui est lui-même le plus grand de l'Espagne; cependant les taureaux ne sont pas aussi légers ni aussi féroces que dans ce dernier pays. Près du Coin-de-la-Lune, à environ 45 lieues vers le sud-ouest de la cité de l'Assomption, il est né un taureau sans cornes, qui a propagé sa race. Une autre race, qu'on nomme *nata*, a la tête d'un tiers plus courte et le front garni d'un poil crépu. Il existe aussi quelques variétés de taureaux qu'on appelle *chiros*, parce qu'ils ont les cornes droites, verticales, coniques et très-grosses à la racine. Les bœufs sauvages s'apprivoisent facilement, et ils pourraient, ainsi que les chevaux, devenir une source de richesse entre les mains d'un peuple plus industrieux. L'avarice irréfléchie des chasseurs en a dans ces derniers temps détruit un grand nombre. Depuis la latitude méridionale de 27 degrés jusqu'aux îles Malouines, les bêtes à cornes et autres animaux ne sentent pas le besoin de lécher les terres salines et nitreuses, appelées *barrero's* parce que les eaux et les pâturages contiennent assez de sel. Mais, à partir de cette latitude vers l'équateur, le *barrero's* devient d'une nécessité indispensable. M. d'Azara assure que les cantons qui en manquent ne sauraient nourrir une seule tête de bétail. Le Paraguay et une grande partie du Brésil sont dans ce cas. »

Nous avons décrit les principales villes du Chili et de toutes les nouvelles républiques au sud du Pérou. Si dans les tableaux qui terminent ce livre, il s'en trouve un assez grand nombre dont nous n'avons point parlé, nous devons faire observer que dans l'Amérique méridionale on donne souvent le titre de ville à des réunions d'habitations qui ne méritent pas même celui de village. Quelques unes n'ont qu'une existence éphémère : on en établit par exemple dans tous les lieux où l'on entreprend l'exploitation d'une mine ; mais dès que le métal est épuisé, les habitans se transportent ailleurs.

TABLEAUX.

TABLEAU statistique de la République du Chili.

SUPERFICIE en lieues.	POPULATION absolue.	POPULATION par lieue.
21,400.	1,300,000.	65.

PROVINCES.	CHEFS-LIEUX.	AUTRES VILLES.
SANTIAGO	Santiago............	Valparaiso, Santa-Cruz, Logroño.
ACONCAGUA.	San-Felipe.........	Quillota, Saint-Martin de la Coucha, Casa-Blanca, Santa-Rosa de los Andes, Ligua, Petorca.
COQUIMBO..	Coquimbo ou la Serena.	Huasco ou Guasco, San Francisco de la Selva, Copiapo.
COLCHAGUA.	Curico.............	San-Fernando, Talca.
MAULE....	Cauquen ou Cauquenes.	Chillan, Quilue.
CONCEPCION.	La Concepcion †......	Angeles, Aruco, Hualqui, Talcahuano.
VALDIVIA..	Valdivia...........	Osorno.
CHILOÉ....	San-Carlos..........	Castro, Chacao.

ARMÉE DE TERRE.

Troupes régulières...... 8,400 h. } 29,400 hommes.
Milice................. 21,000 h. }

MARINE.

Frégate, 1 ; bâtimens inférieurs, 5.

Revenus en francs.   Dette publique en francs.
12,000,000.   36,000,000.

TABLEAU statistique de la République Argentine.

SUPERFICIE en lieues.	POPULATION absolue en 1830.	POPULATION par lieue carrée.
118,600.	760,000.	64.

PROVINCES.	POPULATION.	CHEFS-LIEUX.
BUENOS-AYRES....	160,000	Buenos-Ayres †.
ENTRE-RIOS......	30,000	Baxada.
CORRIENTES.	50,000	Corrientes.
SANTA-FÉ........	15,000	Santa-Fé.
CORDOVA........	80,000	Cordova †.
SANTIAGO........	50,000	Santiago del Estero.
TUCUMAN........	40,000	San-Miguel de Tucuman †.
SALTA...........	40,000	Salta †.
JUJUY..........	30,000	Jujuy.
CATAMARCA.....	35,000	Catamarca.
RIOJA..........	3,900	Rioja.
SAN-JUAN......	25,000	San-Juan-de-la-Frontera.
MENDOZA.......	20,000	Mendoza.
SAN-LUIS.......	2,600	San-Luis-de-la-Punta.
	580,000	

Population civilisée............ 580,000 } 760,000.
Population indépendante........ 180,000 }

ARMÉE RÉGULIÈRE : 17,700 hommes.

MARINE : 15 bâtimens de 7 à 14 canons.

FINANCES.

Recettes en francs.................... 19,600,000
Dépenses en francs.................... 18,400,000
Dette publique en francs.............. 30,000,000

TABLEAU *statistique de la République de l'Uruguay*.

SUPERFICIE en lieues.	POPULATION absolue en 1826.	POPULATION par lieue carrée.
15,000.	70,000.	4.

DÉPARTEMENS.	CHEFS-LIEUX.	NOMBRE de députés.
MONTE-VIDEO............	Monte-Video.	5
MALDONADO.............	Maldonado.	4
CANELONES.............	Canelones.	4
COLONIA...............	Colonia.	3
SAN-JOSÉ...............	San-José.	3
SORIANO...............	Santo-Domingo-Soriano.	3
PAYSANDU..............	Paysandu.	3
ENTRE-RIOS............	»	2
CERRO-LARGO...........	»	2

ARMÉE RÉGULIÈRE : 5,000 hommes.

REVENUS EN FRANCS : 4,000,000.

TABLEAU *statistique du Paraguay*.

SUPERFICIE en lieues.	POPULATION absolue.	POPULATION par lieue carrée.
10,000.	300,000 (1).	30.

VILLES.

Assumpcion, Villa-Real-de-Concepcion, Tevego, Yquamandiu ou Villa-de-San-Pedro, Neembucu ou Villa-des-Pilar, Villa-Rica, Curuguaty.

Dans le territoire des *Missions* se trouve Ytapua.

ARMÉE.

Troupes réglées............ 5,000 } 25,000 hommes.
Milice.................... 20,000 }

(1) La population du Paraguay est incertaine. Les uns l'ont évaluée à 150,000 habitans, d'autres à 200,000 ; M. Balbi, en 1828, la portait à 250,000. Nous avons adopté le chiffre donné par M. de Humboldt.

LIVRE CENT QUATRE-VINGT-DIXIÈME.

Suite de la Description de l'Amérique. — Description de l'Araucanie et de la Patagonie. — Terres Magellaniques.

Nous avons déjà parlé de l'île de Chiloé et de l'archipel volcanisé des îles Chonos. Plus au sud, vient la grande presqu'île des Trois-Montagnes, et ensuite le *golfe de Pennas*. Les peuples indigènes de cette côte paraissent tous appartenir à la race des *Moluches*, à laquelle les Espagnols ont donné le nom d'*Araucanos*, nom consacré par la poésie. Les Moluches propres habitent la fertile et riante contrée entre la rivière de Biobio et celle de Valdivia. La riche qualité du sol, des eaux abondantes et salubres, un climat tempéré, concourent à rendre cette région au moins l'égale des plus belles parties du Chili propre. Les *Cunchi* demeurent depuis Valdivia jusqu'au golfe de Guayateca. Les *Huiliches* habitent depuis l'archipel de Chonos jusque vers le golfe de Pennas : selon quelques relations, ils étendent même leurs courses jusque vers l'entrée du détroit de Magellan. Ces deux tribus sont alliées des Moluches propres. La taille de ces peuples est grande dans la partie montagneuse, et moyenne vers les côtes. Leurs traits sont assez réguliers, et leur teint n'est pas très-basané : ils se sont beaucoup mêlés avec les Espagnols, qui ne dédaignent pas d'acheter des femmes chez eux. Ces peuples exercent un peu d'agriculture : ils récoltent quelques fruits, et font une espèce de cidre; mais leurs richesses consistent dans leurs troupeaux : ils possèdent quantité de chevaux, de bœufs, de guanacos et de vigognes. Les bœufs et les guanacos leur fournissent une nourriture abondante : la laine de la vigogne sert à fabriquer des *ponchos* ou manteaux. Les chevaux, qui descendent de chevaux espagnols, ont fait de ces Indiens autant de Tatares (1) : ils se réunissent subitement, font des marches de 200 à 300 lieues, pillent le pays ennemi, et se retirent avec leur butin.

« Les Araucans adorent le grand Esprit de l'univers : ils adressent des hommages aux astres. Les morts sont enterrés dans des fosses carrées, le corps assis; on met à côté les armes et les vases à boire : on place à l'entour les squelettes des chevaux immolés en l'honneur du mort : chaque année une vieille matrone ouvre les tombeaux pour nettoyer et habiller les squelettes. Le code national permet la polygamie, mais la soumet à de sages règlemens. Les propriétés et les actions de la vie civile sont aussi bien réglées que parmi nos nations européennes. Ils ont quelques notions de géométrie et d'astronomie; ils distinguent les étoiles par des noms particuliers, et raisonnent même sur la pluralité des mondes (2). Leur année solaire, divisée en 12 mois de 30 jours, avec 5 jours intercalaires, est marquée par les solstices, qu'ils observent avec soin. Ils divisent le jour et la nuit en 12 heures, dont une répond à deux des nôtres. Amateurs d'une poésie remplie de grandes images, ils se donnent des noms aussi pompeux et aussi harmonieux que ceux des anciens Grecs; l'un se nomme *Cavi-Lémon*, c'est-à-dire vert bosquet; l'autre, *Meli-Antou*, c'est-à-dire quatre soleils (3).

« La langue *moluche* ou *araucane* est douce, riche et élégante; leurs verbes ont trois nombres, et beaucoup de modes et de temps. Ils distinguent leur pays en quatre parties, qu'ils nomment : 1° *Languen-mapou*, c'est-à-dire

---

(1) *La Pérouse*, t. II, p. 67, et t. IV, p. 96 et suiv. — (2) Tableau civil et moral des Araucans, trad. du *Viagero universal*, Annales des Voyages, t. XVI, p. 100. — (3) Annales des Voyages, XVI, p. 155.

la contrée maritime; 2° *Lelvun-mapou*, la contrée de la plaine; 3° *Inapirè-mapou*, la contrée sous les montagnes; 4° *Pirè-mapou*, la contrée des montagnes.

« Les chefs héréditaires s'appellent *ulmen*, et un chef de guerre ou généralissime porte le titre de *toqui*. La forme de leur gouvernement étant un mélange d'aristocratie et de démocratie, l'éloquence est cultivée avec beaucoup de succès : on distingue le style poétique, plein de feu et d'imagination, du style historique, où doivent régner la gravité et l'élégance. Leurs médecins ne sont pas tous de prétendus sorciers, comme chez les autres Indiens : il y en a deux sectes qui se sont créé des systèmes et des méthodes.

« Passons les Andes, et considérons les régions qui s'étendent au sud de Buenos-Ayres. La contrée appelée *Tuyu*, située entre la rivière Saladillo et la rivière Hucuque, est remplie de petits lacs et d'étangs. Le mont *Casuhati*, quoique éloigné des bords de la mer, se fait apercevoir à 20 lieues du rivage; mais les caps sont peu élevés. Il y a beaucoup de bœufs. Le gouvernement de Buenos-Ayres a des postes sur la rivière Saladillo. »

Les *Puelches*, dits *Serranos* ou de la montagne, habitent près le mont Casuhati. Un cacique de ce peuple, avec lequel le missionnaire *Falkner* était lié, avait, dit celui-ci, 7 pieds et quelques pouces de haut; mais des voyageurs modernes ont prouvé le peu de confiance que l'on doit avoir dans les récits de ce missionnaire. Falkner prétend encore que les tribus des Puelches s'étendent jusqu'au détroit de Magellan.

« Les *Pampas* ou plaines sablonneuses, ces véritables *steppes* de l'Amérique, s'étendent probablement depuis le Tucuman jusqu'au 40° degré de latitude. Les deux rivières nommées Colorado et Negro parcourent ces plaines vastes et peu connues; toutes les deux elles prennent naissance au pied des Andes du Chili. Dans la région de leurs sources, une suite de lacs et de petits canaux s'étend parallèlement aux Andes, et fait communiquer ensemble les deux fleuves. Quelques tribus sauvages errent dans les Pampas, on les distingue en Puelches à pied et Puelches à cheval.

« Plus au sud, les cartes espagnoles indiquent la *Comarca desierta*, c'est-à-dire province déserte, qui s'étend du 40ᵉ au 45ᵉ degré de latitude. La côte seule a été examinée en détail. Les baies *Anegada*, *Camarones*, *Saint-George*, et autres, offrent de bons mouillages, mais ni bois, ni eau douce, ni trace d'habitans : les oiseaux aquatiques et les loups marins règnent sans rivaux sur ces tristes rivages.

« Près le cap *Blanc* la terre se couvre de quelques buissons : il y a des plaines immenses couvertes de sel. C'est vers les sources de la rivière de Camarones (et probablement à peu de distance des sources de la rivière de Gallego), entre le 43ᵉ et le 44ᵉ degré de latitude, qu'on doit chercher la demeure de la nation des *Arguèles* ou des *Césares*. « Ce pays, dit le P. Feuillée, est extrêmement fer-
« tile et agréable : il est fermé au couchant par une rivière
« grande et rapide, qui paraît le séparer des Araucans.
« Les Cordillères qui embrassent cette contrée en rendent
« également l'accès difficile. Les Césares sont, du moins en
« grande partie, les descendans des équipages de trois vais-
« seaux espagnols, qui, ennuyés des fatigues d'un long
« voyage, se révoltèrent, à ce qu'il paraît, et se réfugièrent
« dans cette vallée isolée. Ils ne permettent à qui que ce soit
« d'entrer dans leur pays. »

« Les *Tehuels* demeurent dans l'intérieur du pays, entre la Comarca déserte et les Andes. C'est, selon Falkner, une tribu de Puelches ; et comme ils ont, dit-il, généralement 6 pieds de haut, il a paru naturel à ce missionnaire, et à tous les auteurs modernes, de supposer que les Tehuels font des

AMÉRIQUE : *Araucanie et Patagonie.*   635

excursions à cheval jusqu'au détroit de Magellan, et que ce sont eux que les voyageurs ont désignés sous le nom de Patagons. Les Tehuels, peuple paisible et humain, enterrent leurs morts d'une manière particulière : on dessèche leurs os, ensuite on les transporte sur les rivages de la mer, dans le désert; on les y place dans des cabanes, entourés des squelettes de leurs chevaux.

« Ce n'est, à proprement parler, que l'extrémité de l'Amérique méridionale, au sud du 46° parallèle, qu'on nomme *Patagonie*, d'après ce peuple de haute taille, qui en occupe l'intérieur. Les *géans de la Patagonie* ont si long-temps excité la curiosité des Européens, qu'on ne nous pardonnerait pas de les passer sous silence, quoique tout soit dit à leur égard.

« L'ancienne tradition des Péruviens nous indique, dans le sud de l'Amérique, un peuple de géans (1). Magellan, le premier marin qui navigua sur les côtes de la Patagonie, vit, de ses propres yeux, quelques uns de ces géans si redoutés dans le Nouveau-Monde. Ils paraissent avoir 10 palmes, c'est-à-dire 6 pieds et demi, ancienne mesure française (2). Un d'eux se trouva plus grand, les Espagnols ne lui allaient qu'à la ceinture. Six d'entre ces Patagons mangèrent comme 20 Espagnols. Les Patagons, à cette époque, n'avaient pas encore de chevaux; ils étaient montés sur des animaux semblables à des ânes, probablement les *guemuls* de Molina. Mais alors, comme aujourd'hui, ils étaient pasteurs et nomades.

« Vers l'an 1592, le chevalier Cavendish traversa le détroit de Magellan : il attesta avoir vu, sur la côte américaine, deux cadavres de Patagons, qui avaient 14 palmes de

---

(1) *Garcilasso*. Histoire des Incas, l. IX, c. ix.
(2) En prenant la palme à 93,97 lignes, ancienne mesure, ce qui était, avant 1752, la proportion usuelle, selon don George Juan, cité dans la *Métrologie* (allemande) de *Gerhard*.

long : il mesura, sur le rivage, la trace du pied d'un de ces sauvages, et elle se trouva quatre fois plus longue qu'une des siennes ; enfin, 3 matelots manquèrent d'être tués jusque dans la mer, par les quartiers de rochers qu'un géant leur lança (1). Voilà le Polyphème de l'Odyssée, voilà la fable qui vient défigurer les faits historiques.

« Le lieutenant de frégate Duclos-Guyot, et le commandant d'une flûte du roi, *la Giraudais*, non seulement revirent encore, en 1766, ces géans, mais ils restèrent assez long-temps parmi eux pour nous fournir les détails les plus curieux sur leurs mœurs et leur manière de vivre.

« Ils reçurent les Français avec des chants ou discours solennels, comme les insulaires de la mer du Sud : après avoir ainsi manifesté cette hospitalité qui caractérise l'homme de la nature, ils menèrent les étrangers auprès de leur feu (2). Quelques uns avaient au-delà de 7 pieds de haut; le moins grand avait 5 pieds 7 pouces; et leur carrure, à proportion, était encore plus énorme; ce qui faisait paraître leur taille moins gigantesque. Ils ont les membres gros et nerveux, la face large, le teint extrêmement basané; le front épais, le nez écrasé et épaté, les joues larges, la bouche grande, les dents très-blanches, les cheveux noirs, et sont plus robustes que nos Européens de même taille. Ils sont vêtus de peaux de guanacos, de vigognes et autres, cousues ensemble en manière de manteaux carrés, qui leur descendent jusqu'au-dessous du mollet, près de la cheville du pied. Ces manteaux sont peints sur le côté opposé à la laine, en figures bleues et rouges, qui semblent approcher des caractères chinois, mais presque tous semblables, et séparés par des

---

(1) Relation d'*Antoine Knivet*, dans la collection de Purchass, t. IV, l. vi. — (2) Voyage de dom *Pernetti*, t. II, p. 124.

lignes droites qui forment des espèces de carrés et de losanges. Ils portent des toqués ornées de plumes. Ils prononcèrent quelques mots espagnols, ou qui tiennent de cette langue. En montrant celui qui paraissait être leur chef, ils le nommèrent *capitan*.

« Plusieurs Français allèrent à la chasse un peu loin : ils virent des carcasses de vigognes, et un pays inculte, stérile, couvert de bruyères [1]. Les chevaux des sauvages paraissent très-faibles, mais ils les manient avec beaucoup d'adresse. Avec leurs frondes ils atteignent et tuent les animaux jusqu'à 400 pas de distance. Les femmes ont un teint beaucoup moins basané : elles sont assez blanches, d'une taille proportionnée à celle des hommes, habillées de même d'un manteau, de brodequins et d'une espèce de petit tablier, qui ne descend que jusqu'à la moitié de la cuisse. Elles s'arrachent sans doute les sourcils, car elles n'en ont point.

« Ces Patagons ne connaissent pas la passion de la jalousie, au moins doit-on le présumer par leur conduite, puisqu'ils engageaient les Français à palper la gorge de leurs femmes et de leurs filles, et les faisaient coucher pêle-mêle avec eux et avec elles [2]. Les Patagons se mettaient souvent trois ou quatre sur chacun de leurs hôtes, pour les garantir du froid; galanterie qui parut suspecte aux Français, et leur inspira un mouvement de crainte injuste. »

On est certain aujourd'hui que jusque dans ces derniers temps tous les voyageurs qui ont parlé des Patagons ont exagéré ou se sont mépris sur leur taille. Suivant M. Dessalines d'Orbigny, la grandeur moyenne de ces prétendus géans est de 5 pieds 7 pouces. En général, il a paru à ce

---

[1] On vit du vaisseau, deux troupeaux de vigognes de 200 à 300 chacun, p. 129. — [2] Voyage de dom *Pernetti*, t. II, p. 128.

naturaliste qu'en Amérique l'espèce humaine suit la règle établie pour les plantes, c'est-à-dire qu'elle décroît à mesure qu'on s'élève des plaines au sommet des Andes. Relativement aux Patagons son témoignage s'accorde avec ce qu'en dit un navigateur anglais dans un voyage récent (1). Au premier aspect il sembla au capitaine King et à ses compagnons que les Patagons appartenaient à une race d'homme d'une stature prodigieuse, mais en les regardant de plus près cette illusion cessa. Si on les voit à cheval, si on les voit assis, leur taille étonne, parce qu'ils ont la partie supérieure du corps d'une hauteur disproportionnée avec le reste. Leurs jambes et leurs cuisses sont très-courtes, leurs mains et leurs pieds sont très-petits, tandis que leur tête semble faite pour des hommes de 7 à 8 pieds. Parmi une trentaine de Patagons que le capitaine King vit dans la baie de Gregory, le plus petit nombre avait 6 pieds anglais de hauteur; un seul de ces individus avait 6 pieds 1 pouce et demi; tous étaient extrêmement gros. Ainsi il paraît bien constaté que les Patagons sont loin d'être des géans, mais que leur stature est un peu au-dessus de celle de la plupart des autres hommes.

Leur coiffure est une toque ornée de plumes. Lorsqu'ils vont à la guerre ils portent une cuirasse de peau et un chapeau de cuir. L'arc, la fronde et la lance dont le fer est remplacé par un os très-pointu, sont les principales armes de toutes les tribus de la Patagonie. La taille moyenne des Patagones est de 5 pieds 6 pouces; leurs cheveux, disposés en tresses et ornés de grelots ou de morceaux de cuivre, tombent sur leurs épaules; leurs bras et leurs mains sont ornés de bracelets; elles portent

---

(1) M. *Phil. Parker King*, capitaine commandant les vaisseaux *Adventure* et *Beagle* : Observations sur la géographie de l'extrémité méridionale de l'Amérique du sud, la Terre-de-Feu et le détroit de Magellan. — 1826 à 1830.

un chapeau paré de plumes, de cuivre, et des colliers formés de coquilles connues sous le nom de *turbo*. Les Patagons sont pasteurs et nomades; ils adorent un dieu terrible qui paraît être le génie du mal, et qu'ils appellent *Guatéchu*. A l'époque du mariage leurs femmes sont plongées dans l'eau à plusieurs reprises : leur condition est des plus malheureuses.

« L'extrémité du continent américain, et le terrain continental le plus austral qu'il y ait sur le globe, mérite sans doute le nom de pays froid, sauvage et stérile. Mais les vents impétueux et les changemens subits de température ne sont pas des désagrémens particuliers à la Patagonie : ce sont des caractères inhérens aux climats des *promontoires* ou des *extrémités* d'un continent quelconque. Seulement en Patagonie toutes les circonstances qui y peuvent contribuer se trouvent réunies dans un très-haut degré. Trois vastes océans isolent cette terre de tout l'univers ; des vents et des courans opposés s'y rencontrent presqu'en toutes les saisons; une haute et large chaîne de montagnes la parcourt et la remplit à moitié, nulle terre cultivée ou tempérée ne l'avoisine. »

Depuis l'île de Chiloé jusqu'au détroit de Magellan, la hauteur moyenne des Andes est d'environ 3000 pieds ; cependant il y a des montagnes qui ont 5 à 6000 pieds de hauteur.

« On a récemment observé que les plaines, ou la partie orientale, différaient essentiellement des montagnes qui forment la partie occidentale. La première, nue, aride, sablonneuse, dépourvue de toute espèce d'arbre, jouit d'un air sec et serein ; la chaleur de l'été est de 5 à 9 degrés de Réaumur. La seconde, formée de rochers primitifs, arrosée de rivières et de cascades, couverte de forêts, éprouve des pluies presque perpétuelles ; la chaleur n'y est que de 3 à 7 degrés (1). »

(1) Viage al estrecho de Magalhaens, Madrid, 1788.

Parmi les arbres communs sur la côte élevée, depuis le cap *Très-Montes* jusqu'au détroit de Magellan, sont un hêtre toujours vert (*fagus betuloïdes*), un autre appelé *drymis Winteri* et une espèce de bouleau, *betula antarctica*, qui paraît être le même que le hêtre bouleau (*fagus antarctica*) qui atteint quelquefois une circonférence de 35 pieds, et fournit un bois excellent. Une espèce de palmier ou de fougère arborescente s'est égarée jusqu'au détroit de Magellan.

« Les guanaco's, une espèce de perroquet vert, le lièvre-pampa, le vizcache et beaucoup d'autres animaux du Chili et de Buenos-Ayres se sont multipliés dans la Patagonie. »

A l'entrée occidentale du détroit les rochers qui le bordent sont pour la plupart des granites et des diorites. Près du centre du détroit domine le schiste argileux: cette roche s'étend jusqu'à la baie *Freshwater* où elle se mélange avec le schiste qui disparaît graduellement en approchant du cap Negro. Du cap des Vierges au port Saint-Julien, la côte est bordée de falaises d'argile en strates ou couches horizontales.

« Autour du Port-Désiré, baie sûre et profonde, les rochers sont composés de marbres veinés de noir, de blanc et de vert, de silex et de talc brillant et semblable à des cristaux. Les végétaux y sont peu abondans; Narborough vit cependant des troupes de taureaux sauvages dans l'intérieur. Les coquillages fossiles forment sur toutes ces côtes de très-grands bancs, et ils y sont d'une rare beauté : la plupart appartiennent au genre huître. Près le port *Saint-Julien* on aperçut des animaux semblables aux tigres, soit des jaguars, soit des couguars, ainsi que des armadillos. Il s'y trouve de grandes lagunes salantes.

« Le détroit de Magellan a perdu son importance nauque depuis que la découverte du cap *Horn* a ouvert aux navigateurs une entrée plus facile dans l'océan Pacifique (1). Le célèbre *Magalhaens* y passa en 1519; depuis, la plupart des anciens circumnavigateurs du monde ont eu lieu d'y exercer leur patience et leur courage. De nombreux courans et beaucoup de sinuosités y rendent la navigation très-difficile. La longueur est de 180 lieues; la largeur varie de plus de 15 à moins de 2 lieues. A l'est, deux goulets étroits resserrent le canal; les rochers, très-escarpés, paraissent calcaires. Au centre se présente un vaste bassin, sur lequel est situé le *port de Famine*, où les Espagnols avaient bâti et fondé une colonie sous le nom de *la Ciudad real de Felipe*; des mesures imprévoyantes firent périr de faim les colons. La contrée autour du port Famine mériterait de porter un nom moins effrayant. On y voit abonder des perroquets, des pluviers, des bécassines, des oies, des canards; il y croît des poivriers, de l'écorce de winter, et des groseilliers. A quelque distance, dans la baie *Freshwater*, Narborough trouva des hêtres et des bouleaux très-gros. Les extrémités des Andes, vers le cap *Froward*, sont chargées de neige; mais leurs flancs nourrissent des forêts. Le *Rio-Gallegos* et les autres rivières roulent vers la mer ou vers le détroit de très-gros arbres. »

La marée, dit le capitaine King, monte dans cette rivière à 46 pieds de hauteur, et le courant est très-rapide.

« La côte qui borde au nord-est la sortie occidentale du détroit a été reconnue par les Espagnols, et au lieu de faire partie du continent, elle se trouve former un nouvel archipel très-considérable. Plus au nord est l'archipel de Tolède ou de *la Sainte-Trinité*. La grande île de *la Madre de Dios* (de la Mère de Dieu) en fait partie : elle a 25 lieues de longueur et 15 de largeur. Les Espagnols ont un

(1) Voyez M. *de Fleurieu*, dans le Voyage de Marchand, t. I, p. 17.

poste sur l'île *Saint-Martin*, et des factoreries sur plusieurs points de la côte occidentale. »

Le capitaine King a signalé dans le même archipel, le groupe de *Guayaneco*, composé de petites îles dont une est remarquable par une haute montagne appelée Nevada de Captana; il a donné le nom de *Wellington* à une île que les Espagnols nomment *Campana*; enfin il a visité les îles *Lobos* et *Rocca-Partida*. Toutes ces îles s'étendent à peu de distance de la côte occidentale de la Patagonie, dans la direction du sud au nord, depuis le cap Sainte-Isabelle jusqu'au golfe de Penas.

On sait peu de chose de cet archipel, si ce n'est qu'il est rocailleux, montagneux et d'un aspect désagréable. Il est séparé du continent par le canal de la Conception, au bord duquel viennent se terminer brusquement les Andes, dont les flancs se couvrent ici d'énormes glaciers.

« Parvenus aux extrémités du continent, nous ferons une petite excursion maritime pour prendre une idée des îles voisines, dont quelques unes, à la vérité, n'ont eu aucune communication avec l'Amérique; mais qui néanmoins sont moins éloignées de ce continent que d'aucun autre.

« Immédiatement au sud de la Patagonie s'étend un amas d'îles montagneuses, froides, stériles, où les flammes de plusieurs volcans éclairent, sans les fondre, des neiges éternelles : la mer y pénètre par des canaux innombrables; mais les passages sont si étroits, les courans si violens, les vents si impétueux, que le navigateur n'ose se hasarder dans ce labyrinthe de la désolation; rien d'ailleurs ne l'y invite; des laves, des granites, des basaltes jetés en désordre forment d'énormes falaises suspendues sur les flots mugissans. Quelquefois une magnifique cascade interrompt le silence du désert, des phoques de toutes les formes se jouent dans les baies ou reposent leurs lourdes masses sur les grèves; des pingoins, des nigauds et autres oiseaux de l'océan Antarctique, y poursuivent leur proie; le navigateur y trouve des plantes antiscorbutiques, du céleri et du cresson.

« Telle est la côte méridionale et occidentale de l'archipel appelé *Terre de Feu*, auquel le capitaine King a voulu récemment imposer le nom de *King-Charles-Southland*. Le capitaine Cook y a découvert le port de *Christmass*, port d'une grande utilité pour les navigateurs qui doublent le cap Horn. La *Terre des États*, découverte par *Lemaire*, est une île détachée qui doit être considérée comme faisant partie de l'archipel de la Terre de Feu, à l'est de laquelle elle est située. Les Anglais y ont fondé, en 1818, le petit établissement de *Opparo*, qui sert de relâche aux pêcheurs de baleines. On devrait nommer toutes ces îles *Archipel Magellanique*.

« Les côtes septentrionale et orientale sont beaucoup moins disgraciées de la nature; les montagnes s'y abaissent plus doucement vers l'océan Atlantique; une assez belle verdure y pare les vallées; on y trouve du bois, des pâturages, des lièvres, des renards et même des chevaux. Les *Pécherais*, habitans indigènes de cet archipel, et dont le véritable nom paraît être *Yacanacus*, sont de taille moyenne, avec de larges faces, des joues proéminentes et le nez plat. Ils sont si sales qu'on ne distingue pas la couleur de leur peau. Leurs vêtemens consistent en peaux de veau marin. Leurs misérables cabanes, en forme de pain de sucre, sont toujours remplies d'exhalaisons suffocantes; ils vivent de poissons et de coquillages. Ceux qui habitent près de la *baie du Succès* jouissent d'un peu plus de fortune. Ils paraissent identiques avec les *Yekinahus*, qui, selon l'abbé Garcia Marti (1), s'étendent sur le continent.

Le détroit de la Conception baigne l'île de *Hanovre*; au

---

(1) *Hervas* : Catal. delle lingue, p. 16.

sud de celle-ci est *l'archipel de la Reine Adélaïde*, que traversent plusieurs canaux qui communiquent avec le détroit de Magellan.

« Les *îles Malouines*, que les géographes anglais nomment aussi *Hawkin's Maidenland*, se trouvent à 76 lieues au nord-est de la Terre des États, et à 110 lieues à l'est du détroit de Magellan. Elles se composent de 92 îles et îlots. Les deux grandes îles appelées *Falkland* et *Soledad* sont séparées par un large canal, auquel les Espagnols ont donné le nom de *détroit de San-Carlos*, mais que les Anglais nomment canal de Falkland. La République Argentine a fondé récemment une colonie dans ces îles; et les Brésiliens ont placé un poste dans les deux îlots appelés *la Trinité* et *Saint-Paul*, et dont le premier a reçu aussi le nom d'île Ascension.

« Dom *Pernetti* et *Bougainville* pensent que ces îles n'ont été découvertes que de 1700 à 1708, par plusieurs vaisseaux de Saint-Malo (1). Mais *Frézier*, dans la Relation de son voyage à la mer du Sud, et *Fleurieu*, dans un Voyage où il a combattu avec un si grand succès tant d'autres prétentions anglaises, leur abandonnent celle-ci (2).

« Les montagnes ont peu d'élévation. Le sol, sur les hauteurs voisines de la mer, était un terreau noir formé des détritus des végétaux; en beaucoup d'endroits on trouve une bonne tourbe. En fouillant un peu la terre, on a rencontré du quarz, des pyrites cuivreuses, de l'ocre jaune et rouge. Dom Pernetti décrit une espèce d'amphithéâtre naturel, formé d'assises régulières d'une sorte de porphyre. Point d'arbres; les Espagnols ont essayé d'en planter; ils ont poussé leurs soins jusqu'à apporter de la terre de Buenos-Ayres; aucun n'a réussi; les jeunes arbres périssaient dans la première année. Partout s'élèvent des glaïeuls

---

(1) Voyage aux îles Malouines, t. I; Discours préliminaire, p. 9-14.
(2) Voyage de *Marchand*, t. III, p. 281.

qui, dans le lointain, offrent l'image illusoire de bosquets verdoyans. Chaque plante du glaïeul forme une motte élevée de 2 pieds et demi environ, d'où s'élève une touffe de feuilles vertes à une hauteur à peu près égale (1). L'herbe abonde dans ces îles, et y vient à une grande hauteur. On y a trouvé du céleri, du cresson et deux ou trois plantes d'Europe. Les autres végétaux offrent quelque ressemblance avec ceux du Canada. Mais les *epipactis*, les *azédarachs*, les *tithymalus* résineux, qui forment des mottes très-élevées, et des arbrisseaux semblables au romarin, nous rappellent la végétation du Chili. Toutes les espèces de phoques, auxquels le vulgaire applique les noms de lions, de veaux et de loups marins, viennent se reposer entre les glaïeuls qui couvrent ces îles. Les pingoins se promènent à côté de ces lourds et paisibles amphibies. Il n'y a été trouvé aucun quadrupède.

« Les Espagnols, en 1780, ont transporté aux îles Malouines 800 têtes de bétail, bœufs et vaches; ils se sont tellement multipliés, qu'en 1795 leur nombre passait 8000. On ne leur donne ni abri ni nourriture; ils passent l'hiver en plein air; ils ont appris à fouiller la neige pour découvrir le pâturage qu'elle couvre.

« Quoique l'île *Saint-Pierre*, nommée *Géorgie australe*, *Nouvelle-Géorgie*, ou *île du roi George* par les Anglais, n'appartienne à personne, nous la nommons ici à cause de son voisinage avec les îles Malouines. Elle a 38 lieues de longueur sur 20 de largeur; ses côtes offrent un grand nombre de ports et de baies, mais les glaces les encombrent pendant une grande partie de l'année. Elle a été découverte par La Roche en 1675; le capitaine Cook, en 1775, n'a fait que la visiter une seconde fois; il aurait pu se dispenser de lui imposer un nom anglais. Cette île, située à

---

(1) *Pernetti*, I, p. 7 et 65.

420 lieues à l'est du cap Horn, par 55 degrés de latitude, est un amas de rochers couverts de glaces, et composés, selon *Forster*, de schistes noirâtres, par couches horizontales. Aucun arbrisseau ne perce la neige éternelle des vallées ; on aperçoit quelques touffes d'une herbe dure, des pimprenelles et des lichens. Le seul oiseau de terre est l'alouette.

« Les terres couvertes d'une masse de glaces, que le capitaine Cook découvrit à 150 lieues au sud-est de l'île Saint-Pierre, par 59 degrés de latitude, forment un archipel. Il les a nommées *Terres-Sandwich* ou *Thule australe*, parce qu'elles étaient les terres les plus rapprochées du pôle austral que l'on connût alors. « Mais (disions-nous en 1817, « dans la première édition de ce volume) d'autres chaînes « d'îles s'étendent peut-être vers le pôle austral, et don- « nent naissance à ces variations des courans et des glaces « flottantes, qui souvent déroutent le navigateur assez hardi « pour pénétrer dans une mer si redoutable. » Cette conjecture s'est vérifiée. Un capitaine Smith, Anglais, a découvert, à 63 degrés de latitude australe, et à 60 degrés de longitude ouest de Greenwich, une côte montagneuse et stérile, environnée de glaces et de récifs, où cependant il y a quelques traces de végétation et où les phoques abondent. Cette terre, qu'il nomma *Nouveau-Shetland austral* (1), d'abord considérée comme l'extrémité d'un continent, ou du moins comme une grande île unie à la Terre Sandwich, n'est qu'un archipel qui s'étend jusqu'au 66° parallèle austral. Le capitaine russe Billingshausen, a depuis navigué au sud du Nouveau-Shetland et de la Terre Sandwich, dans une mer ouverte, quoique embarrassée de glaces. Il a trouvé, entre l'île La Roche et la Terre Sandwich, des îlots, dont l'un renferme un volcan en pleine activité. »

(1) C'est peut-être la terre vue en 1598 par *Gérard Diricks*.

La plupart de ces îles récemment découvertes et d'un intérêt très-secondaire, puisqu'elles sont inhabitées et probablement inhabitables, et envahies presque continuellement par les glaces, ne sont cependant pas sans importance pour le commerce, puisque leurs plages sont couvertes de phoques, et leurs parages peuplés de baleines qui fournissent aux Anglais et aux Américains un appât suffisant pour leur faire braver et les rigueurs d'un climat glacial, et les dangers d'une pénible navigation. C'est au sud de la Géorgie australe qu'est situé le petit archipel de *Sandwich*, dont la principale île est *Bristol*; et le petit groupe du *Marquis de Traversay*, dont les deux plus grandes, appelées par le capitaine James Brown les *îles du Prince* et *de Welley*, renferment chacune un volcan brûlant.

A l'occident de cet archipel se trouve le groupe des *Orcades australes*, qui paraissent être d'une origine volcanique: le capitaine anglais Weddell les découvrit en 1821, et les explora de nouveau en 1823. Les principales sont *Pomona* et *Coronation-Island*; les autres, telles que *Melville*, *Robertson*, *Weddell*, *Saddle*, etc., ne sont que des îlots. En s'éloignant encore vers le sud et l'ouest, on trouve le *Shetland austral*, composé de plusieurs îles, dont les plus grandes sont *Barrow*, *Levingston* et l'*île du Roi George*. Au sud de ces dernières, le capitaine Bellinghausen découvrit dans ces derniers temps la *Terre-de-la-Trinité*, qui est probablement un petit archipel, mais dont on ne connaît point encore les limites. Enfin au sud-ouest de cette terre on trouve les petites îles d'*Alexandre Ier* et de *Pierre Ier*, situées presque sous le 70e parallèle. Ce sont les terres les plus australes que l'on ait encore explorées.

LIVRE CENT QUATRE-VINGT-ONZIÈME.

Suite de la Description de l'Amérique.—Description du Brésil ou de l'Amérique portugaise.

L'empire portugais en Amérique doit, en quelque sorte, son existence à une erreur de géographie. Lorsque les Portugais eurent fait leur première descente au Brésil, la cour d'Espagne, qui regardait avec raison Vincent Pinson et Améric Vespuce comme les véritables auteurs de la découverte de ce pays, se plaignit vivement de cette invasion d'un continent sur lequel elle prétendait avoir le droit de première découverte. Le pape essaya d'abord de concilier les deux parties en traçant, d'autorité, la fameuse *ligne de démarcation* à cent *lieues* à l'ouest des îles du Cap-Vert, ligne qui ne peut atteindre la *vraie* position du Brésil, quelque échelle qu'on adopte pour l'évaluation des lieues, soit qu'on veuille y voir des lieues castillanes de 26 au degré, soit qu'on en fasse des lieues marines de 20, ou même des lieues portugaises de 17 au degré. Mais le cosmographe don Pedro Nuñez et l'hydrographe Texeira portèrent, dans leurs cartes, le Brésil trop à l'est, l'un de 22 degrés, l'autre de 12 à 13. Moyennant cette erreur énorme, et peut-être un peu volontaire, les Portugais faisaient entrer dans leur hémisphère une partie quelconque du Brésil. Cependant, mécontens de la décision pontificale, les Portugais profitèrent d'un moment favorable pour arracher à l'Espagne des concessions plus étendues. Le traité de Tordesillas, signé le 7 juin 1594, traça la ligne de démarcation définitive à 370 lieues à l'ouest de l'île la plus occidentale du Cap-Vert, mais également sans fixer la valeur de la lieue, car les diplomates ont de tout temps été fort habiles à tout embrouiller en géographie. Si l'on entend des lieues castillanes, la ligne n'atteint pas le vrai méridien de Bahia; si l'on veut parler des lieues marines, elle arrive jusqu'à celui de Rio-Janeiro, si enfin, et c'est la supposition la plus favorable, on adopte les lieues portugaises, la ligne correspond à peu près au méridien de Saint-Paul, mais n'atteint pas seulement d'un degré près celui de Para ou l'embouchure de l'Amazone (1).

« Ainsi les Espagnols accusaient avec raison les Portugais d'avoir, en temps de pleine paix, envahi l'immense territoire de l'Amazone et une grande partie du Paraguay, au mépris des traités solennels. Enfin ces acquisitions illégitimes furent confirmées au Portugal par le traité de 1778; l'Espagne exigea la fixation d'une limite positive, et que désormais elle ne laisserait plus impunément violer. Les Portugais n'ont pas respecté cette limite; ils se sont établis sur le territoire neutre du côté de Mérim; ils ont envahi sept villages des Guaranis, renfermant 12,200 habitans, entre les rivières Uruguay et Iguacu; ils ont passé à travers le territoire des Payaguas, et bâti les forts de Nouvelle-Coimbre et d'Albuquerque sur le territoire des Chiquitos : voilà seulement quelques unes des plaintes que les autorités locales adressaient au vice-roi de Buenos-Ayres, et que celui-ci transmettait à la cour de Madrid il y a une quarantaine d'années (2). Depuis, les troubles de l'Amérique espagnole leur ont fourni une occasion favorable de s'étendre.

« La comparaison des cartes géographiques anciennes et modernes rend sensible cette constante invasion des Por-

(1) *Memoria sobre la linea divisoria*, etc., MS. accompagné d'une carte, et dressé pour le gouvernement d'Espagne, par le ministre M. de Lastarria. — (2) Les MS. précités (liv. CIX ci-dessus) et la carte MS. du Paraguay y annexée.

tugais. Sur les anciennes cartes, le nom de *Brésil* n'a été donné qu'aux côtes maritimes, depuis Para jusqu'à la grande rivière de San-Pedro. Les contrées situées sur les rivières des Amazones, de Madeira, de Xingu, portaient le nom de *pays des Amazones*; elles sont à présent, pour la plus grande partie, comprises dans le gouvernement de Para. La dénomination de *Paraguay*, dans les cartes même de la fin du dernier siècle, s'étend sur la plus grande partie du gouvernement de Mato-Grosso, sur la partie occidentale de celui de Saint-Paul : l'usage moderne et une ordonnance du souverain ont enfin consacré le nom d'*empire du Brésil* pour toutes les possessions portugaises en Amérique. Cette vaste contrée renferme probablement, à peu de chose près, les deux cinquièmes de la surface de l'Amérique méridionale, ou plus de dix fois l'étendue de la France. Mais la population, qui n'est un peu concentrée que sur les côtes et dans les districts des mines, s'élève tout au plus à cinq millions, dont un quart à peine est du sang européen.

« Pour tracer un tableau général du sol du Brésil, de la direction et de la structure des montagnes, les données existantes ne sont ni assez étendues ni assez authentiques. Le principal noyau des montagnes paraît devoir se trouver au nord de Rio-Janeiro, vers les sources de la rivière de San-Francisco. En partant de ce point, une chaîne s'étend parallèlement à la côte du nord, sous les noms de *Cerro-das-Esmeraldas*, *Cerro-do-Frio* et autres; une seconde chaîne, ou plutôt la même, suit une direction semblable au sud, et prend entre autres noms celui de *Parapanema*; elle ne se termine qu'à l'embouchure du fleuve Parana ou de la Plata. Très-escarpée et très-pittoresque du côté de l'Océan, elle ne paraît nulle part atteindre à une élévation de plus de 1000 toises. Elle se perd vers l'intérieur, dans un grand plateau que les Portugais nomment *Campos Geraes*. Cette partie maritime du Brésil est toute grani-

AMÉRIQUE : *Description du Brésil.* 651

tique, car c'est elle que Mawe a observée. Le sol du Brésil, nous dit ce voyageur (1), est généralement formé d'argile, souvent recouverte d'excellent terreau. Il repose sur une base de granite composé d'amphibole, de feldspath, de quarz et de mica. Telle est notamment la nature des environs de Rio-Janeiro et des côtes maritimes. Autour de Saint-Paul, les couches se présentent dans l'ordre suivant : à la surface s'étend une terre rouge végétale, imprégnée d'oxide de fer; elle repose sur du sable et des matières de transport, avec une grande quantité de cailloux arrondis. Vient ensuite une couche d'argile extrêmement fine de diverses couleurs, mais communément d'un rouge foncé; des veines de sable la traversent dans différentes directions. Un lit de matières d'alluvion très-ferrugineuses repose ensuite sur une substance à demi décomposée, provenant d'un granite, dans lequel le feldspath prédominait sur le quarz et le mica. Enfin le granite solide sert de base au tout. Sur la route de Rio-Janeiro à Villa-Rica la terre est partout une bonne et forte argile; tous les rochers sont d'un granite où l'amphibole prédomine. A d'autres endroits, le granite en état de décomposition renferme de gros nœuds de *grunstein* qui ressemblent assez à du basalte. Plus loin, dans la province de *Minas-Geraes*, on rencontre des montagnes soit de quarz ferrugineux, soit de granite blanchâtre propre à faire des meules de moulin, soit enfin de schiste argileux. Dans les éboulemens de ce schiste on reconnaît des veines de talc tendre et du *cascalhão* ou gangue d'or. Mais un riche minerai de fer couvre quelquefois une grande étendue de terrain.

« La côte septentrionale, entre Maranhao et Olinda, renferme encore une chaîne particulière, appelée la chaîne

(1) *Mawe*, Travels in Bresil, p. 149, p. 122, p. 89, p. 96. (M. *Eyriès* en a donné une bonne traduction.)

d'*Itiapaba*; c'est une des plus considérables du Brésil; elle paraît granitique : on nous a montré des cristaux de quarz achetés à Olinda, et tirés de ces montagnes. Les bords de l'Amazone ne présentent de tous côtés qu'une immense plaine, où l'on trouve des fragmens de granite.

« La chaîne de *Marcella* lie les Cordillères maritimes à celles de l'intérieur. Le noyau de ces dernières semble occuper la région où le Parana, le Tocantin et l'Uruguay prennent leur origine. La *Serra-Marta* paraît en former la partie la plus élevée, quoiqu'une autre branche, longeant l'Uruguay, ait pris le nom de *Grande-Cordillère*, nom pompeux que la présence des végétaux de la zone chaude nous autorise à réduire à sa juste valeur.

« Dans le centre même de l'Amérique méridionale s'étend le *plateau des Parexis*, formé d'une longue suite de collines de sable et de terre légère, qui se présentent dans le lointain comme une grosse houle de la mer agitée. Il projette à l'ouest les collines escarpées du même nom, qui, après avoir couru 200 lieues vers le nord-nord-ouest, se terminent à 15 ou 20 lieues de la rivière du Guaporé. Une autre chaîne de montagne, qui en part vers le sud, prolonge la rive orientale du Paraguay. De ce plateau aride descendent, dans diverses directions, le Madeira, le Topayos, le Xingu (Chingou), affluens de l'Amazone, et le Paraguay avec le Jaura, le Sypotuba et le Cuyaba, ses affluens supérieurs. La plupart de ces affluens sont aurifères, et la source même du Paraguay baigne un gîte de diamans. On peut en inférer que le plateau central est formé de granite, ou plutôt de sidérocriste. Un lac situé sur le Xacurutina, qui chaque année produit une grande quantité de sel, est un sujet continuel de guerre parmi les naturels du pays. Près de *Salina de Almeida*, sur le Jaura, sont des puits salans qui,

(1) Mawe, Travels in Bresils, p. 149, p. 155, p. 160.

depuis l'établissement de la colonie, ont constamment fourni du sel à Mato-Grosso. Ils s'étendent l'espace de trois lieues vers le sud dans l'intérieur des terres (1).

La chaîne de montagnes qui, depuis la source du Paraguay, longe sa rive orientale, se termine à 7 lieues au-dessous de l'embouchure du Jaura, par le *Morro-Excavado* (2). A l'est de ce point, tout est marécage jusqu'au *Rio-Novo*, torrent profond, mais embarrassé de plantes aquatiques, qui se jette dans le Paraguay à 9 lieues plus bas. Par 17° 25' de latitude, les rives occidentales du fleuve deviennent montueuses à la tête de *Serra da Insua*. Au-dessus de l'embouchure du *Porrudo*, ces montagnes prennent le nom de *Serra das Pedras de Amolar*, d'après le schiste novaculaire qui en constitue la masse. Cette petite chaîne est terminée par celle des *Dourados*, au-dessous de laquelle un canal conduit au lac de *Mendiuri*, long de six lieues, et le plus grand de ceux qui bordent le Paraguay. Plus bas, ce fleuve baigne les *Serras d'Albuquerque*, qui forment un carré de 10 lieues, et contiennent beaucoup de pierres calcaires. Après l'espace de 6 lieues commence la *Serra do Rabicho*, et le fleuve reprend sa direction méridionale jusqu'à l'embouchure du Taquari, belle rivière fréquentée tous les ans par des flottilles qui viennent de Saint-Paul pour aller à Cuyaba. A l'endroit où le *Mbotetey*, maintenant appelé *Mondego*, s'écoule dans le Paraguay, deux hautes collines isolées se font face sur les deux rives de ce dernier fleuve. Le poste de *Nouvelle-Coïmbre* occupe l'extrémité méridionale d'une hauteur qui borde le fleuve à l'ouest. A 11 lieues dans le sud de Coïmbre est, du côté de l'ouest, l'embouchure de *Bahia-Negro*, grande nappe d'eau ayant 5 lieues du nord au sud, et 6 lieues d'éten-

(1) *Mawe*, Travels, p. 296, 298. — (2) *Idem*, p. 301.

due; elle reçoit toutes les eaux des vastes terrains submergés au sud et à l'ouest des montagnes d'Albuquerque. A cette baie se terminent les possessions portugaises actuelles sur les deux bords du fleuve. Depuis l'embouchure du Jaura jusque par 21° 22', où de hautes montagnes s'étendent à l'ouest, et plus encore à l'est, tout le pays est régulièrement inondé tous les ans, de manière que dans un espace de 100 lieues en long sur 40 de large, les flots débordés du fleuve ne présentent plus qu'un immense lac que les géographes désignent sous le nom de *Lac de Xarayes*. Pendant cette inondation, les montagnes et les terrains élevés paraissent à l'œil ravi comme autant d'îles enchantées que divise un labyrinthe de canaux, de baies, d'anses et de bassins, dont plusieurs subsistent même lorsque les eaux ont baissé : c'est à cette époque sans doute que les vents d'ouest deviennent malsains au Brésil.

« Les côtes septentrionales du Brésil, depuis Maranhao jusqu'à Olinda, sont bordées d'un récif sur lequel les vagues de l'Océan se brisent, et qui, en plusieurs endroits, ressemble à une chaussée ou à une digue. Il consiste sans doute en roc de corail. Les habitans d'Olinda et de Paraïba s'en servent pour construire leurs maisons [1].

« Toutes les côtes voisines de l'embouchure de l'Amazone et du Tocantin sont des terrains bas, marécageux ou vaseux, formés par les alluvions réunies de la mer et des fleuves. Aucun récif n'arrête ici la violence des flots et des marées; des bancs de sables, des îles basses et même à moitié noyées, resserrent cependant les embouchures. Le concours de tant de grands fleuves qui s'écoulent en sens contraire de la marche générale des courans et des marées (de l'est à l'ouest), produit ici une espèce de marée extraordinaire, et qui a peu de pareilles au monde; c'est le *pororoca*, dont nous avons déjà essayé de tracer l'image.

---

[1] *Piso* : Medicina Bras., t. I, p. 3, édit. Lact.

AMÉRIQUE : *Description du Brésil.* 655

« Il est remarquable que la côte, depuis Para jusqu'à Fernambouc, n'offre aucune rivière de long cours ; et cependant le *Maranhao*, le *Rio-Grande* et le *Parniba* ont de larges embouchures dans un terrain meuble : dans la saison pluvieuse, ce sont des torrens qui inondent toute la contrée ; dans la saison sèche ils ont à peine un filet d'eau, comme si le sol des montagnes intérieures les absorbait (1) ; souvent même leurs lits, absolument desséchés, servent de chemins aux Indiens (2).

« Depuis le cap Frio jusqu'au 30° parallèle de latitude sud, la côte très-élevée ne verse dans l'Océan aucune rivière tant soit peu considérable. Toutes les eaux se dirigent vers l'intérieur, et s'écoulent vers la Parana ou vers l'Uruguay, qui tous les deux ont leurs sources dans ces montagnes. Le *Rio-Grande de San-Pedro*, c'est-à-dire la grande rivière de Saint-Pierre, n'est pas d'un long cours, mais elle a une très-large embouchure sur une côte basse et bordée de dunes.

« La vaste étendue du Brésil indique assez que le climat et l'ordre des saisons n'y peuvent pas être partout les mêmes. L'humidité continuelle qui règne sur les bords marécageux de l'Amazone y rend les chaleurs moins intenses. Les tempêtes sont aussi dangereuses sur ce fleuve qu'en pleine mer. En remontant la Madeira, le Xingu, le Tocantin, le San-Francisco, on trouve des plaines élevées ou des montagnes ; le climat y offre plus de fraîcheur. La température des environs de Saint-Paul permet aux fruits de l'Europe d'y venir ; les cerises surtout y abondent. Ce point paraît offrir le meilleur climat de tout le pays (3). *Pison* dit que le vent d'ouest est malsain dans les parties intérieures du Brésil, parce qu'il passe par-dessus de vastes forêts ma-

(1) *Pison :* Medicina Bras., l. I, p. 4.
(2) *Marcgrav :* Hist. nat., Brasil. l. I, ch. 1, p. 262.
(3) Notes communiquées par M. *Correa de Serra*.

récageuses (1). La côte maritime, depuis Para jusqu'à Olinda, paraît jouir d'un climat analogue à celui de la Guyane, mais un peu moins humide. La saison pluvieuse, à Olinda de Fernambouc, commence en mars, quelquefois en février, et se termine en août. Les observations de Marcgrav prouvent que les vents de sud-est dominent non seulement pendant toute la saison pluvieuse, mais même un peu avant et un peu après (2). Le vent du nord règne avec quelques interruptions pendant la saison sèche; alors les collines n'offrent qu'un sol brûlé, où toute la végétation est mourante, ou du moins languissante. Les nuits, dans cette saison, sont très-froides. Tout le reste de l'année la chaleur extrême du climat y est tempérée par des vents de mer rafraîchissans, et la nature y est dans une activité continuelle. La brise d'est s'élève tous les matins avec le soleil, et continue une partie de la nuit; mais un peu avant le matin les effets de la rosée sont aussi incommodes que dans les Antilles et la Guyane.

« Les observations de *Dorta*, académicien de Lisbonne (3), à Rio-Janeiro, depuis le commencement de 1781 jusqu'à la fin de la même année, et pendant tout 1782, donnent, pour chaleur moyenne des huit mois de 1781, 71. 65. de Fahrenheit, et pour la moyenne de 1782, 73. 89. La quantité de la pluie fut, dans cette dernière année, de 47 pouces 1 ligne $\frac{44}{100}$. Le mois d'octobre fut le plus pluvieux, celui de juillet le plus sec. L'évaporation fut de 35 pouces 5 lignes $\frac{1}{5}$. Le mois de la plus grande évaporation fut celui de février, celui de la moindre le mois d'octobre. Il y eut dans cette année-là 112 jours sereins, 133 avec des nuages, 120 pluvieux; le tonnerre se fit entendre durant 77 jours, et il y eut des brouillards durant 43. Ces observations coïnci-

---

(1) *Piso* : Med. Bras., l. I, p. 1. — (2) *Marcgrav* : Hist. nat. Bras., l. VII, cap. 11. — (3) *Memorias*, t. I, p. 345.

lent avec celles de dom Pernetti sur l'île Sainte-Catherine, où il eut beaucoup à se plaindre des brumes. « De ces bois, » dit-il, où le soleil ne pénètre jamais, s'élèvent des va- » peurs grossières qui forment des brumes éternelles sur » le haut des montagnes dont l'île est environnée. Cet air » malsain n'est qu'à peine corrigé par la quantité de plantes » aromatiques dont l'odeur suave se fait sentir à 3 ou 4 » lieues en mer lorsque le vent y porte. » Nos voyageurs modernes, et entre autres M. Krusenstern, se louent de la température agréable et salubre de cette même île. Il faut donc admettre que les défrichemens de l'intérieur ont amélioré le climat.

« Les maladies dominantes au Brésil du temps de Pison paraissent avoir été les mêmes que celles de la Guyane d'aujourd'hui; mais la lèpre et l'éléphantiasis y étaient alors inconnues.

« Le tableau des productions du Brésil commence nécessairement par le diamant. L'enveloppe ou le *cascalhão* de ces pierres précieuses est une terre ferrugineuse, mêlée de cailloux agglutinés. On les trouve généralement à jour dans le lit des rivières et le long de leur bord. Les roches qui accompagnent les diamans et qui en indiquent la présence, sont le plus souvent des minerais de fer éclatans et en forme de pois, des schistes d'une texture fine approchant de la pierre lydienne, des diorites granitoïdes compactes ou schisteuses, du fer oxidulé noir en grande quantité, des fragmens roulés de quarz bleu, du cristal jaune et d'autres matières entièrement différentes de tout ce que l'on connaît des parties constitutives des montagnes adjacentes. Les diamans ne sont pas même exclusivement propres aux lits des rivières ou aux ravins profonds; on en a trouvé dans des excavations et dans des courans d'eau sur les sommités des plus hautes montagnes (1).

(1) *Mawe*, Travels, p. 227.

« On a prétendu que les diamans du Brésil avaient moins de dureté que ceux des Indes orientales; on a cru encore que le diamant d'Orient affectait plus particulièrement la forme de l'octaèdre, et celui du Brésil la forme du dodécaèdre. Le célèbre Haüy ne regarde pas ces différences comme prouvées (2). C'est cependant l'opinion générale des lapidaires, que les diamans du Brésil ont l'eau moins belle.

« Le *Cerro do Frio* est un assemblage de montagnes âpres, courant au nord et au sud, qui passent pour les plus hautes du Brésil. Le territoire des diamans, proprement dit, s'étend environ 16 lieues du sud au nord, et 8 de l'est à l'ouest. Il fut premièrement exploré par quelques mineurs entreprenans de Villa-do-Principe, qui, uniquement occupés de l'or, dédaignèrent long-temps les diamans, comme des cristaux sans valeur. Enfin on en présenta un choix au gouverneur de Villa-do-Principe, qui, ne les connaissant pas davantage, s'en servit comme jetons au jeu. Apportés par hasard à Lisbonne, on en remit à l'ambassadeur de Hollande, afin qu'il les fît examiner dans son pays, qui était alors le principal marché de pierres précieuses. Les lapidaires d'Amsterdam les reconnurent pour de beaux diamans. L'ambassadeur, en informant le gouvernement portugais de la découverte, conclut en même temps un traité pour le commerce de ces pierres; et Cerro-do-Frio devint un district à part. L'énorme quantité de diamans exportés dans les vingt premières années, et qu'on dit avoir excédé 1000 onces, en diminua promptement le prix en Europe, et on les envoya par la suite dans l'Inde, où ils avaient plus de valeur, et qui auparavant les avait fournis exclusivement. Du reste, le Cerro-do-Frio se présente sous un aspect particulier. Déjà, autour de Villa-do-Principe, la

---

(1) *Haüy* : Minéralogie, III, p. 296.

contrée est découverte et débarrassée de ces forêts impénétrables qui occupent généralement les autres parties de la province. En avançant vers Tejuco, l'herbe même disparaît quelquefois, et l'on ne voit presque plus que du gros sable et des cailloux de quarz arrondi. Partout la monotone aridité d'un plateau granitique semble dire au voyageur attristé : « Vous êtes dans le district des diamans ! »

« Les mines de Cerro-do-Frio produisent au gouvernement, année commune, de 20 à 25,000 carats. De 1801 à 1806, les frais d'exploitation se montaient à 204,000 livres sterling, non compris 17,300 livres sterling provenant de l'or trouvé dans la même période. Les diamans envoyés au trésor de Rio-Janeiro pèsent 115,675 carats, en sorte qu'ils coûtent au gouvernement 33 shellings 8 deniers (environ 42 fr.) par carat. C'étaient des années extraordinairement productives; mais on peut compter qu'il y en a toujours autant de détournés par fraude, malgré toutes les rigueurs de la surveillance et la sévère punition qui attend les contrebandiers. Aussi la difficulté de l'exportation les retient dans le district, où ils circulent comme du numéraire [1].

« Il y a d'ailleurs des mines de diamans, ou pour mieux dire des lavages, dans la rivière Tibigi, qui arrose la plaine de Corritiva, dans les plaines de Cuyaba, et même dans beaucoup d'autres endroits dont le gouvernement n'a pas connaissance [2].

« Le volume des diamans varie infiniment : il y en a de si petits, qu'il en faut 4 ou 5 pour faire le poids d'un grain, par conséquent 16 ou 20 pour un carat. Rarement on en trouve dans le courant d'une année plus de 2 ou 3 de 17 à 20 carats, et il peut se passer 2 ans sans qu'on en rencontre

---

[1] *Mawe*, p. 249, p. 255, p. 258.
[2] Actes de la Société d'histoire naturelle de Paris, t. 1, p. 78 et suiv. *Mawe*, p. 57.

42.

un de 30 carats. Lorsqu'un des journaliers nègres employés au lavage trouve un diamant d'un *octavo* ou de 17 carats et demi, il est couronné de fleurs et conduit en procession chez l'administrateur, qui l'habille à neuf et lui achète sa liberté.

« Les topazes du Brésil paraissent être de plusieurs variétés; peut-être a-t-on confondu sous ce nom des pierres de diverses espèces, entre autres la cymophane. La couleur ordinaire est le jaune. Dans les ruisseaux de *Minas-Novas*, au nord-est de Tejuco, on trouve des topazes blanches, bleues, et des aigues-marines. Parmi les topazes bleues on rencontre quelquefois une variété particulière, ayant l'un de ses côtés bleu, l'autre clair et limpide. Les topazes de Capor n'ont jamais qu'une seule pyramide, même lorsqu'on les trouve implantées dans des cristaux de quarz, qui paraissent également fracturés et changés de place.

« La plupart des pierres que l'on débite sous le nom de *rubis du Brésil* ne sont autre chose que des topazes du même pays, que l'on a exposées au feu pour remplacer, par une teinte plus agréable, le jaune roussâtre, qui était leur couleur naturelle. »

Le *chrysobéril*, ou la *cymophane*, qui prend sous la main des lapidaires l'éclat le plus brillant, et qui se vend tantôt sous le nom de *chrysolithe* et souvent sous celui de *topaze orientale*, n'a quelque prix en Europe que lorsque ses reflets sont vifs et chatoyans.

« Tout le plateau central, depuis les environs de Saint-Paul et de Villarica, jusqu'aux bords de la rivière d'Ytènes, paraît renfermer des mines d'or; mais la plupart de ces mines sont encore intactes, et tout l'or que le Brésil a envoyé en Europe est provenu des lavages qu'on a établis le long des rivières qui sortent de ces montagnes.

« Environ à 5 lieues au sud-ouest de Saint-Paul, sont

les anciens lavages de Jaragua, fameux il y a deux siècles, et qu'on vantait alors comme le Pérou du Brésil. Le sol est rouge, ferrugineux, profond; il repose sur du granite, inclinant vers le gneiss, mêlé d'amphibole et de mica. L'or se trouve, la plupart du temps, immédiatement au-dessus du roc, dans un lit de cailloux et de gravier, appelé *cascalhão*. Les trous dont on l'a tiré pour le lavage, ont 5o à 100 pieds de large, et 18 à 20 de profondeur; souvent le métal touche déjà aux racines de l'herbe. L'or varie beaucoup par le volume de ses grains : quelquefois ses parcelles sont si minces, qu'elles nagent dans l'eau agitée. Le produit des mines d'or s'élève, d'après un rapport digne de foi, à la valeur de 5 millions et demi de piastres (1). M. de Humboldt l'évalue à un cinquième de moins. »

La principale exploitation de l'or en filons est celle de *Gongo-Soco*, à 10 journées de route en poste de Rio-Janeiro. Elle a été concédée à une compagnie anglaise. Au commencement de 1829 on y découvrit une veine tellement riche qu'en 10 jours elle produisit 344 marcs. Elle fournit régulièrement dans le même temps 200 à 480 marcs. La valeur des lingots expédiés de Rio-Janeiro en Angleterre depuis le 1er janvier jusqu'au 1er juillet 1829, s'est élevée à 4,166,000 francs.

« L'or n'est pas le seul métal que possède le Brésil; le fer y abonde, mais l'exploitation en est défendue. M. Link vit à Lisbonne, dans le cabinet d'Ajuda, un morceau de mine de cuivre vierge qu'on y conserve, et qu'on a trouvé dans un vallon, à 2 lieues portugaises de *Cachoeira* et à 14 de *Bahia*. Il est d'une grandeur et d'un poids extraordinaires. Il pèse 2616 livres; il a, dans sa plus grande largeur, 2 pieds 1 pouce 6 lignes, et dans sa plus grande

---

(1) *De la Réorganisation*, etc., etc. MS. précité.

épaisseur, 10 pouces : sa surface est raboteuse, couverte çà et là de malachite et de fer oxidé.

« A l'instar de l'Afrique centrale, ce royaume de l'or et des diamans manque de sel, et la cherté de cette substance nécessaire empêche les habitans de saler les viandes d'une quantité innombrable de bœufs et d'autres animaux que l'on tue pour en avoir la peau, et qui deviennent la proie des bêtes féroces. Le sel nécessaire à la salaison coûterait trois fois autant que la viande. Ce n'est pas que la nature ne produise au Brésil beaucoup de sel marin; à *Bahia*, près *Cabofrio* et près *Cabo de Saint-Roch*, il y en a tant, qu'on pourrait en charger des vaisseaux (1); mais le commerce du sel est défendu aux particuliers, et affermé pour 48 millions de *reys*. On sent cruellement la cherté du sel dans le pays des mines, où l'on est obligé d'en donner aux animaux, qui, sans cela, refuseraient souvent de manger. Les champs produisent à la vérité de l'herbe en abondance; mais elle ne contient pas assez de parties salines pour les troupeaux (2). S'il se trouve, dans l'intérieur de ce pays, quelques endroits dont le terrain soit imprégné de sel, l'instinct y conduit des troupeaux immenses d'animaux et d'oiseaux qui viennent s'y repaître.

« Le sel n'est pas la seule substance commune ailleurs et rare au Brésil. Un auteur indigène (3) assure qu'au Brésil on n'a point de pierres calcaires, et que toute la chaux faite avec des coquillages est ordinairement d'une mauvaise qualité. Cette assertion paraît trop générale. M. Mawe a trouvé de belles pierres calcaires dans le territoire boisé de Gorosuara, auprès de Sorricaba, gouvernement de

---

(1) *Vasconcellos* : Notícias do Brasil, L. 1; n.ᵒˢ 42 et 57, cité par *Da Acunha de Azevedo Coutinho*, évêque de Fernambouc. — Essai sur le commerce du Portugal, part. I, chap. 1, § 4.

(2) *Azara* : Quadrupèdes du Paraguay, t. II, p. 257 de l'original.

(3) *Da Acunha de Coutinho*, X, 7.

Saint-Paul; il en a découvert de fort grosses au nord de Rio-Janeiro, dans l'ancien lit de la mine d'or de Santa-Rita; et aux alentours, des collines entières de la même roche, dont les parties détachées avaient formé des bancs de tuf dans toutes les vallées environnantes. On lui assura qu'il s'en trouvait auprès de Sabara, dans Minas-Geraes (1). Près de la rivière Abaïté, dans le district de *Minas-Novas*, une matière calcaire enveloppe du plomb sulfuré; et les vastes lits calcaires de Monte-Rodrigo, entre Rio-dos-Velhos et Parana, servent à la production d'une grande quantité de nitrate de potasse.

« Le règne végétal du Brésil n'est, comme le règne minéral, connu qu'en partie. On savait, par les ouvrages de Pison et de Marcgrav, que la Flore du Brésil septentrional ressemble beaucoup à celle de la Guyane; mais cette ressemblance paraît même, d'après les observations de quelques savans voyageurs, s'étendre jusqu'à la partie méridionale. On y retrouve la plupart des plantes décrites par Aublet; les *composées*, les *euphorbiacées*, les *légumineuses*, les *rubiacées*, paraissent les familles les plus nombreuses: il y a plus de *cypéracées* que de *graminées*; le nombre des *aroïdes* et des *fougères* paraît considérable. Les plantes de Rio-Janeiro sont presque toutes dépourvues d'odeur et d'arôme, mais les plantes amères y abondent (2). On y a découvert des salicornes très-riches en soude. Le même observateur nous apprend que sur 30 plantes recueillies dans le Benguela et l'Angola en Afrique, une seule s'est trouvée ne pas croître aux environs de Rio-Janeiro; fait curieux, qui, s'il est reconnu général au Brésil, peut concourir à rendre vraisemblable la transmigration de quelques peuplades africaines.

---

(1) *Mawe*, Travels, p. 92, 126, 224.
(2) Lettre de M. *Auguste de Saint-Hilaire*, MS.

« Les côtes maritimes sont couvertes de palétuviers rouges : à peu de distance commencent les nombreuses espèces de palmiers, parmi lesquelles on distingue le cocotier brésilien, plus gros et plus élevé que celui des Indes (1). On tire de ses fruits un excellent beurre ; mais cette opération ne peut se faire avec succès qu'autant que la chaleur de l'air est moindre de 20° de Réaumur : si elle monte à 23°, le beurre devient une huile très-liquide. Les *crotons* forment presque tous les taillis qui couvrent les pittoresques montagnes dont la rade de Rio-Janeiro est environnée. Le myrte brésilien brille par son écorce argentée. Le *bignonia leucoxylon*, nommé dans le pays *guirapariba*, fleurit plusieurs fois dans l'année, et sa floraison annonce ordinairement les pluies : cet arbre, tout couvert de belles fleurs jaunes, ne formant alors qu'un seul bouquet, éclate aux yeux à une très-grande distance. L'*icica-heptaphylla*, la *copayfera officinalis*, et plusieurs autres, donnent des résines précieuses. Mais les fruits des arbres indigènes, tels que les *jacas* (2), les *jaboticaba*, les *gormichama*, quoique mangés par les habitans de Rio-Janeiro, ont un goût désagréable, un peu amer et résineux. Tous ces arbres appartiennent à la famille des myrtées (3). Le couroupite, ou l'arbre à boulets de canon, de la Guyane, est connu au Brésil sous le nom de *pékia* : son fruit, gros et dur, renfermant une énorme noix, ressemble réellement, pour la forme et la grandeur, à un boulet de 36, et il est dangereux de s'exposer à en recevoir une contusion au moment où il tombe à terre. Lorsque ce même arbre en fleurs est revêtu de ses énormes calices et pétales embellies des couleurs les plus vives et les plus variées, il pré-

---

(1) *Cocos butiracea*, Linn. *Pindova* est le nom brésilien, selon *Piso*, t. II, ch. x. *Marcgrav*, liv. III, ch. xviii.

(2) *Artocarpus integrifolia*.

(3) Lettre de M. *Auguste de Saint-Hilaire*.

sente une grande pyramide fleurie de l'aspect le plus magnifique.

« Les forêts du Brésil sont embarrassées par des broussailles et des arbrisseaux, entre autres une espèce d'aloès épineux : elles sont en quelque sorte étouffées par des arbustes sarmenteux, et des lianes qui montent jusqu'au sommet des arbres les plus élevés. Quelques unes de ces lianes, comme la *passiflora-laurifolia*, étalent de superbes fleurs. »

La taille imposante des arbres, l'abondance de leur feuillage, la quantité innombrable de fleurs dont ils sont chargés, les couleurs brillantes et variées de celles-ci, les plantes grimpantes parmi lesquelles on cite les bignonies, les banistéries et les aristoloches, qui s'attachent aux troncs et aux branches des grands végétaux ligneux ; les formes singulières des plantes parasites, donnent à la végétation du Brésil un caractère particulier. C'est dans cette contrée que l'on trouve ces forêts vierges et presque impénétrables qui prospèrent sous l'influence d'une chaleur intense, de pluies journalières et de grandes inondations [1].

« Un auteur portugais [2] prétend qu'aucun pays ne renferme des bois aussi précieux pour la construction que le Brésil. « Tous nos ingénieurs-constructeurs, dit-il, con« naissent la qualité supérieure du tapinhoam, de la peroba, « du pin du Brésil, du cerisier, du cèdre, du cannellier sau« vage, de la guerranta, de la jequetiba, etc. : quelques « unes de ces espèces de bois résistent mieux à l'influence « de l'eau, d'autres à celle de l'air. L'olivier et le pin du « Brésil sont particulièrement propres à la mâture. » Quelques uns de ces beaux arbres parviennent à la hauteur

[1] *Martins* : Sur la physionomie des végétaux dans le Brésil. Edinb. New. philos. Journ. 1830.

[2] *Da Acunha de Coutinho*, Essai sur le comm. de Portugal, p. 1, c. VIII.

extraordinaire de 150 palmes; mais ils sont exposés à mille dangers : leurs racines, peu profondes, s'étendent au loin sur la surface de la terre; chaque coup de vent qui ébranle leurs fortes branches les abat, et pour comble de malheur, ceux qui tombent en entraînent bien d'autres dans leur chute.

« La Condamine (1) parle des canots dont se servaient les carmes envoyés par les Portugais, comme missionnaires, sur la rivière des Amazones. Il monta un de ces canots fait d'un seul arbre, et qui avait 90 palmes de longueur, 10 et demie de largeur et autant de hauteur. Rocca Pitta, dans son Histoire de l'Amérique portugaise, parle de ces sortes de canots construits d'un seul tronc, dont le diamètre était de 16 à 20 palmes, qui avaient de chaque côté 20 ou 24 rameurs, et qui étaient chargés de 5 à 600 tonneaux de sucre, dont chacun était de 40 arobes (2).

« Les racines de plusieurs de ces arbres, dit l'évêque de
« Fernambouc (3), entourent les troncs à la hauteur de 8 à
« 10 palmes au-dessus de la surface de la terre, où elles
« diminuent de manière à former, pour ainsi dire, autant
« de rectangles avec le tronc qu'elles sont en nombre. Il
« n'existe pas de bois plus propre à faire des courbes que
« celui de ces racines, surtout celles de la sucupira, de
« l'ipe, de la peroba ou de la sapocaja. »

« Les bois de mâture et de menuiserie sont déjà en quantité exportés pour l'Europe. La marine royale de Portugal est construite en bois brésilien. Bahia et quelques autres ports du Brésil font de la construction des bâtimens une branche de leur commerce. Non seulement le Portugal en tire presque tous ses vaisseaux marchands, mais on en

---

(1) *La Condamine :* Voyage à la rivière des Amazones, p. 91.
(2) *America portugueza*, liv. I, n°s 58 et 59.
(3) *Da Acunha de Coutinho*, part. I, ch. VIII, art. 7.

vend même aux Anglais, qui en font grand cas. Les constructions navales coûtent ici moitié moins qu'en Angleterre (1).

« Les bois de teinture du Brésil sont très-connus, celui surtout qui porte le nom du pays même, chez quelques nations européennes, et chez d'autres celui de bois de Fernambouc (2). Cet arbre est de la hauteur de nos chênes : il est chargé de branches, mais en général d'une vilaine apparence ; les fleurs, très-semblables pour la forme à celles du muguet, sont d'un très-beau rouge : la feuille ressemble à celle du buis ; l'écorce de l'arbre est d'une épaisseur considérable. Il croît dans les rochers et les terrains arides.

« Le manioc est ici, comme dans toute l'Amérique, la principale ressource pour la nourriture de l'homme. Les ignames, le riz, le maïs, et, depuis 1770, le froment, sont cultivés avec soin. La pistache de terre ou la *glycine souterraine* (3) paraît indigène : on en tire surtout une huile excellente. Les melons, les citrouilles, les bananes abondent dans toutes les parties basses. Les citronniers, les pampelmouses, les orangers, les goyaviers, sont communs sur la côte. Les figuiers de Surinam (4) viennent surtout parmi les ronces dans les champs abandonnés. L'arbre mangaba, appelé aussi *mamaï*, ne croît que dans les environs de Bahia : on tire de ses fruits une espèce de vin. Les pommes de pin abondent surtout sur les côtes de la province de Saint-Vincent et dans l'intérieur, vers les frontières du Paraguay. L'ibipitanga (5) donne un fruit qui ressemble aux cerises. La province de Rio-Grande produit

---

(1) Notes de M. *Correa de Serra*. — (2) *Cæsalpinia echinata*.
(3) Son nom brésilien est *mundubi*. Maregrav : Hist. nat., t. I, c. XVII.
(4) *Cecropia peltata*.
(5) C'est une *plinia*, selon Jussieu et Correa de Serra ; dans l'Encyclopédie méthodique, on la regarde comme une *eugenia*.

tous les fruits européens d'une bonne qualité, et en abondance. On nous assure que les légumes de l'Europe ont dégénéré aux environs de Rio-Janeiro, à l'exception des haricots, qui y ont produit un grand nombre de variétés.

« La culture du sucre, du café, du coton et de l'indigo a pris des accroissemens considérables. Le fameux tabac du Brésil n'est cultivé que dans le district de Cachoeira, à 15 lieues de Bahia ; mais ce district est très-vaste : cette culture est très-lucrative, bien qu'elle ne soit pas comparable à celle du coton (1). Le cacaoyer forme des forêts immenses dans la province de Para, le long de la Madeira, du Xingu et du Tocantin. Dans ces mêmes forêts, le vanillier, au moyen de ses vrilles, s'attache, comme le lierre, au tronc des arbres.

« Le Brésil nourrit plusieurs espèces de poivre, entre autres le *capsicum frutescens*, L., le cannellier sauvage et la cassie brésilienne. Le *caopia* des Brésiliens est l'*hypericum guyanense*, qui donne, par incision, une résine semblable à la gomme-gutte. Parmi les plantes médicinales, on distingue le caaccica ou herbe à serpent (2); l'arapabaca (3), le salutaire *ipécacuanha*, le jalap, le gaïac et l'espèce d'*amyris* qui produit la gomme élémi. Le conami sert aux pêcheurs à engourdir les poissons.

« La plupart des animaux du Pérou, de la Guyane et du Paraguay se retrouvent aussi au Brésil ; tels sont les jaguars, les couguars, les tapirs, les pecaris et les coatis. Mais ce pays offre aussi des particularités. Les bœufs et les chevaux ne prospèrent pas dans la plus grande partie du Brésil, ils restent généralement faibles. La peau des bœufs sauvages est employée à faire des bateaux (4). Les animaux particuliers au Brésil appartiennent, pour la plupart, au

---

(1) Notes de M. *Correa*. Voyage de M. *Henry Koster*. Londres, 1816.
(2) *Euphorbia capitata*, L. — (3) *Spigelia anthelmia*.
(4) *Langstedt* : Voyage au Brésil et aux Indes orientales, p. 64, en all.

genre des singes et à des genres qui en sont rapprochés. Tel est le marikina, qui est un *tamarin*, que M. d'Azara, d'après l'observation de M. Walckenaer, semble avoir confondu avec son miriquoina ou *simia pithecia*, qui est une espèce très-différente. Le titi ou ouistiti (*simia jacchus* de Linné), est particulier au Brésil. On en a distingué huit espèces; et M. d'Azara ne l'a jamais rencontré au Paraguay (1). Les autres singes sont le sajou (*cebus apella*), et le pinche (*midas œdipus*), espèce de tamarin plus petit encore que le ouistiti. L'Européen est dégoûté à la vue des chauves-souris qui sont très-grandes et très-nombreuses; on distingue le vampire et la chauve-souris musaraigne (*vespertilio soricinus*). Deux espèces de paresseux se traînent sur les arbres du Brésil, l'aï et l'unau (2).

« On trouve aussi au Brésil des fourmiliers et des tatous, comme dans les autres parties de l'Amérique. Le *tatou peba* ou le *bâton noir*, et le *tatouay*, sont très-communs au Brésil. La marmose, *didelphis murina*, les *cavia paca* et *aperea* ou *cabiaï*, appelés vulgairement cochons d'Inde, sont particuliers au Brésil et à la Guyane, ainsi que le *sciurus œstuans*, qui porte le nom distinctif de *guerlinguet* ou d'écureuil du Brésil. Le *tapeti*, ou le lièvre brésilien, n'a point de queue.

« Les oiseaux du Brésil sont peut-être ceux qui se distinguent le plus par l'éclat des couleurs dont la nature a revêtu leur plumage. *Pernetti* assure cependant que la couleur rouge de quelques perroquets est due à des opérations artificielles. Le toucan (*anser americanus*) est poursuivi à cause de ses belles plumes, qui sont en partie couleur de citron, en partie rouge incarnat, et en partie noires par bandes transversales d'une aile à l'autre. Un des plus jolis oiseaux du Brésil est celui qu'on nomme, dans le pays,

(1) *Azara*, Quadrupèdes du Paraguay, t. II, p. 200 de l'original.
(2) *Achens aï Bradipus didactilus*.

guranthé engera. C'est, comme le nom brésilien l'indique, une fleur ailée. Toutes les variétés de colibris fourmillent ici ; les bois sont peuplés de plus de dix espèces d'abeilles, les unes logées dans la terre, les autres dans les arbres, la plupart ennemies de la vie sociale, mais dont plusieurs composent du miel aromatique (1). »

Le Brésil est divisé en 18 provinces et en 24 *comarcas*. Dans chacune de ces subdivisions il y a un *ouvidor* ou juge en seconde instance, dont on appelle aux cours souveraines.

« Il y a un archevêque primat du Brésil à Bahia, et six évêques, dont les résidences sont : Belem dans le Para ; Maranhao, Olinda dans le Pernambuco ; Rio-Janeiro dans la province de San-Paulo, et Mariana dans Minas-Geraes. Il y a, outre cela, deux diocèses sans chapitres, que l'on nomme *Prelacias*, administrés par les évêques *in partibus*, qui sont Goyazes et Cuyaba. Les curés ne sont pas en nombre suffisant, mais une foule de succursales sont entretenues par les particuliers.

« Pour ce qui regarde la justice, il y a deux cours souveraines (*Relaçoès*), l'une à Bahia, l'autre à Rio-Janeiro. Para, Maranhao, Pernambuco, Goyazes, Bahia, sont du ressort de la première : Rio-Janeiro, Minas-Geraes, Mato-Grosso, San-Paulo, du ressort de la seconde. Les gouverneurs de Bahia et de Rio-Janeiro en sont présidens nés.

« Nous commençons notre topographie par la province de *Rio-Janeiro*, qui renferme la capitale du même nom. La forteresse, bâtie sur une langue de terre, s'appelle *Saint-Sébastien*, nom que plusieurs auteurs rendent commun à toute la ville. Les collines et les rochers sont, à une grande distance, couverts de maisons, de couvens et d'églises (2). Le port, vaste et excellent, est défendu par le château de

---

(1) *Coelho de Seabra :* Mémoires de l'acad. de Lisbonne, t. II, p. 59.
(2) *Staunton :* Voyage de lord Macartney, t. I, p. 175, trad. franç. *Barrow :* Voyage à la Cochinchine, t. I, p. 97, trad. franç.

Santa-Cruz, bâti sur un rocher de granite. L'entrée du golfe qui forme le port est resserrée par plusieurs îles et rochers granitiques d'un aspect très-pittoresque. Quelques magasins et chantiers sont aussi établis sur des îles. Peu de sites dans le monde égalent la beauté de ce vaste bassin, dont les eaux tranquilles reflètent de toutes parts un mélange de rochers élancés, de forêts épaisses, de maisons et de temples (1). Parmi les édifices on distingue le ci-devant collége des jésuites. Il y a des manufactures de sucre, de rum et de cochenille. Les habitans sont aujourd'hui au nombre d'environ 140,000. Les vivres, quoique abondans, sont chers. La position basse de la ville, et la malpropreté des rues, où souvent on laissait s'arrêter les eaux stagnantes, y rendaient le séjour malsain dans quelques saisons, et les vaisseaux négriers y introduisaient souvent des maladies contagieuses; une meilleure police a remédié à tous ces inconvéniens. »

Cette capitale est quelquefois simplement appelée Rio. Elle se divise en deux quartiers, l'ancienne et la nouvelle ville. Celle-ci, qui a été construite depuis 1808, est bâtie à l'ouest de la première, dont elle est séparée par une place immense appelée le *Campo-de-Santa-Anna*, que décore une belle fontaine. Une autre, moins grande, mais plus belle, parce qu'elle est terminée, est celle que décore le palais impérial, le plus vaste édifice de Rio. L'eau est conduite dans la ville par un aqueduc appelé la *Carioca*, le plus magnifique du Nouveau-Monde, et qui est construit sur le modèle de celui de Lisbonne. Les plus beaux édifices sont, sans contredit, les églises. On cite celle de *Nostra-Señora-da-Candelaria* et la cathédrale. Rio possède tous les établissemens de bienfaisance et d'instruction que l'on voit dans les principales capitales de l'Europe; sa bi-

(1) *Langstedt*, Voyage, p. 80 et suiv. *Mawe*, Travels, p. 97 et suiv.

bliothèque publique, que le roi Jean VI apporta de Portugal, se compose de 70,000 volumes. Son jardin botanique, entretenu avec le plus grand soin, est un des plus importans que l'on puisse citer; on y a naturalisé un grand nombre de plantes exotiques dont la culture, répandue dans le Brésil, deviendra un jour une source de richesse pour le pays.

« La douceur des mœurs, la galanterie des femmes, la magnificence des processions, tout fait de Rio-Janeiro une ville de l'Europe méridionale; c'est le principal marché de l'empire, et très-commodément placé pour les relations commerciales avec l'Europe, l'Afrique, les Indes orientales, la Chine et les îles du grand Océan. Sous une bonne administration il pourra facilement devenir l'entrepôt général des productions de toutes les parties du globe. L'exportation consiste en coton, sucre, rum, bois de construction et de marqueterie, peaux, suif, indigo et grosses cotonnades; or, diamans, topazes, améthystes et autres pierres précieuses. »

Dans les environs de Rio de Janeiro se trouvent plusieurs lieux qui méritent d'être cités: tels sont *Boavista* et *Santa-Cruz*, maisons de plaisance de l'empereur; *Macom*, importante par ses plantations; *Cabo-Frio*, par ses pêcheries, et *Marica*, par sa belle église.

« La province de *Rio-Grande do sul* ou de *San-Pedro*, la plus méridionale de toutes, est arrosée par plusieurs rivières dont les bords se trouvent bien garnis de bois, et sur lesquelles on a récemment entrepris d'établir des lavages d'or. Près du chef-lieu on exploite du charbon de terre: on y a trouvé aussi du manganèse, qui paraît indiquer de l'étain. De nombreux troupeaux d'autruches, ou plutôt de *nandus* (1), d'une variété foncée, errent dans les plaines.

---

(1) *Rhea americana*. Lath.

Les oiseaux et les quadrupèdes abondent dans les épaisses forêts. Sous un ciel tempéré, le sol est si productif, qu'on pourrait appeler le Rio-Grande le grenier du Brésil : on en exporte pour toutes les parties de la côte, du froment emballé dans des peaux, où souvent il fermente avant d'arriver à sa destination. La culture du chanvre, essayée avec succès par ordre du gouvernement, a été abandonnée comme trop pénible. Les raisins, très-bons, y fourniront du vin, maintenant que les lois favorisent cette culture. Le gros bétail, dont la race est ici extrêmement belle, forme le principal objet des soins de l'agriculteur. Il y a d'excellens chevaux. La vente du suif, de la viande séchée et des peaux, dont on exporte environ 400,000 par an, sont une grande source de richesse pour le pays. »

Portalegre (Porto-alegre), ville grande, bien bâtie, au haut d'une colline, sur la rive gauche du Jacuy, au-dessus de l'embouchure de cette rivière dans le grand lac de *los Patos*, est peuplée de 15,000 âmes et la capitale de la province. Elle renferme cinq églises, un hôpital, une maison de bienfaisance, un arsenal, deux casernes et une prison. Le lac Patos, dont la longueur est de 60 lieues et la largeur de 20, communique avec la mer par un canal ; ses eaux sont salées et assez profondes pour que les navires de moyenne grandeur y puissent naviguer.

« *Rio-Grande* ou *San-Pedro*, à l'entrée du lac Patos, est défendue par plusieurs forts en partie construits sur des îlots. Des écueils et des bancs de sable, sujets à être déplacés par la violence des courans, rendent l'entrée du port dangereuse pour des navires qui tirent plus de 10 pieds. Cette ville a cessé d'être la capitale de la province depuis 1768.

La *province de Sainte-Catherine* (*Santa-Catharina*) doit cette dénomination à une île du même nom qui en dépend et qu'entourent d'autres petites îles baignées comme elle par l'Océan. Le sol de la province est couvert de petits lacs, et ses côtes, généralement basses, sont dominées par le mont Bahul, qui sert de signal aux navigateurs.

« Les rochers coniques de l'île *Sainte-Catherine*, qui s'élèvent rapidement du fond de la mer, forment un ensemble pittoresque avec les hautes montagnes du continent voisin, dont les cimes, couronnées de bois, se confondent dans le lointain avec l'azur des cieux. L'île même, séparée du continent par un canal étroit, offre une variété de montagnes et de plaines; quelques endroits sont marécageux. Les chaleurs du solstice y sont constamment tempérées par d'agréables brises de sud-ouest et de nord-est: les dernières règnent depuis le mois de septembre jusqu'en mars, et les autres depuis avril jusqu'en août. Les forêts, qui autrefois occupaient une grande partie de sa surface, ont été considérablement éclaircies dans les dernières années (1). Toutes les roches de la côte et de l'intérieur sont granitiques. Près du port paraît une veine de grunstein dans divers états de décomposition, et qui passe finalement en une espèce d'argile employée à la fabrication d'une bonne poterie. L'humidité naturelle du sol entretient dans l'intérieur de l'île une brillante végétation de palmiers, d'orangers, de myrtes, de rosiers, d'œillets, de jasmins, de romarins et d'une grande quantité de plantes aromatiques dont l'odeur suave se fait sentir à trois ou quatre lieues en mer lorsque le vent de terre y porte. Ce trait, contraire aux observations de M. de Saint-Hilaire sur la Flore de *Rio-Janeiro*, nous fait persister à croire que la végétation du Brésil méridional offre un caractère particulier.

« L'entrée du port de *Sainte-Catherine*, ville que l'on nomme aussi *Cidade-de-Nossa-Senhora-do-Destero*, est com-

---

(1) *Mawe*, Travels, p. 47 et suiv.

AMÉRIQUE : *Description du Brésil.* 675

mandée par deux forts, et deux autres défendent le reste de l'île. La ville, peuplée de 6000 âmes, se présente très-bien sur un fond de verdure riante et variée par des bouquets d'orangers et de citronniers chargés de fleurs et de fruits. C'est un séjour affectionné par les négocians et les officiers de vaisseaux marchands qui ont acquis assez de fortune pour vivre dans une honorable retraite. Vis-à-vis de la ville, sur le continent, de hautes montagnes couvertes d'arbres et de taillis, forment une barrière presque impénétrable. L'œil y distingue avec plaisir le petit port de *Peripi* avec d'abondantes pêcheries, et la charmante vallée de *Picada*, toute remplie de maisonnettes blanches à moitié cachées dans des bosquets d'orangers et de plantations de café. Plus à l'ouest, demeurent des sauvages appelés *Bougueres*, qui troublent quelquefois la paix des habitations les plus reculées. En continuant de prolonger la côte vers le nord-est, partout semée de maisons parmi des bosquets et des plantations, on arrive au *port Saint-François* (*San-Francisco*), situé sur une île et dans une baie du même nom, défendue par des forts (1). La construction navale forme la principale industrie des habitans. Les vaisseaux qu'on y lance sont préférés, par les Espagnols et les Portugais, à ceux des chantiers de l'Europe; le bois y a surtout l'avantage de bien tenir les clous et de ne point ronger la ferrure, comme fait notre chêne. Il en est de même du bois de Bahia. Un pays à peu près plat s'étend autour de Saint-François, à quelque distance de la côte, et les rivières qui l'entrecoupent sont navigables pour des canots jusqu'au pied de la grande chaîne de montagnes élevée de plus de 4000 pieds au-dessus du niveau de la mer, et traversée par une route frayée par suite d'un travail prodigieux. Une montée régulière de 20 lieues conduit

(1) *Mawe*, Travels, p. 58, p. 287.

à la superbe plaine de *Corritiva*, où paissent d'immenses troupeaux de bétail destinés à l'approvisionnement de Rio-Janeiro, de Saint-Paul et d'autres places : on y élève aussi une quantité de mulets. Les chevaux de Corritiva sont généralement plus beaux que ceux de l'Amérique espagnole. »

La *province de Saint-Paul* (*San-Paulo* ou *Sao-Paulo*) se présente à nous bornée au nord et à l'ouest par le Rio-Parana, au sud par le Rio-Negro, et à l'est par l'Océan. L'agriculture atteste que la civilisation y a fait de grands progrès, mais c'est un pays dans lequel il n'est pas agréable de voyager. Quoique l'or et les diamans y soient moins abondans qu'autrefois, les issues en sont gardées avec le plus grand soin ; des soldats sont postés de distance en distance pour arrêter et fouiller les voyageurs.

« L'entrée du port de *Santos*, fermée par l'île de Saint-Vincent, est quelquefois rendue difficile par les courans et les vents variables qui descendent des montagnes. Les environs, souvent submergés par de fortes pluies, et par conséquent malsains, sont très-propres à la culture du riz, qui passe pour le meilleur du Brésil. La ville, peuplée de 7000 âmes, est une place très-commerçante, et l'entrepôt de toutes les productions de la province. La route pavée, qui monte en zigzag sur la montagne, conduit à la ville de *Saint-Paul*; en quelques endroits creusée à travers le roc vif, en d'autres taillée dans les flancs de montagnes perpendiculaires, souvent cette route conduit par-dessus des pics coniques, le long d'effroyables précipices dont les bords sont munis de parapets. Quelques courans d'eau, tombant en cascades pittoresques, se fraient un passage autour des roches ; c'est là qu'on peut connaître la structure de la montagne, qui paraît être composée de granite, et en partie aussi de grès ferrugineux. Partout ailleurs le sol est couvert de bois si fourrés, que souvent les branches des arbres, en se joignant, forment des arcades au-dessus de la tête du voyageur. A moitié chemin, se trouve une halte au-dessus de la région des nuages. Après trois heures de marche, on parvient au sommet, élevé de 6000 pieds pour le moins. C'est un plateau assez étendu, et principalement composé de quarz recouvert de sable. De cette position la mer, quoiqu'éloignée de 7 lieues, semble baigner le pied même des montagnes : le port de Santos et la côte sont dérobés à la vue. Après y avoir avancé une demi-lieue, on voit déjà serpenter les rivières qui, prenant leur cours vers l'ouest, forment par leur réunion la grande rivière de Corrientes, qui va joindre la Plata. Cette circonstance rend raison de la pente plus adoucie et moins élevée du revers intérieur de la chaîne de montagnes qui borde toute la côte du Brésil (1). »

Santos est bien bâtie, et tous les édifices sont en pierres. On y remarque plusieurs églises et chapelles, deux couvens, un hôpital militaire et un hospice dit de la Miséricorde, qui est le plus ancien du Brésil. La ville date de 1545 ; elle est dans une situation basse, humide et malsaine.

« La ville de *Saint-Paul* est située sur une éminence agréable, environnée de trois côtés par des prairies basses, et baignée de petits ruisseaux très-clairs qui en forment presque une île dans la saison pluvieuse, et vont se réunir dans la jolie rivière de *Tietis* ou *Tieté*. Le climat est l'un des plus sains de toute l'Amérique méridionale. On n'y connaît pas de maladies endémiques. La température moyenne varie entre 50 et 80 degrés de Fahrenheit. Les maisons, bâties en pisé, sont hautes de deux étages et joliment peintes à fresque ; les rues, extrêmement propres, sont pavées de schiste lamellaire lié avec un ciment d'oxide de fer, et

(1) Mawe, p. 64.

renfermant de gros cailloux de quarz arrondi : ce sont des pierres d'alluvion contenant de l'or, dont on trouve de petites parcelles dans les trous et crevasses, où les habitans pauvres les cherchent avec soin après les fortes pluies. La population s'élève au-delà de 18,000 âmes. Ce n'est qu'après l'épuisement de leurs lavages d'or, autrefois fameux, que les habitans ont dérogé jusqu'à s'occuper de travaux utiles et champêtres : ils y sont encore très-arriérés; cependant les jardins de Saint-Paul sont arrangés avec beaucoup de goût, et souvent avec une élégance toute particulière. Il y a beaucoup de luxe et de mollesse à Saint-Paul; la civilisation y est plus avancée, plus répandue et plus générale que dans les autres villes : ainsi il y a une université, un séminaire, une bibliothèque publique et un petit théâtre. Les dames de Saint-Paul sont renommées dans tout le Brésil à cause de leur beauté, de leur amabilité et de la noblesse de leurs manières. Il y a beaucoup de boutiquiers, beaucoup d'artisans, mais peu de fabricans ou manufacturiers; la plupart des habitans sont fermiers, cultivateurs, jardiniers, nourrisseurs ou engraisseurs de bestiaux, mais particulièrement de cochons et de volaille. On y trouve une espèce particulière de coqs qui se distinguent par un cri très-fort, en prolongeant la dernière note une ou deux minutes; ils sont recherchés, comme une curiosité, dans toutes les parties du Brésil.

« La position écartée de Saint-Paul, et les difficultés que le gouvernement a long-temps opposées aux voyages dans l'intérieur, sont cause que cette ville est rarement visitée par des étrangers, dont l'apparition y est même regardée comme un événement. De là viennent sans doute aussi les récits fabuleux sur l'ignoble origine des *Paulistes* et sur leur caractère farouche. Ces récits, répandus par les jésuites du Paraguay, ont été complètement réfutés de nos jours par un membre éclairé de l'académie royale des sciences de Lisbonne, *Fr. Gaspar da Madre de Deos.* Après avoir fait voir le peu de foi que méritent Vaissette et Charlevoix lorsqu'ils attribuent l'origine de la ville de Saint-Paul à une bande d'aventuriers espagnols, portugais, métis et mulâtres fuyant de diverses parties du Brésil pour former ici une république de brigands, il établit, de la manière la plus satisfaisante, que des Indiens de *Piratininga* et des jésuites s'y fixèrent les premiers, et que cependant, dès sa fondation, la ville ne reconnut aucune autre souveraineté que celle du Brésil. Il nie que les Paulistes aient jamais vécu de brigandage. L'élévation de leur caractère, dit-il, la délicatesse de leurs sentimens, leur susceptibilité sur le point d'honneur, leur probité, leur industrie, leur esprit public ne sauraient être un héritage transmis par des gens de rien et des vagabonds. Citons un fait. Il y a un siècle environ, l'un de leurs gouverneurs, noble de naissance, avait eu une intrigue avec la fille d'un artisan. La ville entière embrassa la cause de la jeune personne, et le gouverneur fut obligé de réparer son honneur en l'épousant (1).

«Sans doute, parmi tous les colons du Brésil, les Paulistes se sont signalés autrefois par leur esprit entreprenant, audacieux, infatigable, et par cette ardeur pour les découvertes qui distingua jadis les Portugais parmi les nations de l'Europe. Au lieu de cultiver paisiblement leur beau territoire, ils parcoururent le Brésil dans toutes les directions; ils se frayèrent de nouvelles routes à travers des forêts impénétrables, en portant leurs provisions avec eux; ils ne se laissèrent arrêter ni par les montagnes, ni par les rivières, ni par les déserts, ni par les naturels anthropophages qui partout leur disputaient le terrain. C'est à eux surtout qu'est due la découverte de toutes les mines les

(1) *Mawe*, p. 87.

plus riches, qu'ils ne se laissèrent enlever qu'à regret, et pas toujours sans opposition, par le gouvernement. Aujourd'hui encore c'est sur leur énergie que repose la sûreté du Brésil occidental, et l'on sait que les troupes portugaises auraient joué un rôle assez triste dans la guerre coloniale de 1770, si elles n'avaient été secondées par les cavaliers paulistes, qui répandirent la terreur de leur nom depuis le Paraguay jusqu'au Pérou (1). »

Dans la province de Saint-Paul nous avons encore à citer *Ytu* ou *Hytu*, remarquable par les champs de cannes à sucre que possèdent ses environs, et par la grande cascade du Tieté qui l'arrose; *Sorocaba* qu'enrichissent ses mines de fer qui ont fait fonder les belles forges impériales d'Ypanema; enfin *Cannanea*, importante par ses pêcheries.

Au nord de la province de Rio-Janeiro s'étend, le long de l'Océan, et partagée dans toute sa longueur par une chaîne de montagnes qui y forme deux versans, celle du *Saint-Esprit* (*Espiritu-Santo*). Nous la traverserons sans rien y remarquer d'intéressant. Le chef-lieu, *Victoria* ou *Cidade-da-Victoria*, est une petite ville assez bien bâtie; celle d'*Espiritu-Santo* ou de *Villa-Velha*, son ancienne capitale, est située au fond d'une large baie. Ses pêcheries sont importantes. Elle n'est défendue que par un petit château en ruine.

A l'ouest des provinces de Rio-Janeiro et d'Espiritu-Santo s'étend celle de *Minas-Geraes*, la plus importante par ses mines et la plus peuplée. Nous avons déjà fait connaître ses richesses métalliques; elle renferme plus de 900,000 habitans, dont 200,000 de couleur.

« La culture et l'industrie y sont en arrière. A une lieue de l'endroit où se trouve la plus fine terre à porcelaine, il

---

(1) *Mawe*, p. 275 et 295.

n'y a qu'une mauvaise fabrique de poterie. Tous les fruits et les grains d'Europe, le chanvre et le lin y réussissent certainement, mais on en néglige la culture; le raisin y donne de très-bon vin, mais on aime mieux boire de l'eau auprès des plus riches mines d'or et de diamans que de cultiver la vigne avec le soin convenable. Les bêtes à cornes, obligées de chercher elles-mêmes leur nourriture dans les champs, y périssent souvent de faim ou de chaleur; à peine sait-on traire les vaches. Quelques écorces d'arbres servent à teindre en jaune, rouge, noir, ou à tanner et à préparer des cuirs et des peaux; mais les habitans n'aiment pas à s'en occuper. Un lichen, espèce d'orseille, qui croît sur les vieux troncs d'arbres, donne une superbe couleur cramoisie. La gomme-adragant s'y trouve en grande abondance et de très-bonne qualité. La canne à sucre s'y élève souvent à plus de trente pieds, en formant des arcades au-dessus des chemins. »

Le district de *San-Joao-del-Rey* est le mieux cultivé; on l'appelle le grenier du pays. Le chef-lieu compte 6000 habitans. Cette ville de *San-Joao-del-Rey*, située sur la rive gauche du Rio-das-Mortes, est une des plus agréables de la province. Elle est remarquable par sa belle chapelle des franciscains, et par les riches lavages d'or de ses environs. Elle fait avec Rio-Janeiro un commerce considérable en fromages, en chair de porc, en volailles et en fruits.

« L'état actuel de *Villa-Rica*, aujourd'hui *Cidade-de-Ouro-Preto*, la capitale de la province, dément le faste de son premier nom. Les environs sont incultes. Bâtie sur le flanc d'une haute montagne, elle a des rues irrégulières, escarpées et mal pavées, mais variées par de charmans jardins en terrasses, et remplies de jolies fontaines qui conduisent l'eau dans presque toutes les maisons. Le climat est fort doux, grâce à sa situation élevée. Le thermomètre ne s'y élève jamais à l'ombre au-dessus de 82°, et descend rarement au-dessous de 48°. Dans l'été il se tient la plupart du temps entre 64 et 80, et l'hiver entre 54 et 70. Elle contient environ 2000 maisons et 9 à 10,000 habitans, parmi lesquels il y a plus de blancs que de noirs; c'est à peu près le tiers de ce qu'elle possédait à l'époque où ses mines d'or étaient dans toute leur richesse. L'orfévrerie y est défendue, pour prévenir la fraude et pour forcer les mineurs d'apporter et de faire fondre leur or à la monnaie, afin que le gouvernement puisse prélever son cinquième. A 3 lieues de Villa-Rica, sur les bords du *Rio-del-Carmen*, est *Marianna*, jolie petite ville épiscopale, de 6 à 7000 habitans, en grande partie mineurs. La *Villa do Principe*, sur les confins du *Cerro do Frio*, ou district des diamans, possède aussi une monnaie ou fonderie royale d'or, et une population de 5000 âmes. Tout ce district est un pays délicieux, coupé de vallées pittoresques tapissées de magnifiques prairies, et bordé de forêts vierges du côté de l'Océan. Les montagnes de ce district sont en général formées de roches de quarz appelées *hyalomictes*; on y trouve ce grès grisâtre et micacé remarquable par son élasticité; mais cette contrée si intéressante et curieuse est une des moins connues. Personne n'y passe sans subir un examen rigoureux. Du temps de M. Mawe, un conducteur de mules, allant avec des marchandises à Rio-Janeiro, est arrêté par deux cavaliers qui lui demandent son fusil de chasse; il le leur remet. Les cavaliers enfoncent une vrille dans la crosse, la trouvent creuse, arrachent la ferrure et en retirent 300 carats de diamans. Le pauvre muletier a beau protester de son innocence, il est arrêté et traîné en prison pour y être enfermé le reste de ses jours, ou déporté dans un fort de la côte d'Afrique. Un ami l'avait trahi. Les extrêmes se touchent à *Tijuco*, résidence de l'intendant général des mines de diamans. Les habitans de cette ville, située dans un terrain aride, sont obligés de tirer de loin les vivres nécessaires. Ils croupissent en grande partie dans une honteuse misère, et vivent de charité publique. Les magasins, au contraire, étalent les plus belles productions de fabrique anglaise; tout l'or et tous les diamans trouvés dans les différentes exploitations du district, et principalement dans le lit de la rivière de *Jigitonhonha* ou *Jiquitonhonha*, sont accumulés chaque mois dans le trésor de l'intendance, et les employés du gouvernement, richement salariés, forment la plus brillante société du Brésil.

« A l'ouest de Minas-Geraes s'étend la province de *Goyaz*, la plus centrale de tout le Brésil; elle touche au nord à celle de Para, et à l'ouest à celle de Mato-Grosso. C'est un beau pays, arrosé par un grand nombre de rivières poissonneuses, qui traversent des forêts remplies de superbes oiseaux; du reste, mal connu et mal peuplé. Il y a plusieurs mines d'or, des diamans gros et très-brillans, mais d'une eau qui n'est pas toujours pure; et, près des frontières, quelques plantations de coton, dont le produit s'exporte à Rio-Janeiro avec d'autres articles moins importans. Elle communique aussi avec Saint-Paul, Mato-Grosso et Para, au moyen des rivières navigables, quoique fréquemment interrompues par des chutes. *Goyaz*, appelée autrefois *Villa-Boa*, le chef-lieu, ville de 8000 âmes, a un hôtel d'avérage pour tout l'or de la province. » *Natividad* est au milieu d'un territoire dont les citrons et les oranges sont fort estimés, et qui possède des lavages d'or. *Meia-Ponte*, peuplée de 5 à 6000 âmes, est la plus commerçante ville de la province.

« Nous reprenons la côte maritime. Le gouvernement de *Bahia* est situé à l'endroit où la côte, long-temps dirigée du sud au nord, commence à former une vaste saillie vers le nord-est et à s'approcher de l'Afrique. Cette province reçoit son nom du *Bahia de todos os Santos*, baie de tous les Saints. Le sol, formé d'un terreau végétal et arrosé de plusieurs courans d'eau, est singulièrement propre à la culture de la canne à sucre : aussi le port de Bahia seul exporte-t-il plus de sucre que tout le reste du Brésil ; il est, en général, de fort bonne qualité. Une seconde production particulière à cette province est le tabac, recherché non seulement dans le Portugal, mais encore en Espagne et dans toute la Barbarie ; il forme une partie essentielle de la cargaison des vaisseaux qui veulent traiter de l'or, de l'ivoire, de la gomme et de l'huile avec plusieurs places de la Guinée et de l'Afrique en général. Le coton de Bahia, dont la culture augmente chaque année, entre déjà en concurrence avec celui de Fernambouc. Ses autres productions sont le café, moins estimé que celui de Rio-Janeiro ; le riz, qui est de qualité supérieure, mais difficile à peler ; et le bois de teinture, connu dans le commerce sous le nom de *Brésil*, égal à celui qui vient de Fernambouc. L'indigo de cette province ne soutient pas la comparaison avec celui qui vient de l'Inde ; il paraît même que la plante d'où on le tire possède des qualités vénéneuses, puisque les nègres qui en préparent les feuilles tombent facilement malades.

La ville de *San-Salvador de Bahia*, généralement connue sous le nom de *Bahia*, consiste en deux parties, l'une bâtie sur un terrain bas le long du rivage, et habitée par des hommes de peine ; l'autre située sur une éminence élevée de 600 pieds au-dessus du niveau de la mer (1). La cité haute est la demeure des gens aisés : la population totale est évaluée par quelques uns même à 100,000 âmes (2), et par d'autres à 120,000. Le ton de la société y passe pour meilleur et plus gai qu'à Rio-Janeiro. Les maisons sont

(1) Viagero universal, XXI, 354. — (2) Mawe, p. 280. Lindley, p. 174.

belles, garnies de balcons et de jalousies en place de croisées. Les églises et les édifices publics se font remarquer par un grand style d'architecture. Elle est la résidence du gouverneur de la province, et le siége de tous les tribunaux supérieurs civils et criminels. Le port est assez bien défendu. Les vaisseaux qu'on y lance des chantiers sont bien construits, et d'un bois plus solide que notre chêne. Le climat, naturellement chaud, y est tempéré par des brises de mer régulières, et par la longueur presque toujours égale des récifs. Cette ville, livrée aux Hollandais par la faiblesse d'un commandant militaire, mais récupérée par une espèce de croisade chevaleresque, et surtout par le courage de l'évêque Texeira (1), devint le terme fatal où s'arrêtèrent les brillans succès des armes bataves, qui, dans la première moitié du XVIIe siècle, avaient subjugué tout le Brésil septentrional depuis Maranham jusqu'au fleuve de San-Francisco. Un corps de 6000 hommes gardait cette conquête. Les exportations s'élevèrent, dans une année, à 218,000 caisses de sucre et 2,593,630 livres pesant de bois de Brésil. Mais les vues étroites des marchands hollandais firent négliger les grands moyens d'administration et de défense proposés par l'illustre Maurice de Nassau (2). »

Ajoutons que la baie de Tous-les-Saints fait de Bahia l'un des plus beaux ports de l'Amérique. La ville haute (*Cidade alta*), qui comprend les faubourgs de *Victoria* et de *Bom-Fim*, est la demeure des personnes les plus riches, et renferme les bâtimens les plus remarquables et quelques belles rues, tandis que, dans la ville basse, qui comprend le quartier appelé *Praya*, celles-ci sont étroites et tortueuses. La plupart des maisons sont bâties en pierres; et, contre

---

(1) P. Bartholomé, *Jornada dos Vassallos de la coroa de Portugal*, etc., p. 36 (Lisbonne, 1625).
(2) *Barlœus*, de reb. Brasil., p. 235, 557 et suiv.

l'ordinaire des villes de l'Amérique du sud, plusieurs ont trois et même jusqu'à cinq étages. Sous le rapport de la beauté des édifices publics, Bahia peut passer pour la principale ville du Brésil ; il faut placer au premier rang l'hôtel-de-ville, l'ancienne église des jésuites, qui, depuis plusieurs années, sert de cathédrale, et l'école de chirurgie, ou l'ancien collége de ces pères. Dans la ville basse, l'arsenal de la marine est regardé comme le plus considérable de tout le Brésil. On y remarque l'église de la Conception, dont les pierres ont été apportées, toutes taillées et numérotées, du Portugal. Cette ville eut, jusqu'en 1763, le titre et le rang de capitale, qu'elle céda à Rio-de-Janeiro, en restant toutefois sa rivale par sa population, qui est de 120,000 âmes, par son commerce et comme résidence d'un archevêque. Elle est la principale place forte du Brésil.

Bahia possède, pour les plaisirs des riches, un théâtre et l'une des plus belles promenades de l'Amérique, appelée le *Passeio publico*, qui est située sur un plateau qui domine la ville, près du fort San-Pedro. Elle est ornée d'un obélisque qui porte une inscription relative à l'arrivée du roi Jean VI en Amérique. Mais ce qui donne surtout à cette promenade un aspect unique dans son genre, c'est la magnifique vue dont on y jouit sur la ville et sur la baie, et surtout un lac pittoresque appelé *Dique*, qui entoure la ville du côté opposé à l'Océan.

Cuxocira ou *Cachoeira* est la plus importante ville après Bahia ; elle renferme 16,000 habitans. Elle est située dans cette partie de la province appelée *Reconcavo*, dont la population est la plus concentrée. C'est là que l'on trouve un grand nombre de bourgs et de villages qui s'enrichissent du produit de l'agriculture. Au nombre de ceux-ci, *Tapagipe* ou *Nossa-Senhora-da-Penha* est remarquable par la maison de plaisance de l'archevêque et par les chantiers d'où sortent les meilleurs navires du Brésil. Nous citerons encore dans la même province *Porto-Seguro*, importante par ses pêcheries, et *Leopoldina*, nouvelle colonie composée d'Allemands et de Français.

Au nord de celle de Bahia s'étend la petite *province de Sergipe*, où l'on élève des bestiaux, où l'on récolte des grains qui forment sa principale richesse.

La ville de *Sergipe*, chef-lieu de la province et peuplée de 9000 habitans, portait originairement le nom de *Seriji*. Cette ville est appelée aussi *Cidade de San-Chris- tovao*. »

La *province d'Alagoas* est plus petite encore que la précédente. *Alagoas*, son chef-lieu, ville de 18,000 âmes, possède un petit port, confectionne une grande quantité de canots destinés à naviguer sur le Rio-Francisco, et fabrique un tabac excellent.

« La *province de Pernambuco* (Fernambouc) produit d'excellent bois de teinture, de la vanille, du cacao, du riz et une quantité considérable de sucre ; mais le coton forme l'article le plus important de son commerce, quoiqu'il ait récemment perdu une partie de sa réputation ; autrefois il passait pour le meilleur du monde. »

Aucune province du Brésil ne possède un plus grand nombre de ports excellens que celle de Fernambouc. Celui de *Recife* est le plus remarquable. Cette ville, appelée communément *Pernambuco*, est la capitale de la province. Elle se compose de trois parties distinctes, nommées *Cidade do Recife*, *Santo-Antonio* et *Boa-Vista*. La première, située sur une péninsule, est la plus commerçante ; on y trouve la douane, les chantiers et l'intendance de la marine. La seconde est sur une île formée par les bras du *Capibaribe*; elle est jointe à la précédente par un grand pont ; c'est celle qui est la mieux bâtie ; elle comprend le grand marché, le palais du gouverneur, le théâtre et l'hôtel de la trésorerie. La troisième est sur le continent; on y arrive en traversant un bras du Capibaribe sur un pont de bois, le plus grand du Brésil. La triple ville de Pernambuco est défendue du côté de la mer par d'assez bonnes fortifications. Son commerce a pris un tel essor depuis 20 ans, que sa population s'élève à environ 60,000 âmes.

Quelques géographes comprennent sous le nom de *Pernamboue* et la ville que nous venons de décrire et celle d'*Olinda*, qui en est cependant à une lieue. Celle-ci, assez mal bâtie, mais dont les rues sont entrecoupées de jardins délicieux, est le siége d'un évêché. La cathédrale est belle; mais le palais épiscopal est en mauvais état. La population d'Olinda est de 6,000 habitants. Cette ville doit son doux nom d'Olinda, qui, en portugais, signifie *ô belle!* plutôt à sa position sur des collines riantes et à ses jardins pittoresques, qu'à la beauté de ses édifices.

« *Paraïba*, chef-lieu d'une province du second ordre, a été nommé par les Hollandais *Fredéricstadt*. Elle a 5 à 6000 habitants. L'entrée de la baie, qui lui sert de rade, est difficile. La contrée est riche en bois de teinture, et l'on dit qu'il y a des mines d'argent dans un endroit nommé *Tayciba*. »

Le *Rio-Grande-do-Norte* donne son nom à une province située au nord de la précédente. Son chef-lieu est *Natal*, petite ville assez bien bâtie à l'embouchure du Potengy où s'ouvre son port, qui ne peut contenir que 6 à 7 navires : elle renferme au plus 3000 habitants. Son nom lui vient de ce qu'elle fut fondée le jour de Noël en 1599.

La *province de Ceara*, deux fois plus grande que la précédente, est bornée au nord par la mer, et à l'ouest par le Piauhy.

On trouve du cristal de roche dans les environs de *Ceara*, nommée proprement *Cidade de Fortaleza*; c'est

AMÉRIQUE : *Description du Brésil.* 689

une ville peu importante, bien qu'elle donne son nom à une province. Nous citerons dans celle-ci une ville plus considérable appelée *Aracaty*, et qui est la plus commerçante du pays : on lui accorde environ 9000 habitans.

« Derrière cette province s'étendent les contrées montagneuses de *Piauhi*, contrées visitées par une expédition hollandaise sous les ordres d'Elias Herkmann, dont le rapport n'est connu que par extrait (1). Il parle de montagnes et même de plaines, entièrement composées d'un talc brillant; il indique aussi des pyramides en quelque sorte arrondies, et construites les unes près des autres. »

Dans la province de Piauhi nous citerons *Parnahiba*, qui en est la ville la plus peuplée, bien qu'elle n'ait que 4 à 5000 âmes, et la capitale appelée *Oeyras*, dont la population est encore inférieure, mais qui est bâtie avec une sorte d'élégance, bien que ses maisons soient en terre et en bois.

« Malgré la petite étendue de son territoire, le *Maranham* ou mieux *Maranhao*, s'est rendu remarquable dans les derniers temps par l'importance de ses productions, qui sont les mêmes qu'au Fernambouc, et dont on exporte plusieurs cargaisons tous les ans. L'arbre qui produit l'*annatio* y est très-commun. Le capsicum, le piment, le gingembre et toutes sortes de fruits s'y trouvent en quantité (2). *San-Luiz de Maranhao*, la capitale, bâtie sur une île, et contenant 25,000 âmes, n'est pas malsaine, malgré sa position voisine de l'équateur : l'ombre des forêts et les brises de mer modèrent la chaleur (3). Plusieurs rivières, dont les bords sont bien peuplés, débouchent dans la baie, et offrent des facilités au commerce. Cette ville a été fondée par des Français en 1612.

---

(1) *Mawe*, p. 288. — (2) Histoire des Missions des PP. capucins, 196-200. — (3) *Barlœus*, p. 377.

« La *province de Gram-Para* est de tout le Brésil la seconde en étendue : elle a plus de quatre fois la superficie de toute la France. Elle comprend la partie inférieure du bassin de l'Amazone, sur la droite ; c'est un pays marécageux, couvert de bois impénétrables, où les habitations éparses de l'homme forment comme des îlots dans un océan. Parmi les postes établis par les Portugais le long du fleuve, plusieurs s'élèvent déjà au rang de villes ; mais on ne connaît bien que la capitale, nommée « *Gram-Para*, sous l'invocation de *Notre-Dame-de-Belem*[1] » (*Santa-Maria-de-Belem*). Ce double nom, l'un civil, l'autre ecclésiastique, a fait naître une erreur singulière chez le savant voyageur Mawe, qui distingue la ville de *Para* de celle de *Belem*. Cette ville est située dans un terrain bas et malsain, à 25 lieues de l'Atlantique, et vis-à-vis la grande île marécageuse de *Marajo*. L'embouchure de la rivière Tocantin ou Para, qui en forme le port, est embarrassée d'écueils, de bas-fonds et de courans contraires : la côte est dangereuse, et la mer continuellement agitée. La marée s'élève à 11 pieds dans son port. La ville peut contenir 20,000 habitans, assez pauvres faute de commerce. On n'en exporte qu'un peu de riz et de cacao, avec quelques drogues médicinales, pour Maranhao, où ces denrées sont ensuites embarquées pour l'Europe. »

Cette ville, assez bien bâtie, et qui renferme quelques beaux édifices, a été récemment ravagée par les Indiens Tapuyas. Le 14 avril 1835, ils vinrent attaquer la ville et s'en rendirent maîtres. Le palais des gouverneurs, l'arsenal et les différens postes militaires résistèrent aux Indiens jusqu'au 23, que les troupes brésiliennes furent forcées de l'abandonner. Elle devint alors le théâtre d'un carnage horrible, dans lequel les blancs, qui ne purent se réfugier

---

[1] Viagero universal, XX, p. 381.

AMÉRIQUE : *Description du Brésil.* 691

sur les vaisseaux étrangers et nationaux qui se trouvaient dans le port, furent massacrés. Un grand nombre de maisons furent aussi brûlées et pillées. »

« Le climat de la province de Para est brûlant; mais, dans l'après-midi, s'élèvent ordinairement des orages accompagnés de pluie, qui rafraîchissent beaucoup l'air, et rendent la chaleur plus supportable.

Para-do-Rio-Negro, *Barcellos*, et *Macapa*, villes de 2 à 3000 âmes, sont les plus considérables de la partie septentrionale du Para, que l'on peut regarder comme la solitude la plus sauvage de la province. C'est une plaine immense comprise entre l'Amazone et la chaîne de montagnes appelée *Tumacumaque* : on l'a nommée la *Guyane brésilienne*; elle est entrecoupée de marécages couverts d'épaisses forêts et fréquemment inondée par les nombreux affluens du fleuve. Sa superficie égale à peu près trois fois celle de la France.

« Au-delà de l'Uruguay, la *province de Mato-Grosso* embrasse les sources des principaux affluens qui versent leurs eaux d'un côté dans le Parana, de l'autre dans l'Amazone. Nous en avons tracé la description physique, en parlant ci-dessus de la constitution générale du Brésil. Les bords des rivières se couvrent spontanément de forêts de cacaoyers, et d'autres arbres communs dans la région basse du Brésil; les hauteurs, composées de sable, n'offrent qu'une herbe dure et grossière. Les rivières roulent des paillettes d'or; le même métal abonde dans plusieurs vallées, redoutées à cause de leur insalubrité extrême [1]. Il y a aussi des terrains d'alluvion renfermant des diamans. La ville de *Cuyaba*, située près du bord oriental de la rivière du même nom, à 96 lieues de son confluent avec le Paraguay, contient avec ses dépendances environ 30,000 âmes.

(1) *Leblond* : Traité de la fièvre jaune, p. 182.

44.

Les viandes, le poisson, les fruits, et toutes sortes de végétaux y abondent. Le territoire adjacent est très-propre à la culture, et renferme de riches mines d'or découvertes en 1718, dont le produit annuel est estimé plus de 20 *arobes*, chacune de 32 livres pesant. L'établissement de *San-Pedro-del-Rey*, à 20 lieues au sud-ouest de Cuyaba, se compose déjà de 2000 habitans, dont une partie s'occupe de l'exploitation du sel et de l'or. *Mato-Grosso*, chef-lieu de la province, n'a que 5 à 6000 âmes. Jadis elle portait le nom de *Villa-Bella*. On y voit un hôtel des monnaies pour la fonte de l'or qu'on exploite sur son territoire.

« Dans toutes ces esquisses topographiques, nous n'avons fait attention qu'aux établissemens portugais; mais il reste encore de nombreuses tribus indigènes, sur lesquelles il faut jeter un coup d'œil. Les Portugais ne parlent qu'avec effroi des naturels du Brésil, qu'ils désignent généralement sous le nom d'anthropophages : cependant les jésuites, à force d'application et de patience, étaient parvenus à en faire des êtres sociables, bons, doux et dociles comme des enfans. Ils ont le teint cuivré, le visage court et rond, le nez large, la chevelure noire et lisse, le corps trapu et bien conformé. C'est ainsi du moins que nous les peint Mawe, à qui l'un de leurs chefs en amena une cinquantaine de demi-civilisés, au nord de Rio-Janeiro, dans le district de Canta-Gallo [1]. Les hommes portaient une veste et des caleçons; les femmes, revêtues d'une chemise et d'un jupon court, avaient autour de la tête un mouchoir noué à la manière portugaise. Leur chef était un fournisseur d'ipécacuanha. Ils habitent dans les forêts, et paraissent y mener une vie fort misérable, n'ayant pour subsister que des racines, des fruits sauvages, et le produit de leur chasse. Ayant entendu beaucoup vanter leur adresse à manier l'arc,

---

[1] *Mawe*, p. 303.

Mawe plaça une orange à trente verges de distance ; toutes leurs flèches la percèrent. Il leur désigna ensuite, à quarante verges de distance, un bananier d'environ huit pouces de circonférence : aucun tireur ne manqua le but, quoiqu'ils fussent dans une mauvaise position. A la chasse, où il les suivit, ils découvrirent habituellement les oiseaux avant lui ; et, se glissant à travers les halliers et les broussailles avec une agilité surprenante, pour se mettre à portée, ils ne manquèrent jamais d'abattre le gibier. Ils avalent les viandes à peu près crues, sans se donner seulement la peine de plumer ou de vider la volaille. Ils aiment avec passion les liqueurs spiritueuses, il est dangereux de leur en offrir. Du reste ils ne montrent aucune humeur farouche, mais ils ont une grande aversion pour la culture des champs. Rarement on en voit un d'eux servir en qualité de domestique, ou se livrer à un travail salarié. L'or et les pierres précieuses dont le pays abonde n'ont aucun attrait pour eux, et ils n'en ont jamais fait la recherche. Cette tribu, observée par Mawe, paraît avoir appartenu aux *Boutocoudys*, établis dans les montagnes orientales de Minas-Geraes. Quoique souvent défaits et cruellement punis par les Paulistes, qui, les premiers, pénétrèrent chez eux il y a plus d'un siècle, ils défendent jusqu'à ce jour, avec opiniâtreté, leur indépendance et leur sol natal. Ne pouvant lutter à force ouverte contre les postes portugais, ils ont recours à la ruse. Enveloppés tantôt de branches et de jeunes arbres qu'ils assujettissent autour de leurs corps, tantôt enduits de boue ou de cendres, et couchés par terre, ils guettent les colons et les nègres, pour les tuer de loin au passage. D'autres fois ils forment des piéges dangereux, en fixant des pieux pointus dans des trous qu'ils recouvrent de feuilles et de branchages. Lorsqu'ils ont si-

(1) *Mawe*, p. 123.

gnalé à leur vengeance une maison isolée, et reconnu la force de ses habitans, ils l'incendient avec des traits allumés, et massacrent impitoyablement ceux qui cherchent à se sauver. Ils ont surtout une haine implacable contre les nègres, qu'ils regardaient, dans le commencement, comme une espèce de grands singes, et qu'ils mangeaient avec un appétit particulier. Les armes à feu seules leur en imposent, et ils se mettent à courir aussitôt qu'ils en entendent la détonation. Les prisonniers ne se laissent jamais fléchir ni par de bons ni par de mauvais traitemens; et quand ils perdent enfin l'espoir de s'évader, ils refusent ordinairement toute nourriture, et se laissent mourir de faim. Une proclamation qui fut faite par don Pedro les invite à se réunir dans des villages, et à se faire chrétiens, en leur offrant la protection du gouvernement, avec la jouissance complète des droits et priviléges accordés à ses autres sujets: en cas de refus, ils sont menacés d'une guerre d'extermination.

« Les *Pourys*, qui demeurent à côté des Boutocoudys, se battent encore contre les Portugais, et, selon un témoin oculaire, ils dévorent leurs prisonniers après les avoir fait rôtir (1).

« Les *Tupis*, qui occupaient toute la province de Saint-Paul et de Santos, se trouvent réduits à quelques bandes errantes sur les confins des provinces espagnoles de l'Uruguay. Ces sauvages, très-féroces, parlent un dialecte de la langue guarani, répandue dans toutes les contrées intérieures et méridionales du Brésil. Les *Carigais*, les plus paisibles indigènes, demeurent au sud des Tupis. Les *Tupinaques* s'étendaient depuis le fleuve Guirican jusqu'à la rivière Camama. Les *Topinambous* habitaient la côte depuis le fleuve Camama jusqu'à celui de San-Francisco du Nord; mais ces deux tribus et quelques autres, leurs voisines ou

---

(1) Lettre du prince *Maximilien de Neuwied* (1816).

AMÉRIQUE : *Description du Brésil.* 695

leurs alliées, paraissent éteintes ou confondues parmi les cultivateurs portugais. Quelques voyageurs donnent le nom de Topinambous à des tribus errantes et très-féroces, qui s'étendent le long de la rivière de Tocantin. Les *Petivares*, au nord-est du Brésil, sont hospitaliers et cultivateurs. Les *Mologagos*, sur le fleuve Paraïba du Nord, ressemblent, dit-on, aux Allemands par la blancheur de leur peau et par leur haute stature (1). Les *Tapuyes* demeurent dans l'intérieur du gouvernement de Maranhao, et jusque vers Goyaz. Sur l'Amazone, on trouve les *Pauxis*, les *Urubaquis*, les *Aycuaris*, les *Yomanais*, et une foule d'autres tribus dont il serait fastidieux d'énumérer les noms. Les *Cuyabas* et les *Buyazas* occupent les parties centrales de la chaîne de Mato-Grosso.

« Les *Parexis*, dans la province de Mato-Grosso, donnent leur nom au plateau central de l'Amérique méridionale. Les *Barbados*, établis sur les rives du Sypotuba, premier affluent occidental du Paraguay, se distinguent des autres naturels du nouveau continent, par leur grande barbe. Près d'eux se tiennent les *Pararionès*, et plus bas, les *Boriras-Araviras*, formés d'une réunion de deux peuplades amies des Portugais (2) Quelques unes des nombreuses tribus concentrées jadis sur les bords fertiles du Paraguay ont été dispersées ou anéanties par les Espagnols et les Paulistes portugais; d'autres, à l'approche des usurpateurs étrangers, se sont retirées dans des contrées moins favorisées par la nature. Plusieurs milliers de naturels ont été rassemblés ou transférés par les jésuites dans leurs établissemens sur l'Uruguay et le Parana : d'autres, enfin, se sont alliés aux Portugais et aux Espagnols; en sorte qu'on ne trouve guère de ceux-ci sur les frontières, dont la figure ne représente des indices d'un mélange de sang indien.

(1) Viagero universal, XXI, 324. — (2) Mawe, p. 196 sqq.

Parmi les indigènes primitifs qui se sont maintenus sur le Paraguay, les vaillans *Guaycouros*, ou Indiens-cavaliers, tiennent le premier rang. Ils occupent les deux rives du fleuve depuis le Taquari et les montagnes d'Albuquerque pendant l'espace de cent lieues. Armés de lances extrêmement longues, d'arcs et de flèches, ils ont souvent fait la guerre aux Espagnols et aux Portugais, sans avoir jamais été vaincus. Ils font de longues excursions dans les pays limitrophes, et s'y procurent des chevaux en échange de fortes toiles de coton, qu'ils fabriquent eux-mêmes (1).

« Le fameux système sur l'influence des climats se trouve fortement compromis par les faits que l'Amérique méridionale offre à notre attention. Un peuple doux et faible habitait parmi les froides montagnes du Pérou. Un peuple féroce et intraitable errait sous le soleil brûlant du Brésil. Malgré la grande inégalité des armes, les Brésiliens ne reculèrent jamais. Jamais ils ne se sont laissé vaincre par un ennemi faible et sans courage ; il n'était aisé de remporter sur eux des victoires, que parce qu'ils n'avaient aucune connaissance des armes à feu, et parce qu'on savait semer parmi eux la discorde (2).

« La conquête de la province de Saint-Vincent dans le
« Brésil, disent les auteurs portugais, nous la devons au
« seul fameux Tebireza ; celle de Baja, au vaillant Tœ-
« bira (3) ; celle de Fernambouc, au courageux Stagiba,
« dont le nom, en langue indienne, signifie *bras de fer*. La
« conquête de Para et Maranhao est due au fameux Toma-
« gia (4), et à d'autres qui servaient dans l'armée des Por-

(1) Notice sur les Guaycouros dans les *Nouvelles Annales des Voyages*, t. III, part. II.—(2) *J. Stadius*, Hist. Brasil., part. I, ch. XIX et XLII. *Léry*, Hist. navig. in Brasil., ch. XIII. — (3) *Vasconcellos*: Histoire du Brésil, liv. III, p. 101 à 357.

(4) *Berrid*: Annaès hist. do Estado do Maranhao, liv. VI, n° 534.

« tugais contre les Hollandais, et aussi à l'invincible Cama-
« rao, qui s'est immortalisé à la reprise de Fernambouc,
« dans la guerre contre les Hollandais (1). »

« Les Indiens du Brésil estiment principalement la force
du corps et la férocité : au moment même d'être égorgés et
dévorés par leurs ennemis, ils les insultent et leur expriment leur mépris; ils cherchent à prouver, par ces brava-
des, qu'on peut bien leur ôter la vie, mais non pas le
courage (2). *Léry* et ses compagnons, tous nés sous la zone
tempérée, n'étaient pas même capables de tendre un arc
des Indiens de Tomoy, habitans de la zone torride, dans
les environs de *Rio-Janeiro*. Léry convient même qu'il
était obligé d'employer toutes ses forces pour tendre un
arc destiné à un enfant de dix ans (3). Les habitans des
contrées d'Ouctacazes, une des provinces les plus riches et
les plus fertiles du gouvernement de Rio-Janeiro, sont si
vaillans, dit un auteur portugais moderne, qu'ils préfèrent
la mort à la honte d'être vaincus. Il leur est impossible de
vivre un seul moment dans l'esclavage : aucune nation
brésilienne, ni même européenne, ne peut se vanter de les
avoir vaincus (4).

« Cette nation, autrefois l'ennemie implacable des Portugais et de tous les autres peuples de l'Europe et du Brésil, conserve encore à présent son indépendance entière,
quoique dans un état d'amitié parfaite avec ses voisins, les
habitans du district de *Campos dos Ouctacazes* dans la
province de Minas-Geraes. La douceur et la générosité ont
soumis ces cœurs qui bravaient la mort.

« La langue la plus généralement répandue dans le Brésil est celle des Guaranis; parlée dans divers dialectes par

(1) *Rafael de Jesus*, dans son *Castriot. Luzitan.*, part. 1, liv. III,
nos 12, 53, 54, 122, 123, 127. *Rocha Pitta*, Americ. portug., nos 94,
95. — (2) *Stadius*, part. II, ch. XXIX. *Léry*, ch. XIV. — (3) *Id.*, ch. XXIII.
(4) *Vasconcellos*, *Noticias do Brasil*, liv. I, n° 49.

les Tupis, les Tapuyes, les Omaguas et les Topinambous, elle est même habituellement désignée sous le nom de langue brésilienne. Les racines de cette langue ne nous ont offert aucune analogie avec les langues de l'Asie : elle paraît présenter deux ou trois rapports isolés avec des idiomes de l'Afrique et de la mer du Sud; mais on peut assurer qu'elle est, dans son ensemble, la langue américaine la plus éloignée d'une affinité radicale avec aucune autre, même avec celles de l'Amérique (1). Elle forme, moyennant un grand nombre d'*affixes*, des prépositions, des modes et des temps très-compliqués et très-différens de ceux de notre syntaxe. Il y a deux conjugaisons *affirmatives*, et deux *négatives*; le verbe neutre a sa conjugaison distincte de celle du verbe actif. Un nombre étonnant d'adverbes, ou plutôt de *syllabes intercalatives*, sert encore à modifier et à allonger les verbes (2). L'onomatopée ou la formation des mots est très-bizarre; par exemple, *Tupa*, Dieu, est un composé de deux mots qui signifient littéralement *qu'est-ce?* Le mot *couna*, femme, nous avait fait illusion par son rapport de son et de sens avec le *kona* des Scandinaves; mais cette similitude disparaît dès qu'on sait que *couna* est un composé peu galant de deux mots qui signifient *langue courante*.

(1) Voici les mots brésiliens qui nous ont présenté des analogies avec les idiomes africains :
Ara, jour. — *Araiani*, ciel, en sousou. *Bou*, terre. — *Boke*, idem, en sousou. — *Aba*, homme. — *Auvo*, idem, en mokho. *Ii*, eau. — *Ji*, idem, en mandingo. *Je*, idem, en sousou. *Acang*, tête. — *Oukoung*, idem, en sokko; *Koung*, en mandingo.
Les analogies avec les langues océaniques sont plus faibles encore. Le Brésilien dit *tuba*, père; *tayra*, fils; *tagira*, fille; *tiquyira*, frère aîné, mots qui ressemblent de loin à *taina*, enfant mâle; *taoguede*, fils aîné; *touaghané*, frère aîné, aux îles des Amis.
Voici les nombres en brésilien : *oyepe*, un; *mocoï*, deux; *mosampir*, trois; *monhérudic*, quatre; *opacambo*, dix.

(2) *Arte da grammatica da lingua do Brasil*, composta pelo P. Figueroa, quatrième édition, Lisbonne, 1795.

« Quelle que soit l'extension de cette langue-mère, elle n'embrasse pourtant pas la totalité du Brésil. Le savant Hervas assure, d'après les manuscrits des jésuites portugais, que dans le nord et le centre du Brésil il existe *cinquante-une tribus* qui parlent des idiomes entièrement différens du guarani et du tupi; quelques uns lui paraissent avoir de l'affinité avec des dialectes caraïbes (1).

« Nous aurions voulu terminer cette description rapide et imparfaite d'un pays encore mal connu, par quelques notions certaines sur les forces politiques du nouvel empire dont il est le siége. Mais les matériaux complets et authentiques manquent encore, et ceux que nous pouvons donner, seront suffisamment détaillés dans les tableaux. »

Tout nous porte à admettre que le Brésil renferme 5,340,000 habitans, sur lesquels il y a plus d'un million de Portugais.

Le gouvernement Brésilien est une monarchie constitutionnelle; le chef de l'État prend le titre d'empereur; il sanctionne ou rejette les lois; proroge ou dissout les chambres, et commande l'armée. Par suite de modifications récentes dans la constitution, les membres du sénat sont élus pour un temps fixé, et ceux de la chambre des députés pour deux ans par les provinces. La chambre élective a l'initiative sur les impôts, sur le recrutement, sur le choix de la dynastie en cas d'extinction de la famille régnante, et sur la mise en accusation des ministres.

Tous les Brésiliens, à l'exception des mendians, des domestiques et des esclaves, jouissent du même droit civil et politique. La constitution consacre, la liberté individuelle et religieuse, le libre exercice de l'industrie et la liberté limitée de la presse.

Lorsqu'en 1822 le Brésil fut érigé par le vœu général en

---

(1) *Hervas*: Catalogo delle lingue, p. 26 et suiv. — 29.

empire indépendant; lorsque don Pédro, chef constitutionnel de cet empire, eut soumis à l'acceptation des citoyens de toutes les classes, une constitution que le 25 mars 1824 il jura de maintenir, on ne prévoyait pas que sept années plus tard, des ministres impopulaires compromettraient le trône de ce prince, et que celui-ci, après avoir abdiqué volontairement la couronne du Portugal, se verrait forcé d'abdiquer celle du Brésil, où il avait eu du moins la gloire de calmer les partis avant d'accepter le pouvoir suprême. Mais ne doit-on pas pressentir que, les destinées du Brésil seront tôt ou tard remises en question? L'exemple des républiques de l'Uruguay, du Rio-de-la-Plata, de Bolivia, du Pérou et de la Colombie, qui, au sud, à l'ouest et au nord bornent cet empire, doit agir sur l'esprit des Brésiliens; ils voudront peut-être éviter d'être exposés à ce que leur jeune empereur n'ait un jour, comme son père, la témérité de repousser le vœu public pour chercher un appui incertain sur la force des baïonnettes : alors on verrait le peuple de ce nouvel empire ériger ses provinces en États confédérés. Les monarchies constitutionnelles s'établiront un jour dans toute l'Europe; le Nouveau-Monde semble être le domaine des gouvernemens républicains.

AMÉRIQUE : *Description du Brésil.*

TABLEAUX STATISTIQUES DU BRÉSIL.

SUPERFICIE EN LIEUES.	POPULATION ABSOLUE EN 1830.	POPULATION PAR LIEUE CARRÉE.
401,600.	5,340,000.	13.

PROVINCES ET COMARCAS.	POPULATION des PROVINCES.	VILLES.
RIO-DE-JANEIRO............	591,000	Rio-de-Janeiro, † Boa-Vista, Santa-Cruz, Marica, Macacu.
SAN-PAULO.................	610,000	
Comarca de San-Paulo.		San-Paulo, † Villa-da-Princeza.
Comarca d'Ytu.		Ytu ou *Hitu*, Porto-Feliz, Sorocaba.
Comarca de Paranagua et Corytyba.		*Corytyba*, Paranagua.
SANTA-CATARINA............	40,000	Cidade de Nossa-Senhora do Desterro, San-Francisco, Laguna, Santa-Anna.
SAN-PEDRO OU RIO-GRANDE-DO-SUL.................	170,000	*Portalegre* ou *Porto-Alegre*, Rio-Grande ou San-Pedro, Estreito.
MATO-GROSSO...............	82,000	*Muto-Grosso*, † ci-devant *Villa-Bella*, Cuyaba, Diamantino, San-Pedro-del-Rey, Nova-Coïmbra.
GOYAZ.....................	150,000	
Comarca de Goyas.		Goyas, ci-devant *Villa-Boa*, Meia-Ponte, Pilar, Ouro-fino, Santa-Cruz.
Comarca de San-João das duas Barros.		*Natividade*, Aguaquente, Porto-Real.
MINAS-GERAES..............	930,000	
Comarca de Ouro-Preto (Or-Noir).		Cidade de *Ouro-Preto* ou Villa-Rica, Marianna †.
Comarca du Rio das Mortes.		San-João del Rey, San-José.
Comarca du Rio dos Velhas.		*Sabara* ou Villa-Real do Sabara, Cahite ou Villa-Nova da Raynha.
Comarca de Paracatu.		*Paracatu* ou *Paracatu do Principe*, San-Romao.
Comarca du Rio San-Francisco.		*Rio-San-Francisco das Chagas* ou Rio-Grande.
Comarca du Serro-Frio.		Villa do Principe.
ESPIRITO-SANTO............	74,000	*Victoria*, Villa-Velha do Espirito-Santo.

PROVINCES ET COMARCAS.	POPULATION des PROVINCES.	VILLES.
BAHIA..................	560,000	
Comarca de Bahia.		San-Salvador ou Bahia††, Caxoeira, Itapicura.
Comarca de Jacobina.		Jacobina, Villa de Contas.
Comarca de Ilheos.		San-Jorge ou Ilheos, Olivença.
Comar. de Porto-Seguro.		Porto Seguro, Belmonte.
SERGIPE................	267,000	Cidade de San-Christovão ou Sergipe.
ALAGOAS...............	257,000	Alagoas ou Cidade das Alagoas, Penedo.
PERNAMBUCO...........	602,000	
Comarca do Recife.		Cidade do Recife ou Pernambuco.
Comarca de Olinda.		Olinda†, Goyanna, Pasmado.
Comarca de Sertao (du Désert).		Symbres, ci-devant Orazaba.
PARAHYBA..............	246,000	Parahyba, Pombal.
RIO-GRANDE............	69,000	Natal, Portalègre.
CEARA.................	273,000	
Comarca do Ceara.		Cidade da Fortalezza ou Ceara, Aracaty.
Comarca de Crato.		Crato, Icco ou Yco.
PIAUHY................	46,000	Oeyras, Parnahyba ou Pranahyba.
MARANHAO.............	183,000	Cidade de San-Luiz ou Maranhão†, Hycatu.
PARA OU GRAM-PARA......	190,000	
Comarca do Para.		Belem ou Pará†, Macapa.
Comarca de Macajo.		Villa de Monforte ou Villa-Joannes, Chaves.
Comarca do Rio-Negro.		Barra do Rio-Negro, Barcellos.

ARMÉE DE TERRE.

35,000 hommes.

MARINE.

3 vaisseaux de ligne, 8 frégates, 4 corvettes, 10 bricks, 11 bâtimens inférieurs, 9 chaloupes canonnières.

FINANCES.

Revenus en francs.   Dette publique en francs.
80,000,000.   240,000,000.

LIVRE CENT QUATRE-VINGT-DOUZIÈME.

Suite de la Description de l'Amérique. — Description des Guyanes française, hollandaise et anglaise.

« Le nom de *Guyane* ou *Guayane*, qui paraît appartenir en propre à une petite rivière tributaire de l'Orénoque, a été donné, par extension, à cette espèce d'île environnée, au sud, à l'ouest et au nord, des eaux de l'Amazone, du Rio-Negro, du Casiquiari et de l'Orénoque, et baignée au nord et au nord-est par l'océan Atlantique. »

Christophe-Colomb découvrit la Guyane en 1498; Améric Vespuce y aborda l'année suivante; Vincent Pinçon explora ses côtes en 1500; quelques auteurs prétendent que Vasco-Nuñez les reconnut en 1504; le navigateur Philippe de Hutten, qui y aborda vers 1545, prétendit y avoir vu une ville dont les toits brillaient avec tout l'éclat de l'or; en 1595 l'anglais Walter Raleigh remonta l'Orénoque jusqu'à 200 lieues de son embouchure; enfin, un aventurier français, nommé Laravardière, s'y établit en 1604. Ces différentes expéditions avaient principalement pour but de découvrir dans cette contrée, un pays tellement abondant en or, qu'on l'avait surnommé *El-Dorado*. On ne sait qui avait répandu le bruit de l'existence de ce pays fabuleux; mais lorsque Laravardière s'y établit, il fut facile de reconnaître qu'aucune partie de l'Amérique n'est plus pauvre en or que la Guyane, et que ses montagnes même sont, en général, très-peu métallifères.

Après plusieurs tentatives infructueuses, la première colonie française fut établie à la Guyane en 1635; vers la même époque quelques colons anglais avaient formé à l'embouchure du Surinam un établissement dont les Francais s'emparèrent, et qui passa ensuite au pouvoir des Hollandais, auxquels les Anglais l'enlevèrent; ceux-ci, pendant la guerre de la révolution, se rendirent maîtres de tous les établissemens hollandais, qu'ils restituèrent à la paix d'Amiens; mais en 1808 ils reprirent la partie qui leur appartenait primitivement, et dont la possession leur a été assurée par le traité de 1814. Depuis cette époque les gouvernemens français, anglais ou hollandais ont portés tous leurs soins vers la prospérité des colonies qu'ils possèdent dans cette contrée.

« Les côtes sont partout peu élevées, et même, dans la plus grande partie, si basses, que la haute mer les couvre pendant l'espace de plusieurs lieues. Les caps ou promontoires ne se font apercevoir qu'à une petite distance : cependant les vaisseaux s'en approchent sans danger, parce que des sondes régulières indiquent d'une manière presque uniforme la proximité de la côte. Les eaux de la mer, jusqu'à une distance de dix à douze lieues, sont troubles à cause de la quantité de limon et de vase que les rivières y portent.

« Parmi les *terres basses*, celles où les eaux de la mer restent stagnantes se couvrent de palétuviers; les autres, inondées seulement par les eaux douces, portent des joncs, et servent d'asile aux caïmans, aux poissons, et à toutes sortes de gibier aquatique. Ces dernières s'appellent savanes noyées; les savanes sèches produisent d'excellentes herbes de pâturages [1]. Composé de sable, de limon et de coquillages, ce terrain paraît en partie être le produit de la mer, qui, dans chaque inondation, y laisse un dépôt, et qui, en formant des dunes en plusieurs endroits, élève d'elle-même lentement la barrière qui un jour doit arrêter sa fureur [2]. La mer rejette tantôt de la vase et tantôt du sa-

---

[1] *Bajon*: Mém. sur Cayenne, II, p. 7. *Pinckard*: Notes on West-India, t. III, p. 388, 389. *Leblond*: Descript. abrégée de la Guyane franç., p. 18.
[2] *Laborde*: Journal de Physique, 1773, t. I, p. 464 et suiv.

ble; les palétuviers rouges croissent aussitôt dans la vase, et lorsque les dunes de sable postérieurement formées interceptent l'eau de mer dont ils ont besoin, on les voit successivement mourir.

« Quelques tertres isolés qui s'élèvent au milieu des terres basses, paraissent avoir été anciennement des îles; les alluvions successives les ont enveloppés et réunis au continent. Mais à quatre et surtout à dix lieues de la mer, on rencontre des montagnes, presque toutes granitiques, quarzeuses ou schisteuses. Les roches calcaires sont inconnues dans la Guyane. Les petites montagnes qui bordent la côte, ordinairement à la distance d'une ou de deux lieues, ont généralement leur direction parallèle à celle de la côte, tandis que dans l'intérieur l'on ne trouve que des montagnes isolées, qui se présentent ordinairement comme des pyramides ou des tertres élevés (1). Les premières coupent les cours des rivières, et donnent naissance à un nombre infini de chutes d'eau, dont l'élévation varie de vingt à cinquante pieds. Les montagnes dans l'intérieur n'ont pas, dans leurs plus hautes cimes, plus de trois cents toises d'élévation au-dessus du niveau de la mer (2). La chaîne ou le groupe le plus élevé n'est pas situé précisément au partage des eaux qui se versent dans l'Océan, et qui s'écoulent dans l'Amazone; les cimes les plus hautes sont plus au nord que les sources des rivières dirigées vers la mer.

« Les principales rivières, telles que l'*Oyapok*, le *Maroni*, le *Surinam* et l'*Essequibo*, ont l'embouchure très-large et peu profonde, comme c'est l'ordinaire dans un terrain bas et meuble. Leurs cataractes offrent rarement un aspect majestueux. L'Oyapok en compte 8 dans l'espace de 20 lieues; le Maroni les a moins nombreuses, mais plus grandes;

---

(1) *Bajon*: Mémoires, t. I, p. 11. *Leblond*: Traité de la fièvre jaune, p. 215. — (2) *Leblond*: Description abrégée, p. 55, p. 59.

l'Essequibo n'en a pas moins de 39 dans un assez petit espace. Les mêmes traits peuvent s'appliquer aux autres rivières, qui sont le Démérary, la Berbice, le large Corentin, le Sinnamary, si tristement célèbre, l'Aprouague et l'Arouari, pendant quelques années limite des Français et des Portugais.

« La saison sèche, qu'on appelle le grand été, dure, à Cayenne, depuis la fin de juillet jusqu'en novembre. La saison pluvieuse règne surtout dans les mois qui correspondent à l'hiver d'Europe; cependant les pluies sont plus fortes en janvier et février. Dans la règle, le mois de mars et le commencement de celui de mai présentent un temps sec et agréable; on appelle cette époque le petit été. En avril et mai, les pluies reviennent aussi fortes que jamais. Le climat tant décrié de la Guyane est moins chaud que celui des Indes orientales, de la Sénégambie et des Antilles. Le thermomètre de Réaumur, à Cayenne, s'élève à 28 degrés dans la saison sèche, et à 24 dans la saison pluvieuse (1). M. Cotte indique pour Surinam des termes qui paraissent encore plus bas, savoir : 25 degrés 8 minutes pour le maximum moyen de chaleur, et 20 degrés pour la chaleur moyenne de l'année (2). Ce qui surtout diminue la chaleur à la Guyane, c'est l'action des vents dominans, qui viennent du nord pendant la saison pluvieuse, et de l'est, quelquefois du sud-est, pendant la saison sèche. Ces vents passant tous sur de vastes étendues de mer, apportent une température plus fraîche, de sorte que dans l'intérieur le froid des matinées oblige l'Européen à se chauffer (3). Il y a des différences sensibles entre le climat de diverses parties de la Guyane. Sur l'Oyapok les pluies sont plus fréquentes qu'à Cayenne. L'époque des saisons n'est pas par-

---

(1) *Bajon*, t. I, p. 6. — (2) *Cotte* : Mémoire de Météorologie, t. II.
(3) *Bajon*, t. I, p. 2.

tout la même. A Surinam, les pluies et les sécheresses commencent un ou deux mois plus tard qu'à Cayenne ; mais Stedmann ajoute que ces époques ne sont pas entièrement fixes (1).

« Considéré sous le rapport de la salubrité, le climat a été trop calomnié. Il a les doubles inconvéniens attachés à tout pays en friche, couvert de bois ou de marais, et à toute contrée chaude et humide (2). Les maladies qui attaquent les Européens nouvellement arrivés, sont des fièvres continues. Ce sont les abattis nouvellement faits qui exposent le plus la santé des nouveaux colons ; le soleil développe les miasmes qu'exhale un terrain formé de débris des végétaux accumulés depuis des siècles ; mais ce danger n'existe que dans les premières années. Les fièvres tierce et double-tierce, qui règnent habituellement dans le pays, sont incommodes, mais peu dangereuses. Les épidémies sont très-rares, et la petite-vérole y a été extirpée.

« Les inondations de la Guyane présentent au voyageur un tableau curieux dont nous allons essayer de retracer l'image. Grossies par des pluies continuelles, toutes les rivières se débordent ; toutes les forêts, avec leurs immenses troncs, leurs labyrinthes d'arbustes, leurs guirlandes de lianes, flottent dans l'eau. La mer joint ses flots amers aux eaux courantes ; elle y apporte un limon jaunâtre ; les poissons de mer, les oiseaux aquatiques et les caïmans se répandent partout ; les quadrupèdes sont obligés de se réfugier sur le haut des arbres, et à côté des singes qui, en gambadant, se suspendent aux branches, on voit courir les énormes lézards, les *agoutis*, les *pecaris*, qui ont quitté leurs tanières inondées ; à côté d'eux, les oiseaux palmi-

---

(1) *Stedmann*, Voyage, t. I, p. 48, trad. franç. — (2) *Leblond*, Traité de la fièvre jaune, p. 221. *Idem*, Description abrégée, p. 35. *Bajon*, tom. I, Mém. 2-10. Tom. II, Mém. 2-4.

pèdes, qui, par leur conformation, semblent condamnés à rester sur terre ou dans l'eau, s'élancent ici sur les arbres pour éviter les caïmans et les serpens, qui partout se jouent dans l'eau ou se vautrent dans la fange. Les poissons abandonnent leur nourriture ordinaire offerte par l'humide élément, et mangent les fruits et les baies des arbustes parmi lesquels ils nagent. Le crabe s'attache aux arbres, l'huître croît dans les forêts. L'Indien qui, dans son bateau, parcourt ce nouveau chaos, ce mélange de terre et de mer, ne trouve pas un coin de terre pour se reposer; il suspend son hamac aux branches les plus élevées de deux arbres, et dort tranquillement dans ce lit aérien, que les vents balancent au-dessus des flots.

« Toute l'année a ses récoltes de fruits; cependant les arbres mêmes qui sont toujours chargés de fruits, n'en portent en abondance qu'en certains temps fixes, qui semblent être les époques de leurs récoltes : tels sont les orangers, les limoniers, les poiriers-avocats, dont le fruit est surnommé *moelle végétale* (1), les sapotilliers, les corossols et plusieurs autres qui ne viennent que dans les endroits cultivés. Ceux qui croissent naturellement dans les forêts ne produisent qu'une fois par an, et la plupart dans les mois qui correspondent au printemps d'Europe. Tels sont les fruits de palmiers, ceux du *mari-tembour*, du *prunier-mombain*, et autres. Parmi les arbres fruitiers transportés de l'Europe, il n'y en a que trois qui aient réussi généralement, savoir : la *vigne*, dont cependant les raisins pourrissent dans le temps des pluies, et sont dévorés, en été, par les insectes (2); le *grenadier*, et surtout le *figuier*. Les arbres fruitiers des Indes orientales, tels que les manguiers et les jambosiers, viennent infiniment mieux.

« Avant l'arrivée des Européens, la Guyane possédait

(1) *Laurus persea*. Stedmann, t. I, p. 390. — (2) *Bajon*, t. II, p. 18, et *Stedmann*, t. II, p. 237.

trois espèces de cafiers, le *coffea guyanensis*, le *paniculata* et l'*occidentalis*; mais on y introduit le cafier arabique. Les girofliers, les cannelliers, les muscadiers y ont été transportés avec beaucoup de succès. Il y a plusieurs espèces de poivriers (1). Le cacaoyer vient spontanément à l'est de l'Oyapok. L'indigo et la vanille y sont indigènes. Parmi les plantes alimentaires du pays, le manioc amer et le ca-manioc (2) tiennent le premier rang; les ignames, les patates, les tayoves, deux espèces de mil offrent encore une nourriture abondante.

« La Guyane a donné à la médecine le précieux quassia ou bois de Surinam (3). Beaucoup d'autres végétaux produisent des sucs amers et astringens d'une grande utilité médicale, tels que le *dolichos pruriens*, la violette ytonbou, espèce d'ipécacuanha, la noix d'huile de castor, le *costus* arabique, la potalée amère. Il faut en chercher les noms dans les mémoires de MM. Bajon et Aublet. Parmi les gommes et résines, on doit remarquer la *gomme copahu* ou *capivi*. Le laborieux médecin M. Leblond a cherché en vain le quinquina, même sur les montagnes de l'intérieur. Ce végétal n'a pu franchir les plaines basses qui environnent et isolent le plateau de la Guyane.

« Mais à côté de ces arbustes salutaires, les forêts de la Guyane cachent les poisons les plus terribles. La *duncane* est un petit arbrisseau qui donne à l'instant la mort aux bestiaux qui en mangent; on assure que l'instinct des animaux ne leur apprend pas à connaître cette plante redoutable (4). Les ravages du poison végétal nommé *wourara* sont tels, selon Stedmann, qu'un enfant mourut sur-le-champ pour avoir sucé la mamelle de sa mère un instant

---

(1) *Aublet*: Plantes de la Guyane, T. I, p. 21. — (2) *Bajon*, v. I, Mémoire XV; mais *Aublet*, t. II, Mémoire III, distingue cinq sous-espèces de manioc propre ou vénéneux. — (3) *Patrin*, Journal de Physique, 1777, p. 140. — (4) *Stedmann*, t. II, p. 16, 17.

après qu'elle eut été frappée d'une flèche qui en avait été induite (1).

« Parmi les arbres forestiers de la Guyane, les uns, mous et spongieux, comme les bananiers, les palétuviers, ne servent qu'à allumer le feu; les autres, extrêmement durs, incorruptibles et susceptibles du plus beau poli, ont l'inconvénient de résister à la scie et aux autres outils, tels sont le ouatapa, le balata, l'angelin. Quelques autres espèces, en se rapprochant de ceux-ci, donnent plus de prise aux outils : on distingue le férole, qui s'appelle aussi bois satiné; le *licaria*, qui, dans sa jeunesse, porte le nom vulgaire de bois de rose, et dans sa vieillesse est faussement désigné par les colons comme un arbre différent, sous le nom de sassafras (2); deux espèces d'*icica*, qu'on décore du titre de cèdre noir et blanc; le bagassier, le couri-mari et l'acajou. L'aspect des forêts de la Guyane est imposant et varié. Les majestueux *panax morototoni*, le *bignonia copaia*, le norante, élèvent leurs têtes jusqu'à 80 et 100 pieds. Le faramier, l'ourate, le mayèpe répandent au loin une odeur balsamique. Les lianes et les arbrisseaux grimpans, en décorant ces forêts, les rendent souvent impénétrables; là c'est le mouroucou ou le malani, dont les branches sarmenteuses s'enlacent autour des troncs et des rameaux; ici c'est l'ouroupari et le rouhamon, qui, l'un par ses épines en forme de crochets, l'autre par ses vrilles, s'élèvent jusqu'aux cimes des arbres les plus hauts. On voit des grappes de fleurs de diverses espèces pendre de tous les côtés sur l'arbre, dont le feuillage véritable disparaît presque sous des ornemens étrangers (3).

« Nous pourrions encore remarquer une foule d'arbres utiles ou curieux, tels que la simira, qui donne une belle

---

(1) *Stedmann*, t. II, p. 109-119. — (2) *Aublet*, t. II, article *licaria*.
(3) *Idem*, t. I, p. 172.

teinture rouge ; le cotonnier sauvage, qui a souvent douze pieds de circonférence, et dont on construit des canots très-grands ; le patavoua, qui forme un grand parasol, dont un seul sert de toit à une cabane pour vingt-cinq personnes ; le vouay, dont les grandes feuilles sont employées à couvrir les maisons, et résistent pendant plusieurs années aux injures de l'air.

« Les mammifères de la Guyane sont des mêmes espèces que ceux du Brésil et du Paraguay. Les jaguars passent pour être petits, mais ils n'ont pas encore été très-soigneusement observés. M. Bajon dit cependant que le jaguar peut terrasser un bœuf, mais qu'il est timide et lâche devant l'homme (1) ; Stedmann lui donne six pieds de long du museau à la naissance de la queue. Le couguar l'approche en grandeur. Le couguar noir (*felis discolor*) est ici de la grosseur d'un grand chat, mais sa peau est aussi belle que celle du jaguar, et sa férocité, sa soif de sang n'est pas moindre. Selon Stedmann (2), le jaguarète serait encore une quatrième espèce de chat, qui a la peau tachetée de noir et de blanc, ce qui est contraire à l'opinion aujourd'hui reçue, et d'après laquelle les naturalistes regardent le jaguar et le jaguarète comme synonymes, mais formant deux variétés différentes. Les autres espèces du genre *felis* sont le *felis unicolor*, et le *margay* ou *felis tigrina*. Après le tapir, les fourmiliers comptent parmi les grands quadrupèdes. Les espèces les mieux connues sont le fourmilier didactyle, le *tamandua* et le *tamanoir* ; celui-ci a quelquefois huit pieds de la tête à la queue ; il se défend avec ses griffes même contre le jaguar ; s'il réussit à serrer cet ennemi entre ses pates, il ne le lâche qu'après l'avoir tué. Le *chien crabier* vit sur les bords de la mer ; il se sert

(1) Bajon, Mémoire sur Cayenne, t. II, p. 178. — (2) Stedmann, t. II, p. 204.

de ses pates, presque comme un homme de ses mains, pour tirer les crabes de leur trou. Parmi les familles des singes, extrêmement nombreuses, on distingue l'atile coïata, qui se suspend aux branches par sa longue queue tournée en spirale, le timide atile belzébuth, le joli petit *saki-winski*, appelé tamarin par quelques Français, le doux et aimable *kisi-kisi*, le farouche alouate (*mycetes seniculus*), le *sapajou-sajou* (*cebus apella*), et cinq ou six autres espèces de ce genre; le *sagoin saimiri*, l'*ouistiti vulgaire*, et beaucoup d'autres qu'il serait trop long d'énumérer. Parmi trois espèces de biches, le cariacou se rapproche, pour la grandeur et pour la forme, du chevreuil d'Europe. L'agouti est le gibier le plus commun et le meilleur; cependant la chair du paca est encore préférée : le cabiai habite les bords des rivières et des lacs; ses soies et ses défenses lui donnent l'air d'un cochon. Le pécari, appelé aussi tassajou ou cochon des bois, animal très-différent de nos cochons, s'attroupe en grand nombre. Il passe, sans se déranger, à travers les jardins et les cours, même à travers les rangs d'une armée (1).

« Les écureuils, mentionnés par Bancroft, ne paraissent pas différer sensiblement des espèces connues en Europe. Le coati, qui a quelquefois deux pieds de long, emporte sans façon les oies et les coqs d'Inde ; le grison (*gulo vittatus*), nommé *crabbodago* à Surinam, est d'un caractère si féroce, que, sans être pressé par la faim, il immole tout animal vivant qu'il rencontre et dont il peut se rendre maître (2).

« La Guyane possède plusieurs espèce de tatous et de didelphes ou sarigues. Stedmann nie à tort l'existence du fameux *didelphis œneas* ou *virginiana*, qui, en cas de

---

(1) *Stedmann*, t. II, p. 316. — (2) *Idem, ibid.*, p. 190, et t. III, p. 213.

danger, porte, disait-on, ses petits sur le dos. Parmi les chauves-souris, le vampire de la Guyane est redouté; il y en a qui ont deux à trois pieds d'envergure; le *vespertilio lepturus*, décrit et figuré par *Schreber*, ne s'est encore trouvé que dans les environs de Surinam.

« Le serpent *boa* est appelé à Surinam aboma; il devient quelquefois long de 40 pieds et d'une circonférence de 4; il engloutit des sangliers, des cerfs, des tigres entiers. Quelques coups de fusil bien dirigés donnent la mort à ce nouveau Python; les nègres lui enlacent une corde autour du cou, le suspendent à un fort arbre, et l'entourant de leurs bras, grimpent après le reptile comme à un mât, atteignent son cou, lui ouvrent la gorge avec un couteau, et se laissant couler à terre, le pourfendent dans toute sa longueur; puis l'écorchent tout palpitant pour avoir sa graisse, qui est excellente. Les deux serpens venimeux les plus connus sont celui *à sonnettes* et celui nommé *grage*: ce dernier, habitant des forêts de l'intérieur, est le plus méchant; son venin n'est pas aussi actif, mais la courbure et la disposition particulière de ses incisives rendent ses morsures terribles (1). »

La Guyane abonde en crapauds, en lézards et en caïmans. Les gastronomes y recherchent l'*iguana delicatissima*, espèce de lézard qui vit sur les arbres, et dont la chair est un mets friand. Les alligators infestent les fleuves et les grandes rivières.

La Guyane nourrit la plupart des oiseaux indigènes et particuliers au *nouveau continent*. Trois oiseaux de la Guyane ressemblent extérieurement au faisan; l'un d'eux, le *parraqua*, a le cri extrêmement fort. Le toucan, l'agami, le tangora, le colibri et une petite perruche appelée calli et qui n'est pas plus grosse qu'un moineau, animent les forêts

(1) *Bajon*: Mémoires, t. 1, p. 345.

et y étalent leurs couleurs variées. Le *prionus giganteus*, que l'on rencontre sur les bords de la Mana, et qui est le plus grand insecte connu, et le *fulgore-porte-lanterne*, remarquable par sa propriété phosphorescente, sont les principaux insectes de la Guyane. Parmi les poissons d'eau douce, le *pacou* et l'*aymara* offrent au voyageur une nourriture délicieuse (1). Le *warapper* est pris parmi les arbres où il vient s'engraisser pendant l'inondation, et où il reste embarrassé dans les branches lors de la baisse des eaux (2). Le lamantin habite les rivières et les lacs; le poisson volant est poursuivi dans les eaux par le requin, et dans les airs par le cormoran; enfin le *sucet rémore* (*echineis remora*) s'attache fortement par la tête aux corps solides.

« Mais il est temps d'en venir à la description particulière des colonies européennes.

« Les colonies ci-devant hollandaises d'*Essequibo* ou *Essequebo*, de *Démérary* et de *Berbice*, forment aujourd'hui la *Guyane anglaise*, peuplée, en 1817, de 4700 blancs, 15,000 indigènes et gens de couleur, et de 96,300 nègres, en tout 116,000 habitans. Les limites du côté de la Guyane espagnole ne sont pas bien fixées. Le bourg et le port d'*Essequebo* sont dans une excellente situation sur le confluent des deux grands cours d'eau de Courna et d'Essequebo. Les habitans demeurent la plupart dans leurs plantations le long du fleuve. Les bois étant abattus, l'air de mer y circule librement, et le climat est plus tempéré qu'à Surinam. On avait cru trouver des mines sur le haut du fleuve Essequebo, dont le cours est d'environ 200 lieues; les cartes y marquent même une *mine de cristal*; mais les essais que les Hollandais ont faits pour découvrir ces trésors n'ont pas eu de succès. »

---

(1) *Leblond* : Description abrégée, p. 36. — (2) *Albert de Sack* (chambellan prussien), *Narrative of a voyage to Surinam*, Londres, 1808.

Le *gouvernement d'Essequebo-Démérary* est la plus florissante de ces colonies. *Stabroek*, que les Anglais appellent *George-Town*, en est la capitale, et compte près de 10,000 habitans, qui joignent aujourd'hui le luxe anglais aux manières hollandaises (1). Les grandes richesses des colons ont fait naître ici des prix excessifs et incroyables pour toutes les denrées étrangères; une livre de thé coûtait naguère une guinée. *Fort-insel*, dans la colonie d'Essequebo, est un poste peu important.

« On ne trouve ni à Essequebo ni à Démérary ces bancs de coquillages si fréquens sur toute la côte de la Guyane; ces dépôts de la mer ne commencent qu'à Berbice. Le terrain d'Essequebo et de Démérary est une vase tantôt bleuâtre et tantôt grise, qui souvent n'a que la consistance de la boue.

« Dans la colonie, ou le gouvernement de *Berbice*, l'endroit principal est la *Nouvelle-Amsterdam*, sur la rivière Berbice qui n'a point de chutes d'eau comme les autres rivières de la Guyane. Les terres basses s'étendent ici, sans interruption, deux, trois et quatre lieues de la côte. On y trouve plus de plantations de cacao et de café que de sucre. »

La petite cité de Nouvelle-Amsterdam, est bâtie dans le goût hollandais: chacune de ses maisons, couverte de feuilles de bananiers, s'élève au milieu d'un jardin qu'entoure un fossé qui se remplit et se vide à chaque marée, et forme en quelque sorte une île particulière. Ainsi l'Océan se chargeant chaque jour d'enlever les immondices de cette ville, contribue à sa salubrité. Le fort de *Nassau* défend l'entrée de la colonie du côté de la mer.

« La superbe colonie de *Surinam* reste aux Hollandais: c'est peut-être le chef-d'œuvre de ce genre d'industrie hu-

---

(1) *H. Bolingbrok*, a voyage to Demerary.

maine. Aucune des Antilles ne présente une culture aussi étendue et aussi lucrative. »

La *Guyane hollandaise*, baignée au nord par l'Atlantique, bornée à l'ouest par la colonie anglaise, au sud par le Brésil, et à l'est par la Guyane française, dont elle est séparée par le cours du *Maroni*, est traversée par deux rivières considérables, le *Surinam* et la *Saramaca*, qui vont se jeter dans l'Océan. Sa capitale, *Paramaribo*, est une des plus belles et des plus riches villes de l'Amérique méridionale; toutes ses rues sont larges, parfaitement droites, plantées de chaque côté d'allées de citronniers, d'orangers et de tamariniers toujours chargés de fleurs ou de fruits, et au lieu d'être pavées, elles sont sablées comme les allées d'un jardin. Les rues des faubourgs sont plantées comme celles de la ville; les places publiques, ombragées également par de beaux arbres, sont vastes et régulières. Toutes les maisons sont construites en bois plus ou moins précieux, et les fenêtres, au lieu de vitres, sont garnies de rideaux de gaze parfaitement disposés pour défendre de la chaleur. Les habitations en général sont élégamment ornées de peintures, de glaces, de dorures, de lustres de cristal, et de vases de porcelaine; les murs des chambres ne sont jamais enduits de plâtre ni couverts de tapisseries de papier, mais sont lambrissés de bois précieux. Le palais du gouverneur est un magnifique édifice couvert en tuiles. Le port est garni de larges quais d'un abord facile en tout temps; il s'ouvre à l'embouchure du Surinam, que l'on voit toujours sillonné par des barques et des canots dont le nombre annonce la plus grande activité commerciale. La valeur des exportations s'élève à plus de 30 millions de francs. Cette ville fut en grande partie détruite en 1821 par un incendie qui consuma 1500 bâtimens, mais ce désastre fut bientôt réparé. Sa population est d'environ 15 à 20,000 individus, parmi lesquels se trouvent plus de 9,000 blancs. Elle entretient des relations continuelles avec des peuplades indigènes, elles y portent des bois précieux et d'autres objets qu'elles échangent contre des armes à feu. Les environs de Paramaribo sont couverts de charmantes maisons de campagne. Le fort Zélandia défend l'approche de la ville.

Le *fort Amsterdam* est entretenu sur un pied respectable. Il s'élève sur une langue de terre entre le Surinam et la Commewyne. *Savanna*, à environ 16 lieues de Paramaribo, sur la droite du Surinam, est un joli village entièrement habité par des juifs, qui y prouvent que ce peuple peut ne pas s'adonner exclusivement au commerce : ils s'y livrent aussi à l'agriculture. Ils y ont une synagogue et une école supérieure.

« L'aspect des colonies hollandaises et anglaises a quelque chose d'extraordinaire, d'unique même pour ceux qui ont vu la Hollande ou le Bas-Holstein. Une vaste plaine, absolument horizontale, couverte de plantations florissantes, émaillées d'un vert tendre, aboutit, d'un côté, à un rideau noirâtre de forêts impénétrables, et est baignée, de l'autre côté, par les flots azurés de l'Océan. Ce jardin, conquis sur la mer et sur le désert, est divisé en un grand nombre de carrés environnés de digues, séparés par de larges routes et par des canaux navigables. Chaque habitation semble un petit village à part, et le tout ensemble réunit, dans un étroit espace, les charmes de la culture la plus soignée aux attraits de la nature la plus sauvage (1). »

Les nègres révoltés ont établi dans l'intérieur trois petites républiques : ce sont celles des *Auka*, des *Cottica*, et des *Saraméca*, dont l'indépendance, protégée par des forêts et des fleuves, a été reconnue par les Hollandais.

(1) *Pinkard*, Notes on West-India, III, 489, 492. *Stedmann*, Voyage, passim.

« Ces nègres vont tout nus, mais ils vivent dans l'abondance. Ils font de bon beurre avec la graisse clarifiée des vers-palmistes ; ils tirent une très-bonne huile des pistaches de terre. Au moyen de trappes artistement pratiquées et des hautes marées, ils prennent abondamment du gibier et du poisson, qu'ils font sécher à la fumée pour les conserver. Leurs champs sont couverts de riz, de manioc, d'ignames, de plantaniers. Ils tirent du sel des cendres du palmier, comme font les Hindous, ou bien ils y suppléent fréquemment avec du poivre rouge. Ils ont toujours en abondance le vin de palmier, qu'ils se procurent par une incision d'un pied carré dans le tronc, dont ils reçoivent le jus dans un vase. Le latanier ou le pineau leur fournit tous les matériaux pour construire leurs maisons. Le calebassier leur donne des coupes ou des gourdes. Le *mauricia* renferme des filamens dont ils font leurs hamacs, et même il croît sur les palmiers des espèces de bonnets d'un tissu naturel, comme le *sustillo* du Pérou. Les lianes de toutes sortes leur servent de cordes. Pour avoir du bois, ils n'ont qu'à le couper. Ils allument du feu en frottant l'un contre l'autre deux morceaux de bois qu'ils nomment by-by. Ce bois, étant élastique, leur procure aussi d'excellens bouchons. Avec la graisse et l'huile, qu'ils ont en abondance, ils peuvent faire des chandelles ou allumer des lampes : les abeilles sauvages leur donnent de la cire et de très bon miel. »

La *Guyane française*, entre la précédente et le territoire brésilien, comprend depuis l'embouchure du Maroni jusqu'à celle de l'Oyapok, une étendue de 80 lieues de côtes. Ces deux rivières, qui lui servent de limites à l'est et à l'ouest, sont les plus considérables qui l'arrosent. Entre ces deux cours d'eau, l'*Approuague* et la *Mana* ont 30 à 40 lieues de longueur. Cette partie de la Guyane est plus saine que les deux autres et présente les élémens de la plus grande prospérité. Il n'y règne aucune maladie endémique : la petite-vérole n'y a paru que deux fois en 24 ans, et la fièvre jaune qu'une seule fois depuis la fondation de la colonie. Le sol est très-fertile ; mais quels progrès l'agriculture ne peut-elle pas y faire, puisque sur une superficie égale au cinquième de toute la France, cette colonie n'a que 7774 hectares en culture, dont les trois quarts sont cultivés en sucre, en cotonnier-roucouyer, en légumes, en riz et en maïs ; et l'autre quart en café, en cacao et en diverses épices ! Le territoire de cette colonie renferme de vastes savanes, dont les pâturages pourraient servir à fonder une branche d'industrie importante, en y élevant des chevaux et des bêtes à cornes dont il serait facile d'approvisionner les Antilles. Le nombre des bestiaux est loin d'être en rapport avec les moyens élémentaires que leur offre le sol si fécond de la colonie. L'intérieur des terres est habité par un peuple indépendant appelé les *Oyampis* : ne pourrait-on pas en utiliser le voisinage en les civilisant, en leur inspirant le goût de la vie sédentaire, et en les engageant à cultiver en grand sous notre protection le coton et le café ? Enfin la superficie de cette colonie est la plus considérable des trois, et cependant sa population est la plus faible.

« La nature n'a pas traité Cayenne avec moins de faveur que Surinam. Mais l'ignorance, si commune chez les hommes d'État français ; la présomption, compagne de l'ignorance ; enfin, la puissance combinée de la routine et de l'intrigue, ont toujours enchaîné les hommes éclairés et entreprenans qui ont proposé les vrais moyens pour faire sortir cette colonie de sa trop longue enfance. Un médecin habile, M. Leblond, qui a fait un long séjour à Cayenne, a proposé de civiliser les deux tribus indigènes des *Roucouyènes* et des *Poupourouïs*, qui ne demandent que des maîtres pour se livrer à l'agriculture (1). Outre l'indigo, le

---

(1) *Leblond* : Description abrégée de la Guyane française.

coton et le café que ces Indiens cultiveraient, ils pourraient fournir tous les vivres nécessaires à une grande population de nègres.

Cayenne est le chef-lieu de la colonie française. Cette ville, bien fortifiée du côté de la mer, est presque inaccessible du côté de la terre, où des marais et des bois remplissent l'île dans laquelle elle est située (1). Cette île, large de 7 lieues et longue de 10, est baignée par l'Atlantique, la rivière d'Ouya et celle de la Cayenne. Son sol est très-fertile, mais les mosquitos et d'autres insectes y sont plus incommodes que sur le continent. Cayenne est loin de pouvoir être comparée aux cités des Guyanes anglaise et hollandaise. Son port aurait besoin d'un quai commode; il est menacé d'être mis à sec par les atterrissemens. La ville est formée de deux parties, l'ancienne et la nouvelle. La première est mal construite, entourée de vieilles murailles et dominée par des fortifications en ruines. La seconde est plus considérable et mieux bâtie : ses rues sont larges et bien aérées. Les deux quartiers réunis renferment un peu plus de 3000 habitans; on y entretient deux jardins botaniques de naturalisation. Il y a une cour royale, un tribunal de première instance et une imprimerie. Les autres lieux habités sont: *Oyapok*, dont les environs fournissent différens bois de teinture; *Kourou*, bourg fortifié et bâti avec la plus grande régularité; *Remiré*, village dans l'île de Cayenne; sur les bords de la Mana, la *Nouvelle-Angoulême*, petite colonie fondée en 1824 par des habitans du Jura, et qui en 1827 se composait de 108 individus, parmi lesquels on comptait 52 noirs: enfin nous citerons encore *Sinnamary*, bourg tristement célèbre pour avoir été le tombeau de plusieurs Français qui y furent déportés pendant la révolution.

(1) Rapport officiel dans le *Moniteur*, 1809, n° 356.

« La population de toute la colonie est de 23,000 habitans, sans y comprendre les indigènes indépendans. Nous avons dit que ses limites actuelles sont l'Oyapok à l'est, et le Maroni à l'ouest; mais les habitations européennes, dans la partie ouest, ne s'étendent qu'aux bords du Courou. Parmi les cultures, celle du giroflier a donné jusqu'à 110 millions de livres pesant. Le rocou et l'indigo réussissent parfaitement. La valeur des exportations a au moins triplé depuis l'an 1789, où elles ne s'élevaient guère qu'à la somme d'un demi-million.

« Outre les deux tribus des Roucouyènes et des Poupourouis, l'intérieur de la Guyane nourrit un certain nombre de peuplades sauvages.

« Les *Galibis* sont la principale et la plus nombreuse de la Guyane française, celle dont le langage est le plus universellement entendu de toutes les autres. Ceux qui demeurent près de Cayenne sont entassés dans leurs cabanes à la manière des animaux. Il y en a où l'on compte quelquefois jusqu'à 20 et 30 ménages. La sécurité avec laquelle ces sauvages vivent entre eux fait que rien ne ferme dans leurs demeures. Les portes en sont toujours ouvertes, et l'on y peut entrer quand on veut. Cette tribu s'est créé une langue douce et régulière, riche en synonymes, et régie par une syntaxe très-compliquée et très-ingénieuse. Cet effort d'intelligence semble prouver que si ces sauvages repoussent avec obstination nos arts et nos lois, c'est d'après une sorte de raisonnement qui leur fait préférer la vie indépendante (1). Leur nombre est d'environ 10,000 âmes; ils occupent principalement le pays entre le Courou et le Maroni, pays dont la côte, bordée d'un récif presque inaccessible, prend le nom de *Côte du Diable*.

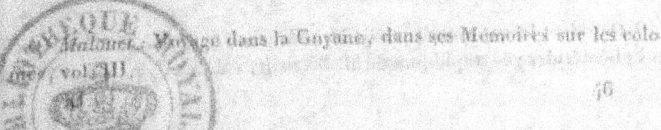

(1) *Malouet*, Voyage dans la Guyane, dans ses Mémoires sur les colo- vol. III.

« Les *Kiricotsos* et les *Parabuyanes*, sur le Haut-Maroni, sont aussi des tribus puissantes. On distingue encore les *Palicours*, et dix ou douze autres tribus qui habitaient les terres noyées et les riches pâturages entre l'Oyapok et l'Araouary ; mais on nous assure que les Portugais, à qui ce territoire a été cédé par le traité de Vienne, en ont emmené tous les habitans, afin de couvrir par un désert absolu la frontière septentrionale de leur empire brésilien.

« L'état de pauvreté et de barbarie où les Européens trouvèrent ces peuplades n'est pas une preuve tout-à-fait concluante contre les traditions, qui annonçaient aux aventuriers espagnols et anglais l'existence d'un pays, dans l'intérieur de la Guyane, abondant en or, et nommé *El-Dorado*, dont la capitale, *Manoa*, renfermait des temples et des palais couverts de ce métal précieux. Ce fameux but de tant d'expéditions a même été presque atteint, à ce qu'assurent des relations authentiques. Un chevalier allemand, *Philippe de Hutten*, dont le nom a été défiguré en *Urre*, a conduit, de 1541 à 1545, une petite troupe d'Espagnols depuis Coro, sur la côte de Caracas, jusqu'à la vue d'une ville habitée par les *Omégas*, remplie de maisons dont les toits brillaient avec l'éclat de l'or, mais qui n'était environnée que d'une contrée faiblement cultivée. Repoussé par les Omégas, ce chef audacieux se proposait d'y retourner avec des forces plus considérables, lorsqu'un assassinat termina ses jours (1). Les toits d'or peuvent être une fable ou une illusion d'optique produite par des rochers de mica ; le nom des Omégas semble identique avec celui des *Omaguas*, nation assez civilisée, entreprenante, et répandue sur les deux bords de l'Amazone. Une petite ville du nom

---

(1) *Oviedo* et les commentaires de M. *Ehrmann* et de M. *Meusel*, dans les Éphémérides géographiques de M. Bertuch, vol. XXV, p. 136 et 486.

de *Manoa* a été visitée par les missionnaires péruviens, sur les bords de l'Ucayale. Mais Philippe de Hutten a-t-il réellement vu une ville des Omaguas? Une autre explication se présente indépendamment de l'histoire de cette expédition. Les Indiens de la Guyane ont pu avoir eu une idée obscure de l'empire des Incas, des temples et palais de Cuzco, couverts en partie d'or, ainsi que du grand lac Titicaca. Leurs récits n'auront été qu'un peu exagérés, et les Espagnols auront cherché ce que déjà ils possédaient. Dans tous les cas, l'*El-Dorado* paraît étranger aux plateaux de granite très-peu métallifères de la Guyane (1). »

(1) M. le baron *Alexandre de Humboldt* a indiqué une origine encore plus rapprochée de la tradition d'*El-Dorado*. Il a fait voir que le principal trait de cette tradition est *un roi tout couvert d'or*. Ce trait se retrouve à Bogota, dans la Nouvelle-Grenade, où le grand-prêtre de Bochica s'enduisait tout le corps d'un vernis d'or. L'espace nous manque pour examiner de nouveau cette question; nous rappellerons seulement que les rois d'Afrique s'enduisent également le corps d'une couche de poudre d'or. *Voyez* notre tome X, p. 499.

TABLEAUX des Colonies anglaise, hollandaise et française de la Guyane.

GUYANE ANGLAISE.

SUPERFICIE en lieues.	POPULATION en 1817.	POPULATION PAR CLASSES D'HABITANS.		
		COLONS.	NÈGRES ESCLAVES.	INDIENS et nègres libres.
3,120.	116,000 h.	4,700.	96,300.	15,000.

GOUVERNEMENS.	CHEFS-LIEUX.
ESSEQUÉBO-DEMERARY. BERBICH.	George-Town, autrefois Stabrock. Nouvelle-Amsterdam (New-Amsterdam).

GUYANE HOLLANDAISE.

SUPERFICIE en lieues.	POPULATION en 1816.	POPULATION PAR CLASSES D'HABITANS.			
		COLONS.	NÈGRES esclaves.	HOMMES DE couleur libres.	INDIENS.
5,330.	50,250.	2,030.	31,940.	3,080.	13,200.

GUYANE FRANÇAISE.

	SUPERFICIE en lieues.	POPULATION PAR CLASSES D'HABITANS.			
		COLONS.	HOMMES DE couleur libres.	NÈGRES esclaves.	TOTAL.
En 1824.....	5,400.	1,035.	1,925.	13,660.	17,340.
En 1831.....	»	1,280.	2,506.	19,261.	23,047.

Nombre de chevaux et de bestiaux en 1824:
Chevaux, 120. — Mulets, 280. — Anes, 65. — Bêtes à cornes, 6,910.

VALEUR EN 1831 DES

IMPORTATIONS.	EXPORTATIONS.
1,715,100 fr.	1,633,294 fr.

Produit moyen des récoltes.

Sucre brut...............	2,300,000 kilogrammes.
Sirop et tafia.............	196,000 litres.
Coton..................	210,000 kilogr.
Rocou..................	1,500,000 »
Café...................	200,000 »
Cacao..................	83,000 »
Girofle.................	500,000 »
Cannelle................	10,000 »
Muscade................	3,000 »
Poivre..................	3,000 »
Manioc.................	3,000,000 »

LIVRE CENT QUATRE-VINGT-TREIZIÈME.

Fin de la Description de l'Amérique. — Description particulière de l'Archipel Colombien ou des grandes et petites Antilles.

———

« Entre les deux continens de l'Amérique dont nous venons d'achever la description, s'étend en arc de cercle une chaîne d'îles à laquelle on a donné le nom insignifiant d'*Antilles* (1), et le nom inexact d'*Indes occidentales*, mais que la raison et la reconnaissance doivent nommer l'*Archipel Colombien*. L'extrémité méridionale de cet archipel se rattache au cap Paria, dans l'Amérique méridionale ; tandis que son extrémité septentrionale se lie à la Floride par les îles Bahama, et la pointe occidentale de Cuba correspond en quelque sorte à la partie la plus avancée de l'Yucatan. Ainsi les Antilles tiennent doublement au continent de l'Amérique septentrionale.

« On divise ces îles en *grandes* et *petites Antilles*. Les grandes sont : *Cuba*, *la Jamaïque*, *Saint-Domingue* et *Porto-Rico*.

« Les Anglais, les Français, les Espagnols donnent des sens très-différens aux termes d'îles du Vent et d'îles sous le Vent. L'acception de ce terme de marine dépend de la position du navire et de la route qu'on se propose de suivre.

« L'étendue de mer qui se trouve entre les Antilles, l'Amérique méridionale et les côtes de Mosquitos, de Costarica et de Darien, s'appelle aujourd'hui *mer des Caraïbes*. Cette mer, une des plus fréquentées du globe, nous pré-

(1) C'est le nom de l'île imaginaire d'*Antilia*, appliqué aux découvertes de Colomb. *Voyez* notre *Histoire de la Géographie*, vol. I de ce *Précis*, p. 529-531.

sente plusieurs phénomènes dignes d'attention. Le premier est ce mouvement des eaux connu sous le nom de *courant du golfe*. On doit le considérer comme l'effet du mouvement doux, mais universel, de toute la masse des eaux de l'Océan, portées par le grand courant équatorial de l'est à l'ouest, et poussées à travers les ouvertures de la chaîne des petites Antilles contre le continent américain. Ce mouvement uniforme n'empêche pas les eaux de l'Océan, depuis les îles Canaries jusqu'à l'embouchure de l'Orénoque, d'être d'une si parfaite tranquillité, qu'un canot pourrait sans danger traverser cet espace, auquel les Espagnols ont donné le surnom de *mer des Dames*. Pour être tranquille, ce mouvement n'en est pas moins fort; il accélère la marche des navires qui voguent des Canaries à l'Amérique méridionale; il rend presque impossible la traversée en ligne directe de Cartagena à Cumana, ou de Trinidad à Cayenne. Le nouveau continent, à partir de l'isthme de Panama jusqu'à la partie septentrionale du Mexique, forme une digue qui arrête le mouvement de la mer vers l'occident. Depuis Veragua, le courant est forcé de changer sa direction pour suivre celle du nord, et de se plier à toutes les sinuosités des côtes de Costarica, de Mosquitos, de Campèche et de Tabasco. Les eaux qui entrent dans le golfe du Mexique par l'ouverture qui se trouve entre l'Yucatan et l'île de Cuba, après avoir éprouvé un grand remous partiel entre la Vera-Cruz et la Louisiane, retournent dans l'Océan par le canal de Bahama; elles y forment ce que les marins appellent proprement le *courant du golfe*, qui est comme un torrent d'eaux chaudes, sortant du golfe de la Floride avec une grande vitesse, et s'éloignant insensiblement de la côte de l'Amérique septentrionale, en suivant une direction diagonale. Lorsque les navires venant d'Europe et destinés pour cette côte ne sont pas sûrs de la longitude où ils se trouvent, ils peuvent s'orienter dès qu'ils ont atteint le courant du golfe, dont la position a été exactement déterminée par Franklin, Williams et Pownall. Depuis le 41ᵉ parallèle, ce long courant d'eaux chaudes se dirige vers l'est, en diminuant peu à peu de température et de vitesse, et en augmentant de largeur. Avant d'arriver aux plus occidentales des Açores, il se partage en deux bras, dont, au moins à certaines époques de l'année, l'un se porte sur l'Islande et la Norvège, et l'autre sur les îles Canaries et les côtes ouest de l'Afrique. Ce remous de l'océan Atlantique explique pourquoi, malgré les vents alizés, des troncs de *cedrella odorata* sont poussés des côtes d'Amérique sur celles de Ténériffe. Dans le voisinage du banc de Terre-Neuve, la température du courant du golfe qui charrie avec une grande rapidité les eaux chaudes des parallèles moins élevés, dans des latitudes plus septentrionales, est, selon les expériences de M. de Humboldt, de 2 à 3 degrés (de Réaumur) plus élevée que celle des eaux voisines qui en forment pour ainsi dire les rives, et dont le mouvement est comparativement nul.

« La tranquillité habituelle de la mer des Caraïbes est, de temps à autre, troublée par des ouragans et des coups de vent qui, se propageant à travers les étroites ouvertures de la chaîne des Antilles, prennent une extrême intensité. En temps ordinaire, les eaux sont si transparentes qu'on distingue les coraux et les poissons à 60 brasses de profondeur ; le vaisseau semble planer dans l'air ; une sorte de vertige saisit le voyageur, dont l'œil plonge à travers le fluide cristallin au milieu des jardins sous-marins où des coquillages et des poissons dorés brillent parmi des touffes de fucus et des bosquets d'algues-marines [1].

« Le canal entre l'Yucatan et l'île de Cuba présente de

---

[1] Voyez entre autres *Schopf*, cité dans *Zimmermann*, West-Indien, p. 5.

deux côtes le phénomène des sources d'eau douce jaillissant au sein de l'onde amère. Nous avons déjà décrit celle de la côte d'Yucatan : les autres sont vis-à-vis, sur la côte occidentale de Cuba, au sud-ouest du port de Batabano, dans la baie de Xagua, environ à 2 ou 3 milles marins de la terre; elles jaillissent avec tant de force, que l'approche de ces lieux fameux est dangereuse pour les petites embarcations, à cause des lames très-élevées qui se croisent en clapotant. Les navires côtiers viennent quelquefois y prendre, au milieu de la mer, une provision d'eau douce. Plus on puise profondément, plus l'eau a de douceur. On y tue souvent des lamantins, animal qui ne se tient pas habituellement dans l'eau salée (1).

« Toutes les îles un peu considérables de cet archipel renferment de hautes montagnes; les plus élevées se trouvent dans la partie occidentale de Saint-Domingue, dans l'est de Cuba et dans le nord de la Jamaïque, précisément aux endroits où ces grandes îles se rapprochent le plus. La direction de ces montagnes, en la considérant en gros, paraît bien être du nord-ouest au sud-est; mais en examinant attentivement les meilleures cartes de chaque île, on découvre dans la plupart un point central d'où les rivières descendent, et où les diverses branches de montagnes paraissent se réunir comme dans un noyau. Dans quelques îles, comme à la Guadeloupe, ce noyau renferme des volcans; il paraît plus généralement formé de granite dans les petites îles, et de roches calcaires dans les grandes. Mais la géologie des Antilles n'a pas encore été observée dans la vue d'en saisir l'ensemble. On a remarqué avec raison que, dans les petites Antilles, les plaines les plus étendues se trouvent sur la côte orientale (2). Mais ce fait cesse d'avoir

---

(1) *A. de Humboldt* : Tableaux de la nature, II, 235.
(2) *Leblond* : Voyage aux Antilles, I, 141-320.

lieu dans les îles Vierges et dans les grandes Antilles. Le seul trait d'uniformité se trouve dans les escarpemens brusques qui, dans la plupart des îles, séparent les terres hautes des terres basses; ils sont surtout frappans à Saint-Domingue, où on les appelle *mornes*.

« Les rochers de corail ou de madrépores sont aussi communs que les pierres ponces, et des recherches plus attentives prouveront peut-être que cette substance a joué un rôle aussi important dans la formation de cet archipel, qu'elle en a joué dans celle des archipels du grand Océan. L'île de Cuba et les îles Bahama sont environnées d'immenses labyrinthes de rochers qui s'élèvent au niveau des flots, et qui se couvrent de palmiers : ce sont exactement les îles basses de l'océan Oriental.

« Toutes les Antilles sont à peu près soumises au même climat. Dans la sécheresse, qui dure ordinairement depuis le commencement de janvier jusqu'à la fin de mai, la chaleur du jour serait insupportable si des brises de mer ne s'élevaient à mesure que le soleil prend de la force. Les pluies, qui caractérisent la saison de l'été, tombent par torrens : ce sont de véritables déluges; les rivières s'enflent en un moment; tout le plat pays est submergé. L'air, fortement imprégné d'humidité, couvre de rouille tous les métaux susceptibles de s'oxider. L'humidité souvent continue sous un ciel enflammé, qui fait en quelque sorte vivre les habitans dans un bain de vapeurs et ne contribue pas peu à rendre le séjour, dans la partie basse de ces îles, désagréable, malsain, et même dangereux pour un Européen (1). Le relâchement successif des fibres trouble et interrompt l'activité des fonctions vitales, et produit à la longue une atonie générale.

(1) Mémoire du D*r Cassan*, inséré dans les Mémoires de la Société médicale d'émul., t. IV. Mémoires de M. *Moreau de Jonnès*, lus à l'Institut.

« Le défaut habituel d'électricité paraît contribuer à faire disparaître ces teintes animées qui distinguent l'Européen. Les miasmes répandus par des eaux de mer stagnantes et des vases croupissantes deviennent, surtout pour les hommes des pays froids, les germes de la terrible fièvre jaune. La nature a indiqué un moyen de salut, c'est de chercher un air plus frais sur les flancs des montagnes. La zone chaude, où les fièvres putrides menacent notre existence, s'étend depuis le bord de la mer jusqu'au niveau de 400 mètres; là commence la zone tempérée où le thermomètre de Réaumur ne marque plus que 15 à 18 degrés en plein midi, où nos plantes potagères réussissent le mieux, et où abonde le quinquina-pitou (*chinchona caribea*). Cette zone se termine à 800 mètres plus haut, où le thermomètre s'arrête à 14 degrés; les brouillards, élevés des parties basses, s'accumulent sur les montagnes, et la pluie devient habituelle. C'est la zone froide des Antilles (1).

« Il ne s'est pas trouvé d'autres mammifères sauvages que ceux de la plus petite taille, tels que la chauve-souris-fer-de-lance, le rat volant ou my-optère (2), le kinkajou (3), le rat-piloris (4); les lézards, les scorpions, les serpens sont très-communs; mais parmi les petites Antilles, la Martinique et Sainte-Lucie sont les seules qui renferment de véritables vipères et des scorpions venimeux. Le scorpion existe à Porto-Rico (5), et probablement dans toutes les grandes Antilles. Le vorace caïman habite les eaux dormantes, et quelquefois les nègres mêmes ne peuvent se soustraire à sa dent meurtrière. Les tortues les plus délicates se prennent sur les plages voisines de la Jamaïque. Les perroquets et les colibris embellissent les forêts; les oiseaux aquatiques, en troupes innombrables, animent les rivages. On admire l'oiseau-

---

(1) *Leblond*: Traité de la fièvre jaune, p. 130.
(2) *Myosteris Daubentonii*. — (3) *Potos caudivolvulus*. — (4) *Mus pilorides*. — (5) *Ledru*: Voyage à Ténériffe, Porto-Rico, etc., II, p. 226.

mouche, qu'on appelle aussi *oiseau-murmure*, à cause du bourdonnement produit par le mouvement continuel de ses ailes; on le voit lancer son bec effilé dans les fleurs parfumées des orangers et des limoniers, pour en exprimer un instant le suc et l'essence; ailleurs, à le voir suspendu dans les airs au-dessus des campêches en fleurs, on le croirait enivré des parfums qui s'en exhalent; puis on le voit tout à coup disparaître avec la rapidité de l'éclair, pour revenir, peu de momens après, savourer de nouveau ces délicieuses odeurs, et déployer dans toutes ses courses un plumage magnifique où brillent les plus riches nuances de pourpre et d'or, d'azur et d'émeraude.

« Les magnifiques végétaux que nous avons admirés dans les autres parties du globe situées entre les tropiques égalent ici en taille, en beauté, leurs frères du continent. Le bananier qui, d'abord faible, cherche l'appui d'un arbre voisin, forme à lui seul, dans le cours des années, un bocage; le tronc creusé du cotonnier sauvage (1) fournit un canot capable de contenir 100 hommes; une feuille du palmier à éventail suffit pour garantir 8 personnes du soleil ou de la pluie; le chou-palmiste balance sa tête verdoyante sur une colonne quelquefois haute de 230 pieds. Des rangées d'arbres de Campêche (2) et du Brésil entourent les plantations. Le caroubier joint au bienfait de ses fruits celui de son épais ombrage. L'écorce fibreuse du grand *cecropia* fournit de solides cordages. L'élégant tamarinier, précieux par ses cosses acides, le bois de fer, le cèdre, et une espèce de *cordia*, désignée dans les îles anglaises sous le nom d'*ormeau d'Espagne*, sont très-estimés pour les ouvrages de charpente solides et durables. Rien ne surpasse l'utilité de l'arbre à roue (3) dans la construction des moulins. Les

---

(1) *Bombax ceiba.* — (2) *Hæmatoxylum campechianum.*
(3) *Laurus chloroxylon.*

orangers, les citronniers, les figuiers, les grenadiers, à l'entour des habitations, remplissent l'air d'un parfum exquis, ou offrent leurs fruits délicieux. La pomme, la pêche, le raisin, et généralement tous les meilleurs fruits de l'Europe, ne mûrissent que dans les parties montagneuses, tandis que les plaines, où rien ne modère le feu du soleil, se parent de productions indigènes, telles que le cachou (1), la sapote (2), la sapotille (3), la poire d'avocat (4), la mammée (5), avec plusieurs fruits des Indes orientales, comme la pomme de rose (6), la goyave (7), la mangue (8), et quelques espèces de spondias et d'annona.

« Dans l'émail des vastes savanes on distingue le *serpidium* de Virginie, l'*ocymum americanum*, le *cleome* à cinq feuilles, le *turnera pumicea*. Le long des coteaux, la modeste sensitive se cache sous le gazon, entre les *sida*, les *dianthea*, les *ruelia*, ombragés par l'élégant troène d'Amérique, ou par des acacias de toute espèce, notamment l'acacia de Farnèse, intéressant par la délicatesse de ses feuilles et le parfum de ses petites fleurs jaunes, disposées en boucles. Sur le penchant des mornes déserts, divers cactiers présentent leurs troncs difformes, hérissés de faisceaux d'épines, tandis que les grands raisiniers (9) décorent les rochers voisins de la mer. Dans les bois, les nombreuses familles des lianes (10), dont les branches sarmenteuses s'entrelacent au haut des arbres, forment des dômes de fleurs et des galeries de verdure.

« Parmi les autres végétaux, les plus curieux sont les fougères arborescentes: elles sont ici, comme dans toute la zone torride, des plantes vivaces, qui acquièrent un

---

(1) *Anacardium occidentale*. — (2) *Achras mammosa*. — (3) *Achras sapotilla*. — (4) *Laurus persea*. — (5) *Mammea americana*. — (6) *Eugenia jambos*. — (7) *Psidium pyriferum*. — (8) *Volkameria aculeata*.

(9) *Cocoloba uvifera*. — (10) *Convolvulus dolichos*, grenadilla, ratania, bignonia, etc.

grand accroissement. Le *polypodium arboreum*, en particulier, pousse un tronc élevé de plus de 20 pieds, et couronné de larges feuilles dentelées qui lui donnent exactement l'air et le port d'un palmier. La médecine réclame encore le *gaïac* ou *lignum vitæ*, la *wintera-cannella* et la *chinchona caribea*.

« L'élévation du centre de ces îles, la diversité des expositions, la grande différence du climat des montagnes d'avec celui des côtes, et la nature du terrain, tout concourt à jeter dans la végétation une variété infinie aussi agréable qu'utile.

« La plupart des productions commerciales qui font aujourd'hui la richesse des Antilles, proviennent de végétaux naturalisés et entretenus par la culture. Cependant on trouve la vanille sauvage dans les bois de la Jamaïque et de Saint-Domingue; l'aloès, cultivé à la Barbade, croît spontanément sur le sol pierreux de Cuba, des Lucayes, et de plusieurs autres îles. Le *bixa orellana*, d'où l'on tire le rocou, est commun ici comme dans tous les pays chauds de l'Amérique. Le piment est non seulement indigène, mais il refuse de se multiplier sous la main de la culture. Le *myrtus-pimenta* affectionne particulièrement les flancs des montagnes qui regardent la mer; il y forme des bocages où l'on jouit d'une promenade d'autant plus commode qu'aucun arbuste ni arbrisseau ne croît sous son délicieux ombrage.

« L'igname et la patate, également indigènes, forment le principal aliment des nègres. L'Afrique a fait présent aux Indes occidentales du manioc et de l'arbrisseau à pois d'Angola. Mais les cultures qui subviennent au luxe et aux fabriques de l'Europe, absorbent toute l'attention d'un planteur des Antilles; et sans les immenses fournitures en blé qui arrivent du Canada et des États-Unis d'Amérique, la disette affligerait très-souvent ces magnifiques contrées.

« La grande marchandise d'étape des Indes occidentales est le *sucre*. Il paraît difficile de ne pas croire à l'existence d'une canne à sucre indigène en Amérique, mais on prétend que l'espèce cultivée y fut apportée soit de l'Inde, soit de la côte d'Afrique. On assure que la canne à sucre fut transplantée, en 1606, des Canaries à Saint-Domingue, par un certain Aguillar, habitant de la Conception-de-la-Vega, et que le premier moulin à sucre fut construit par un chirurgien de Saint-Domingue, appelé Vellosa. Mais ce fait ne prouverait qu'une importation locale, sans décider le fond de la question. Depuis une vingtaine d'années, la canne d'Otaïti est généralement introduite dans les Antilles; elle fournit un suc plus abondant que la canne ordinaire ou créole. Un champ de cannes, au mois de novembre, époque de leur floraison, offre un des coups d'œil les plus ravissans que la plume puisse décrire ou le pinceau imiter. La hauteur des tiges, qui varie depuis 3 à 8 pieds et plus, caractérise fortement la différence de sol ou de culture. Au moment de la maturité, le champ déploie un vaste tapis d'or que les rayons du soleil viennent nuancer par de larges bandes du plus beau pourpre. Le sommet des tiges est d'un vert noirâtre; mais à mesure qu'elles se sèchent, soit de maturité ou par l'effet des grandes chaleurs, la couleur change, et devient celle d'un jaune-roux, des feuilles larges et étroites pendent du haut des tiges, et semblent s'écarter pour laisser jaillir une baguette argentée: la longueur de cette baguette varie de 2 à 6 pieds, et sur son sommet flotte mollement un panache blanc, dont les houppes sont terminées par une frange délicate du lilas le plus tendre. Une plantation de cannes en feu offre, au contraire, les horreurs les plus pittoresques qui puissent s'offrir à l'imagination d'un peintre ou d'un poète. Il n'y a pas d'incendie aussi alarmant, il n'y a pas de flammes aussi rapides; on ne saurait se figurer la vélocité et la furie avec lesquelles ce feu dévore et se propage. Dès qu'on s'aperçoit que le feu est à une plantation, on frappe à coups redoublés sur les coquilles d'appel; les échos retentissent et renvoient le bruit au loin; l'alarme se répand dans les établissemens limitrophes. Le tintamarre de ces coquilles, l'agitation des nègres au milieu des feux, leurs pantomimes expressives, leurs travaux, l'impatience bruyante et tumultueuse des blancs, les groupes de chevaux et de mulets qui passent dans le fond du tableau, le mouvement, le désordre et la confusion qui règnent partout, les tourbillons de fumée, la marche rapide des flammes, le pétillement, le craquement des cannes qui se consument, tout cela forme un ensemble de scènes horribles et sublimes à la fois.

« L'arbrisseau qui nous fournit le coton trouve souvent dans ces îles le terrain sec et pierreux qu'il aime; mais la récolte, qui demande un temps sec, n'est pas assez assurée. Le cafier, originaire de l'Arabie-Heureuse, en fut long-temps une propriété enviée. Les grains, trop vieux, n'ayant jamais voulu lever en d'autres pays, on transporta le plant même à Batavia; ensuite, par multiplication, à Amsterdam et à Surinam, à Paris et à la Martinique. Tantôt cet arbre récompense les soins du cultivateur dès la troisième année, et tantôt seulement à la cinquième ou sixième : quelquefois il ne produit pas une livre de café, et d'autres fois il en donne jusqu'à 3 ou 4. En quelques endroits, il ne dure que 12 ou 15 ans; et en d'autres, 25 à 30.

« Ce tableau général des Antilles devrait être suivi d'une discussion sur les indigènes, exterminés par les Européens. Les Caribes ou Caraïbes s'étendaient-ils au-delà des Antilles? Les tribus populeuses de Saint-Domingue et de Cuba, différentes des Caribes, étaient-elles de la race qui habitait la Floride ou de celle d'Yucatan? L'espace nous défend d'examiner ces questions sur lesquelles d'ailleurs nous ne pouvons proposer aucune opinion certaine.

« Commençons notre topographie par la plus grande et la plus occidentale de ces îles. *Cuba*, longue de 263 lieues, sur une largeur qui varie de 10 à 40, approche en étendue de la Grande-Bretagne. Sa population, en 1821, était de 630,980 individus, dont 290,021 blancs, 115,691 libres de couleur, et 225,268 esclaves. En 1823 elle était d'environ 700,000 : savoir, 317,000 blancs, 127,000 libres de couleur, et 256,000 esclaves (1).

« Une chaîne de montagnes traverse l'île de l'est à l'ouest; mais les terres près de la mer sont en général basses et inondées dans les saisons pluvieuses. Cette superbe île passe pour avoir le meilleur sol de toutes les Antilles; son climat est chaud et sec, mais plus tempéré que celui de Saint-Domingue, grâce aux pluies et aux vents du nord et de l'est qui le rafraîchissent. Il faut en excepter quelques vallées exposées au midi, et brûlées par la réverbération des rochers. Les anciens historiens vantent l'or fin de cette île, et une tradition affirme que les canons du fort *El-Morro* ont été faits du cuivre indigène (2). Une mine, exploitée de nos jours aux environs de Sant-Iago de Cuba, a fourni de l'argent gris, de l'aimant, des malachites soyeuses, et des cristaux de roche couleur de topaze (3). Dans la juridiction de la Havane on a découvert une mine de fer de très-bonne qualité. On y trouve beaucoup d'eaux chaudes minérales. Ses salines sont abondantes. Mais les richesses actuelles de l'île sont ses excellentes et nombreuses sucreries, qui exportent de 2 à 5 millions

---

(1) *De Humboldt*: Essai politique sur le royaume de la Nouvelle-Espagne, t. I, p. 420. — (2) *D. Ferrer*, dans le Viagero universal, XX, p. 90.
(3) *Descourtils*, Voyage d'un naturaliste, I, p. 339.

d'*arrobas* d'un sucre très-fin. Elle abonde encore en manioc, maïs, anis ou pastel, coton, cacao, café, et en tabac préférable à tout autre de l'Amérique. On y voit tous les arbres et végétaux des Antilles, particulièrement le beau palmier royal. L'île fournit aux chantiers de l'Espagne de magnifiques bois de construction. Depuis un demi-siècle les abeilles y ont été introduites par des émigrés de la Floride; maintenant on en exporte une quantité considérable de la plus belle cire blanche. Parmi les fruits, l'ananas est singulièrement renommé (1). On ne trouve, dans toute cette île, aucun animal venimeux ni féroce. Les premiers habitans étaient pacifiques, timides, et ne connaissaient pas l'abominable coutume de manger de la chair humaine; ils détestaient le vol, la luxure; aujourd'hui les colons sont les plus industrieux et les plus actifs des îles espagnoles. Les femmes y sont vives et affables; celles des classes inférieures se couvrent très-peu, les dames mêmes, dans l'intérieur de leurs maisons, ne sont vêtues que de gazes légères. Dans les campagnes, l'hospitalité des habitans force le voyageur à s'asseoir à la table de la maison, où il y a toujours des places réservées pour les passans.

« *La Havane* est la résidence du gouverneur, et le siége d'une université et d'un département de la marine : son port, le meilleur de l'Amérique, peut contenir 1000 vaisseaux, et commande les approches de la Nouvelle-Espagne par mer, du côté de l'est, où il n'y a point d'établissement maritime. L'entrée en est étroite, difficile et garnie de fortins, dont le principal est celui de Morro. »

C'est une ville d'un aspect triste, dont les rues sont étroites, tortueuses et sans pavés, dont les seuls édifices remarquables sont la douane, l'hôtel des postes, le palais

(1) Viagero universal, p. 98, 100.

du gouverneur et la manufacture de tabacs, mais dont les habitans passent pour les plus civilisés de toutes les colonies espagnoles de l'Amérique. On y compte plusieurs sociétés littéraires et savantes, et environ 112,000 habitans.

« L'université, dit M. de Humboldt, avec ses chaires de théologie, de jurisprudence, de médecine et de mathématiques, établies depuis 1728 dans le couvent des *Padres Predicatores*; la chaire d'économie politique, fondée en 1818, celle de botanique agricole; le musée et l'école d'anatomie descriptive, due au zèle éclairé de don Alexandro Ramirez; la bibliothèque publique, l'école gratuite de dessin et de peinture; l'école nautique, les écoles lancastriennes et le jardin botanique, sont des institutions en partie naissantes, en partie vieillies. Elles attendent, les unes des améliorations progressives, les autres des réformes totales propres à les mettre en harmonie avec l'esprit du siècle et les besoins de la société. »

« *Puerto-del-Principe*, vers le milieu de la côte septentrionale, compte aujourd'hui près de 50,000 habitans, et promet tous les jours de l'accroissement. *Santiago-de-Cuba*, la capitale ecclésiastique de l'île, est bâtie sur la côte méridionale, au fond d'une belle baie, sur un port sûr et commode. Peuplée d'environ 20,000 âmes, elle fournit au commerce du sucre et du tabac très-renommés. La ville de *Bayamo*, la quatrième de l'île, compte 12,000 âmes. *Matanzas*, la *Vega*, *Trinidad*, *Holguin* et quatre ou cinq autres villes, possèdent chacune la moitié de cette population.

« L'île de *la Jamaïque*, par son étendue, est la troisième de l'archipel. L'industrie anglaise l'a élevée au rang des plus florissantes; toutefois elle n'égala jamais la fertile Saint-Domingue.

« De l'est à l'ouest, elle a environ 58 lieues de longueur, et au milieu, près de 20 de largeur, en diminuant vers les extrémités à peu près dans la forme d'un œuf. Une chaîne de montagnes escarpées, composées de rochers renversés les uns sur les autres par de fréquens tremblemens de terre, la traverse dans toute sa longueur. Entre les roches nues à leur surface, s'élève une grande variété d'arbres superbes qui offrent l'aspect d'un printemps perpétuel, et à leur pied jaillit une quantité de ruisseaux clairs et limpides, dont les nombreuses cascades, bordées de verdure, forment, avec les hauteurs qui les environnent, le paysage le plus enchanteur. La grande chaîne de montagnes est appuyée par d'autres qui diminuent graduellement; les coteaux inférieurs sont parés de superbes caféiers; et plus bas, les plus riches plantations de sucre s'étendent, à perte de vue, dans les plaines. Les savanes, dont le fond consiste en craie marneuse, portent un gazon épais et brillant, qui, selon M. Beckfort, rappelle les prairies d'Angleterre. Ce qu'on appelle terre à briques est un mélange d'argile et de sable grisâtre : ce terrain est surtout propre à la culture de la canne à sucre (1). Dans les montagnes près de Spanishtown, il y a des eaux thermales renommées; dans les prairies se trouvent plusieurs sources de sel. Le plomb est, jusqu'à présent, le seul métal qu'on y ait encore découvert.

« L'air de la partie basse de la Jamaïque est presque partout excessivement chaud et peu favorable à la constitution physique des Européens. Les brises de mer qui arrivent tous les matins le rendent plus supportable. Les montagnes offrent aux malades le salutaire bain d'un air frais et vif. Le sommet le plus élevé a 7500 pieds au-dessus du niveau de l'Océan. Le sucre est la plus avantageuse production de cette île. Autrefois on cultivait beaucoup de cacao. Depuis une quinzaine d'années, les plantations de

(1) *Bryan Edwards* : History of the West-Indies, II, 205.

café ont été fort étendues dans la Jamaïque, de manière que cette île paraît actuellement produire plus des trois quarts du café, et plus de la moitié du sucre que l'Angleterre tire de ses colonies. Les récoltes dans la Jamaïque sont plus certaines et plus égales que celles des îles du vent et sous le vent, puisque ces îles sont plus sujettes aux accidens des sécheresses et des ouragans. Antigoa, par exemple, a produit dans quelques années près de 20,000 *oxhofts* de sucre, et dans d'autres moins de 1000 (1). La Jamaïque produit aussi du gingembre et du piment. L'acajou, dont on fait un si grand usage pour les meubles, y est de la meilleure qualité; mais ce bois commence à s'épuiser. Parmi les autres bois dont elle abonde, nous signalerons le savonnier, dont la graine a toutes les qualités du savon; le mangrove et l'olivier, dont les écorces sont très-utiles aux tanneurs; le fustic et le bois rouge employé dans la teinture; enfin le bois de campêche. L'indigo y était autrefois très-cultivé, et le cotonnier l'est encore; l'arbre à pain y a été transplanté d'Otaïti par l'illustre botaniste Joseph Banks. On y récolte une grande quantité de fruits de toutes les espèces connues dans les Antilles (2).

« L'île est divisée en trois comtés, et soumise à un gouvernement représentatif. Le pouvoir législatif se compose d'un gouverneur ou capitaine général, d'un conseil de douze personnes nommées par le roi, et d'une chambre de 45 représentans élus pour sept années par les propriétaires. Les trois principales villes, savoir : Kingston, Santiago ou Spanishtown, et Port-Royal, y envoient trois membres, les autres paroisses chacune deux.

« *Port-Royal*, autrefois la capitale de la Jamaïque, était située sur la pointe d'une étroite langue de terre sablon-

---

(1) *Edwards Young* : West-India commonplace-book.
(2) *Bryan Edwards*, I, 214.

neuse et aride, qui, vers la mer, formait partie de la jetée d'un superbe port capable de contenir mille gros vaisseaux, et si profond qu'il pouvait y charger et décharger avec la plus grande facilité. Les tremblemens de terre et les ouragans l'ont en grande partie minée, cependant elle renferme encore environ 10,000 habitans. *Kingston*, la capitale actuelle, est composée de 2000 maisons, dont plusieurs sont élégantes, et, d'après le goût de ces îles et du continent voisin, d'un seul étage avec des portiques. On y compte près de 30,000 habitans. A quelque distance de Kingston, se trouve *Santiago-de-la-Vega*, aujourd'hui *Spanishtown*, l'ancienne capitale du temps des Espagnols, et encore le siège du gouvernement et des cours de justice. On y compte 6000 habitans.

« En 1787, il y avait dans l'île de la Jamaïque 23,000 blancs, 4,093 gens de couleur libres, et 256,000 esclaves; en sorte qu'il se trouvait au-delà de 11 nègres sur un Européen, et à peu près 9 esclaves et demi sur une personne libre. En 1805, il y eut 28,000 blancs; 9000 gens de couleur et 28,000 esclaves, de manière que l'on comptait 10 nègres sur un blanc, et environ 7 esclaves et demi sur une personne libre. Dans cet intervalle de temps, les Européens se sont moins accrus que les gens de couleur, dont le nombre s'est plus que doublé. Mais, au total, la population des gens libres s'accroît plus rapidement que celle des esclaves. D'après les registres mis sous les yeux de l'assemblée coloniale, le nombre d'esclaves, qui, en 1811, s'élevait à 326,000, n'était plus, en 1815, grâce à la non-importation, que de 315,000 [1]. La population blanche est de 30,000 individus, celle des mulâtres de 15,000, et celle des esclaves de 331,000; total, 376,000 habitans. L'exportation et la culture ont

[1] Tableaux du revenu, de la population, du commerce, etc. du Royaume-Uni et de ses dépendances, présenté aux deux chambres, 1833.

diminué depuis 1806; cependant l'île avait encore, en 1815, exporté 119,000 *hogsheads* de sucre, 53,000 *puncheons* de rum, et 27,360,000 livres de café. »

Haïti, que Christophe Colomb, en 1492, appela *Hispaniola*, doit attirer notre attention, puisque la première elle a brisé ses chaînes et obligé l'orgueil européen à reconnaître que, malgré la teinte de leur tissu cutané, les nègres et les mulâtres sont, tout autant que les blancs qui les méprisent, dignes de jouir de tous les avantages de la civilisation. Hispaniola fut une conquête importante pour les Espagnols par l'abondance de l'or que l'on trouvait dans ses terrains d'alluvions; ils obligeaient les indigènes à leur fournir tout ce qu'ils pouvaient recueillir de ce métal. L'établissement que les vainqueurs fondèrent, sous le nom de *Santo-Domingo*, dans la partie méridionale de l'île, fut l'origine du nom de *Saint-Domingue* qu'elle reçut dans la suite. Nous ne rappellerons pas les barbares traitemens infligés aux Caraïbes par leurs vainqueurs, ni comment les vaincus, forcés à se révolter contre les Espagnols, furent entièrement détruits par ceux-ci. Restés paisibles possesseurs d'une île déserte, les Espagnols, au commencement du XVIe siècle, la repeuplèrent d'esclaves arrachés au sol africain. Il était réservé à ceux-ci de venger un jour ceux qui les avaient précédés sur cette terre devenue un séjour de misère et de larmes depuis l'arrivée des Européens. La vengeance fut terrible; mais les Français, qui, dans le courant du XVIIe siècle, avaient fondé une colonie à Saint-Domingue, en furent les victimes aussi bien que les Espagnols. Les premières scènes de révolte commencèrent en 1791; quelques années plus tard, un nègre, Toussaint-Louverture, établit un nouveau gouvernement dont il fut nommé président à vie; en 1801, les noirs affranchis rendirent à cette île son ancien nom d'Haïti. En vain Napoléon chercha-t-il à soumettre tout le pays qui avait formé une des plus importantes colonies de la France; la valeur française céda devant des citoyens combattant pour la liberté. Enfin, en 1825, l'indépendance d'Haïti fut reconnue par la France, moyennant une indemnité de 150 millions au profit de ses anciens colons. La population de cette île passa, par tous les degrés de l'anarchie, au gouvernement républicain. Ce gouvernement se compose d'un sénat, d'une chambre de représentans, et d'un président élu par le sénat, et dont les fonctions sont à vie. Les sénateurs doivent être âgés de 30 ans, et les députés de 23. Un code calqué sur le code français, la liberté de la presse et l'institution du jury, sont les principales bases du système législatif de l'État d'Haïti.

« Au centre de l'île s'élève le *Cibao*, groupe de montagnes qui projette trois chaînes principales, dont la plus longue court vers l'est. Les montagnes, en grande partie susceptibles de culture jusqu'à leur sommet, produisent une variété d'expositions et de climats souvent diamétralement opposés à de très-petites distances. Très-sain sur les hauteurs, le climat des plaines énerve promptement les Européens, et les maladies meurtrières qu'il fait naître rendent une attaque de l'île extrêmement périlleuse (1). A l'est et au sud de l'île, on ne connaît ni printemps ni automne. La saison des orages, qu'on appelle hiver, y dure depuis le mois d'avril jusqu'en novembre. Dans le nord, l'hiver commence en août et finit au mois d'avril. Le sol, généralement peu profond, et en partie seulement formé d'une mince couche de terre végétale qui s'étend sur un lit d'argile, de tuf et de sable, offre néanmoins de grandes modifications qui le rendent propre à toutes les cultures.

(1) *Moreau de Saint-Méry* : Description de la partie française de Saint Domingue, I, 529. *Cossigny* : Moyens d'améliorer les colonies, I, 160e observation.

« On a voulu rejeter les récits des anciens auteurs qui indiquent, dans les montagnes de Saint-Domingue, des mines d'or, d'argent, de cuivre, d'étain, de fer et d'aimant, du cristal de roche, du soufre, du charbon de terre, du marbre, du jaspe, du porphyre de la plus grande beauté. Un minéralogiste espagnol a vérifié de nos jours l'existence de ces richesses métalliques qui pourraient encore, en partie, être exploitées avec profit (1). Herrera dit que les mines de la Vega et de Buenaventura produisaient annuellement 460,000 marcs d'or. Ce fut dans la dernière qu'on trouva un morceau de ce métal de 200 onces pesant. Dans ces derniers temps même les nègres-marrons de *Giraba* exportaient une certaine quantité d'or en poudre (2).

Santo-Domingo, capitale de l'ancienne colonie espagnole, aujourd'hui chef-lieu du département du sud-est, a éprouvé une dépopulation considérable; elle renfermait 25,000 habitans : on ne lui en donne plus que 12,000. On la considère comme la plus ancienne ville européenne d'Amérique : Barthélemy Colomb la bâtit en 1496, sur la rive gauche de l'Ozama, et lui donna le nom de Nouvelle-Isabelle. Elle est entourée de remparts flanqués de bastions; ses rues sont larges et droites, et ses maisons bâties dans le goût espagnol. Son port est large et profond. Ses édifices les plus remarquables sont : la cathédrale, bâtie dans le style gothique, et dans laquelle les cendres de Christophe Colomb restèrent déposées jusqu'en 1795 ; l'arsenal, dans lequel on conserve encore une ancre du célèbre navigateur; enfin, l'ancien palais du gouvernement.

« Cette ville était magnifique, riche et populeuse sous Charles-Quint; bien qu'elle ait prodigieusement perdu de sa splendeur, elle sera toujours célèbre, pour avoir

---

(1) *D. Nieto* : Rapport au roi d'Espagne, inséré dans *Dorvo-Soulastre*, Voyage au Cap-Français, p. 90.

(2) *Walton* : State of the spanish Colonies, I, p. 117.

été le lieu où les conquérans du Mexique, du Pérou et du Chili formèrent leurs vastes projets et trouvèrent les moyens de les exécuter.

« *Santiago-de-los-Cavalleros* ou *Saint-Yague* et *la Vega* sont les deux principales villes de l'intérieur, où souvent le voyageur peut errer pendant des journées au milieu de prairies superbes, sans rencontrer d'autres traces de population que les cabanes des gardiens de troupeaux. » Ces deux villes du département du Nord-Est sont aujourd'hui presque sans importance, bien que la première soit regardée comme une des plus salubres des Antilles. Près de la Vega se trouvent, au milieu des forêts, les ruines de la *Conception-de-la-Vega*, qui fut la ville la plus florissante de l'île jusqu'en 1564, qu'elle fut ruinée par un tremblement de terre et abandonnée par ses habitans. « Couronnées par de magnifiques forêts, les hauteurs dans ce département présentent souvent des laves noirâtres, ou peut-être des basaltes réduits en petits fragmens (1). La baie de *Samana*, défendue par plusieurs îlots et rochers, offre le plus beau port de l'île; mais les bords de ce vaste bassin ont acquis une réputation d'insalubrité. Quelques nouveaux colons essayèrent en vain de mettre ce district en culture (2). L'*Youna*, qui se jette dans cette baie, peut être rendue navigable pendant l'espace de 20 lieues. »

La petite ville de *Samana*, située sur cette baie, est en quelque sorte le bagne d'Haïti. *Saint-Christophe*, à peu de distance de Santo-Domingo, est devenue depuis peu d'années la principale place forte de l'île. Ses environs sont couverts de belles plantations. *Higuey* est célèbre par sa chapelle de Notre-Dame et par les nombreux pèlerins qu'elle attire des diverses parties de l'île.

(1) *Dorvo-Soulastre :* Voyage au Cap-Français, p. 50, 57, etc., etc.
(2) *Guillermin :* Précis des événemens de Saint-Domingue, p. 22, 407 et suiv.

« L'ancienne partie française, comprenant l'ouest de l'île, est évaluée à 1700 lieues carrées, de 25 au degré. Les sept dixièmes de cette partie sont couverts de montagnes et de forêts (1).

« Le *Cap-Français*, jadis la florissante capitale de cette belle colonie, s'appela d'abord *Guarico* et *Cabo-Santo*, puis *Cap-Henri*, du nom du nègre Christophe, qui s'était proclamé *roi d'Haïti*, sous le nom de Henri 1er. Chef d'une armée bien disciplinée et d'une population résolue à ne jamais se soumettre aux blancs, cet Africain imitait le cérémonial, le luxe et la splendeur des cours européennes. Il cherchait à attirer des officiers blancs par une solde libérale, et il commerçait avec les Américains, les Anglais et les Danois. Son royaume se terminait aux plaines, aujourd'hui désertes, qu'arrose l'*Artibonite*, rivière considérable. Mais la tyrannie la plus sanguinaire déshonorait les grandes qualités de ce chef; une révolte de ses soldats ayant renversé son pouvoir, il se donna la mort de sa propre main. »

Cette ville porte aujourd'hui le nom de *Cap-Haïtien*. Avant l'émancipation d'Haïti, sa population était de 12,000 âmes; ses habitans sont encore au nombre de 8 à 10,000; mais elle n'est plus aussi commerçante que lorsqu'elle était le chef-lieu de la colonie française, bien que son port soit un des plus sûrs et des plus commodes de l'île. Ses fortifications, jadis importantes, sa belle église de Notre-Dame, et la plupart de ses monumens, sont fort mal entretenus.

La ville des *Cayes*, chef-lieu du département du Sud, renfermait 15,000 habitans lorsqu'elle faisait partie de la colonie française; c'est encore la seconde place de commerce de la république; mais un terrible ouragan la détruisit entièrement le 12 août 1831. *Saint-Louis*, malgré la beauté de son port, ne fait plus qu'un faible commerce;

---

(1) *Moreau de Saint-Méry* : Description de Saint-Domingue, I, p. 3.

mais *Jérémie*, grâce à la fertilité de ses environs, a conservé sa population de 3 à 4000 âmes.

La capitale de l'île d'Haïti est le *Port-Républicain*, autrefois le *Port-au-Prince*. Elle est sur un terrain bas et marécageux, vers l'extrémité sud-ouest d'une baie dans la partie occidentale de l'île. Le palais du président, sur la place d'Armes, est le seul édifice remarquable de cette ville. Ses rues ne sont point pavées, mais elles sont larges et bien alignées. Ce qui lui donne une grande importance, c'est l'activité de son commerce : on évalue à plus de deux millions de francs les droits qu'on perçoit dans son port sur les 200 navires de toutes les nations qui y entrent annuellement, et à près du double les droits de sortie. Sa population a doublé depuis l'émancipation d'Haïti : elle s'élève aujourd'hui à 30,000 individus.

« Située à l'est de la précédente, l'île de *Porto-Rico* offre la continuation de la grande chaîne des Antilles; mais ses montagnes, qui paraissent s'étendre de l'est à l'ouest, avec une courbure vers le sud, ont moins d'élévation que celles de Saint-Domingue. Le *Layvonito* domine la partie orientale, et le *Lopello* celle du sud : il y a de vastes savanes dans l'intérieur et sur la côte septentrionale; mais la grande carte de Thomas Lopez indique les accidens du sol d'une manière très-défectueuse [1]. Les montagnes de l'intérieur, ornées de cascades pittoresques, renferment des vallées très-salubres; mais, dans les plaines basses, l'air est malsain dans quelques endroits pendant la saison pluvieuse. Le sol, généralement fertile et profond, est arrosé par un nombre considérable de courans d'eau très-pure. L'or, dont l'abondance avait premièrement engagé les Espagnols à s'y établir, est devenu rare; mais elle produit de bons bois de construction, du sucre, du gingembre, du café, de

---

[1] *Ledru*: Voyage à Ténériffe, Porto-Rico, etc., etc., t. I, p. 82-113, p. 194-255.

l'encens, du coton, du lin et des cuirs. Ses mules sont très-estimées dans les îles de Saint-Domingue, la Jamaïque, et à Santa-Cruz. Elle fournit aussi de la casse, du tabac, du riz, du maïs, des oranges, citrons, courges, melons, et de bon sel.

« *Saint-Jean de Porto-Rico*, la capitale, est bâtie sur une petite île de la côte septentrionale, jointe à la grande terre par une chaussée, et formant un excellent port. Une enceinte bastionnée et une forteresse la placent au rang des principales places fortes des Antilles. Son commerce florissant a élevé sa population à environ 25,000 âmes. L'*Aguadilla*, avec un port ouvert, dans la partie du nord-ouest, remarquable par sa salubrité; *San-Germano*, bourg considérable, peuplé des plus anciennes familles de l'île; les baies de *Guanica* et de *Guyanilla*, situées sur la côte sud, et très-propres à de grands établissemens; *Faxardo*, bourg très-agréable sur la côte orientale; voilà les objets topographiques que l'espace nous permet d'indiquer.

« A cinq lieues du *cap Pinero*, la pointe orientale de l'île, on aperçoit les hauteurs verdoyantes et bien boisées de l'île de *Biéquen*, ou *Boriquem*, inhabitée, mais réclamée par l'Espagne, ainsi que les îles *Colubra* ou *Serpent*, *Krabben* ou *Crabe*, et celles du *Grand* et du *Petit-Passage*, qui toutes font parties du groupe des *Vierges*.

« La population de Porto-Rico s'élevait, en 1811, à 136,000 individus, parmi lesquels il n'y avait que 17,000 nègres. Comme cette île, grâce à quelques chefs adroits, a échappé à la contagion révolutionnaire, elle est devenue l'asile de plusieurs milliers de colons fidèles. » En 1830, sa population était de 285,000 individus, parmi lesquels on comptait 44,000 esclaves. Le revenu de cette île est évalué à 413,000 fr., et la dépense à 1,484,000; quelquefois même la dépense dépassait 2 millions (1).

---

(1) *Ledru* : Voyage à Ténériffe, Porto-Rico, etc., p. 157.

« Nous ferons précéder la description des petites Antilles de celle des *îles Bahama* ou des *Lucayes*. Elles s'étendent dans le sud-est de la Floride, dont elles sont séparées par un courant de mer large et rapide, qu'on appelle *golfe de Floride*, ou *nouveau canal de Bahama*. Le vieux canal de Bahama les sépare de l'île de Cuba. Il y en a 500, dont quelques unes ne sont que des rochers; mais il y en a particulièrement 12 grandes et fertiles, dont le sol ne diffère en rien de celui de la Caroline. La population ne s'élève qu'à 10 ou 12,000 individus. Les *loyalistes* des États-Unis s'y sont établis en grand nombre. Les nègres y sont bien traités par les maîtres qui les surveillent eux-mêmes : il n'y a point d'inspecteurs; et, par une conséquence naturelle, on n'y entend pas si souvent claquer le fouet ensanglanté. On assigne aux nègres une tâche proportionnée à leurs forces, et leur bonne conduite les montre dignes de ces procédés humains (1).

« On exporte de ces îles un peu de coton, d'indigo et de tamarin, beaucoup de fruits, surtout des citrons, des oranges, des ananas, des bananes, de l'écaille de tortue, de l'ambre gris, du bois d'acajou, de campêche et de fernambouc. En temps de guerre, les habitans gagnent considérablement, par le nombre des prises qu'on y amène; et, dans tous les temps, par les naufrages qui sont fréquens dans ce labyrinthe de bancs et de rochers. »

Ces îles, qui appartiennent aux Anglais, forment un gouvernement particulier organisé d'après les formes représentatives : ainsi le gouverneur est chargé au nom du roi d'Angleterre du pouvoir exécutif; le pouvoir législatif est confié à une chambre haute, composée de 12 membres, et à une chambre basse de 26 députés des districts.

(1) *Marc-Kinnen*: Voyage aux îles du Vent et aux îles Bahama. Londres, 1804. *Voyez* aussi le *Tableau des positions géographiques de l'Amérique*, à la suite de ce livre.

Nassau, dans l'île de la *Nouvelle-Providence*, est la résidence du gouverneur. C'est une jolie petite ville d'environ 7000 âmes. Les îles Lucayes reçoivent chaque année de l'Angleterre pour 2 à 3 millions de marchandises, et en exportent pour 1 million et demi.

Les îles *Turques* et les îles *Caïques*, au débouquement de Saint-Domingue, sont occupées par les Anglais, et même fortifiées. Elles dépendent du gouvernement des Lucayes. Ces îles forment deux groupes, peuplés chacun de 1200 à 1500 habitans.

« *Anegada*, *Virgin-Gorda* et *Tortola*, sont les principales îles que les Anglais possèdent dans le petit archipel des Vierges, à l'est de Porto-Rico. Le sol y est peu fertile, mais le commerce d'interlope est d'une grande importance. Ces îles, en 1788, n'avaient que 1200 habitans blancs, avec 9000 nègres. La population esclave a diminué. Elles n'ont de valeur que par le commerce de contrebande avec Porto-Rico.

« Les Danois ne sont entrés dans la carrière du commerce qu'après les Espagnols, les Français, les Anglais et les Hollandais. Ainsi ils ont trouvé le Nouveau-Monde déjà partagé entre les autres puissances : ils n'ont pu obtenir qu'avec beaucoup de difficultés quelques petites portions de ce riche butin ; mais ils n'ont rien négligé pour donner à ces faibles possessions toute la valeur dont elles pouvaient être susceptibles. Aussi les Indes occidentales ne renferment aucune portion de terre, à l'exception de la Barbade et d'Antigoa, qui soit mieux cultivée et proportionnellement plus productive que l'île danoise de *Sainte-Croix*. Elle offre également le modèle d'une excellente police, et l'état des nègres n'a nulle part subi une réforme plus sagement combinée. L'île de *Saint-Thomas* est plutôt un poste de commerce. La surface de ces îles et des îlots qui en dépendent, n'est que de 36 à 40 lieues carrées. La population est d'environ 1000 âmes par lieue carrée, et le revenu *net*, versé dans la caisse du roi, est de 100,000 rixdalers (400,000 fr.), selon la statistique de M. Thaarup. Le sucre de Sainte-Croix tient, pour la finesse et la blancheur, un des premiers rangs; le rum égale celui de la Jamaïque. *Christianstadt*, ville de 5000 âmes, près de la pointe orientale de l'île, en est le chef-lieu. Elle est bien bâtie, mais son port est d'un accès difficile. L'île de Sainte-Croix a été achetée de la France pour 160,000 rixdalers (720,000 fr.); aujourd'hui il y a plusieurs plantations qui se vendent deux fois plus. Saint-Thomas a un excellent port, capable de contenir 100 vaisseaux de ligne. De vastes magasins reçoivent ici journellement les marchandises de l'Europe ou des États-Unis. La petite île de *Saint-Jean* a le sol et le climat très-bons, mais la culture y est encore peu avancée. Il y a une bonne rade, que plusieurs auteurs ont qualifiée de port. D'après Oxholm, la totalité du terrain des îles danoises est 71,453 acres anglais, dont 32,014 plantés en cannes à sucre, et 1358 en coton. Les principales cultures sont le sucre et le coton (1).

« L'île anglaise de l'*Anguille* (*Anguilla*) est toute plate. Ses habitans, peu nombreux, s'occupent de l'éducation du bétail et de la culture des champs, qui donnent du tabac excellent.

« *Saint-Martin* renferme moins de terrain que sa dimension ne paraît en indiquer, parce que les côtes sont coupées de baies et d'étangs. L'intérieur est montagneux, le sol léger, pierreux, et exposé à des sécheresses fréquentes. Un marais salant donne un profit annuel qu'on estime à 100,000 écus. Les habitans sont presque tous d'origine anglaise. La France possède une moitié de l'île, et la

---

(1) *Oxholm*: État des Antilles danoises. Copenhague, 1798. *West*: Mémoires sur les îles de Sainte-Croix, etc. Copenhague, 1801.

Hollande l'autre : la première a la partie septentrionale et la seconde la partie méridionale.

« Gustave III ayant remarqué combien d'avantages commerciaux le Danemark tirerait de ces îles, voulut procurer à la Suède une possession dans les Indes occidentales. En conséquence, il obtint de la France, en 1784, l'île de *Saint-Barthélemy*, située entre les îles anglaises de Saint-Christophe et de l'Anguille, et l'île hollandaise de Saint-Eustache. Cette position facilite le commerce interlope. Le sol, quoique montagneux, manque absolument d'eau. Le coton y réussit très-bien. On en exporte aussi de la casse, du tamarin et du bois de sassafras. La végétation est en général beaucoup plus riche et beaucoup plus variée que ne semblerait le permettre la grande sécheresse du sol. Cette île est battue par des coups de vent très-violens. Elle a 16,000 habitans. *Gustavia*, chef-lieu et unique ville de l'île, est bâtie sur le port dit le *Carénage*, qui, à la vérité, n'admet pas de navires tirant plus de 9 pieds d'eau, mais qui en peut contenir une centaine à la fois (1). On porte à 10,000 le nombre de ses habitans.

« Les Hollandais considèrent leurs îles comme des entrepôts de commerce, et surtout de commerce de contrebande avec les sujets des autres puissances ; c'est dans la Guyane qu'ils avaient concentré tous leurs établissemens de culture.

« L'île *Saint-Eustache*, qui n'a que 2 lieues de long et une de large, est formée de deux montagnes qui laissent entre elles un vallon très-resserré. Le sommet oriental présente un ancien cratère de volcan environné de pierre ponce pesante et de roches de gneiss ; mais il n'y a point de lave (2). Quoique l'île manque de rivières et de sources, on

---

(1) *Euphrasén* : Voyage à Saint-Barthélemy, fait aux frais de l'académie de Stockholm, 1798. — (2) *Isert* : Voyage à la Guinée, p. 320.

y cultive du tabac et un peu de sucre. On assure que le nombre des habitans monte à 15,000. »

La valeur du produit de cette île s'élève annuellement à 600,000 fr. La petite ville de *Saint-Eustache*, son chef-lieu, est assez bien bâtie, et renferme de grands magasins pour son commerce. Elle renferme 5 à 6000 âmes.

« *Saba*, rocher voisin de Saint-Eustache, a 4 lieues de circonférence, et est environné d'une mer basse qui ne permet qu'aux chaloupes d'en approcher. Après avoir débarqué sur la plage, il faut gravir le rocher par un chemin très-raide et environné de précipices. Au sommet, s'étend une agréable vallée où des pluies fréquentes font croître des plantes d'un goût exquis, des choux très-gros et de bon indigo. Un air pur y entretient la santé, et les femmes conservent cette fraîcheur de teint qu'on désire et qu'on cherche en vain dans les autres Antilles. Des maisons simples et élégantes offrent autant de temples au bonheur domestique. Les habitans, au nombre de 2000, fabriquent des souliers et des bas de coton, dont la vente, avec le produit de leur indigo, fournit à leurs modiques dépenses.

« Ici la chaîne des Antilles devient double; la *Barboude* et l'*Antigoa* en forment le chaînon oriental. *Antigue*, ou Antigoa, a une forme circulaire, et près de 7 lieues d'étendue en tous sens. Cette île, que l'on regardait autrefois comme inutile, est maintenant l'une des plus importantes, et contient 32 à 33,000 habitans, dont les neuf dixièmes sont esclaves. Son port, appelé *English-Harbour*, est le chantier le plus sûr et le plus propre au radoub de la marine royale dans ces mers. On y voit un bel arsenal de marine. On estime que, depuis dix ans, le nombre des esclaves s'est considérablement réduit, tandis que la population libre s'est augmentée (1). *Saint-Jean*, ou *Saint-John*, la ré-

---

(1) *Edwards Young* : West-India commonplace-book.

sidence ordinaire du gouverneur des îles anglaises, dites sous le vent, est le port qui fait le plus de commerce. Sa population est de 16,000 âmes. Les productions consistent en anis, sucre, gingembre et tabac.

« La *Barboude* abonde en bestiaux, chevreuils, porcs et fruits; les noix de cocos sont très-recherchées. Elle produit aussi du coton, du poivre, du tabac, de l'anis, du gingembre, des cannes à sucre.

« Passons au chaînon occidental ou intérieur. L'île de *Saint-Christophe*, outre le coton, le gingembre et les fruits des tropiques, produit beaucoup de sucre; son sol, formé d'une marne cendreuse, est singulièrement favorable à la canne. Elle porte chez les Anglais le nom populaire de *Saint-Kitts*, et compte 23,000 habitans. La petite ville de *Basse-Terre*, qui peut avoir 5 à 6000 âmes, est la résidence du gouverneur. *Sandy-point* est un poste militaire important.

« Les deux petites îles de *Nevis* et de *Montserrat*, situées entre Saint-Christophe et la Guadeloupe, ont le sol léger, sablonneux, mais extrêmement fertile en coton, tabac et sucre. Elles appartiennent, comme les trois précédentes, à l'Angleterre, et possèdent ensemble plus de 17,000 habitans.

« La *Guadeloupe* se compose de deux îles séparées par un bras de mer très-étroit; l'une, la plus orientale, appelée la *Grande-Terre*, est longue de 14 lieues et large de 6; l'autre, qu'on nomme *Basse-Terre*, a 15 lieues de long sur 7 de large. On distingue la Basse-Terre propre de sa partie plus élevée, nommée la *Cabesterre*. La petite île de *Désirade*, à l'est; celle de *Marie-Galande*, au sud-est, et le groupe dit des *Saintes*, au sud, dépendent de la Guadeloupe, et font partie du gouvernement de ce nom. La surface en est évaluée, au total, à 204,085 hectares; et la population, à 119 individus (1). Le recensement de 1788

---

(1) *Voyez* les tableaux statistiques à la fin du livre.

ne la portait qu'à 13,466 blancs, 3044 gens de couleur libres, 85,461 nègres esclaves; en tout, 101,971 âmes. L'accroissement de la population paraît provenir des émigrations de Saint-Domingue.

« La *Basse-Terre* renferme plusieurs indices de feu souterrain et quelques montagnes volcaniques, dont l'une jette encore de la fumée, mais ne fait plus d'explosions : on l'appelle *la Soufrière*. On trouve à l'entour tous les produits ordinaires des volcans, surtout de la pyrite sulfureuse et de la pierre ponce. Près de Goyave la mer bouillonne, et, selon le témoignage du P. Labat, on peut y cuire des œufs. Au reste, la Basse-Terre offre presque partout un sol agréablement diversifié par des collines, des bois, des enclos et des jardins. La Grande-Terre a le sol, en plusieurs endroits, marécageux et stérile. Toutes les montagnes voisines de la mer sont composées de calcaire madréporique. Il se forme à la Grande-Terre, sur la plage, un calcaire composé de débris de coquilles, et qui renferme quelquefois des ossemens humains. L'île *Cochon* consiste entièrement en madrépores et en débris de coquillages [1]. Dans les enclos des habitations on voit le citronnier sauvage, l'arbre qui produit le galbanum [2], et le campêchier, quelquefois la poincillade, l'erythrina-corallodendrum, et le volkameria épineux [3]. La canne à sucre vient très-haute et très-forte, mais d'une substance quelquefois trop aqueuse. Le café de l'île est moins estimé que celui de la Martinique. Les abeilles y sont noires : elles font un miel très-liquide et de couleur purpurine.

« La ville de *Basse-Terre*, peuplée de 6 à 7,000 âmes, a des rues régulières et ornées de divers jolis bâtimens. Des promenades, des haies, des jardins, des fontaines jaillissantes, contribuent à l'embellir. Le fort qui la défend

---

[1] *Isert :* Voyage à la Guinée et aux îles Caraïbes, p. 328.
[2] *Callophyllum palaba*. — [3] *Isert*, p. 324.

pourrait même en Europe passer pour une bonne forteresse: il domine une rade ouverte, la ville n'ayant point d'autre port. *Pointe-à-Pitre* est le chef-lieu de la Grande-Terre, et le siége d'un tribunal de première instance. Quelques marais du voisinage nuisent à la salubrité de cette place, qui d'ailleurs est bien bâtie et régulière. Son port est spacieux, et l'un des meilleurs de l'Amérique. On estime sa population à environ 12,000 âmes. *Le Moule* est un lieu qui chaque jour devient plus important par son commerce. »

La *Désirade* produit d'excellent coton. Cette île, longue de 4 lieues et large de 2, est formée d'un groupe de mornes et de montagnes qui d'un côté sont taillées à pic et de l'autre s'abaissent insensiblement jusqu'à la mer. Elles portent partout l'empreinte des feux souterrains. Il y a des parties boisées et d'autres qui sont couvertes de belles et riches prairies. Le nombre de ses habitans est d'environ 1300.

A *Marie-Galante* ou *Marie-Galande* on cultive, sur un sol montueux, une bonne quantité de sucre et de café. Cette île est, après la Martinique et la Guadeloupe, la plus importante des Antilles françaises; sa longueur est de 4 lieues et sa largeur de $3\frac{1}{2}$. Elle est en grande partie bordée de hautes falaises, aux pieds desquelles règnent des brisans et des gouffres. Vers le sud-ouest seulement la côte est plate, mais la mer est traversée par un banc de récifs. Aussi Marie-Galante est-elle dépourvue de ports. Son sol montagneux, boisé, peu abondant en sources, mais généralement fertile, est cultivé avec soin. Elle reçut de Christophe Colomb, lorsqu'il y débarqua en 1493, le nom du navire qu'il montait. Le *Grand-Bourg* ou *Marigot*, sa principale paroisse, se compose d'une dizaine de rues bien percées, de trois places et d'une assez belle église. Cette résidence du commandant, et siége d'un tribunal de première instance, renferme environ 1500 habitans.

A l'ouest de cette île et à 2 lieues ½ au sud de la Guadeloupe, on remarque le petit *groupe des Saintes* qui appartient aussi à la France, et qui, composé de plusieurs îles, n'occupe que 2 lieues de longueur sur 1 de largeur. Les cinq principales sont : au nord, l'*Ilet et Cabrit* ; au sud, le *Grand Ilet* et *La Coche* ; à l'ouest, la *Terre-d'en-bas* et à l'est la *Terre-d'en-haut*. Elles renferment peu de terres propres à la culture ; plus de la moitié de leur superficie est en friche, en bois et en savanes ; le reste est cultivé en café et en coton. La Terre-d'en-haut est la plus grande et la moins stérile, bien qu'il n'y ait qu'une petite source qui tarit dans les grandes sécheresses ; c'est là que sont aussi les principaux établissemens civils et militaires. La population de tout ce groupe est d'environ 1200 âmes, parmi lesquels on compte 400 blancs, 130 individus de couleur et 670 esclaves. Ces îles sont importantes par les mouillages qu'elles offrent. Elles furent découvertes le 4 novembre 1493 par Colomb, qui leur donna le nom de *Los Santos* à cause de la fête de la Toussaint qui venait d'avoir lieu.

« La *Dominique*, située entre la Guadeloupe et la Martinique, dont elle gêne beaucoup les communications en temps de guerre, a le sol maigre, et plus propre à la culture du café qu'à celle du sucre : il y a néanmoins plusieurs ruisseaux de fort bonne eau, où l'on pêche d'excellent poisson, et les coteaux d'où ils descendent produisent les plus beaux arbres des Indes occidentales. Il y a aussi une mine de soufre. Selon quelques auteurs, on y trouve des scorpions venimeux, des serpens et des couleuvres d'une grandeur énorme. Elle produit du maïs, un peu de coton, de l'anis, du cacao, du tabac, des perdrix, pigeons, poulets et porcs. *Roseau* ou *Charlestown*, ville de 6000 âmes, est la résidence du gouverneur. La *baie du Prince-Rupert*, près de *Portsmouth*, est une des plus grandes des Antilles. La Dominique appartient aux Anglais, et forme un gouvernement à part. La population, en 1831, était de 4600 blancs et mulâtres, et de 14,200 esclaves, en tout 18,800.

« Avant les guerres de 1750 et 1756, la *Martinique* était la principale île française; là s'accumulaient toutes les marchandises de l'Europe et des Indes : 150 vaisseaux allaient et venaient dans ses ports; elle étendait son commerce direct à la Louisiane et au Canada. Mais la perte de ces colonies et la prospérité croissante de Saint-Domingue ont remis la Martinique à un rang moins brillant, quoique toujours très-éminent. Sa superficie est de 127,285 hectares. Elle est remplie de montagnes escarpées, hérissées de rochers, et en partie très-élevées. On estime la hauteur du Piton de Carbet à 1000 toises au-dessus de sa base, qui est elle-même à 200 ou 300 toises au-dessus du niveau de la mer (1). Cette montagne calcaire a la forme conique et pointue; elle porte assez souvent une couronne de nuages, et la pluie qui ruisselle sur ses flancs en rend l'ascension difficile. Le palmier acéré, qui croît sur ses pentes, devient plus gros et plus fréquent à mesure qu'on monte.

« La Martinique est mieux arrosée et moins sujette aux ouragans que la Guadeloupe : ses productions sont les mêmes. On en avait évalué la population à 110,000 individus; le recensement de 1815 n'en donna que 95,413; savoir, 9206 blancs, 8630 gens de couleur, et 77,577 esclaves (2). Aujourd'hui sa population est à 109,700 âmes. »

Cette île a plusieurs ports et baies commodes : on distingue surtout le cul-de-sac Royal. Sur cette baie est bâti le *Fort-Royal*, avec la ville de même nom. Celle-ci renferme 7000 habitants; elle est bâtie en bois, mais les maisons sont très-propres. C'est le chef-lieu de la colonie, et

---

(1) *Isert*, Voyage, p. 33.
(2) Recensement officiel publié par ordre du gouvernement.

AMÉRIQUE : *Archipel Colombien.* 759

le siége d'une cour royale et d'un tribunal de première instance. Ses principaux édifices sont l'église paroissiale, l'hôtel du gouvernement, les magasins de la marine, l'arsenal et les hôpitaux. Des fontaines nouvellement construites répandent dans les rues une agréable fraîcheur. Son port, d'ailleurs bon et sûr, a moins d'étendue que celui de Pointe-à-Pitre dans la Guadeloupe, mais il est défendu par de bonnes fortifications. La ville de *Saint-Pierre*, avec une rade, est la place la plus commerçante de toutes les petites Antilles. Ses 66 rues, toutes pavées, bien éclairées la nuit, et arrosées par des ruisseaux abondans qui tempèrent la chaleur du jour, sont garnies de belles maisons. On lui donne 18,000 habitans sans y comprendre la garnison. Ce qu'elle possède de plus remarquable est le jardin botanique fondé en 1803 pour y naturaliser les plantes des Indes.

« L'île, aujourd'hui anglaise, de *Sainte-Lucie*, a été long-temps un sujet de querelle entre l'Angleterre et la France. Le sol y est excellent : les montagnes qui en occupent la partie orientale, ou la *Cabesterre*, paraissent avoir été volcanisées. La *Soufrière* est le cratère écroulé d'un volcan éteint, près duquel s'élancent deux pitons semblables à des obélisques verdoyans (1). L'air de l'île est extrêmement chaud et malsain ; les reptiles venimeux y abondent. Les cultures consistent en sucre et en coton. On y trouve du bois de construction. La population ne s'élève guère au-delà de 17,000 âmes.

« Le *Carénage*, dans la partie du nord-ouest de l'île, est un bon port où 32 vaisseaux de ligne peuvent se mettre à l'abri. On en sort avec tous les vents, mais on ne peut y entrer que vaisseau par vaisseau. C'est un des séjours les plus dangereux pour la santé des Européens. Cette ville,

---

(1) *Leblond*, Voyage aux Antilles, vol. I, p. 130, planche 1.

que les Anglais nomment *Port-Castries*, renferme 4 à 5000 habitans.

« L'île *Saint-Vincent*, au sud de Sainte-Lucie, est extrêmement fertile. Le sol consiste en un terreau noir, sur une forte glaise très-convenable à la culture des cannes à sucre et de l'indigo qui y vient supérieurement bien. La côte orientale est peuplée d'une race mixte de Zambos, descendans de Caraïbes et de nègres fugitifs de la Barbade et des autres îles. On les appelle les *Caribes noirs* (1). La population de la partie anglaise est de 26,000 individus, dont les onze douzièmes sont esclaves (2). Le chef-lieu se nomme *Kingston*. C'est une ville de 6 à 8000 âmes. »

Le gouvernement de Grenade comprend les petites îles de *Béguia*, de *Petite-Martinique* et autres, dont quelques unes sont peuplées par un petit nombre de familles peu aisées.

« Les îlots nommés les *Grenadilles* sont placés sur la même ligne et font partie du même gouvernement. *Cariacon* en est la principale et la mieux cultivée. Ces îlots sont réunis par des récifs de roches calcaires formées par des polypiers, et qui, d'après la description d'un naturaliste instruit, paraissent exactement semblables aux rochers de corail de la mer du Sud (3).

« Cette chaîne d'îlots est terminée par la fertile île anglaise de la *Grenade*, longue de 10 lieues et large de 6, et peuplée de 28,000 habitans, dont 23,000 sont esclaves (4). Le sol est extrêmement favorable à la culture du sucre, du café, du tabac et de l'indigo. Un lac, sur le sommet d'une montagne au milieu de l'île, lui fournit une multitude de rivières qui servent à la fois à l'orner et à la féconder. Il y

---

(1) *Goldsmith*, a Grammar of british geography, p. 158. Londres, 1816. (On avait dit les Caribes noirs déportés.)

(2) Tableau du revenu, de la population, etc., 1833. — (3) *Leblond*, Voyage aux Antilles, I, p. 273. — (4) Recensement officiel de 1815.

a autour de l'île plusieurs baies et ports, dont quelques uns peuvent être fortifiés avec beaucoup d'avantage. Elle jouit en outre du bonheur de ne pas être sujette aux ouragans. »

Cette île exporte tous les ans pour 23 millions de ses produits. *George-town*, autrefois *Fort-Royal*, sa principale ville, peuplée de 7 à 8000 âmes, possède un des meilleurs ports des Petites Antilles.

« Ici finit la chaîne des Antilles proprement dites. La Barbade, Tabago et la Trinité, toutes les trois anglaises, forment une chaîne particulière.

« La *Barbade*, longue de 7 lieues et large de 3 $\frac{1}{2}$, est la plus orientale des Antilles. Quand les Anglais y débarquèrent pour la première fois en 1625, ils la jugèrent la plus sauvage, la plus triste et la plus misérable qu'ils eussent encore vue. Il n'y avait aucune espèce de bétail ni de bête de proie, aucun fruit, aucune herbe, aucune racine propre à la nourriture de l'homme. Cependant les arbres étaient si gros et d'un bois si dur, que les colons ne parvinrent qu'avec beaucoup de peine à défricher autant de terre qu'il en fallait pour leur subsistance. Par une persévérance invincible, ils firent en sorte d'y trouver de quoi vivre, et ils ne tardèrent pas à découvrir que le sol était favorable au coton et à l'indigo, et que le tabac, qui commençait alors à être en vogue en Angleterre, y venait assez bien. La population fit des progrès si rapides, que vingt-cinq ans après le premier établissement, elle montait à plus de 50,000 blancs et 100,000 nègres ou Indiens esclaves. Cet état brillant a duré un demi-siècle. La population actuelle, quoique très-réduite, est encore assez considérable pour une île qui n'a que 20 à 21 lieues carrées en superficie. On l'estime à 91,900 habitans, dont les quatre cinquièmes sont esclaves. Ses produits sont évalués à 25 ou 30 millions de francs. La capitale de l'île est *Bridgetown*, où réside le gouverneur. C'est le port des Antilles le plus rapproché de l'ancien continent. Elle est regardée comme une des plus belles villes des Antilles : on y compte 1200 maisons. La baie de Carlisle, au fond de laquelle elle est située, peut contenir 500 vaisseaux. *Speightstown*, surnommé le *Petit Bristol*, renferme 5000 habitans qui la plupart se livrent au commerce. »

« L'île de *Tabago*, longue de 11 lieues et large de 4 et demie, a l'avantage de n'être point sur la ligne du cours ordinaire des ouragans. Elle est située au nord-est de celle de la Trinité ; et, de même que celle-ci, elle a pour noyau des montagnes schisteuses dénuées de toute roche granitique, et qui semblent être une continuation de la chaîne de Cumana, sur le continent de l'Amérique méridionale (1). Cette chaîne diffère entièrement de celle des Antilles. La position de Tabago devant le détroit qui sépare les Antilles de l'Amérique, lui donne une grande importance en temps de guerre. Son sol riche et encore vierge est très-propre à la culture du sucre, et plus encore à celle du coton ; les figues et les goyaves y sont excellentes ; tous les autres fruits des tropiques y réussissent. On assure que le cannellier et le vrai muscadier se trouvent dans cette île ; il est plus certain que l'arbre à gomme copal y croisse, ainsi que cinq sortes de poivre. Il y a plusieurs baies et havres, principalement sur les côtes nord et ouest. La population est, d'après les derniers rapports, de 13,000 individus, dont les neuf dixièmes sont esclaves. *Scarborough*, sa principale ville, défendue par un fort, est peuplée de 2 à 3000 âmes.

« L'île de la *Trinidad* ou de la *Trinité* est située entre celle de Tabago et le continent de l'Amérique espagnole, dont elle est séparée par le golfe de Paria et les deux détroits de la *Bouche-du-Dragon* et de la *Bouche-du-Serpent*. Elle a environ 35 lieues de longueur du sud-ouest au nord-est, et 22 de largeur dans le sens opposé. Sa forme en losange lui

---

(1) *Dauxion-Lavaysse*, Voyage à la Trinidad, I, p. 46 et suiv.

donne à peu près 96 lieues de circonférence, et une superficie de 320 lieues carrées. Elle avait été décriée comme malsaine. Raynal a, le premier, réfuté cette erreur. Montagneuse vers le nord, elle n'offre, dans le centre et au midi, que des plaines et des collines. Elle abonde en palmiers et en cocotiers, qui y croissent sans être cultivés; elle produit du sucre, du café, de bon tabac, de l'indigo, du gingembre, de l'anis, de beaux fruits, tels que citrons et oranges, du maïs, du coton et du bois de cèdre. Ses produits annuels consistent en 200,000 quintaux de sucre, 15,000 de coton, 5000 de café, 3000 de cacao et 3000 hectolitres de rum. Sa population est estimée à 41,000 individus. Parmi plusieurs curiosités naturelles elle renferme un lac, ou plutôt un grand marais rempli de bitume-asphalte. La surface de ce lac change souvent; les bords, les îlots s'y engloutissent d'un jour à l'autre. »

Ce lac, élevé de 80 pieds au-dessus du niveau de la mer, a ordinairement plus d'une lieue de circonférence. On y remarque plusieurs trous de 7 à 8 pieds de profondeur, qui contiennent de l'eau qui n'a point du tout le goût de bitume, et qui nourrit un grand nombre de petits poissons. A une lieue de la côte orientale de l'île, dans la baie de Mayaro, il existe dans la mer un gouffre d'où, au mois de mars, après une détonation semblable à celle du tonnerre, il sort une flamme et une fumée épaisse et noire qui se dissipe aussitôt; mais quelques minutes après, on trouve sur le rivage des placards de bitume de 3 à 4 pouces d'épaisseur sur 6 à 8 de largeur. Près d'une des lagunes si communes à la Trinidad, on remarque un monticule de terre argileuse, entouré d'un grand nombre de petits cônes de un à deux pieds de hauteur. « Les sommets de ces cônes sont tron-
« qués et ouverts : ce sont autant de petits soupiraux qui
« exhalent un gaz d'odeur d'hydrogène sulfuré. Sur la partie
« la plus élevée de ce monticule est un cône d'environ 1 mètre

« et demi de haut, percé du sommet à sa base comme « les autres. Celui-ci vomit continuellement une matière « blanchâtre qui a un goût d'alun. » Près d'un marais de palétuviers, contigu au précédent, on voit un autre mamelon d'environ 27 mètres de diamètre et de 5 de hauteur. Il n'a pas autant de soupiraux que le monticule voisin, mais sa cime présente une cavité circulaire remplie d'un liquide bouillant qui a un goût d'alun. On y entend un bruit sourd et souterrain, et la terre tremble sous les pas (1).

« La cour de Madrid ayant ouvert la Trinidad à tous ceux qui voulaient s'y établir, beaucoup de Français de la Grenade s'y réfugièrent. Par la paix signée en 1801 avec la France, l'Angleterre obtint cette île importante par sa fertilité, son étendue, et plus encore par sa position, qui domine l'Orénoque et la fameuse Bouche-du-Dragon.

« *Saint-Joseph d'Oruna*, autrefois sa capitale, et peuplée encore de 3000 âmes, est située au milieu d'une plaine bien cultivée, dans la partie du nord-ouest de l'île : près de là se trouve le *port d'Espagne*, le mouillage le plus fréquenté de l'île. Le meilleur port est celui de *Chagaramus*. On évalue la population à 28,000 individus (2). La principale ville est *Spanishtown*, autrefois *Puerto-España*, en français *Port-d'Espagne*, dont nous venons de parler, et que les Anglais nomment aussi *Port of Spain*; elle est située sur le golfe de Paria. D'abord bâtie en bois, mais détruite par un incendie en 1809, elle a été depuis reconstruite en pierres dont l'île abonde, et entourée de fortifications importantes. On y a aussi élevé un beau môle. Sa population est de 8 à 10,000 âmes.

« La *Trinidad*, vu son étendue et la prodigieuse fer-

---

(1) *Dauxion-Lavaysse*: Voyage aux îles de Trinidad, de Tabago, de la Marguerite, etc., t. I, p. 23-32. — (2) *Mac-Culloch* donne 28,000 pour l'an 1804, *Dauxion* 31,000 pour 1807, *Goldsmith* 26,000 pour 1816.

AMÉRIQUE : *Archipel Colombien.*

tilité de son sol, pourrait produire autant de sucre que toutes les îles du vent réunies. Tabago donne respectivement encore de plus grandes espérances. Ces deux îles ont au surplus le précieux avantage d'être hors de la portée ordinaire des ouragans, et d'offrir par conséquent un mouillage où les flottes ne sont point exposées à ces terribles coups de vent qui souvent les brisent dans les ports des îles situées plus au nord (1).

« Nous avons déjà parlé de l'île *Marguerite*, dépendante de Caracas; il ne nous reste donc à décrire, parmi les îles situées sur la côte espagnole du continent, que les trois dont les Hollandais sont en possession. *Curaçao* en est la plus importante; elle a 20 lieues de longueur sur 4 à 5 de largeur : aride et dépendante des pluies pour avoir un peu d'eau, cette île semblait être condamnée à une stérilité perpétuelle. L'eau tirée d'un seul puits y est vendue au poids de l'or. L'industrie hollandaise y fait croître, dans un sol léger et rocailleux, du tabac et du sucre en quantité. Les salines donnent un produit considérable; mais c'est au commerce d'interlope que l'île doit son état florissant, car la valeur de ses produits n'est évaluée qu'à 500,000 francs.

« *Willemstadt*, la capitale, est l'une des plus jolies villes des Indes occidentales; les édifices publics ont ici plus d'élégance, les rues plus de propreté, les maisons particulières une distribution plus commode, et les magasins plus d'étendue que partout ailleurs. Le port, protégé par le fort d'Amsterdam, est spacieux et sûr; son entrée est étroite. La population de la ville est d'environ 7 à 8000 âmes; celle de l'île se composait, en 1815, de 2781 blancs, 2161 gens de couleur libres, 1872 nègres libres, 690 esclaves de couleur, 5336 esclaves noirs. Total, 12,840. Aujourd'hui on la porte à 40,000 âmes.

(1) *Edward Young*, West-India commonplace-book.

« *Bonair* et *Aruba*, petites îles voisines, sont employées à élever du bétail. Elles n'ont que 200 habitans.

« L'archipel que nous venons de parcourir est un des principaux théâtres de l'industrie et du commerce des Européens. Les richesses que la Hollande, la France et l'Angleterre en ont tirées ont plus contribué à la prospérité des métropoles que tout l'or, tout l'argent, tous les diamans du continent américain. L'Angleterre seule continue à en retirer d'immenses bénéfices. Si nous considérons en masse toutes les îles britanniques dans les Indes occidentales, il se trouve que, dans une période de 20 années, les blancs s'y sont augmentés de 49,762 à 58,955; les mulâtres ou gens de couleur, de 10,569 à 21,967, et les esclaves, de 465,276 à 524,205. Ainsi la population mulâtre s'est en général doublée, soit par accroissement naturel, soit par des réfugiés de Saint-Domingue. En 1788, on introduisit au total 24,495 esclaves, et on en exporta 11,058. En 1803, on introduisit 19,960 esclaves, et on en exporta 5232. Les établissemens britanniques apportaient aux colonies étrangères environ 20,000 esclaves par an. »

Les droits imposés sur le sucre produisent net au gouvernement, année commune, 4,800,000 liv. sterl. ou 120 millions de francs.

La valeur du sucre importé en Angleterre s'élève annuellement à 8,600,000 liv. sterl. Dans les îles britanniques on prépare environ 120,000 *puncheons* de rum, qui entrent dans la consommation de la manière suivante :

États-Unis d'Amérique..................	37,000 punch.
Colonie anglaise de l'Amér. du nord...	6,250
Vaisseaux naviguant aux Antilles.......	10,000
Garnisons et habitans des îles.........	30,750
Royaume-uni de la Grande-Bretagne...	36,000

La Grande-Bretagne tire des Antilles 3 à 4 millions de livres de coton.

« Toutes ces richesses ont, jusque dans ces derniers temps, coûté cher à l'humanité, à la morale publique; elles ont été acquises au prix du sang et des larmes de plusieurs centaines de mille d'êtres humains, réduits dans un état contraire aux principes du droit naturel et à ceux de la religion chrétienne. Quoique les planteurs soient en grande partie des maîtres doux, humains et compatissans; quoique les assemblées coloniales aient pris plusieurs mesures législatives pour enchaîner les caprices et la cruauté, la condition des nègres esclaves a été jusqu'à ces derniers temps vraiment digne de pitié. Cette affligeante vérité est mise hors de doute par la trop grande mortalité de ces êtres, qui ne peut provenir du climat, puisque, dans leur pays natal, ils sont accoutumés à la même chaleur humide. Malgré tous les soins intéressés que les planteurs se donnaient pour avoir des nègres créoles, la propagation de cette espèce ne réussit que très-médiocrement. Les chagrins, les souffrances, les tourmens de toute espèce que les nègres esclaves éprouvent, raccourcissent tellement leur vie, qu'au lieu de multiplier selon les règles de la nature, il fallait, dans plusieurs colonies, en importer tous les ans pour remplacer ceux dont les mauvais traitemens abrégeaient l'existence. A la Martinique, en 1810, il n'y eut, sur 77,500 esclaves, que 1250 naissances, ou 1 sur 62 vivans. On les dit opiniâtres, entêtés, intraitables; on dit qu'ils demandent à être conduits avec une verge de fer : sans doute il y a des nègres insensibles aux bienfaits, et qui ne méditent que trahison et désordre : ce sont ceux qui, en Afrique, ont été médecins, prêtres ou sorciers; mais en exceptant ces individus, dont le nombre est très-circonscrit, les nègres sont des êtres grossiers, mais bons et dociles. Ils ne méritent pas d'être regardés comme une espèce de bête de somme sans âme, comme font quelques uns de leurs maîtres et de leurs inspecteurs, quoique très-souvent ces tyrans soient eux-mêmes de la lie de l'Europe. Cependant, dira-t-on, le climat brûlant des régions basses sous l'équateur, des régions propres à la culture du sucre, n'admet d'autres cultivateurs que les nègres. Cette race est donc indispensable aux colonies.

« Pour conduire ces importans établissemens à un état florissant et tranquille, il était indispensable d'accélérer, avant tout, la multiplication des nègres dans les îles mêmes, au moyen d'une police sévère appliquée à réprimer les excès auxquels l'habitude de la tyrannie ne porte que trop souvent les planteurs et les inspecteurs. Après avoir mis en sûreté la vie et la santé des malheureux esclaves, il fallait penser à leur procurer de petites propriétés dont la possession pût leur faire chérir une contrée qu'ils arrosent de leurs sueurs. Rendre le nœud du mariage plus sacré, plus stable, pourvoir à l'éducation des enfans noirs, réprimer la débauche et le libertinage, voilà un autre point essentiel pour l'amélioration du sort des nègres. En les faisant peu à peu participer aux lumières de la raison et aux consolations de la religion chrétienne, l'affranchissement successif des nègres, et leur passage de la servitude à l'état de paysans fermiers, peut s'opérer sans danger, sans secousse, et au plus grand avantage des planteurs. »

Tous les gouvernemens qui possèdent des colonies ont enfin répondu à la voix de l'humanité. Dans ces dernières années le sort de la population noire a été considérablement adouci dans les Antilles danoises. Le mariage est permis entre les noirs et les blancs; les hommes de couleur sont admis à remplir plusieurs charges publiques; à la mort d'un colon, les esclaves qui lui appartenaient peuvent acheter leur liberté, quelque minime que soit le prix qu'ils offrent pour l'obtenir : ce serait une honte que de surenchérir sur leur offre. Enfin on commence à se convaincre

AMÉRIQUE : *Archipel Colombien.* 769

dans les colonies, que le travail des hommes libres est plus productif que celui des esclaves.

Mais quelle gloire pour le XIXe siècle d'avoir, non seulement tenté, mais consommé l'abolition de la traite des noirs, de ce honteux trafic de chair humaine exercé pendant tant de siècles par des peuples chrétiens, par des nations civilisées! Honneur à l'Angleterre, d'avoir accompli cette grande réforme morale, honneur à la France d'avoir été la seule nation qui ait secondé son ancienne rivale, que des esprits étroits et jaloux accusaient de vouloir, sous un prétexte d'humanité, préparer la ruine des colonies étrangères, en favorisant secrètement le trafic des noirs pour les siennes! Aujourd'hui que ce trafic n'est plus qu'un crime honteux qui ne peut plus être commis que dans l'ombre et par quelques hommes que la société flétrit et repousse, l'émancipation complète des noirs n'est plus une vaine théorie philanthropique, c'est un fait qui s'accomplit chaque jour et qui en peu d'années deviendra presque général.

Terminons le tableau de l'archipel Colombien par une esquisse des grands spectacles que la nature y développe.

« Contemplons une matinée des Antilles dans la saison des fortes rosées, et, pour en jouir complètement, saisissons le moment où le soleil, paraissant avec tout son éclat dans un ciel pur et tranquille, dore de ses premiers feux la cime des montagnes, les larges feuilles des bananiers et les touffes des orangers. Sous les réseaux de lumière qui les gazent avec délicatesse, tous les feuillages divers semblent tissus de la soie la plus fine et la plus transparente, les gouttes imperceptibles de rosée qu'ils ont retenues, ne sont plus qu'autant de perles que le soleil se plaît à colorer de mille nuances, et du centre de chaque groupe de feuilles étincelle l'insecte qui nage dans ces gouttes d'eau. Les prairies n'offrent pas un aspect moins ravissant ; toute la surface de la terre n'est qu'une plaine de cristal et de diamant. Souvent, lorsque les rayons du soleil ont dissipé les brouillards qui couvraient le vaste miroir de l'Océan, une illusion d'optique vient en doubler les flots et les rivages. Tantôt l'on croit voir un énorme lit de sable là où s'étendait la mer, tantôt les canots éloignés semblent se perdre dans une vapeur embrasée, ou, soulevés au-dessus de l'Océan, ils flottent dans une mer aérienne en même temps qu'on voit leur ombre s'y réfléchir fidèlement. Ces effets de mirage sont fréquens dans les climats équatoriaux. La douce température de la matinée permet à l'ami de la nature d'admirer les riches paysages de cet archipel. Quelques montagnes nues et renversées l'une sur l'autre dominent par leur élévation toute la scène inférieure. A leurs pieds se prolongent des montagnes plus basses, couvertes de forêts épaisses. Les collines forment le troisième gradin de cet amphithéâtre majestueux; depuis leurs sommets jusqu'aux bords de la mer, elles sont couvertes d'arbres et d'arbrisseaux de la plus noble et de la plus belle structure. A chaque pas, ce sont des moulins, des plantations, des habitations qu'on voit percer à travers les branches, ou qu'on entrevoit ensevelis dans les ombres de la forêt. Les plaines offrent des tableaux également neufs et variés. Pour vous en former une idée, réunissez en pensée tous ces arbres et arbustes dont la magnifique végétation fait l'ornement de nos jardins botaniques; rassemblez les palmiers, les cocotiers, les plantaniers; faites-en à plaisir mille groupes différens en y joignant le tamarinier, l'oranger et tel autre arbre dont les nuances et la hauteur leur soient proportionnées; voyez jouer au milieu les touffes élégantes du bambou; placez-vous entre toutes leurs tiges les variétés bizarres de l'épine de Jérusalem, les riches buissons de l'oléandre et des roses d'Afrique, l'écarlate vive et brillante des *cordia* ou *sébestiers*, les berceaux entrelacés du jasmin et de la vigne de Grenade, les bouquets délicats du lilas, les feuilles soyeuses et argentées de la portlandia; ajoutez-y la magnificence variée des champs de cannes étalant la pourpre de leurs fleurs ou le vert émail de leurs feuilles; les maisons des planteurs, les huttes des nègres, les magasins, les ateliers, la rade lointaine couverte d'une forêt de mâts. L'Océan même offre souvent ici, dans la matinée, un aspect rare partout ailleurs. Aucune brise n'en ride la surface; elle est si étonnamment transparente, que vous oubliez presque que les rayons de vue y soient interceptés; vous distinguez les rochers et le sable à une profondeur immense; vous croyez pouvoir saisir les coraux et les mousses qui tapissent les premiers, et vous compteriez sans peine les mollusques et les testacés qui se reposent sur l'autre.

« Mais quel trouble soudain agite cette foule d'oiseaux et de quadrupèdes qui, avec l'air du désespoir, cherchent des asiles? Ces sinistres pressentimens nous annoncent l'approche d'un ouragan. L'atmosphère devient d'une pesanteur insupportable, le thermomètre s'élève extraordinairement, l'obscurité augmente de plus en plus, le vent tombe tout-à-fait, la nature entière paraît plongée dans le silence. Bientôt ce silence est interrompu par les roulemens sourds des tonnerres éloignés; la scène s'ouvre par une foule d'éclairs qui se multiplient successivement, les vents déchaînés se font entendre, la mer leur répond par le mugissement de ses vagues; les bois, les forêts, les cannes, les plantaniers, les palmiers y joignent leurs murmures et leurs sifflemens plaintifs. La pluie descend à flots, les torrens se précipitent avec fracas des montagnes et des collines, les rivières s'enflent par degrés, et bientôt les ondes accumulées débordent de leur lit et submergent les plaines. Bientôt ce n'est plus un combat de vents furieux, ce n'est plus la mer mugissante qui ébranle la terre; non, c'est le désordre de tous les élémens qui se confondent et s'entre-détruisent. La flamme se mêle à l'onde, et l'équilibre de l'atmosphère, ce lien général de la nature, n'existe plus. Tout retourne à l'antique chaos. Quelles scènes n'éclairera pas le soleil du matin! Les arbres déracinés et les habitations renversées couvrent au loin toute la contrée. Le propriétaire s'égare en voulant chercher ce qui reste de ses champs. Partout gisent les cadavres des animaux domestiques pêle-mêle avec les oiseaux des forêts. Les poissons eux-mêmes ont été arrachés de leurs humides retraites, et l'on recule d'effroi quand on les rencontre, loin de leurs demeures, meurtris en se froissant contre les débris. »

TABLEAU des principales positions géographiques de l'Amérique, déterminées avec quelque certitude.

NOMS DES LIEUX.	LATIT. N.	LONGIT. O. DE PARIS.	SOURCES ET AUTORITÉS.
	deg. min. sec.	deg. min. sec.	
RÉGIONS DU NORD-OUEST.			
Cap Glacé............	70 29 "	164 2 30	Cook. *Connaissance des Temps.*
Cap du Prince de Galles.	66 40 30	170 50 30	Grande carte russe de la côte N.-O.
Norton-Sound........	64 30 30	165 7 30	Cook. *Connaiss. des Temps.*
Ile Clerke...........	63 15 "	172 " "	*Idem* (1).
Ile Gore.............	60 17 "	174 51 "	*Idem* (2).
Ile Ounalachka.......	53 54 45	168 47 "	*Idem.* Observ. astr.
Ile Kodiak, cap Barnabas...............	57 10 "	154 35 15	*Idem.*
Cap Hinchinbrock....	60 16 "	148 24 45	Cook.
Mont Saint-Élie......	60 21 "	142 57 35	*Idem.*
Port des Français.....	58 37 "	139 28 15	*Voy.* de La Pérouse.
Cross-Sound, entrée...	58 12 "	138 25 15	Cook.
Port de los Remedios..	57 21 "	137 50 15	Quadra.
Port Conclusion......	56 15 "	136 43 45	Vancouver.
Ile Langara, p. N....	54 20 "	135 20 15	*Idem.*
Cap Saint-James......	51 57 50	134 12 "	*Idem.*
Cap Scott............	50 48 "	130 41 15	*Idem.*
Noutka-Sound........	49 36 6	128 46 15	*Idem.* Cook. Quadra.
Nouvel-Arkangel.....	57 3 "	224 42 "	Greenwich.
Cap Flattery.........	48 24 "	126 42 15	*Idem.*
Mont Olympe........	47 50 "	125 46 15	*Idem.*
Havre de Gray.......	47 " "	126 13 15	Gray.
Columbia, entrée de la rivière.............	46 19 "	126 14 15	Vancouver, etc. etc.
Cap Foulweather.....	44 49 "	126 16 15	Cook, Vancouver.
Cap Gregory.........	43 23 30	126 30 15	*Idem.*
Cap Blanc, ou Oxford.	42 52 "	126 45 15	*Idem.*
Baie de la Trinité....	41 3 "	126 14 15	*Idem.*
Cap Mendocin (3)....	40 28 40	126 49 30	*Idem.* corrigé. *Conn. des Temps.* 1817
BAIE D'HUDSON.			
Fort du Prince de Galles.............	58 47 32	96 27 30	*Conn. des Temps.*
Cap Résolution.......	61 29 "	67 30 "	*Idem.*

(1) Cette île répond à l'île Saint-Laurent, la principale du groupe des îles Sindow.

(2) Cette île répond à l'île Saint-Mathias des Russes.

(3) Privés, dans le moment, de plusieurs relations russes, nous n'avons pu établir les comparaisons et les synonymes que nous aurions désiré indiquer dans cette partie du tableau.

NOMS DES LIEUX.	LATIT. N.			LONGIT. O. DE PARIS.			SOURCES ET AUTORITÉS.
	deg.	min.	sec.	deg.	min.	sec.	
Cap Walsingham.....	62	39	»	80	8	»	Conn. des Temps.
Cap Diggs..........	62	41	»	81	10	»	Idem.
Ile Button..........	60	35	»	67	40	»	Idem.
Ile Salisbury........	63	29	»	79	7	»	Idem.
Ile Mansfield, pointe N.	62	38	30	82	53	»	Idem.
GROENLAND.							
Akkia (île)..........	60	38	»	48	20	»	Malham.
Upernavik, factor. dan.	72	30	»	»	»	»	Almanach nautique danois.
Barclay, cap........	69	13	»	26	45	15	Scoresby.
Moskito Cove.......	64	55	13	55	16	45	Conn. des Temps.
Gothaab, factor. dan..	64	10	5.	»	52	31	18	Le miss. M. Ginge. Observat. astron.
Byem-Martin, cap....	73	33	»	79	30	15	Ross.
Farewel, cap........	59	38	»	45	2	»	Conn. des Temps, chronomètre.
Allan, cap..........	71	43	»	24	13	15	Scoresby.
ISLANDE.							
Cap Nord..........	66	44	»	25	4	»	Verdun de la Crenne, Voyage. Conn. des Temps.
Cap Langaness.......	66	22	»	18	26	»	Idem.
Cap Reykianess......	63	56	»	25	10	»	Idem.
Hola..............	65	44	»	22	4	»	Idem.
Bargazar...........	66	20	»	18	57	»	Malham.
Lambhuns, observat^e.	64	6	17	24	15	30	Idem.
Idem..............	»	»	»	24	24	18	Wurm, dans les Archives géograph. de Lichtenstein.
Ile Grim	66	44	»	21	43	»	Conn. des Temps.
Ile Jean Mayen, p. sud.	71	»	»	12	24	»	Bode, Annuaire astronomique.
TERRE-NEUVE, CANADA, etc.							
Balard, cap.........	46	46	46	55	13	38	Purdy.
Québec............	46	47	30	73	30	»	Conn. des Temps.
Halifax	44	44	»	65	56	»	Idem.
Gaspé, la baie	48	47	30	66	47	30	Idem.
Louisbourg.........	45	53	40	62	15	»	Idem.
Saint-Jean, le fort....	47	33	45	55	»	»	Idem.
Cap Raze..........	46	40	»	55	23	30	Idem.
ÉTATS-UNIS.							
Alexandrie.........	38	49	»	79	24	15	Bowditch.

NOMS DES LIEUX.	LATIT. N.			LONGIT. O. DE PARIS.			SOURCES ET AUTORITÉS.
	deg.	min.	sec.	deg.	min.	sec.	
Boston................	42	22	11	73	19	»	*Conn. des Temps.*
New-Haven............	41	17	7	75	19	10	D. J. J. Ferrer (1).
New-London (fanal)...	41	21	8	78	29	30	*Idem.*
Annapolis.............	39	»	»	79	11	15	Blunt.
Baltimore.............	39	23	»	79	10	15	*Idem.*
Bristol................	40	5	»	77	16	»	Alcedo.
Cambden..............	34	15	»	83	30	»	Auteurs.
Dartmouth............	41	37	»	73	12	»	Alcedo.
Falmouth.............	41	33	»	72	55	»	*Idem.*
Long-Island...........	41	»	»	74	42	15	Blunt.
Pensacola.............	30	34	»	89	47	15	Bowditch.
Petersburg............	37	12	»	80	4	15	*Idem.*
Rhode-Island..........	41	28	»	73	43	15	*Idem.*
Richmont.............	37	30	»	80	4	15	*Idem.*
Vermont..............	43	36	»	75	17	42	*Idem.*
New-York (la batterie).	40	42	6	76	19	»	D. J. J. Ferrer (2).
Albany................	42	38	38	76	4	30	*Idem.*
Philadelphie...........	39	57	2	77	3	»	*Idem.*
Lancaster.............	40	2	26	78	39	15	*Idem.*
Washington...........	38	55	»	79	19	»	*Conn. des Temps.*
Cap Mayo.............	38	56	46	77	13	6	D. Ferrer.
Cap Hinlopen (le fanal).	38	47	16	77	26	15	*Idem.*
Idem................	38	46	»	77	32	30	*Conn. des Temps.*
Cap Hatteras..........	35	14	30	77	54	27	D. Ferrer.
Savannah (le fanal)...	32	45	»	83	16	»	*Conn. des Temps.*
Pittsbourg............	40	26	15	82	18	30	D. Ferrer.
Galliopolis............	38	49	12	84	27	»	*Idem.*
Cincinnati (fort Washington)...........	39	5	54	86	44	15	*Idem.*
Confluent de l'Ohio et du Mississipi........	37	»	20	91	22	45	*Idem.*
Nouvelle-Madrid......	36	34	30	91	47	30	*Idem.*
Natchez..............	31	33	48	93	45	15	*Idem.*
Nouvelle-Orléans......	29	57	30	92	26	15	*Idem.*
Idem................	29	57	45	92	18	45	*Conn. des T.* 1817.
MEXIQUE, etc.							
Mexico, au couvent de Saint-Augustin......	19	25	45	101	25	30	A. de Humboldt (Distances lunaires et solaires chronomètres, et beaucoup d'autres obs.).

(1) Les Mémoires et Notes de don José-Joaquin Ferrer se trouvent dans la Connaissance des Temps de 1817, et dans les Transactions philosophiques de Philadelphie, tome VI.

(2) M. Oltmanns (Observations astronomiques du Voyage de M. de Humboldt) trouvá également 76 deg. 18 min. 52 sec., mais il ne regarde pas comme très-sûrs les divers termes de comparaison qu'il a employés.

NOMS DES LIEUX.	LATIT. N.			LONGIT. O. DE PARIS.			SOURCES ET AUTORITÉS.
	deg.	min.	sec.	deg.	min.	sec.	
Queretaro............	20	36	39	102	30	30	A. de Humboldt (Distances lunaires et solaires chronomètres, et beaucoup d'autres obs.).
Valladolid...........	19	42	»	103	12	15	Idem.
Volcan de Jorullo.....	»	»	»	101	21	45	Idem.
Popoca-Tepetl........	18	59	47	100	53	15	Idem. Bases perpendiculaires et obs. azimuthales.
Puebla de los Angelos.	19	»	15	100	22	45	A. de Humboldt (Bases perpendicul. et obs. azimuthales).
Pic d'Orizaba.........	19	2	17	99	35	15	Idem.
Guanaxuato..........	21	»	15	103	15	»	Idem.
Xalapa..............	19	30	8	99	15	»	Idem.
Vera-Cruz	19	11	52	98	29	»	Idem.
Nouveau-Saint-Ander, la barre...........	23	45	18	100	18	45	D. J. J. Ferrer.
Tampico, la barre....	22	15	30	100	12	15	Idem.
Campêche...........	19	50	14	92	53	21	D. J.-J. Ferrer.
Disconoscida	20	29	45	92	44	30	D. Cevallos.
Alacran, pointe O	22	7	50	92	7	30	D. Velasquez.
Rio Lagartos, l'embouchure...............	21	34	»	90	30	15	D. J.-J. Ferrer.
Comboy, pointe N....	21	33	30	89	»	»	Conn. des Temps.
Tezcuco.............	19	30	40	101	11	15	D. Velasquez.
Acapulco	16	50	29	102	6	»	A. de Humboldt.
San-Blas............	21	32	48	107	35	48	Conn. des Temps.
Cap San-Lucar (Californie)..............	22	52	28	112	10	38	Idem.
San-Diego...........	32	39	30	119	37	3	Idem.
Guadalupe (ile)......	28	53	»	120	36	3	Idem.
Monterey............	36	35	45	124	11	21	Idem.
San-Francisco........	37	48	50	124	28	15	Idem.
Santa-Fé (Nouveau-Mexique)..........	36	12	»	107	13	»	Idem.

GRANDES ANTILLES.

ILE DE CUBA.

La Havane (*plaza dieja*).	23	8	15	84	42	15	A. de Humboldt, Galiano, Robredo, Oltmanns. *Recherches.*
Batabano............	22	23	19	84	45	56	Lemaur et Oltmanns.
La Trinidad..........	21	48	20	82	36	53	Humboldt, Oltm.
Matanzas, la ville....	23	2	28	83	57	36	D. Ferrer.
Cap Saint-Antoine....	21	54	»	87	17	30	Humboldt.

TABLEAUX. 777

NOMS DES LIEUX.	LATIT. N.			LONGIT. O. DE PARIS.			SOURCES ET AUTORITÉS.
	deg.	min.	sec.	deg.	min.	sec.	
Cap de la Cruz........	19	47	16	80	4	30	Cevallos, Oltmanns.
Pico Tarquinio.......	19	52	57	79	19	22	*Idem.*
Pointe Maizy.........	20	16	40	76	28	8	*Idem.*
Pointe Guanos........	23	9	27	84	3	37	Oltmanns.
Idem	»	»	»	84	1	30	Ferrer.
JAMAÏQUE.							
Port-Royal...........	18	»	»	79	5	30	*Conn. des Temps*, et Oltmanns.
Kingston.............	»	»	»	79	2	30	Oltmanns.
Cap Morant..........	17	5	45	78	35	23	*Idem.*
Cap Portland.........	»	»	»	79	18	35	*Id.*, et Humboldt.
SAINT-DOMINGUE.							
Cap-Français, la ville..	19	46	20	74	38	10	*Conn. des Temps*, et Oltmanns.
Port-au-Prince	18	33	42	74	47	26	*Idem.*
Santo-Domingo.......	18	28	40	72	19	52	*Idem.*
Môle Saint-Nicolas ...	19	49	20	75	49	48	*Conn. des Temps*, et Oltmanns.
Cayes................	18	11	10	76	10	34	
Cap Samana	19	16	26	71	33	48	*Idem.*
Idem...............	19	16	30	71	29	15	D. Ferrer.
Cap Enganno........	18	34	42	70	45	52	Cevallos, Oltmanns, *Conn. des Temps.*
Cap Raphaël.........	»	»	»	71	18	47	*Idem.*
Cap Dame-Marie.....	18	37	20	76	53	47	Oltmanns.
La Gonaïve, pointe Ouest................	18	52	40	75	44	48	*Idem.*
PORTO-RICO.							
Porto-Rico, la ville...	18	29	10	68	33	30	Humboldt, Serra et Churruca. Par distances lunaires; occultations des satellites, etc.
Cap Saint-Jean, pointe N.-E	18	26	»	68	3	30	Ferrer, calculé par Oltmanns.
Idem, pointe N.-O....	18	31	18	69	32	33	*Idem.*
Aguadilla, ou cité San-Carlos...............	18	27	20	69	32	45	*Idem.*
Casa de Muertos, rocher.	17	50	»	68	58	30	*Idem* (1).

(1) Ces observations corrigent la carte de Lopez, sous le rapport de la position générale de l'île de Porto-Rico.

778   LIVRE CENT QUATRE-VINGT-TREIZIÈME.

NOMS DES LIEUX.	LATIT. N.			LONGIT. O. DE PARIS.			SOURCES ET AUTORITÉS.
	deg.	min.	sec.	deg.	min.	sec.	
ILES LUCAYES.							
Iles Turques (caye de sable)............	21	11	10	73	35	7	*Recherches* d'Olt- manns, etc.
Iles Caïques (cayes de Providenciers).....	21	50	46	74	45	15	*Idem*.
Grande-Inague, pointe N.-E.............	21	20	13	75	32	22	*Idem*.
Ile Krooked, pointe E.	22	39	»	76	16	»	*Idem*.
San-Salvador, pointe N.	24	39	»	78	11	30	*Idem*.
Providence (ile Nassau).	25	4	33	79	42	21	*Conn. des Temps*.
Idem...............	»	»	»	79	46	35	D. Ferrer.
Ile Abacu, pointe N.-E.	26	29	52	79	23	43	*Idem*.
LES BERMUDES.							
Saint-George..........	32	20	»	67	13	8	Mendoza Rios.
Pointe N.-E...........	32	17	4	67	12	8	*Idem*.
LES PETITES ANTILLES.							
Saint-Thomas, le port.	18	20	30	67	23	21	*Recherches* d'Oltm.
Sainte-Croix, le port..	17	44	8	67	8	44	*Idem*.
St.-Martin, le sommet.	18	4	28	65	26	42	D. Ferrer.
Saba, le milieu.......	17	39	30	65	41	4	Oltmanns.
Saint-Eustache, la rade.	17	29	»	65	25	»	*Idem*.
Antigoa, fort Hamilton	17	4	30	64	15	»	*Idem*.
Guadeloupe, Basse- Terre............	15	59	30	64	5	15	*Idem*.
Dominique, Roseau...	15	18	23	63	52	30	*Idem*.
Martinique, Fort-Royal.	14	35	49	63	26	»	*Idem*.
Idem, Saint-Pierre...	14	44	»	63	31	54	*Idem*.
Barbade, observatoire de Maskelyne......	13	5	15	61	56	33	*Idem*.
Idem, fort Willoughby.	13	5	»	61	56	48	*Idem*.
Grenade, Fort-Royal..	»	»	»	64	8	15	*Idem*.
ILES SOUS LE VENT.							
Tabago, pointe N.-E..	11	10	13	62	47	30	*Idem*.
Tabago, pointe S.-O..	11	6	»	63	9	»	*Idem* (1).
Trinité, port d'Espagne.	10	38	42	63	58	15	*Idem*.

(1) On avait long-temps varié sur ces positions. Nous citerons, pour l'instruction du lecteur curieux d'apprécier l'inexactitude des *marchands de cartes anglais*, les variantes que voici :

Tabago, pointe sud-ouest, latitude, selon Jefferys, 11 deg. 10 min.; selon Arrowsmith, 10 deg. 56 min. Longitude, selon Jefferys, 62 deg. 53 min. 47 sec.; selon Arrowsmith, 63 deg. 13 min. 15 sec.

TABLEAUX. 779

NOMS DES LIEUX.	LATIT. N.			LONGIT. O. DE PARIS.			SOURCES ET AUTORITÉS.
	deg.	min.	sec.	deg.	min.	sec.	
Bouche-du-Dragon....	»	»	»	64	32	35	A. de Humboldt, douteux.
Idem............	»	»	»	64	13	»	Solano, carte manuscrite.
Marguerite, cap Macanao............	11	3	30	66	47	30	Oltmanns.
Orchilla, cap Ouest....	»	»	»	68	3¼	31	Idem.
TERRE-FERME, GUYANE, etc.							
Porto-Bello..........	9	33	9	81	55	30	Conn. des Temps.
Carthagène des Indes..	10	25	38	77	50	»	Humboldt, Noguera, Observations des satellites, etc.
Turbaco............	10	18	5	77	41	54	Humboldt, Oltm.
Mompox............	9	14	11	76	47	43	Idem.
Honda.............	5	11	45	77	21	51	Idem.
Santa-Fé-de-Bogota...	4	35	48	76	34	8	Idem.
Cartago............	4	44	30	78	26	15	Idem.
Popayan............	2	26	17	78	59	45	Idem.
Pasto..............	1	13	5	79	1	»	Humboldt, Oltm.
Santa-Marta........	11	19	39	76	28	45	Recherches d'Oltm.
Caracas............	10	30	50	69	25	»	Humboldt; nombreuses observat. astronomiques.
Idem.............	10	30	24	69	10	40	D. Ferrer.
Cumana............	10	27	49	66	30	»	Humboldt.
Cumanacoa.........	10	16	11	66	18	50	Idem.
San-Thomas de N. Guyana...........	8	8	11	66	15	21	Idem.
San-Fernando-de-Apures...........	7	53	12	70	20	10	Idem.
Maypures...........	5	13	32	70	37	33	Idem.
Esmeralda..........	3	11	»	68	23	19	Idem.
Fort San-Carlos......	1	53	42	69	58	39	Idem.
Cayenne............	4	56	15	54	35	»	Conn. des Temps.
PÉROU, CHILI, etc.	LATIT. S.						
Quito..............	»	13	17	81	5	30	Humboldt; observ. astronomiques.
Riolamba...........	1	41	46	81	20	30	Idem, Bouguer, etc.
Loxa...............	»	»	»	81	44	43	Idem.
Guayaquil..........	2	11	21	82	16	30	Idem.
Truxillo............	8	5	40	81	39	38	Idem.
Lima..............	12	2	45	79	27	30	Idem.
Callao (château Saint-Philippe).........	12	3	19	79	34	15	Humboldt; observ. du passage de Mercure sur le disque du soleil.

780 LIVRE CENT QUATRE-VINGT-TREIZIÈME.

NOMS DES LIEUX.	LATIT. S.			LONGIT. O. DE PARIS.			SOURCES ET AUTORITÉS.
	deg.	min.	sec.	deg.	min.	sec.	
Arica..............	18	26	40	72	36	20	*Conn. des Temps.* Observ. astron.
Cap Moxillones.......	23	5	»	72	45	30	*Idem.*
Copiapo............	27	10	»	73	25	30	*Idem.*
Coquimbo..........	29	54	40	73	39	30	*Idem.* Observ. astr.
Valparaiso..........	33	»	30	73	58	30	*Idem, ibid.*
Conception.........	36	49	10	75	25	»	*Idem, ibid.*
Talcaguana.........	36	42	21	75	59	27	*Idem.*
Valdivia...........	39	51	»	75	46	30	*Idem.*
San-Carlos (île de Chiloé)............	41	53	»	75	15	»	*Idem.*
Ile Madre de Dios, pointe Nord..............	49	45	»	78	7	30	*Idem.*
Ile Juan-Fernandez...	34	40	»	81	18	30	*Idem.*
Ile Masafuero........	33	45	30	82	57	30	*Idem.*
	LATIT. N.						
Ile Albemarle, pointe Nord-Ouest.........	»	2	»	93	50	15	*Idem.*
CÔTES DU BRÉSIL ET DE LA PLATA.							
Para...............	1	28	»	51	20	»	*Conn. des Temps.*
Ile Saint-Jean l'Évangéliste............	1	15	»	48	13	5	*Ephémérides nautiques de Coïmbre*, 1807 [1].
San-Luis de Maranhao.	2	29	»	46	22	»	*Orient. Nav.* Terme moyen de plusieurs observat. chronométriques.
Idem..............	»	»	»	46	»	»	D. Jose Patriceo, carte officielle.
Ceara..............	3	30	»	41	8	»	*Orient. Navigator.*
Idem..............	»	»	»	40	48	»	D. Jose Patriceo.
Cap Saint-Roch, pointe Petetinga..........	5	2	30	38	3	»	*Orient. Nav.* Terme moyen.
Récif, port de Pernambuco.............	8	4	»	37	27	»	*Ephém. de Coïmb.*
Olinda de Pernambuco.	8	13	»	37	25	5	*Idem.*
San-Salvador de Bahia, le fort.............	12	59	»	40	53	»	*Orient. Nav.* Terme moy. de beaucoup d'observations.

[1] Cet ouvrage nous a paru renfermer nombre de fautes typographiques manifestes, ce qui nous a engagé à ne pas citer toutes les différences qu'il offre avec d'autres sources, même à l'égard de la latitude. Par exemple, il met le cap Frio à 22 deg. 2 min.

NOMS DES LIEUX.	LATIT. S.			LONGIT. O. DE PARIS.			SOURCES ET AUTORITÉS.
	deg.	min.	sec.	deg.	min.	sec.	
Cap Frio............	22	54	»	44	28	15	Mendoza Rios. *Tables astronom.*
Idem.	»	»	»	44	13	12	Brought. Heywood.
Idem.	»	»	»	43	56	30	Krusenstern.
Idem.	23	2	»	43	51	30	*Conn. des Temps. Eph. de Coimb.*
Rio-Janeiro, le château.	22	54	2	45	37	59	*Conn. des T. 1817.*
Idem.............	»	»	»	45	7	50	Doria. *Mém. de l'Acad. de Lisbonne. Observ. astron.*
Saint-Paul...........	23	33	14	48	29	»	*Idem, idem.*
Idem.............	»	»	»	48	33	45	Oliveyra Barbosa. *Ib.*
Idem.............	23	33	10	48	59	25	*Conn. des Temps.*
Barres *dos Santos*.....	24	2	30	48	22	30	Amiral Campbell, 1807.
Iguape.............	24	42	»	49	26	»	*Idem.*
Cananea............	25	4	30	49	50	»	*Idem.*
Parananga...........	25	31	30	50	11	»	*Idem.*
Guaratuba...........	25	52	»	50	28	»	*Idem.*
Ile Sainte-Catherine, fort Santa-Cruz.....	27	22	20	50	11	40	La Pérouse. Krusenstern, etc. Terme moyen.
San-Pedro, le port....	32	9	»	54	16	20	*Orient. Nav.* Obs. anglaises et espagnoles comparées.
Cap Santa-Maria......	34	37	30	56	21	20	*Idem.*
Maldonado, la baie, pointe orientale....	34	57	30	57	»	»	*Idem.*
Monte-Video, le château............	34	54	48	58	30	»	*Idem.*
Buenos-Ayres........	34	25	26	60	43	38	*Requisite Tables.*
Idem.............	34	35	26	60	51	15	*Conn. des Temps.*
Cap Saint-Antoine, pointe Nord........	36	5	30	59	5	»	Carte espagnole de Rio-Plata.
Idem.............	36	52	30	59	7	29	*Conn. des Temps.*
ÎLES VOISINES DU BRÉSIL.	LATIT. N.						
San-Paulo ou Penedo de San-Pedro.........	»	55	»	31	35	»	R. Williams.
Idem.............	»	»	»	31	35	»	*Orient. Nav.* Terme moyen.
Idem.............	»	»	»	32	55	»	*Éphém. de Coïmbr.*
Fernando Noronha, la pyramide..........	LATIT. S.						
	3	55	15	34	55	20	*Orient. Navig.*
Roccas, les rochers...	3	52	20	35	51	»	*Orient. Navig.*
À la vue des *Abrolhos*,							

782   LIVRE CENT QUATRE-VINGT-TREIZIÈME.

NOMS DES LIEUX.	LATIT. S.			LONG. O. DE PARIS.			SOURCES ET AUTORITÉS.
	deg.	min.	sec.	deg.	min.	sec.	
pointe Nord.......	17	40	»	42	16	»	*Éph. de Coïmb.* (1).
Idem, pointe Sud....	18	24	»	42	20	»	*Idem.*
Partie des *Abrolhos*, pointe Est.........	18	11	»	38	25	»	*Idem.*
Santa-Barbara, îlot...	18	4	»	41	55	»	*Idem.*
Monte-das-Pedras, îlot.	18	»	»	41	50	»	*Idem.*
Trinidad, pointe S.-E.	20	31	45	31	39	»	Flinders, dist. lun.
Idem............	»	»	»	31	43	»	*Idem*, chronomètre.
Idem, le centre......	20	32	30	31	29	»	Horsburgh, observations de dix vaisseaux anglais.
Idem............	20	31	»	30	56	59	La Pérouse, distances lunaires (2)
Santa-Maria d'Agosta..	20	32	»	32	»	7	*Éph. de Coïmb.* (3).
Martin Vaz.........	20	28	30	31	10	30	*Orient. Navigator.* Terme moyen.
Idem............	»	»	»	31	1	»	Horsburgh.
Idem............	20	30	»	30	29	59	*Conn. des Temps.*
Saxembourg.........	30	45	»	21	50	»	Lindemann de Monnikedam, 1670.
Idem (?)...........	»	»	»	19	»	»	Galloway, Américain, 1804 (4).
Columbus (peut-être Saxembourg).....	30	18	»	30	40	»	Long, pilote de Columbus, 1809 (5).
TERRES MAGELLANIQUES.							
Port Valdez.........	42	30	»	66	»	30	Malespina et d'autr. offic. espagnols.
——Santa-Elena.....	44	32	»	67	49	45	*Idem.*
——Malespina......	45	11	15	69	»	»	*Idem.*
Cap Blanco.........	47	16	»	68	19	30	*Idem.*

(1) L'espace ne nous permet pas de donner le grand nombre de variantes que les voyages présentent au sujet de l'extension de ces dangereux récifs.
(2) Les Éphémérides de Coïmbre donnent le même résultat, sans indiquer d'après quelle autorité.
(3) On ne dit pas dans les Éphémérides si cette île Santa-Maria fait partie du groupe de Trinidad, comme la latitude le ferait croire, ou de celui de Martin Vaz, dont le nom n'est pas indiqué.
(4) L'existence de l'île de Saxembourg ou Saxemburg était révoquée en doute. La longitude indiquée par Lindemann étant très-incertaine, une différence de 2 degrés ne saurait empêcher de reconnaître l'identité. Il ne s'agit que de constater en détail l'observation du capitaine Galloway. M. Flinders l'avait cherchée inutilement depuis 28 degrés jusqu'à 32, et même plus loin, mais en inclinant sa course à l'E. S. E. La même année le capitaine américain, M. Galloway, assurait l'avoir vue à l'ancienne latitude, mais beaucoup plus à l'est.
(5) Le pilote Long, envoyé du Cap à Rio-Plata, observa une île qu'il crut être Saxembourg, mais qui est à 11 deg. 40 min. plus à l'ouest que l'île vue par Galloway. Elle avait 4 lieues marines de long, 2 milles et demi de large; elle était plate, mais offrait à l'est un pic élevé de 70 pieds.
La route de Flinders n'atteint ni l'île Columbus, ni celle vue par Galloway; si l'observation de ce dernier ne se confirme pas, l'île Columbus serait la véritable Saxembourg, malgré l'énorme différence des longitudes. Mais nous pensons que les deux îles existent simultanément.

NOMS DES LIEUX.	LATIT. S.			LONG. O. DE PARIS.			SOURCES ET AUTORITÉS.
	deg.	min.	sec.	deg.	min.	sec.	
Port Désiré............	47	45	»	68	23	30	Malespina et d'autr. offic. espagnols.
—— Saint-Julien......	49	8	»	70	3	30	*Idem.*
—— Santa-Cruz.......	50	17	30	70	51	30	*Idem.*
Rio-Gallegos..........	51	40	»	71	25	»	*Idem.*
Cap Virgine (de la Vierge).............	52	21	»	70	27	40	*Idem.*
Cap San-Espiritu.....	52	41	»	70	45	30	*Idem.*
Ile du Nouvel-An.....	54	48	55	66	19	30	*Idem.*
Cap Succès...........	55	1	»	67	37	30	*Idem.*
Cap Horn.............	55	58	30	69	41	30	Malespina et d'autr. offic. espagnols.
Iles Diego Ramirez....	56	27	30	70	59	30	*Idem.*
ILES MALOUINES OU FALKLAND.							
Port Egmont..........	51	24	»	62	12	30	*Orient. Navigator.*
Port Soledad..........	51	32	30	60	27	30	*Idem.*
Ile Géorgie, cap N....	54	4	45	40	35	»	Cook.
Terres Sandwich, pointe S. ou Thulé australe.	59	34	»	30	5	»	*Idem.*

TABLEAU supplémentaire des principales positions géographiques de l'Amérique.

NOMS DES LIEUX.	LATITUDE N. deg. min. sec.	LONGITUDE O. deg. min. sec.	AUTORITÉS.
MEXIQUE.			
Cholula (pyramide de)	19 2 6	100 33 30	Humboldt.
Durango	34 25 »	105 55 »	Oteiza.
Oaxaca	18 2 »	102 30 »	Malham.
Papantla	20 27 »	99 56 30	Idem.
Perotte (coffre de)	19 29 35	99 28 39	Oltmanns.
San-Luis-Potosi	22 » »	103 1 »	Alcedo.
Tasco	18 35 »	101 49 »	Humboldt.
Tehuantepec	16 13 »	97 27 »	Banza.
Toluca	19 16 19	101 41 45	Humboldt.
AMÉRIQUE CENTRALE.			
Nicaragua	11 » »	85 3 7	Auteurs.
Nicoya	9 46 »	87 15 30	Alcedo.
Truxillo	15 54 »	88 17 15	Purdy.
ÎLES LUCAYES.			
Nassau	25 5 »	79 39 »	Steets.
Mogane	22 26 40	75 35 25	Ducomm.
Exuma	23 36 »	78 11 15	Blunt.
Alabaster	25 40 »	79 16 »	Riddle.
Andros	25 24 »	80 23 15	Blunt.
Anguilla	18 14 30	65 30 »	Oltmanns.
Bahama	26 21 »	80 55 15	Blunt.
PETITES-ANTILLES.			
Barboude	17 50 50	64 30 15	Riddle.
Désirade	16 20 »	63 26 30	Purdy.
Marie-Galante	15 51 »	63 30 15	Riddle.
Mont-Serrat	16 47 35	64 33 40	Oltmanns.
COLOMBIE.			
Santa-Fa-de-Antiochia	6 36 »	78 23 8	Restrepo.
Atabapo	3 14 11	70 13 4	Humboldt.
Varinas	7 35 »	72 35 »	Alcedo.
Buenavista	5 42 45	77 6 37	Oltmanns.
Calaboso	8 56 8	70 10 45	Humboldt.
Cariaco	10 31 »	66 1 »	Alcedo.
Ibague	4 27 45	77 40 15	Idem.
Maracaïbo	10 39 »	74 5 15	Purdy.
Mariquita	5 13 »	77 21 51	Oltmanns.
Mosquitos (pointe)	10 53 »	68 19 »	Purdy.
Panama	8 57 10	81 59 9	Oltmanns.
Porto-Cabello	10 28 22	70 37 2	Humboldt.
Rio-Negro	6 13 »	77 50 8	Restrepo.

TABLEAUX.

NOMS DES LIEUX.	LATITUDE N.			LONGITUDE O.			AUTORITÉS.
	deg.	min.	sec.	deg.	min.	sec.	
Tolima............	4	26	25	77	40	30	Oltmanns.
Tolu..............	9	30	45	77	59	50	Fidalgo.
	LATIT. S.						
Cuenca...........	2	55	3	81	34	30	Humboldt.
Guayaquil.........	2	12	12	82	»	1	B. Hall.
Hambato..........	1	13	55	81	10	38	Oltmanns.
GUYANE.	LATIT. N.						
Cap Nassau........	5	37	»	61	7	15	Ducomm.
BRÉSIL.	LATIT. S.						
Alcantara.........	3o	44	»	»	»	»	Antillon.
Tejuco............	18	11	»	44	50	»	Alcedo
Victoria..........	20	17	49	42	43	1	Roussin.
Villarica..........	20	26	»	48	10	»	Alcedo.
PÉROU.							
San-Felipe........	5	46	6	81	57	45	Humboldt.
Payta.............	5	6	4	83	28	»	Duperrey.
Ambato...........	1	54	»	80	45	»	Alcedo.
Arequipa..........	15	45	»	76	51	15	Malespina.
Cañeta............	13	1	»	78	45	15	Idem.
Caxamarca........	7	8	38	80	56	30	Humboldt.
Cuzco.............	13	42	»	73	26	»	Alcedo.
Huaca-Velica......	12	56	»	77	11	»	Idem.
Lambayeque.......	6	41	51	»	»	»	Oltmanns.
Oaxaca............	16	54	»	»	»	»	Laguna.
Valladolid.........	4	35	30	81	34	»	Alcedo.
Potosi.............	19	47	»	69	42	»	Alcedo.
PARAGUAY.							
Asuncion..........	25	16	50	60	1	»	Corresp. astron.
Atira.............	25	16	45	59	34	»	Alcedo.
RÉPUBLIQUE ARGENTINE.							
Belen.............	23	26	17	59	28	»	Idem.
Candelaria (villeruin.).	27	26	46	58	7	35	Idem.
CHILI.							
Chillan...........	35	56	20	»	»	»	Idem.
Villarica..........	39	10	»	74	30	»	Idem.
TERRE DE FEU.							
Catherine (pointe)..	51	41	»	70	45	45	Ducomm.
Christmas (Harbourg).	55	21	54	72	7	30	Riddle.
Cap Negro.........	54	31	»	75	37	»	Malespina.
Cap Pilares........	52	46	»	77	14	29	Conn. des Temps
Cap San-Diego.....	32	39	30	119	13	30	Espinosa.

XI.

TABLEAUX STATISTIQUES *des Antilles.*
ÎLE DE SAINT-DOMINGUE ou RÉPUBLIQUE D'HAÏTI.

SUPERFICIE EN LIEUES.	POPULATION ABSOLUE.	POPULATION PAR LIEUE CARRÉE.
3,800.	1,000,000.	289.

DÉPARTEMENS.	VILLES ET BOURGS.
DÉPARTEMENT DE L'OUEST.....	Port-Républicain, La-Croix-des-Bouquets, l'Arcahaie, le Mirebalais, les Grands-Bois, le Petit-Goave, Jacmel.
DÉPARTEMENT DU SUD..........	*Les Cayes*, Aquin, Miragoane, l'Hanse-d'Hairault, Cavaillons, Tiburon, Jérémie.
DÉPARTEMENT D'ARTIBONITE.	*Les Gonaïves*, Saint-Marc, Ennery, le Gros-Morne, Terre-Neuve.
DÉPARTEMENT DU NORD......	*Cap-Haïtien*, Liberté, autrefois *Fort-Dauphin*; Le Limbé, Le Borgne, Le Port-de-Paix, Jean-Rabel, Le Môle Saint-Nicolas, Plaisance, La Marmelade, La Ferrière, Dondon, Milot.
DÉPARTEMENT DU NORD-EST..	*Saint-Jacques* ou *Santiago*, Port-Plate, Monte-Christi, Banica, La Vega, Cotuy, Altamira.
DÉPARTEMENT DU SUD-EST....	*Santo-Domingo* ou *Saint-Domingue*, Seybo, Higuey, Samana, Saint-Jean, Neyba, Azua, Lamate, Saint-Christophe.

DÉPENDANCES.

L'île Gonave (département de l'Ouest).
L'île Tortue (département du Nord).
Les îles Alta-Vela, Beata et Saona (département du Sud-Est).

ARMÉE.

Troupes soldées............... 40,000 hommes.
Gardes nationales.............. 113,000

MARINE.

Frégate, 1; bâtimens inférieurs, 3.

Revenus en francs.	Dépenses en francs.	Dette publique en francs.
17,000,000.	15,000,000.	150,000,000.

TABLEAU *des divisions administratives des Antilles anglaises.*

ILES ET GOUVERNEMENS.	VILLES ET BOURGS.
GOUVERNEMENT DES BAHAMA ou LUCAYES............ Le groupe d'Acklin ou Crooked. Le groupe des Caïques. Le groupe des Turques.	*Nassau*, dans l'île *Providence*.

TABLEAUX.

ILES ET GOUVERNEMENS.	VILLES ET BOURGS.
GOUVERNEM. DE LA JAMAÏQUE. *Ile de la Jamaïque*, divisé en 3 comtés : (*Cornwall, Middlesex, Surry*).... Le groupe des îles Cayman.	*Spanishtown* (Sant-Iago-de-la-Vega), Kingston, Port-Royal, Montego-Bay, Port-Antonia, Falmouth, Savanna-la-Mar, Morants-Bay.
GOUVERNEMENT DES LEEWARDS OU DES ÎLES SOUS-LE-VENT, formé par les îles suivantes :	
Antigoa................	*Johnstown*, English-Harbourg.
Montserrat et *Nevis*....	*Plymouth* et *Charlestown*, chefs-lieux respectifs.
Saint-Christophe ou *Saint-Kitts*................	*Basse-Terre*, Sandy-Point.
Barboude et *Anguilla*...	Aucun lieu remarquable.
Les *Vierges anglaises*. Les principales sont : *Tortola, Virgin-Gorda, Anegada* et *Jott-van-Dyke*.	
GOUVERNEMENT DE L'ÎLE DOMINIQUE, divisé en 10 paroisses : (Saint-André, Saint-David, Saint-George, Saint-Jean, Saint-Joseph, Saint-Luc, Saint-Marc, Saint-Patrice, Saint-Paul, Saint-Pierre)...........	*Roseau*, le Fort-Cashacrou.
GOUVERNEMENT DE L'ÎLE DE SAINTE-LUCIE............	*Port-Castries* ou *Carenage*.
GOUVERNEMENT DE L'ÎLE SAINT-VINCENT........	*Kingston*, Caliaeoua ou Tyrells-Bay.
GOUVERNEMENT DE L'ÎLE GRENADE...............	*Georgetown*, autrefois nommée *Fort-Royal*.
Groupe des *Grenadilles*..	*Hillsborough*, dans l'île de *Cariacou*.
GOUVERNEMENT DE L'ÎLE BARBADE..................	*Bridgetown*, Speightstown, dite aussi *Petit-Bristol*.
GOUVERNEMENT DE L'ÎLE TABAGO..................	*Scarborough*.
GOUVERNEMENT DE L'ÎLE TRINITÉ.................	*Spanishtown*, autrefois nommée *Puerto-España*, Saint-Joseph-d'Oruna, Charagaramus (1).

(1) On trouvera la population des Antilles danoises, savoir : *Saint-Thomas*, *Saint-Jean* et *Sainte-Croix* dans les Tableaux statistiques du Danemark, tom. IV, pag. 475.

Saint-Barthélemy, la seule Antille qui appartienne à la Suède, a été mentionnée t. IV, p. 388. Sa population, évaluée à 16,000 individus, comprend 8 à 10,000 esclaves.

TABLEAU *de la population des Antilles anglaises en 1831.*

BLANCS ET GENS DE COULEUR libres.		ESCLAVES.		TOTAL PAR SEXE.		TOTAL GÉNÉRAL.	NAISSANCES.	MARIAGES.	DÉCÈS.
Hommes.	Femmes.	Hommes.	Femmes.	Hommes.	Femmes.				
ÎLES BAHAMA.									
3,368	3,863	4,727	4,830	8,095	8,693	16,788	604	79	?
JAMAÏQUE.									
45,000		162,726	168,391	?	?	376,119	?	?	?
ANTIGOA.									
1,500?	1,500?	14,953	14,886	?	?	32,849?	618	44	843
MONTSERRAT.									
667	677	2,859	3,350	3,326	4,027	7,353	233	7	23
NEVIS.									
800		4,574	4,685	?	?	10,059	?	?	?
SAINT-CHRISTOPHE.									
3,608		19,525		»	»	23,133	444	68	273
ÎLES VIERGES.									
787	986	2,498	2,894	3,285	3,880	7,165	129	18	60
DOMINIQUE.									
2,120	2,538	6,859	7,373	8,979	9,911	18,890	557	106	172
SAINTE-LUCIE.									
1,690	1,838	5,242	6,129	6,932	7,967	14,899	451	19	430
SAINT-VINCENT.									
2,000?		11,583	12,006	?	?	2,589?	704	405	94
GRENADE.									
2,210	2,758	11,385	12,085	13,593	14,843	28,436	667	7	910
BARBADE.									
9,986		37,691	44,211	?	?	91,887	?	?	?
TABAGO.									
728	752	5,545	6,414	6,273	7,166	13,439	308	3	644
TRINITÉ.									
10,014	10,413	10,666	10,656	20,680	21,069	41,749	752	81	1174

Total général de la population en 1831.... 663,355.

TABLEAUX.

TABLEAU *du revenu, des dépenses et du commerce des Antilles anglaises.*

NOMS DES ILES.	REVENUS.	DÉPENSES.	IMPORTATIONS.	EXPORTATIONS.
	l. st.	l. st.	l. st.	l. st.
Iles Bahama............	22,599	46,333	91,561	74,068
— Jamaïque............	?	?	?	?
— Antigoa.............	16,007	15,708	?	294,645
— Montserrat..........	?	?	17,781	29,729
— Nevis...............	2,846	3,698	?	?
— Saint-Christophe....	8,746	6,897	59,518	149,559
— Vierges.............	698	1,225	?	?
— Dominique..........	29,014	28,765	81,835	118,761
— Sainte-Lucie........	9,452	10,143	64,878	83,003
— Saint-Vincent.......	13,887	14,846	91,171	338,044
— Grenade............	12,513	13,339	79,000	218,359
— Barbade............	16,349	18,565	369,120	776,694
— Tabago.............	9,992	7,573	117,241	160,290
— Trinité.............	34,993	42,527	300,567	244,392

TABLEAU statistique *des Antilles espagnoles.*

CUBA (¹).

SUPERFICIE EN LIEUES.	POPULATION EN 1830.	POPULATION PAR LIEUE CARRÉE.
6,970.	704,487.	101.

Composition de la population.

Hommes..... 403,905 Blancs.......... 311,394
Femmes..... 300,582 Libres de couleur. 106,492
                     Esclaves......... 286,601

VILLES.

DÉPARTEMENT OCCIDENTAL...	Havana (la Havane), 112,000 hab. — Béjucal, 1,800 h. — Cano, 1,000 h. — Guanajay, 2,000 h. — Guanabacoa, 4,000 h. — Guines, 2,600 h. — Jesus-del-Monte, 2,000 h. — Madraga, 1,000 h. — Matanzas, 13,000 h. — Santa-Maria-del-Rosario, 1,000 h. — Villa de San-Antonio, 3,000 h.
DÉPARTEMENT DU CENTRE...	Puerto Principe, 50,000 hab. — Trinidad ou Ciudad-Maritima-de-Trinidad, 12,000 h. — Villa-de-Santa-Clara, 9,000 h. — Villa-de-San-Juan-de-los-Remedios, 5,000 h.
DÉPARTEMENT ORIENTAL...	Santiago-de-Cuba, 20,000 hab. — Baracoa, 3,000 hab. — Canto-del-Embarcadero, 4,000 h. — Higuany, 2,000 h. — Holguin, 7,000 h. — Manzanillo, 3,000 h. — San-Geronimo-de-los-Tunas, 2,000 h. — Villa-de-Bayamo, 7,000 h.

(1) Ces renseignements sont empruntés à la statistique de Cuba, par M. Raymond de la Sagra.

DÉPENDANCES DE CUBA.

L'île de Pinos, où est établie la colonie de la *Reina-Amalia*.

Nombre de navires qui ont fréquenté le port de Cuba.

NAVIRES.		TOTAL.	VALEUR EN PIASTRES des marchandises.	
Nationaux.	Étrangers.		Importations.	Exportations.
520.	2,778.	3,298.	17,336,190.	14,266,733.

VALEUR DES CHARGEMENS.

Revenus... 8,553,895 p.　　|　　Dépenses... 9,140,559 p.

ARMÉE.
Troupes soldées.. { 16 bataillons. 　 2 escadrons.
Milice.......... { 11 bataillons. 　 14 escadrons.

MARINE.
1 vaisseau de ligne.
3 frégates.
2 corvettes.
7 brigantins et goëlettes.

CAPITAUX EMPLOYÉS
A L'AGRICULTURE.
308,189,332 p.

PRODUITS
Bruts.	Nets.
49,662,987 p.	22,808,622 p.

VALEUR DES

Importations.	Exportations.
19,535,000 piastres.	13,112,000 piastres.

ILE DE PORTO-RICO.

SUPERFICIE EN LIEUES.	POPULATION EN 1830.	POPULATION PAR LIEUE CARRÉE.
530.	285,000.	537.

POPULATION PAR CLASSES D'HABITANS.

BLANCS.	MULATRES.	ESCLAVES.
162,888.	77,328.	44,784.

ANIMAUX.

34,283 vaches.	16,683 bœufs.	8,131 jeunes taureaux.
3,491 moutons.	4,019 chèvres.	15,266 chevaux.
17,184 jumens.	212 ânes.	682 mulets.
16,116 porcs.	134,505 poules.	6,046 paons.

TABLEAUX.

HABITATIONS ET ÉTABLISSEMENS INDUSTRIELS.

Maisons, 12,062. — Cabanes, 19,648. — Moulins à sucre, 1,339. — Moulins à épurer le café, 110. — Alambics, 293. — Fours à chaux, 31. — Fours à briques, 72.

VILLES.

San-Juan-de-Porto-Rico. — Arecive. — Coamo. — Cabo-Roxo. — Guayama. — Mayaguez. — Ponce. — San-German.

PRINCIPAUX PRODUITS DU SOL.

365,500 quintaux de sucre; 51,300 *id.* de riz; 13,300 *id.* de tabac; 12,500 *id.* de coton; 6,236,800 cuastellos de mélasse; 37,700 fourgas de maïs.

ÎLES VIERGES.

Grand-Passage. — Petit-Passage. — Colubra (Serpent). — Bieque (Boriquen). — Crabe ou Krabben.

TABLEAU *des Antilles françaises en* 1831.

ÎLES.	POPULATION PAR CLASSE D'HABITANS.						
	LIBRES.			ESCLAVES.			TOTAL général.
MARTINIQUE...	Homm.	Femm.	Total.	Homm.	Femm.	Total.	
	11,628.	11,789.	23,417.	41,825.	44,474.	86,299.	109,716.

ARRONDISSEMENS.	CHEFS-LIEUX.	BOURGS ET VILLAGES.
Le Fort-Royal.	*Fort-Royal*....	Lamantin; Ances d'Arcet.
Le Marin.......	*Le Marin*......	Le Vauclain.
Saint-Pierre....	*Saint-Pierre*...	Le Carbet; Le Prêcheur.
La Trinité......	*La Trinité*.....	Le Français; le Robert.

VALEUR DES

Importations.	Exportations.
13,554,477 fr.	12,421,466 fr.

	POPULATION PAR CLASSE D'HABITANS.						
GUADELOUPE...	LIBRES.			ESCLAVES.			TOTAL général.
Marie-Galante.	Hommes.	Femmes.	Total.	Hommes.	Femmes.	Total.	
La Désirade.							
Le groupe des Saintes.	10,555.	11,769.	22,324.	47,250.	50,080.	97,330.	119,654
Saint-Martin.							

VILLES.

Basse-Terre. — La Pointe-à-Pitre. — Port-Louis (île Guadeloupe). — Le Grand-Bourg ou Marigot (île Marie-Galante). — Marigot (île Saint-Martin).

VALEUR DES

Importations.	Exportations.
11,753,997 fr.	16,544,171 fr.

TABLEAU de la population des Antilles hollandaises.

ILES ET GOUVERNEMENS.	POPULATION DES ILES.	POPULATION des Gouvernemens.	CHEFS-LIEUX.
GOUVERNEMENT de CURAÇAO.	40,000		Willemstadt (île Curaçao).
Iles Aruba..........	»		
Iles Aves...........	»	40,200	
Ile Buen-Ayre ou Bon-Air............	200		
GOUVERNEMENT de SAINT-EUSTACHE.	15,000		Saint-Eustache.
Ile de Saba.........	2,000	21,000	
Ile Saint-Martin (partie méridionale)...	4,000		
Population des Antilles hollandaises. .		61,200	

TABLE DES MATIÈRES

CONTENUES DANS CE ONZIÈME VOLUME.

	Pages.
LIVRE CENT SOIXANTE-TREIZIÈME. — Description de l'Amérique. — Considérations générales. — Origine des Américains..	1
Différences que l'on remarque dans la configuration de l'ancien et du nouveau continent..	2
Systèmes de montagnes..	3
Constitution géognostique des montagnes........................	5
Longueur des bassins de l'Amérique................................	9
Lacs. — Climats...	11
Richesse métallique...	13
Animaux. — Végétaux...	14
Homme...	17
Langues...	22
Usages...	31
Migrations...	34
Probabilités de l'origine asiatique de quelques peuples américains.	36
Tableau de l'enchaînement géographique des langues américaines et asiatiques..	41
LIVRE CENT SOIXANTE-QUATORZIÈME. — Suite de la Description de l'Amérique. — Recherches sur la navigation de la mer Glaciale du nord. — Région nord-ouest de l'Amérique. — Possessions des Russes......................	50
Baies et détroits...	Ib.
Région du nord-ouest. — Détroit et mer de Bering. — Îles aléoutiennes..	58
Archipels de George III, du duc d'York et du prince de Galles...	64
Péninsule d'Alaska. — Peuplades...................................	65
Montagnes Rocheuses..	71
Nouvelle-Hanovre. — Nouveau-Cornouailles. — Nouveau-Norfolk. — Nouvelle-Géorgie..	73
Peuplades..	79

TABLE DES MATIÈRES.

Pages.

LIVRE CENT SOIXANTE-QUINZIÈME. — Suite de la Description de l'Amérique. — Régions du nord et du nord-est, ou pays sur le fleuve Mackenzie. — Terres arctiques. — Pays de la baie d'Hudson. — Labrador, Groenland, Islande et Spitzberg..................... 86

L'Atapeskow, l'Ounjigah, l'Esclave, le Mackenzie.......... *Ib.*
Rivière de la Mine de Cuivre, Mississipi, etc................ 87
Pays adjacens à la baie d'Hudson........................... 92
Esquimaux.. 93
Chipeouays. — Indiens-Serpens............................. 95
Assiniboins. — Knistenaux................................. 98
Labrador.. 99
Terres arctiques... 103
Établissemens danois...................................... 106
Groenland.. 108
Islande... 117
Villes.. 126
Ile de Jean Mayen. — Spitzberg............................ 131
Tableau des divisions administratives du Groenland et de l'Islande.. 138

LIVRE CENT SOIXANTE-SEIZIÈME. — Suite de la Description de l'Amérique. — Le Canada avec la Nouvelle-Écosse et Terre-Neuve........................... 139

Lac Supérieur, Huron, Michigan........................... *Ib.*
Lac Erié. — Saut du Niagara............................... 140
Lac Ontario. — Fleuve Saint-Laurent....................... 141
Ottawa. — Description physique du Canada................. 142
Description politique du Haut et du Bas-Canada............ 147
Québec... 148
Montréal... 149
Autres villes... 151
Population du Canada..................................... 154
Mœurs... 157
Administration... 160
Commerce.. 161
Indigènes.. 163
Gaspé ou Gaspésie. — Nouveau-Brunswick................. 165
Acadie. — Nouvelle-Écosse................................ 167
Ile du Cap-Breton ou Ile-Royale........................... 170
Ile Saint-Jean ou du Prince-Edouard. — Ile d'Anticosti..... 171
Terre-Neuve.. 172

TABLE DES MATIÈRES.

Pages.

Iles Bermudes.. 177
Tableau de la population approximative et de la superficie des possessions anglaises dans l'Amérique septentrionale........ 179
Tableau des divisions administratives des possessions anglaises dans l'Amérique septentrionale............................. 181

LIVRE CENT SOIXANTE-DIX-SEPTIÈME. — Suite de la Description de l'Amérique. — États-Unis anglo-américains. — Partie située à l'est du Mississipi. — Description physique générale.. 183

Précis historique... *Ib.*
Limites... 185
Monts Alleghanys... 186
Mississipi.. 193
Autres cours d'eau.. 196
Climat.. 198
Régions... 199
Végétation.. 201
Animaux... 207
Minéraux.. 208

LIVRE CENT SOIXANTE-DIX-HUITIÈME. — Suite de la Description de l'Amérique. — États-Unis, partie orientale. — Description topographique et politique........... 210

Nouvelle-Angleterre... *Ib.*
Villes.. 212
Massachusets.. 214
Rhode-Island.. 219
Connecticut... 220
État de New-York.. 223
Le New-Jersey... 229
Pennsylvanie.. 230
Etat de Delaware.. 235
Maryland.. 236
District de Columbia.. 238
Virginie.. 241
Caroline du Nord.. 243
Caroline du Sud... 244
Géorgie... 247
Floride... 248
Territoire de Michigan.. 254

TABLE DES MATIÈRES.

	Pages
Etat de l'Ohio	255
Etat d'Indiana	261
Etat d'Illinois	262
Kentucky	264
Tennessée	266
Alabama	267
Etat de Mississipi	268

LIVRE CENT SOIXANTE-DIX-NEUVIÈME. — Suite de la Description de l'Amérique. — Possessions des États-Unis à l'ouest du Mississipi, ou Louisiane et Missouri. — Territoire du Nord-Ouest 271

Louisiane	Ib.
Cours du Mississipi	272
Territoire d'Arkansas. — État du Missouri	277
Territoire du Nord-Ouest	279
Nation des Sioux	280
Chipeouays	282
Ménomènes	283
Ouinebagos. — Otogamis. — Saques	284
Ayonas. — Territoire de Missouri	285
Mandanes	299
Shoschonies	302
Mahaws, Missouris, Ottos, Kansas, Osages	306
Panis, Tetans	309
Kiaways, Yutas, Tancards	310

LIVRE CENT QUATRE-VINGTIÈME. — Coup d'œil sur les monumens d'une antique civilisation, observés sur le territoire des États-Unis 311

Tumuli	312
Fortifications	316
Autres monumens	322

LIVRE CENT QUATRE-VINGT-UNIÈME. — Considérations générales sur les États-Unis de l'Amérique septentrionale 327

Différentes nations européennes	329
Origine et accroissement de la république	331
Constitution	332
Presse périodique	334

TABLE DES MATIÈRES.

	Pages.
Instruction primaire.	335
Travaux de défense et de communication	336
Industrie. — Main-d'œuvre	338
Situation des femmes. — Armées de terre et de mer. — Esclavage. — Préjugé contre les hommes de couleur libres	339
Tableaux relatifs à la géographie politique ou statistique des États-Unis	341

LIVRE CENT QUATRE-VINGT-DEUXIÈME. — Suite de la Description de l'Amérique. — Le Mexique, y compris le Nouveau-Mexique et la capitainerie générale de Guatemala, c'est-à-dire la Confédération mexicaine et celle de l'Amérique centrale. — Description générale physique.... 362

Ancienne division	364
Précis historique	368
Superficie. — Plateaux du Mexique	370
Cordillère des Andes	372
Lacs	379
Régions physiques	382
Végétation	389
Zoologie	393

LIVRE CENT QUATRE-VINGT-TROISIÈME. — Suite de la Description de l'Amérique. — Le Mexique, y compris le Nouveau-Mexique et la capitainerie générale de Guatemala, c'est-à-dire la Confédération mexicaine et celle de l'Amérique centrale. — Description générale physique. — Tableau des habitans................. 395

Mouvemens de la population	*Ib.*
Maladies	396
Habitans classés par castes	399
Langues	412

LIVRE CENT QUATRE-VINGT-QUATRIÈME. — Suite de la Description de l'Amérique. — Suite et fin de la Confédération du Mexique. — Topographie des provinces et villes.................. 416

Nouvelle-Californie	417
Vieille-Californie	419
Nouveau-Mexique	421

TABLE DES MATIÈRES.

	Pages.
Villes	422
Etats de Sonora et Cinaloa	426
Etat de Durango	427
Chohahuila et Texas	428
Nouveau-Léon. — Etat de Tamaulipas	429
Etat de San-Luis-Potosi	430
Etat de Zacatecas. — Etat de Xalisco	431
Territoire de Colima. — Mechoacan	433
Etat de Guanaxuato	434
Chihuahua	436
Ancienne intendance de Mexico	437
Etat de Queretaro. — District fédéral. — Mexico	438
Etat de Puebla	446
Etat de Vera-Cruz	449
Etat d'Oaxaca	451
Etat de Chiapa	452
Antiquités de Palenque	453
Etat de Tabasco	456
Tableaux statistiques de la Confédération mexicaine	460

LIVRE CENT QUATRE-VINGT-CINQUIÈME. — Suite de la Description de l'Amérique. — Description du Guatemala ou des États de la confédération de l'Amérique centrale 464

Fondation de la république. — Etendue de son territoire	*Ib.*
Cours d'eau	465
Climat. — Végétation. — Villes de l'État de Guatemala	466
Etat de Honduras	470
Etat de San-Salvador	471
Etat de Nicaragua	472
Etat de Costa-Rica	475
Tableaux des divisions administratives de la république fédérale de l'Amérique centrale	477

LIVRE CENT QUATRE-VINGT-SIXIÈME. — Suite de la Description de l'Amérique. — Description physique générale de l'Amérique méridionale espagnole 478

Cours d'eau	479
Montagnes	485
Zones de température	496
Végétation	497
Animaux	501

TABLE DES MATIÈRES. 799

LIVRE CENT QUATRE-VINGT-SEPTIÈME. — Suite de
la Description de l'Amérique. — Description particulière
du Caracas, de la Nouvelle-Grenade et de Quito, qui
forment aujourd'hui la Colombie........................ 5o5

Précis historique de cette république..................... *Ib.*
Villes... 5o9
Guyane colombienne..................................... 512
Richesse minérale de la Nouvelle-Grenade................ 520
Santa-Fé de Bogota..................................... 522
Vallée d'Icononzo....................................... 525
Porto-Bello... 528
Quito... 534
Pichincha. — Cotopaxi.................................. 536
Naturels de la Colombie................................. 538
Anciennes traditions religieuses......................... 540
Colombiens en général.................................. 544
Tableaux statistiques de la Colombie................... 547

LIVRE CENT QUATRE-VINGT-HUITIÈME. — Suite de
la Description de l'Amérique. — Description particulière
du Pérou dans ses anciennes limites, ou des nouvelles
républiques du Pérou et de Bolivia...................... 551

Végétation... 553
Animaux... 554
Richesse minérale...................................... 555
Lima... 558
Arequipa... 561
Autres villes... 562
Cuzco.. 566
République de Bolivia................................... 568
Villes.. 569
Nations indigènes...................................... 573
Population du Pérou.................................... 579
Langue *quichua*....................................... 58o
Indiens d'Ucayale, de Huallaga et de la Pampa-del-Sacramento.. 581
Tableau statistique de la république du Pérou.......... 593

LIVRE CENT QUATRE-VINGT-NEUVIÈME. — Suite
de la Description de l'Amérique. — Description particulière du Chili, de la république Argentine, de l'Uruguay
du Paraguay et des Terres magellaniques............... 594

Chili... *Ib.*

TABLE DES MATIÈRES.

	Pages.
Règnes animal et végétal	595
Archipel Chiloé	596
Fondation de la république du Chili	597
Villes	Ib.
Ile de Chiloé	602
République Argentine	Ib.
Villes	604
Territoire des missions	608
Province et ville de Buenos-Ayres	612
Bergers	616
État de l'Uruguay	619
Villes	621
République du Paraguay	622
Indigènes	623
Villes	625
Animaux domestiques	626
Tableaux statistiques de la république de Chili. — De la république Argentine. — De celle de l'Uruguay et du Paraguay	629

LIVRE CENT QUATRE-VINGT-DIXIÈME. — Suite de la Description de l'Amérique. — Description de l'Araucanie et de la Patagonie. — Terres magellaniques....... 631

Peuples indigènes	Ib.
Langue moluche et araucane	632
Patagons	635
Végétaux et animaux de la Patagonie	640
Terres magellaniques. — Iles	643

LIVRE CENT QUATRE-VINGT-ONZIÈME. — Suite de la Description de l'Amérique. — Description du Brésil ou de l'Amérique portugaise....... 648

Découverte du Brésil	Ib.
Envahissemens des Portugais	649
Description physique du Brésil	650
Climat	655
Substances minérales	657
Végétation	663
Animaux	668
Divisions administratives	670
Rio-Janeiro	Ib.
Autres villes et provinces	672
Guyane brésilienne. — Province de Mato-Grosso	691

TABLE DES MATIÈRES.   801

	Pages.
Indigènes du Brésil	692
Langue	697
Gouvernement du Brésil	699
Tableaux statistiques du Brésil	701

LIVRE CENT QUATRE-VINGT-DOUZIÈME. — Suite de la Description de l'Amérique. — Description des Guyanes française, hollandaise et anglaise................ 703

Découverte de la contrée de la Guyane	*Ib.*
Montagnes et rivières	704
Climat	706
Végétation	708
Animaux	711
Guyane anglaise	714
Guyane hollandaise	715
Guyane française	718
Indigènes	721
Tableaux des colonies anglaise, hollandaise et française de la Guyane	724

LIVRE CENT QUATRE-VINGT-TREIZIÈME. — Fin de la Description de l'Amérique. — Description particulière de l'Archipel colombien ou des Grandes et Petites Antilles.   725

Considérations générales sur les Antilles	*Ib.*
Animaux	730
Végétation	731
Ile de Cuba	736
Jamaïque	738
Haïti ou Saint-Domingue	742
Porto-Rico	747
Iles Bahama ou Lucayes	749
Iles Turques ou Caïques. — Iles Vierges. — Sainte-Croix. — Saint-Thomas	750
Iles Saint-Jean, Anguille, Saint-Martin	751
Iles Saint-Barthélemy, Saint-Eustache	752
Saba. — Antigoa	753
La Barboude. — Saint-Christophe. — Nevis. — Montserrat. — Guadeloupe. — La Désirade. — Marie-Galante. — Les Saintes.	754
La Dominique. — La Martinique	757
Sainte-Lucie. — Saint-Vincent	759
Becquia, Petite-Martinique, Grenadilles, Grenade	760

TABLE DES MATIÈRES.

	Pages.
Barbade.	761
Tabago. — Trinidad.	762
Curaçao, Bon-Air et Aruba.	765
Grands spectacles de la nature aux Antilles.	769
Tableaux des principales positions géographiques de l'Amérique déterminées avec quelque certitude.	773
Tableaux statistiques des Antilles.	786

FIN DE LA TABLE DU TOME ONZIÈME.

www.ingramcontent.com/pod-product-compliance
Lightning Source LLC
Chambersburg PA
CBHW070716020526
44115CB00031B/1121